Experimental Psychology [10th ed.]

실험심리학

Barry H. Kantowitz · Henry L. Roediger Ⅲ · David G. Elmes 공저

도경수 · 고재홍 · 박창호 · 조영일 공역

CENGAGE 학지사

Andover • Melbourne • Mexico City • Stamford, CT • Toronto • Hong Kong • New Delhi • Seoul • Singapore • Tokyo

CENGAGE

Experimental Psychology, **10th Edition**

Barry H. Kantowitz
Henry L. Roediger III
David G. Elmes

ISBN: 9781111357993

ISBN-13: 978-89-997-2208-0

Cengage Learning Korea Ltd.
14F YTN Newsquare 76 Sangamsan-ro
Mapo-gu Seoul 03926 Korea
Tel: (82) 2 330 7000
Fax: (82) 2 330 7001

Cengage Learning is a leading provider of customized learning solutions with office locations around the globe, including Singapore, the United Kingdom, Australia, Mexico, Brazil, and Japan.
Locate your local office at: **www.cengage.com**

Cengage Learning products are represented in Canada by Nelson Education, Ltd.

To learn more about Cengage Learning Solutions, visit **www.cengageasia.com**

Printed in Korea
Print Number: 01 Print Year: 2020

역자 서문

이제 '실험'은 심리학뿐만 아니라 교육학, 경영학 및 여러 사회과학 등에서도 주목하고 선호하는 연구기법이 되었다. 인간을 대상으로 하는 실험은 이공계의 실험에 비해 추가로 유의해야 할 점이 많다. 무엇보다 사람들은 저마다 특성이 다르고 상황에 따라 다른 행동을 보일 수 있으므로, 이 같은 개인차와 변동성 때문에 연구 결과가 진실을 드러내지 못하고 연구자는 잘못된 결론에 이를 수 있다. 예를 들면, 연구자가 조작하는 변인(요인)은 실재와 상응하는 타당한 것인가? 참가자의 행동이 그날의 컨디션이나 다른 참가자의 반응에서 영향을 받지 않고, 취향이나 습성에 기인하지 않으며, 오직 실험조건 때문이라는 것을 어떻게 보장할 것인가? 자연 관찰이나 조사 연구에서도 마찬가지로 관찰로 인한 인위적 영향, 객관적 기록의 문제 등이 제기된다. 이처럼 실험 연구에서 하나씩 점검해야 할 여러 쟁점이 바로 이 책의 주제이다.

저자들이 서문에서 밝히고 있듯이, 초기의 실험심리학 책은 실험법에 기반을 둔 여러 심리학 지식을 아우르는 형태였다. 이후에 실험적인 연구가 다양한 분야로 확대되면서 실험심리학적인 내용은 한두 권의 책으로 다루기에는 너무 방대해졌다. 그 대신 실험적 방법론에 초점을 두는 책들이 그 이름을 잇고 있다. 그중에는 실험설계와 통제 등 실험적 연구 기법의 설명을 주된 목표로 삼는 책이 있는가 하면, 연구 사례를 중심으로 소개하면서 연구 기법을 다루는 책도 있다. 이 책은 실험심리학의 세부 영역별(예, 주의, 기억, 사회 등)로 대표적인 주제를 예시하고, 각 주제의 연구에서 발생하는 방법론적 쟁점과 그 해결책을 결합하여 제시한다. 이러한 접근은 맥락과 기법이 연계되도록 학습하는 데 매우 효과적인 것으로 보인다. 이 점은 다른 책에서 찾아볼 수 없는 강점이며, 또 이 책의 원서가 10판에 이르기까지 계속 개정되어 온 이유일 것이다.

이 책의 제2부는 정신물리학, 지각, 주의, 학습, 기억, 사고와 문제해결, 개인 차이와 발달, 사회심리학, 환경심리학, 인간 요인 등의 주제를 다루면서, 각 주제별로 방법론적 쟁점을 실례를 통해 배울 수 있도록 구성되어 있다. 저자 서문 끝에 제시되어 있는 21개의 방법론적 쟁점을 다루는 장(중복)을 보여 주는 표를 보면 특정 쟁점에 관한 논의를 빨리 찾을 수 있다. 제1부는 실험 연구와 관찰 연구의 기초 사항들, 점차 중요한 쟁점이 제기되고 있는 인간 및 동물 연구에서 유의할 사항, 그리고 연구 보고서를 읽고 쓰는 방법을 소개한다. 심리학의 연구 기법은 합리적인 추론과 통계학적 분석 등을 요구하므로 초심자들은 부담스럽게 느끼는 경우도 있지만, 심리학도가 우수한 역량을 발휘하는 데 기초가 될 것이다.

이 책은 실험심리학의 주 교재로 사용될 수 있다. 교수자는 자신의 수업 방침에 따라 이 책의 내용에 맞추어 방법론 중심의 부교재를 짝지어 사용할 수도 있다. 이 책의 저자들도 이런 방향의 책을 집필하였으며(예, Elmes, Kantowitz, 그리고 Roediger III의 『심리학 연구방법』), 유사한 방법론 서적이 시중에 여럿 나와 있다. 또한 이 책은 실험심리학의 세부 영역(예, 인지심리학, 사회심리학, 발달심리학 등)의 수업에서 주제와 관련된 연구 방법론의 중요성을 다룰 때 부교재 혹은 참고서로 사용될 수 있다. 그 밖에도 심리학 연구법, 특히 실험법에 관심을 둔 사람들의 입문서로 사용할 수 있을 것이다.

원서의 일부 내용과 표현은 한국 독자의 상황에 따라 수정되었다. 원서에 있는 통계분석 및 통계표 부록은 이미 많은 연구 방법론 혹은 통계학 서적에서 반복되므로 생략하였다. 이 책의 번역에 실험심리학 내에서도 세부 전공이 다른 성균관대학교 도경수 교수(제5, 10, 11장), 경남대학교 고재홍 교수(제3, 9, 13, 14장), 동국대학교 조영일 교수(제2, 6, 12, 15장), 전북대학교 박창호 교수(제1, 4, 7, 8장, 부록)가 참여하였다. 이 책의 출판을 지원해 준 센게이지코리아와 학지사 관계자분들께 감사드린다.

역자 일동

저자 서문

실험심리학이라는 용어는 심리학에서 선별된 일부 주제만을 가리키는 데 사용되었다. 예컨대, 1930년대에 실험은 감각, 지각, 학습, 기억 및 다른 몇몇 주제를 이해하기 위해 수행되었다. 그런데 오늘날에는 상황이 크게 달라졌다. 실험적 방법은 사회심리학, 발달심리학, 개인차 및 (환경심리학과 같은) 다른 여러 주제를 조사하는 데 사용되고 있는데, 이들은 80년 전 심리학의 비전에 있어서 고려되지 않았던 것들이다. 실험적 방법의 사용은 이 영역에서 대부분의 주제가 포함될 정도로 확장되어 왔다. 그러므로 이처럼 점차 커지고 있는 영역에 걸친 교재를 쓰는 일은 더 어려운 도전이 되고 있다.

이 교재는 1978년에 처음 출판된 책의 열 번째 판이다. 이 책을 개정하는 데 쓰인 35년의 세월은 다소 빨리 지나갔다. 우리의 공동 작업은 그간 경력의 변화와 여러 번의 결혼보다 더 오래 지속되었다. 연구 관심사, 새로운 직업, 여러 장소, 개인적 이직, 의료적 트라우마, 출판사의 합병으로 인한 강제적 병합 등의 변화에도 불구하고, 우리는 실험심리학의 놀라움을 수천 명의 학생에게 계속 설명해 왔다. 학생들과 교수자들로부터 수많은 피드백을 받았고, 그것은 우리에게 영감과 동기를 불러일으키는 끊임없는 원천이 되었다. 그러나 시간의 화살은 앞으로만 움직인다. 저자들 대부분은 마지막 지위인 명예교수에 이르렀다. 이는 이 교재를 사용했고 수십 년 동안 우리에게 현명한 충고를 주었던 많은 교수자 또한 은퇴할 무렵에 있음을 뜻한다. 그래서 독자가 보고 있는 이 열 번째 판이 마지막 판이 될 가능성이 많다. 그러하기에 저자들은 이 기회를 빌려서 우리 독자들에게 발견의 여행에 합류한 것에 대해 마지막으로 감사의 말씀을 전하고자 한다.

오늘날 심리학은 우리가 경이로운 여행을 시작할 때쯤 열렬한 대학원생으로서 공부하기 시작했을 때의 심리학으로부터 상당히 진화해 왔다. 각각의 개정판에는 학생들과 교수들의 코멘트에 대응해서 크고 작은 변화가 있었으며, 이 판도 예외가 아니다. 이전 판에 친숙한 독자들은 모든 장에서 변화를 발견할 것이다. 우리는 이 책을 한층 더 호소력 있는 것으로 만들기 위한 새 장점들을 이전 아홉 판의 가장 좋은 면들과 혼합하려고 하였다(뒤에서 그 변화들을 더 자세히 제시한다). 우리는 이 교재의 지속적인 인기 덕분에 새 판을 만들게 되었음을 기쁘게 생각한다. 우리가 이 책을 개선할 수 있다고 생각하고, 이 작업을 다시 하는 것을 즐겼기 때문이다.

실험심리학(Experimental Psychology)이라는 제목은 1900년대 초기의 Titchener의 제목에서 시작해서, Woodworth의 1928년 책 및 그 개정판(Woodworth & Schlossberg, 1954), 그리고 마침내 Osgood(1953) 및 Underwood(1966)의 책들에 이르기까지, 고전이 된 많은 교재에서 등장하였다. 이 책들은 모두 연구 방법론에 대한 소개를 제공했지만, 실험심리학의 기초 연구라는 맥락에서였다. 이 책들은 일차적으로 실험심리학의 내용에 대한 것이었고, 그 지식을 얻는 데 사용되는 연구 방법을 강조하였다. 우리는 우리의 교재도 이런 전통을 확고하게 따른다고 생각하는데, 비록 앞서 언급한 위대한 책들만큼 백과사전적이지는 않지만 어느 정도는 그렇다.

오늘날 이 접근은 독특하다. 1970년대 및 1980년대에 많은 '연구 방법론' 교재는 주제들을 꽤 다른 식으로 조직한 것으로 보인다. 사용되는 맥락에서 방법론을 제공하는 대신, 그 책들은 방법론 주제들(예, 피험자간 설계, 소규모 설계)을 장 제목으로 다루고, 그 방법의 논의에 살을 붙이기 위해 내용 사례들을 소개했다. 이것도 훌륭한 접근이고 우리도 이 방법을 구현하는 다른 교재를 만들었다[『심리학 연구방법(Research Methods in Psychology)』 Elmes, Kantowitz, 그리고 Roediger III 공저]. 그러나 이 책은 내용과 방법론의 통합을 제공하고자 하며, 방법들은 실제 연구의 맥락에서 논의된다. 이런 전통에 있는 우리 교재 및 우리 선배들의 교재 간에 주요한 차이점은, 우리 접근은 고려 중인 방법론적 요점을 가장 잘 예시하는 특정 사례들을 선택하고, 주로 심리학의 입문 강좌만을 들은 학부생 청중을 위해 계획되었다는 것이다.

우리는 이 책에서 용어들에 관해 한 가지를 유의시키고자 한다. 1994년 『APA 출판 지침(Publication Manual of the American Psychological Association)』은 심리학 연구에서 검사되는 사람들을 가리키기 위해 한 세기 이상 사용되어 온 전통적 용어인 피험자(subjects)를 참가자(participants)로 바꾸도록 권장했다. 이 변화는 연구 집단 내에서 엇

갈리는 반응을 받았으며, 심리학 학술지를 출판하는 다른 몇몇 단체는 따르지 않았다. 예를 들어, 심리학연구회(Psychonomic Society)는 자신들의 학술지에 출판되는 논문에서 어느 것이든 허용했다. 게다가 미국심리학회(APA) 학술지의 교열 담당자는 참가자가 더 선호되는 용어로 사용되어야 한다고 주장하는 것이 아니라, 그것의 사용을 다소 권장할 뿐이었다. 최근 『APA 출판 지침』의 여섯 번째 판은 실험에 참여하는 사람들을 가리키는 데 참가자 및 피험자가 모두 승인된 용어라고 명시적으로 주장함으로써 이 상황을 명료하게 했다. (피험자라는 용어는 동물 연구에서 항상 사용된다.) 우리는 이 책에서 심리학 연구의 대상인 사람을 가리킬 때 피험자 및 참가자 모두를 사용하는 전통을 따라 왔다. 우리는 연구에서 인간 외의 동물을 가리킬 때 항상 피험자를 사용하지만, 인간을 가리킬 때에는 두 용어를 모두 사용한다. 그러므로 우리 교재에서 그 용어의 용법은 대체로 이 분야에서의 현재 관행을 반영한다.

교재의 조직

이 책의 철학은 변화되지 않았다. 이전의 아홉 판들과 마찬가지로 우리는 방법론과 내용을 매끄럽게 결합하면서 실험심리학의 통합적 처리를 이루기 위해 노력했다. 이 책에는 두 개의 주요 부분이 있다. 첫 다섯 개의 장은 제1부 '연구의 기초'를 구성하고, 학생들에게 필요한 기본적인 방법론적 예비사항들 중 몇 가지를 논의한다. 이 장들에서 우리는 과학과 이론 구성의 몇 가지 일반적인 측면을 서술하는데, 관찰, 상관 및 실험 연구법의 특징(그리고 차이점들: 실험법에 강조를 둠), 연구에서의 윤리적 문제들, 연구 보고서를 읽고 쓰는 방법 등이다.

제2부 '실험심리학 연구의 원칙과 실제'를 구성하는 나머지 열 개의 장에서 우리는 제1부에서 제공된 뼈에 살을 붙이는데, 실제 연구 문제의 맥락에서 방법론적 주제를 예시하는 것이다. 장들은 내용 위주의 제목(예, 지각)으로 제시되었으며, 몇몇 내용은 그 자체로 읽을 만하지만, 장들의 주요 목적은 실제 연구의 맥락에서 방법론적 주제를 제시하는 것이다. 이런 조직화는 우리 믿음을 반영하는데, 그것은 학생들에게 방법론의 이해를 제공하는 가장 좋은 방법은 연구 수행에서 일어나는 실제 문제들의 맥락에서 그것을 구현하는 것이라는 점이다. 방법론은 진공 속에 존재하지 않으며, 구체적인 연구 문제를 해결하기 위해 고안된다. 우리는 중요한 내용 쟁점의 맥락에서 방법을 제시하는 것이 학생들이 연구 방법을 고려하는 것의 중요성을 이해하는 데 도움을 줄 것

이라 생각한다.

❍ 장 형식

제2부의 각 장은 모두 공통 형식을 공유한다. 이런 병행 구조는 학생들에게 학습을 촉진시키는 교재의 주요 특징들에 적응하는 데 도움을 줄 것이다.

장의 시작 각 장은 개요 및 인용과 더불어 시작한다. 그 장에서 탐구되는 내용 영역에 대한 간단한 오리엔테이션 이후에 학생은 몇 개의 삽입된 상자 중 처음의 것을 만나는데, 이것은 이전 판의 독자들에게 도움이 되었으며, 그 결과 10판까지 이어진 것이다.

변인의 도입 학생들이 특정 연구 영역에 흔히 사용되는 독립, 종속 및 통제 변인들에 빨리 익숙해지게 한다. 이 변인들의 선정에는 가능한 것들이 망라되지는 않지만, 가장 공통되는 것들 중 일부가 포함된다.

실험 주제 및 연구 예시 각 장의 주요 부분을 나타내는데, 두세 가지의 방법론 쟁점이 실제 연구 문제의 맥락에서 제시된다. 예를 들어, 제10장에서 기억 실험의 맥락에서 천장효과와 바닥효과의 난점을 다루는데, 이러한 문제는 실제로 발생한다. 실험 주제들 중 많은 것이 제1부에서 소개되었으며, 제2부에서 더 자세히 다루어진다. 몇몇 결정적인 주제는 확실한 이해를 위해 제2부에서 두 번 이상 논의된다. 내용 주제들은 고려 중인 특정한 방법론적 요점을 논의하는 데 좋은 매체가 되도록 선택되었다. 그래서 내용 주제들은 논의 중인 주제에서 가장 중요한 주제들을 나타내지 못할 수 있고, 또한 우리는 각 장들이 그 영역의 현재 업적들에 대한 완벽한 요약을 나타내도록 계획하지도 않았다. 우리의 의도는 관심의 대상인 실제 연구 문제들의 맥락에서 방법상 쟁점들을 예시하는 것이다. 두 가지 다른 독특한 특징이 제2부에서 각 장의 마지막에 나타난다.

문제에서 실험까지 이 절에서는 가설이 일반적 형태에서 실험의 구체적인 사항들로 만들어질 때 실험설계 결정의 배후에 있는 논리를 제시한다. 즉, 얼마나 많은 피험자가 사용되어야 하는지, 왜 X 변인이 Y 변인 대신 선택되는지 등이다. 이러한 결정은 실험적 연구의 요점이다. 이것들은 연구 활동을 하는 실험자들에게서 당연한 것이고 그래서 학술지 논문에서는 거의 상술되지 않지만, 연구가 처음인 사람들에게는 수수께끼로 보일 수 있다.

심리학 실습　장비가 거의 혹은 전혀 필요하지 않은 안전하고 간단한 실험 예시들을 제시하는데, 수업 중에 혹은 수업 외로 사용될 수 있다. 예를 들어, 제7장은 Stroop 효과의 예시를 포함하고, 제14장은 기억에서 방해자극의 효과를 측정하는 방법을 제시한다.

장 말미의 특징　각 장에는 해당 장의 주요 요점이 개관된 요약이 있고, 복습 및 학습을 위한 일단의 주요 용어와 몇 가지 논의거리가 있다.

❍ 장의 순서

비록 학생들은 제1부를 정확한 순서대로(특히 첫 세 개의 장) 읽을 때 가장 많은 도움을 받을 것이지만, 내용보다 방법론에 관심이 더 많은 교수들과 학생들은 제2부에 있는 장 번호를 무시해도 된다. (저자 서문 끝에 있는) 장 번호와 실험 주제들을 교차적으로 보여 주는 표는 제2부의 장들이 할당되는 순서를 결정하는 데 사용될 수 있다. 그래서 교수자는 더 전통적인 혹은 덜 전통적인 순서를 따르거나 아니면 자신의 교육 목적에 더 잘 맞는 고유한 순서를 만드는 선택을 할 수 있다. 그러나 그보다 덜 사용되는, 일부에게는 꽤 필수적일지 모를 장은 부록에 있다. 부록은 실험심리학의 역사에 대한 간략한 스케치이다.

❍ 자매 웹사이트 자원

이 판을 위한 자매 웹사이트는 www.cengagebrain.com에서 활용 가능한데, 교수자에게 도움되는 몇 가지 특징이 있다. 교수자는 교수 활동, 장 개요 및 장 요약을 찾을 수 있을 것이다. 웹사이트에는 다음 특징들이 있다.

문제 은행이 있는 교수자 지침　교수자를 위한 자원에는 장 개요, 주요 용어, 논의거리의 답, 강의 제안, 시범 제안 및 '실험적 곤경'이 있다. 문제 은행에는 각 장별로 선다형, 예/아니요 및 서술형 질문들이 있다. 이와 더불어 Cognero가 지원하는 Cengage Learning Testing은 여러분이 여러 가지의 Cengage Learning 솔루션으로부터 문제 은

행 내용을 만들고, 편집하고, 관리할 수 있게 해 주며, 여러 가지 시험 버전을 즉시 만들고, 여러분의 LMS 혹은 교실에서 또는 원하는 어디에서든 시험을 실시할 수 있게 해 준다.

전자 슬라이드 교재에 있는 그림 중 다수는 파워포인트® 슬라이드로 받을 수 있어, 교실에서 다운받아 사용할 수 있다.

❍ 10판에서의 변화

이전 판의 사용자들은 현재 판에서 많은 변화를 발견할 것이다. 웹 참고문헌들이 모든 장에서 개정되었는데, 웹 참고문헌들은 2013년 6월부터 사용되었으며 일부는 의심할 나위 없이 이 판이 사용될 동안 바뀔 것이다. 이 참고문헌은 독자들이 관련 있는 온라인 논의로 안내하는데, Wadsworth online at The Wadsworth Psychology Study Center도 포함된다.

각 장에 더 최근의 참고문헌들이 추가되었으며, 비록 저자들이 몹시 아끼는 상당량의 본문을 제거해야 했음에도 불구하고 몇 장은 가장 최근의 발견들과 주제들을 반영하기 위해 재구성되었다. 제1장은 당신이 여우인지 또는 고슴도치인지를 어떻게 판정하는지 그리고 이 두 인지 양식 중 어느 것이 더 정확한 예언을 낳는지를 이야기한다. 제2장은 관찰자간 신뢰도의 방법론을 소개하고 공격 행동에 대한 폭력적 미디어와 게임 간의 관련성에 대한 최신 연구 결과를 제공한다. 제3장은 새로운 주제인 연구자 자유도를 추가하고, 자료를 분석하는 데에서 그 함의를 논의한다. 제4장에서 동물 복지, 과학적 사기 및 APA 표준 8.10과 8.11에 대해 더 많은 정보가 추가된다. 제5장은 『APA 출판 지침』의 새 판으로 인해 힘써 다시 서술되었으며 새로운 견본 학술지 논문이 포함되었다. 제6장은 검토자들의 제안에 따라 요약에 가깝게 되었지만 여전히 이전 판에서 보던 정신물리학에 대한 필수적 정보가 포함되어 있다. 제7장은 맹시에 대한 논의를 확장하여 두 개의 새로운 하위 범주가 추가된다. 제8장은 새로운 주제인 연구자 자유도를 추가하고, 기초 연구를 응용 연구와 대비시키며, 이전 주제는 제거하였다. 제9장은 인간 학습을 강조하기 위해 개정되었으며, 조건형성의 초기 사례들과 인간 학습에 관한 현대 연구가 균형 잡히게 하였다. 제10장은 기억 연구에 관한 아홉 개의 최근 참고문헌이 개정되었다. 제11장은 교육 장면에서의 유추, Duncker의 상자 문제, 기능적 자기공명영상법(fMRI) 및 아는 듯한 느낌에 관한 새로운 연구들로 개정되었다. 제

12장은 똑똑한 암바티에 관한 최신 정보가 추가되었다. 제13장은 Milgram의 복종 연구와 짝짓기 선택에 대한 규범의 역할에 대한 새로운 논의가 포함되었다. 제14장은 가상 환경에서 무해한 속임수의 윤리에 관한 새로운 절이 추가되었다. 제15장은 검토자들의 제안에 따라 조종사 자동화에 관한 새로운 세절이 추가되어 조종사 작업부하에 관한 절이 확장되었다. 또한 운전자 주의산만에 관한 새로운 발견들이 추가되고 가장 좋은 종속 변인의 선택 문제가 논의되었다. 여러분과 여러분의 학생들이 이러한 중요한 변화들에 대해 어떻게 생각하는지를 우리에게 계속 알려 주기 바란다.

감사의 글

10판이 되도록 버텨 온 교재를 만드는 데에는 저자들 외에도 많은 사람이 필요하며, 저자들은 감사하는 마음으로 많은 사람의 지원을 기꺼이 인정한다. 여러 유용한 코멘트를 계속해 온 이전 판의 독자들에게 우리는 가장 큰 빚을 졌다. 그들의 유익한 제안이 없었다면, 이번 판은 존재하지 않았을 것이다.

세인트루이스 워싱턴 대학교의 Sara Estle은 특히 5장에 있는 자료를 점검하는 데에 매우 귀중한 도움을 주었다. Wendy Langerud와 Nicole Richards는 무엇보다 원고 준비와 교정에 귀중한 지원을 제공했고, 우리는 그들에게 감사한다. 우리는 또한 이 책의 출판 과정에서 센게이지 출판사의 Michelle Clark, PreMediaGlobal의 Brenda Carmichael과 Dewanshu Ranjan의 중요한 노력에 대해 감사한다.

우리는 이 개정판에서 도움이 되는 피드백을 준 다음 검토자들에게도 감사하고 싶다.

William P. Needham(퍼체이스 칼리지), Joseph Lao(헌터 칼리지), Terry L. Burton(퍼듀 대학교), David Conner(트루먼 주립대학교), Geoffrey Borthwick(코즈비 커츠타운 대학교), Harold Walter Karl Stanislaw(캘리포니아 주립대학교-스트니슬라우스), Annette Taylor(샌디에이고 대학교) 그리고 Adam Hutchinson(사우스캐롤라이나 대학교, 코즈비).

이 책의 조직

실험 주제	6	7	8	9	10	11	12	13	14	15
종속 변인의 선택								○		
혼입			○							
수렴 조작		○								
역균형화				○						
요구특성								○		
윤리적 쟁점									○	
실험 통제/가외 변인						○		○		
현장 연구								○		○
결과의 일반화					○				○	
상호작용 효과					○					
측정 척도	○									
조작적 정의	○						○			
준실험									○	
회귀 인위효과							○			
측정의 신뢰도						○	○			
연구자 자유도			○							
척도 감쇠					○					
종속 변인의 선택			○					○		○
소표본 설계	○			○						○
언어 보고		○				○				
피험자내 및 피험자간 설계				○						

차례

제2부 실험심리학 연구의 원칙과 실제

제11장 사고와 문제해결 403

제12장 개인 차이와 발달 445

제13장 사회심리학 487

제14장 환경심리학 527

제1장

과학적 심리학의 설명

- 세계의 이해
  - 사회적 태만
  - 호기심: 과학의 원천
- 지식의 원천
  - 믿음의 고정
- 과학적 설명의 본질
  - 무엇이 이론인가
  - 귀납법과 연역법
  - 이론에서 가설로
  - 이론의 평가
  - 중개 변인
  - 심리학적 이론에 나도는 여우와 고슴도치
- 심리학이란 과학
  - 심리학과 실제 세계
  - 요약
  - 주요 용어
  - 논의거리
  - 웹 연결

어떤 과학자이든 그에게 과학적 방법이 무엇이라고 생각하는지 물어보라. 그러면 그는 곧 엄숙하고 교활한 표정으로 말할 것이다. 엄숙한 이유는 그가 한 가지 의견을 천명해야 한다고 느끼기 때문이고, 교활하다는 것은 그는 천명할 의견이 없다는 사실을 어떻게 숨길지 궁리하기 때문이다. 비웃음을 산다면 그는 아마 '귀납'과 '자연 법칙의 확립'에 관한 무엇인가를 중얼거릴 것이다. 그러나 실험실에서 일하는 어떤 사람이 귀납으로 자연 법칙을 확립하려고 한다고 고백한다면 우리는 그가 그만둘 때가 지났다고 생각하기 시작할 것이다. (P. B. MEDAWAR)

과학적 심리학의 목표는 왜 사람들이 그렇게 생각하고 행동하는지를 이해하는 것이다. 비공식적이고 이차적인 지식 출처에 의존하는 비과학자들과는 달리, 심리학자는 잘 발달된 다양한 기법을 사용하여 정보를 모으고 이론적 설명을 개발한다. 이런 이해에 대한 과학적 접근의 한 예로서 연구 과정에 대한 다음 사례 연구를 살펴보자.

세계의 이해

❍ 사회적 태만

흔한 관찰 중 하나, 즉 당신이 많은 경우에 아마 스스로도 해 왔을 그것은 집단 속에서 일하는 사람들이 종종 '게으름을 피우는' 것처럼 보인다는 것이다. 집단 속에 있는 많은 사람은 기꺼이 다른 소수가 그 일을 하도록 내버려 두는 것처럼 보인다. 사회심리학자인 Bibb Latané는 이런 경향을 알아채고 그것을 실험적으로 연구하기로 결정했다. 처음 Latané는 집단 속에서 덜 열심히 일하는 사람이라는 현상에 대한 증거를 찾기 위해 연구 문헌들을 조사했는데, 이런 현상을 그는 사회적 태만(social loafing)이라고 이름 지었다. 사회적 태만에 관한 초기 연구들 중 하나는 프랑스의 농업 기술자에 의해 수행되었는데(Kravitz & Martin, 1986; Ringelmann, 1913), 그들은 사람들이 밧줄을 가능한 한 세게 당기도록 요구했다. 피험자들은 자신들의 힘으로, 아니면 다른 한 사람, 두 사람 혹은 일곱 사람과 함께 당겼다. 민감한 계기를 써서 그들이 얼마나 세게 밧줄을 당기는지를 측정하였다. 만일 사람들이 집단으로 할 때 혼자일 때만큼 같은 양의 노력을 쏟는다면, 집단 수행은 모든 개인의 노력의 합이 되어야 할 것이다. Ringelmann은 두 명의 집단은 그들 능력의 95%만의 힘으로 당겼으며, 세 명과 여덟 명의 집단은 각각 85%에서 49%로 떨어졌다는 것을 발견했다. 그래서 집단 속에서 일할 때 다른 사람들이 (그리고 우리 자신이?) 노력을 덜 들이는 것처럼 보인다고 느끼는 것은 단지 우리의 상상력인 것만은 아니다. Ringelmann의 연구는 사회적 태만에 관한 좋은 예를 제공해 준다.

Latané와 동료들은 사회적 태만 현상에 관한 일련의 체계적인 실험을 계속 수행했다(Latané, 1981; Latané, Williams, & Harkins, 1979). 그들은 먼저 그 현상이 밧줄 당기기 외의 다른 실험적 상황에서 얻어질 수 있다는 것을 보였다. 그들은 또한 사회적 태만이 여러 다른 문화(Gabrenya, Latané, & Wang, 1983)에서도 일어나며 어린아이들에게도 적용된다는 것을 입증하였다. 그래서 사회적 태만은 집단 내 작업에서 만연된 특성으로 보인다.

Latané는 이 연구를 인간의 사회 행동에 대한 더 일반적 이론에 연결하였다(Latané, 1981). 실험적 연구에서 나온 증거는 사회적 태만의 가능한 이유로 책임분산(diffusion of responsibility)을 가리킨다. 자신의 힘으로 작업하는 사람은 자신이 과제의 완수에 책임이 있다고 생각한다. 그러나 집단을 이루어 일할 때, 이런 책임감은 다른 사람에게로 확산된다. 같은 생각이 다른 집단 상황에서의 행동을 설명한다. 교수들 중 한 사람이 단지 두 명으로 구성된 반에서 질문을 하면, 당신은 아마 답하는 데에 대한 책임을 느낄 것이다. 그러나 반에 200명의 다른 사람이 있다면 당신은 답하는 데에 책임이 훨씬 덜하다고 느끼기 쉬울 것이다. 마찬가지로 사람들은 긴급 상황에서 도울 사람이 여럿 있을 때보다 책임의 부담을 느낄 때 도움을 줄 가능성이 더 높다.

어떤 현상에 대한 이런 기초 연구가 줄 수 있는 혜택은 이 발견이 나중에 실제 문제의 해결에 응용될 수 있다는 것이다. 미국 사회의 심각한 문제 중 하나는 노동자의 생산성을 높은 수준으로 유지하는 면에서의 어려움이다. 비록 사회적 태만은 기껏해야 이런 복합적 문제에 개입하는 한 요인에 불과하지만, Marriott(1949)은 큰 공장에서 일하는 공장 노동자들이 작은 집단으로 일하는 노동자들보다 개인별 생산성이 더 낮다는 것을 보여 주었다. 그래서 사회적 태만의 문제를 극복하는 방법을 보여 줄 기초 연구는 실제적으로 매우 중요할 것이다. 사실 Williams, Harkins와 Latané(1981)는 사회적 태만 효과를 제거하는 조건들을 발견했다. (전체 집단의 수행이 아닌) 개인별 수행이 집단 상황에서 모니터될 때 개인들은 그들이 혼자 일할 때 했던 만큼이나 열심히 일했다. 분명히 더 많은 연구가 수행되어야 하지만, 집단 상황에서 개인별 수행을 측정하는 것만으로도 사회적 태만을 제거하고 생산성을 높이는 데에 도움이 될 수 있을 것이다. 제안된 해결책은 단순해 보이지만, 많은 직장에서 집단 수행만이 측정되고 개인별 수행은 무시된다.

어떻게 해서 흥미로운 문제가 실험실 설정에 도입되어 통제된 방식으로 연구될 수 있는지를 보여 주는 심리학적 연구의 예로 사회적 태만에 대한 Latané의 연구를 논의하였다. 신중하게 수행될 때, 그 실험은 사건에 대한 단순 관찰이나 그것에 대한 숙고보다 관심 있는 현상에 대한 이해를 더 좋게 만들 것이다. 이 책은 주로 그런 실험실 연구의 적절한 실행에 대한 책이다. 즉, 어떻게 가설을 개발하고, 가설을 검증하기 위해 실험조건들을 배치하고, 한 실험 내에서 관찰(자료)를 수집하고, 그다음 수집된 자료를 분석하고 해석하는가를 다룬다. 간단히 말해, 이 책에서 우리는 심리학에 적용된 과학적 탐구의 기초들을 포괄적으로 다루고자 한다.

연구의 세부 사항들을 조사하기 전에, 우리는 이 장의 나머지에서 몇 가지 일반적 논제들을 다룬다. 사회적 태만에 대한 연구는 심리과학의 몇 가지 측면, 즉 그 목적, 출처 및 본질을 시범하기 위해 사용되었다.

❍ 호기심: 과학의 원천

과학자는 일이 어떻게 그리고 왜 작동하는지를 발견하고자 한다. 이런 욕구에서 보면, 그는 우리가 사는 세계에 호기심이 많은 아이나 그 밖의 다른 사람과 다르지 않다. 무심한 관찰자는 어떤 관찰(예, 물이 항상 배수구로 반시계 방향으로 내려간다거나 집단 속 개인 노력이 낮다는 것)이 설명될 수 없다 하더라도 끔찍한 좌절감을 느끼지는 않을 수도 있다. 그러나 전문적 과학자는 어떤 설명이 손에 잡히거나 문제가 해결될 때까지 어떤 관찰을 추구하려는 강한 욕구를 가지고 있다. 과학자들은 다른 사람보다 호기심이 더 많다기보다는 자신의 호기심을 만족시키고자 비과학자보다 훨씬 더 멀리 기꺼이 가려 한다는 것이다. 대답되지 않은 질문 그리고 해결되지 않은 문제를 참지 못하여 과학은 호기심의 해소를 위해 몇 가지 기법을 개발하게 되었다. 과학적 호기심을 일상적 호기심과 구별하는 것은 바로 이런 기법들의 신중한 적용이다.

이런 많은 과학적 기법의 공통분모는 회의론이다. 회의론(skepticism)은 모든 지식의 진실은 의심 가능하다는 철학적 믿음이다. 그러므로 모든 탐구는 타당한 의심이 수반되어야 한다. 어떤 과학적 사실도 100% 확실하게 알려질 수 없다. 예를 들어, 교량공학은 물리학과 금속학과 같은 분야의 과학적 기초로부터 도출되는 실천적 분야이다.

대부분의 사람은 다리 위로 차를 몰 때 그 다리가 붕괴할 것인지에 대해 적극적으로 고찰하지 않는다. 잘 유지 · 보수된 다리가 안전하다는 것은 알려진 사실이다. 그러나 2007년 여름, 미네소타주 미니애폴리스-세인트폴에 있는 다리가 무너졌다. 이 사건으로 더 많은 연구가 있었고, 더 안전한 다리가 건설되는 결과를 낳았다. 이 책에서 논의되는, 통계학과 같은 많은 도구가 회의주의적 과학자로 하여금 합당한 의심을 측정할 수 있게 해 준다.

과학적 호기심은 어떤 쓸모가 있는가? 그것은 어떤 목적에 기여하는가? 우리는 심리학자들이 사람들이 왜 그렇게 생각하고 행동하는지를 판정하려 한다고 말했다. 이것이 의미하는 바를 더 자세히 탐구해 보자.

지식의 원천

❍ 믿음의 고정

과학적 방법은 우리 주변의 세계에 대해 지식을 얻는 타당한 방법이다. 과학적 접근의 어떤 특성으로 인해 과학은 일의 본질에 관해 배우고 믿음에 도달하는 바람직한 방법이 되는가? 아마 이 질문에 답하는 가장 좋은 방법은 믿음을 고정시키는 다른 방법과 과학을 대비시키는 것인데, 왜냐하면 과학은 믿음을 형성하는 단지 한 방법일 뿐이기 때문이다.

100년도 더 전에, 미국 철학자 Charles Sanders Peirce(1877)는 앎의 과학적 방법을 믿음을 발달시키는 세 가지 다른 방법과 비교하였다. 그는 그것을 권위(authority), 고집(tenacity) 및 선험적 방법(a priori method)이라고 불렀다. Pierce에 따르면, 믿음을 고정하는 가장 단순한 방법은 누군가 다른 사람의 말을 믿는 것이다. 신뢰받는 권위는 무엇이 진실이고 무엇이 거짓인지를 당신에게 말해 준다. 어린아이들은 그들의 부모가 말하는 것을 단지 엄마 아빠가 언제나 옳기 때문에 믿는다. 아이들이 크면서 그들은 천문학, 거시경제학, 컴퓨터 기술 및 다른 전문 지식 분야에 관련해서 엄마와 아빠가 항상 옳지는 않다는 것을 불행히도 발견한다. 비록 이것은 아이들이 그들 부모가 초기에 선언한 것 중 일부를 의심하도록 할 수 있지만, 이런 방식의 믿음 고정을 전적으로 거부하는 결과를 낳지는 않을 것이다. 대신 어떤 다른 권위가 탐색될 수 있다.

종교적 믿음은 권위의 방법(method of authority)에 의해 형성된다. 가톨릭 신자인 어린이가 자신의 부모를 특히 종교적 교의에 관한 지식의 원천으로 삼는 것을 거부한 지 한참 후에도, 그들은 교황이 오류를 범하지 않는다고 여전히 믿을 수 있다. 당신이 TV에서 보는 뉴스를 믿는 것은 당신이 CNN이나 어떤 다른 뉴스 네트워크를 권위로 받아들인다는 것을 의미한다. 당신은 교수들을 믿을 수도 있는데, 그들에게 권위가 있기 때문이다. 사람들은 그들이 배우는 모든 것을 조사할 자원이 부족하기 때문에 많은 지식과 많은 믿음은 권위의 방법에 의해 고정된다. 어떤 것도 믿음을 설정하는 권위의 역능에 의심을 제기하는 일이 없다면 이 방법은 최소한의 노력과 상당한 안전이라는 큰 이득을 제공한다. 말썽 많은 세상에서 당신에게 넘겨진 믿음에 대해 완전한 신뢰를 갖는다는 것은 매우 즐거운 일이다.

믿음을 고정하는 다른 방법은 한 사람이 획득한 지식을 바꾸는 것을, 반대되는 증거에도 불구하고 확고부동하게 거부하는 것이다. 고집의 방법(method of tenacity)은 Peirce에 의해 명명되었듯이, 훌륭한 반대 사례의 출현에도 불구하고 고정관념에 견고하게 매달리는 인종 편견주의자에서 흔히 보인다. 비록 믿음을 유지하는 이 방법이 전적으로 이성적이지는 않을 것이지만, 우리는 그것이 완전히 가치가 없다고 말할 수 없다. 고집의 방법은 사람들로 하여금 사물에 대한 획일적이고 일정한 관점을 유지하도록 하고, 그들로 하여금 어느 정도의 스트레스와 심리학적 불편으로부터 벗어나게 할 수도 있다.

Pierce가 논의한 세 번째 비과학적인 방법은 선험적으로 믿음을 고정시킨다. 이 맥락에서 **선험적**(a priori)이란 용어는 이전 연구나 조사 없이 믿어지는 무엇을 가리킨다. 타당해 보이는 명제는 믿어진다. 이것은 권위의 방법의 확장이다. 그러나 이 방법에는 맹목적으로 추종되는 어떤 특정한 권위도 없다. 일반적 문화적 관점은 믿음을 선험적으로 고정시키는 것으로 보이는 것이다. 사람은 한번 세계가 편평하다고 믿으면, 달이 그러한 것처럼 태양이 지구 둘레를 돈다고 가정하는 것이 타당해 보였다. 사실 세계는 당신이 우주선에 타고 있지 않다면 편평해 보인다.

고집과 선험적 방법은 그것들이 갈등적 견해로부터 영향을 받을 가능성을 최소화한다는 점에서 비슷하다. 고집의 방법에서 다른 관점은 의식되더라도 완전히 무시된다. 그래서 인종적 고정관념은 옆집에 사는 다른 인종 사람에게 좋은 특질과 같은 다른 증거가 있다 해도 유지된다. 선험적 방법에서 다른 관점은 주목되지 않는다. 예를 들어, 당신이 세계가 편평하다는 것을 이미 안다면, 항구를 떠날 때 배가 한꺼번에 전체가 아닌 아랫부분에서 위로 사라지는 것을 보는 것은 관계없는 것으로 보인다.

Pierce의 방법들 중 마지막은 과학적 방법(scientific method)인데 경험을 바탕으로 믿음을 고정한다. 과학은 사건에는 원인이 있고 우리는 통제된 관찰을 통해 그 원인들을 발견할 수 있다는 가정에 바탕을 둔다. 관찰 가능한 원인이 사건을 결정한다는 믿음은 결정론(determinism)이라 알려져 있다. 경험적 관찰을 근거로 현상을 이해하고자 하는, 반복 가능하고 자기수정적인 일로 과학적 심리학(그뿐 아니라 과학 일반)을 정의한다면, 우리는 방금 개요를 살펴본 방법들에 대한 과학적 방법의 몇 가지 이점을 알 수 있다. 경험적(empirical) 및 자기수정(self-correcting)이란 말로 우리가 의미하는 것을 살펴보고 과학의 그런 측면들과 연관되는 이점들을 조사해 보자.

과학적 방법의 첫째 이점은 관찰의 강조이다. 다른 방법들 중 어느 것도 체계적 관찰에 의해 얻어지는 자료(세계의 관찰)에 의존하지 않는다. 다른 말로 하면, 믿음을 고정시키는 어떤 경험적 기반도 없다. **경험적**(empirical)이란 단어는 '경험(experience)'을 의미하는 고대 그리스어 단어에서 나왔다. 믿음을 위한 경험적 기반을 가진다는 것은 믿음이 아닌 경험이 지식의 출처라는 것을 의미한다. 권위에 의해 고정되는 믿음을 가지는 것은 권위가 의견을 정하기 전에 자료를 얻었다는 것을 보장하지 않는다. 정의상, 고집의 방법은 선험적 방법이 그러하듯이 자료를 고려하는 것을 거부한다. 믿음 고정의 이런 다른 방법에서 고려되는 사실은 보통 체계적인 절차에 의해 획득되지 않는다. 예를 들면, 우연한 관찰은, 아리스토텔레스가 믿었듯이 세계가 편평하고 개구리가 매해 봄 진흙으로부터 저절로 생겨난다는 생각으로 이끈 '방법'이었다.

과학의 둘째 이점은 다른 것과 비교해서 하나의 믿음의 우월성을 확립하는 절차를 제공한다. 다른 믿음을 가진 사람들은 그들의 의견을 조화시키는 것이 어렵다는 것을 알게 될 것이다. 과학은 이런 문제를 극복한다. 원칙적으로 어떤 사람이든 경험적 관찰을 할 수 있으며, 이것은 과학적 자료가 공적이고 반복적으로 획득될 수 있다는 것을 의미한다. 공개적 관찰을 통해 새 믿음은 낡은 믿음과 비교되는데, 낡은 믿음은 그것들이 경험적 사실에 들어맞지 않으면 폐기된다. 이것은 각 그리고 모든 과학자가 즉각 유행에 뒤진 믿음을 버리고 새 의견을 선호한다는 것을 함축하지 않는다. 과학적 믿음을 바꾸는 것은 보통 느린 과정이지만, 결과적으로 맞지 않는 아이디어들은 폐기된다. 경험적이고 공개적인 관찰은 과학적 방법의 초석인데, 그것들이 과학을 **자기수정적** 노력으로 만들기 때문이다.

과학적 설명의 본질

❍ 무엇이 이론인가

이론은 다양한 사건을 설명하는 일단의 관련된 진술이라고 대략 정의될 수 있다. 사건들이 더 많고 진술들이 더 적을수록 이론은 더 좋다. 중력의 법칙은 떨어지는 사과, 롤러코스터에서의 행동 및 태양계 내의 천체의 위치를 설명한다. 천체의 상호 인력에 관한 적은 수의 진술들로, 중력의 법칙은 많은 수의 사건을 설명한다. 그러므로 그것은 강력한 이론이다. (이것은 그것이 옳은 이론이라는 것을 반드시 뜻하지는 않는데, 설명할 수 없는 몇 가지 사건이 있기 때문이다.)

심리학에서 이론은 두 가지 중요한 기능을 한다. 첫째, 그것은 자료의 체계적 및 질서 있는 제시를 위한 틀을 제공한다. 즉, 그것은 과학자가 자료를 조직하는 편리한 방법으로 쓰인다. 가장 헌신적인 귀납적인 과학자조차 결국에는 수십 개의 실험의 결과를 기억하기가 어려울 것이다. 이론은 실험자가 결과를 조직하는 것을 돕는 일종의 파일 관리 시스템으로 사용될 수 있다. 둘째, 그것은 과학자로 하여금 어떤 자료도 얻어지지 않은 상황에 대한 **예언**을 생성하도록 해 준다. 이런 예언의 정밀도가 더 클수록, 그 이론은 더 좋다. 최선의 의도를 가지고 같은 이론을 검증한다고 주장하는 과학자들은 종종 그 이론에서 같은 상황에 대한 다른 예언을 도출한다. 불운한 상황은 물리학에서보다 많은 이론이 느슨한 언어적 형태로 진술되는 심리학에서 비교적 더 흔한데, 물리학에서는 이론들이 더 형식적이고, 수학을 써서 더 양적으로 파악된다. 비록 심리학자들은 수학과 컴퓨터 시뮬레이션과 같은 형식적 기제(mechanism)를 써서 자신의 이론들을 더 정밀하게 진술하는 식으로 급격히 바뀌고 있지만, 전형적인 심리학 이론은 여전히 더 잘 확립된 오래된 과학의 이론들만큼 정밀하지 않다.

사회적 태만을 설명하기 위해 Latané가 고안한 이론이 어떻게 조직화와 예언과 관련하여 축적되는지를 알아보자. 책임분산 이론은 사회적 태만에 관한 상당한 양의 자료를 조직한다. 더 중요한 것은 그 이론은 주목할 만하게 다양한 다른 관찰들도 설명하는 것처럼 보인다. 예를 들어, Latané(1981)는 식당에 남겨 놓은 팁의 액수는 저녁 모임에 참석한 사람의 수와 반비례한다는 것을 주목한다. 마찬가지로 더 큰 Billy Graham 십자군에서보다 더 적은 Billy Graham 십자군에서 비례적으로 더 많은 사람이 그리스도에 헌신했다. 마지막으로, Latané와 Darley(1970)의 연구는 이 책의 후반에 상세히

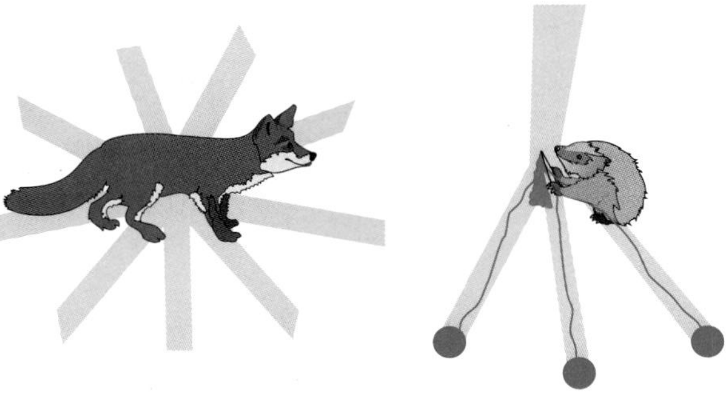

"여우는 많은 것을 알지만, 고슴도치는 한 가지 큰 것을 안다."
- Archilocus

[그림 1-6] 심리학 이론에 대한 조각난(여우) 및 통합된(고슴도치) 접근

두 접근은 중요한 도전에 직면한다. 지배적인 접근은 분야 간 강한 장벽을 쌓는다. 교수들은 한 분야 내에서 고용되고 전문 분야에 따라 자리가 정해진 사무실을 갖는 경향이 있으며, 그 때문에 다른 하위 분야에서의 영토적 침입을 막는다. 대학원생은 적절한 코스 요구 조건이 있는 분야별로 훈련을 받는데, 이것은 이런 분리를 지속시킨다. 연구비 제안서를 평가하는 패널조차 전문 분야에 따라 조직된다. (그 결과) 산업계에 자리를 잡는 신규 박사(Ph.D.)는 중요한 실제적 문제를 해결하는 데 필요한 분야 간 협력을 위한 준비가 되어 있지 않다.

최근에 심리학에 대한 더 통합적(고슴도치) 접근을 옹호하는 지지가 증가하고 있다(Sternberg, Grigorenko, & Kalmar, 2001). 이 이론가들은 경쟁적인 이론들을 짜 맞추고, 이론의 설명적 역할이 예언적 역할보다 더 결정적이라는 것을 강조하고자 한다. 이론 짜 맞추기(조직화)는 달성될 수 있다면 가치 있는 목표이다. 그러나 현재의 분리 시스템은 초기의 통합된 이론들이 심리학의 모든 하위 분야를 포괄할 수 없었기 때문에 생겨났다. 새 고슴도치가 낡은 고슴도치보다 더 잘 짜 맞출 것인가?

당신은 여우인가, 고슴도치인가? 당신은 결정할 때, 여우처럼 혹은 고슴도치처럼 생각하는가? 〈표 1-1〉은 당신 자신의 의사결정 방식을 이해하는 데 도움이 될 것이다. 당신이 다학문적이고, 적응적이고, 복잡성에 대해 관용적이고, 조심스럽고, 경험적이라면, 당신은 여우의 태도를 가지고 있다. 만일 당신이 전문화되어 있고, 충실하고, 질서를 추구하고, 확신적이고, 이념적이라면 당신은 고슴도치처럼 생각한다.

표 1-1 여우와 고슴도치의 태도

여우가 생각하는 방식	고슴도치가 생각하는 방식
다학문적: 신조(dogma)를 고려하지 않고 여러 분과로부터 아이디어를 통합한다.	**전문적:** 종종 몇 개의 위대한 문제에 대부분의 시간을 쓴다. '이방인(outsider)'의 의견을 거부할 수 있다.
적응적: 현재 접근이 맞는지 확신하지 않아도 새 접근을 시도하는 데에 만족한다.	**성실한:** 같은 접근에 매달린다. 원래 모형을 개선하기 위해 새 자료가 사용된다.
복잡성에 관용적: 아마 많은 근본적 문제가 해결 불가능하거나 본질적으로 예측 불가능할 정도로, 우주를 복잡한 것으로 이해한다.	**질서 추구적:** 세계가 비교적 단순한 지배적 관계성을 따른다고 기대한다.
신중한: 자신의 예측을 확률적 혹은 통계적 용어로 표현하고 자신의 의견에 단서를 단다.	**확신적:** 자신의 예측을 거의 (위험)분산시키지 않고 바꾸는 것을 싫어한다.
경험적: 이론보다 관찰에 더 의존한다.	**이념적:** 많은 문제에 대한 해결책이 세계에 대한 거대 이론으로부터 나올 것으로 기대한다.

출처: Silver (2012), p. 54에서 발췌.

당신은 여우가 더 좋은 결정을 하는지 또는 고슴도치가 더 좋은 결정을 하는지 궁금해할 수도 있다. 일단의 중요한 결정은 미래에 대해 예언하고 예보하는 것을 포함한다. 흔히 그런 예언을 하기 위해 전문가의 의견을 수집한다. 실험심리학자는 여러 영역, 예를 들어 스포츠, 경제학, 날씨, 정책에서 전문가들이 어떻게 의견을 형성하는지에 매우 관심이 있다(Silver, 2012). 한 가지 흥미로운 연구가 Philip Tetlock(2006)에 의해 수행되었는데, 그는 정치학, 경제학, 국제관계학 등의 영역에서 전문가 의견을 수집하고 평가하였다. 비록 전체적으로 전문가 의견은 인상적이지 않았지만, 몇 전문가는 다른 사람들보다 더 잘 했다. Tetlock은 성격 검사에서 뽑은 질문을 사용하여 전문가의 인지 양식을 평가하고 그것들을 여우 혹은 고슴도치로 분류할 수 있었다. 여우들이 정확한 예측을 하는 데에 훨씬 더 나았다.

심리학이란 과학

어떤 학생은 물리학과 화학을 과학이라고 하는 같은 의미에서 심리학을 과학으로 생각하기가 힘들다고 생각한다. 그들은 예술, 문학 및 종교와 같이 과학적 분석이 힘든 인간 경험의 측면들이 있다고 믿는다. 클레(Klee)의 석판화, 베토벤의 소나타, 혹은 카르티에-브레송(Cartier-Bresson)의 사진의 아름다움이 어떻게 차가운 과학적 등식으로 환원될 수 있는가? 첫 번째 로맨스의 다정한 느낌, 시속 160km로 스포츠카를 몰 때의 흥분, 혹은 경기에서 진 풋볼 팀의 분노는 과학에서 요구되는 객관적이고 초연한 방식으로 포착될 수 있는가?

인본주의자라고 알려진 어떤 심리학자들은 이런 질문에 부정적으로 대답할 것이다. 대부분 흔히 임상 및 상담 심리학자들인 이 인본주의자들은 인간 느낌과 경험의 상당 부분을 전통적인 과학적 방법으로 객관적으로 평가하고 검증하는 것은 불가능하다고 주장한다. 거칠긴 하지만, '관악기'인 실험심리학자는 과학의 영역이 제한되어 있다는 데 동의한다. 우리는 신학적 방법으로 중력을 검증하지 않는 것처럼 과학적 방법으로 신의 존재를 입증하거나 반박할 수 없다. 과학은 그 도구가 적절한 곳에서 작동한다(14장 참조). 이것은 과학이 디디기 두려워하는 곳에서, 즉 비과학적 수단으로 지식이 얻어질 수 없다는 것을 함축하지 않는다. 인간 노력의 많은 중요한 영역은 광범한 과학적 분석으로 여전히 혜택을 받아야 한다. 몇 개만 들자면 윤리학, 도덕 및 법이 그렇다.

그러나 대부분의 과학자는 과학적 분석이 궁극적으로 많은 그런 영역에 유용하게 적용될 것이라는 희망을 붙잡고 있을 것이다. 현대 심리학의 상당 부분은 한때 철학의 유일한 소유물로 간주되었다. 심리학적 기법들이 개량되면서, 인간 전문성과 행동의 측면들이 과학의 영역으로 옮겨 갔다. 그리고 이제 대부분의 심리학자는 실제적으로 인간 경험의 모든 측면이 심리학이라 불리는 과학의 정당한 대상이라고 믿는다. 심리학에서 과학적 진보를 조롱하는 것은, 낭만적 사랑에 대한 연구를 지원하는 데에 대해 미국과학재단(National Science Foundation)을 비난한 미국 상원의원이 그랬던 것처럼 심리학적 지식을 확장하려는 노력을 멈추지 못할 것이다. 그런 지식의 적절하고 윤리적인 사용에 대한 관심은 타당하고 중요하지만, 무지는 해결책이 아니다.

❍ 심리학과 실제 세계

일반적으로 과학자 및 특정하게 심리학자는 자신의 직업을 추구하는 많은 이유가 있다. 비록 심리학적 연구가 인간성에 기여한다는 것을 증명하는 것은 다소 쉽다고 생각하지만, 우리는 이것이 심리학 연구자로서 경력을 추구하는 유일한 혹은 반드시 중요한 정당화는 아니라는 것을 강조하고자 한다. 많은 과학자는 단지 그것이 흥미롭기 때문에 어떤 문제를 탐구한다. 우리는 단지 게르빌루스쥐(gerbil)가 자신의 호기심을 자극하기 때문에 게르빌루스쥐를 연구한다고 말하는 동료에게 완전한 지지를 보낸다. 인간에 대해 수행하는 것이 비윤리적이거나 비실제적이기 때문에 어떤 연구는 동물에 대해 수행된다는 것도 사실이다. 예를 들어, 장기간 과밀, 처벌, 약물 등에 대한 연구가 그렇다. 그러나 동물의 행동은 그 자체로 흥미롭다는 것도 똑같이 사실이다.

과학적 연구는 종종 두 범주, 기초 및 응용으로 나뉜다. 응용 연구(applied research)는 야뇨증을 어떻게 치료하는가와 같은 구체적 문제의 해결을 목적으로 하는 반면, 기초 연구(basic research)는 즉각적인 실제적 목적이 없다. 기초 연구는 응용 연구자들에 의해 이용될 수 있는 자료, 이론적 설명 및 개념의 저장고를 구축한다. 이 원천이 없다면, 응용 연구자가 필연적으로 기초 연구자가 되지 않는다면 응용 연구는 곧 메마르고 덜컹거리다가 멈추게 될 것이다. 기초 연구에 의해 개발된 개념이 사회에서 유용하게 응용되기까지 꽤 많은 시간이 걸린다. Adams(1972)는 기초 연구의 영향이 있다면, 그 영향을 발견하기 위해 다섯 개의 사회적으로 중요한 산물을 추적하였다. 비록 기초 연구는 중요한 사건의 70%를 설명했지만, 그 연구는 산물의 최종 사용보다 20~30년 전에 있었다. 이렇게 긴 시간 지연은 기초 연구의 결정적 역할을 모호하게 하고, 그 결과 많은 사람이 기초 연구는 사회에 매우 유용하지 않다고 잘못 믿는다. 오늘날 수행되는 어떤 기초 연구가 지금부터 30년 후 어떤 영향을 미칠 것인지를 말하는 것은 매우 어렵다. 그러나 예측할 수 없음이 우리가 기초 연구의 수행을 멈추어야 한다는 것을 의미하는 것은 아니다.

비록 대부분의 실험심리학자는 과학자-실천가(응용 연구가 기초 연구의 성과에 기반을 두는) 모형에 만족하지만, 더 최근에 기초 및 응용 연구가 분기하는 두 트랙 시스템에 대한 격려가 있었다(Fishman & Neigher, 1982; Howell, 1994). 역사적 관점에서 보면 (Bevan, 1980), 과학에 대한 이 두 접근은 데카르트와 베이컨으로 거슬러 올라 갈 수 있다. 데카르트 모형에서 과학은 그 목적이 자연을 이해하는 데 있는 근본적인 선(basic good)이다. 베이컨 모형은 유용한 결과를 지식의 증진보다 우선하는, 인간 복지를 향상시키는 것으로 과학의 목적을 홍보한다. 그러나 여러 연구자는 기초/응용 연구의 이분법은 지나치게 단순화되었거나 잘못된 구별을 나타낸다고 주장한다(Pedhazur & Pedhazur Schmelkin, 1991). 예를 들어, 기초 및 응용 연구의 정의는 연구자들 간에 상당히 다르다. 게다가 모든 과학적 연구는 지식 획득의 목적으로 수행된다. 이런 의미에서 모든 연구는 어느 정도까지 기초적이라고 간주될 수 있다. 마찬가지로 대부분의 연구는 어떤 실제적 가치를 가지고 있다. 예를 들면, 『유럽 인지심리학 학술지(European Journal of Cognitive Psychology』(2007)는 최근에 특별호 전체를 교육적으로 유관한 장면에서 기억(10장 참조)에 대한 연구에 할당했다. 이 연구들 중 일부는 비교적 간단한 실험실 재료(예, 단어 목록)를 써서 발견된 기억의 원리들이 더 복잡한 교실 유형의 재료에도 들어맞는지를 검증하기 때문에 기초적이라고 보일 수도 있지만, 그 결과가 학생들의 학습을 최대화하는 방법을 제시하기 때문에 응용적이라고 보일 수도 있다. 그래서 기초/응용 구별은 덜 분절적인 용어로, 혹은 연속체를 이루는 것으로 생각하는 것이 더 좋다.

레이건 대통령 행정부 동안 시작된 정부의 연구 지원의 감소(Fishman & Neigher, 1982), 그리고 더 최근의 산업적 연구 재원의 감축(Yeager, 1996)은 미국 사회가 베이컨 모형 쪽으로 방향을 바꾸었다는 것을 시사한다. 물론 연구 지원으로 혜택을 보는 과학자들은 정부 영역 및 사적 영역 모두에서 연구의 이점을 설명하려 해 왔다. 필연적으로 행동과학자들은 정부 연구를 촉진하는 데에 더 적극적이게 되었다(National Advisory Mental Health Council Behavioral Science Task Force, 1995). Yeager(1996)는 산업은 연구의 단기 비용을 쉽게 계산할 수 있는 반면, 사적 영역에서 장기 이득을 충분히 평가하지 못했다고 주장했다. 산업 연구를 수행하지 못하는 것은 많은 산업에 심각한 손상을 줄 것이다. 잘 알려진 예가 1980년대에 일본의 진보된 기술과 경쟁하지 못한 것으로 인한 미국의 자동차 및 철강 산업의 쇠퇴이다.

인간 요인(15장 참조)은 급속히 증가하고 있는 응용 영역이다. 인간요인학회(Human Factors and Ergonomics Society) 회원의 대다수는 심리학자로 훈련받아 왔다. 그러나 그 학술지인 『인간요인(Human Factors)』의 과거 편집자는 그 자신이 심리학자인데, 10년 후 인간요인 분과는 "더 전문 직업이 되고 덜 과학적, 특히 **심리**과학이 될 것으로 믿고 있다. 그것은 계속 연구를, 그러나 점차 문제 특정적인 본질을 가진 연구를 생산할 것이다.…… 그러나 나에게 여전히 걱정되는 것은 과학의 범위가 더 넓어지고 이 분야에서 진정한 과학자의 수가 더 적어짐에 따라 과학과 실천의 간격을 어떻게 점점 더 전문적으로 되어 가는 분과가 이을 것인지이다."(Howell, 1994, p. 5) 의학 연구 영역에서 기초 연구와 응용 연구 간의 간격 잇기에 관해 유사한 관심이 있다. 그러므로 2006년 미국 국립보건원(National Institutes of Health)은 기초적 실험실 발견들을 실제적 응용으로 전환하는 것을 목적으로 하는 연구를 촉진시키기 위해 새 프로그램을 개시했다.

과학에 대한 데카르트 접근과 베이컨 접근 간의 선택은 과학자에 의해 궁극적으로 결정되지 않을 것이다. 그것은 과학적 연구를 평가하는 데에 어떤 기준이 가장 적절한가에 대한 사적 및 공적 영역에서 만들어지는 재정 지원(funding) 결정에 의해 결정될 것이다. 그러나 우리 과학자 및 비과학자 모두 이 선택에 의해 심각하게 영향을 받을 것이다.

비록 기초 및 응용 범주로의 연구의 분리가 흔하지만, 더 중요한 구분은 좋은 연구와 나쁜 연구 간의 구별이다. 이 책에서 다뤄지는 원칙과 실제는 똑같은 강도로 기초 및 응용 연구에 적용된다. 당신이 학생으로서, 직업적 심리학자로서, 혹은 일간신문을 읽는 교육받은 사람으로서든 당신이 만나는 모든 심리학적 연구를 평가하는 데에 그것들을 사용할 수 있고 사용해야 한다.

실험은 실제 생활과 너무 떨어져 있는가? 심리학 학생들은 다른 과학에서 기대하는 것보다 자신이 심리학 코스에서 더 높은 수준의 관련성을 요구한다. 물리학 입문 코스가 자기로 하여금 자신의 자동차를 고칠 수 있게 하지 못한다는 점에 전혀 실망하지 않는 학생들은 종종 심리학 입문 코스가 자기 자신의 동기에 대해 더 좋은 통찰을 주지 않고, 자신의 신경증을 고쳐 주지 않고, 그들에게 어떻게 영원한 행복을 얻는지를 보여 주지 못한다고 종종 불행해한다. 만일 당신이 심리학 입문에서 그런 정보를 찾지 못했다면, 이 책에서도 그것을 찾을 것인지 의심스럽다. 이것이 공평하지 않게 보인다면 계속 읽으라.

심리학자들이 모으는 자료는 처음에는 중요하지 않은 것으로 보일 수 있는데, 기초 심리학적 연구와 긴급한 사회적 혹은 개인적 문제 간의 직접적 관계성은 확증하기가 어려울 것이기 때문이다. 어떤 종류의 연구의 중요성을 의심하고 왜 연방정부가 다양한 기관을 통해 쥐가 막대기를 누르거나 미로를 달리는 것을 지켜보도록 연구자를 지원하는지를 궁금해하는 것은 당연하다.

그러나 그 어려움은 연구에 있는 것이 아니라 '유용한' 연구가 어떻게 수행되어야 할 것인지에 대한 기대와 관련된 것이다. Sidman(1960)이 주목했듯이, 사람들은 실생활 상황과 유사한 실험실 상황의 확립에 의해 진보가 일어날 것으로 기대한다. "동물에서 정신병을 연구하기 위해 우리는 동물을 어떻게 정신병자로 만들 것인지를 배워야 한다." 이것은 과녁을 벗어난 것이다. 심리학자는 배후의 과정을 낳는 물질적 상황보다 그 **과정**을 이해하려 한다. 실세계와 실험실에서 물질적 상황은 동일한 과정으로 주어진다고 하더라도 전혀 비슷할 필요가 없다.

왜 비행기 사고가 일어나는지, 혹은 더 구체적으로 비행기 사고와 조종사 그리고/혹은 교통 관제사 측의 주의 실패 간에 어떤 관계가 있는지를 알고 싶다고 가정하자. 기초 연구자는 재빨리 연속으로 켜지는 몇 개의 불빛 앞에 대학 2학년생을 앉힘으로써 이 문제를 접근할지 모른다. 2학년생은 각 불빛이 켜질 때마다 키를 눌러야 한다. 이것은 아마 비행기의 공중 충돌과는 다소 무관한 것으로 보인다. 그러나 물질적 상황이 꽤 다르지만, 그 과정은 비슷하다. 키를 누르는 것은 주의(8장 참조)의 지표이다. 심리학자는 그가 반응할 수 있는 것보다 더 빨리 깜박이는 불빛을 제시함으로써 인간 조작자에게 과부하를 일으킬 수 있다. 그래서 실험실에서 이렇게 단순한 물질적 상황은 심리학자로 하여금 신중하게 통제된 환경에서 주의의 실패를 연구할 수 있게 한다. 비행기를 충돌시킬 필요 없이 주의를 연구하는 명백한 안전상의 이득에 더해서, 실험실 환경은 많은 과학적 이득이 있다(3장 참조). 주의 실패는 많은 종류의 산업 사고(DeGreene, 1970, 7장 및 15장)의 원인이며, 불빛과 단추를 사용한 주의 연구는 실험실 밖에서 개량을 이끌 수 있다.

마찬가지로 비슷한 물질적 상황을 확립하는 것은 과정의 유사성을 보장하지 않는다. 쥐가 입으로 동전을 집고 그것을 우리 안에 넣도록 쉽게 훈련시킬 수 있다. 그러나 이것은 동일한 심리학적 과정이 그들의 행동을 통제하고 있기 때문에 그 '비참한' 쥐 그리고 동전을 자신의 침대 밑에 보관하는 비참한 인간이 그렇게 한다는 것을 반드시 의미하지는 않는다.

우리는 실험실에서 응용으로 일반화될 수 있는 심리학적 과정에 관심을 가져야 할 뿐 아니라 연구를 하는 두 가지 중요한 이유를 의식해야 한다. 연구의 목적은 (적어도 초기에는) 실제적 문제와 직접 관련되지 않을 수 있다(Mook, 1983). 기초 연구가 이해를 돕는 한 가지 이유는 그것이 종종 무엇이 일어날 수 있는가를 입증한다는 것이다. 그래서 통제된 조건에서 과학자는 사회적 태만이 일어날 것인지를 판정할 수 있다. 게다가 실험실은 급여와 고용 보장과 같은 여러 개의 통제되지 않은 요인이 사회적 태만의 효과를 차폐하거나 변경할 수 있는 직장보다 더 확실하게 사회적 태만의 특성을 판정할 기회를 제공한다(3장 참조).

기초 연구의 가치의 두 번째 이유는 통제된 실험실 상황에서 나온 발견은 실생활 상황에서 얻어진 유사한 발견보다 더 큰 힘을 가질 수 있다는 것이다. 인간 조작자가 비교적 스트레스가 덜한 실험실 과제에서 과부하될 수 있음을 보이는 것은 주의 요인이 수행에 결정적이라는 것을 시사한다. 개인들은 복잡한 항로에서 대형 여객기를 조종하는 스트레스 상황에서 한층 더 쉽게 과부하될 수 있을 것이다.

물론 연구자가 이론적인 예측을 검증하거나 실험실 결과를 응용 상황에 적용하기를 원한다면, 실생활 검증은 필수적일 것이다. 집단적 제조 상황에서 사회적 태만을 감소시키기 위해 그 상황에서 적용가능성을 먼저 검증하지 않고 개인 수행을 측정하는 방법을 설립하는 것은 무모할 것이다. 여기서 얻을 교훈은 연구자가 실험의 목적에 관심을 가질 필요가 있다는 것이다. 연구자 혹은 어떤 연구의 평가자는 그 목적을 잘 고려해야 한다.

실천도, 과학의 사용도 쉽지 않다. 과학적 지식과 이해로부터 도출될 수 있는 이득은 비판적 그리고 견문이 넓은 시민과 과학자에 달려 있다. 경력, 가족 및 사회적 문제에 대한 당신의 개입은 부분적으로 과학적 발견에 의해 결정될 것이다. 당신은 그런 발견들을 정확하게 평가하고 가장 신뢰할 만하고 타당해 보이는 것을 수용하는 위치에 있어야 한다. 당신이 동면하거나 다른 어떤 식으로 사회로부터 이탈할 계획이 있지 않다면, 당신은 심리학적 연구에 의해 영향을 받을 것이다. 시민으로서 당신은 심리학적 연구 결과의 소비자가 될 것이며, 우리는 이 책에서 논의된 재료가 당신으로 하여금 지적인 소비자가 되도록 도와주기를 희망한다.

바라건대, 당신 중 일부는 과학자가 될 것이다. 우리는 또한 당신들 신예 과학자의 일부는 왜 사람이 그렇게 생각하고 행동하는지에 초점을 맞출 것을 희망한다. 우리는 미래 과학자인 당신에게 행운을 빈다. 당신의 과학적인 경력은 흥미진진할 것이며, 당신의 노력이 여기에 제시된 심리학적 연구의 원칙에 의해 긍정적으로 영향받기를 희망한다.

☑ 요약

1. 과학적 심리학은 왜 사람들이 그렇게 생각하고 행동하는가를 이해하는 데 사용되는 방법과 기법에 관심이 있다. 이 호기심은 기초 또는 응용 연구에 의해 충족될 수 있는데, 이들은 보통 함께 나아가서 이해를 제공한다.
2. 우리의 믿음은 종종 권위의 방법, 고집의 방법, 또는 선험적 방법에 의해 확립된다. 과학적 방법은 이런 다른 방법보다 이점을 제공하는데, 그것은 체계적 관찰에 의존하고 자기수정적이기 때문이다.
3. 과학자는 사고와 행동을 설명하기 위해 귀납 및 연역 추리를 모두 사용한다.
4. 일반화의 무리가 가설의 무리를 낳는다.
5. 이론은 자료의 집합을 조직하고 자료가 얻어지지 않은 새 상황에 대한 예측을 생성한다. 좋은 이론은 절약적이고, 정밀하고, 검증 가능하고, 그것이 설명하는 자료에 잘 들어맞는다.
6. 실험실 연구는 행동을 지배하는 과정 그리고 어떤 심리학적 과정이 관찰되는 조건을 보여 주는 데에 관심이 있다.

☑ 주요 용어

가설hypothesis
결정론determinism
고집tenacity
과학적 방법scientific method
권위authority
귀납induction
묘사(혹은 기술)description
사회적 태만social loafing
설명explanation
예언prediction
이론theory
자기수정self-correcting
검증가능성testability
경험적 실험법empirical experimentation
고집의 방법method of tenacity
관찰observation
권위의 방법method of authority
기초 연구basic research
반증가능론falsifiability view
선험적 방법a priori method
연역deduction
응용 연구applied research
일반화generalization
자료data

절약성parsimony

조직화organization

책임분산diffusion of responsibility

정밀도precision

중개 변인intervening variables

☑ 논의거리

1. 참이라 간주될 수 있는 다섯 개의 진술의 목록을 만들라. 맞다고 확신하는 진술뿐만 아니라 논쟁적인 진술(예, 남자가 여자보다 IQ가 더 낮다)도 포함시키라. 당신 친구들 중 몇몇을 조사하여 이 진술들에 동의하는지를 물어보라. 그다음 자신의 의견에 대한 정당화가 무엇인지를 물어보라. 그들의 정당화를 이 장에서 논의한 믿음 고정의 방법들 중의 하나로 분류하라.
2. 과학에 대한 귀납적 및 연역적 접근을 비교하고 대비시키라. 실험심리학 밖에 있는 적어도 한 개의 과학 분과를 참조하여 당신의 답을 명확하게 하라.
3. 이론의 반증가능성의 관점에서 사회적 태만 연구를 논의하라.
4. 실험심리학자가 사회에 대한 응용적 혜택의 측면에서 자신의 연구를 정당화하는 것이 필요한가(혹은 바람직한가)?
5. 다음 논문을 읽으라. Skinner, B. F. (1956). 과학적 방법에서 본 사례사(A case history in scientific method). *American Psychologist, 11,* 221-233. 이 장에서 논의된 쟁점의 관점에서 Skinner의 견해를 분석하라.

☑ 웹 연결

다음에서 이용할 수 있는 자매 웹사이트에서 '무엇이 과학인가? 세계를 생각하는 방식'의 단계별 슬라이드를 살펴보라.

www.cengagebrain.com

두 개의 뛰어난 다목적 웹사이트는 다음과 같다.

http://www.apa.org

http://www.psychologicalscience.org

제2장

연구 기법: 관찰과 상관

- 자연 관찰
  - 우리는 무엇을 관찰하는가
  - 반응성
  - 사례 연구
  - 조사 연구
  - 자연 관찰의 장점과 단점
- 관계적 접근법
  - 유관성 연구
  - 상관 연구
  - 상관계수
  - 복합 상관 절차
  - 원인: 참고

요약

주요 용어

논의거리

웹 연결

실험실 자원

과학적 관찰은 일상적 관찰보다 정량적으로 오류가 덜하지만 오류가 없을 수 없다는 점에서 일상적인 관찰과 다르지 않다. 오히려 과학자가 점차적으로 이전의 오류를 발견하고 수정해 나간다는 점에서 과학적 관찰은 일상적인 관찰과 달라진다. 사실상 과학으로서의 심리학 역사는 관찰에서 편향과 왜곡을 점진적으로 제거하거나 교정해 주는 절차와 도구 개발의 역사이다.
(RAY HYMAN)

과학은 아마도 누진적으로 축적되는 유일한 지적 사업일 것이다. 과학적인 관점에서 볼 때, 우리는 역사상 다른 시대에 사람들이 알고 있는 것보다 오늘날 세계에 대해 더 많이 알고 있다. 반면에 오늘날 문학, 예술, 철학은 고대 그리스 시대의 것과 다를 수 있지만, 아마도 이 분야가 지금 더 나은 상태에 있거나 더 정확하게 세상을 대표한다고 말할 수 없을 것이다.

과학이 누적되는 주된 이유는 과학자들이 세계에서 가장 정확한 관측을 위해 노력하기 때문이다. 과학은 자기수정적이다. 특정 조건 아래에서 일어날 일에 대한 예언을 가능하게 하는 이론과 가설이 제시되고 이러한 생각들은 신중하게 수집된 관측치와 비교하여 검증된다. 사실이 예언과 일관되고 심하게 다를 때, 우리의 이론적 개념은 수정하거나 포기되어야 한다. 과학 사업의 많은 것은 세계의 특정 측면에 대한 자료의 수집인 관찰과 관련된다.

이 장에서 우리는 심리학적 자료수집의 몇몇 비실험적 방법에 대해 논의할 것이다. 그러한 방법 중 하나가 자연 관찰(naturalistic observation)인데, 이것은 가장 명백하고 아마도 가장 오래된 자료수집 방법일 것이다. 조류 관찰자와 같은 많은 사람이 아마추어 자연 관찰자이지만, 과학적 자연 관찰자들은 앞으로 살펴보듯이 체계적으로 관찰한다. 예를 들어, 수컷 파란색 목 벌새는 다섯 마디의 음표로 구성된 노래를 한다. 즉, 특정 지역의 수컷들은 같은 마디의 노래를 부르는 경향이 있다는 것이 관찰되었다(Ficken, Rusch, Taylor, & Powers, 2000).

정보를 수집하는 또 다른 방법으로 사례 연구(case study)가 있다. 이것은 일반적으로 한 개인에 대한 세부 조사를 포함하지만 소수의 개인을 비교할 수도 있다. 최근 한 사례에서 4명의 아이를 둔 30세 어머니 K. R.이 치료를 받으러 왔을 때, 일상생활을 심각하게 방해하는 수를 세는 다양한 의식을 가졌다는 사실이 드러났다(Oltmanns, Martin,

Neale, & Davison, 2006). 예를 들어, 식료품 쇼핑 중에 K. R.은 선반에서 처음 4개 품목 중 하나를 선택하면 자녀 중 하나가 심각한 결과를 겪을 것이라고 믿었다. 그녀는 시리얼의 두 번째 상자를 선택하면 두 번째 아이에게 재난이 발생하고 세 번째 상자를 선택하면 세 번째 아이가 다칠 것이라는 식으로 믿었다.

설문 조사(survey)는 사례 연구와 유사하다. 설문 조사는 소수의 사람 대신 많은 개인으로부터 상세한 자기보고 정보를 수집한다. 대규모 표본의 흥미로운 예는 2000년 전국 Annenberg 선거 조사(Waldman, 2004)인데, 이는 58,373만 명의 무선 표본에 대한 상세한 전화 인터뷰를 기반으로 한다. 설문 조사 자료의 일부를 분석한 결과, Moy, Xenos와 Hess(2005)는 심야 TV에 정치 후보자가 출현하는 것이 후보자에 대한 시청자의 태도에 영향을 미친다는 것을 발견했다. 예를 들어, 조지 W. 부시가 〈데이비드 레터맨 쇼(Late Show with David Letterman)〉에 출현한 후, Moy와 동료들은 이 쇼의 시청자들이 심야 TV를 시청하지 않은 사람들보다 부시 대통령이 '나 같은 사람들'에 대해 얼마나 많이 신경을 써 주는지에 대해 더 높은 평가를 했다는 것을 발견했다.

사람의 활동에 대한 예언이 가능하도록 방금 설명한 절차에 의해 수집된 기술적 정보는 종종 다양한 방식으로 결합된다. 예언을 하려는 이러한 시도가 상관 기법(correlational technique)이다. 이러한 절차의 한 예에서 범죄자를 정확하게 식별하는 능력에 대한 자신감이 경찰 라인업에서 실제 범죄자를 얼마나 잘 구별하는지를 예언할 수는 없는 것으로 밝혀졌다(Cutler & Penrod, 1989).

앞의 결과에서 알 수 있듯이, 관찰 및 상관 방법을 통해 흥미로운 현상에 대한 흥미로운 자료를 산출할 수 있다. 우리는 사람과 동물이 생각하고 행동하는 이유를 알아내는 방법으로서 이 방법들의 강점과 약점을 모두 살피면서 그것을 자세히 검토할 것이다.

자연 관찰

우리 모두가 알고 있듯이, 관찰자들은 오류를 범할 수 있다. 보이는 것을 믿지 말아야 한다(적어도 항상 믿어야 하는 것은 아니다). [그림 2-1]의 지각하는 방식에서 착시를 경험하는 것처럼 우리의 지각은 종종 우리를 속인다. 우리 모두는 마술사들이 겉보기에 불가능해 보이는 묘기를 바로 눈앞에서 하는 것을 본 적이 있다. 그러한 마술은 주

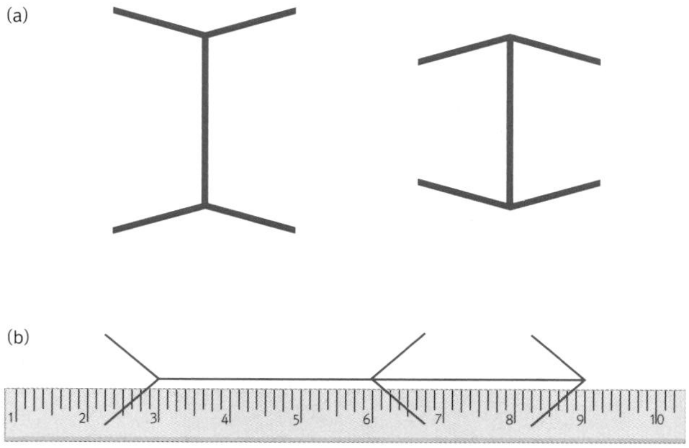

[그림 2-1] 착시

(a) Müller-Lyer 착시. 수직선의 길이가 같지만 두 개의 핀 방향이 다르기 때문에 같지 않은 것처럼 보인다. (b) 착시는 객관적인 측정 장치인 자조차도 분명히 왜곡시킨다. 그러나 면밀히 살펴보면 자는 왜곡되지 않았으며 두 선의 길이가 동일하다는 것을 알 수 있다.

출처: R. L. Gregory (1970), pp. 80-81에서 발췌.

의를 기울이지 않으면 때로는 주의를 기울여도 직접적인 지각이 정확하지 않을 수 있다는 것을 증명해 준다.

과학자들도 인간이기 때문에 관찰 오류를 범한다. 본질적으로 논리, 복잡한 장치의 사용, 통제조건 등을 포함하는 과학자들이 사용하는 연구 기법은 지각의 오류를 방지하고 관찰이 가능한 한 정확하게 자연의 상태를 반영하도록 한다. 그러나 우리가 최선의 방법과 가장 세심한 관찰 기법을 사용하더라도 우리는 이상향에 접근할 수 있을 뿐이다. 그럼에도 불구하고 연구 방법으로서의 자연 관찰은 세계를 무심코 관찰하는 것과는 다르다. Ginsburg와 Miller(1982)가 행한 소년과 소녀의 위험 감수에 대한 연구는 장기간의 신중하고 조심성 있는 관찰이 어떻게 성과를 이루어 낼 수 있는지를 보여준다. 대부분의 사람은 어린 소년들이 소녀들보다 더 대담해 보인다는 것에 동의할 것이다.

이것은 정확한 관찰일까, 아니면 우연한 관찰자가 단지 일반적인 고정관념을 확인해 주는 것일까? Ginsburg와 Miller는 최대 11세의 거의 500명의 아이가 동물원에서 동물에게 먹이를 주고, 쓰다듬고, 코끼리를 탈 수 있는 기회를 누리는 동안 그들을 자연 관찰했다. 두 명의 독립적인 관찰자가 소년과 소녀들이 이러한 도전적인('위험한') 활동에 참여하는 빈도를 기록했다. 남자아이들, 특히 더 나이 든 남자아이들은 여자아이들보다 위험한 활동에 참여할 가능성이 더 높았다. 두 명의 관찰자에 의해 특정 상황에서 특정 행동의 빈도수를 얻는 것은 남자아이들이 여자아이들보다 더 대담하다는 일상 관찰에서 얻은 결론을 강화해 준다. 그러나 이 연구에서 왜 이러한지에 대한 정보를 제공하지는 않는다.

Miller(1977)는 심리학에서 자연 관찰이 할 수 있는 몇 가지 중요한 역할을 열거했다. Miller는 관찰이 이후에 더 통제된 연구를 초래하는 데이터베이스의 주요 부분을 제공한다고 제안한다. 자연 관찰은 유기체의 생각과 행동을 기술한다. 이것은 이해를 위한 첫 번째 단계이다. 친숙한 예로, Harlow(1958)의 어머니에 대한 유아의 사랑 연구가 있다. Blum(2002)이 이것을 자세하게 기술한다. 실험을 하기 전에 Harlow는 유아 원숭이가 어떤 행동을 보이는지 알아야 했다. 그는 또한 유아 원숭이가 좋아하는 것(부드러운 담요)과 싫어하는 것(케이지의 전선 바닥)에 대해서도 알아야 했다. 이 배경 정보를 가지고 Harlow는 실험을 통한 행동 설명을 시도할 수 있었다. 마찬가지로 Pytte, Rusch와 Ficken(2003)은 벌새 노래에 대한 초기 관찰을 추적했다. 그들은 벌새의 환경에 존재하는 배경 소음을 다양하게 했고, 실험 결과 새 노래 소리의 크기는 배경 소리가 커지면서 커졌다. 그러한 실험은 Ficken과 동료들의 사전 관찰 작업 없이는 불가능했을 것이므로, 우리는 통제할 수 없다는 이유로 관찰을 실험에 부차적이거나 종속적인 것으로 간주해서는 안 된다. 앞의 예가 증명하듯이, 관찰은 실험의 기초를 제공할 수 있다.

과학적 관찰을 할 때, 우리는 관찰의 타당성 또는 건전성을 위협하는 두 가지 기본 문제에 직면한다(이는 실험에도 문제가 될 수 있는데 이 점은 나중에 검토할 것이다). 한 가지 문제는 관찰할 행동에 대한 범위 정하기(delimiting)와 관련이 있다. 인간 관찰자들은 사건을 지각하고 생각하는 데 유한한 능력을 가지고 있다. 비록 우리 대부분이 걸으면서 동시에 껌을 씹을 수 있지만, 우리는 짧은 시간 동안 발생하는 스무 가지의 서로 다른 행동에 주의를 주고 그것들을 기억할 수는 없다. 따라서 행동 범위에 대한 경계선을 통해 우리가 어떤 것을 관찰할지를 정해야 한다. 우리는 연구 문제에 중심이 되는 행동을 선택해야 한다. 두 번째 문제는 참가자의 관찰에 대한 반응과 관련된다. 반응성(reactivity)이라 불리는 이 문제는 모든 종류의 심리학 연구를 수행하는 데 문제가 된다.

❍ 우리는 무엇을 관찰하는가

연구할 행동의 범위를 어떻게 제한할까? 답은 간단하게 보일 수 있다. 우리가 인간의 비언어적 의사소통에 관심이 있다면, 우리는 인간의 비언어적 의사소통을 관찰한다. 그러나 이것이 항상 쉬운 것은 아니다. 우선, 비언어적 의사소통은 매우 복잡하므로 관찰자들은 시작하면서 피하려고 노력했던 것과 같은 문제에 직면하게 된다. 즉, 우리는 어떤 비언어적 행동을 관찰하는가? 다음으로, 비언어적 행동을 조사한다는 것은 우리가 이미 관찰해야 할 행동에 대해 어느 정도 알고 있다는 것을 가정한다. 분명히, 우리는 모든 지식이 결핍된 상태로 연구 프로젝트에 참여하지는 않지만 모든 답을 가지고 시작하지도 않는다. 우리는 일반적으로 어떤 행동을 염두에 두고서 일련의 관찰 연구를 시작하게 되고, 그러면 연속적인 프로젝트는 이전 자료에 의존해서 조사 분야를 개선하고 제한한다. 몇몇 예를 통해 이 절차를 보게 될 것이다.

행동목록 심리학자들이 관심을 갖는 자연 관찰 연구(naturalistic research)는 (종종 야생에서) 자연적으로 발생하는 행동에 대한 연구인 동물생태학(ethology) 분야에서 가장 널리 사용되는 것 같다. 동물이나 인간의 행동을 단순히 관찰하면 행동의 특성과 범위에 대한 전반적인 인상을 얻게 된다. 그러나 곧 우리는 더 체계적인 관찰을 원할지도 모른다. 동물생태학자들이 더 체계적인 관찰을 하는 한 가지 방법은 연구 중인 유기체에 대한 다양한 범주의 경험을 식별한 다음 유기체가 각 행동에 관여하는 횟수를 기록하는 것이다. 이러한 행동은 짝짓기, 그루밍, 수면, 싸움, 먹기 등과 같은 큰 단위 또는 훨씬 더 작은 단위로 나누어질 수 있다.

예를 들어, 동물 행동의 일반적 행동목록(ethogram)이 [그림 2-2]에 제시되어 있다(Orzech, 2005). 행동목록은 수많은 특정 동물 종이 수행하는 특정 행동을 기술한 상대적으로 완전한 목록이다. [그림 2-2]에서 볼 수 있듯이, Orzech는 자기 그루밍과 같은 특정 행동에 대한 정확한 정의를 제공한다. 행동이 언제 그리고 얼마나 자주 발생하는지를 주목함으로써 행동의 중요성에 대해 알 수 있게 된다.

완전한 행동목록은 달성하고자 하는 이상이 될 수는 있지만 실제로는 달성 불가능하다. 관찰자가 특정한 가설을 염두에 두지 않고 돌고래의 의사소통 행동과 관련된 모든 행동을 식별하고 분류하는 것은 번거로운 일이 될 것이다. Timberlake와 Silva(1994)는 행동을 완전히 기술하고 분류하기보다는 특정 질문에 답을 하도록 관찰 범주가 계획되어야 한다고 주장했다. 그들은 더 나아가 관찰자가 관심이 되는 행동이

행동의 종류	행동	코드	행동 설명
혼자 하는	자기 그루밍	GS	동물이 혀 또는 앞다리를 사용하여 자기의 털을 닦거나 고르는 행동을 한다.
	잠자기	S	동물이 잠자기 위해 종 특정적 자세를 취하고 한 자리에 머물러 환경적 변화에 경계를 보이지 않는다.
	휴식	R	동물은 한 곳에 머물지만 환경 변화에 의해 쉽게 동요될 수 있다.
	이동하기	L	동물이 이리저리 이동한다.
음식 관련	먹기	E	동물이 환경에서 발견하는 먹이를 먹는다.
	먹이 찾기	LF	동물이 먹이를 찾으려고 환경을 수색한다.
	마시기	D	동물이 환경에서 발견되는 물이나 다른 액체를 마신다.
사회적	다른 동물 그루밍	GO	동물이 자신의 환경에 있는 또 다른 동물의 털을 닦거나 고르는 행동을 한다.
	놀기	P	동물이 다른 동물과의 상호작용에 관여하는 것으로서 이동, 오르기, 물건 조작, 또는 둘 이상의 동물 간 관계를 보여 주는 다른 활동이 포함될 수 있다.
공격적	싸우기	F	동물이 환경 내 다른 동물과 물리적 충돌에 관여한다.
	먹이 훔치기	SF	동물이 환경 안에 먹이를 놓은 또 다른 동물에게 접근하여 물리적인 힘이나 방해를 사용해서 그 다른 동물 근처에서 먹이를 가져온다.

[그림 2-2] 인간이 아닌 많은 동물 행동에 적용될 수 있는 일반적인 표본 행동목록

출처: 저자의 허락하에 사용. Orzech, K. (2005). Sample ethogram. Retrieved from http://www.tolweb.org/onlinecontributors/app?page=TeacherResourceViewSupportMaterial&service=external&sp=l3090&sp=4

발생했는지 쉽게 판단할 수 있기 위해서 관찰의 범주가 모호하지 않아야 한다고 제안했다. 만약 관찰자가 구애 행동의 범주를 정하고자 한다면 유기체의 행동 레퍼토리 중 몇몇 측면을 고려해야 할 것이다. 오류의 가능성을 줄이고 빠르게 수행하기 위해서 행동들이 범주에 배정되도록 계획해야 한다. Dolphin Communication Project(2009)는 이 접근법을 예증한다. 이 프로젝트의 연구자들은 대서양의 점박이 돌고래가 보여 주는 많은 사회적이고 비사회적인 행동의 실질적인 행동 범주를 개발했다. 다양한 발성의 범주도 여기에 포함되었는데, 그들은 소리와 관련된 행동을 조사함으로써 돌고래의 음성적 및 비음성적 의사소통을 더 잘 이해하기를 바랐다.

만약 두 관찰자가 같은 방식으로 행동을 일치되게 분류했다면, 행동 범주가 분명

하고 명확해질 것이다. 종종 두 명 이상의 관찰자가 동일 유기체의 행동을 범주화하고 그 결과를 비교하여 일치 정도를 확인한다. 관찰자간 신뢰도(interobserver reliability)는 둘 이상의 관찰자가 같은 행동을 동시에 관찰할 때 유사한 결과를 산출하는지를 측정한다(Martin & Bateson, 1993). 관찰자간 신뢰도는 여러 가지 방법으로 측정할 수 있지만 일반적으로 상관계수(이 장의 뒷부분에서 설명됨)에 의해 측정된다. 두 관찰자 간의 높은 일치는 높은 양의 상관계수로 나타날 것이다. 상관은 일반적으로 최댓값이 1.00이며, 상관계수가 .70을 초과하면 높은 관찰자간 신뢰도로 인정된다(Martin & Bateson, 1993).

Ficken과 동료들(2000)은 푸른 목 벌새의 노래 특징을 알아낼 수 있었다. 또한 암컷 벌새가 노래할 때의 행동목록을 만들어 냈다. 연구원들은 벌새의 노래를 녹음하고 분석할 수 있어야 했다. 이것은 쉬운 일이 아니다. 자연 서식지에서 정확한 기록을 얻는 것은 어렵다. 예를 들어, 자동 기록 장치를 사용할 때조차도 지속적인 감시는 보통 불가능하다. 돌고래와 벌새는, 특히 이동하는 경우에는 더욱더 넓은 영역을 갖는 경향이 있다. 즉, 자동 기록도 관찰 대상을 추적해야 하는데, 이것이 어렵거나 불가능할 수도 있다. 게다가 장치와 관찰자 모두 반응성을 초래할 수 있고, 이것은 측정을 망칠 수 있다. 이런 것들은 동물의 자연 관찰과 관련된 몇 가지 어려움에 지나지 않는다.

유사한 기법을 인간 행동에 적용하는 것은 훨씬 더 어려울 수 있다. 왜냐하면 사람들은 보통 호기심 많은 과학자가 자신의 모든 행동에 주목하는 것을 좋아하지 않기 때문이다. Barker와 동료들(예, Barker, 1968; Barker & Wright, 1951)은 여러 가지 환경에서 인간에게 자연 관찰을 선도적으로 적용했고, 위험 감수에 관한 Ginsburg와 Miller(1982)의 작업은 인간 행동목록의 한 예로 간주될 수 있다. 다음은 인간에 대한 자연 관찰의 추가적인 예이다.

눈썹 올리기 인간 행동에 대한 유명한 행동학자 Eibl-Eibesfelt는 인간의 얼굴 표정에 대한 상당한 양의 현장 연구를 수행했다. 그와 동료들은 전 세계를 여행하면서 다양한 맥락에서의 얼굴 표정을 사진으로 찍었다. 표정을 면밀히 조사했을 때, 많은 표정이 문화들에 걸쳐 유사하고 어떤 것들은 그렇지 않다는 것을 알 수 있었다. 서로 인사하는 사람들과 관련된 얼굴 표정을 조사하는 과정에서, Eibl-Eibesfelt는 대부분의 사람이 짧게 눈썹을 들어 올린다는 것을 발견했다. 그는 계속해서 이 현상을 자세히 조사했다.

눈썹 올리기는 짧은 시간(1/6초) 동안 눈썹을 위로 올리는 것으로 가벼운 미소와 머리를 빠르게 끄덕이는 것을 동반한다. 눈썹 올리기는 부시맨, 발리인, 유럽인을 포함하는 많은 문화권의 사람들에게서 관찰되었지만, 어떤 문화권에서는 그것을 사용하는 방법에서 차이가 있었다. 일본에서는 눈썹 올리기가 선정적이거나 품위 없다고 여겨지기 때문에 일본인들은 눈썹 올리기를 사용하지 않는다. 또한 Eibl-Eibesfeldt는 눈썹 올리기가 인사하는 것 외에도 유혹 및 선물이나 서비스(즉, 감사의 표시로)의 인정처럼 다른 상황에서도 발생한다는 것을 발견했다.

그의 연구를 통해서 우리는 이전의 관찰이 Eibl-Eibesfeldt에게 추가적인 관찰을 제안했고 눈썹 올리기로 조사의 범위를 제한함으로써 공통된 인간의 행동에 대한 상당한 정보를 수집할 수 있었다는 것을 알 수 있다.

❍ 반응성

참가자의 반응이 관찰을 망치는 것을 막기 위해서, ① 비간섭적 관찰(unobtrusive observations)과 ② 비간섭적 측정(unobtrusive measures)의 두 가지 일반적인 방법이 사용될 수 있다(Webb, Campbell, Schwartz, & Sechrest, 1966). 우리는 이것을 차례대로 살펴볼 것이다.

비간섭적 관찰　당신이 고향에서 길을 따라 걷고 있다고 상상해 보자.

때때로 당신은 친구에게 인사한다(아마 악수로, 어쩌면 눈썹 올리기로). 걷기가 계속되면서 커다란 카메라를 가진 사람이 다가와 친구 중 한 사람에게 인사할 때마다 당신을 영상에 담겠다고 한다. 당신은 이러한 관심에 대해 어떻게 반응할까? 매우 가능성 있게도, 사람들에게 인사하는 당신의 방식은 극적으로 바뀔 것이다. (당신은 TV 카메라가 향할 때 스포츠 경기에서 관중이 어떻게 행동하는지 목격한 적이 있는가?) Eibl-Eibesfeldt는 특수 측면 렌즈가 있는 카메라를 사용하여 그의 연구에서 참가자의 반응성을 막았다. 이 렌즈를 사용해서 그는 참가자들로부터 90° 비껴서 카메라를 향하게 할 수 있었다. 아마도 참가자들은 Eibl-Eibesfeldt가 다른 것을 촬영하고 있다고 생각했을 것이다. 그래서 참가자들은 관찰자와 카메라의 존재에 비정상적으로 반응하지 않았을 것이다. 대신, 참가자들은 자연스럽게 행동했을 것이며, 이것이 Eibl-Eibesfeldt가 의도한 것이었다. 특수 카메라 렌즈를 통해 연구자는 참가자를 방해하지 않고 관찰할 수 있었다. 우리는 Eibl-Eibesfeldt가 비간섭적 관찰 기법을 사용했다고 말한다.

일반적으로, 참가자에 대한 비간섭적 관찰은 관찰되는 것을 참가자가 알고 있는 관찰보다 더 자연스러운 행동을 드러나게 해 준다. 동물을 연구할 때 연구자들은 가능할 때마다 비간섭적 관찰을 사용한다. 하지만 때로는 관찰 대상 자체나 지형 또는 프로젝트의 어떤 측면 때문에 근접한 접촉이 요구되기도 한다. 이러한 상황에서는 참여 관찰(participant observation)이 종종 해결책을 제공한다. 용어가 암시하듯이, 관찰자는 관찰 대상의 삶에 적극적인(그리고 침입하는) 참가자가 된다. Blessing과 Block(2009)은 "행동을 촉발하는 것을 자제해야 한다고 요구하는 관찰과 정신적 변화를 추구하여 개입과 해석을 제공하는 심리치료 간의 중간 영역을 참가자 관찰이 차지한다."(p. 21)라고 언급하였다. Block은 아이들이 어떻게 학습을 하는지 더 잘 이해하기 위해 일주일에 두 번 교실에서 일하기로 자원했고, 선생님을 돕고 아이들과 상호작용했다. 수업은 일반 유치원을 다니는 데 어려움을 겪었던 9명의 5세 아이로 구성된 특수 유치원에서 이루어졌다. 그중 8명이 남자였고, 학생들 모두 자폐스펙트럼장애 진단을 갖고 있었다. 8개월 동안 Block이 교실에서 관찰하고 보조하는 동안에 그녀는 Catherine이라는 가명의 한 학생에게서 긍정적인 반응적 행동을 관찰하고 놀랐다. 그 반의 유일한 여아였던 Catherine은 처음에는 위축되어 있었고, 학교 활동에 참여할 동기도 없었으며, 8명의 소년이 보이는 혼란스러운 행동에 압도된 것 같았다. 그러나 수업 중 Block이 하는 일이 Catherine에게 촉매제 역할을 하는 것 같았다. 그녀는 Block에게 매료되었고, "사람들 사이의 이리저리"의 중요성을 이해하기 시작했다(p. 25).

모든 형태의 관찰이 다 반응성을 초래하는 것은 아닌 것 같고, 긍정적이거나 부정적인 반응성이 항상 관찰에서 초래되는 것도 아니다. 오디오 테이프 레코더를 사용해서 가족의 일상적 상호작용을 실질적으로 관찰한 경우 오디오 녹음기의 작동 여부를 가족들이 아는지에 상관없이 가족들은 똑같이 반응했다(Jacob, Tennenbaum, Seilhamer, Bargiel, & Sharon, 1994). 하지만 오디오와 비디오 녹화를 결합하는 좀 더 침입적인 관찰 절차는 가족들이 부자연스럽게 반응하게 할 것이라고 상상할 수 있다.

비간섭적 측정 비간섭적 관찰과는 대조적으로, 비간섭적 측정은 행동의 간접적인 '관찰'로 구성된다. 비간섭적 측정은 행위가 아닌 행위의 결과를 연구하는 것이므로 간접적이다. 그래서 우리는 행동을 직접 관찰하는 대신에 행동이 성취한 것을 봄으로써 사실을 조사한다. 학생의 학습 활동을 관찰하는 대신 성적 증명서를 조사한다. 고릴라와 함께 사는 대신 고릴라가 환경에 끼치는 영향을 조사한다. 그러면 비간섭적 관찰과 비간섭적 측정 간의 차이는 관찰 대상과 관찰자가 동시에 같은 장소에 있는지의 여부가 된다. 연구자가 그 자리에 있다면 대상의 행동을 방해하지 않으며 관찰하고 있는 것이고, 부재할 때는 행동의 산물이나 결과를 연구하는 것이다.

분명히, 비간섭적 측정이 조사되고 있는 모든 질문에 적절한 것은 아니다(눈썹 올리기의 비간섭적 측정은 어려울 수 있다). 그러나 어떤 연구 문제에는 그것이 단지 좋은 선택일 뿐만 아니라 실행 가능한 유일한 측정이기도 하다. 공중화장실의 낙서 문제를 고려해 보자. 누가 낙서를 하는가? 일반적인 주제 영역이 무엇일까? 만약 연구자가 화장실에서 사람들을 관찰하며 서 있다면, 많은 심각한 윤리적 문제들이 제기될 것이다(윤리의 문제는 4장 참조)

그러나 낙서 자체를 검사하여 실질적인 정보를 얻을 수 있다. Kinsey, Pomeroy와 Martin(1953)은 남자 화장실의 낙서가 여자 화장실의 낙서보다 더 에로틱하다는 것을 발견했다. 또한 그들은 여자 화장실보다 남자 화장실에서 더 많은 낙서를 찾아냈다.

❍ 사례 연구

심리학에서 가장 존경할 만한 연구 방법 중 하나가 사례 연구이다. 프로이트의 정신분석적 이론은 개별적인 사례에 대한 그의 관찰과 성찰에서 비롯되었다. 일반적으로 사례 연구는 대상이 신경증 환자이든, 영적 매개자이든, 또는 세상의 종말을 기다리는 단체이든 간에 단 하나의 사례를 집중적으로 조사하는 것이다. Festinger, Rieken과 Schachter(1956)는 종말론자들에 대한 흥미로운 사례 연구를 제공했다. 저자들은 세상의 종말을 기다리고 있던 사람들로 구성된 작은 집단에 잠입했다. 그 집단의 구성원들은 지구의 파괴가 임박했다는 것을 한 구성원에게 전달해 준 다른 행성에서 온 존재들과 접촉하고 있다고 생각했다. 그 집단은 멸망 전에 우주선에 의해 구조될 것으로 기대하고 있었다. Festinger와 동료들은 재앙이 일어나지 않았을 때 집단이 보일 반응에 특히 관심이 있었다. 그들은 집단의 많은 구성원의 경우 망상 체계에 대한 믿음이 예측된 재앙의 예언 날짜가 지나고 나서 감소하기보다는 사실상 증가했다는 것을 관찰했다.

사례 연구는 일종의 자연 관찰로서 관찰 연구의 장점과 단점이 사례 연구에도 모두 해당한다. 한 가지 주요 단점은 사례 연구를 통해 일반적으로 무엇이 무엇을 초래했는지에 대해 확고한 추론을 할 수 없다는 것이다. 일반적으로 연구자가 할 수 있는 전부는 사건의 과정을 기술하는 것이다. 하지만 사례 연구는 종종 무엇이 무엇을 초래하는지에 대한 약간의 합리적인 추정을 가능하게 하는 암시적 비교를 제공한다. 앞서 언급한 강박적으로 수를 세는 K. R.의 사례 연구에서 매우 엄격한 양육이 드러났는데, 이것은 질서정연에 대한 엄격함과 죄악과 비행으로 고려되는 것에 대한 가혹한 처벌을 수반했다. K. R.의 현재 가정생활은 그녀가 통제할 수 없는 것처럼 보였다. 그녀의 아이들은 무질서했고, 남편은 장애를 초래하는 병으로 고생했다. 치료자는 그녀의 강박의식이 통제권을 얻고 질서를 유지하려는 시도라고 결론 내렸다(Oltmanns et al., 2006). 하지만 K. R.이 더 허용적인 어린 시절과 스트레스가 적은 가족환경을 경험했더라면 어떤 사람이 되었을지 알지 못하기 때문에 우리는 치료자의 주장에 대해 신중해야 한다.

추론의 어려움을 최소화하기 위해 시도할 수 있는 사례 연구의 종류로 이상사례 분석(deviant-case analysis)이 있다. 연구자는 많은 유사점을 가지고 있지만 다른 결과를 갖는 두 개의 사례를 고려한다. 예를 들어, 쌍둥이 형제 중 한 명은 조현병을 겪게 되고, 다른 한 명은 그렇지 않을 수 있다. 연구자는 두 사례를 세심하게 비교함으로써 결과의 차이에 책임이 있는 요인을 정확히 알아내려고 한다. 하나의 요인에 대해서만 서로 다르게 되는 유사한 사례는 드물기 때문에 보통 이러한 비교는 할 수 없다. 게다가 이 방법으로 도출된 결과라 해도 실제로 확고하거나 잘 확립된 것으로 여겨질 수 없다. 왜냐하면 연구자가 달라진 결과에 대한 결정적인 원인을 알아냈다고 확신할 수 없기 때문이다.

이러한 주의 사항에도 불구하고, 이 절차의 신중한 사용이 귀중한 정보를 어떻게 제공할 수 있는지를 보여 주는 Butters와 Cermak(1986)의 사례 연구를 고려해 보자. 이 연구는 세계적으로 유명한 과학자 P. Z.에 관한 것인데, 그는 오랜 기간 알코올을 남용해서 코르사코프 증후군이 발생했으며 1981년에 심각한 기억상실증을 앓았다. 그는 새로운 정보를 기억하고 과거의 사건과 사람들을 회상하는 데 극심한 어려움을 겪었다. 기억상실증이 시작되기 2년 전, P. Z.는 그의 자서전을 썼기 때문에, 기억력 손실을 판단하는 것은 쉬웠다. 자서전에 언급된 이름과 사건들에 대해 질문을 받았을 때, 그는 급격한 기억력 손실을 보였다. 이러한 사건들에 대한 P. Z.의 기억을 알코올 남용 전력이 없는 비슷한 연령의 한 동료(이상사례 분석을 위해 비교되는 사람)의 기억과 비교하였다. 비교 사례가 P. Z.만큼 심각한 기억력 손실을 보여 주지 않았기 때문에 Butters와 Cermak은 장기간의 알코올 남용이 P. Z.의 기억상실증의 중요한 인과 요인이라고 추론하였다. 게다가 새로운 정보에 대한 P. Z.의 기억력 손실은 코르사코프 증

계인지 부적 관계인지를 알 수 없을 것이다. 보통 양의 기호는 생략한다. 따라서 .55의 상관은 +.55로 해석될 것이다. 항상 기호를 포함하는 습관이 더 좋다. 폐암과 흡연의 관계가 정적 상관(positive correlation)의 예가 된다. 즉, 한 변인이 증가하면서 다른 변인도 역시 증가한다(비록 완전한 관계는 아니어도, 즉 상관계수가 +1.00보다 작기 때문에). 그리고 흡연과 다른 변인, 즉 대학 성적 간에는 부적 상관(negative correlation)이 있다. 담배를 많이 피는 사람들의 성적이 덜 흡연하는 사람들보다 더 낮았다(Huff, 1954, p. 87).

앞에서 언급한 것처럼, 몇 가지 상관계수가 있고, 어떤 것을 사용할지는 변인의 특징에 따라 결정된다. 심리학자들이 일반적으로 사용하는 상관계수가 Pearson 적률 상관계수(Pearson's product-moment correlation coefficient 또는 Pearson r)이다. 이것은 단지 여러 가지 방법 중 하나일 뿐이다. 만약 당신이 어떤 자료의 상관을 실제로 계산해야 한다면, 그 경우에 어떤 방법이 적절한지 결정하기 위해서 통계 책(Howell, 2008과 같은)을 참고하라.

사람의 기억 연구에 매진해 온 일단의 심리학자 사이에 있다고 상상해 보자. 이들 중 한 명의 심리학자가 머리 크기와 기억력에 관한 단순하고 통찰력 있는 아이디어를 떠올린다. 그것은 다음과 같다. 외부 세계의 정보가 감각기관을 통해서 머리로 들어와서 거기에 저장된다. (정보가 저장되는) 머리는 온갖 것들이 저장될 수 있는 상자와 같은 물리적인 용기로 비유될 수 있다. 과학에서는 일반적인 그런 식의 비유적 추론을 기초로, 심리학자는 물리적 용기의 속성에 대한 지식으로부터 다음 예언을 할 수 있다. "사람의 머리 크기가 증가할수록 기억력도 역시 증가할 것이다. 큰 용기는 작은 용기보다 더 많은 것을 저장할 수 있으므로 유사하게 더 많은 정보가 작은 머리보다 큰 머릿속에 저장될 것이다."

이 이론은 머리 크기가 증가할수록 기억력도 증가할 것이라는 단순한 관계를 제안한다. 두 변인 간의 정적 상관을 예언한 것이다. 모집단에서 무선 표본을 추출할 수 있고, 선택된 사람들을 머리 크기와 3초에 한 단어씩 제시된 30개의 단어 목록에서 그들이 회상할 수 있는 단어 수를 측정할 수 있다. 〈표 2-2〉에는 10명의 피험자에 대한 세 가지 가상의 결과가 제시되어 있다. 각 개인들은 머리 크기와 회상된 단어의 수라는 두 개의 측정치를 갖게 된다. 상관이 되기 위해서 두 개의 측정치가 유사할 필요는 없다. 즉, 같은 척도를 사용하지 않아도 된다. 머리 크기를 회상 단어의 수와 관계 짓듯이 IQ와 번지수 같은 어떤 두 개의 숫자도 관계 지을 수 있다.

표 2-2 머리 크기와 회상에 대한 3가지 가설적 자료의 예

각 예는 (a) 정적 상관, (b) 낮은(0에 가까운) 상관, (c) 부적 상관을 각각 나타낸다.

피험자	(a) 머리 크기(cm)	회상 (단어 수)	피험자	(b) 머리 크기(cm)	회상 (단어 수)	피험자	(c) 머리 크기(cm)	회상 (단어 수)
1	50.8	17	1	50.8	23	1	50.8	12
2	63.5	21	2	63.5	12	2	63.5	9
3	45.7	16	3	45.7	13	3	45.7	13
4	25.4	11	4	25.4	21	4	25.4	23
5	29.2	9	5	29.2	9	5	29.2	21
6	49.5	15	6	49.5	14	6	49.5	16
7	38.1	13	7	38.1	16	7	38.1	14
8	30.5	12	8	30.5	15	8	30.5	17
9	35.6	14	9	35.6	11	9	35.6	15
10	58.4	23	10	58.4	16	10	58.4	11
	$r=+.93$			$r=+.01$			$r=-.89$	

〈표 2-2〉의 자료에 대한 그래프가 [그림 2-3]에 제시되어 있다. 머리 크기는 수평축(X축)을 따라 표시되고 회상된 단어의 수는 수직축(Y축)을 따라 표시되었다. 〈표 2-2〉의 (a) 패널에서 보이는 머리 크기와 회상 단어의 수 간 높은 정적 상관은 왼쪽 하단에서 오른쪽 상단으로 기울어지는 그래프로 나타나고, 반면에 (c) 패널의 부적 상관은 왼쪽 상단에서 오른쪽 하단으로 기울어지는 그래프로 나타난다. 그래서 한 사람의 한 변인 점수를 알면 다른 변인의 점수를 어떻게 예언할 수 있는지를 볼 수 있을 것이다. (a)와 (c)의 가상의 자료에서 한 사람의 머리 크기는 회상을 예언해 주고 회상 단어 수는 머리 크기를 예언해 준다. 이것이 상관이 유용한 이유이다. 상관은 관계의 양을 보여 주고 예언을 할 수 있게 한다. (b)의 자료는 거의 0의 상관을 갖기 때문에 이것에 대해서 이러한 진술을 할 수 없다. 그래프의 점들이 여기저기로 흩어져 있고 일관된 관계가 없다. 낮은 Pearson r 값이 이것을 반영해 준다. 상관의 크기가 다소 큰 경우에도 한 변인의 값에 기초해서 다른 변인의 값을 완벽하게 예언하는 것은 가능하지 않을 것이다. 머리 크기와 회상 단어의 수 사이에 상관이 높을지라도(+.93) 머리가 큰 사람이 거의 단어를 회상하지 못하고 반면에 작은 사람이 매우 많은 단어를 회상하는 것이 가능하다. 상관이 완벽하지(−1.00 또는 +1.00) 않다면, 한 점수가 주어질 때 다른 점수를

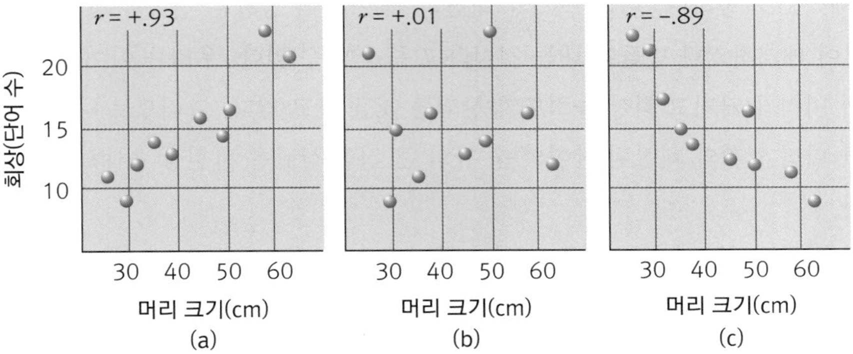

[그림 2-3] 자료의 그래프

위 그래프들은 (a) 강한 정적 상관관계의 특징적인 형태, (b) 본질적으로 0의 상관관계의 특징적인 형태, (c) 강한 부적 상관관계의 특징적인 형태를 보여 준다.

예언하는 것 또한 완벽하지 않을 것이다.

모집단의 무선 표본에서 머리 크기와 단어 수의 실제 상관은 어떨 거라고 생각하는가? 비록 우리가 그러한 연구를 한 적은 없지만, 우리는 그것이 정적 상관이 될 가능성이 꽤 높다고 생각한다. Willerman과 동료들(1991)이 뇌의 크기와 지능의 관계라는 주제에 대한 연구를 수행했다. 심리학 수업을 듣는 40명의 오른손잡이 백인으로 구성된 표본에서 뇌 크기와 IQ는 +.51의 상관을 보였다. Haier와 동료들(Colom, Jung, & Haier, 2006; Haier, Jung, Yeo, Head, & Alkier, 2004)이 수행한 최근의 뇌 크기 연구 결과도 뇌 영역의 크기와 IQ가 정적 상관을 갖는다는 것을 보여 줬고, 이러한 영역은 뇌 전반에 분포되어 있다. 뇌 크기 자료를 통해 뇌 크기가 인지 능력의 차이를 초래한다고 말할 수 있을까? 다음 절에서 우리는 상관과 인과의 문제를 다룰 것이다.

상관계수의 해석 상관을 논의할 때 항상 한 가지 중요한 경고를 하게 된다. 심지어 큰 상관조차도 고려되는 두 변인 간의 인과관계에 대해서는 아무것도 암시하지 않는다. 상관은 인과를 증명해 주지 않는다. 상관만을 근거로 해서 X요인이 Y요인을 초래한다거나, Y요인이 X요인을 초래한다거나, 또는 숨어 있는 제3의 요인이 두 요인 모두를 초래한다고 말할 수는 없다. 몇 가지 예를 고려해 보자. 아이들에게서 머리 크기와 단어 회상 간에 +.70의 상관을 발견했다고 가정하자. 이것은 더 큰 머리는 더 큰 정보를 보유한다는 우리의 이론과 전반적으로 일치한다. 하지만 분명히 이 관계에 대해 다른 해석도 가능하다. 머리 크기와 회상의 높은 정적 상관은 연령과 같이 관련된 제 3 요인이 매개하거나 만들어 내는 것이라고 주장할 수 있다. 우리는 아이들이 나이 먹으면서 머리가 커지고 회상 능력도 향상되는 것을 알고 있다. 그러므로 나이가 우리가 발견한 머리 크기와 회상된 단어의 수 간의 큰 정적 상관을 사실상 초래하고 있을지도 모른다.

상관 연구에서는 관심이 되는 요인과 공변하는 요인들이 많을 수 있기 때문에 어떤 한 요인이 또 다른 요인을 초래한다고 결론 내릴 수 없다. 실험에서는 다른 모든 요인들을 고정시키고서 한 요인을 직접적으로 조작함으로써 이 문제를 피하려고 시도한다. 만약 우리가 매우 어렵긴 해도 다른 요인을 고정시키는 것에 성공한다면 우리의 측정치에 끼친 영향은 조작된 요인이 초래했을 것이다. 두 개나 그 이상의 요인이 동시에 변화할 때 혼입(confounding)이 발생하고, 그래서 우리는 어떤 효과를 생산하는 것이 해당 요인인지, 다른 요인인지, 아니면 둘 다인지를 알 수 없다. 혼입은 상관 연구에는 내재하고 있어서 연구에서 해석의 어려움을 초래한다. 머리 크기와 회상의 상관에서 머리 크기가 연령이라는 적어도 하나의 다른 요인과 혼입되어 있기 때문에 머리 크기의 변화가 회상의 차이를 생산하거나 초래했다고 말할 수 없다.

다른 경우에 두 요인 간의 관계가 인과관계처럼 보일 수 있으나 이것은 엄격하게 허용되지 않는다. 어떤 연구에서 한 지역의 소총의 수와 살인의 수가 정적 상관을 보였다. 총기 규제의 찬성자는 이것을 증거로 사용해서 총 수의 증가가 더 많은 살인을 초래했다는 주장을 지지할 수도 있다. 그러나 이것이 유일한 합리적 해석은 아니다. 높은 범죄 지역의 사람들은 스스로를 보호하기 위해서 총기를 구매할 수도 있다. 마지막으로, 사회경제적 계급과 같은 제3의 요인이 둘 사이를 매개하고 있을 수 있다. 그러므로 우리는 단지 매개나 높은 상관을 근거해서 인과 결론을 정당화할 수 없다.

상관은 점수들의 두 세트를 가지고 계산하기 때문에 우연히 매우 높은 상관이 나올 수 있으나 서로 간에 아무런 관련이 없을 수도 있다. 1950년 이후로 매년 생산되는 포르노 영화의 수와 목사의 수 사이에는 매우 높은 정적 상관이 있을 수 있다. 이것을 인과적인 방식으로 관련짓는 것은 이상한 이론이 될 것이다.

상관 정도가 높고 (혼입 요인에 의한) 분명한 대립되는 설명이 덜 설득력이 있을 때, 높은 정도의 상관은 가중치를 받는다. 또한 많은 독립적인 연구로부터 수렴하는 증거가 있고, 작동하는 메커니즘이 확인되고, 결정의 결과가 중대할 때 높은 상관에 더 큰 가중치를 준다. 흡연과 폐암 간 관계의 해석이 이러한 점의 좋은 예가 된다. 이 관계의 초기 연구는 상관적이었다. 하지만 담배 제조사의 항의에도 불구하고 1964년 미국외과의사협회 보고서에서는 담배가 폐암을 일으키거나 초래할 가능성이 있다는 결론에 도달했다. 이것은 결국 담배 곽에 경고문을 싣게 했고 다른 것들 중에서도 담배의 TV 광고를 금지하게 했다. 상관이 인과관계를 나타내는 것으로 생각되었고 이것은 아마도 대립하는 가설들이 설득력 없게 보였기 때문이다. 예를 들어, 폐암이 (폐를 진정시키기 위해서) 더 많은 담배를 피도록 초래한다는 것은 가능성이 없어 보인다. 게다가 흡연과 담배의 상관은 많은 독립적인 연구에서 증명되었고(수렴하는 증거), 양자 간에 인과관계를 선언한 결과가 중대한 것이었다(폐암으로 인한 사망 증가의 예방). 마지막으로, 흡연과 암의 상관을 설명하는 메커니즘이 매우 분명하고 확실했다(유해한 물질의 장기적 흡입으로 인한 악성 세포의 생성).

이런 주장에도 불구하고 (불안과 같은) 보이지 않는 제3의 요인이 관계를 만들어 낼 수도 있다. 사실상 Eysenck와 Eaves(1981)는 인간의 폐암과 흡연의 상관은 성격 차이에 의해서 만들어진다고 주장했다. Eysenck와 Eaves에 따르면, 특정 성격 유형은 흡연을 해서 폐암에 걸릴 가능성이 더 높다. 그래서 그들은 흡연과 암의 상관은 인과를 암시하지 않는다고 주장했다. 흡연과 폐암의 관련성이 지금은 동물 실험 연구로 확립되었기 때문에, 대부분의 과학자가 Eysenck와 Eaves의 견해에 동의하지 않는다.

상관 연구에서 나타나는 허점의 마지막 예는 앞에서 언급된 흡연과 성적의 부적 관계이다. 더 많은 흡연이 더 나쁜 성적과 관련되었다. 흡연이 나쁜 성적을 초래할까? 이것은 가능성 없어 보이고 분명히 대안적 해석이 가능하다. 나쁜 성적의 학생들은 더 불안할 수 있고, 그래서 더 많이 담배를 피울 수 있다. 또는 더 사교적인 학생들은 담배를 더 많이 피우고 공부를 덜 할 것이다. 관찰 연구와 마찬가지로 상관 연구도 가능한 관계를 제안하고 더 심도 있는 질문을 지시하기에 유용하지만 직접적인 인과관계를 확립하기에는 유용하지 않다.

상관 연구는 두 변인 간 관계의 정도가 정확하게 진술될 수 있고 한 변인의 값을 알면 다른 변인의 (대략적인) 값을 예언할 수 있기 때문에 관찰 연구보다 우월하다.

낮은 상관: 주의 높은 상관을 어떤 종류의 인과관계의 증거로 해석할 수 없다면 상관이 매우 낮아서 거의 0에 접근할 때 두 변인 간의 인과관계를 배제하는 것이 적어도 가능할 것이라고 생각할 수 있다. 만약 머리 크기와 회상의 상관이 0.02였다면 더 큰 머리가 더 좋은 회상을 초래한다는 우리의 이론을 배제시켰을까? 아니면 흡연과 폐암의

상관이 0.08이었다면 우리는 그 둘이 인과적으로 관련된다는 생각을 포기했어야 할까? 그 답은 조건에 따라 다르다. 낮거나 0인 상관을 다른 요인들이 초래할 수 있고 실제의 관계를 가릴 수도 있다.

한 가지 흔한 문제가 범위의 제한(restriction of range)이다. 의미 있는 상관계수가 계산되기 위해서는 각 변인들의 점수 간에는 다소 큰 차이가 있어야 한다. 즉, 점수들이 어느 정도 변산을 보여야 한다. 만약 〈표 2-2〉의 모든 머리 크기가 같고 회상 점수는 다양하다면 양자의 상관은 0이 될 것이다. 우리가 대학생들의 머리 크기와 회상 간의 상관만을 본다면, 대학생들의 차이는 일반 모집단에 비교해서 매우 크지 않기 때문에 상관이 매우 낮을 것이다. 심지어 머리 크기가 더 넓은 범위에서 표집되어 두 변인 간의 정적(또는 부적) 상관이 있을 수 있어도 그럴 수 있다. 제한된 범위의 문제는 두 변인 간에 실제 상관이 있을 때조차도 낮은 상관을 초래할 수 있다.

제한된 범위의 문제는 예상치 못한 장소에서 발생할 수 있다. 엄격한 입학 기준을 갖는 대학교에서 SAT I 성적으로부터 대학교의 성공을 예언하는 경우를 고려해 보자. 학부 과목들의 점수 범위는 200점에서 800점 사이일 수 있고 평균 수행은 500점보다 약간 아래일 것이다. 우리가 가정한 대학교의 평균 점수는 각 과목 모두 800점이라고 상상하라. 입학처의 직원이 SAT 점수와 신입생 학점의 상관을 계산하여 +.00의 상관을 얻는다. 그 직원의 결론은 SAT 점수를 대학교 학점의 예언을 위해서 사용해서는 안 된다는 것이다. 하지만 문제는 SAT 점수가 매우 제한된 범위에서 나왔다는 것이다. 낮은 점수를 얻은 사람들은 그 대학에 들어올 수 없기 때문에 제한된 범위의 문제가 여기에서, 또는 단일한 특성을 갖는 참가자들의 제한된 표본을 포함하는 어떤 상황에서도 하나의 요인일 수 있다.

이 예에서는 한 변인의 모든 점수가 동일한데, 이것은 분명히 가상적인 것이다. 실제의 예를 보자. Bridgeman, McCamley-Jenkins와 Ervin(2000)은 23개 대학교에서 SAT I 점수와 신입생 학점 간의 상관을 집합적으로 그리고 개별적으로 보았다. 그들이 범위의 제한에 대해 점수를 조정했을 때, SAT I 평균 점수가 더 높은 학교에서 평균 점수가 낮은 학교보다 신입생 학점을 다소 더 잘 예언한다는 것을 발견했다. 이 결과에 대한 이유를 결정하는 것은 어렵지만, 경쟁률이 높은 학교에서는 학점을 더 많이 강조한다는 사실에서 초래될 수 있다. 심리학자들이 종종 대학생과 같은 동질적인 모집단을 사용하기 때문에 제한된 범위의 문제는 상관을 해석할 때 신중하게 고려해야 한다.

낮은 상관을 해석하는 데 마지막으로 문제가 되는 것은 특정 상관계수의 사용을 지지하는 가정이 충족되었다고 확신할 수 있어야 한다는 것이다. 그렇지 않으면 그것의 사용이 부적절할 것이고, 가짜로 낮은 관계 추정치를 만들 수 있다. 이것이 이 책에서 논의되지는 않지만 Pearson r이나 다른 종류의 상관계수를 사용하기 전에 통계 책에서 이러한 가정을 검토해야 한다. 예를 들어, Pearson r의 사용을 지지하는 하나의 가정은 두 변인 간의 관계가 [그림 2-4]의 가설적인(그러나 그럴듯한) 나이와 장기 기억의 관계에서처럼 곡선이기보다는 (직선에 의해서 기술될 수 있는) 선형이라는 것이다. 매우 어린 나이에서는 선이 평평하고, 3세와 16세 사이에서는 선이 상승하다가 다시 16세에서 중년 후반까지는 평평해지고 중년 후반에서 매우 늙은 나이까지는 약간씩 하락한다. 그리고 고령일수록 더 큰 비율로 감소한다(Howard & Wiggs, 1993). 그래서 사람의 나이로부터 단어의 회상을 매우 잘 예언할 수 있지만 두 변인의 관계가 선형이 아니기 때문에 Pearson r은 다소 낮을 것이다. 이것은 당연히 항상 [그림 2-4]와 같은 산포도를 그려 봄으로써 확인할 수 있다. 그러면 낮은 상관은 관계가 없다는 것이 아니라 사용되는 특정 상관계수의 가정이 충족되지 않았다는 것을 알 수 있다.

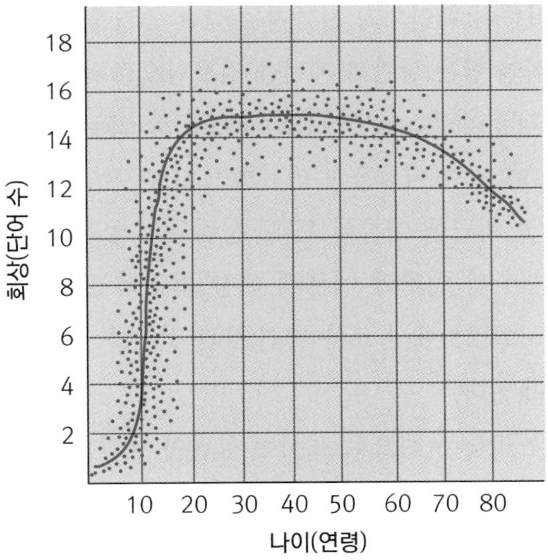

[그림 2-4] 장기 기억과 나이의 곡선적 관계를 보여 주는 가설적 그림

비록 기억이 체계적인 방식으로 나이와 연관되어 있고 나이를 앎으로써 회상을 예언할 수 있지만 관계가 선형이 아니기 때문에 Pearson r은 매우 낮은 것이다.

❍ 복합 상관 절차

"미디어 폭력이 실제의 폭력과 공격성을 증가시키기 때문에 대중의 건강에 위협이 된다."(Huesmann & Taylor, 2006, p. 393) 폭력적 미디어를 보는 것이 공격적인 행동을 초래하는지는 어떻게 결정할까? Eron과 동료들(1972)은 아이들의 폭력적인 TV 프로에 대한 선호와 또래에 의해 평가된 그들의 공격성을 측정했다. Eron과 동료들은 3학년생들을 대상으로 중간 정도의 정적 상관(r=+.21)이 있음을 발견했다. 이것은 더 공격적인 아이들이 더 폭력적인 TV 프로를 보는 경향이 있다는 것(덜 공격적인 아이들은 덜 폭력적인 프로를 보는 경향이 있다는 것)을 나타낸다. 우리는 이 정적 상관을 어떻게 해석할 수 있을까? 폭력적인 프로를 시청하는 것이 공격성을 초래한다고 말할 수 있을까? 답은 '그렇지 않다'이다. 왜 그런지 보기 위해 우리는 인과적 진술을 역으로 돌려서 공격성이 폭력적인 TV 프로에 대한 선호를 초래한다고 주장하기만 하면 된다. 우리는 이 하나의 상관계수에 기초해서 인과의 방향을 결정할 수 있는 합리적인 방법이 없다. 불가능하지는 않다 해도, 하나의 상관 연구에 기초해서 인과적 진술을 하는 것은 어렵다. 대신에 일반적으로 연구자들은 독립된 연구들로부터 얻은 수렴하는 증거가 있고 강력한 내재된 메커니즘이 확인되기 전까지는 상관 증거를 잠정적인 것으로 본다.

상관 연구의 설명적인 힘은 상관의 패턴을 검토함으로써 높일 수 있다. 이러한 기법 중 하나가 교차 지연 패널 상관(cross-lagged panel correlation) 절차이다. Eron과 동료들은 1970년대 중반에 3학년 아이들을 인터뷰했고 10년 후인 13학년 때 같은 아이들을 추적 연구했다. 그리고 최근에 어른이 된 이 사람들의 공격성을 다시 연구했다. Eron과 동료들의 이 10년 추적 연구와 어른에 대한 최근의 프로젝트(Huesmann, Moise-Titus, Podolski, & Eron, 20003)에서 교차 지연 상관 절차를 사용했다. 두 연구의 설계는 [그림 2-5]에 요약되어 있다.

교차 지연 절차의 논리는 사선으로 표시된 상관이 변인 간 인과의 방향을 이해하도록 도와준다는 것이다. 공격적인 사람들이 폭력적인 TV 프로를 보는가? 아니면 폭력적인 TV 프로를 보는 것이 공격성을 높이는가? 폭력적인 TV 프로를 보는 것이 공격적인 행동을 초래한다면, 초기 공격성과 이후의 폭력적인 TV 프로 선호 간에 작거나 0의 관계(점선의 사선)가 나올 것으로 기대하게 되고, 초기 폭력적인 TV 프로 선호와 이후의 공격성 간에는 정적 상관(굵은 실선의 사선)이 기대될 것이다. 만약 한 변인이 다른 변인을 초래한다면, 두 번째 (결과) 변인이 첫 번째 원인 변인과 동시에 측정되었던 때보다 첫 번째 변인(폭력적인 TV 프로를 보는 것)이 시간상 나중에 발생하는 두 번째 변

동(정글에서 관찰되는 영장류의 그루밍 행동 혹은 공공 화장실에 사람들이 그린 그래피티)에 관심을 둔다면 자연 관찰이 고도로 통제된 실험보다 더 적절하다. 이와는 반대로, 가설이 상관 연구 혹은 실험을 통하여 타당하게 조사될 수 있는 것이라면 이 장에서 논의된 모든 이유에 기초하여 실험이 가설에 대한 더 결정적인 검증을 제공한다. 따라서 다음 장에서는 중요한 과학 도구인 실험에 대하여 살펴보겠다.

☑ 요약

1. 과학에 속하는 많은 영역은 자연계에 대한 신중한 관찰과 연구에 관심을 둔다. 이 장에서 논의된 두 가지 기본적인 기법은 자연 관찰과 상관 연구이다. 두 가지 모두 유용한 과학적 방법이지만 인과관계에 관한 기술을 허용하지는 않는다. 그것들은 주제를 탐구하는 초기 단계 혹은 실험을 활용하는 데 실용적으로 또는 윤리적으로 제한되는 연구 주제를 탐구하는 데 매우 유용하다.
2. 자연 관찰 연구에서는 연구할 사건의 범위를 정한 이후에 전형적인 환경에서 자연적으로 발생하는 사건을 눈에 띄지 않는 방식(비반응성)으로 관찰하거나 또는 측정하는 것을 포함한다. 심리학자들이 더 자주 활용하는 사례 연구와 설문 조사는 자연 관찰의 두 가지 반응의 변형이다. 그러나 이러한 관찰 방법은 요인들이 서로 어떻게 관련되어 있는지에 대한 진술을 허용하지 않는 단점을 가진다.
3. 관계 연구는 변인들이 서로 어떻게 관련되어 있는지를 이야기해 준다. 관계 연구는 일반적으로 변인이 조작되지 않고 측정된다는 점에서 사후 조사이다.
4. 유관성 연구는 한 변인의 값이 다른 변인의 값에 따라 변화하는지의 여부를 검증한다. 유관성 연구에서 주요하게 연구되는 질문의 예시는 프로그램의 선택이 개인의 성별과 관련이 있는지를 확인하는 것이다. 두 변인의 독립성을 검증하는 데 사용되는 통계 모형은 독립성 검증이다.
5. 상관 연구는 무엇과 무엇이 같이 움직이는지에 대한 관계에 대한 진술을 목적으로 한다. 상관에서 관계는 –1.00에서 1.00까지 다양한 값을 가질 수 있으며, 숫자의 크기는 관계의 강도를 반영하고 부호는 방향을 나타낸다. 예를 들어, 키는 체중과 양의 상관관계를 가지고 있으며, 평균 기온은 적도에서의 위치와 음의 상관관계를 보인다. 사용될 수 있는 다양한 상관계수 중에서 심리학자들이 가장 일반적으로 사용하는 것은 Pearson 적률 상관계수 또는 Pearson r 이다.
6. 상관 연구는 예측에 유용하게 활용될 수 있는 두 변인 사이의 관계의 양을 추정할 수 있다. 그러나 관계 방향을 설정할 수 없다는 것이 주된 단점이다. 두 변인, 즉 X와 Y가 강하게 관계되어 있다고 하더라도 그 관계가 우연적인 것인지, X가 Y를 일으킨 것인지, Y가 X를 일으킨 것인지, 아니면 어떤 제3의 요인이 두 변인 모두에 영향을 미친 것인지 알 수 없다.
7. 상관관계 연구에서는 여러 요인이 동시에 변화할 수 있기 때문에 결과에 혼입이 발생할 수 있다. 그러나 인종 폭동과 관련된 조건들을 탐색하는 연구 등 실험을 수행할 수 없는 상황에서는 상관 연구가 매우 적절하게 활용될 수 있는 대안이다.
8. 연구자들은 두 변인 사이의 상관관계가 0에 근접한다는 것을 발견하면, 종종 변인들 사이에 관

계가 없다고 결론을 내린다. 하지만 그러한 결론을 내리기 전에 상관 연구에서 사용된 척도들이 기본적인 가정을 충족했는지를 점검해야 한다. 상관 연구에서 많이 관찰되는 문제들은 범위의 제한과 상관 연구에서 사용된 하나의 변인에서 분산이 적다는 것이다. 상관 연구에서 사용된 하나의 변인에 대한 측정치가 거의 동일하면, 두 변인 간의 실제 관계가 존재하더라도 상관계수는 0에 근접한다.

9. 많은 상관 연구에서는 인과관계를 더 명확하게 검증하기 위해 통제 변인을 포함시킬 수 있다. 경우에 따라 교차 지연 상관 설계와 같은 통계 기법을 활용하여 상관 연구의 원인을 파악하고자 한다.

☑ 주요 용어

Pearson 적률 상관계수 Pearson r Pearson's product-moment correlation coefficient r

관계 연구 relational research

교차 지연 패널 상관 cross-lagged panel correlation

범위의 제한 restriction of range

변인 variable

비간섭적 관찰 unobtrusive observations

사례 연구 case study

상관계수 correlation coefficient

상관 기법 correlational technique

유관성 연구 contingency research

이상사례 분석 deviant-case analysis

정적 상관 positive correlation

참여 관찰 participant observation

행동목록 ethogram

혼입 confounding

관찰자간 신뢰도 interobserver reliability

반응성 reactivity

범위 정하기 delimiting

부적 상관 negative correlation

비간섭적 측정 unobtrusive measures

사후조사 자료 ex post facto data

상관 연구 correlational research

원인 cause

의인화 anthropomorphizing

자연 관찰 naturalistic observation

조사 survey

카이제곱 독립성 검증 χ^2 test for independence

동물생태학 ethology

☑ 논의거리

1. 당신이 엄마가 어떻게 그들의 아기들과 상호작용하는지에 대한 연구를 막 시작하는 연구자라고 상상해 보라. 당신은, ① 아기의 즉각적인 필요와 상대적으로 무관한 아기와 관련된 엄마에게서 관찰되는 행동, ② 엄마가 없는 경우에 아동이 보이는 다양한 방식의 행동, ③ 엄마와 아기가 상호작용을 할 때 관찰되는 행동의 빈도를 어느 정도 파악하고자 한다. 세 가지 범주에서 비교적 높은 빈도로 발생할 수 있는 모든 행동의 목록을 만들라. 이것은 이 장에서 논의한 바와 같이 일종의 행동목록이 될 것이다. 만약 당신이 몇 주 동안 하루에 다섯 시간 동안 산모와 아기들을 관찰했다면, 당신은 어떤 종류의 결론을 도출할 수 있는가? 이런 종류의 자연 관찰로 알고 싶지만 얻을 수 없는 정보의 종류는 무엇인가?
2. 폐암과 흡연을 연관시킨 최초의 증거물 중 하나는 Doll(1955)에 의해 출판되었다. 그는 1930년 11개국 국민이 소비한 담배의 평균 수와 1950년 남성의 폐암 사망 수를 도표로 작성했다. 사망자는 담배 소비량 측정 후 20년 후에 발생했는데, 그 이유는 만약 흡연과 폐암 간의 인과관계의 성립에는 몇 년이 걸릴 것이 당연하기 때문이었다. 1930년에 흡연을 한 여성이 거의 없었기 때문에, 흡연율을 남성 사망률과 연관시키는 것이 최선인 것 같았다. 다음 표는 Doll의 중요한 결과를 각색한 것이다.
   (a) 결과를 조사하라. 두 개의 숫자 열이 나타내는 것으로 보이는 것은 무엇인가?
   (b) [그림 2-3]에 표시된 것과 같은 두 측정치와 관련된 그래프를 그린다. 무엇을 보여 주는가?
   (c) Pearson r 의 공식을 사용하여 두 변인 사이의 정확한 관계를 계산하시오. 당신이 얻은 상관계수의 정확한 크기와 기호는 무엇인가?
3. 질문 2의 (c)에서 수행한 분석의 결과는 흡연이 폐암을 유발한다는 결론을 허용하는가? 예를 들어, 상관계수가 .95보다 높으면 원인과 결과의 관계를 더 확신할

Doll의 결과

국가	1930년 담배 소비량	1950 백만 명당 사망자 수
호주	480	180
캐나다	500	150
덴마크	380	170
핀란드	1,100	350
영국	1,100	460
네덜란드	490	240
아이스랜드	230	60
노르웨이	250	90
스웨덴	300	110
스위스	510	250
미국	1,300	200

* 사인: 폐암

수 있는가? 만약 이러한 자료들이 흡연이 폐암을 유발한다고 주장하지 않는다고 생각한다면, 그 결과를 어떻게 설명할 것인가?

4. 당신이 매우 상관관계가 높다고 믿는 변인들(긍정적이든 부정적이든)과 인과관계가 있을 가능성이 거의 없다고 생각하는 변인들의 목록을 작성하라. 상관관계가 원인과 결과의 관계를 나타내는지 어떻게 판단할 수 있는가?

☑ 웹 연결

Explore the step-by-step presentation of 'Nonexperimental approaches to research-The Survey Method' on the book companion website available at:

www.cengagebrain.com

☑ 실험실 자원

Chapters 2 and 3 in Langston's manual (2011, 3rd ed.) examine naturalistic observation and survey research, respectively. The naturalistic observation research concerns humans defending parking spaces, and the survey research focuses on grade inflation in college.

Langston's manual discusses relational research in Chapters 4, 5, and 6. Langston, W. (2011). *Research methods laboratory manual for psychology* (3rd ed.). Belmont, CA: Wadsworth Cengage Learning.

제3장

연구법: 실험

- 실험이란
  - 실험의 장점
  - 실험을 하는 이유
- 변인
  - 독립 변인
  - 종속 변인
  - 통제 변인
  - 변인 이름 대기
  - 둘 이상의 독립 변인
  - 둘 이상의 종속 변인
- 실험설계
  - 피험자간 설계
  - 피험자내 설계
  - 소표본 설계
  - 혼합설계
  - 통제조건
  - 함정
  - 준실험
  - 문제에서 실험까지
- 자료
  - 자료 수집하기
  - 자료 분석하기
  - 자료 보고하기

요약

주요 용어

논의거리

웹 연결

어떤 가설은 그것을 제시한 사람을 제외하고는 누구도 믿지 않지만, 어떤 실험은 그 실험을 한 사람을 제외하고는 모두가 믿는다. (W. I. B. BEVERIDGE)

만약 당신이 환경심리학의 수강생이고, 도서관으로 가서 책상 하나를 차지한 다음 최선을 다해 다른 사람들이 앉지 못하도록 '방어'하는 임무를 배정받았다고 상상해 보라. 당신은 이 임무를 수행할 때 오직 비언어적이고 비폭력적인 수단을 사용해야만 한다. 이 임무를 위해서 당신은 책상이 빌 때까지 복잡한 도서관에서 기다렸다가 재빨리 앉은 다음, 당신의 책, 옷가지, 소지품들을 책상 위에 온통 흩어 놓아 다른 사람들이 그 자리에 앉지 못하게 하려 할 것이다. 어느 정도의 시간, 즉 15분쯤 지나 결국 누군가 당신의 책상에 앉으면, 당신의 임무는 끝난다. 당신은 하나의 실험을 수행한 것인가?

이 질문에 답하기 전에, 앞 장에서 간략히 논의한 실험의 중요한 준거들을 살펴보자. 하나의 실험이란 환경이 체계적으로 조작되고, 이 조작이 어떤 행동에 미치는 인과적 효과가 관찰될 수 있을 때를 말한다. 관심이 없기 때문에 조작되지 않는 다른 환경적 측면들은 일정하게 만들어, 그것들이 실험 결과에 영향을 주지 않도록 한다. 그렇게 되었을 때, 우리는 그 행동이 환경 조작의 결과라고 결론 내릴 수 있다. 어떻게 환경이 조작되고 어떻게 행동이 관찰되는지를 언급하려면, 우리는 1장에서 간략히 소개한 **독립 변인**과 **종속 변인**이라는 두 특별한 용어를 설명해야 한다.

실험이란

많은 학생은 우리의 도서관 책상 연습 행동은 실험이 아니라는 사실에 놀랄 것이다. 모든 실험은 최소한 독립 변인과 종속 변인이라는 두 특징을 지니고 있어야 한다. 종속 변인(dependent variable)은 피험자에게 **달려 있는** 실험의 반응 측정치이다. 이 경우, 누군가가 책상에 앉을 때까지 걸린 시간이 종속 변인 혹은 반응 측정치이다. 독립 변인(independent variable)은 실험자가 통제한 환경의 조작을 말한다. 이 경우, 책상 위에 흩어 놓은 물건들이다.

그러나 실험이 되려면, 환경이 최소한 두 값 혹은 수준(level)이어야 한다. 이런 수준은 양적인 의미에서 다르거나(책상의 한쪽에만 물건들을 흩어 놓았는지 혹은 양쪽 전체 책상 위에 물건들을 흩어 놓았는지), 질적인 차이가 있을 수 있다(책상을 사수하는 사람이 다정한 표정을 사용했는지 혹은 험악한 표정을 사용했는지). 요점은 독립 변인(차지한 책상의 크기 혹은 얼굴 표정)이 행동이나 결과의 변화를 만들었는지의 여부를 결정하려면, 최소한 두 조건이 비교되어야 한다는 것이다. 때로 두 수준은 단순히 조작이 있었느냐 없었느냐일 수도 있다. 도서관의 예는 독립 변인의 수준이 하나밖에 없기 때문에 이 기준을 충족시키지 못한다.

실험이 되기 위해서 우리는 앞서 제시한 절차를 어떻게 바꾸어야 하나? 가장 단순한 방법은 책상 위에 아무것도 흩어 놓지 않는 것이다. 그러면 독립 변인은 필수적인 두 수준(책상 위에 물건들이 흩어져 있는 것과 책상 위에 아무것도 없는 것)이 될 것이다. 이제 우리는 첫 번째 조건과 비교할 것이 생겼다.

이 실험의 가능한 결과는 세 가지이다. ① 책상 위에 물건들을 흩어 놓은 것이 다른 사람이 그 책상에 앉을 때까지의 시간을 더 길게 만든다. ② 물건을 흩어 놓는지와 관계없이 시간은 같다. ③ 물건을 흩어 놓은 조건의 시간이 더 짧다. 독립 변인의 두 번째 수준(책상 위에 물건을 흩어 놓지 않는 조건)이 없다면, 이 세 결과는 언급될 수 없다. 실제로 두 수준의 독립 변인을 검증하기 전까지는 도서관 책상 방어에서 물건을 책상 위에 흩어 놓는 것이 얼마나 효과가 있는지에 대해서 어떤 말도 할 수 없다.

이 도서관 실험이 적절하게 수행되면, 첫 번째 결과를 얻을 것이다. 사람만 있을 때보다는 그 사람과 함께 물건들이 흩어져 놓여 있을 때 책상을 더 잘 방어할 수 있을 것이다.

그래서 우리는 실험이 최소한 독립 변인과 종속 변인을 지니고 있어야 한다는 것을 알 수 있다. 앞 장에서 논의된 연구법에서는 환경의 조작을 요구하지는 않았지만, 실험이 되려면 최소한 두 수준을 지닌 독립 변인이 필수적이다.

❍ 실험의 장점

실험이 지닌 주요 장점은 2장에서 논의된 다른 연구법들에 비해 가외 변인을 더 잘 통제한다는 점이다. 이상적인 실험에서는 연구되고 있는 변인을 제외하고 결과에 영향을 주는 변인들(요인들)이 없다. 실험심리학의 전문용어로 말하면, 이런 요인들은 **통제되었다**고 한다. 이상적인 실험에서와 같이, 만약 한 요인(연구 중인)을 제외하고는 모든 요인이 일정하다면, 우리는 논리적으로 결과의 차이가 그 독립 변인의 조작으로 인한 것이 틀림없다고 결론 내릴 수 있다. 독립 변인의 수준이 다르고, 종속 변인에서의 차이가 오직 독립 변인이 다르기 때문에 발생할 수 있다. 즉, 독립 변인의 변화가 관찰된 종속 변인의 변화를 유발할 것이다. 우리가 도서관 예에서 책상을 '방어하는' 사람의 얼굴 표정을 조작하길 원했을 수도 있다. 가외 변인들을 통제하기 위해서는 인과관계에 대한 우리의 진술을 방해할 수 있는 다른 요인들을 주의 깊게 살펴볼 필요가 있다. 이 경우, 실험 기간 동안 책상을 방어하는 한 명의 보조자를 고용하거나 혹은 객관적으로 동등한 정도의 매력을 지닌 보조자들을 고용할 수도 있다. 또한 우리는 방어자의 성을 추가적인 독립 변인으로 하거나 혹은 오직 여성(혹은 남성) 연구 보조자만을 사용함으로써 이를 통제하기로 결정할 수도 있다. 결과에 대해 오직 하나의 설명만이 가능하도록 실험을 설계하는 것이 실험법의 핵심이다. 비실험 연구법이 기술과 상관으로 진술이 제한적인 반면, 실험은 인과적 진술이 가능하다. 즉, 독립 변인 A(얼굴 표정)가 변인 B(누군가가 책상에 앉는 데까지 걸린 시간)의 변화를 만들었다. 이 실험에서 우리는 연구 보조자가 험악한 표정을 했을 때보다 다정한 표정을 했을 때 누군가가 책상에 앉을 때까지의 시간이 더 짧았을 것으로 기대할 수 있다.

원칙적으로 실험은 인과관계에 대한 진술을 할 수 있도록 해 준다. 실제적으로는 이런 진술이 항상 사실인 것은 아니다. 연구되고 있는 변인을 제외한 모든 변인을 제거하거나 일정하게 만드는 일이 100% 성공적인 실험은 없다. 그러나 실험은 다른 연구법들보다 더 많은 가외 변인을 제거한다. 이 장 이후에 우리는 실험이 가외 변인을 제한시키는 구체적인 방법들에 대해 논의할 것이다.

실험의 또 다른 장점은 경제성이다. 자연 관찰법을 사용하려면 과학자는 관심 있는 조건이 발생할 때까지 인내를 갖고 기다릴 필요가 있다. 만약 당신이 북극 근처의 노르웨이 트론헤임에 살고 있으며, 열기가 어떻게 공격성에 영향을 주는지를 연구하고 싶다면, 그리고 열기는 태양이 만드는 높은 기온에 의존한다면, 상당한 인내심과 많은 시간이 필요하다. 실험자는 관심사인 조건(실험실 상황에서 여러 수준의 열기)을 만듦으로써 상황을 통제하여 빠르고 효율적으로 자료를 수집한다.

❍ 실험을 하는 이유

심리학자가 실험을 하는 이유는 어떤 연구를 수행하는 일반적인 이유와 동일하다. 기초 연구에서 실험은 이론을 검증하기 위해, 그리고 행동의 설명에 대한 데이터베이스를 제공하기 위해 수행된다. 전형적으로 이런 실험들은 잘 준비되어 있고, 연구자는 예상하는 결과에 대해 분명한 아이디어를 갖고 있다. 소위 결정적 실험(critical experiments)은 각기 다른 예상을 하는 두 이론을 겨루게 한다. 즉, 하나의 결과는 이론 A를 지지하는 것이고, 다른 결과는 이론 B를 지지하는 것이다. 그래서 원칙적으로 그 실험은 어떤 이론이 기각되고, 어떤 이론이 채택되는지를 결정하게 될 것이다. 현실적으로는 이 같은 결정적 실험이 그처럼 잘 적용되지는 않는다. 왜냐하면 기각된 이론의 지지들이 자신들에게 불리한 그 실험의 해석을 믿지 못하게 만드는 설명들을 절묘하게 생각해 내기 때문이다. 이런 예는 어떻게 사람들이 망각하는지를 다룬 연구에서 찾아볼 수 있다. 망각에 대한 두 개의 주요 설명은, ① 마치 백열전구가 전기를 끄면 빛을 잃듯, 시간이 지남에 따라 기억된 항목은 사라진다(이 설명을 '흔적 소멸'이라 부름). ② 기억된 항목은 결코 사라지지 않는다. 그러나 항목들이 사라지지 않기 때문에, 그것들이 서로 간섭을 일으켜 혼동이 생긴다는 것이다. 간단한 결정적 실험은 항목의 수는 일정하게 한 상태에서 기억할 항목들 간의 시간을 달리하는 것이다(Waugh & Norman, 1965). 흔적소멸 이론에 따르면, 시간을 길게 하여 제시한 기억이 더 나쁠 것이다. 왜냐하면 항목이 사라질 수 있는 시간이 더 많이 주어졌기 때문이다. 그러나 주어진 시간과 상관없이 항목의 수가 똑같이 남아 있다고 주장하는 간섭 이론은 망각에서 차이가 없을 것이라고 예언한다. 이 실험이 수행되었을 때, 기억에서 차이가 없었다. 이는 흔적소멸 이론의 설명을 무효화하는 것으로 보였다. 그러나 흔적소멸 이론가들의 답변은 항목과 항목 사이에 주어진 추가 시간이 사람들로 하여금 그것들을 암송할 수 있도록 하여(즉, 항목들을 반복해서 외우도록 하여), 망각을 막았다는 것이다.

자주는 아니지만 연구자가 어떤 이론도 없이, 단지 어떤 일이 일어나는지를 알아보기 위한 실험을 하기도 한다. 우리는 이를 탐색적 실험(what-if experiment)이라고 부를 수 있을 것이다. 이런 실험은 이론적 지식이나 기존의 데이터베이스를 요구하지 않고, 개인적 경험과 관찰을 토대로 수행될 수 있기 때문에 종종 학생들이 탐색적 실험을 계획한다. 어떤 과학자들은 탐색적 실험을 못마땅해 한다. 그것에 반대하는 주요 이유는 비효율성이다. 종종 그러듯이, 만약 탐색적 실험에서 아무 일도 일어나지 않으면(즉, 독립 변인이 아무런 효과가 없으면), 실험에서 얻는 것이 아무것도 없는 것이다. 이와 대조적으로, 만약 한 이론이 어떤 일이 발생할 것으로 예언하고 있는 주의 깊은 실험에서 아무 일도 발생하지 않는다면, 차이가 없다는 그 결과도 유용한 것이 될 수 있다. 우리는 탐색적 실험을 시도하는 것도 인정해야 한다. 그런 실험의 대부분은 효과가 없었지만 재미있었다. 우리가 충고하는 것은 탐색적 실험을 시도하기 전에 당신의 교수와 함께 그 실험을 미리 점검하라는 것이다. 교수는 당신이 하려는 것의 특이점을 찾아 주거나, 이미 이루어진 유사한 실험의 결과들을 알고 있을지도 모른다.

기초 연구에서 실험을 하는 마지막 주요 이유는 이전 연구 결과를 반복 혹은 재검증하려는 것이다. 하나의 실험 그 자체는 일련의 여러 관련된 실험보다 확신이 훨씬 덜하다. 가장 단순한 재검증은 절차의 변화 없이 현존하는 실험을 그대로 반복하는 것이다. 직접적 재검증 연구는 원래의 실험이 매우 기발한 것일 때 특히 유용하다. 그러나 일반적으로 재검증을 하는 더 좋은 방법은 이전 것을 유지하면서, 새로운 무언가를 첨가하여 이전 연구의 절차를 '확대'하는 것이다. 그래서 재검증 부분은 말 그대로 반복이지만, 새로운 부분이 과학적 지식을 더해 준다. 이런 종류의 재검증은 어떻게 그 결과가 다른 독립 변인 위에서도 유지되는지(혹은 아닌지)를 보여 줌으로써 결과의 일반성을 보여 준다. 재검증의 개념과 여러 형태의 재검증에 대해서는 11장에서 자세히 논의할 것이다.

변인

변인은 실험을 달리게 하는 심장이다. 변인의 효과적인 선택과 조작이 좋은 실험과 나쁜 실험의 차이를 만든다. 여기서는 실험을 시작하기 전에 주의 깊게 고려해야 하는 세 종류의 변인(**독립 변인, 종속 변인, 통제 변인**)을 다룬다. 우리는 둘 이상의 독립 변인 혹은 종속 변인을 지닌 실험을 논의하면서 이 주제를 마칠 것이다.

❍ 독립 변인

진실험(true experiment)에서 독립 변인은 실험자가 **조작하는** 변인이다. 빛의 밝기, 소리의 크기, 방 안 온도, 쥐에게 준 먹이 알갱이의 수 등은 모두 독립 변인이다. 왜냐하면 실험자가 그것들의 질과 양을 결정하기 때문이다. 실험자는 독립 변인이 행동의 변화를 초래할 것으로 믿기 때문에 그것을 선택한 것이다. 소리의 강도를 높이는 것이 사람들의 소리에 대한 반응 속도를 증가시킨다. 쥐에게 제공하는 음식 알갱이의 수를 증가시키는 것이 지렛대를 누르는 빈도를 증가시킬 것이다. 독립 변인의 수준(양)의 변화가 행동의 변화를 초래할 때, 우리는 그 행동이 독립 변인의 통제하에 있다고 말한다.

독립 변인이 행동을 통제하는 데 실패할 때는, 즉 종종 무위 결과(null results)라 부르는 것은 둘 이상의 해석이 가능하다. 첫째, 실험자가 그 독립 변인이 중요하다고 잘못 예상하였다. 즉, 무위 결과가 맞는 것이다. 대부분의 과학자는 마지못해서 이런 해석을 받아들일 뿐, 일반적으로는 무위 결과에 대해 **실험자가 독립 변인을 제대로 조작하지 못했을 수도 있다는 것**과 같은 대안적 설명을 한다. 당신이 2학년 아동들을 대상으로 실험을 하고, 독립 변인은 아동들이 옳은 반응을 했을 때 받는 사탕의 수(M&M, 젤리)라고 해 보자. 어떤 아동은 단지 한 개를 받는 반면, 어떤 아동은 두 개를 받는다. 당신은 아동의 행동에서 차이를 발견하지 못했다. 그러나 만약 당신의 독립 변인 범위가 더 컸더라면, 즉 그들에게 주는 사탕이 한 개에서 열 개까지였다면, 아마도 차이가 있었을 것이다. 당신의 조작이 독립 변인의 효과를 나타내기에 충분하지 않았을지도 모른다. 혹은 아마도 당신은 모르지만, 그 아동들이 실험이 시작되기 직전에 생일 파티를 하고 아이스크림과 케이크를 잔뜩 먹고 왔을 수도 있다. 이 경우, 열 개의 사탕이라도 어떤 효과를 보여 주지 못할 것이다. 이것이 음식을 보상으로 하는 동물학습 연구에서 실험이 시작되기 전에 동물들을 굶기는 이유이다.

우리는 실험자가 주의 깊게 독립 변인을 강력하게 조작해야 한다는 사실을 알 수 있다. 그렇게 하지 못하면 종종 무위 결과가 나온다. 조작의 실패인지 혹은 무위 결과가 맞는 것인지를 결정할 수 있는 방법이 없기 때문에, 실험자는 독립 변인이 종속 변인에 미치는 영향과 관련하여 어떤 결론에도 도달할 수 없다. 우리는 지금부터 무위 결과가 종속 변인과 통제 변인과 관련되는 공통적인 원인들을 살펴보고자 한다.

❍ 종속 변인

종속 변인은 실험의 반응 측정치이고, 이는 실험자의 환경 조작에 대한 피험자의 반응에 **달려 있다**. 즉, 실험자가 관찰하고 기록하는 피험자의 행동이고, 이는 독립 변인에 달려 있다. 연구 보조자가 방어하고 있는 책상에 피험자가 앉을 때까지 걸린 시간, 곤충이 기어서 미로를 통과한 속도, 쥐가 지렛대를 누른 횟수 등은 모두 종속 변인이다. 왜냐하면 그것들은 실험자가 환경을 조작한 방식에 달려 있기 때문이다. 도서관의 예에서, 우리는 책상을 방어하고 있는 연구 보조자가 온화한 표정을 하고 있을 때보다 험악한 표정을 하고 있을 때 피험자들이 그 책상에 앉기를 더 주저할 것이라고 예상할 것이다. 이 경우 피험자의 행동은 우리가 연구 보조자에게 지시한 얼굴 표정에 **달려 있는** 것이다. 피험자가 그 책상에 앉을 때까지 걸린 시간이 관심사인 종속 변인이다.

좋은 종속 변인의 한 가지 기준은 안정성(stability)이다. 같은 피험자, 같은 독립 변인 수준 등으로 어떤 실험을 똑같이 반복했을 때, 종속 변인도 이전과 똑같은 점수이어야 한다. 우리가 어떤 물체의 무게를 15분 간격으로 전후에 측정하고자 한다고 가정해 보자. 우리는 스프링으로 작동되는 저울을 사용한다. 스프링은 날씨가 추울 때는 수축되고, 날씨가 더울 때는 팽창한다. 일정한 기온에서 무게 측정을 하는 한, 그 측정은 믿을 만하다. 그러나 만약 물체들을 측정하는 동안 기온이 달라진다면, 같은 물체도 무게가 다를 것이다. 이 경우 종속 변인은 안정성이 부족한 것이다.

종속 변인이 안정적이라도, 종종 종속 변인이 부적절하여 무위 결과가 나올 수 있다. 가장 공통적인 원인은 종속 변인의 범위가 한정되어 있어서 척도의 꼭대기 혹은 바닥을 치기 때문이다. 만약 당신이 좀 퉁명한 친구에게 처음 만났을 때 인사하도록 가르치고 있다고 해 보자. 당신은 심리학개론을 통해 보상이 수행을 향상시킨다는 사실을 알고 있기 때문에 그 친구가 제대로 할 때 맥주를 사 줄 예정이다. 그런데 당신의 그 친구는 매번 그렇지 않아서, 당신이 그 맥주를 마신다. 이제부터 당신은 그 친구에게 더 이상 보상을 주지 않는다. 그러므로 당신은 그 친구의 수행이 감소할 것으로 예상한다. 그러나 이보다 더 나빠질 수가 없기 때문에, 당신은 그 친구의 어떤 수행 감소도 관찰할 수 없을 것이다. 당신의 친구는 이미 척도의 바닥에 있다 이를 바닥효과(floor effect)라고 부른다. 정반대의 문제, 즉 100%일 때를 천장효과(ceiling effect)라고 부른다. 천장효과와 바닥효과(10장 참조)는 독립 변인의 효과가 종속 변인에 정확하게 반영되는 것을 방해한다.

❍ 통제 변인

통제 변인(control variable)은 실험자가 실험이 진행되는 동안 일정하도록 통제해야 하는 잠재적인 독립 변인이다. 어떤 실험에서는 실제로 통제된 것보다 통제 변인들이 훨씬 더 많다. 예를 들어, 사람들에게 3음절 철자를 기억하도록 하는 비교적 간단한 실험에서도 많은 변인이 통제되어야 한다. 이상적으로는 날짜도 당신의 효율성에 변화를 주기 때문에 통제해야 한다. 만약 검사실이 너무 더우면 졸릴 수 있기 때문에 기온이 중요할 수도 있다. 당신이 마지막 식사를 한 시간도 기억 수행에 영향을 줄지도 모른다. 지능도 관련이 있다. 통제 변인 목록이 더 늘어날 수도 있다. 실제로 실험자는 독립 변인의 효과에 비해 통제되지 않은 요인들의 효과가 더 작기를 바라고, 가능한 한 눈에 띄는 많은 변인을 통제하려고 노력한다. 가외 변인들을 엄격히 통제하는 연습이 항상 중요하지만, 독립 변인이 종속 변인에 미치는 영향이 작을 때 가외 변인은 더 결

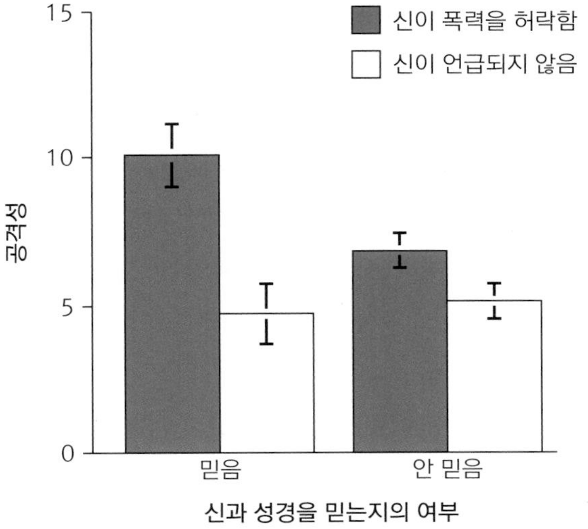

[그림 3-2] 신과 성경을 믿는지의 여부와 신이 폭력을 허락했다는 구절 또는 신이 언급되지 않은 폭력적 구절을 읽은 후의 공격성에 미치는 영향

공격성의 측정치는 참가자들이 가상적인 상대방들에게 가장 높은 수준(즉, 9~10)의 소음을 주기로 선택한 시행의 수(25회 시행 중에서)이다. 그러므로 공격성 점수의 범위는 0~25점이다. 그림 위에 표기된 수직선은 ±1 표준편차를 나타낸다.

출처: Bushman et al. (2007). © 2007 by Association for Psychological Science. Sage Publications의 허락하에 재인용.

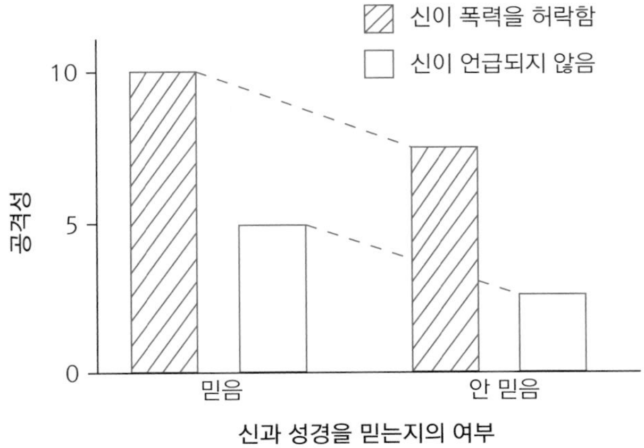

[그림 3-3] 상호작용이 없는 가상적 자료

평행선을 주목하라.

많은 실험은 둘 이상의 독립 변인을 포함하고 있다. 이는 결과에 상호작용이 포함되어 있음을 의미한다. 당신이 상호작용을 만나는 횟수가 많기 때문에 복잡한 실험 결과를 해석하는 연습을 돕기 위해 두 변인을 다룬 또 다른 실험을 예시하겠다.

Brickner, Harkins와 Ostrom(1986)이 실시한 사회적 태만(1장 참조)에 대한 실험에서 저자들은 과제에 관한 개인적 몰입이 그 과제에서 나타는 사회적 태만의 크기에 미치는 영향을 알아보고자 하였다. Brickner와 동료들은 사회적 태만을 다룬 이전의 연구들에서는 박수치기와 나이프의 용도 찾기와 같은 몰입이 낮은 과제들을 사용했다는 사실에 주목하였다. 저자들은 어떤 과제에 쏟는 노력은 그 과제가 개인에게 주는 내재적 중요성이나 개인적 의미와 관련되어 있을 것이라고 생각하였다. 어떤 과제에 대해 개인적 몰입이 큰 경우는 사회적 태만이 줄어들어야 한다. 왜냐하면 그들은 자신의 개인적 수행이 감시를 받는지와 무관하게 그런 과제에 실질적인 노력을 쏟기 때문이다. 그래서 그 연구자들은 과제에 대한 피험자들의 몰입을 다르게 하였고, 또한 개인의 노력을 평가할 수 있는 정도를 다르게 하였다. 만약 그들의 논리가 옳다면 상호작용이 있어야 할 것이다. 몰입이 낮을 때는 사회적 태만(개인의 노력이 평가되지 않을 때 노력을 줄이는 것)이 나타나야 하지만, 몰입이 높을 때는 개인의 노력이 확인되는지의 여부와 상관없이 같은 정도의 노력이 나타나야 한다.

Brickner와 동료들은 대학생들에게 12분 동안 학생들이 대학을 졸업하기 위해서는 반드시 통과해야 하는 졸업시험을 시행하는 제안에 대해 가능한 한 많은 생각을 만들어 내도록 하였다. 고몰입 조건에서는 학생들에게 그 제안이 그들이 졸업하기 이전에 그 대학에서 도입되는 것으로 믿도록 만들었다.

그러므로 졸업의 요건인 졸업시험이 추가되는 것은 개인적인 관련성이 큰 것이다. 저몰입 조건에서는 학생들에게 그 시험이 다른 대학에 나중에 도입되는 것으로 믿도록 만들었다. 개인적 노력 정도의 확인가능성도 지시문으로 조작하였다. 피험자들은 졸업시험에 대한 생각들을 각자 개인의 종이에 쓰도록 하였다. 확인가능성이 낮은 조건에서는 생각을 평가하는 위원회에서 그 집단의 의견들을 전체적으로 평가하길 원하기 때문에, 피험자들에게 각자의 생각을 다른 사람들과 함께 모으도록 지시하였다. 확인가능성이 높은 조건에서는 피험자들에게 위원회가 개인들의 반응을 평가하길 원하기 때문에 각자 따로따로 의견을 내도록 지시하였다.

요약하면, 종속 변인은 네 가지 조건(확인가능성 낮음/저몰입, 확인가능성 낮음/고몰입, 확인가능성 높음/저몰입, 확인가능성 높음/고몰입)에서 각각 제출한 생각의 개수였다.

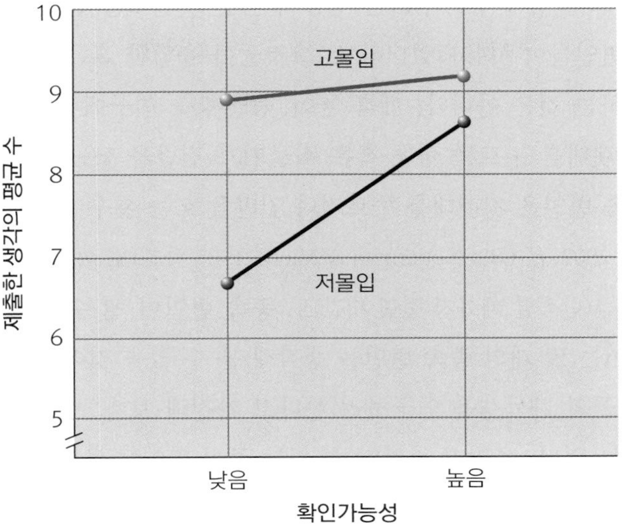

[그림 3-4] 상호작용을 보여 주고 있는 Brickner, Harkins와 Ostrom(1986)의 실험 결과
저몰입 과제에서는 사회적 태만(확인가능성이 높을 때와 비교하여 확인가능성이 낮을 때 생각의 수가 더 적음)이 발생하지만, 고몰입 과제에서는 사회적 태만이 발생하지 않고 있다.

[그림 3-4]의 결과는 몰입 조건과 확인가능성에 따라 나온 생각의 수를 나타낸 것이다. 저몰입 조건에서는 이전의 사회적 태만 연구가 재검증되었다. 즉, 피험자들이 자신의 수행이 평가되지 않는다고 믿고 있을 때 더 적은 수의 생각을 내놓았다. 이제 고몰입 조건의 결과를 살펴보자. 확인가능성과 관계없이 생각의 수가 동일하였다. 상호작용이 있었다. 즉, 확인가능성의 효과는 과제 몰입의 수준에 달려 있었다. 달리 말하면, 어떤 사람이 내재적 관심이 없는 과제를 할 때보다는 개인적으로 몰입하고 있는 과제를 접할 때, 사회적 태만과 책임분산이 일어날 가능성이 더 적다.

요약하면, 한 독립 변인의 수준들이 다른 독립 변인들의 수준에 의해 다른 영향을 받을 때 상호작용이 발생한다. 상호작용이 있을 때, 각 독립 변인의 효과를 따로따로 언급하는 것은 앞뒤가 맞지 않다. 왜냐하면 한 변인의 영향이 다른 변인의 수준에 달려 있기 때문에 상호작용하고 있는 변인들을 함께 언급해야 한다.

❍ 둘 이상의 종속 변인

종속(관찰) 변인은 행동의 한 지표로 사용된다. 이는 피험자들이 수행을 얼마나 잘했는지 혹은 못했는지를 나타낸다. 이는 실험자가 피험자들의 행동을 점수화하도록 해 준다. 실험자는 그 실험에서 다루려는 행동이 어떤 것인지를 결정해야 한다. 비록 전통적으로 어떤 변인들이 사용되었더라도, 그것들이 유일한 혹은 심지어 가장 좋은 행동 지표를 의미하는 것은 아니다. 예를 들어, 동물학습 연구에서 사용되어 온 반응들이었던, 쥐가 지렛대를 누르는 행동 혹은 비둘기가 건반을 쪼는 행동을 살펴보자. 가장 보편적인 종속 변인은 지렛대를 누르거나 건반을 쪼는 횟수이다. 그러나 건반을 쪼는 힘(Neuringer, 2002, p. 680; Notterman & Mintz, 1965 참조)도 재미로운 결과를 가져올 수 있고, 지연시간(반응할 때까지 걸린 시간)도 종속 변인이 될 수 있다. 대개는 연구자들이 적절해 보이는 몇 개의 종속 변인을 생각해 볼 수 있을 것이다. 우리가 당신이 지금 읽고 있는 글꼴의 가독성을 연구하려 한다고 가정해 보자. 당연히 우리는 '가독성'을 눈으로 볼 수는 없다. 우리가 관찰할 수 있는 종속 변인은 무엇일까? 과거에 사용되어 온 것들은 글을 읽은 후 의미 있는 정보의 기억, 정해진 수만큼의 단어를 읽는 데 걸린 시간, 단일 문자를 인식할 때 범하는 오류의 수, 글을 옮겨 쓰거나 타이핑 하는 속도, 글을 읽는 동안의 심장박동 및 글을 읽는 동안의 근육 긴장이고, 이것들이 전부는 아니다.

경제적인 이유로 보면, 가능한 한 동시에 많은 종속 변인을 얻어야 한다. 그럼에도 불구하고 전형적인 실험은 하나의 종속 변인 혹은 많아 봤자 동시에 두 개의 종속 변인을 사용한다. 이는 불행한 일이다. 실험의 일반화는 둘 이상의 독립 변인에 의해 확장되듯이 여러 종속 변인에 의해서도 확장된다. 아마도 여러 종속 변인을 한 번에 분석하는 것이 통계적으로 어렵기 때문에, 이것이 더 많은 종속 변인을 사용하지 않는 이유일 것이다. 현대의 컴퓨터 기법들을 이용하여 계산이 훨씬 용이해졌지만, 많은 실험심리학자는 다변량 통계 절차에 대한 훈련이 잘 되어 있지 않아서 그것의 사용을 주저한다. 각각의 종속 변인을 따로 분석할 수도 있지만, 이는 독립 변인을 따로 분석하면 상호작용을 무시하게 되는 것과 같이 정보를 놓치는 것이다. 다변량 분석은 복잡하다. 그럼에도 불구하고 당신은 한 실험에 둘 이상의 종속 변인을 사용하는 것은 장점이 있다는 사실을 알아야 한다.

실험설계

실험설계의 목적은 가외 변인 혹은 통제되지 않은 변인을 최소화하여, 한 실험이 타당하고 일관된 결과를 산출할 가능성을 높이고자 하는 것이다. 이 책 내용의 전부가 실험설계에 관한 내용이다. 여기서 우리는 실험설계를 향상시키는 데 사용되는 몇 가지 공통적인 기법의 표본을 다루려 한다.

설계에 대해 실험자가 내려야 하는 첫 번째 결정은 어떻게 피험자들을 여러 독립 변인 수준에 할당할 것인가이다. 두 가지 가능한 방법은 각 피험자를 오직 한 수준에만 할당하거나 아니면 각 피험자를 모든 수준에 할당하는 것이다. 첫 번째를 피험자간 설계(between-subject design), 두 번째는 피험자내 설계(within-subject design)라고 부른다. 둘의 차이는 다음의 간단한 예에서 볼 수 있다. 당신이 무의미 단어의 기억 능력을 테스트하려는 실험에 30명의 심리학개론 수강생이 참가하기로 동의하였다. 당신의 독립 변인은 각 단어를 불러 주는 횟수(한 번 혹은 다섯 번)이다. 당신은 각 단어를 한 번만 불러 준 조건보다는 다섯 번 불러 준 조건의 기억이 우수할 것으로 예상하고 있다. 피험자간 설계는 당신이 피험자들을 반으로 나눠(즉, 15명씩 두 집단으로), 한 집단에게는 다섯 번씩 반복하고, 다른 한 집단에게는 한 번만 불러 주는 것이다(각 집단에 들어갈 피험자들을 어떻게 선발하는지는 간단히 다룬다). 피험자내 설계는 30명 모두를 독립 변인 두 수준으로 학습시킨다. 즉, 각 피험자에게 한 번 불러 주고 테스트하고, 또 다섯 번 반복하고 다시 테스트한다(각 피험자가 두 처치를 받는 순서를 결정하는 방법은 나중에 다룰 것이다). 어떤 설계를 사용해야 하나?

❍ 피험자간 설계

피험자간(두 집단) 설계는 보수적인 설계이다. 하나의 처치가 다른 처치를 오염시킬 기회가 없다. 왜냐하면 각 사람은 오직 하나의 처치(한 번 반복 혹은 다섯 번 반복, 둘 다는 아님)만을 받기 때문이다. 그러나 한 가지 문제점은 피험자간 설계는 사람들 간의 차이를 다루므로 효율성이 떨어진다는 것이다. 즉, 기억할 항목을 한 번 반복하는 것과 다섯 번 반복하는 것 간의 실제 차이를 찾아내는 효율성이 떨어진다.

어떤 피험자간 설계에서든 실험자는 둘 혹은 그 이상의 처치집단에 있는 피험자들 간의 차이를 최소화시키는 노력을 해야 한다. 만약 우리가 기억력이 가장 좋은 다섯 명을 골라서 일부러 한 번 반복하는 조건에 할당하고, 기억력이 가장 나쁜 다섯 명을 다섯 번 반복하는 조건에 할당한다면, 틀림없이 결과에서 차이를 발견하지 못할지도 모른다. 심지어 한 번 반복한 집단이 더 잘할 수도 있다. 이런 결과를 방지하기 위해 실험자는 실험이 시작되기 전에 두 집단이 동등함을 보장해야 한다.

동등 집단 두 집단이 동등함을 보장하는 한 가지 방법은 피험자들의 무의미 단어 기억에 대한 기저선(baseline) 측정치를 얻기 위해, 본 실험이 시작되기 전에 30명 모두에게 기억 검사를 실시하는 것이다. 피험자들의 기저선 점수를 이용하여, 점수가 동일한(혹은 매우 유사한) 피험자 쌍을 구성할 수 있다. 각 쌍 중 한 명을 무선으로 한 집단에 할당하고, 나머지 다른 한 명은 두 번째 집단에 할당한다. 이 기법을 대응(matching)이라 부른다. 대응을 사용하는 데 있어서의 난관은 실험자가 모든 특성에서 피험자들을 대응시킬 수 없다는 점이다. 비록 어떤 특성(들)에서 피험자들을 대응시킨다 해도, 관련이 있을지도 모르는 또 다른 어떤 특성에서는 집단들이 서로 다를 가능성이 항상 존재한다(대응은 뒷부분에서 좀 더 자세히 다룬다).

동등 집단(equivalent groups)의 구성을 보장하는 데 사용되는 더 널리 알려진 기법은 무선화(randomization)이다. 무선화란 어떤 실험에 참가한 각 개인이 특정 집단에 할당될 기회가 동일하다는 의미이다. 우리의 단어 반복제시 실험에서 무선화로 두 집단을 구성하는 한 가지 방법은 피험자 각자가 모자에서 (집단) 이름을 뽑는 것이다. 혹은 우리는 각 개인에게 나와서 주사위를 던지도록 할 수도 있다. 짝수가 나오면 어느 한 집단에 할당하고, 홀수가 나오면 나머지 한 집단에 할당한다. 만약 주사위가 없다면, 홀수와 짝수를 만들기 위해 난수표를 사용할 수도 있다. 이 방법을 이용하여 피험자들을 실험조건에 할당하면 편향이 없다. 왜냐하면 이 방법은 피험자들의 모든 특성을 무시하기 때문이다. 우리는 그렇게 만든 집단들은 모든 관련 차원에서 동등할 것으로 기대한다. 그러나 무선화가 항상 집단들을 동등하게 만든다는 것을 보장해 주는 것은 아니다. 우연히 기억을 더 잘하는 사람이 어느 한 집단에 더 많이 할당될 수도 있다. 이런 일이 발생할 가능성은 확률 이론으로 계산할 수 있다. 이것이 실험설계와 통계학이 같은 주제로 간주되는 이유 중 하나이다. 그러나 설계는 실험을 준비하는 논리에 관한 것인 반면, 통계학은 수치, 확률 및 다른 수학적 측정값의 계산을 다룬다.

만약 우리가 모든 관련된 차원을 다룰 수 있다면, 무선화보다는 대응이 더 좋은 방법이지만, 그렇다고 확신하는 경우가 거의 없기 때문에 무선화가 더 많이 사용된다.

❍ 피험자내 설계

많은 실험심리학자는 30명 모두가 한 번의 반복으로 단어기억 검사를 받고, 다시 다섯 번의 반복으로 단어기억 검사를 받는(혹은 그 반대 순서로) 피험자내(단일집단) 설계를 선호한다. 이 설계는 각 피험자들이 자신과 비교되기 때문에 더 효율적이다. 한 번 반복한 단어와 다섯 번 반복한 단어 간의 기억 차이는 피험자간 설계의 경우처럼 두 집단에 있는 사람들이 서로 다르기 때문에 생긴 결과일 수가 없다.

일반적 연습효과 더 효율적인 피험자내 설계에도 한 가지 위험성이 있다. 30명 모두가 먼저 다섯 번씩 반복해서 단어들을 학습한 다음, 한 번의 반복으로 단어들을 학습한다고 상상해 보라. 피험자들이 한 번 반복처치를 시작할 때는 이미 무의미 단어 학습에 더 숙달되어 있거나 그 과제에 지루함 혹은 피로감을 경험하고 있을 수도 있다. 이런 모든 가능성을 일반적 연습효과(general practice effect)라고 한다. 피험자들이 다섯 번 반복한 다음에 한 번 반복으로 학습하든 혹은 한 번 반복한 다음에 다섯 번 반복으로 학습하든 간에 문제가 되지 않도록 하려면, 통상 모든 처치조건에서 이 효과가 똑같다고 가정해야 한다. 일반적 연습효과가 모든 처치조건에서 똑같아야 하기 때문에 그것은 주로 역균형화(counterbalancing)를 사용하여 통제할 수 있다. 역균형화를 사용하려 할 때, 실험자는 피험자에게 주는 처치의 순서를 결정해야 하는 난관에 직면한다. 다시 하나의 해결책은 모자를 이용하여 피험자들에게 처치명을 뽑도록 하거나, 난수표를 이용하거나, 컴퓨터를 이용하여 순서를 무선으로 정하는 것이다. 이것의 배경 논리는 앞서 언급하였다. 그러나 무선화를 이용하여 처치의 순서를 역균형화하면 순서들이 동일해지기는 하지만, 이는 처치의 수가 적을 때는 덜 적합하다. 대부분의 실험에서는 피험자의 수가 처치의 수보다 많다. 그래서 무선화가 피험자들을 처치에 할당하는 좋은 방법이다.

완전 역균형화(complete counterbalancing)에서는 모든 가능한 처치 순서가 사용된다. 단어 제시 반복실험에서는 순서가 두 가지(한 번 반복 후 다섯 번 반복과 다섯 번 반복 후 한 번 반복)밖에 없기 때문에 완전 역균형화가 용이하다. 피험자들의 절반은 한 번의 반복 후 다섯 번의 반복을 받고, 나머지 절반은 그 반대 순서로 받는다. 처치의 수가 증가할수록 순서의 수는 크게 증가한다. 처치의 수가 3개이면 6개의 다른 순서, 처치의 수가 4개이면 24개의 다른 순서, 처치의 수가 5개이면 120개의 다른 순서 등이다. 독립변인의 수준이 증가할수록 완전 역균형화는 점차 비현실적이 된다.

역균형화가 순서효과를 없애 주는 것은 아니다. 그것은 실험자가 순서효과를 평가할 수 있게 해 준다. 만약 순서효과가 있으면, 특히 순서가 더 중요한 독립 변인들과 상호작용하고 있다면, 설계를 수정할 필요가 있다. 실험자는 순서효과를 피하기 위해 피험자간 설계를 사용하여 그 실험을 반복할 수도 있다. 대안으로, 각 피험자가 첫 번째 조건에 있을 때의 행동만을 조사함으로써 원래의 실험을 피험자간 설계로 재분석할 수도 있다.

차별적 이월효과 차별적 이월효과는 일반적 연습효과보다 더 심각한 문제이다. 차별적 이월효과(differential carryover effects)의 경우, 실험의 앞부분이 뒷부분에 미치는 효과가 먼저 오는 처치에 따라 다르다. 30명의 피험자 모두가 먼저 항목들을 다섯 번의 반복으로 학습한 다음, 한 번의 반복으로 학습한다고 상상해 보라. 다섯 번의 반복으로 얻은 초기 경험의 결과로서, 한 번의 반복으로 학습한 항목도 스스로 네 번 더 반복하려 할지도 모른다. 이로 인해 두 수준의 독립 변인이 어떤 차이도 만들지 못하게 된다. 이것이 첫 번째 처치가 두 번째 처치에 미치는 영향이 첫 번째 처치에 달려 있는 차별적 이월효과의 한 예이다. 이는 피험자들이 실험의 첫 단계에서 받은 처치와 무관하게, 피험자들이 똑같은 방식으로 두 번째 처치에 임할 때 생기는 일반적 연습효과(즉 기술이 더 향상되는 것, 지루함 혹은 피로감)의 사례가 아니다. 차별적 이월효과는 역균형화로 어느 정도는 없앨 수 있지만, 역균형화로 이 효과를 완전히 없앨 수는 없다. 만약 차별적 이월효과가 있을 것으로 예상되면, 우리는 역균형화와 더불어 두 가지(피험자간 설계를 사용하는 것과 두 처치 간에 시간 간격을 충분히 두는 것) 중 한 가지를 사용할 수 있다. 피험자간 설계는 더 많은 피험자가 필요하기 때문에 효율적이지 못하지만, 심각한 결점이 있는 실험을 그냥 수행하는 것보다는 낫다. 만약 우리가 두 처치 사이에 시간 지연을 두기로 결정한다면, 차별적 이월효과의 가능성이 충분히 제거될 정도의 시간이 어느 정도인지 알아보아야 한다.

❍ 소표본 설계

혼합설계를 논의하기 전에 전통적인 피험자내 설계의 변형 중 하나인 소표본 설계(small-n design)를 간단히 언급하고자 한다. 소표본 설계는 적은 수의 피험자 혹은 한 명의 피험자에게 독립 변인의 여러 수준 혹은 처치를 주는 것이다. 소수의 피험자를 사용하기 때문에 각 피험자를 대상으로 많은 관찰을 기록하는, 매우 경제적이며 매우 통제된 실험이다. 소표본 설계는 정신물리학 연구, 임상 연구 및 조작적 조건형성 연구에서 흔하다. 마치 피험자내 설계처럼, 실험자는 처치를 역균형화하는 데 주의를 기울여야 하고, 각 피험자에게 여러 처치를 함으로써 생기는 문제점들을 예상해야 한다. 소표본 설계는 이 책의 9장과 Elmes, Kantowitz와 Roediger(2012)의 11장에서 자세히 다루고 있다.

○ 혼합설계

실험이 피험자내 설계나 피험자간 설계로만 이루어지는 것은 아니다. 종종 같은 실험에서 어떤 독립 변인은 피험자 간으로 처치하고, 어떤 독립 변인은 피험자 내로 처치하는 것이 편리하고도 신중한 방법이다(물론 그 실험이 둘 이상의 독립 변인을 지니고 있다고 가정했을 때). 만약 어떤 변인(예, 약물 관리)이 다른 변인에 영향을 줄 가능성이 있다면, 그 변인은 피험자간 변인으로 만들 수 있고, 나머지 다른 변인들은 피험자내 변인으로 만든다. 시행이나 과제의 반복연습이 관심사일 때, 그것은 필수적으로 피험자내 변인이다. 어떤 피험자간 변인의 효과가 두 번째인 피험자내 변인에 걸쳐 나타나는지를 보기 위해 혼합설계가 자주 사용된다. 이런 절충적 형태의 설계(**혼합설계**, mixed design)가 순수한 피험자내 설계만큼 효율적이거나 경제적이지는 않지만, 종종 더 안전하다.

○ 통제조건

독립 변인은 실험자가 변화를 주는(조작하는) 변인이다. 이는 모든 독립 변인은 그 실험 안에서 양적으로 혹은 질적으로 달라야 한다는 것을 의미한다. 예를 들어, 쥐에게 주어지는 보상의 양이 독립 변인이고, 실험자가 선택한 보상의 양은 음식 알갱이 1개와 4개일 수도 있다. 대안적으로 우리는 음식이나 물과 같은 서로 다른 종류의 보상을 줄 수도 있을 것이다. 한 독립 변인에서 단일 처치나 조건을 가리키는 전문적인 용어는 수준이다. 첫 번째 예에서 독립 변인의 수준들은 음식 알갱이 1개와 4개이고, 두 번째 예에서는 음식과 물이라고 할 수 있다.

많은 실험은 독립 변인 이외에도 통제집단(control group, 피험자간 설계의 경우)이나 통제조건(control condition, 피험자내 설계의 경우)을 포함하고 있다. 가장 간단한 형태의 통제집단은 관심사인 독립집단의 어떤 수준도 받지 않는다. 방금 제시한 보상의 예에서도 통제집단의 쥐들은 보상을 받지 않는 것이다. 혹은 실험자가 소음이 공부하는 데 미치는 효과에 관심이 있다고 하자. 피험자간 설계를 이용하여 실험자는 한 집단의 피험자들에게는 공부하는 30분 동안 큰 소음에 노출시킨다. 이것이 관심사인 독립 변인 수준이다. 통제집단은 조용한 상태(소음 수준이 아주 낮은)에서 30분간 같은 교재를 공부한다. 두 집단 모두에게 그 교재에 대한 시험을 실시한다. 두 집단에서 얻는 시험 성적의 차이는 소음의 효과로 귀속될 것이다.

통제조건의 중요한 특징은 어떤 관심 변인과 비교되는 기저선을 제공해 준다는 사실이다. 때로 가장 좋은 기저선은 처치가 없는 것이지만, 가장 좋은 기저선을 위해 어느 정도의 실행이 필요한 경우가 종종 있다. 기억 연구에서 가장 많이 등장하는 예에서, 한 집단의 피험자들에게는 두 가지 다른 단어 목록을 외우도록 한다. 실험자는 한 단어 목록의 학습이 다른 단어 목록의 학습을 간섭하는지에 관심이 있다. 실험집단(관심사인 독립 변인 수준을 받는)은 먼저 목록 A를 학습한 후 목록 B를 학습하고, 그런 다음 다시 목록 A에 대한 기억 검사를 한다. 실험자는 목록 B의 학습이 목록 A의 기억을 방해한다는 사실을 보여 주고 싶을 것이다. 그러나 그런 결론을 내리려면 그 이전에 비교 통제조건이 필요하다. 단지 목록 A에 대한 마지막 기억 검사를 처음의 기억 검사와 비교하는 것으로는 충분하지 않다. 왜냐하면 피험자들이 단지 피곤해져서 마지막 목록 A에 대한 기억 검사에서 더 나쁠 수도 있고, 아니면 피험자들이 추가적인 연습을 했기 때문에 마지막 목록 A에 대한 기억 검사에서 더 좋을 수도 있기 때문이다. 처치를 받지 않는 통제조건으로 목록 A를 학습한 후, 실험집단이 목록 B를 학습하는 동안 그냥 앉아 있다가, 다시 목록 A에 대한 기억 검사를 받는 통제집단을 둘 수 있다. 그러나 이는 좋지 못한 통제조건이다. 왜냐하면 통제집단의 피험자들이 그냥 앉아 있는 동안 목록 A를 암송할지도 모르기 때문이다. 이는 마지막 목록 A의 기억을 향상시킬 것이고, 실험집단에서 목록 B가 목록 A를 실제보다 더 많이 간섭한 것으로 잘못 보이도록 만들 수도 있다. 실험집단이 목록 B를 학습하는 동안, 통제집단에게 적절한 기저선 조건을 줄 수도 있다. 실험자는 그들이 암송을 못하도록 단순 계산 문제나 어떤 '바쁜 일'을 하도록 할 수도 있다([그림 3-5]).

때로 통제조건은 실험 내에서 암묵적으로 존재한다. 앞서 언급한 항목을 반복한 수(한 번/다섯 번)가 독립 변인이었던 기억 실험을 상기해 보라. 이 실험에서 통제집단이나 반복이 없는 조건을 포함시키려는 실험자는 없다. 왜냐하면 그런 상황에서 학습은 일어날 수가 없기 때문이다. 다섯 번의 반복이 한 번의 반복과 비교될 수 있다는 점에

실험집단	목록 A 학습	목록 B 학습	목록 A 검사
통제집단	목록 A 학습	단순 계산 문제	목록 A 검사

[그림 3-5] 목록 학습 실험을 위한 실험집단과 통제집단의 예

서(혹은 그 반대) 암묵적으로 통제조건이 있는 것이다. 실험자가 한 번의 반복이 다섯 번의 반복만큼의 효과가 있는지에 관심이 있다면, 우리는 아마도 명시적으로 한 번의 반복 수준을 통제조건이라고 부르지 않을 것이다. 그러나 다섯 번의 반복 조건이 그랬듯이, 한 번의 반복 조건도 비교를 위한 기저선이 된다. 왜냐하면 다섯 번 반복한 결과가 한 번 반복한 결과와 비교될 수 있기 때문이다.

많은 유형의 실험들은 둘 이상의 기저선이 필요하다. 예를 들어, 생리학 연구와 약물 연구에서 수술이나 주사 트라우마에 대한 통제조건이 필요하다. 그래서 통제조건의 피험자는 가짜 수술을 받거나 위약 주사를 맞는다. 이 조건은 수술을 받지 않거나 주사를 맞지 않은 또 다른 통제조건과 비교될 수도 있다.

❍ 함정

불행하게도, 부적절한 실험설계를 수립하기가 쉽다. 대부분의 실험심리학자는 이런 실수를 꽁꽁 숨겨 왔다. 여기서 우리는 너무 흔해서 당신이 꼭 알아야 하는 몇 가지 설계상의 오류를 다루고자 한다.

요구특성 실험실 실험은 실제로 독립 변인의 영향을 받는 행동을 포착하기 위한 것이다. 때로 실험실 상황 그 자체가 또는 실험이 진행된다는 사실을 아는 것이 피험자의 행동 패턴에 영향을 줄 수도 있다. 많은 경우, 연구 참가자는 자발적으로 실험자가 이 실험을 하는 목적에 관한 가설이나 가정을 만든 다음, 이 '목적'을 만족시키는 방향으로 행동 혹은 반응한다. 다음의 간단한 예시를 보면 그런 효과가 일어난다는 사실을 확신할 것이다. 당신이 5명의 친구에게 심리학 과목에서 하는 실험이라고 말하고, 그 친구들에게 피험자가 되어 달라고 부탁한다. 만약 친구들이 동의하면, 그들에게 맨손으로 3개의 얼음덩어리를 들고 있으라고 요청한다. 얼마나 많은 친구가 얼음덩어리를 녹을 때까지 들고 있는지를 주목하라. 이번에는 5명의 또 다른 친구들에게 실험에 대해 아무런 언급도 하지 않고 얼음덩어리를 들고 있으라고 요청한다. 그들은 녹을 때까지 얼음덩어리를 들고 있기보다는, 당신의 요청을 약간 이상하다고 생각하고 곧 당신에게 그 이유를 물을 것이다. 자신들이 어떤 실험에 참여하고 있다는 사실을 알고 있는 친구들이 당신의 요청에 쉽게 따라 주는 경우도 흔하지 않은 일이다. 그렇지만 더 많은 친구가 더 오랫동안 얼음덩어리를 기꺼이 들고 있을 것이다. 심리학자들은 피험자들이 실험의 목적이나 실험자가 기대하는 것을 알아내는 데 사용되는 단서를 요구특성(demand characteristics)이라 부른다. 독립 변인 대신 요구특성에 의해 연구 참가자의 행동이 통제되는 정도에 따라, 실험은 타당하지 못한 것이 되어 그 당시의 상황 이상으로는 일반화될 수 없다.

요구특성으로 유명한 예는 그것이 처음 관찰되었던 웨스턴 일렉트릭 공장의 이름을 딴 호손 효과(Hawthorne effect)이다. 그 공장은 작업자들의 사기와 생산성을 증진시키는 데 관심을 갖고, 작업자들의 환경을 개선하기 위한 몇몇 실험(조명의 밝기를 높이는 것과 같은)을 수행하였다. 실험 조작과 상관없이, 작업자의 생산성이 향상되었다. 작업자들은 자신들이 '특별한' 집단이란 사실을 알았고, 그래서 매번 최선을 다해 작업하였다(Bramel & Friend, 1981 참조; 이 결과에 대한 대안적 설명은 Parsons, 1974 참조). 실험 조작보다는 요구특성이 작업자들의 생산성을 결정하는 데 더 중요한 역할을 하였다. 비록 **호손 효과**란 용어가 연구에 참여함으로써 생산성이 증가하는 현장 실험을 설명할 때 널리 사용되지만, 원래의 결론이 미약한 증거를 근거로 내려졌음을 시사하는 원조 호손 실험에 대한 몇몇 상세한 개관 논문도 있다(Brannigan & Zwerman, 2001; Wickström & Bendix, 2000). 그럼에도 불구하고 그 용어는 널리 사용되고 있다.

요구특성 그리고 호손 효과를 주의 깊게 살펴야 한다. 최근의 한 연구(Fostervold, Buckmann, & Lie, 2001)는 디스플레이 장치 필터가 컴퓨터 화면에 미치는 영향을 알아보기 위해 특별한 통제조건을 포함시켰다. 연구의 첫 단계에서 참가자들 중 한 집단에게는 필터가 있었고(필터 집단), 또 다른 통제집단에는 필터가 없었다. 두 집단의 결과를 비교했을 때 필터 집단이 여러 가지 면에서 우수하였다. 그러나 연구자는 필터 집단에게는 계속해서 같은 필터를 주었고, 통제집단에게도 필터를 주는 두 번째 단계를 포함시켰다. 원래의 통제집단에서는 단지 작은 변화만이 관찰되었다. 더구나 필터 집단의 우수함이 두 번째 단계에서 감소하였다. 그래서 첫 번째 단계에서 나타난 결과가 요구특성에 의한 것이고 디스플레이 장치 필터와 연관된 것이 아니었다. 만약 실험자들이 그들의 연구를 첫 단계에서만 했다면, 실제로는 요구특성에 의한 것임에도 불구하고 필터의 우수함을 잘못 주장했을 수도 있었다.

실험자 효과　요구특성과 가깝게 관련되어 있는 함정 하나가 실험자 효과(experimenter effect)이다. 이는 실험자가 연구 참가자들에게 자신의 기대에 관한 작은 단서를 제공함으로써, 그것이 뜻하지 않게 결과에 영향을 주는 것이다. 예를 들어, 실험자는 피험자의 정반응이 나올 때는 인정하듯이 고개를 끄덕이고, 오반응이 나올 때는 눈살을 찌

푸리는 사실을 인식하지 못할지도 모른다. 실험자의 성, 인종 및 종족도 잠정적인 실험자 효과이다. 실험자의 특성은 이와 관련된 주제에 초점을 둔 연구에서 실험 결과를 편향되게 만들 가능성이 더 크다. 예를 들면, 피부색이 업무 수행의 평정에 미치는 영향에 관한 실험을 수행하는 실험자의 인종이다.

이런 효과가 인간을 대상으로 한 실험에만 국한되는 것은 아니다. 동물을 대상으로 하는 객관적으로 보이는 실험에서도 실험자 효과가 발생할 수 있다. Rosental과 Fode(1963)는 학생 실험자들에게 우수 혈통이거나 열등 혈통인 쥐들을 미로에서 테스트하도록 지시하였다. 실제로 쥐들은 같은 모집단에서 나온 것들이었다. 그럼에도 불구하고 우수 혈통으로 명명된 쥐들이 열등 혈통으로 명명된 쥐들보다 오류가 더 적었으며, 그 차이가 통계적으로 유의하였다. 쥐를 테스트하는 동안 학생 실험자들을 관찰하였다. 그들은 속이거나 외형적으로 그 결과를 편향시킬 만한 어떤 것도 하지 않았다. 아마도 우수한 쥐라고 알고 있는 쥐를 할당받은 운 좋은 학생들이 멍청한 쥐에게 미로를 가르쳐야 하는 불행한 학생들보다 그 실험을 수행하는 동기가 더 높았다고 볼 수 있을 것이다. 아마도 실험자들이 두 집단의 쥐를 다르게 다루었기 때문에, 이것이 실험 결과에 어떻게든지 영향을 주었다.

이 같은 실험자 효과를 제거하는 가장 좋은 방법은 실험자가 모르는 것을 전달할 수 없다는 전제하에 실험자에게 실험조건을 숨기는 것이다. 실험자와 연구 참가자 모두가 어떤 피험자들이 어떤 처치조건에 해당하는지를 모르기 때문에, 이 절차를 이중맹목 실험(double-blind experiment)이라 부른다. 예를 들어, 이 절차를 대기오염이 행동에 미치는 영향을 다룬 한 연구에 사용하였다. 피험자들은 맑은 공기 혹은 혼잡한 도로에서 가져온 공기를 마시도록 하였다. 공기는 통에 담겨 있었고, 실험자는 어떤 통이 맑은 공기인지, 어떤 통이 오염된 공기인지 알지 못했다. 오염된 공기 조건 피험자들의 수행이 더 낮았다면, 이 결과는 실험자가 의도적으로 피험자들에게 노출시킨 공기의 질 때문이라고 혹은 그들을 다르게 취급했기 때문이라고 말할 수 없다.

실험자 효과가 항상 이처럼 미묘한 것은 아니다. 이 책의 저자 중 한 사람이 한때는 인간의 눈 깜빡임 반응에 관한 실험에 관심이 있었다. 몇몇 실험자가 같은 실험을 도와주었고, 곧 그들 중 한 실험자가 나머지 사람들과는 다른 결과를 얻었다는 사실을 알게 되었다. 그의 피험자들은 실험 시작부터 큰 바람으로나 나타날 정도로 크게 눈을 깜빡였다. 이런 특이한 행동의 원인은 쉽게 발견되었다. 눈 깜빡임을 기록하기 위해 실험자는 작은 금속 막대를 특별한 테이프로 피험자의 눈꺼풀에 붙여야 한다(원래 불편함을 주지 않는 절차이다). 그러나 문제의 실험자는 엄지손가락이 매우 커서 눈에 자극을 주지 않은 상태로는 그 막대를 붙일 수가 없었고, 그 결과 이상할 정도의 커다란 눈 깜빡임이 발생하였다.

실험자가 자신의 외모나 매너(예, 성, 인종, 종족)의 어떤 측면이 피험자의 반응 형태에 영향을 줄지도 모른다는 의심이 들 때는 실험설계에서 이를 추가적인 독립 변인으로 혹은 통제 변인으로 하는 것이 하나의 해결책이 될 수 있다. 만약 아프리카계 미국인 실험자가 피부색과 작업 수행 평가에 관한 연구를 한다면, 그는 백인 동료나 연구조교에게 피험자의 절반을 테스트하도록 요청하여 피부색의 효과를 두 실험자 인종 조건에서 비교할 수 있을 것이다.

실험의 자동화 피험자에게 사람의 손이 닿지 않도록 컴퓨터나 다른 장치를 사용하여 실험이 진행되도록 하면, 실험자 효과는 제거되거나 상당히 줄어들 수 있다. 많은 실험실에서 피험자들은 부스에 들어가서, 화면을 통해 실험을 시작하려면 단추를 누르라는 메시지를 보게 된다. 단추를 누르면 실험에 대한 지시가 화면에 나타난다. 전체 실험을 컴퓨터가 진행한다. 자료수집이 끝난 다음, 실험자는 피험자들에게 사후 설명을 하고 연구의 목적을 알려 주고, 피험자들이 과학의 발전에 어떻게 도움을 주었는지 설명하기 위해 나타난다. 그때까지 실험자는 단순히 장비와 피험자들이 지시를 잘 따르고 있는지와 뜻밖에 발생하는 일이 없는지를 점검한다. 분명히 이런 자동화가 실험자 편향의 위험성을 줄여 준다.

❍ 준실험

여러 이유로 많은 변인을 직접 조작할 수 없다. 실험에서 변인들의 조작을 막는 요인 중 하나는 모든 과학자가 지녀야 하는 윤리적 문제이다(4장 참조). 허가를 받으면, 대학생들의 마약 사용을 조사거나 관찰하는 것은 윤리적이다. 그러나 우리가 마약 남용 집단을 만들어서 비남용 집단과 그들의 행위들을 비교하는 것이 윤리적이라고 상상할 수 없다. 변인 조작의 두 번째 장애물은 자연 요인이다. 피험자의 성과 같은 변인들은 실험자에 의해 달라질 수 없고(매우 드문 그리고 논란이 될 수 있는 상황을 제외하고), 자연재해(토네이도, 허리케인)나 비자연재해(전쟁, 비행기 추락)과 같은 변인들은 도의상 물리적으로 만들기 어렵다. 우리가 이런 현상을 다루는 실험을 할 수 있을까? 어찌되었든 이 같은 변인들은 매력적이고, 인간의 경험에서 중요한 역할을 할지도 모른다.

(당신이 윤리적인 과학자라고 가정하고) 그 질문에 대한 대답은 당신이 할 수 있거나 할 수 없을지도 모른다는 것이다. 우리는 바보가 아니다. 우리는 당신이 방금 언급한 현상들을 진실험으로는 할 수 없다는 사실을 강조하고 있는 것이다. 그러나 당신은 준실험(quasi-experiments)은 할 수 있다. 이는 상관보다는 관심 변인의 둘 이상의 수준을 알아본다는 점은 제외하고는 상관 연구의 사후 조사와 유사하다. 우리는 자연 요인이 발생할 때를 기다렸다가 그 '독립 변인'의 효과를 그 변인이 없을 때 혹은 어떤 방식으로든 그 변인이 다를 때 발생하는 효과와 비교한다. 만약 우리가 남자와 여자의 읽기 능력을 비교한다면, 혹은 빠른 독자와 보통 독자의 읽기 능력을 비교한다면, 우리는 준실험을 한 것이다.

준실험의 장점은 분명하다. 즉, 준실험은 자연적으로 발생한 독립 변인을 사용하고, 그 변인들은 원래부터 재미있고 중요한 실용적 의미가 있는 것들이다. 우리는 준실험에서 관찰 및 상관 절차의 장점을 취하면서 그 장점들을 실험법의 힘과 결합시킨다. 전형적인 준실험은 **피험자 변인**(subject variable)을 하나의 독립 변인으로 한다. 만약 우리가 본래부터 있는 피험자 변인(나이, 성, 인종, 종족 집단), 사회적으로 만들어진 피험자 속성(사회계층, 거주지), 혹은 질병과 관련된 피험자 속성(다리 불구, 정신질환, 뇌 손상, 질병의 결과)에 대해 알고 싶다면, 인간이 아닌 유기체를 대상으로 실험이 가능하지 않는 한, 이 독립 변인들을 다르게 만들기보다는 그것들을 선발해야 할 것이다. 비록 준실험이 재미있고 매우 중요한 연구에 기여할 수 있지만, 통제라는 비용을 들여야만 준실험의 장점을 얻을 수 있다는 점을 주지해야 한다. 연구자가 이미 있는 것을 사용할 때, 이미 있는 것에는 몇 가지 중요한 오염 변인이 포함되어 있을 수도 있다.

많은 심리학 연구가 피험자 변인에 관심이 있기 때문에, 그리고 피험자 변인을 사용하는 준실험은 혼입되기 쉽기 때문에, 우리는 준실험의 문제와 가능한 해결책을 알아보려 한다.

실험자가 다른 요인들을 일정하게 하면서 어떤 피험자 변인을 조작할 수는 없다. 단지 실험자는 이미 그 특성이 어느 정도 다른 피험자들을 선발한 다음, 관심사인 행동면에서 그들을 비교한다. 만약 다른 집단(예, 지능이 높은, 중간인, 낮은 집단)에 있는 피험자들이 그 행동에서 다르더라도, 우리는 피험자 변인의 차이가 행동의 차이를 만들었다고 결론 내릴 수는 없다. 그 이유는 다른 요인들이 피험자 변인과 공변하고, 혼입되어 있을지도 모르기 때문이다. 만약 지능이 높은 피험자들이 지능이 낮은 피험자들보다 어떤 과제를 더 잘한다 해도, 우리는 지능이 그 차이를 만들었다고 말할 수 없다.

왜냐하면 각 피험자 집단은 동기, 교육 수준 등과 같은 다른 관련 차원에서도 다를 수 있기 때문이다. 피험자 변인을 연구할 때, 우리는 (진실험 변인에서 하듯이) 행동의 차이를 이 피험자 변인 때문이라고 말할 수 없다. 그래서 이런 설계는 본질적으로는 변인 간의 상관을 알려 주는 것이다. 우리는 그 변인들이 서로 관련되어 있다고 말할 수는 있지만, 어떤 한 변인이 다른 변인에서의 결과를 만들었다거나 원인이라고 말할 수는 없다.

이 점은 매우 중요하다. 하나의 예를 보자. 만약 연구자가 조현병을 앓고 있는 사람들의 인지적 기능(혹은 인지적 기능의 손상)에 관심을 가지고 있다고 해 보자. 이 집단에 속한다고 진단받은 사람들에게 여러 정신 능력을 측정하기 위해 여러 검사를 실시한다. 연구자는 소위 정상인이라고 부르는 또 다른 집단의 사람들에게도 이 검사들을 실시한다. 연구자는 단어의 의미 이해와 산문 구절의 이해 같은 언어의 어의적 측면을 다루는 검사에서 조현병 환자들이 정상인에 비해 특히 열등하다는 사실을 발견한다. 연구자는 그들이 조현병을 갖고 있고, 대화에서 언어를 제대로 사용하는 능력의 부족이 조현병의 원인일 수도 있기 때문에 조현병 환자들이 그 검사들에서 더 열등한 것이라고 결론 내린다.

이런 연구들은 심리학의 어떤 영역에서 흔하다. 이런 연구들에서 이와 비슷한 결론이 나온다는 사실에도 불구하고, 그 연구들이 전적으로 옳다고 보증되는 것은 아니다. 두 결론 모두 상관에 근거하고 있고, 다른 요인들이 더 결정적인 요인일 수도 있다. 여러 이유 때문에 조현병 환자들이 정상인보다 더 열등할지도 모른다. 그들은 검사를 받을 때 지적이지도 않고, 동기도 낮고, 교육 수준도 낮고, 현명하지도 않을 수 있다. 그들은 오랫동안 시설에 수용되어 있어서 사회적 및 지적 교류가 부족할지 모른다. 그래서 우리는 언어 검사에서 두 집단이 다른 이유가 조현병이 있느냐 없느냐 때문이라고 결론 내릴 수 없다. 설령 우리가 이런 결론을 내릴 수 있더라도, 이는 언어의 문제가 조현병의 원인이 된다는 결론을 의미하는 것은 결코 아니다. 다시금 우리 모두가 두 변인 간 상관을 얻더라도, 둘이 어떻게 인과적으로 관련되는지에 대한 아이디어는 없는 것이다.

피험자 변인의 사용은 모든 심리학 연구에서 매우 흔한 일이지만, 임상심리학과 발달심리학 같은 영역에서는 절대적으로 중요하다. 그러므로 이런 연구로부터의 추론에서 생기는 문제들을 주의 깊게 살펴보아야 한다. 발달심리학의 주요 변인은 피험자 변인인 연령이다. 이는 이 분야의 많은 연구가 본질적으로 상관 연구임을 의미한다.

일반적으로 심리학에서 피험자들의 개인차 문제를 중요하게 다루어야 한다는 주장(Underwood, 1975 참조)이 있음에도 불구하고, 개인차 문제는 종종 무시되고 있다. 우리는 이 책의 한 장(12장)을 개인차 문제에 할당하였다. 여기서는 피험자 변인을 사용한 실험에서 올바른 추론을 하는 한 가지 방법을 살펴보겠다.

또다시 대응 피험자 변인에 관한 연구와 다른 사후 연구의 기본적인 문제점은 행동에서 관찰된 어떤 차이가 혼입된 변인들로 인한 것일지도 모른다는 점이다. 이 문제를 피하는 한 가지 방법은 그 변인들에서 피험자들을 대응시키는 것이다. 조현병 환자와 정상인 피험자 간의 비교에서, 우리는 지능, 교육 수준, 동기, 시설 수용 여부 및 심지어 연령과 같은 특성들에서도 두 집단이 서로 다를 수 있음을 지적했다. 단순히 조현병 피험자와 정상인 피험자를 비교하기보다는, 이런 차원들에서 거의 대응되는 다른 집단과 이 집단들을 비교해야 한다. 그래야만 우리는 두 집단 간의 주요 차이가 조현병 유무 때문인지의 여부를 알 수 있을 것이다. 예를 들어, 조현병 집단과 연령, 지능, 시설 수용 기간, 성, 동기 측정치에서 평균적으로 비슷한 환자 집단을 사용할 수 있을 것이다. 이 모든 특성에서 두 집단이 대응될 때, 우리는 그들 간의 수행 차이를 더 확실하게 관심 변인인 조현병 때문으로 귀속시킬 수 있다. 연구자들은 대응을 사용하여 본질적으로 상관 관찰에 실험법의 중요한 특징(혼입을 피하기 위해 가외 변인들을 일정하게 만드는 것)을 도입시키려 한다. 연구자가 바라는 바는 관심 변인(조현병)이 관찰된 결과를 초래한다는 추론을 할 수 있게 되는 것이다.

대응과 연관된 몇 가지 더 심각한 문제가 있다. 하나는 관련 변인들 중 어떤 것들은 측정이 어렵기 때문에 종종 상당한 노력이 요구된다는 점이다. 추가적으로 측정이 필요하다는 어려움을 극복한다고 해도, 특히 대응을 할 수 있는 피험자의 수가 소수라면, 집단들을 대응시키는 것이 여전히 불가능하다. 심지어 대응이 성공적일 때라도, 관찰할 표본의 크기가 너무 줄어들 때가 종종 있다. 그러면 관찰이 안정적이고 반복 가능하지 않을 수도 있기 때문에, 우리의 관찰 결과에 대한 신뢰가 낮아진다.

피험자들 간의 중요한 차이가 미묘한 결과를 초래할 수도 있기 때문에 대응이 어려울 때가 종종 있다. 더구나 한 가지 차이의 효과가 다른 것과 상호작용할 수도 있다. 그래서 대응된 변인들 간의 **미묘한 상호작용**이 결과에 혼입될 수도 있다. 이런 어려움을 예시하기 위해, Lester와 Brazelton(1982)이 수행한 신생아 행동에 관한 연구를 살펴보기로 하자.

Brazelton의 주 관심사는 Brazelton 신생아 행동평가척도(Brazelton Neonatal Behavioral Assessment Scale)로 측정된, 신생아 행동에서의 문화차이다. 일반적 책략은 여러 문화권의 신생아들을 미국의 신생아들과 비교하는 것이다. 이 준실험에서 피험자 변인인 문화 혹은 인종 집단이 준독립 변인이다. 각기 다른 문화의 아이들을 출생 때의 체중, 출생 때의 신장, 출생 당시의 위험도(출생 시 산모가 의료치료를 받았는지, 아이가 미숙아였는지 등)와 같은 여러 변인에서 대응시키려 하였다. Lester와 Brazelton은 이 요인들 간에 상승적 관계가 있음을 보여 주었다. 의학적 맥락에서 **상승효과**(synergism)란 둘 이상의 변인들의 결합효과가 가산적이지 않음을 의미한다. 즉, 결합효과가 개별 요인 효과의 합보다 더 큰 것이다. 이는 그 변인들이 상호작용하고 있음을 의미한다.

신생아의 특성들과 출생 당시의 위험도가 상호작용하는 방식은 다음과 같다. 약간 저체중인 아동들의 (Brazelton 척도로 측정된) 행동이 평균 체중에 가까운 신생아보다 산모가 받은 의료치료에 의해 (부정적으로) 더 많은 영향을 받았다. 비록 신생아들을 신중하게 선발하더라도, 대응시킨 변인들 간의 미묘한 상호작용 효과가 결과에 영향을 줄 수 있다. Brazelton의 많은 연구가 출생 때의 체중이 낮고 출생 당시의 위험도가 높은 가난한 문화권의 신생아들을 조사한 것이기 때문에, 그의 연구에서 이는 특히 어려운 문제이다. 일반적으로 대응시킨 변인들은 직접 통제하기 어려운 변인들이고, 이는 혼입의 가능성이 항상 존재함을 의미한다는 사실을 당신은 기억해야 한다.

대응과 관련된 또 하나의 문제는 무서운 **회귀 인위효과**(regression artifact)의 개입이다. 이는 12장에서 다루겠지만 여기서 간략히 설명하려 한다. 여러 유형의 측정에서 어떤 조건하에서는 **평균으로의 회귀**(regression to the mean)라고 알려진 통계적 현상이 발생한다. 집단의 평균이란 대부분의 사람이 생각하는 산술평균이다. 즉, 전체 관찰치를 관찰의 수로 나눈 것이다. 예를 들어, 60명의 평균 키는 그들 키의 합을 60으로 나눈 것이다. 대체로, 어떤 특성에서 극단적인 점수(즉 매우 높거나 매우 낮은)를 받은 사람이 재검사를 받으면, 두 번째 점수는 그들의 원점수보다 전체 집단의 평균치에 더 가까워진다. 다음의 예를 보자. 우리가 200명에게 똑같다고 알려진 두 검사 혹은 두 개의 동형 검사가 있는 표준화된 수리추론 검사를 실시한다. 그 검사의 평균은 100점 만점에 60점이다. 우리는 점수가 가장 높은 15명과 점수가 가장 낮은 15명을 뽑았다. 이들 집단의 평균은 각각 95점과 30점이다. 그런 다음 우리는 그들을 그 검사의 다른 버전으로 다시 검사한다. 이제 우리는 두 집단의 평균이 각각 85점과 35점이란 사실을 발견한다. 두 번째 검사에서 두 극단적 집단의 점수들이 평균 쪽으로 회귀하였다. 즉 높은 점수 집단의 점수는 더 나빠졌고, 낮은 점수 집단의 점수는 약간 좋아졌다. 기본적으로 이는 '진점수'가 약간 낮지만 검사 당시에 운이 좋아서 자신이 받아야 할 점수보다 더 높은 점수를 받은 일부의 사람이 높은 점수 집단에 있기 때문이다. 재검사를 했을 때 극히 높은 점수를 받은 사람들은 점수가 낮아져서 자신들의 진점수 근처가 된다. 낮은 점수 집단은 상황이 정반대이다. 즉, 일부의 사람은 첫 번째 검사에서 자신의 '진점수'보다 낮은 점수를 받았다. 재검사는 그들의 점수를 더 높게 혹은 진점수 근처로 이끈다.

두 측정치 간에 완벽한 상관이 아닌 조건에서는 항상 평균으로의 회귀가 관찰된다. 극단적인 점수들을 선택할수록 평균으로의 회귀는 더 크게 나타난다. 또한 모든 형태의 측정 상황에서 평균으로의 회귀가 일어난다. 만약 비정상적으로 키가 크거나 작은 부모가 아이를 낳으면, 그 아이의 키는 부모의 키보다 모집단의 평균 키에 더 가까워질 가능성이 크다. 대부분의 통계적 현상처럼 평균으로의 회귀는 관찰 집단들에게 존재하고 확률적이다(즉, 매번 발생하지는 않을 수도 있다). 예를 들어, 몇몇 피험자들은 두 번째 수리추리 검사에서 평균으로부터 더 벗어난 점수를 받을 수도 있지만, 그 집단의 경향은 평균 쪽으로 향할 것이다.

평균으로의 회귀가 어떤 변인을 대응시킨 준실험에 어떤 영향을 주는가? 다시 한번 하나의 예를 보자. 이것은 응용 사회적 문제를 다룬 사후적 연구처럼 중요한 시사점을 주는 예이다. 우리가 아프리카계 미국인들의 독해 점수를 높이는 데 특히 유익할 것으로 생각하는 교육 프로그램을 갖고 있다고 하자. 주로 문화적 환경의 차이로 인해 아프리카계 미국 아동들의 점수가 백인에 비해 낮기 때문에 이 프로그램은 특히 중요하다. 우리는 각각 아프리카계 미국 아동들과 백인 아동들로 된 두 집단을 연령, 성, 그리고 가장 중요한 최초의 읽기 능력을 포함한 여러 준거에서 대응시킨다. 우리는 두 집단의 아동들에게 독해 향상 프로그램을 실시한 후 그들의 독해 점수를 조사한다. 놀랍게도, 우리는 아프리카계 미국 아동들의 점수가 이전보다 독해 향상 프로그램 이후에 실제로 더 나빠졌고, 백인 아동들은 향상되었음을 발견한다. 당연히, 우리는 그 프로그램이 아프리카계 미국 아동들을 위해 특별히 만든 프로그램임에도 불구하고 백인 아동들에게는 도움이 되었지만 아프리카계 미국 아동들에게는 실제로 해가 되었다고 결론 내린다.

당신에게는 이 결론이 타당해 보일지 모르겠지만, 이 경우에 회귀 인위효과 때문에 이 결론은 잘못된 것이 거의 확실하다. 최초의 독해 점수에서 아프리카계 미국 아동들과 백인 아동들을 대응시켰을 때 무슨 일이 있었는지를 살펴보자. 처음부터 모집단이 다르기 때문에, 즉 아프리카계 미국인들의 점수가 백인들보다 낮기 때문에 두 표본을 대응시키기 위해서는 필연적으로 아프리카계 학생들은 그들 집단의 평균보다 높은 점수의 학생들을 선발해야 하고, 백인 학생들은 그들 집단의 평균보다 낮은 점수의 학생들을 선발해야 한다. 극단적인 집단을 선발했기 때문에 우리는 이들을 재검사했을 때, 독해 향상 프로그램이 전혀 효과가 없을 때조차도 아프리카계 미국 아동들은 평균보다 더 나쁜 점수를 받고 백인 아동들은 평균보다 더 좋은 점수를 받을 것으로(평균으로의 회귀 때문에) 예상하였다. 예외적으로 높은 점수의 아프리카계 미국 아동들은 그 집단의 평균으로의 회귀를 보일 것이고, 낮은 점수의 백인 아동들은 그 집단의 평균으로의 회귀를 보일 것이다. 설령 프로그램 없이 아동들을 단지 재검사하는 경우에도 똑같은 일이 발생할 것이다.

만약 아동들에게 독해 점수 대신 IQ를 대응시킨다 해도 같은 결과가 나올 것이다. 왜냐하면 두 점수가 아마도 정적으로 상관되어 있을 것이기 때문이다. 그래서 대응시켜야 할 또 다른 변인을 찾아보는 것이 해결책은 아니다. 매우 큰 표본의 아프리카계 미국 아동들과 백인 아동들을 대응시킨 후, 각 집단을 둘로 나누고 한 하위 집단에게는 프로그램을 실시하고 다른 한 하위 집단에게는 실시하지 않는 것이 하나의 해결책이 될 수 있을 것이다. 한 하위 집단의 프로그램 참여가 끝날 때, 모든 아동이 재검사를 받는다(당연히 아프리카계 미국 아동들과 백인 아동들의 하위 집단에 대한 할당은 무선적이어야 한다). 두 하위 집단 모두에서 평균으로의 회귀가 예상되지만, 독해 프로그램의 효과는 그 프로그램을 받지 않은 집단과의 비교를 통해 평가될 수 있을 것이다. 아마도 독해 프로그램을 받은 아프리카계 미국 아동들이 받지 않은 아동들보다 점수가 덜 떨어질 것이고(평균으로의 회귀가 덜 나타날 것이고), 이는 그 프로그램이 긍정적 효과가 있음을 보여 주는 것이다.

교육 프로그램을 평가하기 위해 종종 피험자 변인이 포함되어 있는 준실험이 이뤄지기 때문에, 프로그램을 실시하는 사람들은 그것의 사용과 관련된 많은 골치 아픈 문제가 있음을 알 필요가 있다. 그중 하나는 혼입 때문에 프로그램의 결과에 대해 많은 것을 언급하거나 중요한 결론을 내릴 수 없다는 것이다. 대응은 혼입의 문제를 완화시키는 데 도움이 되지만, 회귀 인위효과의 가능성을 초래한다. 그리고 많은 연구자가 이 문제를 모르는 것 같다. 12장에서는 앞에서 간단히 언급한 가상적 연구와 매우 유사한 교육 연구에서 나온 하나의 유명한 큰 실수를 다루고 있다.

대응이 현실적으로 가능하고 회귀 인위효과가 없다는 것을 알 수 있을 때, 우리는 우리의 결과에 대한 결론을 좀 더 확신할 수 있다. 그러나 매우 주의 깊게 통제한 연구라 해도, 그 연구에서는 여전히 상관만 알 수 있음을 우리는 기억해야 한다. 때로 대응이 유용한 방법이지만, 만병통치는 아니다. 조현병 피험자를 다른 사람과 정신능력 검사에서 비교했던 앞의 예에서, 만약 조현병 피험자들이 새로 대응시킨 통제집단에 비해 수행이 더 열등하였다면, 우리는 조현병이 언어 사용의 열등함을 **만들었다**고 결론내릴 수 있을까? 아니다. 그렇게 할 수 없다. 여전히 두 집단 간의 차이를 만든 무엇인가가 있을 수 있다. 우리가 관련 변인 모두를 대응시켰다고 절대로 확신할 수 없다.

실험설계를 공부하는 것은 복잡하다. 이 책 대부분의 장에는 어떤 주제나 물음이 어떻게 실제 실험으로 바뀌는지를 보여 주는, 다음과 같은 '문제에서 실험까지' 부분이 있다.

❍ 문제에서 실험까지

모든 연구는 어떤 문제를 해결하려는 목적을 갖고 있다. 이런 문제는 추상적이고 이론적이거나 혹은 구체적이고 응용적일 수 있다. '사람들이 여름에 더 공격적인 것 같다'와 같이, 문제는 거의 대부분 인과적으로 된 관찰로부터 나온다. 여기서 문제는 '왜 여름철의 열기가 공격성을 일으키나?' 혹은 '고온이 공격성을 일으키나?'와 같이 한층 더 회의적인 방식으로 표현될 수도 있다. 빵에 있는 곰팡이의 발견과 같이 실험실에서의 우연한 발견으로부터 문제가 나올 수도 있다. 이 문제(왜 여기서 곰팡이가 자라나?)를 해결하다가 페니실린을 발견하게 되었다. 마지막으로, 예를 들어 '왜 강화는 그것에 앞서 일어난 행동의 발생 확률을 증가시키는가?'와 같은 문제는 이론적 모형으로부터 직접적으로 나올 수도 있다.

실험자가 취해야 하는 첫 단계는 그 문제를 검증이 가능한 가설로 바꾸는 일이다. 그런 다음 그 가설을 독립 변인, 종속 변인 및 통제 변인이 있는 실험의 형태로 변형시켜야 한다.

문제에서 가설로 하나의 문제는 대개 입증해야 하는 애매한 진술문이고, 답을 얻어야 하는 물음이다. 가설을 구체적이고 정확하게 만들지 않으면 실험적으로 검증할 수 없다. 가설은 문제로부터 나오고, 종종 '만약 A라면, B이다'와 같은 형태로 진술되는 구체적인 예상이다. 문제와 가설의 결정적인 차이는 가설은 직접적으로 검증이 가능한 반면 문제는 그렇지 않다는 점이다. 실험적 검증은 어떤 가설이 틀렸음을 입증할 수 있어야 한다.

어떤 실험이든 그 목적은 종속 변인에 대한 독립 변인(들)의 효과에 관한 가설을 검증하는 것이다. 이를 위해 우리는 자료(data)를 수집해야 한다. 자료가 수집되면 분석해야 한다. 분석한 자료는 보고한다. 이런 측면들을 차례로 다루겠다.

요점

문제에서 실험까지

문제: **실험하기**

논문집에 있는 많은 연구는 그 실험을 하게 된 이유를 명쾌하게 설명하고 있지 않다. 이를 생략한 것이 짧은 논문을 좋아하는 논문집 편집위원들이 부과하는 경제성 때문이기도 하지만, 주로 실험심리학자나 특정 분야를 연구하는 핵심 심리학자들은 공통적인 배경지식을 공유하고 있다는 가정에 근거하고 있다. 이는 모든 과학 분야에서 똑같다. 예를 들어, 어떤 논문집에 글을 쓰는 한 물리학자는 독자들이 다인(dyne)이 힘의 단위란 사실을 이미 알고 있다고 가정하고, 그 개념을 설명하려 애쓰지 않을 것이다. 마찬가지로 심리학자들은 **자극**과 **반응**을 정의할 수도 있지만, 독자들이 이 용어가 무슨 의미인지 알고 있다고 가정한다. 이 교재의 한 가지 목적은 만약 당신이 심리학 연구를 읽거나 작성하기 원한다면, 꼭 알아야 할 어휘들을 제공해 주는 것이다.

신진 연구자들이 겪는 또 다른 문제는 전해져 내려오는 '실험실에 대한 전통'과 관련이 있다. '모든 사람'이 어떤 종류의 연구를 하는 확실한 '분명한' 방법이 있다고 알고 있다. 방법은 영역마다 다르지만, 각 범주 안에서 잘 알려진 방법이 있다. 그래서 연구자들은 그것들을 애써 설명하지 않기 때문에, 신진 연구자들이 이 '분명한' 기법에 대해 무지할 때는 실제로 매우 놀라게 된다. 동물 연구자들은 종종 실험 전에 동물을 여러 시간 동안 굶기거나 혹은 비둘기에게 먹이를 계속 주더라도 비둘기가 어느 정도의 체중을 유지하도록 한다. 그 연구자에게는 이렇게 하는 이유가 분명할 지라도, 당신에게는 그렇지 않을 수도 있다. 어떤 실험자가 기억 실험에서 얼마나 많은 항목을 사용해야 하는지, 그 실험을 얼마나 오래해야 하는지, 왜 똑같이 타당해 보이는 종속 변인들 중에 어떤 종속 변인을 선택하는지, 그 실험에 얼마나 많은 피험자를 사용해야 하는지, 등에 대해 어떻게 아는가? 각 장에 있는 '문제에서 실험까지' 부분에서 이런 '분명한' 질문에 대해 답할 것이다.

자료

❍ 자료 수집하기

실험설계 윤곽을 그렸다고 해서 자료를 얻는 데 필요한 모든 조건을 갖춘 것은 아니다. 설계가 당신에게 어떻게 피험자들을 실험에 할당하는지를 알려 주지만, 피험자를 모집하는 방법을 알려 주지는 않는다. 피험자가 없으면 자료를 수집할 수 없다.

동물 행동을 연구하는 심리학자들은 인간을 연구하는 심리학자들보다 피험동물의 선발에 더 많은 통제가 필요하다. 비록 동물심리학자들이 피험동물을 키우고 먹이는 데 추가적인 비용을 부담해야 하지만, 그들은 구입하고 싶은 혈통을 고를 수 있고, 특별한 경우를 제외하곤 항상 가용한 피험동물이 있다.

인간을 대상으로 하는 연구는 대부분 심리학개론을 수강하는 대학생 피험자를 사용한다. 실험 참여는 학생에게도 학습 경험이 되기 때문에, 윤리적이고 적절하다고 간주된다(APA, 1987). 만약 그 실험 참여가 학습 경험으로 사용되지 않는다면, 실험자는 피험자들에게 비용을 지불해야 한다. 대학생들이 선발된 모집단이기 때문에, 실험자는 연구 결과를 다른 피험자 모집단에게 일반화하는 일에 조심할 필요가 있다. 예를 들어, 무기화학을 가르치기 위해 만든 프로그램화된 학습 시스템에서 나온 기법이 배관공사를 가르치는 데는 성공적이지 않을 수도 있다.

무선 선발(random selection)은 모집단의 어느 구성원이든 그 사람이 연구 참가자로 선발될 기회가 동등함을 의미한다. 더욱이 각 사람은 다른 사람의 선발과 독립적이어서, 어떤 한 사람이 선택되는 것이 다른 사람의 선택 기회에 영향을 주지 않는다. 때로 전형적인 심리학 실험에서, 표집이 이루어지는 모집단을 구체적으로 명시하기 어려울 수도 있다(Gierenzer, 1993). 피험자들을 무선으로 선발할 수 있다 해도, 정확하게 어떤 모집단이 대학생 피험자 풀을 대표하는가? 심리학 과목을 수강하고 있는 학생들의 모집단이 전체 대학생의 대표인지는 더더욱 분명하지 않다. 대학생 모집단이 이제는 매우 다양하고, 각기 다른 연령과 배경을 지닌 사람들을 대표하고 있기 때문에, 연구자는 그 표본에서 나온 연구 결과를 근거로 다른 모집단을 추정하는 일에 주의할 필요가 있다.

무선 할당(random assignment)은 실험에서 각 참가자가 실험 처치에 무선으로 할당되는 것을 의미한다(Holland, 1993). 이는 우리가 실험 결과로서 인과적 추론을 할 수 있는 능력을 높여 주기 때문에 하나의 확실한 기법이다.

당신의 표본이 선발되고 설계가 확정되면, 한 가지 결정이 남았다. 당신의 참가자들을 한 번에 한 명씩 조사해야 하나, 아니면 집단으로 조사해야 하나? 두 절차 모두 장단점이 있다. 집단으로 조사하는 것의 최대 장점은 경제성이다. 30명을 한 시간 동안 조사하는 데 집단으로 하면 한 시간만 걸리는 반면, 한 명씩 하면 30시간이 걸린다. 그래서 다른 조건이 같다면 참가자들을 집단으로 조사하는 것이 더 빨라서 더 좋다. 그러나 다른 조건들이 동일하지 않은 경우가 많다. 왼쪽 귀와 오른쪽 귀에 각기 다른 단어를 제시하는 청취 실험의 예를 들어 보자. 바쁜 한 박사과정 학생이 시간 절약을 위해 참가자들을 집단으로 조사하기로 결정하였다. 그녀는 참가자들이 두 개의 확성기 사이에 정확히 위치하지 않으면, 다른 메시지가 다른 쪽 귀에 도달하기 전에 한 메시지가 한쪽 귀에 도달한다는 사실을 잊고 있었다. 이는 독립 변인을 무효화시켰다. 물론 각자가 이어폰을 착용하도록 하여 이런 난관을 피한다면 참가자들을 집단으로 조사하는 것도 좋을 것이다. 집단을 조사할 때의 또 다른 문제는 참가자들이 서로서로 영향을 주어, 그것이 자료에 영향을 줄 가능성이다. 아마도 참가자들이 잡담을 하고, 서로 답을 베끼고, 혹은 집단의 성 구성 비율이 동기를 다르게 할 수도 있다. 때로는 참가자들이 사회적 상호작용을 하지 못하도록 그들을 개별 부스에 넣음으로써 이런 문제들을 예방할 수 있다.

❍ 자료 분석하기

실험 직후의 결과는 각 조건에서 나온 행동을 나타내는 많은 숫자이다. Sidman(1960)이 유머러스하게 표현했듯이, 과학자들은 모든 자료가 태어날 때는 오염되어 있다고 생각한다. 자료가 우연에 속하는 것과 과학에 속하는 것 둘 중 하나이지, 둘 다는 아니다. 심리학자들은 그 자료가 과학에 속하는 것이라고 확신하기 전에 우연이라는 악마를 쫓아내야 한다. 이는 **추론통계적 분석**이라 부르는 절차로 이루어진다.

일단 통계 분석이 당신에게 자료가 믿을 만한 것이란 사실(우연히 발생한 것이 아니라는 사실)을 알려 주면, 당신은 어떤 자료가 중요한 것인지를 결정해야 한다. 어떤 수학적 계산도 어떤 가설을 검증하고 있는지, 이론이 예언하는 것이 무엇인지 등을 말해 줄 수 없다. 통계치들이 결코 사고의 대용물일 수 없다. 통계 분석은 이론과 가설을 검증하도록 해 주는, 이론적으로는 중립적인 절차이다. 탐색적 실험의 경우를 제외하곤, 이론과 가설이 통계치들보다 먼저 있어야 한다.

한 실험에서 나온 수많은 숫자의 의미를 파악하는 것이 실제로는 불가능하기 때문에, 대개는 자료를 기술통계치로 압축한다. 가장 대표적인 것이 평균과 표준편차이다.

자료 분석의 일환으로 평균은 각 독립 변인 수준별로 계산될 뿐만 아니라 상호작용을 보기 위해 독립 변인들의 조합별로도 계산된다.

통계치들을 계산하기 전에, 실험자는 자료에 대해 몇 가지를 결정해야 한다. 이를 연구자 자유도(Simmons, Nelson, & Simonsohn, 2011)라고 부르는데, 여기에는 언제 자료수집을 그만둘 것인지, (만약 존재한다면) 어떤 관찰을 분석에서 제외할 것인지, 만약 조작의 효과가 나타나지 않은 독립 변인의 전체 수준을 생략할 것인지와 같은 결정이 포함된다. 예를 들어, 반응시간을 종속 변인으로 사용한 연구들(8장 참조)에서 너무 빠르거나 너무 느린 반응시간을 빼는 경우가 종종 있다. 이 같은 극단적 수치를 제거하는 논리는 그 반응들이 실험자가 알아보려는 것과는 전혀 다른 정신 과정에 의해 생긴 것이기 때문이다. 너무 빠른 반응시간은 아마도 피험자들의 예상에 의해 생긴 허구일 수 있고, 너무 느린 반응시간은 피험자가 잠깐 부주의했기 때문일 수 있다. 자료 분석에서 이 같은 유연성으로 인해 어떤 효과에 대한 잘못된 증거가 발견되고, 잘못하여 사실이 아닌 가설을 지지하는 통계적 허구가 나올 수도 있다. Simon 등(2011)은 연구자들에게 이 같은 통계적 허구를 최소화시키는 지침을 제공하였다.

❍ 자료 보고하기

자료는 표나 그림으로 제시된다. 대개는 그림이 더 이해가 쉽다. [그림 3-2]는 한 실험의 결과를 어떻게 보고하는지를 보여 주는 전형적인 예이다. 종속 변인은 세로축(ordinate, 수직축)에 표기한다. 독립 변인은 가로축(abscissa, 수평축)에 그린다. 둘 이상의 독립 변인은 실선과 점선을 사용하거나 각 독립 변인마다 다른 표기를 사용하여 같은 그래프 위에서 보여 줄 수도 있다

(분석하지 않은) 원자료는 보고하기 어렵다. 그 대신, 평균과 같은 기술통계치가 자료를 요약하는 데 사용된다. 독자들에게 이 자료들의 신뢰도를 알려 주기 위해 종종 다른 통계치들도 함께 제시되는 경우가 있다.

자료 보고에는 많은 다른 스타일과 형식이 사용될 수 있다. 우리는 심리학과 사회과학의 많은 분야에서 표준적인 참고문헌이 된 『APA의 출판 지침(Publication Manual of the American Psychological Association)』에 나와 있는 형식을 추천한다. 이 책은 당신이 알고 싶어 하는 어떤 실험의 보고를 준비하는 데 필요한 모든 것보다 더 많은 것을 알려 줄 것이다. 만약 그 책이 도서관에 없다면, 미국심리학회(P.O. Box 2710, Hyattsville, Maryland 20784)로 주문하여 구입할 수 있다.

☑ 요약

1. 실험은 하나 혹은 그 이상의 독립 변인이 하나 혹은 그 이상의 종속 변인에 미치는 영향을 연구하기 위한 통제된 절차이다. 독립 변인은 실험자가 조작하는 반면, 종속 변인은 관찰되고 기록되는 것이다. 실험은 연구자에게 가외 변인을 제거하거나 최소화시키는 최선의 기회를 제공한다. 실험은 가설을 검증하기 위해, 이전의 결과를 재검증하고 확장시키기 위해, 그리고 이전 연구가 확고하지 않을 수 있음을 보여 주기 위해 실시하는 것이다. 이미 존재하는 결과를 다시 알아보기 위해 실시하는 실험은 거의 없다.
2. 독립 변인은 실험자가 그것이 행동을 통제할 것이라고 생각하기 때문에 선택하는 변인이다. 만약 독립 변인이 종속 변인에게 영향을 주지 않았다면, 조작이 적절하지 못했거나 실험자의 생각이 틀렸음을 의미한다. 종속 변인은 안정적이어야 한다. 즉, 일관되게 같은 조건하에서는 같은 결과를 가져와야 한다. 종속 변인의 범위가 부적절하면 천장효과와 바닥효과를 초래한다. 통제 변인이란 실험에서 조작된 것이 아닌 잠재적 독립 변인이다.
3. 대부분의 실험은 둘 이상의 독립 변인을 한꺼번에 검증한다. 이는 경제성 이외에도 실험자가 상호작용이라는 중요한 정보를 얻을 수 있게 한다. 상호작용은 한 독립 변인의 효과가 다른 독립 변인의 각기 다른 수준에서 동일하지 않을 때 발생한다. 종종 실험은 둘 이상의 종속 변인을 사용한다.
4. 실험설계는 가외 변인이 최소화될 것으로 기대되는 방식으로 피험자들을 각기 다른 조건에 할당하는 것이다. 피험자간 설계에서는 각기 다른 피험자 집단이 각기 다른 처치를 경험한다. 피험자내 설계에서는 같은 피험자가 모든 처치를 받는다. 피험자간 설계가 더 안전하기는 하지만, 피험자내 설계가 더 효율적이다. 혼합설계는 피험자간 독립 변인과 피험자내 독립 변인을 모두 지니고 있다. 피험자간 설계에서는 대응을 사용하여, 그리고 무선화를 사용하여 동일한 집단들을 만든다. 피험자내 설계에서 발생하는 일반적 연습효과와 차별적 이월효과는 역균형화로 제거되지 않는다. 통제조건은 관심 있는 조건(들)을 비교할 수 있는 분명한 기저선을 제공해 준다.
5. 실험설계에는 많은 함정이 있다. 요구특성은 피험자가 실험에서 참여하고 있음을 알기 때문에 생긴다. 실험자 효과는 실험자가 (행동이나 개인적 특성을 통해) 피험자에게 실험의 목적에 대한 단서를 주거나 피험자에게 체계적으로 영향을 줄 때 의도치 않게 생기는 인위효과이다. 실험자의 미묘한 행동 차이를 방지하기 위해 기계를 사용함으로써 실험자 효과를 최소화할 수 있다.
6. 모집단에서 연구 참가자들을 선발하는 것을 표집(sampling)이라 한다. 무선 표집은 모집단의

사전 동의와 속임수를 둘러싼 쟁점은 윤리적 해결책에 이르기까지 상당한 사고와 심사숙고를 종종 요구한다. 미국 및 많은 다른 나라의 모든 연구 기관에는 인간 피험자를 포함하는 실험 절차라면 어떤 것이든 승인을 거쳐야 하는 상임 위원회가 있다. 이 위원회는 실험 참가자의 윤리적 취급을 보장하려 한다. 우리는 이 위원회를 나중에 더 자세히 논의한다.

요컨대, 완전한 사전 동의는 심리학의 대부분의 영역에서 규범이다. 이따금 어떤 정보는 철회되거나 피험자 반응성을 막기 위해 참가자가 오도된다. 그런 경우, 생명윤리심의위원회의 위원은 물론 실험자는 절차의 이득이 참가자에 대한 위험보다 더 큰지를 결정하는 데 매우 조심한다.

❍ 철회의 자유

앞 절에서 간단히 언급되었듯이, 참가자는 언제든 참가를 취소 혹은 철회하는 것이 허락되어야 한다. 더욱이 참가를 좋아하지 않는 사람은 철회의 자유(freedom to withdraw)를 가져야 한다는 것을 부정할 사람은 거의 없을 것이다. 그러면 윤리적 난점은 무엇인가? 주요 문제는 의향이 있는 자발적 참가자의 정의와 관련되어 있다. 우울증과 기억 실험의 피험자 풀(pool)을 고려해 보자. 이들은 심리학 입문을 듣는 (주로 신입생 및 2학년생인) 학부생이다. 그들은 실험 참가에 서명하고, 보통 자신의 봉사의 대가로 일종의 가산점(credit)을 받는다. 그들은 서명할 때 자발적 참여를 하는가, 아니면 그 상황에서 추측한 일종의 강제성을 느꼈는가? 만일 학생들이 실제로 가산점을 받는다면 그들은 자신의 의지에 따라 행동하고 있는 것이기 쉽다. 만일 그들이 강좌 요구조건의 일부로 참가해야 한다면, 참가 여부에 대한 자유는 덜 명확하다. 학생들이 참가하도록 요구될 때, 그들은 보고서를 쓰거나 특정한 강의를 듣는 것과 같은 요구 조건을 충족하는 어떤 선택 방법이 있어야 한다. 물론 그들은 보통 자신이 참여할 수 있는 실험 종류에 대해 넓은 선택권을 가지고 있다.

일반적으로 잠재적 참가자의 풀이 학생, 죄수, 군인 및 실험자의 피고용인과 같은 사로잡힌 청중일 때, 윤리적 연구자는 철회 혹은 참가의 개인적 자유를 고려한다. 우울과 기억 실험에서 자발적 학생들은 가산점이라는 유혹에 의해 소환된다(참가는 강제적이지 않다). 그들이 서명할 때, 그들은 (그들이 참가에 동의하든 아니든) 불행의 가능성에 대해 사전에 경고되었다. 실험 초기에 받는 지시는 그들이 언제든 그만둘 선택권이 있고 여전히 충분한 가산점을 받을 것이라는 것이 고지된다(그들은 철회의 자유가 있다).

❍ 피해로부터의 보호 및 사후 설명

APA는 연구 참가자에게 피해로부터의 보호(protection from harm)를 제공하기 위해 추가적 안전장치를 제안한다. 피험자는 연구에 참가한 이후 연구자에게 접촉할 방법을 가지고 있어야 한다. 최소한의 위험이 있는 가장 양심적으로 윤리적인 프로젝트조차 의도하지 않은 사후효과를 가질 수 있다. 그래서 참가자는 문제가 발생하면 연구자로부터 도움 혹은 충고를 받을 수 있어야 한다. 표준적이고, 악의 없는 기억 실험으로 예정된 것을 하는 동안 (좌절과 당황으로) 참가자가 울게 했다. 이 참가자들은 특정하게는 실험자에 대해, 일반적으로는 연구에 대한 부정적 자기이미지 혹은 강한 분개의 감정을 실험에서 지니고 갈 수도 있다.

그런 의도되지 않은 효과 때문에 신중한 연구자는 상세한 사후 설명(debriefing)을 제공하는데, 이것은 연구자가 연구의 일반적 목적을 설명하는 것을 뜻한다. 게다가 연구자는 어떤 질문 혹은 오해일지라도 제거되도록 조작들을 철저히 묘사한다.

사후 설명 및 피해로부터의 보호의 원칙을 우울증 및 기억 실험에 적용해 보자. 그 프로젝트의 끝에, 참가자는 그들이 실험 후 우울을 느끼는 예상 밖의 사건에서 접촉할 수 있는 사람들의 전화번호 목록을 받게 된다. 접촉 목록에는 주요 연구자, 상담가 및 학생 문제 담당 학장 및 그의 조수가 포함된다. 또한 참가 이후, 참가가 어떤 부정적 사후효과가 있는지를 판정하려고 한 실험자 중 한 사람이 우울 유도 문장들을 읽은 각 참가자에게 전화를 했다.

참가자는 철저한 사후 설명을 받았다. 그들은 기분 유도 절차 및 그 효과가 얼마나 일시적인지에 대해 들었다. 실험자는 참가자가 한 어떤 질문이든 답변하였다.

❍ 유해한 결과의 제거

참가자에게 사후 설명을 하고 그들에게 전화번호를 주는 것은 위험한 프로젝트에서 충분하지 않을 수 있다. 참가자가 연구 프로젝트에 참가한 결과로 인한 장기적인 영향으로 고통받을 수 있다면 연구자는 유해한 결과를 제거(removing harmful consequences)할 책임이 있다.

화난 사람의 감정은 되돌리기 어려울 수 있는데, 분개는 의도되지 않고 탐지되지 않을 수 있기 때문이다. 그러나 윤리적 연구자는 알려진 위험을 최소화하는 조치를 취해야 한다.

우울과 기억 실험에서 사후 설명 전에, 참가자는 기분 고양을 유도하도록 설계된 일련의 자기참조적 문장들을 읽었다. 이 연습은 이전에 유도된 부정적 기분의 효과를 상쇄하기 위해 예정되었다. 그다음 참가자는 자신의 현재 감정에 대해 질문을 받았고, 또한 실험을 시작했을 때보다 기분이 더 나쁘지 않은 상태로 실험을 마쳤다고 말하는 문장에 서명하도록 요청받았다. 모든 참가자는 그 문장에 서명했는데, 서명하지 않았다면 그들이 기분이 더 좋을 때까지 실험자들 중 한 사람의 감독하에 실험실에 그들을 머물게 하는 부수 계획이 있었다.

❍ 기밀성

어떤 사람이 실험에서 하는 일은 동의받지 않는다면 기밀이어야 한다.

윤리적 연구자는 "바비 프레시맨은 멍청해. 그는 내 실험에서 다른 누구보다도 더 못했어."와 같은 말을 하며 돌아다니지 않는다. 또한 특정 참가자에 관한, 혼전 성교 혹은 가족 수입과 같은 개인 정보는 동의 없이 누설되어서는 안 된다. 기밀성(confidentiality) 원칙은 단도직입적인 것으로 보이지만, 연구자는 기밀성을 지키고자 할 때 윤리적 딜레마에 직면할 수 있다.

이런 딜레마는 우울과 기억 실험에서 생겼다. 실험자는 윤리적 문제에 부딪혔는데, 피해로부터의 보호 원칙을 지키기 위해 기밀성 원칙을 어길 필요가 있다고 믿었기 때문이다. 이런 딜레마는 어떻게 생기나? 참가자의 첫 번째 과제들 중 하나는 자신의 정신 건강에 관한 몇 가지 질문에 답하는 것이었다. 그들은 자신이 현재 개인적 문제로 전문적 도움을 찾고 있는지를 표시했다. 그렇다면 그들은 문제와 치료적 절차에 관해 일부 세부 사항을 제공했다. 참가자들은 자신의 응답이 기밀이라는 것을 확신했다. 그다음 그들은 자신의 현재 우울 수준을 측정하는 임상 검사를 완료했다. 참가자가 우울로 치료받고 있다고 표시하고 검사에서 높은 점수를 받으면, 실험은 그 지점에서 종료되었다. 연구자는 피해를 최소화하고, 정직하고 개방적인 반응을 최대화하기를 원했는데, 이를 위해 자신의 반응의 기밀적 본질을 학생들에게 확신시키고, 우울한 사람이 기분 유도 절차로 더 우울해지는 것을 막기 위해 우울 검사를 사용했다. 그럼에도 불구하고 윤리적 딜레마가 일어났다. 실험 과정에서 두 학생이 우울 검사에서 높은 점수를 받았으며 그들 중 한 명은 치료를 받고 있지 않았다. 검사는 임상적으로 심각한 우울에 대한 신뢰할 만하고 타당한 예언 인자로 알려져 있었기 때문에 책임 연구자는 매우 높은 수준의 우울을 가진 것으로 나타난 두 명의 학생에 대해 대학 상담가에게 경고하는 것이 필요하다고 믿었다. 그다음 통상적 면접을 가장해서 상담가가 이 학생들에게 말을 걸었다.

이런 종류의 딜레마는 연구에서 흔히 일어난다. 한 윤리적 원칙을 고수하는 것이 다른 것의 위반을 필요하게 할 수 있다. 이런 일이 일어날 때 쉬운 선택이 사라진다. 우리가 언급한 사례에서 매우 우울한 학생은 연구자가 자신의 신뢰를 배반했다고 의심한다면 항구적인 분개와 불신이 생겨났을 수 있다.

반면에 조사자는 이 학생들, 특히 치료를 받지 않고 있는 학생이 심각한 고통을 받고 있다는 것을 무시할 수 없었다. 그때 학생이 도움을 받는다는 것을 보장하는 것은 기밀성의 권리를 수호하는 것보다 훨씬 더 중요한 것으로 보였다.

우리 예가 시사하듯이, 윤리적 결정은 때때로 실용적 관심을 바탕으로 내려져야 한다. 다른 말로 하면, 연구 프로젝트에 관해 의사결정을 하는 데 관련된 사람은 참가자를 보호하고 동시에 의미 있고 타당한 프로젝트를 수행하기 위해 어떻게 최선을 다할까에 초점을 맞추어야 한다. 윤리적 실천의 책임은 연구자, 심의 위원회 및 출판을 위해 논문을 심사하는 학술지 편집자에게 달려 있다. 제한된 사례에서 연구자는 속임수, 은폐 및 기밀성의 위반을 정당화할 수도 있다. 그러나 그런 의심스러운 윤리적 관행은 가능하면 회피되어야 한다. 윤리적 위반은 좋은 연구의 전제 조건이 아니다.

동물 연구의 윤리

현대 심리학에서 연구의 대다수는 인간에 초점을 두지만, 주목할 만한 수의 연구는 동물에 초점을 둔다(Miller, 1985). 동물은 종종 사람을 써서 답을 얻는 것이 불가능하거나 비실제적인 질문에 답하기 위해 사용된다. 그러나 어떤 사람은 동물이 여러 종류의 연구에 사용되어서는 안 된다고 믿는다(Bowd, 1980). 예를 들어, Rollin(1985)은 만일 법적 및 도덕적 권리의 개념이 인간 연구에 적용될 수 있다면 그것은 또한 동물 연구에도 같은 식으로 적용될 수 있다고 주장했다. 그는 동물을 사용한 연구의 지위가 인간 피험자 연구의 지위로 상승될 필요가 있으며, 인간 연구를 지배하는 바로 그 규칙 중 많은 것이 동물에도 적용되어야 한다고 주장했다. 미디어에서의 보고는 실험실 동물에 대해 알려진 바의 학대를 논의해 왔으며 동물권(animal-rights)의 (입법) 시도는 연구에서 동물 사용을 제한하는 것을 옹호한다. 그러므로 왜 동물이 연구에 사용되는가의 고려는 중요하며, 동물의 윤리적 안전장치에 대한 이해가 필수적이다.

동물은 흥미롭고 자연계의 중요한 부분이기 때문에 또한 연구의 피험체가 된다. 많은 비교심리학자와 동물행동학자는 물론 조류 관찰자 및 다른 아마추어 자연주의자들의 수는 이런 관심을 즉각 증명한다. 그러나 윤리적 관심사에서 더 중요한 것은 동물이 인간 및 다른 동물에 비해 편리하고, 고도로 통제된 모형으로 기여한다는 것이다. APA(2003b)는 심리학적 연구에서 동물 사용에 관한 추가 정보를 제공한다.

❍ 동물 연구를 반대하는 주장

윤리는 인간에게서 실험적으로 유도된 뇌 손상을 금지하며, 인간 영아를 부모로부터 고의적으로 분리하는 것을 금지하며, 인간에 대한 알려지지 않은 약물의 시험을 금하고, 일반적으로 인간에 대한 위험하고 회복 불가능한 조작을 배제한다. 동물권 옹호자들은 동물 연구에 같은 금지가 있어야 한다고 믿는다. 동물권 옹호자들에 따르면 연구자는 인간과 동물 모두의 권리를 수호해야 할 필요가 있는데, 예를 들어 그들은 원숭이 뇌의 실험적 파괴는 인간 뇌의 파괴처럼 윤리적으로 비난받을 일이라고 믿는다. 세 가지 요점이 동물권 옹호자의 입장을 요약한다. ① 동물은 고통을 느끼고 그들의 삶은 인간의 경우처럼 파괴될 수 있다(Roberts, 1971). ② 어떤 살아 있는 것을 파괴하거나 해를 끼치는 것은 인간 과학자에게 비인간적인 일이다(Roberts, 1971). 그리고 ③ 동물 연구로 도움을 받는 과학적 진보의 주장은 일종의 인종주의이며, 인종 간 편견처럼 완전히 부당하고 비윤리적이다. 다른 종의 권리와 이익을 간과하는 것은 Singer(1995)에 의해 종 차별주의(speciesism)라고 불려 왔다. 대부분의 심리학자는 곧 살펴볼 이런 관점에 대해 의구심을 가지고 있다.

❍ 동물 연구를 옹호하는 주장

첫째 요점은 동물이 통증과 고통을 느낀다는 것이다. 분명히 이것은 사실이지만, 동물을 연구 피검체로 쓰는 모든 과학 분과에 윤리적 기준이 있다. 이 원칙의 주요 부분은 부당한 통증과 비인간적 처치의 금지에 관한 것이다. 어떤 윤리적 심리학자도 고의적으로 동물에 대한 부당한 위해를 끼치려고 하지 않을 것이다. 통증과 고통이 동물에게 미치는 것은 과학자 및 적절한 윤리심의위원회가 상당히 심사숙고한 이후에만 가능하다. 그런 심사숙고는 실험의 잠재적 이득에 비추어 동물의 고통을 저울질한다. 이득이 피해를 상당히 초과할 때만 실험은 승인되고 수행된다. 마지막으로, 동물에 대한 행동 연구에 관해 지적해야 할 중요한 점은 그것의 상당 부분은 동물에 통증이나 신체적 위해를 포함하지 않는다는 것이다.

동물권 진영의 둘째 강령은 살아 있는 것의 파괴는 인간 과학자에게 비인간적이라는 것이다. 짐작컨대, 식물은 여기에 포함되는 것으로 의도되지 않는다. 왜냐하면 우리는 인간으로서 살기 위해 비록 동물은 아닐지라도 식물을 파괴해야 하기 때문이다. 살아 있는 것에 대한 이런 금지가 동물에 제한되어 있다 하더라도, 이것은 동물 연구를 제거하는 것을 넘어서 많은 심각한 함의를 가진다. 만일 동물 연구에 반대해서 이런 주장을 사용한다면, 우리는 어떤 종류의 고기도 먹어서는 안 될 것이다. 마찬가지로 우리는 동물의 파괴로부터 나오는 어떤 제품(예, 가죽)도 사용해서는 안 될 것이다. 마지막으로, 동물의 파괴가 비인간적이라면, 동물의 파괴로부터 이득을 보는 것도 비인간적이지 않는가? 그렇다면 동물권의 진정한 신봉자는 현대 의학적 경이의 대부분을 단념해야 할 것인데, 실제로 그 모든 것이 동물 연구로부터 혜택을 본 것이기 때문이다. 그러나 동물권에 대한 믿음의 일관적인 고수는 종종 어렵다. 그 어려움은 동물권에 대한 대규모 시위에 참가했던 활동가들에 대한 조사 결과에서 예시되었다(Plous, 1991). Plous는 일반인보다 상당히 높은 비율의 활동가들이 (우유와 달걀을 포함해 어떤 동물 제품도 먹지 않는) 채식주의자 혹은 비건(vegan)이라고 주장한다고 보고한다. 많은 활동가는 그들은 가죽 제품을 쓰지 않는다고 말한다. 그럼에도 불구하고 다수의 동물권 활동가(53%)는 그들이 가죽 제품을 사고, 동물 고기를 먹거나, 그 둘을 모두 한다고 보고한다.

마지막으로, 동물을 대가로 하는 과학적 진보는 다른 종 구성원의 희생으로 우리 종이 이득을 볼 때 정당화된다는 믿음을 가리키는 종 차별주의일 뿐이라는 비난이 있다. 동물 연구에 대한 비난으로서 이 주장은 상당한 양의 동물 연구가 동물 복지에 유익하다는 사실을 무시한다. 예를 들어, Miller(1985)는 쥐에게서 학습된 맛 혐오에 대한 연구는 코요테가 양에게서 달아나게 하고, 까마귀가 작물로부터 달아나게 하는 치명적이지 않은 새로운 수단을 낳았다는 것을 지적한다. 마찬가지로 인간 보호자에 대한 갓 부화한 오리 새끼의 각인에 대한 연구는 인공적으로 부화한 콘도르 새끼가 야생에 더 잘 준비할 수 있게 한다.

어떤 경우이든, 인간의 이득을 위해 동물을 사용하는 것이 일종의 종 차별주의일지라도, 많은 사람이 이미 달성한 이득을 포기할지 혹은 심지어 동물 연구로부터 도출되는 미래의 가능한 이득조차 포기할지는 의심스럽다. Robert J. White는 저명한 신경과학자이자 신경외과 의사로서 동물의 뇌를 제거하는 것을 포함한 원숭이에 대한 연구를 수행했는데, 그의 말을 고려해 보자.

> 이 논문을 쓰면서 나는 어제 어린아이의 소뇌와 뇌간에 있는 큰 종양을 수술로 제거했을 때 생생한 경험을 다시 체험한다. 이것은 몇 십 년 전에는 불가능했을 것이며 몇 년 전에는 매우 위험했을 것이지만, 하등 동물의 뇌에 대한 광범한 실험 덕택에 오늘날에는 높은 정도로 안전하게 통상 달성되는 외과적 작업이다.
>
> \- Robert J. White, 1971, p. 504.

실험적 신경외과술의 혜택에 더해서, 수많은 혜택이 동물에 대한 행동적 연구로부터 도출된다. Miller(1985)는 동물의 심리학적 실험이 야뇨증, 공포증, 거식증과 같은 강박장애 및 우울증과 같은 다양한 심리학적 문제의 처치에 직접 혜택을 주었다는 것을 주목했다. 더욱이 동물 실험은 신경근육장애를 가진 사람이 자신의 신체에 대한 통제를 회복하는 데 사용되어 온 바이오피드백(biofeedback)과 같은 행동적 기술들을 낳았다. 동물에 대한 심리학적 연구는 또한 심리학적 스트레스와 신체적 건강 간의 연결고리를 실험적으로 입증하였다. 다른 연구는 영아를 부모로부터 신체적으로 분리시키는 것—이것은 신생아가 생명 유지를 위해 인큐베이터에 있어야 할 때 필수적이다—의 유해한 영향이 하루 중 15분씩 세 번 아이를 쓰다듬어 주는 것에 의해 크게 역전될 수 있다는 것을 입증하였다. Miller는 동물에 대한 심리학적 연구의 상당한 이득을 지적하는데, 이것은 몇몇 동물권 활동가가 하는 주장과 대비된다(Plous, 1991).

Gallup과 Suarez(1985)는 심리학적 연구에서 동물의 근거, 범위 및 사용을 검토하였다. 그들은 가능한 대안을 고려하였고, 많은 경우에 심리학적 연구에서 동물 사용에 대해 실행 가능한 대안은 없다고 결론지었다. 연구와 교수(teaching) 모두에서 동물 사용에 대한 전문적인 지지는 연구에서 동물 사용이 점차 쇠퇴하는 가운데에도 높게 유지되어 왔다(Rowan & Lowe, 1995). 미국심리학회 회원들의 조사에서 응답자의 80%는 동물 연구에 대한 일반적 지지를 나타내었다(Plous, 1996a). 비슷한 결과가 심리학 전공 학부생의 표본에서 얻어졌다(Plous, 1996b). 심리학자들은 모든 동물 연구를 이구동성으로 지지하지는 않았다. 많은 사람이 통증 혹은 죽음이 포함되는 연구를 인정하지 않았으며, 다수는 쥐, 생쥐 및 조류에 대해 영장류에게 제공되는 것과 동등한 연방정부의 보호를 지지하였다(Plous, 1996a).

❍ 연구에서 동물 사용의 지침

심리학자들은 오랫동안 연구에 사용되는 동물의 인간적이고 윤리적인 취급에 초점을 두어 왔다(Greenough, 1992). 예를 들어, 인간적인 취급에 관한 한 초기 진술(Young, 1928)에서 연구 피검체로 사용되는 동물은 "……친절하게 취급되고, 적절하게 먹이가 주어지고, 그 환경은 가능한 한 가장 좋은 위생 조건으로 유지되어야 한다"고 주장되었다(p. 487). 이런 관심은 동물과의 연구를 지배하는 APA(2003a)의 현대적 지침에서도 반영되는데, 이것은 다음 일반 원칙으로 진술된다.

> 심리학은 넓은 범위의 연구 및 응용 활동 영역을 포괄한다. 이런 활동에서 중요한 부분은 비인간 동물의 행동에 대한 교수와 연구인데, 이것은 행동 배후의 기본 원리의 이해 및 인간과 비인간 동물의 복지의 진전에 기여한다. 명백히 심리학자는 관련된 법과 규정과 조화로운 방식으로 자신의 교수와 연구를 실행해야 한다. 게다가 윤리적 관심은 심리학자들이 연구를 진행하기 전에 동물을 포함하는 절차의 손해와 이득을 고려해야 한다고 명령한다(p. 1).

실제로 어떤 인간 사업에서처럼 인도적 취급의 오용이 연구에서 동물을 사용하는 경우에도 이따금 일어난다. 그러나 이런 오용은 동물 연구자의 표준적 관행에 배치된다. 윤리적 연구자는 동물을 인간적으로 취급한다. 비윤리적 동물 취급이 드러날 때, 문제의 연구자는 처벌받아야 한다. 오용이 일어나기 때문에 동물 연구가 금지되어야 한다고 결론을 내려서는 안 된다. 동물권 활동가의 전형적 견해(Plous, 1991)는 철학적 입장에 바탕을 두고 있고 이런 입장은 인간 이득을 목적으로 한 동물 사용을, 꼭 연구 목적이 아니라도 일반적 규칙으로 금지한다. 당신은 동물 연구와 관련해서 어떤 태도를 취할 것인지를 스스로 결정해야 하는데, 이 논제의 중요성은 당신이 논쟁의 각 측면과 그 함의를 비판적으로 고찰할 것을 필요하게 만든다.

동물을 사용하는 연구자는 『실험실 동물의 돌봄과 사용을 위한 안내(Guide for the Care and Use of Laboratory Animals)』(National Research Council, 2011)에 요약된 지침을 따른다. 이 문서는 '3R'[개선(refine), 감소(reduce), 대체(replace)]이라고 흔히 지칭되는 것을 요약해 준다. 구체적으로 연구자는 고통을 최소화하기 위하여 자신의 실험 절차를 개선 혹은 수정해야 한다. 이에 더해 연구자는 특정 발견을 입증하기 위해 실행되는 실험의 수를 감소시켜야 하고, 그 실험들 내에서 연구자는 가능한 최소한의 동물 피검체를 필요로 하는 설계를 사용해야 한다. 마지막으로, 연구자는 살아 있는 동물 피검체를 가능하다면 (다른 것으로) 대체해야 한다. 예를 들어, 많은 학부생 학습 코스는 살아 있는 동물 성분을 '가상 쥐를 냄새 맡아 봐(Sniffy the Virtual Rat)'(Alloway, Wilson, & Graham, 2005)와 같은 컴퓨터 시뮬레이션으로 대체했다.

다음 원칙은 APA(2010)의 윤리 규칙에 명시된 대로 동물 피검체를 사용하는 연구자에게 일차적인 고려 사항의 개요를 보여 준다. 이 원칙에 대한 더 자세한 명시는 APA(2003a)의 『동물의 돌봄과 사용에 관한 윤리적 실행의 지침(Guidelines for Ethical Conduct in the Care and Use of Animals)』에 있다.

8.09 연구에서 동물의 인간적인 돌봄과 사용

(a) 심리학자는 현재의 연방, 주 및 지역 법과 규정을 준수하고, 전문적인 기준에 따라 동물을 획득하고, 돌보고, 사용하고, 처분한다.

(b) 연구 방법에 대한 훈련을 받고 실험실 동물의 돌봄에서 숙련된 심리학자들은 동물을 포함하는 모든 절차를 감독하고, 그들의 편안, 건강 및 인간적인 취급에 대해 적절한 고려를 보장할 책임이 있다.

(c) 심리학자는 동물을 사용하는 자신의 감독하에 있는 모든 개인이 연구 방법 및 사용되고 있는 종의 돌봄, 유지 및 취급에서, 자신의 역할에 적합한 범위에서 지시를 받는다는 것을 보장한다. (기준 2.05 다른 사람에게 일의 위임도 참조)

(d) 심리학자는 동물 피검체의 불편, 감염, 질병 및 통증을 최소화하기 위해 합당한 노력을 한다.

(e) 심리학자는 대안적인 절차가 사용될 수 없을 때 그리고 목적이 그것의 향후 과학적 · 교육적 혹은 응용적 가치로 정당화될 때에만 동물에 통증, 스트레스 혹은 궁핍을 부과하는 절차를 사용한다.

(f) 심리학자는 적절한 마취하에 외과적 절차를 수행하며, 감염을 피하는 기법을 따르며, 수술 중 그리고 수술 후 통증을 최소화한다.

(g) 동물의 생명 연장이 적절하지 않을 때, 심리학자는 통증을 최소화하는 노력과 더불어 그리고 수용된 절차에 따라서 신속히 진행한다.[1)]

1) 출처: © 2010 APA. 허락하에 재생. American Psychological Association. (2010a). *Ethical principles of psychologists and code of conduct* (2002, 2010. 6. 1. 수정). http://www.apa.org/ethics/code/index.aspx에서 인출. 추가 재생 혹은 배포는 APA의 서면 승인 없이 허락되지 않음.

과학적 사기

13장에서 부주의한 연구자의 편향을 논의하는데, 거기에서 과학자의 행동은 우연히 연구 프로젝트의 결과를 오염시킨다. 여기서 우리는 윤리라는 맥락에서 과학자에 의한 고의적인 편중, 즉 사기(fraud)를 살펴본다. 과학자가 연구에 개입할 때 그들은 상당한 시간과 노력을 쓰고, 그들의 위신과 경력의 상승은 종종 그들 연구의 성공에 달려 있다. 이런 압력 아래 어떤 과학자들은 자신의 실험과 자료의 취급에서 완전히 정직하지는 않다. 고의적 위조의 예는, 자료가 더 좋아 보이도록 결과를 조작하는 자료의 '변조'에서부터, 사실상 결코 있지 않았던 관찰을 보고하는 자료 '위조'까지 다양하다(Kohn, 1986). 박사 후보자 및 과학 분야 교원에 대한 조사는 이런 종류의 사기적 관행이 과학의 윤리적 상태에 관해 상당한 염려가 필요할 정도로 빈번하게 일어난다는 것을 나타낸다(Swazey, Anderson, & Lewis, 1993).

변조에 관해 자주 인용되는 예는 Cyril Burt 경 사례이다. 그는 지능에서 유전의 역할을 연구한 존중받는 심리학자였다. 그는 일부는 함께 길러졌고, 다른 일부는 따로 길러진 일란성 쌍둥이에 관해 수집된 자료를 보고하는 몇 개의 논문을 발표하였다. 그 자료는 1913년에서 1932년 사이에 수집되었다. 세 논문에서 그는 함께 길러진 쌍둥이에 대해 IQ 점수에서 .944의 상관을, 따로 길러진 쌍둥이에 대해 .771의 상관을 보고하였다. 비록 상관관계는 세 논문에서 동일하였지만, 각각은 분명히 다른 수의 피험자를 보고하였다. 상관계수가 새 피험자의 추가에도 불구하고 변하지 않았다는 것은 극히 일어날 법하지 않다. 이 증거는, 다른 의심스러운 사실과 더불어 몇몇 과학자와 역사가로 하여금 Burt의 자료가 완전히 정직하지 않았다고 결론 내리게 했다(Broad & Wade, 1982; Kohn, 1986).

자료 위조의 예는 많다. 유명한 사례는 1912년 영국에서 발견된 Piltdown 남자의 경우이다. Piltdown 남자는 인간 같은 외양의 두개골과 유인원 같은 턱뼈로 되어 있었다. 그 뼈는 유인원과 인간 간의 '잃어버린 연결고리'를 나타나는 것으로 상정되었다. 이 발견은 57년 동안 보편적이지는 않아도 널리 수용되었는데, 마침내 의심을 품은 과학자들이 다양한 연대 측정 방법을 써서 턱뼈가 현대의 것인 반면 두개골은 상당히 오래된 것이라는 것을 밝혔다. 과학자들은 턱뼈가 오랑우탄의 것과 동일하다는 것을 발견했다. Piltdown 남자는 장난질 소행이었는데, 누가 그것을 만들었는지는 알려져 있지 않다.

더 최근 사례는 다른 사람이 그녀의 발표된 발견을 재검증하지 못하였을 때 의심을 받은 한 사회심리학자의 연구이다. 몇 번의 탐구 후에, 저자가 발표된 두 연구의 결과를 날조했다는 것이 발견되었다. 그 결과, 그 논문들은 취소되었고 그녀는 5년 동안 연방 연구 기금에 지원 신청을 하지 못하게 되었다(*Federal Register*, 2001). 나중에 이 사람은 교수직에서 사임했다. 불행히도, 사기에 대한 더 많은 사례가 최근에 발생했다.

IACUC의 감시에 더해서, 동물 피험체의 보살핌과 보호를 위해 연방 및 지역 법률이 있다. 예를 들어, 「동물복지법(Animal Welfare Act: AWA)」(1996 및 이후)은 IACUC 위원회가 대체로 비소속 공동체 위원은 물론 동물 연구에 친숙한 실천적 과학자인 수의사를 포함하도록 명령한다. IACUC가 특정 연구를 승인한 후, 그들은 실험실 조사를 통해 연구에 관련된 동물의 취급을 계속 주시한다.

윤리심의 과정에 친숙한 것이 심리학 그리고 다른 과학에서 윤리적 연구가 규칙이며 예외가 아니라는 것을 당신에게 재확인시키는 데에 도움이 될 것이다. IRB와 IACUC 위원회의 구조에 내장된 안전장치 때문에 과학자는 자신의 실험에 참가하는 인간과 동물을 보호하는 데에 자기 자신의 판단에만 전적으로 의존할 수 없다. 게다가 위원회는 연구의 정직성을 강조하는데, 이것은 사기적 관행을 줄이는 데 도움이 된다.

☑ 요약

1. 윤리적 조사자는 APA의 윤리적 기준을 따름으로써 연구 참가자의 복지를 보호한다.
2. 인간 참가자의 경우, 그들에게 참가 전에 실험에 관한 정보를 주고 실험자 측에서 속임수를 최소한 사용하는 것은 참가자가 참가할 것인지의 여부에 대해 합리적 판단을 하게 한다.
3. 참가자는 언제든 실험에 참여하는 것을 취소하거나 실험으로부터 철회할 권리가 있다.
4. 윤리적 연구에서 참가자는 신체적 · 정신적 피해로부터 보호된다.
5. 자료가 수집된 후, 발생했을지 모를 어떤 오해를 없애기 위해 참가자는 조심스럽게 사후 설명을 받아야 한다.
6. 실험에 기인하는 어떤 해로운 결과는 무엇이든 연구자에 의해 제거되어야 한다.
7. 그 외에 참가자가 동의하지 않으면, 자신의 실험 참가와 관련되는 정보는 기밀이다.
8. 윤리적 원칙을 지키려는 시도는 때때로 한 원칙의 고수가 다른 원칙을 범할 수 있는 곤경을 낳는다.
9. 동물 피검체가 사용될 때, 고통과 불편을 최소화하도록 주의해야 한다.
10. 윤리적 과학자들은 정직하다. 그들은 연구 수행과 결과를 왜곡하는 활동에 개입하지 않는다.
11. 과학적 사기는 연구의 재검증에 의해 탐지될 수 있으며, (연구 진실성 사무소와 같은) 기관 위원회(institutional board) 및 지원 기관(granting agencies)은 사기를 막거나 중지시키기 위해 연구를 모니터한다.
12. IRB와 IACUC는 연구에서 윤리적 실천을 주시하고 인간 참가자 및 동물 피검체의 윤리적 처치를 보장하도록 돕는다.

☑ 주요 용어

기밀성confidentiality

동물실험윤리위원회institutional animal care and use committee: IACUC

사기fraud

사후 설명debriefing

속임(수)deception

재검증replication

사전 동의informed consent

생명윤리심의위원회institutional review board: IRB

유해한 결과의 제거removing harmful consequences

종 차별주의speciesism

직접 재검증direct replications

표절plagiarism

철회의 자유freedom to withdraw

피해로부터의 보호protection from harm

☑ 논의거리

1. 이 장에 제시된 윤리적 원칙을 재고하고, APA(1987, 2002)가 제시한 윤리적 원칙의 목록을 읽으라.
2. 아마 도서관에 있을 법한, APA(1987)가 발간한 『윤리적 쟁점의 사례집(Casebook on Ethical Issues)』에서 몇 편을 읽으라. 이 책은 여러 윤리적 불평의 배경, 불평이 어떻게 윤리 위원회로 보내지는지, 그리고 그 사례가 어떻게 조정되는지를 묘사한다. 두 개의 사례를 선택해서 그 사례에 관련되는 윤리적 원칙을 고찰하라. 왜 당신이 윤리 위원회의 조정에 동의하는지 혹은 동의하지 않는지를 서술하라.
3. 다음 읽을거리 절에 있는 논문들 중 두 편을 읽으라. 이 논문들은 여러 종류의 심리학 연구와 연관 되는 윤리적 쟁점들을 서술한다. 두 사례에 적용되는 일반적 윤리적 원칙들을 고찰하라. 이 논문에서 논의된 두 종류의 연구 사이에 윤리적 쟁점이 어떻게 다른지를 서술하라.

☑ 웹 연결

http://www.apa.org에 있는 APA의 윤리 취급에 더해서 연구 비행 및 연구 제안 그리고 이에 수반하는 고려해야 할 질문의 최근 예에 대해서는 다음을 보라.

http://ori.dhhs.gov

http://www.public.iastate.edu/~adelamor/ethics_exercise.htm

책임 있는 연구를 포함하여 사기, 가치 및 다른 윤리적 쟁점에 관련된 다른 좋은 사이트는 다음을 보라.

http://www.nap.edu/readingroom/books/obas/

☑ 읽을거리

Bowd, A. D. (1980). Ethical reservations about psychological research with animals. *Psychological Record, 30,* 201–210.

Devenport, L. D., & Devenport, J. A. (1990). The laboratory animal dilemma: A solution in our backyards. *Psychological Science, 1,* 215–216.

Goodyear, R. K., Crego, C. A., & Johnston, M. W. (2003). Ethical issues in the supervision of student research: A study of critical incidents. In D. N. Bersoff (Ed.), *Ethical conflicts in psychology* (3rd ed., pp. 429–435). Washington, DC: American Psychological Association. (Reprinted from *Professional Psychology: Research and Practice, 23,* 203–210.)

Hoff, C. (1980). Immoral and moral uses of animals. *New England Journal of Medicine, 302,* 115–118.

Imber, S. D., Glanz, L.M., Elkin, I., Sotsky, S.M., Boyer, J. L., & Leber, W. R. (1986). Ethical issues in psychotherapy research: Problems in a collaborative clinical study. *American Psychologist, 41,* 137–146.

Melton, G., & Gray, J. (1988). Ethical dilemmas in AIDS research: Individual privacy and public health. *American Psychologist, 43,* 60–64.

Milgram, S. (1977). Ethical issues in the study of obedience. In S. Milgram (Ed.), *The individual in a social world* (pp. 188–199). Reading, MA: Addison-Wesley.

Miller, N. E. (1985). The value of behavioral research on animals. *American Psychologist, 40,* 423–440.

Scarr, S. (1988). Race and gender as psychological variables: Social and ethical issues. *American Psychologist, 43,* 56–59.

Sieber, J. E., & Stanley, B. (1988). Ethical and professional dimensions of socially sensitive research. *American Psychologist, 43,* 49–55.

Smith, C. P. (1983). Ethical issues: Research on deception, informed consent, and debriefing. In L. Wheeler & P. Shaver (Eds.), *Review of personality and social psychology* (Vol. 4, pp. 297–328). Beverly Hills, CA: Sage.

심리학 실습: 동의서의 이해 및 기억

APA(2002)에 따르면, 심리학적 실험은 피험자의 실험 참가 전에 피험자의 사전 동의를 필요로 한다. 그러나 자신이 동의서에 있는 정보를 이해하지 못하고 기억하지 못한다면 동의서에 있는 피험자의 서명이 얼마나 의미가 있겠는가?

Mann(1994)은 사람들로 하여금 가설적인 fMRI 뇌 스캔 실험에 관한 동의서를 읽거나 아니면 정보제공서를 읽게 했다. 정보제공서는 동의서와 똑같았으나, 서명을 요구하지 않는 점만 달랐다. 피험자는 그다음 곧 다가올 절차에 관한 질문에 대답했다. 그들이 방금 동의서 혹은 정보제공서를 읽었음에도, Mann의 피험자들 중 소수만이 다음 질문에 올바르게 대답할 수 있었다.

- 당신의 뇌를 연구하기 위해 어떤 종류의 기구를 사용할 것인가? (38% 맞음)
- 이 기구는 어떻게 작동하는가? (47%)
- 이 절차에 위험이 있는가? (48%)
- 기계 소리가 당신에게 거슬린다면 당신은 무엇을 할 수 있는가? (45%)
- 당신이 연구에 대해 불평이 있으면 무엇을 할 수 있는가? (39%)
- 당신이 다친다면 연구자는 당신에게 무엇을 할 것인가? (47%)
- 동의서에 있는 당신의 사인이 의미하는 네 가지 중 두 가지를 말하라. (20%)

게다가 동의서에 서명한 피험자의 62%는 그들이 실험자에게 소송을 걸 수 있는 권리를 포기했다고 생각했는데, 이것은 정보제공서를 단순히 읽은 사람들은 16%만이 그랬던 것과 비교된다.

당신이 당신 자신의 연구를 계획하고 있다면 이런 시범에서 사용할 수 있는 동의서를 만들어야 할 것이다. 그렇지 않으면 견본을 달라고 지도교수에게 요청하라. 동의서에 대한 사람들의 이해와 기억을 검사할 일련의 질문을 설계하라. 당신의 친구들이 동의서를 읽게 하고, 그들에게 당신의 질문에 대해 (기억해서) 답하도록 요청하라. 당신의 친구는 방금 읽은 것에 대해 얼마나 많이 기억하는가? 그들은 연구와 연관되는 위험과 이득을 아는가? 그렇지 않으면 그들은 동의서에 서명했음에도 불구하고 사전 동의를 실제로 한 것인가?

제5장

연구 보고서 읽기와 쓰기

- 문헌 검색하기
- 보고서의 구성

  제목과 저자 / 요약
  서론 / 방법
  결과 / 논의
  참고문헌

- 비판적 읽기를 위한 확인 사항

  서론 / 방법
  결과 / 논의
  확인 사항 요약

- 학술지 논문 예
- 연구 보고서 작성하기

  형식 / 문체
  논문 출판하기

요약 / 주요 용어
웹 연결 / 실험실 자원
심리학 실습: 문헌 탐색

"난 그걸 배울 여유가 없었어." 모크 거북이가 한숨을 쉬며 말했다. "나는 정규 과목만 들었어."
"그게 뭔데?" 앨리스가 물었다. "비틀거리고 몸부림치는 것.[1)]" (LEWIS CARROLL)

심리학 학술지에 실린 논문을 처음 읽으려고 하는 것은 도전적인 경험이 될 수 있다. 연구자들은 다른 연구자들을 위해 논문을 쓰기 때문에 전문 용어를 사용하고 글도 무미건조하다. 이런 특징은 짧은 보고서를 읽고 이해할 수 있는 특정 분야 학자들 간의 소통을 도와준다. 그러나 그 분야를 배우기 시작하는 학생들에게는 이런 글을 이해하는 것이 힘들 수 있다. 이 장은 당신이 실험심리학 논문을 처음 읽을 때를 준비시키기 위해 기획되었다. 심리학은 과학이기 때문에 심리학의 진보는 여러 분야에서 지식이 축적되는 것으로 측정된다. 연구자들은 이 지식 공동체에 기여하기 위해 학술지 논문을 읽고 쓰는 데 많은 시간을 들인다. 설령 당신의 심리학 경력이 이 수업을 듣는 것에서 끝난다 하더라도 비판적인 사고와 글쓰기 기술은 정보화 사회에서 살아가는 데 아주 유용하다는 것을 알게 될 것이다. 당신이 연구 보고서를 읽고 쓰는 기술에 숙달되는 것을 도와주기 위해 이 장에서는 학술지 논문에서 가장 자주 사용되는 체제와 문체에 대해 서술한다. 당신이 논문을 객관적으로 평가하는 것에 숙달된 비판적인 독자가 되는 것을 도와주기 위해 힌트가 제공된다. 조금 연습을 하면 당신은 모크 거북이를 훨씬 더 뛰어넘게 되어 심리학 논문을 읽을 때 '비틀거리고 몸부림치지는' 않을 것이다. 이 장은 연구 보고서를 쓸 때 유용한 권장 사항들을 알려 주는 것으로 마무리된다.

문헌 검색하기

연구 아이디어가 생기면 그다음 단계는 문헌 검색(literature search)이다. 문헌 검색을 하는 목적은 그 주제에 대해 다른 연구자들이 지금까지 무엇을 발견했는지 알아보는

1) 역주: 『이상한 나라의 앨리스』에서는 단어를 발음이 같은 다른 단어로 바꾸는 일이 많다. 이 문장에서는 reading and writing을 비꼬려고 reeling and writhing이라고 바꾸었고, 그 뜻을 살리려고 여기서는 비틀거리고 몸부림치는 것이라고 번역했다.

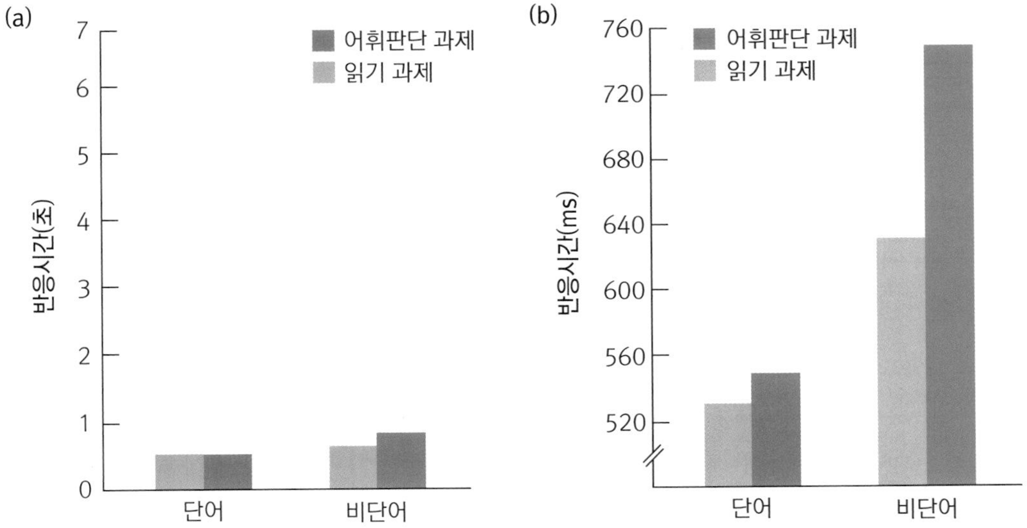

[그림 5-1] 과장된 척도

똑같은 자료가 [그림 5-1]의 두 패널에 그려졌지만, 패널 (a)의 척도는 초 단위이고, 패널 (b)의 척도는 ms 단위이다 (또 세로축의 가로줄은 절단이 있음을 의미한다). 그러다 보니 차이가 (a)에서는 아주 작아 보이고 (b)에서는 아주 커 보인다.

렇게 그리니까 두 조건의 차이가 더 두드러지게 되었다. 그래프를 어떻게 그리느냐에 따라 결과를 강조할 수도 있고 은폐할 수도 있다.

어떻게 결과를 그래프로 그려야 옳은 것일까? 어떤 면에서는 [그림 5-1]의 두 그래프 모두 결과를 정확하게 그렸기 때문에 모두 옳은 그래프이다. 그러나 두 측정치 간의 차이가 유의하다는 통계적 결정이 내려졌다면, 패널 (b)에 그린 그래프가 두 측정치 간의 관계를 더 정확하게 보여 준다고 평가할 수 있다. 이 방법이 Frost 등(1987)이 자기들의 결과를 그린 방법이다.

추론통계는 패널 (b)에서처럼 결과에 나타난 차이가 우연적인 요인에 의한 것이 아니라 진정한 차이인지를 평가하게 해 준다. 이 결과에 대한 추론통계치는 '$F(4, 60) = 2.03, p < .05$'와 같이 표기된다. 이 추론통계치가 의미하는 바는 우연에 의해 F 통계치가 2.03 혹은 그보다 클 가능성은 5% 이하라는 것이다. 최근에는 심리학 분야에서 신뢰도와 재검증 이슈가 부각되면서 일부 심리학자는 결과가 직접 재검증되어야 한다고 주장하기도 한다(심지어 실험 결과가 통계적으로 신뢰할 만한 경우에도). 통계적으로 유의한 결과는 특정 현상이 처음으로 학술지에 게재되느냐를 결정할 때 결정적이지만, 과

학 공동체는 다른 많은 연구자가 그 현상을 재검증할 때 그 현상을 가장 잘 수용한다. 특히 그 현상이 놀라운 현상이거나 직관에 반대된 현상일 때 더 그렇다.

적절한 유의도 수준을 정하는 정해진 규칙은 없다. 예를 들어, .001, 즉 1,000번 중 한 번이라는 수준 대신 .05, 즉 100번 중 다섯 번이라는 수준을 택해야 한다는 규칙은 없다. 특정 유의도 수준이 정당한지, 너무 높은지, 아니면 너무 낮은지 판단하는 것은 연구자의 몫이다. 결론의 중요성에 따라 그 결과가 우연에 의해 발생할 확률을 더 확실한 수준(예, .001, 즉 1,000번 중 한 번)으로 정할 수도 있고 덜 확실한 수준(예, .10, 즉 100번 중 10번)으로 정할 수도 있다. 그러나 유의도 .10 수준에서 유의한 발견이 학술지에 실리기는 어렵다.

학교 재정 형편이 좋지 않다는 말을 들은 대학원 입학 사정관에게 주어진 문제를 상상해 보자. 그 사정관은 남학생들이 여학생들보다 학위를 성공적으로 마치지 못하는 경향이 있다고 생각해서 대학원생을 선발할 때 남학생들을 차별한다는 의심을 받고 있다. 그 사정관은 검증되지 않는 소문을 잠재우고 싶어서 그 가설을 검증할 통계 분석을 의뢰했다. 이 경우 결론이 아주 중요한 의미를 갖기 때문에 남학생이 여학생보다 학위를 마칠 가능성이 낮다는 가설을 검증하는 유의도 수준을 .05(100번 중 다섯 번)로 잡는 것은 적절하지 않을 수 있다. .001(1,000번 중 한 번)의 유의도 수준이 더 적절한 수준일 수 있다.

아침에 먹는 시리얼 상자 속에 '상품'을 넣으려고 하는 시리얼 회사의 경우를 생각해 보자. 비용이 같은 다섯 가지 상품 중에 소비자가 어느 상품을 선호하는지 알아보기 위해 통계 검증을 실시하였다. 상품들 간에 선호도가 차이가 있다면 가장 선호도가 높은 상품이 무엇인지 알고 싶었다. 다섯 가지 상품의 선호도가 차이가 없는데, 회사가 잘못해서 그중 하나를 선택해도 다섯 가지 상품의 비용이 같기 때문에 회사에 문제가 생기지 않는다. 이 경우에는 유의도 수준 .05도 적절하지 않을 수 있다. 유의도 수준 .50이 적절할 수도 있다. 만약 어느 한 상품을 선호하는 경향이 있다면 그냥 그 상품을 상자에 넣으면 된다(결정이 틀렸다고 해서 비용이 더 들게 없으니까). 상황이 유의도 수준을 결정한다.

결과 항목에서는 저자가 어떤 어휘를 사용하느냐가 중요하다. 다음과 같은 진술에 조심해야 한다. "아주 적은 차이로 우리가 정한 유의도 수준에는 미치지 못했지만, 우리가 예상하는 방향으로 나타난 경향이 있다." 이런 진술은 여러 가지 이유 때문에 조심스럽게 접근해야 한다. 첫째, 경향이라는 단어는 기술적인 용어이다. 경향이 있는지 없는지는 적절한 통계 검증에 의해서만 판단할 수 있다. 둘째, 이 표현은 유의한 차이는 경향을 넘어서는 것이고, 그래서 진정한 차이이고 아주 신뢰할 만하다고 함의할 수 있다. 또 미리 정한 수준에 미치지 못했다는 것은 '진실'은 명백한 것이 아니고 잠재적이라는 것을 의미한다고 함의할 수 있기 때문이다. 이 함의는 틀린 것이다. 유의한 결과도, 예를 들어 100번 중에 95번이라는 것처럼 확률적인 의미에서 신뢰할 만한 것이다. 다시 강조하는데, 독립적인 연구자에 의한 재검증이 과학적인 증거의 근간이 되어야 한다.

❍ 논의

논의(discussion)는 논문에서 가장 창의적인 부분이다. 논의에서는 저자가 원한다면 결과가 의미하는 것을 다르게 서술할 수도 있고 또 이론적인 결론을 내린다. 대부분의 학술지 편집장은 방법 항목과 결과 항목에 대해서는 엄격한 표준적인 기준을 갖고 있지만, 논의 항목에서는 저자에게 어느 정도 재량을 허용한다. 『APA 출판 지침』(APA, 2009)에 따르면, "당신은 원 가설과 관련시켜서 결과의 함의를 평가하고 해석하는 위치에 있다. 당신은 결과를 조사하고 해석하고 유보 조건을 밝히고 이를 토대로 추론하고 결론을 내린다.'(p. 35) 실험 결과는 의심의 여지가 없는 사실은 아니라는 점과 실험에서 발견한 결과는 실험 맥락에 달려 있다는 점을 유념해야 한다. 논의 항목에서는 저자에게 재량권을 주기 때문에 독자는 논의 항목을 읽을 때 조심해서 읽어야 한다.

❍ 참고문헌

참고문헌(references)은 논문의 마지막에 있다. 다른 학문 분야의 학술지와는 달리 심리학 학술지에서는 인용한 논문의 전체 제목을 참고문헌에 올린다. 이렇게 하면 독자들이 그 논문이 무엇에 관한 논문인지 파악하는 것을 도와준다. 나아가 참고문헌은 관련된 정보를 알려 주는 좋은 안내자로도 유용하다. 그리고 그 논문의 공로의 지표로도 사용될 수 있다. 논문에서는 이전에 발간된 연구 중에 가장 중요한 연구뿐만 아니라 그 분야의 가장 최신 연구도 인용해야 한다. 그리고 논문 본문에서 인용한 연구만 참고문헌에 수록되어야 한다. 이 점에서 참고문헌은 서지 목록(bibliography)과 다르다. 서지 목록에는 가능한 한 관련 연구를 최대한 수록한다.

비판적 읽기를 위한 확인 사항

이 절에서는 심리학 학술지에 실린 정보를 더 잘 사용하는 독자가 되는 것을 도와주는 힌트들을 제공한다. 중요한 권장 사항은 논문을 급히 읽지 말라는 것이다. 그 대신 각 항목을 읽고 나서 의도적으로 읽기를 중지한 다음, 우리가 앞으로 내놓을 질문들에 대한 답을 적어 보라는 것이다. 처음에는 어려울 수 있지만 연습을 하면 이 작업이 자동화되어 시간이 단축된다.

❍ 서론

1. 저자의 목표는 무엇인가? 서론에서는 연구를 하는 이유를 설명하고 관심을 갖는 현상에 대한 이전 문헌들을 개관한다. 연구와 관련된 이론이 여러 개 있는 경우 서론에서는 이론들이 예상하는 바를 서술한다. 다른 분야의 과학자들과 마찬가지로, 심리학자도 어떤 행동에 기저하는 작동 기제와 이론적 해석에 동의할 필요는 없다. 논문 저자는 자기가 생각할 때 그 행동에 유용한 설명을 제공한다고 생각하는 특정 이론을 제기할 수도 있다. 서론에서 하나 이상의 이론을 서술할 수 있어도 자기가 수행한 연구 결과를 제시한 후에는 아마도 다른 이론들보다 특정 이론이 얻어진 발견들을 더 잘 설명한다고 결론을 내릴 것이다. 여러 이론 중에 저자가 어떤 이론을 믿고 어떤 이론들은 비판하는지 파악하려고 노력하라.

2. 실험에서 어떤 가설이 검증될 것인가? 이 질문에 대한 답은 분명해야 하고 서론에서 직접적으로 서술되어야 한다.

3. 내가 그 가설을 검증하기 위해 실험을 고안한다면 무엇을 할 것인가? 이 질문이 서론을 읽고 당신이 답해야 할 핵심 질문이다. 논문의 방법 항목을 읽기 전에 당신은 이 질문에 답을 하려고 시도해야 한다. 많은 실험은 저자가 개발한 이론 틀을 검증하고 지지하기 위해 체계적으로 행동을 탐구하는 맥락에서 수행된다. 저자가 글을 잘 쓴다면 당신은 방법 항목을 읽고 나서 저자가 논문에서 주장한 방법에 동의하게 될 것이다. 현명한 저자는 서론에서 자기가 수행할 실험에 대해 넌지시 언질을 준다. 그래서 당신이 독자적으로 방법 항목을 서술하는 것은 어려울 수 있다. 당신이 가설을 검증할 방법의

핵심 아이디어를 적어 놓도록 하라.

❍ 방법

앞의 질문 3에 대해 당신이 적은 답을 논문 저자의 답과 비교해 보라. 당신이 미리 훔쳐본 것이 아니라면 당신의 답과 저자의 답은 다를 수 있다. 이제 질문 4(a)～4(c)에 대해 답해 보라.

4(a). 당신이 제안한 방법이 저자의 방법보다 나은가? 당신과 저자 중 누가 더 좋은 아이디어를 내놓았든 두 아이디어를 강제로라도 비교하는 것은 당신이 방법 항목을 수동적으로 수용하는 것이 아니라 실험 방법에 대해 비판적으로 사고하게 만들 것이다.

4(b). 저자의 방법은 가설을 제대로 검증하는가? 가끔은 서론과 방법 사이에서 가설이 사라져 버리기도 한다. 저자가 사용한 방법이 그 가설을 검증하는 적절하고 관련성이 있는 방법인지 항상 확인하라.

4(c). 독립 변인, 종속 변인, 통제 변인은 무엇인가? 이것은 뻔한 질문이다. 그래서 즉각적으로 답할 수 있어야 한다. 변인들을 적는 것은 당신이 방법 항목을 수동적으로 읽지 않게 하는 것을 도와준다. 당신이 제안한 방법과 저자가 사용한 방법 간의 차이를 해결하고 나서 다음 질문에 답하라.

5. 저자가 서술한 피험자, 기구 혹은 재료, 그리고 절차를 토대로 당신은 어떤 결과를 예상하는가? 결과 항목을 읽기 전에 자력으로 이 질문에 답을 해야 한다. 답하는 것을 돕기 위해 가설, 독립 변인 그리고 종속 변인을 상기하라. 한 가지 결과를 예상하는 게 불가능하다는 것을 깨달을 수도 있는데, 이는 저자가 한 가지 이상의 예상을 할 수도 있기 때문에 문제가 아닐 수도 있다. 가능한 결과들의 수를 축소하기 위해 저자가 예비 연구를 했을 수도 있다. 아니면 결과가 처음 예상했던 것이 아니어서 결과를 얻은 다음에 서론에 대해 다시 고민했을 수도 있다. 당신이 예상하는 가장 가능성이 높은 결과를 보여 주는 그림을 대충이라도 그려 보라.

❍ 결과

당신이 예상한 것과 결과를 비교하라. 둘이 일치하면 질문 7(a), 7(b) 및 7(c)로 진행하고, 둘이 일치하지 않으면 질문 6에 대해 답하라.

6. 저자가 예상하지 못한 결과를 얻었나? 조금 생각해 보면 두 가지 결론 중 하나에 이를 것이다. 당신의 예상이 틀렸거나 납득하기 어려운 결과일 것이다. 저자가 사용한 방법이 적절한 것이 아니어서 가설을 제대로 검증하지 못했거나 통제되지 않은 변산원들이 영향을 미쳤을 수 있다. 아니면 그 실험을 다시 반복해서 실시했을 때 같은 결과가 얻어지지 않을 수도 있다. 당신 스스로 실험을 해 볼 수도 있다. 보고된 결과를 재검증할 수 있는지 확인해 보라.

7(a). 결과를 어떻게 해석할 것인가?

7(b). 결과에 대한 내 해석에서 어떤 함의나 응용을 이끌어 낼 수 있나? 논의 항목을 읽기 전에 이 질문과 질문 7(a)에 대해 자력으로 답을 하려고 시도하라.

7(c). 이 결과에 대해 다른 해석을 할 수 있나? 자료가 예상한 대로 나온 경우에도 결과가 그렇게 나온 이유가 여러 개 있을 수 있다. 종종 다른 해석들을 제거하기 위해 처음 실험에 대한 후속 실험들을 실시해서 하나의 논문에 여러 개의 실험이 보고된 논문들을 보게 될 것이다. 당신은 결과에 대한 대안적인 해석을 검증하는 새 실험에 대해 생각해 보려고 시도하는 것을 원할 수도 있다.

❍ 논의

앞에서 서술했듯이 논의에는 자료에 대한 저자의 해석이 결론의 형태로 포함되어 있다. 잘 작성된 논의는 서론에서 제기했던 질문에 대해 서술식 답변을 제공한다. 이에 더해 저자는 실험 결과의 응용과 함의에 대한 자기의 통찰을 제공해서 논의를 확장시킨다.

비판적인 독자로서 당신은 결과에 대한 당신의 해석을 작성했다. 당신의 해석을 저자의 해석과 비교해 보라. 당신이 보기에 어느 것이 더 나은가? 질문 8(a)와 8(b)에 답을 해 보는 것이 결과에 대한 당신의 해석과 저자의 해석을 비판적으로 평가하는 것을 도와줄 것이다. 질문 8(c)와 8(d)는 가능한 연구 방향에 대해 비판적으로 사고하는 것을 도와줄 것이다.

8(a). 내 해석과 저자의 해석 중 어느 것이 자료를 더 잘 반영하나? 보고서의 다른 항목과는 달리 논의에서는 저자에게 재량권을 주기 때문에 저자가 자료가 보장하지 않는 결론을 내릴 가능성이 있다. 때로는 전반적으로 적절한 결론을 내린 다음 이 결론을 자료가 지지하는 범위를 넘어서는 수준으로 확장할 수도 있다. 후자는 전형적으로 저자가 종속 변인의 한계점을 인지하지 못했을 때 발생한다.

8(b). 나와 저자 중 누가 결과의 함의와 응용에 대해 더 설득력 있는 논의를 제공했는가? 이 질문은 8(a) 질문보다는 덜 중요하다. 그렇지만 이 질문은 당신에게 연구의 전체적인 완결성에 대해 유용한 통찰을 제공할 수 있다. 연구자의 책임은 잘 통제된 실험을 수행하는 것에서 그치는 것이 아니다. 연구자는 연구에 기저하는 논리와 이론도 고려해야 한다. 저자가 얼마나 현명하게 결과의 함의와 응용에 대해 논의하는가는 연구의 전체적인 완결성을 알려 주는 좋은 지표가 된다.

8(c). 답을 하지 못한 질문은 어떤 것이 있나? 어떤 연구도 모든 질문에 대해 답을 제공하지는 못한다. 문헌 검색이 다소 미흡하다고 느낄 수도 있고, 저자가 언급하지 않은 자료의 특정 부분에 대해 궁금할 수도 있다.

8(d). 당신이라면 어떤 연구를 더 할 것인가? 당신은 결과를 다르게 해석할 수도 있다고 생각할 수도 있고, 8(c)에 제기된 질문에 대해 답하고 싶을 수도 있다. 당신은 질문 3 '내가 그 가설을 검증하기 위해 실험을 고안한다면 무엇을 할 것인가?'라는 질문을 다시 생각해 볼 수 있다. 연구는 끝이 없는 탐구이다.

❍ 확인 사항 요약

첫 번째 학술 논문을 꼼꼼하게 읽으면서 앞에서 서술한 여덟 개의 질문의 답을 적어 두기 바란다. 처음 몇 번은 힘든 작업이니까 의기소침해지지 않기를 바란다. 다음 절에서는 전형적인 심리학 논문을 〈표 5-1〉에 요약된 확인 사항들에 따라 분석한다.

표 5-1 비판적 읽기를 위한 질문

서론
1. 저자의 목표는 무엇인가? 2. 실험에서 어떤 가설이 검증될 것인가? 3. 내가 그 가설을 검증하기 위해 실험을 고안한다면 무엇을 할 것인가?
방법
4(a). 당신이 제안한 방법이 저자의 방법보다 나은가? 4(b). 저자의 방법은 가설을 제대로 검증하는가? 4(c). 독립 변인, 종속 변인, 통제 변인은 무엇인가? 5. 저자가 서술한 피험자, 기구 혹은 재료, 그리고 절차를 토대로 당신은 어떤 결과를 예상하는가?
결과
6. 저자가 예상하지 못한 결과를 얻었나? 7(a). 결과를 어떻게 해석할 것인가? 7(b). 결과에 대한 내 해석에서 어떤 함의나 응용을 이끌어 낼 수 있나? 7(c). 이 결과에 대해 다른 해석을 할 수 있나?
논의
8(a). 내 해석과 저자의 해석 중 어느 것이 자료를 더 잘 반영하나? 8(b). 나와 저자 중 누가 결과의 함의와 응용에 대해 더 설득력 있는 논의를 제공했는가? 8(c). 답을 하지 못한 질문은 어떤 것이 있나? 8(d). 당신이라면 어떤 연구를 더 할 것인가?

학술지 논문 예

이 절에는 학술지 『심리과학(Psychological Science)』에 실린 짧은 논문과 확인 사항들에 대한 답의 예를 수록한다. 이 논문은 어린 아동들(19~21개월)이 공정성과 관련된 기대를 하는지를 탐색한 논문이다.

대부분의 논문은 특정 분야의 전문가를 염두에 두고 작성되었기 때문에 저자들은 독자들이 그 논문에서 다루는 주제에 대해 어느 정도 지식이 있다고 가정한다. 뿐만 아니라 대부분 학술지에서는 논문 분량에도 제한을 둔다. 그래서 어떤 정보들은 논문에 포함되지 않거나 아주 간략하게 서술될 수도 있다. 독자의 지식에 대한 저자들의 가정과 논문의 압축성은 논문을 처음 읽는 사람들에게 문제를 야기한다. 그래서 논문을 처음 읽는 사람들은 특정 논문을 이해하기 위해 다른 논문이나 책을 읽어야 할 수도 있다. 이 절에 수록한 논문은 이해하기 쉬운 것으로 선정했다. 그래도 당신에게 어떤 부분은 혼란스러울 수도 있는데, 의기소침해지지 않기를 바란다. 당신이 이해하는 것을 돕기 위해 논문의 전략적인 곳에 확인 사항들을 첨부해 두었다. 이 논문의 서지적 정보는 Sloane, Baillargeon과 Premack(2012)이다.

연구 논문: 영아는 공정성을 인식하는가

Stephanie Sloane[1], Renée Baillargeon[1], & David Premack[2]
[1] 일리노이 대학교 및[2] 펜실베이니아 대학교

요약 두 개의 실험에서 실험자가 자원과 상을 개인들에게 어떻게 분배해야 하는지에 대한 영아의 기대를 조사하였다. 실험 1에서 생후 19개월 된 아동들은 실험자가 두 개의 물건을 두 사람에게 차등적이 아니라 균등하게 나누어야 한다고 기대했다. 아동들은 두 사람이 두 무생물 물체로 대체되거나 사람들에게 무엇이 있는지를 보여 주기 위해(나누어 주는 것이 아니라) 포장을 벗길 때에는 특별한 기대를 보이지 않았다. 실험 2에서 생후 21개월 된 아동들은 주어진 과제를 완성하기 위해 두 사람이 일했을 때에는 두 사람에게 상을 주어야 한다고 기대했지만, 한 사람은 일하고 다른 사람은 놀았을 때에는 그런 기대를 하지 않았다. 아동들은 실험자가 관찰을 통해서 누가 일하고 누가 놀았는지를 결정할 수 있을 때에만 이런 기대를 했다. 종합하면, 두 실험은 생후 2년이 된 아동들이 맥락에 따라 공정성에 대해 다른 기대를 갖는다는 수렴적인 증거를 제공하였다.

도덕성 발달에 대한 연구는 심리학에서 오래 연구되었는데, 이 연구들은 두 가지 주요 접근을 이용해 연구한다. 하나는 어떻게 부모의 양육 방식과 기타 사회화 과정들이 아동들이 사회규범을 내재화하고 순응하는 것을 도와주는지에 초점을 맞춘 접근이고, 다른 하나는 좀 더 인지적인 입장을 취하는 것으로 어떻게 아동들이 다른 사람과의 상호작용을 통해서 도덕 개념과 도덕 규범을 점진적으로 구성해 나가는지에 초점을 맞춘 접근이다(개관은 Eisenberg, Fabes, & Spinrad, 2006; Turiel, 2006 참조). 이 두 접근은 차이가 아주 크지만 두 접근 모두 도덕 규범에 대한 감수성은 학령 전까지는 출현하지 않는 것으로 가정한다. 최근 이 가정은 인지과학의 여러 분야에서 널리 퍼진 가설, 즉 도덕 발달은 어떻게 다른 사람들과 행동해야 하는지에 대한 사회도덕적 직관을 기초로 발달하는데, 이 사회도덕적 직관이 아주 일찍 출현한다는 가설의 도전을 받고 있다(예, Dupoux & Jacob, 2007; Dwyer, 2006; Greene, 2005; Haidt, 2008; Jackendoff, 2007; Mikhail, 2007; Premack, 2007;

Sigmund, Fehr, & Novak, 2002). 이런 생각은 사회도덕적 기대가 영아기에 이미 존재하느냐라는 경험적 질문을 이끌어 내었다. 이 논문에서 보고하는 실험에서는 공정성이라는 도덕규범에 초점을 맞춰 19개월에서 21개월 된 영아들의 개인의 행동에 대한 기대에 대해 조사하였다. 실험에서는 아동과 성인을 대상으로 하는 공정성 연구에서 흔히 사용되는 자원 배분과 노력에 대해 상을 주는 문제라는 두 가지 맥락을 사용하였다.

자원 배분과 상 주기 맥락을 이용한 공정성 발달 연구에서는 전형적으로 검사받는 아동이 수혜자인 당사자 과제나 검사받는 아동이 수혜자가 아닌 제3자 과제를 사용한다. 두 유형의 과제 모두에서 5세 이상 아동들은 이 두 맥락에서 공정성에 대해 인지하고 있다는 증거들을 보고하였다(예, Damon, 1975; Enright, Franklin, & Manheim, 1980; Fehr, Bernhard, & Rockenbach, 2008; Gummerum, Hanoch, Keller, Parsons, & Hummel, 2010; Moore, 2009; Rochat et al., 2009; Thompson, Barresi, & Moore, 1997; Tsutsu, 2010; Ugurel-Semin, 1952).

반면에 3세 혹은 4세 아동을 대상으로 한 연구 결과는 일관성이 없었다. 당사자 과제의 결과는 전반적으로 부정적이었다. 자신과 다른 사람 간에 자원을 배분하거나 상을 주는 경우, 학령전 아동들은 이기적으로 행동하는 경향이 있고 자신이 불리한 상황에서만 불평등 혐오의 가능성을 보여 주었다(예, Damon, 1975; Fehr et al., 2008; Gummerum et al., 2010; Hook & Cook, 1979; LoBue, Nishida, Chiong, DeLoache, & Haidt, 2011; McCrink, Bloom, & Santos, 2010; Rochat et al., 2009). 예를 들어, 한 실험에서는 3세에서 4세 사이의 아동들에게 단 사탕을 자신과 모르는 아동 간에 어떻게 나누어야 하는지 선택하게 했다(Fehr et al., 2008). 아동들은 자신과 모르는 아동이 각기 하나씩 받는 방안(1,1)과 조건에 따라 (1,0), (1,2), 혹은 (2,0) 방안 중에 고르게 했다.[3)] 처음 두 조건[(1,1)과 (1,0) 중에서 고르는 조건과 (1,1)과 (1,2) 중에서 고르는 조건]에서는 두 개 배분 방안 중에 아무거나 골랐다(그러니까 두 배분 방안 중 어느 것을 골라도 자기는 하나를 받으니까 상대가 얼마를 받는지는 별로 신경쓰지 않았다). 그러나 마지막 조건[(1,1)과 (2,0) 중에서 고르는 조건]에서는 자기 이득을 극대화하기 위해 (2,0)을 골랐다.

그러나 3세 혹은 4세 아동을 대상으로 한 제3자 과제의 결과는 좀 더 긍정적인 경향을 보여서 적어도 어떤 조건에서는 학령전 아동도 수혜자들이 상을 공평하게 나누는 것을 기대한다는 것을 시사하였다(예, Olson & Spelke, 2008; Peterson, Peterson, & McDonald, 1975; Thomson & Jones, 2005). 예를 들어, 한 실험에서는 3.5세 아동들에게 인형을 5개 보

3) 역주: 괄호 안의 첫 번째 숫자는 자신이 받는 개수이고, 두 번째 숫자는 상대가 받는 개수이다. 실험에는 (1,1)과 (1,0) 중에서 고르는 조건, (1,1)과 (1,2) 중에서 고르는 조건, 그리고 (1,1)과 (2,0) 중에서 고르는 조건의 세 조건이 있었다.

여 주었는데, 하나는 주인공이고 나머지 네 개는 주인공의 형제와 친구이거나 모르는 사람이라고 알려 주었다(Olson & Spelke, 2008). 주인공이 물건 네 개를 배분하는 것을 도와주라고 했을 때 아동들은 나머지 네 개 인형이 누구인지와 상관없이 나머지 인형에게 물건을 균등하게 배분하였다.

이 결과는 자기 이익이 영향을 미칠 여지가 없는 제3자 과제를 이용해서 검사할 때에는 3.5세 아동도 어느 정도 공정성에 대한 감수성을 가지고 있다는 것을 시사한다. 이 공정성 감수성은 생후 처음 3년 동안 점진적으로 출현하는 것일까, 아니면 앞에서 서술했던 가설이 시사했듯이 영아 시기에 이미 존재하는 것일까(예, Dupoux & Jacob, 2007; Dwyer, 2006; Haidt, 2008; Premack, 2007)? 이 질문에 대해 알아보기 위해 우리는 두 개의 제3자 과제를 이용해서 영아들을 검사하였다. 실험 1에서는 19개월 된 영아들에게 실험자가 두 개의 갖고 싶은 물건을 두 사람에게 균등하게 혹은 불균등하게 나누는 것을 보여 주었다. 실험 2에서는 21개월 된 아동들에게 실험자가 두 사람에게 상을 주는 것을 보여 주었는데, 주어진 과제를 완성하기 위해 두 사람이 일을 하는 경우도 있었고, 한 사람(작업자)은 일하고 다른 사람(뺀질이)은 노는 경우도 있었다. 우리는 실험자가 자원을 불균등하게 배분할 때(실험 1) 또는 작업자와 뺀질이에게 균등하게 상을 줄 때(실험 2) 영아들이 공정성 위반을 탐지하는지(응시시간이 긴 것을 공정성 위반 탐지의 지표로 사용함) 검사하였다. 두 맥락을 사용해서 우리는 영아들이 실험자의 같은 행동—각 사람에게 하나씩 주는 행동—을 첫 번째 맥락에서는 기대되는 행동으로 보고, 두 번째 맥락에서는 기대되지 않는 행동으로 보는지 알 수 있었다. 두 과제에서 앞 문장에서 서술한 결과가 얻어진다면 그것은 생후 2세 된 아동도 이미 맥락에 따라 공정성에 대해 다른 기대를 갖고 있다는 것을 알려 주는 것이 된다.

1. 저자의 목표는 무엇인가? 저자들은 영아들(생후 19개월과 21개월)이 공정성에 대한 감수성이 있는지 알아보려고 했다. 이전에 발간된 많은 연구에서는 나이가 많은 아동들(3~5세 아동)이 공정성에 대한 감수성을 갖고 있는지 탐색했지만, 공정성에 대한 감수성은 아주 일찍 출현한다는 주장도 제기되었다. 저자들은 영아들에게서 공정성 감수성을 보여 주는 처음 연구가 되기를 원했다.

2. 실험에서 어떤 가설이 검증될 것인가? 저자들은 두 개의 관련된 실험에서 영아들이 공정성 위반을 탐지하는지를 알아보려 한다. 실험자들은 영아들의 응시시간을 조사해서 위반을 탐지하는지 측정하려고 계획했다(오래 응시하는 것은 위반을 탐지한 것을 가리킨다). 첫 번째 실험에서는 공정성을 이해했다면 실험자가 자원을 불균등하게 배분할 때 응시시간이 길어질 것으로 예상하고, 두 번째 실험에서는 공정성을 이해했다면 실험자가 작업자와 뺀질이에게 균등하게 상을 줄 때 응시시간이 길어질 것으로 예상한다.

3. 내가 그 가설을 검증하기 위해 실험을 고안한다면 무엇을 할 것인가? 이상적으로는 논문에서 저자들이 가설을 검증하기 위해 사용한 방법을 읽기 전에 이 질문에 답하려고 노력해야 한다. 그러나 이 논문에서는 저자들이 방법을 간략하게 요약하였다. 사실 저자들이 방법 항목에서 자세하게 서술하기 전에 서론에서 자기들이 사용한 방법의 전반적인 개요를 서술하는 것이 드문 일은 아니다. 이런 관행은 독자들이 모든 세부 사항을 읽기 전에 '큰 그림(전체적인 윤곽)'을 이해하는 것을 도와준다. 그렇지만 방법 항목을 읽기 전에 당신이라면 그 가설을 검증하기 위해 실험을 어떻게 고안할 것인가를 생각해 보는 것은 해 볼 만한 가치가 있다. 이번 경우 당신이 어떤 실험을 고안하든 자원이 '공정하게' 배분되는 상황과 '불공정하게' 배분되는 상황을 관찰하게 영아들을 할당할 필요가 있다는 것은 분명하다.

실험 1

실험 1의 **실험조건**에서는 생후 19개월 된 아동들이 여성 실험자가 똑같이 생긴 움직이는 기린 인형에게 자원을 배분하는 상황을 실제로 관찰하였다(그림 1).

세 쌍의 시행을 했는데, 각 쌍의 시행 중 한 시행에서는 불균등한 배분을 보았고(불균등 사건), 다른 시행에서는 균등한 배분을 보았다(균등 사건)(두 사건의 제시 순서는 피험자간에 역균형화시켰다). 각 시행에는 처음 단계와 마무리 단계가 있었다. 처음 단계(24초)에서 기구 상자의 뒤쪽 벽의 문을 통해 기린 두 마리(기린들은 아동에게는 보이지 않는 실험 보조자의 손에 올려져 있다)가 나왔다. 기린들 앞에는 작은 매트가 놓여 있었다. 기린들은 기구의 오른쪽 벽에 있는 커튼이 쳐진 창을 실험자가 열 때까지 같은 동작으로 '춤을 추었다'.

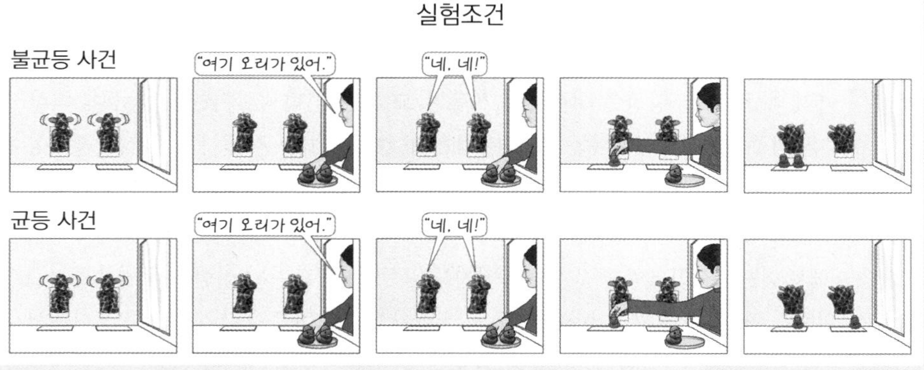

그림 1. 실험 1 실험조건에서의 사건 보여 주기
세 쌍의 시행쌍 중 한 조건에서는 두 개의 장난감 오리(이 그림에 보임), 쿠키, 혹은 장난감 차가 두 마리 기린 인형에게 고르게 주어지고, 다른 시행에서는 차별적으로 주어진다. 무동작 통제조건은 똑같은데, 단지 기린 인형이 움직이지 않는다. 기린 인형들은 움직이지도 말하지도 않고 그냥 앞만 보고 있었다.

실험자가 창을 열면 기린들은 마치 실험자가 하는 행동을 보는 것처럼 실험자 방향으로 몸을 돌렸다. 실험자는 두 개의 똑같은 물건(장난감 오리, 쿠키, 혹은 장난감 차)이 담긴 쟁반을 가지고 와서 "여기 장난감/쿠키/차가 있어."라고 말했다. 그럼 두 마리 기린은 각기 다른 목소리로 "네, 네!"라고 흥이 나서 답했다. 그러면 실험자가 물건 두 개 중 하나를 두 마리 기린 중 한 마리 앞에 놓았다. 그리고 나머지 하나를 같은 기린 앞에 놓거나(불균등 사건; 어떤 기린이 두 개를 받는지는 역균형화시킨다) 다른 기린 앞에 놓았다(균등 사건). 이어서 실험자가 떠나고 두 마리 기린은 자기의 매트를 내려다보고 멈추었다. 시행의 마무리 단계에서 영아들은 이 멈춰진 장면을 시행이 끝날 때까지 관찰하였다.

다른 아동들은 두 개의 통제조건에서 검사를 받았다. **무동작 통제**조건은 실험자가 대칭적인 배열보다 비대칭적인 배열을 만드는 것을 보는 것을 영아들이 선호할 가능성을 배제하기 위해 실험에 포함되었다. 이 조건에서 일어나는 일들은 기린이 움직이지 않는다는 점만 제외하면(기린들은 아동들에게는 보이지 않는 기둥에서 쉰다) 실험조건과 같았다.

가리개 통제조건에서는 기린들이 움직이는데, 영아들이 비슷한 사람들은 물건을 같은 개수씩 가져야 한다고 기대할 가능성을 배제하기 위해 실험에 포함되었다(그림 2).

각 시행의 처음 단계(24초)에서 실험자는 물건 두 개를 가지고 와서 나누어 주는 것이 아니라 기린들의 앞에 있는 매트에 있는 가리개를 치워서 무엇이 있는지를 보여 주었다. 가리개는 하나씩 치워졌는데, 치우는 순서는 피험자 간에 역균형화시켰다. 이 조건에서 실험자는 아무 말도 하지 않았다. 그러나 기린들은 실험자가 도착했을 때 (각기 다른 목소리로 "네, 네!"라고) 인사하였다. 불균등 사건에서는 가리개를 벗겨서 하나의 매트 위에는 물건이 두 개 있고, 다른 매트에는 아무것도 없다는 것을 보여 주었다. 균등 조건에서는 가리개를

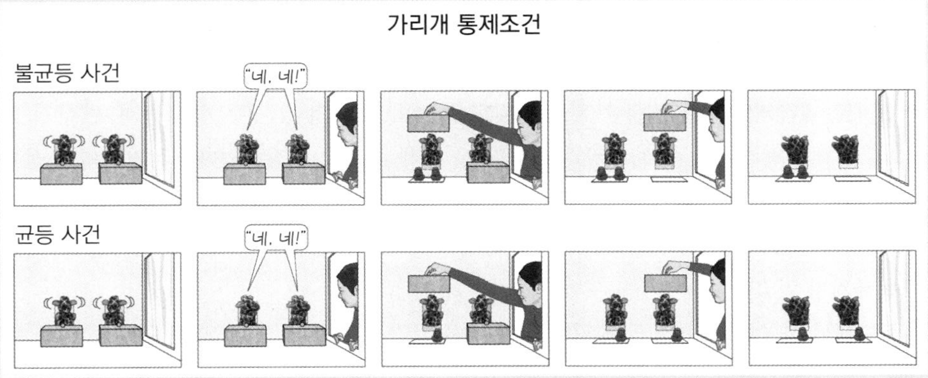

그림 2. 실험 1 가리개 통제조건에서의 사건 보여 주기

세 쌍의 시행 쌍 중 각 시행에서는 실험자가 인형 앞에 있는 가리개를 치워 두 개의 장난감 오리(이 그림에 보임), 쿠키, 혹은 장난감 차를 보여 준다. 한 시행에서는 두 물건이 한 마리 기린 앞에만 놓여 있고, 다른 시행에서는 기린 앞에 각기 인형 하나씩 놓여 있었다.

벗겨서 각 매트 위에 물건이 하나씩 있다는 것을 보여 주었다. 실험자가 마지막 가리개를 벗기고 떠나면 실험조건에서와 마찬가지로 기린들은 자기 앞에 있는 매트를 내려다보고 멈추었다.

우리는 영아가 실험조건에서는 균등 사건보다 불균등 사건을 더 오래 응시하고, 무동작 통제조건이나 가리개 통제조건에서는 두 사건을 비슷한 시간 동안 응시한다면, 이 결과는 생후 19개월 된 영아가 배분하는 사람이 비슷한 두 사람에서 균등하게 배분할 것을 기대한다는 것을 알려 준다고 생각하였다.

방법

참가자　영어를 사용하는 가정에서 임신 기간을 채우고 태어난 48명의 건강한 영아(남자 24명, 여자 24명)가 실험에 참가하였다(연령 범위: 18개월 8일부터 19개월 27일, M=18개월 25일). 각 조건에 16명의 영아(남자 8명, 여자 8명)가 무선 할당되었다. 이들 외에 10명의 영아가 실험에서 제외되었는데, 지나치게 활동적이거나(n=4), 지나치게 시끄럽거나(n=3), 주의가 산만하거나(n=2), 주의를 기울이지 않아서(n=1) 실험에서 제외되었다.

기구와 자극　기구는 밝게 조명이 된 전시 부스[201.5(높이)×102(너비)×58(깊이)cm]인데, 앞면에 큰 창이 뚫려 있었다(56×95cm). 시행과 시행 사이에 감독자는 이 창의 앞에 있는 커튼을 내려서 피험자에게 기구 속이 안 보이게 했다. 기구 안의 옆 벽들은 하얗게 칠해졌고, 뒷벽과 바닥에는 파스텔색의 접착지를 붙였다.

실험자는 영어가 모국어인 여자였는데, 초록색 셔츠를 입고 기구의 오른쪽 벽에 있는 창(51×38cm)에 무릎을 꿇고 있다가 흰 커튼을 밀어서 오른쪽 창을 열거나 닫았다. 실험자 뒤에 큰 스크린을 설치해서 아동들이 검사실의 다른 부분을 볼 수 없게 가렸다.

두 마리의 기린은 똑같은 인형으로 (축별로 가장 긴 부분이 26×15×11cm) 베이지색과 갈색 천으로 제작되었다. 기린들은 기구의 뒷벽에 20cm 떨어져 있는 두 개의 뚫린 곳(각기 20×12.5cm이고 베이지색 펠트로 가려져 있다)을 통해 기구로 등장하였다. 각 기린의 중심부 아래에 흰 매트를 놓았다(1×20×13cm). 가리개 통제조건에서는 동일한 두 개의 갈색 가리개(각기 10×22.5×15.5cm 크기이고, 위에 손잡이가 달려 있음)가 각 시행이 시작할 때 매트 위에 세워져 있었다.

실험에서 사용한 세 종류의 동일한 물건 쌍은 보라색 장난감 오리, 먹을 수 있는 갈색 쿠키, 그리고 빨간 장난감 차였다. 실험조건과 무동작 통제조건에서는 실험자가 이 물건들을 둥그런 파란 쟁반(1.5cm 높이, 17cm 지름) 위에 올려서 보여 주었다.

검사 세션마다 하나의 카메라는 사건의 영상을 찍었고, 다른 카메라는 영아의 영상을 찍었다. 두 영상을 종합해서 기구 뒤에 설치한 TV 세트에 투사해서 사건들이 미리 정해진 스크립트에 따라 진행되고 있는지 감독자가 모니터하였다. 실험 후에 녹화된 검사 세션을 보고 사건들이 정확하게 진행되었는지 다시 확인하였다.

절차 영아들은 기구의 앞면 중앙에 앉은 부모의 무릎에 앉았다. 부모들에게는 눈을 감고 조용히 있어 달라고 요청했다. 각 영아의 응시 행동은 영아에게 보이지 않는 곳에 위치한 두 명의 관찰자가 모니터했는데, 이 관찰자들은 실험의 목적이나 피관찰 영아가 배정된 실험조건에 대해 알지 못했다. 시행의 처음 단계와 마무리 단계에서의 응시시간은 따로 계산되었는데, 제1 관찰자의 반응을 이용해서 계산하였다. 시행의 처음 단계에서 영아들은 주의집중을 아주 잘하였다. 영아들은 24초 중 23.5초 동안 응시했다. 각 시행의 마무리 단계는 (a) 영아들이 누적 시간으로 적어도 4초 이상 보다가 1.5초 이상 계속해서 다른 것을 보거나 (b) 영아들이 누적 시간으로 60초 이상 보면 종료되었다(이 기준은 파일럿 실험을 통해 설정되었고, 모든 조건에 적용되었다). 마무리 단계 응시시간의 관찰자간 일치도는 영아별 시행당 평균 93%이었다. 예비 분석에서 영아의 성별, 사건의 순서, 그리고 물건을 두 개 받은 기린(왼쪽 혹은 오른쪽)은 조건이나 사건과 상호작용하지 않았다. 이 세 요인을 무시하고 자료들을 합해서 분석하였다.

4(a). 당신이 제안한 방법이 저자의 방법보다 나은가? 저자들이 사용한 방법은 몇 가지 긍정적인 요소가 있다. 저자들은 영아들에게 두 개의 시나리오(불균등 사건과 균등 사건)를 보여 주는 방법으로 '공정성'을 조작하였다. 움직이는 인형을 보여 주면 제3의 변인이 영향을 미칠 가능성이 있으나 저자들은 스크립트를 작성해서 인형들의 움직임을 통제하였고, 감독자가 비디오를 보면서 실험이 정확하게 진행되고 있는지 확인하게 해서 이런 요인들을 통제하려 하였다. 저자들은 다른 변인들도 통제하였다. 부모들의 눈을 감게 해서 부모의 반응을 통제했고, 관찰자가 아동의 눈에 띄지 않는 곳에 위치하게 해서 피관찰 아동의 반작용적 행동을 통제했고, 관찰자가 실험 목적이나 피관찰 영아의 실험조건에 대해 모르게 해서 관찰자 효과를 통제하였다.

4(b). 저자의 방법은 가설을 제대로 검증하는가? 저자들은 영아의 응시시간을 영아의 공정성 감수성 측정치로 사용하였다. 우리는 영아들이 아주 빨리 자극에 대해 선택적 주의를 보이는 것을 안다. 구체적으로 영아들은 신기하거나 친숙하지 않은 자극을 오래 쳐다본다. 이런 점을 고려할 때 다양한 상황에서 영아의 친숙성을 측정하기 위해 응시시간을 사용하는 것은 합리적이다.

4(c). 독립 변인, 종속 변인, 통제 변인은 무엇인가? 첫 번째 독립 변인은 조건이다(실험조

건, 무동작 통제조건, 또는 가리개 통제조건). 두 번째 독립 변인은 장남감/쿠키 배분이다(불균등 또는 균등 배분). 종속 변인은 응시시간(초)이다.

5. 저자가 서술한 피험자, 기구 혹은 재료, 그리고 절차를 토대로 당신은 어떤 결과를 예상하는가? 이 논문을 읽기 전에는 영아들이 공정성 감수성이 있을까에 대해 생각해 본 적이 없었을 것이다. 이 문제에 대해 생각해 본 적이 있었을 경우에도 생후 18개월 된 아주 어린 아동들에게서 그런 고급 개념을 측정할 수 있을 것이라는 생각은 안 했을 것이다. 저자들의 주장에도 불구하고 당신은 영아들이 인형들에게 자원을 배분하는 것 같은 사소한 것에 영향을 받을 것이라는 것을 믿지 않을 수도 있다. 그렇지만 당신이 저자들의 생각에 동의한다면 다음과 같은 패턴의 결과를 기대할 수 있다. ① 실험조건에서는 영아들이 균등 사건보다 불균등 사건을 더 오래 쳐다볼 것이다. ② 무동작 통제조건에서 영아들의 응시시간은 자원이 균등하게 배분되는 경우와 불균등하게 배분되는 경우 비교적 비슷해야 한다. 그리고 ③ 가리개 통제조건에서 영아들의 응시시간은 자원이 균등하게 배분되는 경우와 불균등하게 배분되는 경우 비교적 비슷해야 한다.

결과와 논의

검사 시행의 마지막 단계에서의 영아들의 응시시간을 물건 쌍을 무시하고 합한 다음 평균을 계산해서(그림 3) 그 평균 시간에 대해 변량분석(ANOVA)을 실시하였다.

조건(실험, 무동작 통제, 또는 가리개 통제)은 피험자간 요인이고 사건(불균등 혹은 균등)은 피험자내 요인이었다. 변량분석에서는 조건 × 사건의 2요인 상호작용 효과만 유의하였다[F(1, 45)=3.71, p=.032.]. 사전 계획된 비교 분석에서 다음 결과들이 유의하였다. 실험조건의 영아들은 균등 사건(M=13.4초, SD=6.7)보다 불균등 사건(M=19.5초, SD=11.1)에서 신뢰할 만하게 더 오래 응시하였다[F(1, 45)=6.31, p=.016, Cohen's d=.665]. 무동작 통제조건의 영아들은 불균등 사건(M=14.5초, SD=6.8)과 균등 사건(M=16.9초, SD=10.6)에서 거의 비슷하게 응시하였다[F(1, 45)=1.04, p=.313, d=−.270]. 그리고 가리개 통제조건의 영아들도 불균등 사건(M=15.2초, SD=6.5)과 균등 사건(M=16.6초, SD=6.8)에서 거의 비슷하게 응시하였다[F(1, 45)=.34, p=.563, d=−.210]. 피험자별 반응을 조사하였는데 실험조건의 16명 영아 중 12명이 불균등 사건을 더 오래 응시했다(누적 이항 확률, p=.038). 그러나 무동작 통제조건에서는 16명 중 7명(p=.773), 그리고 가리개 통제조건에서는 16명 중 8명(p=.598)이 불균등 사건을 더 오래 응시했다.

실험 1의 결과는 세 가지 결론을 지지한다. 첫째, 생후 19개월 된 아동은 유사한 두 사람에게는 배분하는 사람이 자원을 균등하게 배분하는 것을 기대한다. 둘째, 이런 기대는 낮은 수준의 요인의 효과를 반영하는 것은 아니다. 왜냐하면 두 개인이 무동작 물체로 대체되

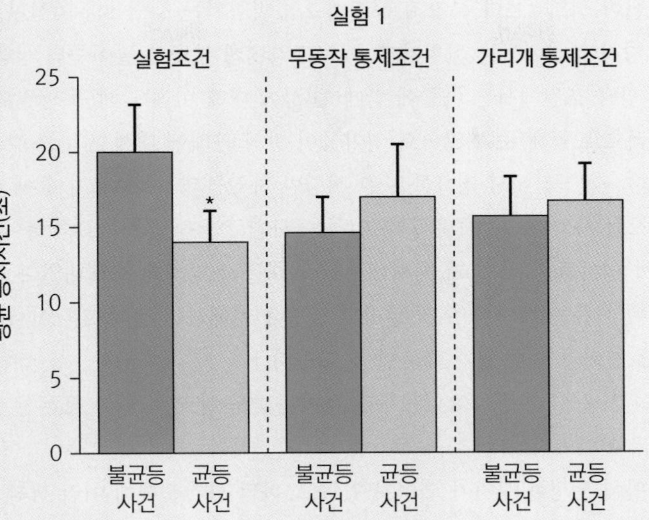

그림 3. 실험 1 실험조건, 무동작 통제조건 그리고 가리개 통제조건에서 불균등 사건과 균등 사건을 보았을 때의 평균 응시시간
오류막대는 표준오차를 보여 준다. 별 표시는 두 사건 간의 차이가 유의하다($p < .05$ 혹은 그 이상)는 것을 나타낸다.

었을 경우에는 이런 기대를 하지 않았기 때문이다. 셋째, 영아들은 유사한 개인들은 물건을 같은 개수로 갖는다고 단순하게 기대하지는 않는다. 즉, 가리개가 치워져서 유사한 개인이 갖고 있는 개수가 다르다는 것이 드러나고, 어떻게 이런 결과가 나왔는지 분명하지 않을 경우에 영아들은 이를 기대하지 않은 결과로 생각하지 않는다.

6. 저자가 예상하지 못한 결과를 얻었나? 저자들은 자기들이 예상했던 대로 영아들이 실험조건에서는 불균등 사건을 더 오래 본다는 것을 발견했다. 두 통제조건의 결과는 이 차등적인 응시시간은 자원을 불균등하게 배분했기 때문에 발생한 것이지 물체들이 비대칭적으로 배열되는 것을 선호한다는 것과 같은 또 다른 변인 때문에 발생한 것이 아니라는 것을 확인해 주었다.

실험 2

실험 2에서는 생후 21개월 된 아동들이 여성 실험자가 두 명의 여성[4]에게 장난감을 치워 달라고 요청하는 실제 장면을 관찰하였다(피험자를 구하는 현실적인 이유와 실험에서 사용

4) 역주: 이런 실험에서 실험자를 도와 일정한 행동을 하는 사람을 보조자라고도 부른다. 실험 2에서는 독자의 이해를 돕기 위해 필요한 경우 보조자라고 번역한다.

하는 언어 표현이 실험 1보다 복잡해서 실험 2의 피험자는 실험 1의 피험자보다 생월이 약간 더 많다). **명시** 조건에서는 실험자가 두 보조자에게 부탁을 들어주면 상을 받게 될 것이라고 말했다. **암묵** 조건에서는 나중에 받게 될 상에 대해 미리 말해 주지 않았다. 우리는 상에 대해 명시적으로 말해 주지 않아도 영아들이 상의 분배에 대해 기대를 갖고 있는지 확인해 보고 싶었다. 각 조건에서 영아들은 한 시행만 하였는데, 두 보조자 중에서 한 명만 일하는 사건(1인 작업 사건)과 두 사람이 다 일하는 사건(2인 작업 사건) 중 하나만 보았다. (파일럿 실험에서 영아들은 첫 번째 시행에서만 기대를 분명하게 드러내었다. 영아들이 이런 행동을 한 주된 이유는 시간이 오래 걸리고 설명을 이해하는 것이 힘들어서 영아들의 정보처리 자원이 소진되었을 수 있기 때문인 것 같았다.)

명시 조건의 처음 단계 동안(83초) 두 보조자는 기구의 왼쪽 벽과 오른쪽 벽에 있는 열린 창에 무릎을 꿇고 있었다(그림 4).

각 보조자 옆에 투명한 상자가 열려져 있었고, 바닥 한가운데에 여러 색의 장난감이 20개 쌓여 있었다. 두 보조자는 실험자가 기구 뒤에 있는 문을 열 때까지 각자 장난감 두 개를 가지고 놀았다. 실험자가 "와우! 장난감들을 봐! 이제 치울 시간이 되었네. 장난감들을 치우면 스티커를 가질 수 있어."라고 말했다. 이어서 똑같은 스티커들이 들어 있는 투명한 가방을 들고서 "보았지? 내가 스티커를 가지고 있는데, 장난감을 치우면 너희는 스티커를 가질 수 있어!"라고 말했다(말을 하는 동안 실험자는 두 보조자를 번갈아 보았는데, 보는 순서는 역균형화하였다). 이어서 벨이 울리고, 실험자가 "돌아올게."라고 말하고 스티커가 든 가방을 들고 떠났다. 1인 작업 사건에서는 한 사람(뺀질이)은 장난감을 가지고 계속 놀고 다른 한 사람(작업자)은 한 번에 두 개씩 장난감들을 자기 상자에 담았다(어떤 사람이 뺀질이이고, 어떤 사람이 작업자인지는 역균형화하였다). 몇 초 후에 뺀질이는 자기가 갖고 놀던 장난감을 장난감 더미에 던져 놓고, 다른 사람이 일하는 것을 보기만 했다. 2인 작업 사건에서는 두 보조자가 다 장난감 치우는 일을 해서 장난감의 반을 각기 자기 상자에 담았다.

두 사건 모두에서 장난감을 다 치우면 보조자들은 자기 상자들을 닫았다. 이어서 실험자가 들어와서 "와우! 장난감을 다 치웠네!"라고 말했다. 실험자는 두 보조자의 상자들을 유심히 쳐다보았다(보는 순서는 역균형화하였다). 상자들이 투명하기 때문에 실험자는 자기가 자리를 비운 동안 누가 일했는지 알 수 있었다. 이어서 실험자가 스티커 가방을 가지고 와서 각 사람의 상자 위에 스티커를 놓고(놓는 순서는 역균형화하였다) 기구에서 나갔다. 각 보조자는 자기가 받은 스티커를 잡아서 상자에 그려진 표시에 스티커를 붙였다. 시행의 마무리 단계에서 각 보조자는 스티커를 떼었다가 다시 상자에 붙이는 행동을 시행이 끝날 때까지 반복하였다.

암묵 조건은 다음 사항을 제외하면 명시 조건과 같았다. 실험자가 처음 나타났을 때 스티커는 보여 주지 않고 단순히 "와우! 장난감들을 봐! 이제 치울 시간이 되었네! 맞아, 장난

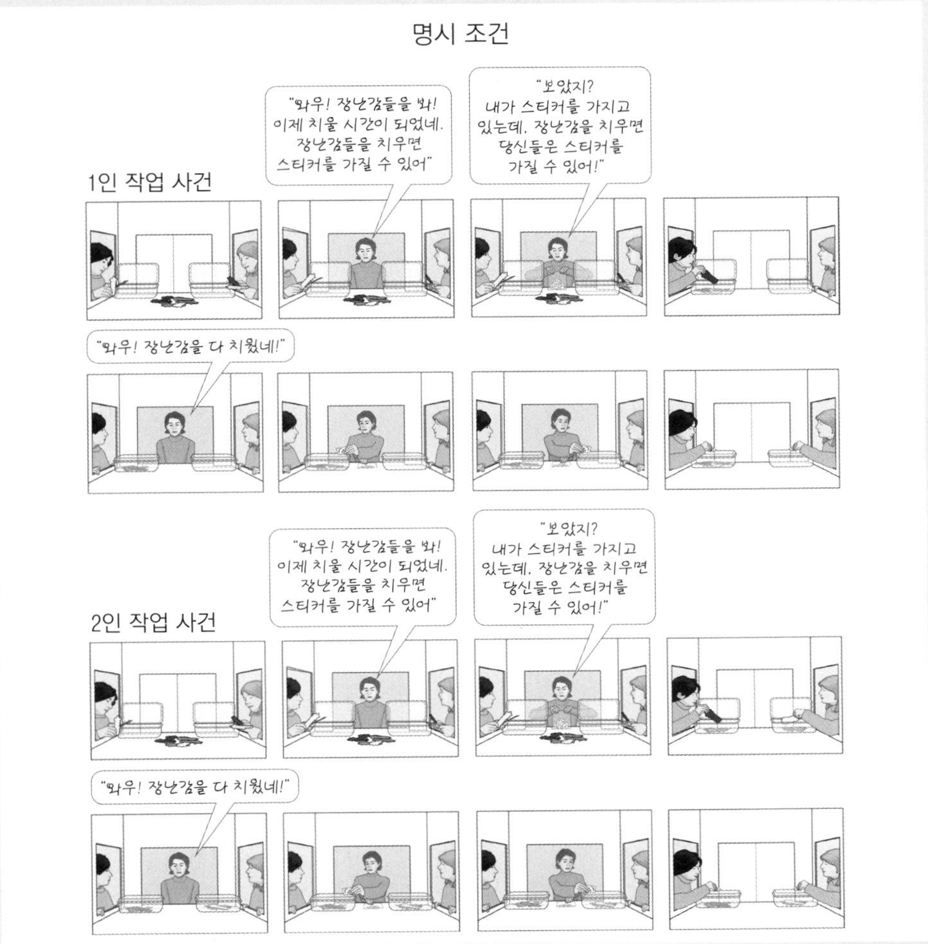

그림 4. 실험 2 명시 조건에서의 사건 보여 주기

각 사건에서 두 보조자가 여러 색의 장난감을 가지고 놀았고, 각 보조자 옆에는 투명한 상자가 뚜껑이 열려 있었다. 실험자가 장남감을 다 치우면 상을 준다고 약속하고 방을 떠났다. 1인 작업 사건에서는 한 명은 장난감의 반을 치웠고, 다른 한 명은 그냥 놀았다. 2인 작업 사건에서는 두 명 다 장난감을 반씩 치웠다. 두 사건 모두에서 보조자들은 상자를 닫았고, 이어서 실험자가 돌아와서 상을 주었다. 암묵 조건에서의 사건 순서는 실험자가 상을 준다는 말을 미리 말하지 않았다는 점을 제외하면 나머지는 같았다. 통제 조건의 사건 순서는 명시 조건과 같았는데, 상자가 완전히 불투명이었거나 아이 방향으로 투명한 창이 있어서 (실험자 방향으로는 없음) 아이만 상자에 무엇이 들어 있는지 볼 수 있었다는 점만 달랐다.

감들을 치울 때가 되었어! 이제 치울 시간이 되었어!"라고 말했다. 실험자가 돌아와서는 "와우! 장난감을 다 치웠네!"라고 말하고, 이어서 스티커를 들고 와서는 "이제 너희는 스티커를 가질 수 있어!"라고 덧붙였다. 마지막으로, 1인 작업 조건에서는 항상 작업자에게 먼저 상을 주었다(2인 작업 조건에서 상을 받는 순서는 역균형화하였다).

영아들은 통제조건에서도 검사를 받았는데, 이 조건에서는 보조자들의 상자가 투명하지 않다는 점만 제외하면 명시 조건과 같았다. 통제조건의 영아 중 절반에서는 상자가 완전 불투명이었다(베이지색으로 칠해졌다). 나머지 절반의 영아에서는 상자의 앞면에 투명한 창이 있어서 영아들은 그 안에 무엇이 있나 볼 수 있었다(그러나 실험자는 볼 수 없다)(이 조작은 효과가 없었다). 통제조건은 명시 조건과 암묵 조건에 배정된 영아들이 실험자가 작업자와 뺀질이를 똑같게 상을 주는 것이 의아해서(실험자가 상자 안을 조사해서 뺀질이가 일을 하지 않았다는 것을 알면서도)가 아니라 사건의 사소한 부분들(예, 뺀질이가 일을 하지 않는 것이 이상하다고 생각하거나 영아들이 모든 장난감이 한 상자에 있는 것을 보는 걸 좋아한다든가 하는 사소한 이유) 때문에 1인 작업 사건을 오래 보는 가능성 등을 배제하기 위해 실시하였다.

명시 조건과 암묵 조건의 영아들이 2인 작업 사건보다 1인 작업 사건을 더 오래 보고, 통제조건의 영아들이 두 사건을 거의 같은 시간 동안 본다면, 21개월 된 영아들이 두 사람이 노력한 정도(영아들이 아는 바를 토대로 판단한 노력 정도)에 기초해서 배분자가 상을 줄 것으로 기대한다는 것을 알려 주는 것이라고 우리는 추론했다.

방법

피험자 영어를 사용하는 가정에서 임신 기간을 채우고 태어난 54명의 건강한 영아(남자 27명, 여자 27명)가 실험에 참가하였다(연령 범위: 20개월 5일부터 22개월 16일, M=21개월 0일). 각 조건에 18명의 영아(남자 9명, 여자 9명)가 무선 할당되었다. 이들 외에 5명의 영아가 실험에서 제외되었는데, 지나치게 시끄럽거나(n=1), 계속하기를 거부했거나(n=2) 검사에서 응시시간이 자기가 속한 조건의 평균보다 3 표준편차 이상 차이가 나서[5)] (n=2) 실험에서 제외되었다.

기구와 자극 기구는 전시 상자의 오른쪽 벽과 왼쪽 벽에 열린 창이 있다는 점과 뒷벽 중앙에 같은 크기의 문 두 개로 닫을 수 있는 큰 창(71.5×56cm)이 있다는 점을 제외하면 실험 1과 같다. 실험자는 영어가 모국어인 여자였는데, 베이지색 터틀넥 옷을 입고 기구 뒷벽 창 뒤에 있는 의자에 앉아 있다. 두 보조자는 검은색 터틀넥 옷을 입고 오른쪽과 왼쪽 창에 무

5) 역주: 반응시간을 종속 변인으로 사용하는 연구에서는 반응시간이 해당 조건의 반응시간의 평균보다 경우 아주 길거나 아주 짧은 시행이나 피험자의 반응시간은 자료에서 제외하는 경우를 자주 본다. 특정 시행이나 피험자의 반응시간이 해당 조건의 반응시간의 평균을 왜곡시킬 가능성과 그 시행/피험자의 처리 과정이 다른 시행/피험자의 처리 과정과 질적으로 다를 가능성 때문에 이런 조치를 취한다.

릎을 꿇고 있다. 자극은 빨강, 노랑, 초록, 파랑색의 20개의 2차원 형태(7×15.5cm), 1쿼트 용량의 투명 지퍼백에 들어 있는 10개의 스마일 스티커(지름 6cm), 접을 수 있는 뚜껑이 있는 두 개의 플라스틱 상자(35.5×11×19.5cm)이다.

검사 세션마다 하나의 카메라는 사건의 영상을 찍었고, 다른 카메라는 영아의 영상을 찍었다. 두 영상을 종합해서 기구 뒤에 설치한 TV 세트에 투사해서 사건들이 미리 정해진 스크립트에 따라 진행되고 있는지 감독자가 모니터하였다. 실험 후에 녹화된 검사 세션을 보고 사건들이 정확하게 진행되었는지 다시 확인하였다.

절차 영아들은 기구의 앞면 중앙에 앉은 부모의 무릎에 앉았다. 부모들에게는 눈을 감고 조용히 있어 달라고 요청했다. 각 영아의 응시 행동은 영아에게 보이지 않는 곳에 위치한 두 명의 관찰자가 모니터했는데, 이 관찰자들은 실험의 목적이나 피관찰 영아가 배정된 실험조건에 대해 알지 못했다. 시행의 처음 단계와 마무리 단계에서의 응시시간은 따로 계산했는데, 제1 관찰자의 반응을 이용해서 계산하였다. 시행의 처음 단계에서 영아들은 주의집중을 아주 잘하였다. 조건들을 합했을 때 영아들은 83초 중 81.0초 동안 응시했다. 각 시행의 마무리 단계는 ① 영아들이 누적 시간으로 적어도 5초 이상 보다가 1초 이상 계속해서 다른 것을 보거나 ② 영아들이 누적 시간으로 90초 이상 보면 종료되었다(이 기준은 파일럿 실험을 통해 설정되었고, 모든 조건에 적용되었다). 마무리 단계에서 응시시간의 관찰자간 일치도는 영아당 평균 98%이었다. 예비 분석에서 영아의 성별, 어느 보조자가 작업자인가, 어느 작업자를 실험자가 먼저 언급했느냐는 조건이나 사건과 상호작용하지 않았다. 이 세 요인을 무시하고 자료들을 합해서 분석하였다.

4(b). 저자의 방법은 가설을 제대로 검증하는가? 두 번째 실험은 첫 번째 실험과 유사하다. 그렇지만 저자들은 작업이라는 요소를 추가했다. 구체적으로 저자들은 작업(장난감 정리하기)이 요구될 때 자원 배분에 대한 영아들의 기대를 평가해 보기를 원했다. 첫 번째 실험에서 영아는 균등 배분과 불균등 배분 모두를 보았다. 그러나 이 실험에서 영아는 한 조건만 관찰했다. 즉, 1인 작업과 2인 작업 중 하나를 명시 조건(보조자들은 정리를 하면 상을 받게 될 것이라는 말을 들었다)과 암묵 조건(보조자들은 상에 대해 알지 못했다) 중 하나에서만 보았다. 첫 번째 실험에서 사용한 피험자내 조작은 각 피험자가 자기의 통제조건이 되어 통계 검증력을 증가시키기 때문에 일반적으로 선호한다. 저자들은 사건의 전체 시간과 영아의 주의폭을 감안할 때 이 조작이 두 번째 실험에서는 가능하지 않다고 보고하였다.

4(c). 독립 변인, 종속 변인, 통제 변인은 무엇인가? 첫 번째 독립 변인은 조건이다(명시 조

건, 암묵 조건, 또는 통제조건). 두 번째 독립 변인은 사건이다(한 사람이 장난감을 치우는지, 아니면 두 사람이 치우는지). 종속 변인은 응시시간(초)이다.

5. 저자가 서술한 피험자, 기구 혹은 재료, 그리고 절차를 토대로 당신은 어떤 결과를 예상하는가? 실험 1에 보고된 결과를 감안할 때 당신은 영아가 공정성에 대해 이해한다고 생각할 수 있다. 그렇다면 당신은 영아들이 2인 작업 사건을 볼 때보다 1인 작업 사건을 볼 때 응시시간이 더 길 것으로 기대할 것이다. 또 당신은 통제조건에서는 응시시간이 차이가 없을 것으로 기대할 것이다. 그리고 당신이 저자들의 생각, 즉 영아들은 유관성이 명시적으로 주어지지 않아도 상의 배분에 대한 기대를 가질 것이라는 생각에 동의한다면 당신은 명시 조건과 암묵 조건에서 결과 패턴이 같을 것으로 기대할 것이다.

결과와 논의

시행의 마지막 단계에서의 영아들의 응시시간(그림 5)에 대해 변량분석(ANOVA)을 실시하였다.

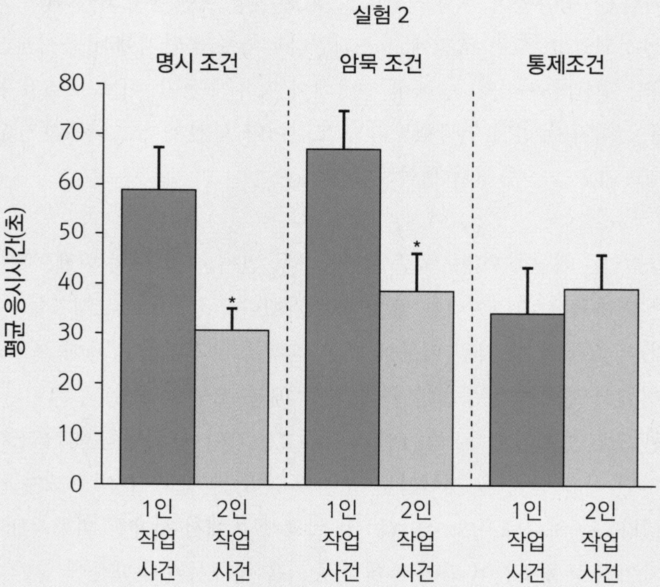

그림 5. 실험 2 명시 조건, 암묵 조건, 통제조건에서 1인 작업 사건과 2인 작업 사건에서의 평균 응시시간

오류막대는 표준오차를 보여 준다. 별 표시는 두 사건 간의 차이가 유의하다($p < .05$ 혹은 그 이상)는 것을 나타낸다.

조건(명시 조건, 암묵 조건, 또는 통제조건)과 사건(1인 작업 사건 혹은 2인 작업 사건)은 피험자간 요인이었다. 변량 분석에서는 사건의 주 효과[$F(1, 48)=8.10$, $p=.007$]와 조건 x 사건의 2요인 상호작용 효과가 유의하였다[$F(2, 48)=3.33$, $p=.044$]. 사전 계획된 비교 분석에서 다음 결과들이 유의하였다. 명시 조건의 영아들은 2인 작업을 볼 때(M=30.2초, SD=13.4)보다 1인 작업을 볼 때(M=58.4초, SD=25.4) 신뢰할 만하게 더 오래 응시하였다[$F(1, 48)=7.17$, $p=.010$, $d=1.389$]. 암묵 조건의 영아들도 2인 작업을 볼 때(M=38.3초, SD=22.2)보다 1인 작업을 볼 때(M=66.9초, SD=23.6) 신뢰할 만하게 더 오래 응시하였다[$F(1, 48)=7.38$, $p=.009$, $d=1.248$]. 그러나 통제조건의 영아들은 2인 작업을 볼 때(M=38.8초, SD=19.7)와 1인 작업을 볼 때(M=33.9초, SD=26.9) 거의 비슷하게 응시하였다[$F(1, 48)=.22$, $p=.641$, $d=-.208$]. Wilcoxon 순위합 검사[6]는 명시 조건($W=59$, $p<.025$), 암묵 조건($W=58$, $p<.025$) 그리고 통제조건($W=71$, $p>.20$)에서의 결과에 대한 해석을 확증하였다.

실험 2의 결과는 세 가지 결론을 지지한다. 첫째, 생후 21개월 된 아동은 자기가 노력한 정도에 따라 사람들이 상을 받을 것을 기대한다. 즉, 명시 조건과 암묵 조건의 영아들은 작업자와 뺀질이가 균등하게 상을 받았을 때 공정성이 위배되었다는 것을 탐지했다. 둘째, 영아들이 상의 배분에 대해 기대를 갖기 위해 상에 대해 명시적으로 알려 주는 것이 필요하지 않다. 즉, 명시 조건과 암묵 조건에서 영아들의 반응은 차이가 없었다. 마지막으로, 영아들은 누가 일을 하고 누가 일하지 않았는지 실험자가 판단할 수 있을 때에만 실험자의 행동에 대해 분명하게 기대를 했다. 즉, 실험자가 상자 안에 무엇이 들어 있는지 볼 수 없을 때에는 실험자가 작업자와 뺀질이에게 균등하게 상을 주어도 위반이라고 탐지하지 않았다.

6. 저자가 예상하지 못한 결과를 얻었나? 저자들은 자기들이 예상했던 대로 영아들은 '작업자'와 '뺀질이'가 균등하게 상을 받았을 때 더 오래 본다는 것을 발견했다. 또 저자들은 명시 조건과 암묵 조건에서 반응이 유사했기 때문에 상에 대한 명시적인 언급은 필요하지 않다는 것을 발견하였다.

결론

실험 1에서 생후 19개월 된 아동들은 실험자가 두 사람에게 자원을 균등하게 배분할 것

---

6) 역주: 자료가 정상분포 형태를 취하고 사례 수가 충분히 클 경우에는 모수 통계를 사용하지만, 이 가정이 충족되지 않는 경우에는 비모수 통계를 사용한다. 비모수 통계는 모수 통계에 비해 검증력은 떨어지지만 정상분포 등의 가정이 충족되지 않는 경우에 사용한다. Wilcoxon 순위합 검사는 피험자 간 두 조건의 차이를 검증할 때 사용하는 비모수 통계의 하나이다.

을 기대했다. 실험 2에서 21개월 된 아동들은 두 사람이 다 일을 했을 때에는 상을 균등하게 배분하기를 기대했지만, 한 사람은 일하고 다른 사람은 일하지 않은 경우에는 그렇게 기대하지 않았다. 두 사람에게 다 상을 주는 실험자의 같은 행동이 첫 번째 맥락에서는 기대되는 행동으로 보였지만, 두 번째 맥락에서는 그렇게 보이지 않았다. 두 실험 결과를 종합하면, 생후 19개월에서 21개월 된 영아들은 적어도 단순한 상황에서는 자원이 어떻게 배분되어야 하고 상이 어떻게 주어져야 하는가에 대해 맥락에 따라서 공정성에 대해 다르게 기대한다는 것을 보여 준다.

영아들은 어떻게 이런 기대를 획득했을까? 적어도 두 개의 포괄적인 가능성이 있다. 하나는 영아들의 기대는 일찍 출현하는 공정성에 대한 관심을 반영한다는 것이다. 이 가능성은 사회집단 안에서 긍정적인 상호작용과 협동을 촉진하기 위해 진화한 몇 가지 사회도덕적 규범은 문화에 따라 다양한 방식으로 정교화되지만 생득적이고 보편적이라는 최근 가설들과 잘 들어맞는다(예, Boyd & Richerson, 2005; Dupoux & Jacob, 2007; Dwyer, 2006; Fiske, 1991; Greene, 2005; Haidt, 2001; Mikhail, 2007; Premack & Premack, 2003). 어떤 것이 이런 규범이냐에 대해서는 연구자들 간에 이견이 있지만, 공정성 감수성은 가능한 후보로 자주 거론되며, 우리 실험 결과는 이 생각을 지지해 준다. 또 다른 가능성은 일상의 사회적 상호작용에 참여하고 관찰하며 영아들은 전형적으로 자원과 상을 어떻게 배분하는가와 관련된 행동 규칙 목록을 습득한다는 것이다(예, Sripada & Stich, 2006; Turiel, 2006). 이 관점에서 보면 우리 결과는 생후 19개월에서 21개월이 되면 영이들이 자기가 사는 사회환경에서 널리 통용되는 일부의 규칙을 이미 알게 되고 이 규칙을 새로운 상황에 확장할 수 있다는 것을 시사하는 것으로 볼 수 있다.

어떤 가능성이 사실인 것으로 밝혀지든, 이 연구의 발견은 생후 2년이면 영아들은 어떻게 자원을 배분해야 하고 상을 주어야 하는지에 관한 자세하고 미묘한 기대들을 이미 갖고 있다는 것을 보여 준다. 이 결과들은 이런 기대의 본질, 이런 기대들이 영아 자신의 사회적 상호작용에서 차지하는 역할, 그리고 여기에 영향을 미치는 요인들에 대한 중요한 질문들을 이끌어 낸다. 예를 들어, 영아들은 자원을 배분하는 사람이 자신과 남들에게 자원을 배분할 때 이기적으로 행동할 것으로 기대할까? 영아들은 자기가 속한 집단의 성원과 다른 집단에 속한 사람에게 상을 줄 때 자기가 속한 집단의 성원에게 상을 주는 내집단 편애를 보일 것으로 기대할까와 같은 질문을 이끌어 낸다. 이런 질문들에 대한 답을 제공하는 앞으로의 연구들은 사람들의 사회도덕적 추론의 발달적 기원을 밝혀내는 것을 도와줄 것이다.

7(a) 결과를 어떻게 해석할 것인가? 결과가 분명해서 해석은 분명하다. 즉, 아동들은 비슷한 두 사람에게 자원이 균등하게 배분되기를 기대한다. 자원이 불균등하게 배분되면 아동들은 이상하다고 생각하고, 그래서 그 사건을 더 오래 응시한다.

7(b) 결과에 대한 내 해석에서 어떤 함의나 응용을 이끌어 낼 수 있나? 이 결과들은 아주 어린 나이에도 우리가 자원 배분에 대한 기대를 갖고 있다는 것을 보여 준다. 그러니까 공정성에 대해 이해하고 있다는 것이다. 이 결과는 이 사회적 규범의 발달에 대해 우리가 어떻게 생각하는지에 대해 함의를 갖는다.

7(c) 이 결과에 대해 다른 해석을 할 수 있나? 저자들이 사용한 방법이 단순하고 결과가 분명하기 때문에 영아들이 여러 맥락에서 자원 배분에 대해 기대를 갖고 있다는 것을 보여 주었다는 해석 이외의 다른 해석을 생각하기는 어렵다. 그렇지만 만약 당신이 다른 해석을 생각해 낼 수 있다면 당신은 당신의 설명을 검증하기 위한 실험을 어떻게 고안해야 할지도 생각해야 한다.

사사

이 연구는 R. B.에게 주어진 National Institute of Child Health and Human Development Grant HD-021104 연구비의 지원을 받아 수행되었다.

참고문헌

Boyd, R. T., & Richerson, P. (2005). *The origin and evolution of cultures*. New York, NY: Oxford University Press.

Damon, W. (1975). Early conceptions of positive justice as related to the development of logical operations. *Child Development, 46*, 301-312.

Dupoux, E., & Jacob, P. (2007). Universal moral grammar: A critical appraisal. *Trend in Cognitive Sciences, 9*, 373-378.

Dwyer, S. (2006). How good is the linguistic analogy? In P. Carruthers, S. Laurence, & S. Stich (Eds.), *The innate mind: Vol. 2. Culture and cognition* (pp. 237-256). New York, NY: Oxford University Press.

Eisenberg, N., Fabes, R. A., & Spinard, T. L. (2006). Prosocial development. In W. Damon & R. M. Lerner (Series Ed.) & N. Eisenberg (Vol. Ed.), *Handbook of child psychology: Vol. 3. Social, emotional, and personality development* (6th ed., pp. 646-718). New York, NY: Wiley.

Enright, R. D., Franklin, C, C., & Manheim, L. A. (1980). Children's distributive justice reasoning: A standardized and objective scale. *Developmental Psychology, 16*, 193-202.

Fehr, E., Bernhard, H., & Rockenbach, B. (2008). Egalitarianism in young children. *Nature, 454*, 1079-1083.

Fiske, A. P. (1991). *Structures of social life*. New York, NY: Free Press.

Greene, J. (2005). Cognitive neuroscience and the structure of the moral mind. In P. Carruthers, S. Laurence, & S. Stich (Eds.), *The innate mind: Vol. 1. Structure and content* (pp. 338-

352). New York, NY: Oxford University Press.

Gummerrum, M., Hanoch, Y., Keller, M., Parsons, K., & Hummel, A. (2010). Preschoolers' allocations in the dictator game: The role of moral emotions. *Journal of Economic Psychology, 31*, 25-34.

Haidt, J. (2001). The emotional dog and its rational tail: A social intuitionist approach to moral judgment. *Psychological Review, 108*, 814-834.

Haidt, J. (2008). Morality. *Perspectives on Psychological Science, 3*, 65-72.

Hook, J., & Cook, T. D. (1979). Equity theory and the cognitive ability of children. *Psychological Bulletin, 86*, 429-445.

Jackendoff, R. (2007). *Language, consciousness, culture: Essays on mental structure*. Cambridge, MA: MIT Press.

LoBue, V., Nishida, T., Chiong, C., deLoache, J. S., & Haidt, J. (2011). When getting something good is bad: Even three-year-olds react to inequality. *Social Development, 20*, 154-170.

McCrink, K., Bloom, P., & Santos, L. R. (2010). Children's and adults' judgment of equitable resource distributions. *Developmental Science, 13*, 37-45.

Mikhail, J. (2007). Universal moral grammar: Theory, evidence, and future. *Trend in Cognitive Sciences, 11*, 143-152.

Moore, C. (2009). Fairness in children's resource allocation depends on the recipient. *Psychological Science, 20*, 944-948.

Olson, K. R., & Spelke, E. S. (2008). Foundations of cooperation in young children. *Cognition, 108*, 222-231.

Peterson, C., Peterson, J., & McDonald, N. (1975). Factors affecting reward allocation by preschool children. *Child Development, 46*, 942-947.

Premack, D. (2007). Foundations of morality in the infants. In O. Vilarroya & F. Forn i Armigon (Eds.), *Social brain matters: Stances on the neurobiology of social cognition* (pp. 161-167). Amsterdam, the Netherlands: Rodopi.

Premack, D., & Premack, A. J. (2003). *Original intelligence: Unlocking the mystery of who we are*. New York, NY: McGraw-Hill.

Rochat, P., Dias, M. D. G., Liping, G., Broesch, T., Passos-Ferreira, C., Winnning, A., & Berg, B. (2009). Fairness in distributive justice by 3- and 5-year-olds across seven cultures. *Journal of Cross-Cultural Psychology, 40*, 416-442.

Sigmund, K., Fehr, E., & Novak, M. A. (2002). The economics of fair play. *Scientific American, 286*, 82-87.

Sripada, C., & Stich, S. (2006). A framework for the psychology of norms. In P. Carruthers, S. Laurence, & S. Stich (Eds.), *The innate mind: Vol. 2. Culture and cognition* (pp. 280-301). New York, NY: Oxford University Press.

Thompson, C., Barresi, J., & Moore, C. (1997). The development of future-oriented prudence and altruism in preschool children. *Cognitive Development, 12*, 199-212.

Thomson, N. R., & Jones, E. F. (2005). Children's, adolescents', and young adults' reward allocations to hypothetical siblings and fairness judgments: Effects of actor gender, character type, and allocation pattern. *Journal of Psychology, 139*, 349-367.

Tsutsu, K. (2010). Influences on the amount of reward: How five-year-old children distribute rewards. *Japanese Journal of psychology, 81*, 201-209.

Turiel, E. (2006). The development of morality. In W. Damon & R. M. Lerner (Series Ed.) & N. Eisenberg (Vol. Ed.), *Handbook of child psychology: Vol. 3. Social, emotional, and personality development* (6th ed., pp. 789-857). New York, NY: Wiley.

Ugurel-Semin, R. (1962). Moral behavior and moral judgment of children. *Journal of Abnormal and Social psychology, 47*, 463-474.

(원고접수 12/29/09; 수정원고 승인 8/06/11)

8(a). 내 해석과 저자의 해석 중 어느 것이 자료를 더 잘 반영하나? 이번 경우 우리 해석은 저자의 해석과 같았다. 항상 이런 것은 아니다. 특히 길고 복잡한 논문일 경우 해석이 다를 수 있다.

8(b). 나와 저자 중 누가 결과의 함의와 응용에 대해 더 설득력 있는 논의를 제공했는가? 보고된 결과의 기저에서 작동하는 원리로 두 가지 다른 설명을 포함한 저자들의 논의는 좋았다. 하나는 공정성은 아주 일찍 진화하고 출현하는 사회도덕적 규범이라는 설명이고, 다른 하나는 영아들은 일상에서의 사회적 상호작용을 통해 공정성을 획득한다는 설명이다.

8(c). 답을 하지 못한 질문은 어떤 것이 있나? 답을 하지 않은 중요한 질문은 결과 패턴에 대한 두 가지 가능한 설명 중에 어느 설명이 정확한 설명이냐는 질문이다. 즉, 우리는 공정성에 대해 생득적으로 이해하는 것일까, 아니면 생애 초기에 다른 사람들과의 상호작용의 결과로 이 개념을 학습하는 것일까에 대해 답하지 않았다.

8(d). 당신이라면 어떤 연구를 더 할 것인가? 저자들은 몇 가지 후속 연구를 제안하였다. 예를 들어, 내집단 성원과 외집단 성원 간에 자원을 배분할 경우 무엇을 기대하는가, 배분하는 사람이 이기적으로 배분할 것으로 영아들이 기대하는 상황이 있는가 등이 있다.

연구 보고서 작성하기

당신은 아이디어를 얻었고, 관련된 문헌들을 개관했고, 절차를 고안했고, 자료를 수집했고, 결과를 분석했다. 당신이 수강하는 과목에서는 글로 작성한 연구 보고서를 요구할 수도 있다. 설령 요구하지 않더라도 당신은 꼼꼼하게 수행된 프로젝트의 결과를 보고할 의무가 있다. 자기수정이라는 과학의 본질을 유지하기 위해서 좋은 자료를 발간하는 것은 중요하다고 우리는 믿는다. 그렇지만 학부 학생들의 프로젝트에서 도출한 정보로 학술지들이 도배되어야 한다는 것은 아니다. 당신이 수행한 연구가 유망한 연구라면 교수로부터 출판이나 확장 연구를 권유받을 것이다.

이 절에서 우리는 전형적인 보고서 체제를 개관하고 논문을 이해하기 쉽게 도와주는 문체의 측면들에 대해 논의한다. 논문 읽는 법에 대한 권장 사항들을 잘 따라 했다면 연구 보고서의 체제에 대해 나름대로 이해했을 것이고, 기술적인 글의 문체에 대해 감을 잡았을 것이다. 그러나 기술적인 글쓰기의 어떤 측면들은 잘 드러나지 않기 때문에 여기서는 그런 부분들에 대해 논의한다. 우리가 여기서 알려 주는 것은 일반적인 지침이다. 좀 더 알고 싶으면 R. J. Sternberg의 1993년 책『심리학자의 동반자(The Psychologist's Companion)』와 1992년 논문「심리학 학술지에 게재되는 21가지 요령(How to Win Acceptance by Psychology Journals: 21 Tips for Better Writing)」, 심리학 전문가가 되려는 사람들을 위한 안내서인『완전한 학자(The Compleat Academic)』에 실린 D. J. Bem의 2004년 챕터 '경험적 연구 학술 논문 작성법(Writing the Empirical Journal Article)', 그리고 H. L. Roediger의 2007년 논문「저자를 위한 12가지 요령(Twelve Tips for Authors)」을 참조하기 바란다. 2009년에 발간된『APA 출판 지침(Publication Manual of the American Psychological Association, sixth edition)』도 도움이 되는데, 이 매뉴얼은 심리학과 교육학의 거의 모든 학술지의 공식적인 지침서이기 때문이다.

❍ 형식

[그림 5-2]에 있는 전형적인 보고서 개요 그림은 당신이 APA 양식(APA-style)으로 원고를 작성할 때 포함되어야 하는 페이지들의 순서를 강조한다. 이런 형태의 원고를 편집용 원고라 하는데, 편집과 학술지 출판 과정을 촉진시키기 위해 특정한 방식으로 원고를 조합한다. 이 순서를 훑어보면 어떤 것들을 포함시켜야 하는지 감이 올 것이다.

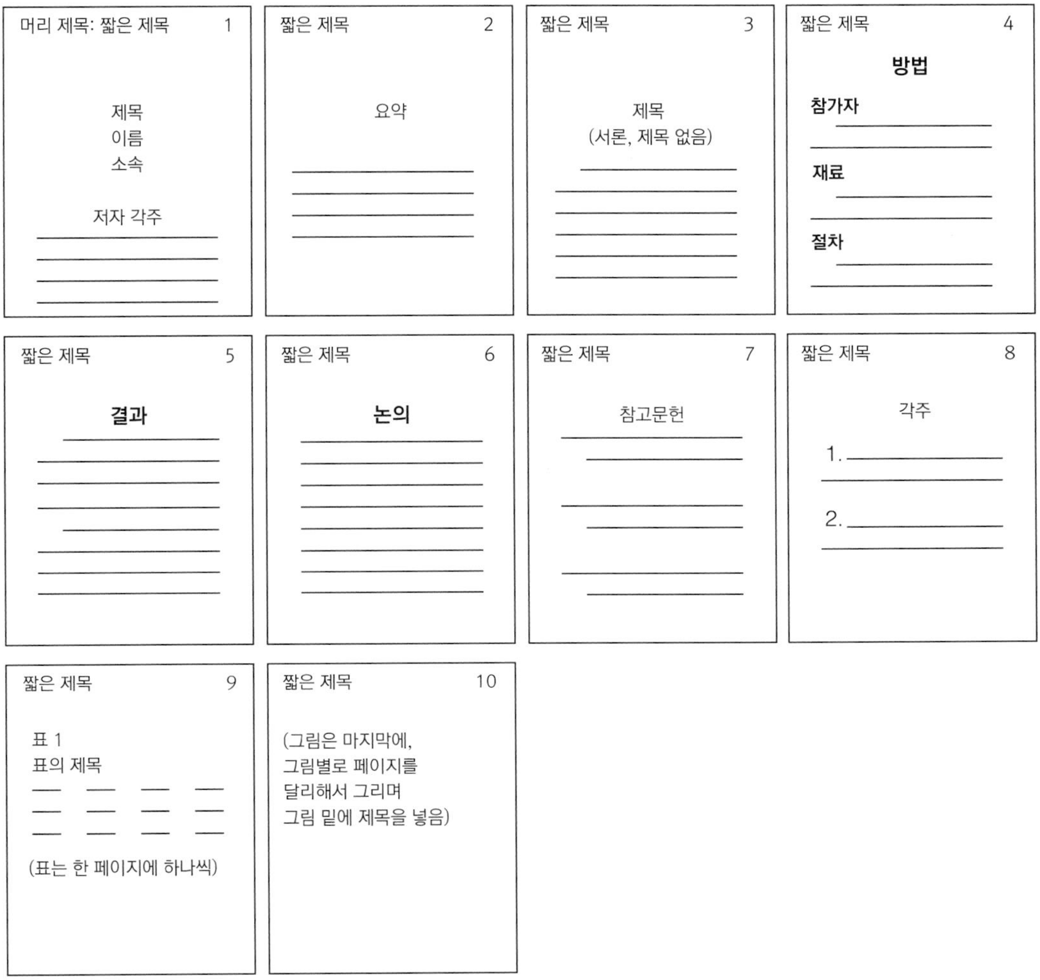

[그림 5-2] APA 양식에 맞춘 원고 순서

표지 페이지에는 프로젝트 이름, 연구자 이름, 연구자 소속 기관(연구자가 속한 기관이나 회사명) 그리고 머리 제목이 들어가야 한다. 머리 제목(running head)은 "독자들에게 무슨 논문인지 알려 주기 위해 원고나 발간된 논문의 페이지 위쪽에 인쇄하는 줄인 제목"이다(APA, 2009, p. 229). 머리 제목은 왼쪽 정렬을 하며 모두 대문자로 적는다. 표지 페이지에 머리 제목을 적을 때는 '머리 제목'이라는 구가 앞에 붙어야 한다. 각 페이지의 오른쪽 위에는 페이지 번호를 오른쪽 정렬로 적는다. 표지 페이지를 포함한 모든 페이지에서는 줄 간격을 두 줄 간격으로 해야 한다. 저자 각주는 표지 페이지의 아래쪽에 있어야 한다.

다음 페이지인 2페이지는 '요약' 표제를 달고 요약을 수록한다. 요약 페이지와 그 이후 페이지에는 페이지 위쪽에 머리 제목과 페이지 번호가 있어야 한다.

3페이지에는 원제목과 서론이 실린다. 일반적으로 심리학 논문에서는 서론에 '서론'이라는 표시를 붙이지 않는다. 서론이 끝나면 방법 절이 시작된다. 일반적으로 실험이 한 개인 경우 가운데 정렬로 '방법'이라 적고 방법 절을 시작한다. 방법 절은 페이지를 새로 시작하지 않고 서론에 이어서 적는다. [그림 5-2]의 4페이지에서 제목 적는 법을 보기 바란다. '참가자' '기구(혹은 '재료')'와 같은 부제들은 독자들을 해당 정보로 인도하는 것을 도와준다. 결과 항목은 방법 항목에 이어 적는다. 편집용 원고에서는 그림(figure)과 표(table)를 결과 항목에 포함시키지 않는다. 그림과 표는 편집용 원고의 맨 마지막에 수록한다. 결과 항목이 끝나면 논의가 나온다. 논의는 원고의 주요 텍스트 부분의 마지막이 된다.

참고문헌은 페이지를 새로 해서 시작한다. 참고문헌을 표기하는 형식은 복잡해서 준비할 때 신경을 써야 한다. 흔히 인용되는 참고문헌 출처별 표기법 지침은 〈표 5-2〉를 보기 바란다. 이 장에 수록했던 논문에는 당신이 사용하게 될 참고문헌의 다양한 표기 양식이 들어 있으니 참조하기 바란다. 꼼꼼하게 살펴보고, 질문이 있으면 교수님에게 물어보기 바란다. 또『APA 출판 지침』과 최근 학술지 논문을 공부할 수도 있다. 각주는 참고문헌 다음에 페이지를 새로 해서 적는다. 대부분의 학부 보고서에는 각주가 필요 없다. 논문을 발간할 경우 재정 지원이나 지적인 지지에 대해 사의를 표시할 수 있는데, 이 내용은 저자 각주에 들어가야 한다. 사사는 번호를 붙이지 않는다. 지엽적인 정보일 수도 있는 다른 정보들은 별지의 각주 페이지에 번호를 붙여 적는다. 그러나 이런 각주는 권장되지는 않는다.

각주 다음에는 결과에서 언급된 자료를 담은 표를 넣는다. 표는 한 장에 하나씩 그

표 5-2 참고문헌 적는 방법

출처 유형	양식
정기 간행물(예, 학술지)	저자 1, 저자 2, & 저자 3. (1999). 논문 제목. 학술지 이름, 권 번호, 페이지-페이지.
비정기 간행물(예, 책)	저자 1, 저자 2, & 저자 3. (2004). 책 제목. 도시: 출판사.
비정기 간행물의 부분 (예, 편집한 책의 챕터)	저자 1, 저자 2, & 저자 3. (2001). 챕터 제목. In 편집자 1, 편집자 2, & 편집자 3. (2001). 책 제목 (pp. xxx-xxx). 도시: 출판사.
온라인 문서	저자. (2001). 문서 이름. 검색한 월, 일, 연도, from 출처 URL.

리며 결과에서 언급된 순서에 따라 연속 번호를 매긴다. 표의 제목은 간단하고 뜻이 잘 전달되게 만들라. 마지막으로 그림을 넣는데, 그림별로 페이지를 달리한다. 그림 제목은 연속 번호를 붙이며 해당 그림 바로 밑에 적는다. 표와 그림은 출판 과정을 촉진시키기 위해 본문과 분리해서 한 페이지에 하나씩 그린다.

앞에서 말한 것처럼 편집용 원고는 출판을 도와주기 위해 이런 방식으로 조직화된다. 그렇지만『APA 출판 지침』을 보면 출판용이 아니라 수강 요건으로 학생들이 제출하는 보고서에 허용될 수 있는 양식을 서술한 부분이 있다는 것을 알아 두기 바란다. 예를 들어, 학생들의 보고서에서는 표와 그림이 본문 안에 들어갈 수도 있다. 수업용 보고서 형식에 대해서는 담당 교수나 학과에 문의하기 바란다. 그렇지만 우리는 당신이 APA 출판 양식을 배울 것을 권한다. 왜냐하면 이것은 당신이 앞으로 논문을 출판하는 것을 준비하는 좋은 연습이 되기 때문이다.

❍ 문체

논문 형식에 대해 조금은 알았을 테니 문체에 대해 알아보자. 이해하기 어렵게 쓴 글을 읽고 나면 분명하고 애매하지 않게 글 쓰는 것의 장점을 확실하게 인식하게 될 것이다. APA 형식은 순서와 일반적인 내용을 표준화하는 것을 도와준다. 그렇지만 독자가 당신이 말하고 싶은 것을 이해하게 되는가 여부는 당신에게 달려 있다는 것을 확실히 알기 바란다. 우리는 학생들이 수업을 위해 준비한 많은 보고서를 읽었고, 학생들이 가장 큰 어려움을 느끼는 부분이 한 항목에서 다른 항목으로 넘어가는 부분이라는 것을 발견하였다. 보고서는 가능한 한 단순 명료해야 하는데 많은 학생이 반전으로 결말이 지어지는 단편 소설을 쓰는 것처럼 보고서를 작성한다. 각 항목에 들어가야 하는 정보로 서술한 내용이 〈표 5-3〉에 요약되어 있다.

제목은 짧고(10~12단어) 간결해야 한다. 흔히 제목에서는 독립 변인과 종속 변인을 서술한다.

요약에는 연구에 포함된 변인들(독립 변인, 종속 변인 그리고 중요한 통제 변인), 피험자 수와 유형, 주요 결과 그리고 중요한 논의 사항이 포함되어야 한다. 요약은 180단어를 넘으면 안 되니까 논문에서 가장 중요한 내용들만 서술해야 한다. 본문에서는 요약에 적은 내용을 상술해야 한다. (논문의 중요 부분에 대한 개요로 요약을 가장 먼저 작성하면 논문이 훨씬 더 명료해질 수 있지만, 대부분의 경우 바로 이 이유 때문에 요약을 가장 마지막에 작성한다.)

표 5-3 연구보고서 항목별 정보 요약

부분	정보
제목	실험: 독립 변인과 종속 변인 서술(예, 'X가 Y에 미치는 영향') 다른 연구: 조사한 관계 서술(예, 'X와 Y의 관계')
요약	180단어 이내로 누구에게 어떤 것을 실행했는지 서술하고, 가장 주요한 결과 요약
서론	당신이 무엇을 왜 하려는지 서술(관련 연구들을 개관했을 수도 있음). 예상하는 결과를 서술하는 것이 적절할 수도 있음
방법	다른 사람이 당신의 연구를 그대로 반복할 수 있게 충분한 정보를 제공. 명료함을 위해 부제(참가자, 기구 등)를 사용하고, 독립 변인, 종속 변인, 피험자, 통제 변인 등이 명시되었는지 확인할 것
결과	중요한 결과를 표나 그림으로 요약할 것. 독자를 연구 목적과 가장 관련성이 높은 자료로 인도할 것
논의	결과가 서론에서 서술한 가설이나 예상과 어떻게 연결되는지 서술할 것. 추론이나 이론적 서술을 포함하는 것도 적절함
참고문헌	보고서에서 직접 인용한 참고문헌만을 APA 양식으로 적어 줄 것

서론에서는 왜 당신이 특정 문제에 대해 관심을 갖는지, 다른 연구자들이 무엇을 발견했는지, 그리고 당신이 어떤 변인을 조사할 것인지 서술해야 한다. 해당 문제에 대한 폭넓은 관점에 대해 서술하는 것으로 시작해야 하며, 빠르게 당신 연구의 관심사로 좁혀 들어가야 한다. 당신의 연구 질문을 당신이 정했다는 점을 명심하면서 관련된 연구들을 이용해서 독자들을 인도해야 한다. 그러니까 사소한 문제들에 대한 논의를 피해야 한다. 서론의 마지막 부분에서는 당신의 가설을 명확하게 밝히고 당신이 논의한 이론들로부터 도출한 예상들의 개요를 서술해서 독자들에게 당신 연구의 전반적인 내용을 알려 줘야 한다. 서론을 읽고 나서 독자는 당신 실험이 지식의 중요한 빈 부분을 채워 준다는 것을 이해해야 한다.

방법 항목에서는 당신이 서론의 마지막 부분에서 기술한 변인들을 어떻게 조사했는지 밝힌다. 여기서는 분명하고 완전하게 서술하는 것이 중요하다. 방법 항목을 작성할 때쯤이면 당신은 실험의 세부 사항들과 복잡한 내용들에 대해 잘 알게 된다. 그래서 당신은 보고서를 읽는 독자들은 이런 세부적인 내용들을 처음 접한다는 것을 잘 인식하지 못한다. 방법에 대해 서술할 때는 독자들이 실험을 반복할 수 있게 독자들이

다. 평가가 끝나면 심사위원은 자기의 평가 의견을 편집장에게 보낸다. 심사위원들의 의견이 일치할 때는 편집장의 결정이 쉽다. 그러나 심사위원들의 의견이 갈릴 경우 편집장은 아주 꼼꼼하게 원고를 읽고 결정을 내리지만 때로는 심사위원을 추가로 위촉해서 의견을 받기도 한다. 편집장의 결정이 내려지면, 저자는 ① 왜 원고를 게재할 수 없는지, ② 원고가 게재되려면 어떤 수정이 필요한지, 또는 ③ 원고를 게재할 것이라는 내용 중 하나가 적힌 편지를 받는다. 대부분의 학술지는 기각률이 아주 높기 때문에 (70% 이상) 편집장들은 게재 불가 편지를 작성하는 데 신경을 많이 쓴다.

원고가 채택되느냐 여부와 상관없이 심사위원들의 코멘트는 아주 유용하다. 해당 분야의 최고 심리학자가 연구에 대해 상세한 의견을 무료로 제공해 준다. 물론 심사위원도 실수할 수는 있다. 심사 내용에 동의할 수 없는 저자는 편집장에게 이의를 제기할 수 있다. 그러나 우리가 경험한 바를 토대로 판단할 때, 편집장이 원고를 기각했을 경우 심사위원과 편집장의 코멘트를 토대로 원고를 수정해서 다른 학술지에 투고하는 것이 현명하다. 거의 모든 분야에 학술지들이 다양하게 있다는 것은 적어도 이런 경우 다행스러운 일이다.

논문의 게재가 승인되어도 저자가 해야 할 일이 남아 있다. 원고 수정을 요청받을 수도 있다. 출판사에 저작권을 양도하는 서류에 서명을 해서 보내야 한다. 몇 주 지나면 출판사에서 교정본이 온다. 교정본에 있는 단어와 표 등이 원고와 일치하는지 꼼꼼하게 확인해야 한다. 틀린 부분을 수정하면 교정본을 다시 출판사에 보낸다. 몇 개월 후에 논문이 학술지로 출판된다. 원고 투고에서 학술지 출판에 이르는 전체 과정은 6개월 내지 1년이 걸리는데, 이것도 모든 과정이 순조롭게 진행될 때 이야기이다. 저자들은 학술지에 논문이 게재되었다고 사례를 받지도 않지만, 적어도 대부분의 심리학 학술지의 경우 출판비를 내지도 않는다.

충분히 예상하겠지만, 자기 이름이 인쇄된 것을 보는 것은 가슴 뛰는 일이다. 특히 첫 번째의 경우는 더욱 그렇다. 이보다 더 큰 즐거움은 왜 사람이나 동물이 그렇게 사고하고 행동하는지에 대해 우리가 아는 바를 증진시키는 데 조금이지만 자신이 기여했다는 것이다.

☑ 요약

1. 연구 보고서를 읽을 때 능동적이고 비판적으로 읽어야 한다. 그래야 다른 사람의 연구에서 당신은 최대한의 이익을 얻을 수 있다.
2. 비판적 읽기를 위한 확인 사항은 당신이 보고서를 읽을 때 그 보고서에 대해 능동적으로 질문하는 습관을 갖게 하려고 고안된 것이다. 즉, 어떤 가설을 검증하고 있는가, 어떻게 검증하는가, 연구에서 사용한 방법은 가설을 검증하는가, 결과는 가설에 적용할 수 있는가, 저자는 결과를 어떻게 연구 목적과 연결하는가, 저자는 결과를 어떻게 해석하고 추론하는가 등을 질문하는 습관을 가져야 한다.
3. 당신이 보고서를 작성할 때에도 이 질문들을 고려해야 한다. APA 형식은 보고서의 틀을 제공하지만, 명료하게 보고서를 작성하느냐는 당신에게 달려 있다. 간결하고 명료한 양식의 보고서를 작성하는 것을 도와주는 몇 가지 제안이 제공되었다.
4. 논문 출판 과정에 대한 간단한 서술로 이 장을 마무리했다. 심리학이 발전하려면 보고서는 출판되어야 하고, 통찰력 있는 소비자들은 비판적으로 읽어야 한다.

☑ 주요 용어

APA 형식 APA format
그림 figures
논의 discussion
문헌 검색 literature search
서론 introduction
요약 abstract
저자 author
제목 title
참고문헌 references
결과 results
기구 apparatus
머리 제목 running head
방법 method
설계 design
재료 material
절차 procedure
참가자 participants(피험자 subjects)
표 tables

☑ 웹 연결

다음 웹사이트에는 APA 양식(APA style)과 연구 아이디어 얻기(Getting Ideas for a Study)에 대해 단계적인 설명을 하는 링크가 걸려 있다.

www.apa.org/education/undergrad/student-research.aspx

APA 형식에 대해 아주 좋은 안내를 받고 싶다면 새로 업데이트된 다음 웹사이트를 보라.

http://www.docstyles.com/apacrib.htm

문헌 검색을 하는 법에 대한 정보는 다음 웹사이트에 있다.

http://www.apa.org/education/undergrad/library-research.aspx

미국심리학회가 지원하는 온라인 학술지 Psycoloquy는 다음 웹사이트에 있다.

http://www.cogsci.ecs.soton.ac.uk/psycoloquy/

☑ 실험실 자원

Langston(2002)의 『연구방법: 심리학 실험 매뉴얼(Research Methods Laboratory Manual for Psychology)』의 10장은 우리가 이 장에서 깊이 다룬 것과는 다른 주제(맹인이 장애물 탐지하기)를 다루지만 목적은 같다. ① 가설 발전시키기, ② 가설들을 검증하기, 그리고 ③ 답을 정확하게 찾아낼 때까지 좁혀 가기.

심리학 실습: 문헌 탐색

당신이 최면이 기억에 미치는 영향에 대해 관심이 있다고 해 보자. 많은 사람은 최면이 우리가 다른 방법으로는 인출할 수 없는 사건을 회상하게 해 주는 괜찮은 방법이라고 믿지만, 법정에서는 최면을 당했던 사람이 증인으로 증언하는 것을 허용하지 않는 경우가 많다. 왜 그럴까? 우리가 최면 상태에 있으면 기억이 변화할 가능성이 있는 것인가? 아니면 최면이 기억을 도와주나? 이런 질문들이 당신이 흥미를 느낄 만한 질문이다.

이 질문에 대한 답을 알아보기 위해 당신은 문헌 검색을 할 것이다. 이 문제에 대해 특별히 아는 것이 있는 것이 아니니까 최면이 기억에 미치는 영향에 대해 연구하는 연구자를 알 리 없다. 따라서 **PsyINFO**가 가장 좋은 출발점이다. 당신이 **PsyINFO**와 같은 전자 데이터베이스를 활용하기 위해 사서나 컴퓨터 전문가일 필요는 없다. 인쇄된 지시문도 있고 Help 스크린도 제공된다. 또 당신 대학교 도서관 직원이 당신 질문에 답해 줄 수도 있고, 당신이 검색 계획을 세우는 것을 도와줄 수도 있다.

최면이 기억에 미치는 영향에 대해 알아보려면 '키워드'로 검색하는 것으로 시작할 수도 있다. 키워드 검색을 하려면 당신이 알고 싶은 주제를 검색해 줄 수 있는 단어를 입력하면 된다[이 경우 최면 hypnosis)]. 최근에 이 키워드로 검색했더니 최면이라는 주제에 대해 무려 1만 5,856개의 학술 논문이 검색되었다. 이는 너무 많은 수이다. 기억(memory)으로 검색했더니 더 많이 검색되었다. 16만 9,980개! 이런 상황에서는 키워드를 결합해서 검색되어 나오는 숫자를 줄이고 싶을 수 있다. 당신은 susceptibility of memory to hypnosis에 관심이 있으니까 susceptibility, memory, hypnosis 각각에 대해 검색한 결과를 종합할 수 있다. 이 세 가지 정보를 다 포함한 논문 목록이 결과가 된다. 이렇게 검색해서 만든 목록에는 논문이 178개로 줄어들고, 각 논문의 간단한 요약이 동반된다. 당신은 논문 제목과 요약을 훑어보고 어떤 논문이 유망해 보이는지 결정한다. 이 단계에서 논문이 선정되면 당신의 관심사와 가장 관련성이 높다고 보이는 논문을 직접 해당 학술지에 접속해서 읽을 수 있다. 이 단계에서는 개관 논문이 특히 유용하다. 왜냐하면 개관 논문에서는 많은 경험적 논문을 요약하고 평가하기 때문이다.

당신의 관심을 끄는 최면과 기억에 관한 이론을 서술한 논문을 발견했다고 가정해 보자. 이제 당신은 그 이론의 함의와 그 이론이 실험 연구에서 일반적으로 지지되었는지지 알고 싶어진다. 이것을 하는 한 가지 방법은 이 논문을 인용한 더 최근 논문을 찾는 것이다. 이를 알아보려면 SSCI를 이용할 수 있다. SSCI에 접속해서 해당 논문의 정보를 입력하면 누가 그 논문을 인용했는지 알 수 있다. 이렇게 하면 그 문제에 대한 최근 연구에 대해 알 수 있다.

대부분의 도서관에는 당신이 전자 검색을 하면서 발견한 흥미로운 참고문헌들을 출력할 수 있는 프린터를 구비하고 있다. 또 그 참고문헌들을 당신 컴퓨터에 다운받을 수도 있다. 참고사서에게 물어보면 그 도서관에서는 어떤 방법들이 사용 가능한지 알려 준다.

제 2 부

실험심리학 연구의 원칙과 실제

제6장

정신물리학

- 감각 측정하기
- 6.1 실험 주제 및 연구 예시
  조작적 정의: 역치
- 변인의 도입
- 6.2 실험 주제 및 연구 예시
  측정 척도: Fechner의 법칙과 Stevens의 법칙
- 6.3 실험 주제 및 연구 예시
  소표본 설계 : 정신물리학적 방법
- 문제에서 실험까지
  비둘기에게 시각 역치가 있을까?
  비둘기의 시각 역치를 우리가 어떻게 측정할까?
  요약
  주요 용어
  논의거리
  웹 연결
  심리학 실습: Weber의 법칙

관찰은 수동적인 과학이고, 실험은 능동적인 과학이다. (CLAUDE BERNARD)

당신이 치과 의사(또는 치과 의사의 환자)이고 약을 복용하지 않고 고통을 더 견딜 만하게 해 줄 방법을 원한다고 가정하자. 통증의 정도는 치과 진료 의자에 앉아 있는 환자의 행동에서 유추해야 하기 때문에 통증의 측정은 정신물리학 문제가 된다. 이 장에서는 고통과 같은 감각을 측정하기 위한 몇 가지 정교한 정신물리학 기법에 대해 설명할 것이다.

당신이 치과 의사이든 환자이든 냄새가 고통에 대한 내성을 증가시킬 수 있다는 생각은 아마 떠오르지 않을 것이다. 하지만 최근 정신물리학 연구(Prescott & Wilkie, 2007)에서는 달콤한 냄새가 고통을 더 견딜 수 있게 해 주는 것으로 나타났다. 고통은 악명 높은 냉수압 검사(cold-pressor test)를 사용하여 연구되었는데, 실험에서 피험자들이 그들이 주요하게 사용하는 손과 팔뚝을 차가운 물(5°C)에 최대 4분 동안 담그도록 요구한다. 피험자에게 고통을 견딜 수 있는 한 오랫동안 물속에 손을 놔두도록 한다. 달콤한 냄새를 들이마신 피험자들은 냄새가 없는 통제조건의 피험자들보다 거의 세 배나 더 오랫동안 찬물에 손을 담그고 있었다. 이 책의 저자 중 한 명이 뿌리 치료를 받으러 치과에 갔을 때, 연구 논문의 사본을 치과 의사에게 가져갔다. 이것이 정신물리학 연구의 실용적인 예가 될 수 있겠다.

감각 측정하기

앞서 제시한 것과 같은 예상치 못한 결과는 몇 가지 요인 때문이고, 이 장에서 그중 몇 가지를 다룰 것이다. 우리는 이 문제를 과학심리학의 한 조사 영역인 정신물리학(psychophysics)의 맥락에서 살펴볼 것이다. 정신물리학은 물리적 차원의 사건에 대한 심리적 반응을 알아내는 것을 포함한다. 실험심리학의 저명한 역사가 Edwin G. Boring(1950년)은 내적 인상(정신물리학의 **정신**)과 외적 세계(**물리학**) 간의 관계를 측정하는 기술의 도입이 과학심리학의 시작이라고 주장한다.

정신물리학 기법을 주로 사용하는 과학자들이 심리 현상의 수학적 법칙을 처음으로

표 6-2 차이역을 결정하기 위한 한계법의 사용

	비교 자극(g)	반응				
		↓		↓		
	350			더 무겁다		
	340	더 무겁다		더 무겁다		
	330	더 무겁다		더 무겁다		
	320	더 무겁다	더 무겁다	더 무겁다	더 무겁다	
	310	같다	같다	더 무겁다	같다	
기준 자극	300	같다	같다	더 무겁다	더 가볍다	
	290	같다	더 가볍다	같다	더 가볍다	
	280	더 가볍다	더 가볍다	같다	더 가볍다	
	270		더 가볍다	더 가볍다	더 가볍다	
	260		더 가볍다			
					↑	평균
상역치		315	315	295	315	310
하역치		285	295	275	305	290
		불확실성 간격=310−290=20g				

주: 하강하는 연속에서 상역치는 마지막 '더 무겁다' 반응을 일으키는 자극과 최초의 '같다' 반응을 일으키는 자극의 평균값이다. 하역치는 마지막 '같다' 반응과 최초의 '더 가볍다' 반응을 일치시키는 자극의 평균값이다. 기준 자극은 항상 300g이다. 차이역은 불확실성 간격의 1/2이다(위 예에서는 10g이다).

대 10g의 비율은 600g 대 20g의 비율과 1/30로서 같다. Weber의 발견에 따르면, 900g 기준 자극의 차이역은 30g이고 1,200g 기준 자극의 차이역은 40g일 것을 의미한다. 그러면 50g 기준 자극의 차이역은 무엇일까?

Fechner는 차이역의 상대적 항등성을 Weber의 법칙(Weber's law)이라고 불렀다. 이것은 보통 $\triangle I/I=K$라고 쓰는데, 여기서 I는 기준 자극의 크기를 말하고 $\triangle I$는 차이역을, 그리고 K는 항등성을 나타낸다.

때때로 Weber의 비율이라고도 불리는 Weber의 법칙은 감각마다 그 크기가 다르다. 예를 들어, 무게보다 밝기에 대해서 그 크기가 다소 더 크다. 상당한 양의 연구에 따르면, Weber의 법칙은 특정 감각 양상에서 시험되는 기준 자극 범위의 90% 이상에서 유효한 것으로 나타났다. 매우 약한 자극에서는 유효하지 않았는데, 매우 약한 기준 자

표 6-3 절대역을 결정하기 위한 계단법의 사용

자극 강도	반응			
	↓			
180	예			
160	예			
140	예	예	↓	예
120	예	아니요	아니요	↑
100	예	아니요		
80	아니요	↑		
		역치=124		

극에서 Weber의 비율은 중간 범위에서 발견되는 1/30보다 훨씬 더 컸다.

각 열이 연속해서 많은 같은 반응을 포함하고 있기 때문에(〈표 6-1〉에서 '예' 또는 '아니요') 한계법이 매우 비효율적이라고 생각될지도 모른다. 계단법(staircase method)이라고 불리는 새로운 버전의 한계법(Cornsweet, 1962)은 반응을 역치 주위로 집중시킨다. 첫 시행에서는 한계법과 유사하다. 하지만 일단 역치 추정치가 얻어지면, 계단법은 이 추정치에서 멀리 떨어진 자극은 제시하지 않는다. 〈표 6-3〉에서 이것을 볼 수 있다. 역치의 추정치를 넘자마자, 자극 강도의 방향은 반대가 된다. 이것은 한계법보다 자극을 역치에 훨씬 더 가깝도록 유지하기 때문에 효율성을 향상시킨다. 두 번째 시행(〈표 6-3〉의 2열)을 시작으로 제시되는 모든 자극의 평균값이 역치라고 조작적으로 정의된다.

한계법의 계단법 버전이 와인 전문가가 와인 초보자보다 냄새에 더 민감한 감수성을 갖고 있는지를 결정하기 위해 사용되었다(Parr, Heatherbell, & White, 2002). 초보자와 전문가들은 과일향을 가진 부탄올이 다양하게 집중된 냄새를 증류수와 구별해야 했다. Parr와 동료들은 와인 전문가들과 와인 초보자들이 거의 동일한 차이역을 가졌다는 것을 발견했다. 반면에 다른 절차를 사용해서 와인 전문가들이 초보자들보다 와인과 관련된 냄새를 더 잘 인식할 수 있다는 것을 발견했다.

❍ 역치 없음: 신호탐지 이론

신호탐지 이론(theory of signal detection)에 따르면, 일반적으로 우리의 지각은 증거와 결정 과정에 의해서 통제된다. 신호나 자극은 신호의 강도와 관찰자의 민감성에 의존

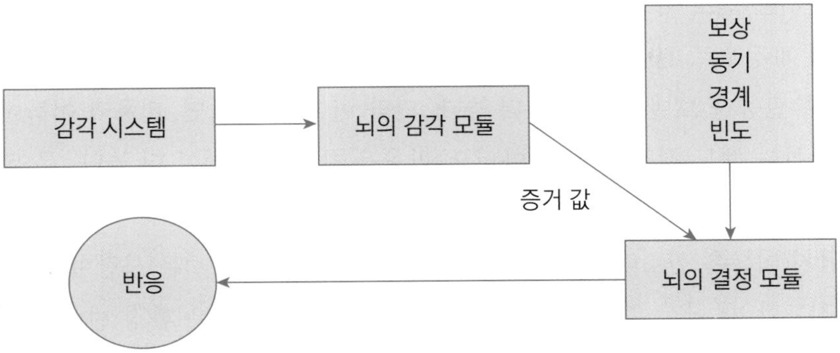

[그림 6-3] 신호 탐지 시 무슨 일이 발생하는지의 이론적 조망
감각 분석은 결정 모듈로 증거 값(X)을 보낸다. X값은 신호 강도와 관찰자의 민감성의 함수이다. 보상, 동기, 주의 과정이 반응 편향 정보를 결정 모듈로 보낸다. 감각 요소와 편향 요소가 함께 관찰자 반응을 결정한다. X의 증거 값은 뒤의 [그림 6-4]와 [그림 6-5]의 가로축에 위치한다. 보상 등은 기준 자리를 결정한다.

해서 (가설적인) 증거를 만들어 낸다. 이것이 부분적으로 '예' 반응을 결정한다. "예, 자극이 있어요."라고 말하도록 결정하게 하는 다른 요인들도 있다. 신호가 있다고 관찰자가 말하는 의향에 영향을 미치는 요인들이 해당된다. 정확한 것에 대한 보상, 신호의 빈도 등이 이러한 반응 편향의 영향에 포함된다. [그림 6-3]은 증거와 반응 편향이 결정 과정에 영향을 미치는 것을 보여 준다(Pastore, Crawley, Berens, & Skelly, 2003).

당신이 하는 어떤 결정도 그와 관련된 비용과 이득에 영향을 받는다. 친구가 당신을 위해 소개팅을 잡아 준다고 상상하라. 비용(저녁 시간의 소비)이 가능한 이득(현재의 흥미로운 저녁과 미래의 더 흥미로운 저녁들)보다 아마 더 적을 것이다. 많은 사람이 데이트할 사람에 대해서 아무것도 모를지라도 소개팅을 받아들일 것이다. 그래서 당신은 아마 '좋다'고 대답할 것 같다. 이 결정은 자극(데이트할 사람)에 대한 정보가 부족하기 때문에 주로 비용과 이득에 기초해서 이루어질 것이다.

이제 비용이 높은 경우를 상상해 보자. 결혼 제안을 받아들이거나 하는 경우, 소개팅을 열성적으로 받아들이는 사람조차도 단지 소개팅을 갈지 말지를 결정하는 데 도움이 되는 정보만 가지고는 결혼하지 않을 것이다. 불만족스러운 결혼의 비용은 잘 되지 못한 소개팅의 비용보다 훨씬 더 크기 때문이다. 결정 이론의 관점에서 우리 중 대부분은 결혼을 고려할 때 보수적인 결정을 하고 소개팅을 고려할 때 진보적인 결정자가 된다. 이러한 반응 편향은 자극에 의존하지 않고—사실 같은 사람이 두 경우 모두에 관련될 수 있다-단지 결정의 비용과 이득에만 의존한다.

이제 우리는 신호 탐지에서 감각의 끝(시작)으로 돌아갈 수 있다. 감각 과정은 어떤 값을 결정 과정으로 전송한다. 만약 이 값이 높으면, 비용과 이득을 고려한 후에 결정 과정이 '예' 반응을 보낼 가능성이 더 높다. 만약 이 값이 낮으면, 비용과 이득이 '예' 반응을 선호한다 해도 결정 과정은 '아니요' 반응을 보낼 가능성이 더 높다. 무엇이 감각 과정이 보내는 값을 결정할까?

신호탐지 이론은 신호와 혼돈될 수 있는 방해물인 소음(noise)은 사람이 신호를 탐지하려고 시도할 때 항상 존재한다고 추정한다. 배경의 방해물은 환경 변화, 장비 변화, 자연발생적인 신경 활동, 직접적인 실험의 조작과 같은 것들에 의해 초래된다. 탐지의 시도 동안에 소음이 있도록 하기 위해 전형적인 신호탐지 실험은 신호와 함께 백색소음을 보낼 것이다. 소음은 청각적이거나 시각적일 수 있고 또는 어떠한 양상으로도 발생할 수 있다. 지금은 단지 청각 시스템만 고려하고 있다.

감각 과정이 보낸 신호의 감지를 설명하기 위해서, 우리는 신호 탐지에 대한 전형적인 실험을 검토할 것이다. 당신이 헤드폰을 끼고서 방음 부스 안에 앉아 있다고 상상하라. 몇 백 번의 시행마다 당신은 백색 소음과 결합된 어떤 희미한 소리가 들리는지, 아니면 단지 백색 소음만 들리는지 결정해야 한다. 어떤 시행은 당신에게 시험 자극에 대해 준비하라고 말해 주는 반짝이는 빛을 제시하는 것으로 시작할 수도 있다. 그러면 당신은 백색 소음이 터지는 소리를 들을 것이고 그것은 희미한 소리 신호를 포함할 수도 있고 포함하지 않을 수도 있다. 만약 당신이 소리 신호가 있다고 생각하면 당신은 '예'라고 말하고, 단지 백색 소음만이 있다고 생각하면 '아니요'라고 말한다. 신호탐지 이론은 어떠한 자극도, 심지어 소음도, 증거의 분포를 만든다고 가정한다. 각 시행에서 증거는 단지 하나의 지점이고 분포는 각각 시간상 다른 시점에서 발생하는 많은 시행으로부터 도출된다. 증거를 직접적으로 관찰할 수 없기 때문에, 자극 시행의 분포와 소음 시행의 분포는 가설적이다. 단지 소음만 발생하는 시행에서 나오는 증거는 상대적으로 작은 경향이 있을 것이고, 그래서 많은 시행을 통해서 작은 평균을 갖는 (가설적인) 분포가 얻어질 것이다. 소음에 더해서 신호가 주어질 때 증거는 더 커질 것이고, 그래서 더 큰 평균을 갖는 분포가 많은 시행에 걸쳐 형성될 것이다.

반복된 시행은 [그림 6-4]에서 보는 것처럼 두 개의 분포를 발생시킨다. 하나는 소음만 있는 경우이고, 다른 하나는 소음과 신호가 함께 있는 경우이다. 두 개의 분포는 중간에서 겹치기 때문에, 증거의 어떤 값들은 소음이나 신호의 결과로서 발생했을 수 있으므로 애매하다. 물론 만약 두 개의 분포가 충분히 멀리 떨어져 있다면 이 문제는 최

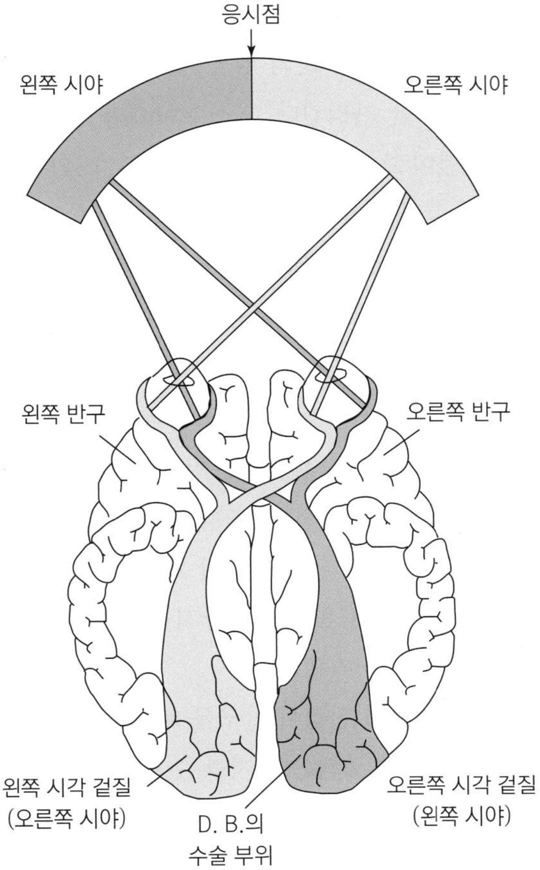

[그림 7-2] 눈과 뇌의 간략한 평면도

오른쪽 및 왼쪽 시야가 뇌의 뒤에 있는 시각 겉질(피질)에서 어떻게 표상되는가를 보여 준다. 왼쪽 시야는 오른쪽 시각 겉질에서 표상되고, 오른쪽 시야는 왼쪽 시각 겉질에서 표상된다. D. B.의 수술 부위가 오른쪽 시각 겉질에 있었기 때문에, 그는 왼쪽 시야가 맹시였다.

영역의 지도가 얻어진다. 그다음 다른 눈에 대해 시야측정법이 되풀이된다. 시야의 맹시 부분은 암부(scotoma)라고 불린다. D. B.는 각 눈의 시야의 왼쪽 절반에서 암부가 있었다.

지금까지 비록 불운하기는 했지만, 오른쪽 시각 겉질에 있는 뇌 조직이 제거되었기 때문에 이런 맹시는 예상되었다. 그러나 몇몇 비공식적 관찰에서 볼 때 D. B.는 안 보이는 시야에서 물체의 위치를 알 수 있는 것처럼 보였다. 예를 들어, 그는 볼 수 없었음에도 불구하고 사람이 뻗은 손을 정확하게 닿을 수 있었다. 게다가 그는 자신이 볼 수 없다고 주장한 막대기의 방위(수평 혹은 수직)를 정확하게 추측할 수 있었다. 사실 D. B.는 왼쪽 시야의 일부에서 어떤 것을 보았다는 것을 심하게 부정하였고, 이런 비공식적 과제에서의 성공을 운 좋은 추측 탓으로 돌렸다.

당신이 이런 이상한 행동을 관찰한 심리학자인 Weiskrantz라고 생각해 보자. 당신은 어떤 결론을 내릴 것인가? 한편으로, D. B.는 볼 수 없었다. 그는 왼쪽 시야에서 자극을 본다는 것을 보고할 수 없었다. 다른 한편으로, D. B.의 행동은 그가 바로 그 영역에서 자극을 탐지하고 위치를 알 수 있다는 것을 가리킨다. Weiskrantz와 동료들은 왼쪽 시야에서 물체를 볼 수 없다는 D. B.의 언어 보고를 믿었고, 그래서 D. B.의 암부의 시각 능력을 판정하기 위해 일련의 통제된 실험을 착수하였다.

D. B.는 맹시 시야에 있는 물체를 볼 수 없었기 때문에 작은 빛 조각의 출현 여부와 위치에 대해 강제선택 추측(forced-choice guess)을 하도록 요구받았다. 다른 검사에서는 아주 작은 선의 방위를 추측하도록 요구받았다. 모든 검사는 통제된 조명 조건에서 수행되었고, D. B.의 머리와 시선 방향은 고정되었다. 가끔 시각적 자극이 맹시 영역에 아주 잠깐 제시되었기 때문에 D. B.는 좋은 시야로 (물체가 좋은 시야에 보이도록) 초점을 이동시킬 만큼 충분히 빨리 눈을 움직일 수 없었다. 선과 점 자극은 작고 아주 강렬하지는 않았으나, 그 크기와 강도는 동시에 좋은 시야와 나쁜 시야 모두에 영향을 주었을 가능성이 있다. 그러므로 맹시 시야에 있는 이런 표적들의 탐지는 잘 보이는(좋은) 시야 및 맹점에서의 탐지(율)와 비교되었다.

모든 사람이 각 눈에 맹점이 있다. 이것은 망막에서 신경이 안구를 빠져나가는 곳이므로 빛에 둔감한 부분이다. 만일 D. B.가 맹점에서 표적을 탐지할 수 있었다면 이것은 표적이 아주 강하거나 커서 눈에서 예민한 영역으로 자극이 '새어 나갔다'는 것을 의미할 것이다. 맹점이 D. B.의 맹시 시야보다 훨씬 더 작기 때문에, 그리고 그가 맹점에서 표적을 탐지할 수 없었기 때문에, Weiskrantz는 맹시 시야에서 검사하기에 적절한 특성을 가진 자극을 표적으로 선택했다.

Weiskrantz는 그다음 D. B.에게 수평 아니면 수직 방향의 점과 선들을 제시했다. 통제된 검사 결과는 매우 흥미로웠다. 맹시 시야에 제시된 표적의 위치 파악, 탐지, 방향 추측은 우연으로 예상할 수 있는 것보다 훨씬 더 좋았다. 여러 경우에 맹시 시야의 시각 수행은 거의 좋은 시야의 수행만큼 좋았다. D. B.는 맹시 시야에 제시된 물체를 식별할 수 없었고, 검사 내내 강제선택 판단을 하도록 요구받은 표적들을 볼 수 없다고 주장했다. 강제선택 시행에서의 성공에 대한 D. B.의 반응은 믿을 수 없다는 것이었다. 그는 성공을 운 좋은 추측 탓으로 돌렸는데, 그가 표적 자극을 그냥 볼 수 없었기 때문이었다.

1유형 맹시(Type 1 Blindsight)는 Weiskrantz가 암부(맹시 영역)의 시각 능력을 묘사하기 위해 사용한 이름으로, 거기에서는 지각에 대한 인정할 만한 자각이 없다.

2유형 맹시(Type 2 Blindsight; Sahraie et al., 2010)는 맹인이 실제로 물체를 지각하지 못함에도 자극이 나타났다는 느낌을 가질 때를 가리키기 위해 사용되었다. 이 장의 나머지에서는 주로 1유형 맹시를 고려할 것이다.

1유형 맹시는 매우 이상한 현상으로 보이지만, Weiskrantz와 동료들(예, Weiskrantz, 1997; Weiskrantz, Cowey, & LeMare, 1998)은 병의 원인과 행동에서 D. B.와 비슷한 다른 맹시 환자 G. Y.에 대해 보고했다. 더욱이 시각적 자각과 지각 능력 간의 해리의 일반성은 논점이 아닌데, 다른 신경심리학적 연구들이 여러 유형의 뇌 손상이 맹시와 비슷한 장애를 낳을 수 있다는 것을 보여 주었기 때문이다. 예를 들어, Paillard와 동료들(1983)은 신체의 오른쪽에 대한 촉감에 무감각한 뇌 손상 여성의 사례를 보고하였다. 그럼에도 그녀는 느끼지 못하는 측면의 어디에 접촉이 있었는지를 위치를 정하라고 요구받았을 때 상당히 정확하게 그것을 할 수 있었다. 또한 그녀는 피부에서 움직이는 자극을 느낄 수 없었음에도 움직임의 방향을 정확하게 추측할 수 있었다. 게다가 뇌 손상이 없는 사람도 통제된 실험실 조건에서 자각과 지각적 행동 간의 유사한 해리를 보이도록 유도될 수 있다. 그래서 논제는 자각에 대한 언어 보고와 지각 간의 관계를 이해하려는 것이다.

시각에 관한 현재 연구는 뇌에 두 가지 종류의 시각 시스템이 있다는 것을 시사한다. 하나는 물체의 식별에 중요하며, 다른 시스템은 방향과 운동과 관련이 있다. 명백하게도, D. B.가 겪는 문제는 식별과 관련된 시스템이 두통을 치료하기 위해 실행된 수술 동안 파괴되었다는 것이다. 그러나 2유형 맹시의 존재는 뇌에서 두 시스템이 전에 시사된 것보다 더 복잡하게 얽혀 있을지도 모른다는 것을 시사한다.

변인의 도입

종속 변인

가장 간단한 독립 변인은 관찰자가 하는 언어적 묘사이다. 비록 이것은 가장 얻기 쉬운 측정치이기는 하지만, 종종 몇 가지 약점이 있다. 훈련받지 않은 관찰자는 거의 정확한 보고를 할 수 없다. 비록 이것은 적절한 훈련으로 수정될 수 있지만, 항상 자극이 아닌 훈련이 관찰자의 보고를 통제할 가능성이 있다.

다음 절에서 주관적 보고의 속성들을 다룬다. 더 객관적인 지각 측정치들로 반응시간이 있고 실험자에 의해 직접 검증될 수 있는 보고들이 있다. 예를 들어, 여섯 개의 문자열이 순간노출기(tachistoscope: 자극의 조명과 지속시간을 조절하는 장치)로 50ms 동안 제시되고 관찰자는 그 문자를 보고하도록 요구받는다면, 실험자는 이 보고가 맞는지 아닌지를 쉽게 판정할 수 있다. 관찰자는 종종 자신의 보고가 맞는지에 대한 자신감을 평정하도록 요구받는다. 그런 평정 측정치는 비록 객관적이지는 않지만, 반응시간과 같은 다른 객관적인 측정치와 함께 사용될 때 수렴적 조작을 제공할 수 있다.

곧 알게 되듯이, 지각에서 종속 변인들을 분류하는 주요한 차원은 검증가능성이다. 물론 모든 종속 변인은 검증 가능해야 하고 일관적이어야 한다. 그러나 어떤 종속 변인들은 직접 검증될 수 있는 반면, 다른 종속 변인들은 검증하기 전에 척도화와 같은 미묘한 통계적 방법을 필요로 한다. 그래서 종속 변인들은 실험자에 의해 즉각 검증 가능한(맞는지 틀린지가 판단되는) 것과 즉각 검증되지 않는 것으로 나누어진다.

독립 변인

예상할 수 있듯이, 지각 연구에서 가장 흔한 독립 변인들은 자극의 물리적 특성들을 바꾸는 것들이다. 심리학자들은 시각 자극의 크기, 모양, 배경, 조망(관점) 및 시각도를 바꾼다. 청각 자극은 주파수(음고), 강도(음량), 파형(음질) 및 복합성(개별 파형의 수 및 상호 간의 관계성)에 따라 바뀔 수 있다. 지각의 시간 경과는 자극의 부분들을 짧은 시간 간격으로 분리하여 제시하거나 전체 자극의 제시 시간을 천 분의 수십 초 혹은 천 분의 수백 초로 제한함으로써 연구된다.

지각적 독립 변인의 다른 부류는 양적이기보다는 질적이다. 동물과 사람은 보통의 지각적 입력이 없거나 전반적으로 왜곡된 비정상적 환경에 놓인다. 이런 유형의 조작의 몇 가지 예는 동물을 어두운 곳에서 기르는 것, 사람에게 시각을 왜곡시키는 특수 안경을 쓰게 하는 것, 정상 지각을 허용하지만 근육 운동을 막는 것, 어떤 패턴이나 선들도 없는 균일한 시야를 갖게 하는 것 등이다. 그런 많은 연구는 지각이 다른 행동처럼 학습되는 것인지, 아니면 타고난 것인지를 판정하려 한다. 한때 타고난 지각과 학습된 지각의 구분은 심리학에서 주요한 논쟁이었다. 앞에서 언급했듯이, 이제 대부분의 심리학자는 지각에서 타고난 성분과 학습된 성분이 모두 있다는 것을 인정한다.

통제 변인

이 장은 지각의 지적 측면이라고 부를 수 있는 것과 관련이 있다. 그러나 지각은 정서적 및 동기적 측면과 관련이 있는데, 이 역시 논의된다. 그래서 사람들이 금기(taboo)시되는 네 철자 단어를 보고하도록 요구받을 때, 이 단어들은 결백한 통제 단어들보다 더 긴 제시 시간을 필요로 한다. 마찬가지로 배고픈 사람이 초점이 흐린 이미지를 볼 때, 그들은 방금 식사를 한 사람들보다 더 자주 음식 관련 물체를 본다고 보고한다. 비록 이런 현상들은 그 자체로 흥미롭지만, 우리가 지각의 가장 중요한 결정 인자로 자극에 초점을 둘 때, 이런 다른 효과들은 인위적 효과들이 되고 통제되어야 한다. 신호탐지 이론(6장 참조)으로 말하면, 지각의 결정 측면이 일정하게 유지되어야 한다. 금기어를 보고하는 것이 더 긴 제시 시간을 요구하는 것은 그 단어가 지각하기 어려워서가 아니라 관찰자들이 금기어를 실험자에게 말하는 것을 더 꺼리고 그 결과로 결정 기준을 바꾸기 때문이다(Zajonc, 1962).

조사되고 있지 않는 자극의 물리적 측면들 또한 통제되어야 한다. 독립 변인이 아닐 때 일정하게 유지되어야 하는 가장 중요한 특성들에는 자극의 지속시간, 강도, 조명, 대비 등이 있다.

7.1 실험 주제 및 연구 예시

주제 **언어 보고**

시범 **자각 없는 지각**

지각 연구에서 주목하지 않을 수 없는 측면은 종속 변인이 관찰자의 현상학적 경험(phenomenological experience), 즉 외부 세계에 대한 내적 자각에 대한 통찰을 제공하는 것처럼 보인다는 것이다. 이런 통찰은 언어 보고(verbal report)가 관찰자로부터 나올 때 특히 강해 보인다. 언어 보고, 즉 관찰자가 지각된다고 말하는 것이 경험에 대한 그의 자각과 상관되어 있음에 틀림없다는 것은 명백하다. 그러나 언어 보고가 만들어질 때, 심리학자는 언어 보고가 관찰자의 경험에 대한 신뢰할 만하고 타당한 표시를 제공하는 유용한 종속 변인인지를 판정해야만 한다.

신물리학에 대한 앞 장의 정논의를 다시 생각해 보자. 한계법으로 진정한 역치를 설정하는 데에서 어려움을 보는 한 가지 방식은 피험자가 보고하는 것은 단지 지각된 것의 함수인 것은 아니라는 것이다. (감각적) 증거와 보고하려는 피험자의 의향이 결합하여 결정 역치를 정한다. 이것이 신호탐지법이 개발된 이유이다.

심리학자들은 정신물리학적 연구에서 나온 대부분의 보고를 현상학적 경험의 타당한 지표로 받아들이려 하는데, 이는 두 가지 이유가 있다. 첫째로 d'과 β는 적절한 조건 아래 결정될 수 있다. 둘째로 대부분의 사람은 외부 자극이 변동될 때 거의 동일한 경험의 변동을 보고한다. 그 결과의 일반성과 규칙성은 그런 실험에서 얻는 언어 보고의 유용성을 더욱 자신하게 한다.

이와 같은 후자의 이유로, 크기 추정(6장 참조) 동안 발생하는 언어 보고가 수용된다. 만일 록밴드가 소리를 10배로 증폭시키고 당신이 그 소리가 두 배로 크게 들린다고 보고한다면, 심리학자는 당신의 현상학적 경험에 대해 직접 점검할 수 없다. 그러나 대부분의 관찰자가 자극 에너지의 변화에 대해 거의 비슷한 방식으로 반응한다는 사실은 언어 보고가 어떤 일반성이 있으며 관찰자의 지각 경험을 측정하는 타당한 방법이라는 것을 시사한다.

언어 보고의 유용성에 대해 결정하는 것은 때때로 매우 어렵다. 화성에서 온 작은 초록색 사람을 본다고 주장하는 여인을 당신이 맞닥뜨렸다고 상상해 보라. 그녀는 진정으로 작은 초록색 사람을 보는가? 당신과 몇몇 다른 사람은 그런 사람을 보지 못하기 때문에, 화성에 (어떤 색깔이든) 인간처럼 생긴 생명체가 있을 가능성이 매우 낮기 때문에, 당신은 그 여인이 정상이 아니라고 생각하기 쉽다. 즉, 그녀는 환각을 보고 있는 것이다. 환각(hallucination)은 명백하게 대응하는 어떤 자극이 없는 경험에 대한 보고이다.

그 여인이 거짓말을 하고 있지 않다고 한다면, 화성에서 온 작은 초록색 사람을 본다는 그녀의 언어 보고에 대해 무엇을 할 수 있을 것인가? 심리학 실험의 상황과 달리, 이 경우 자극(아무것도 없거나 무관하다)과 경험의 언어 보고(초록색 사람) 간의 극적인 불일치가 있다. 지각에 관심이 있는 심리학자는 그녀의 언어 보고가 지각 경험과 일치한다고 믿지 않을 것이다. 이것은 그녀가 실제로 그 작은 초록색 사람을 경험하고 있다는 것을 부정하는 것이 아니다. 그러나 그녀의 경험은 지각의 산물일 것 같지 않다. 오히려 그것은 아마도 정신병리나 약물의 영향에서 비롯되었을 것이다.

이제 D. B.의 사례를 다시 생각해 보자. '물체를 볼 수 없다'는 그의 언어 보고로부터 어떤 결론을 내려야 할 것인가? 그의 언어 보고는 어떤 종류의 자극을 앞에 둔 그의 행동과 일치하지 않는다. D. B.는 일종의 (실제로 거기 있거나 그렇지 않더라도 탐지 가능한 어떤 것을 보지 못하는) 부적 환각을 가지고 있었는가, 혹은 그의 언어 보고는 자신의 지각 경험에 대한 정확한 반영이었는가? 어떻게 우리는 그 보고의 유용성에 대해 결정을 내리는가? D. B.의 언어 보고는 그의 지각에 대한 이해에 말썽을 일으켰는데, 실험자의 관점에서 보면 자극의 출현과 부재 그리고 지각 경험에 대한 D. B.의 보고 간에 명백한 불일치가 있었기 때문이다(Weiskrantz, 1986). 이 불일치는 척도화 실험에서 본 직접 점검의 결여와 다른 것처럼 보이는데, 물체의 위치를 정확히 파악하면서 동시에 그것을 식별하지 못하는 것은 역설적이기 때문이다.

심리학자는 관찰자의 반응이 유용한 종속 변인으로서 자격이 있다는 것을 어떻게 아는가? 그 답은 놀라우리만치 간단하다. 반응과 이전 지각 사건 간에 검증 가능한 관계가 직접 추리될 수 있을 때에 그런 자격이 있다. Natsoulas(1967)는 어떤 선행하는 혹은 동시적 사건(e_i)과 그 반응 간에 가정된 혹은 확증된 관계로서 보고를 정의했다. 이 관계성은 e_i에 대한 지식으로부터 가능한 직접적인 추리를 할 수 있는 것이어야 한다(p. 250).

이 정의는 일부러 추상적인데, 다른 구체적 예를 조사할 때 의미가 통할 것이다.

앞 장에서 비둘기가 그 절대적 시각 역치를 알려 줄 수 있도록 어떻게 훈련될 수 있는가를 논의했다(Blough, 1958). 비둘기가 자극을 볼 때 한 건반을 쪼고, 보지 못할 때 다른 건반을 쪼았다는 것을 기억할 것이다. 적절한 강화 유관성(contingency)으로부터 비둘기의 행동은 자극에 의해 통제되었다는 것이 보장된다. 방금 한 정의에 따르면 비둘기의 쪼기 반응은 보고로서 자격이 있는가?

이 예에서 앞선 사건(e_i)은 자극, 특별히 지적하면 그 강도이다. 한 건반의 쪼기는 그 자극이 역치 이하라는 것을 나타내는 반면, 다른 건반의 쪼기는 비둘기가 그 자극을 볼 수 있다는 것을 보여 준다. 이런 관계성은 정의에서 요청되는 직접 추리이다. 그 반응을 아는 것, 즉 어느 건반이 쪼였는가는 비둘기가 그 자극을 볼 수 있는지에 대한 직접 추리를 가능하게 한다. 그러므로 쪼기 반응은 정말로 보고로서 자격이 있다고 결론을 내려야 한다.

지각 보고가 적당하기 위한 필수적 특성은 그것과 선행하는 지각 사건 간의 관계이다. 대안적 관계나 추리가 제안될 수 있는 경우에는, 그 보고는 약화된다. 예를 들어, Blough는 비둘기가 어떤 단일 건반을 계속 쪼기를 한 다음에만 건반들을 바꾸는 것을 배웠을 가능성을 배제할 만큼 세심하지 않았다. 이 대안적 관계도 쪼기 행동을 설명해 주었을 수 있다. 이 경우 쪼기는 지각적 보고로 올바르게 해석될 수 없었을 것이다.

쪼기의 예는 보고의 질적 성질이 중요하지 않음을 또한 시사한다. 건반 누르기는 모든 면에서 자극이 보인다 혹은 보이지 않는다는 언어적 진술만큼 좋다. 언어적 진술은 검증 불가능한 보고라기보다는 자극에 대한 반응이 될 수 있다. 한 반응이 적절한 종속 변인인지 아닌지를 확립하는 데 고려되어야 할 것은 오로지 선행 사건과 보고 간의 관계이다. 한 진술이 언어적이라는 이유만으로도 그것이 또한 보고라는 것이 보장되지 않는다.

이제 D. B.의 사례를 약간 다른 방식으로 살펴볼 수 있다. 두 가지 종류의 지각적 보고—언어적 보고와 탐지/위치 파악 보고—는 갈등적이다. 이 갈등을 이해하는 데에서 어려움은 두 가지 이유로 생긴다. 첫째, 인간은 현상학적 경험의 지표로 언어 보고에 상당한 강조를 두는 경향이 있다. 그래서 언어 보고는, 정신 나간 여인과 Blough의 비둘기의 사례에도 불구하고 '맞는' 것임에 틀림없어야 한다. 둘째, 사람들은 모든 지각 보고에 동일하게 선행하는 동시적 사건이 있다는 틀린 가정을 한다. 언어 보고에 대한 e_i는 지각 경험의 다른 지표들과 연합된 e_i와 다르다는 것이 논리적으로 가능하다(그리고 곧 발견하게 되듯이 경험적으로도 그럴 법하다). 한 보고는 지각 경험을 가리키지만 다른 것은 그러지 못할 수 있다.

Weiskrantz(2002)가 D. B.와 더 최근에 한 작업은 지각의 이해에 e_i 접근을 중요하게 가리킨다. Weiskrantz에게 D. B.가 한 퉁명스러운 코멘트는 놀랄 만한 발견을 이끌었다. 그가 격자들(평행선들)을 탐지할 수 없지만 그 방위를 맞게 추측할 수 있다는 것을 보여 준 다음, D. B.는 눈을 감은 후 격자를 볼 수 있다고 코멘트했다. 이것이 환각인가? 아니, 그것은 잔상이었다. 잔상(afterimage)은 시각 자극을 보통 몇 초 동안 바라본 후 생긴다. 자극이 제거된 후 처음에는 원래 자극의 밝기와 색깔과 유사한 정적 잔상(positive afterimage)이 있다(Woodworth & Schlosberg, 1954). 짧은 기간이 지나면, 정적 잔상은 보통 부적 잔상(negative afterimage)이 되는데, 이것은 밝기가 반대가 되고 색채에서 보색인 것이다(빨간 자극이 부적 잔상에서는 초록색으로 보인다). D. B.가 주장한 것은 그가 자신이 볼 수 없는 격자의 검은 선들의 부적 잔상을 지각했다는 것이었다. 이 흥미로운 가능성은 우리가 가능한 e_i를 검증할 수 있기 전에는 단지 언어 보고일 뿐이다. 체계적인 검사는 D. B.의 잔상이 실제 현상이라고 결론짓는 데 필요한 정보를 제공해 주었다.

D. B.는 적절한 방향을 가진, 보색의 잔상과 격자 잔상을 시범해 주었다. 비록 원과 정사각형을 시각적으로 구별할 수 없었지만, 그는 잔상에서 그 물체들을 완벽히 구별하였다. D. B.가 본 잔상들의 크기는 그 이미지들이 보인 표면으로부터의 거리에 따라 직접 달라졌는데, 이것은 D. B.의 시야를 포함해서 정상 시력의 사람에게 들어맞는 것이다(Weiskrantz, 2002). 잔상의 크기와 조망 거리의 비례성은 Emmert의 법칙(Emmert's law)이라고 불리는데, 이것이 의미하는 바는 무엇인가?

D. B.는 외부 자극에 대한 비의식적 지각에 대해 의식적 잔효(aftereffect)를 가지고 있었다. 잔상들은 신뢰할 만하고 법칙적으로 나타났기 때문에 동시 사건으로 간주될 수 있다(Natsoulas, 1967). Weiskrantz는 D. B.의 흔치 않은 잔상들을 1유형 맹시와 2유

형 맹시와 구별하기 위해 점화 시력(prime sight)이라 부른다. 이 '시력'은 믿기 어려울 수 있지만, 동시 사건들에 대한 우리 분석에 따르면 지각이다.

이것들은 '실제' 지각과 거의 관계없는 단순히 지각에 대한 호기심일 뿐인가? 우리는 그렇게 생각하지 않는데, 평범한 연구 참가자들에게서 언어 자각 없는 지각을 어떻게 연구할 수 있는지를 이제 살펴볼 것이기 때문이다. 완수되어야 할 것은 지각 경험의 언어 보고가 없는 상태에서 지각 경험의 지표를 결정하는 것이다.

❍ 언어적 자각의 결핍

자각 없는 지각이란 주제에는 오래되고 논쟁적인 역사가 있다(Eriksen, 1960). Marcel(1983)은 언어적 자각이 없음에도 의미의 지각이 있음을 보이는 것 같은 일련의 실험 결과를 보고하여 그 논쟁을 부활시켰다. Marcel의 연구에 참가한 보통의 대학생은 D. B.와 흡사하게 행동했다. 그들이 단어를 지각할 수 없다고 주장하였음에도 그들의 행동은 그들이 지각되지 않은 단어의 의미에 민감하였다는 것을 나타내었다.

실험들 중 하나에서 Marcel은 여러 다른 연구 기법을 결합하였다. 그의 기본 과제는 이 현상을 처음 보고한 Stroop(1935)을 따서 이름 붙인, Stroop 효과의 변형이었다. 표준적 Stroop 과제는 다음처럼 진행한다. 참가자는 일련의 단어를 보고, 각 단어의 잉크 색을 빨리 말하도록 되어 있다. 색깔과 무관한 중성 단어(빨간 잉크로 쓴 단어, 집)의 잉크 색을 말할 때와 비교해서, 단어와 잉크 색이 갈등적일 때(파란 잉크로 인쇄된 단어, 빨강)에 색깔 말하기는 더 느렸으며, 단어와 잉크 색이 일치할 때(초록 잉크로 쓴 단어, 초록)에는 더 빨랐다. 단어/색이 불일치하거나 일치하는 조건에서 색깔 말하기의 더 느리거나 더 빠른 정도가 Stroop 효과(Stroop effect)의 정의이다.

Marcel은 일종의 점화(priming)를 써서 Stroop 절차를 수정했다. 점화는 단어 혹은 다른 지각 사건이 관찰자로 하여금 후속 사건을 특정한 방식으로 지각하게 편향시킬 때 발생한다. 검은 잉크로 인쇄된 빨강이란 단어를 보는 것은 당신이 빨간색을 생각하도록 점화시킬 수 있는데, "코끼리를 생각하지 마."라는 오래된 농담이 코끼리를 생각하게 만드는 것과 아주 비슷하다. 그래서 당신이 빨강이란 단어에 의해 빨간색을 생각하도록 점화되었다면, 초록과 같은 후속 색깔은 기대되지 않을 것이며, Stroop과 비슷한 갈등이 생겨날 것이다. Marcel의 실험에서 점화 단어(예, 빨강)가 색 조각(예, 초록) 바로 앞에 제시되었고, 피험자가 색 조각의 색을 빨리 가리키도록(관찰자는 '초록'이라고 말해야 한다) 되어 있었다. 만일 점화가 Stroop 효과를 내도록 작동한다면, 집과 같은 중성 단어 점화자극과 비교해서, 일치하는 단어 점화자극(초록)은 초록색의 조각을 색명 말하기를 빠르게 할 것이며, 불일치하는 단어 점화자극(빨강)은 초록에 대한 색명 말하기를 늦출 것이다. 이것이 Marcel이 발견한 것이었다.

점화 Stroop 검사에서, Marcel은 교묘한 기법을 써서 점화 단어에 대한 관찰자의 자각을 조작하였다. 그는 차폐(masking)라는 절차를 사용하여 몇 시행에서 점화자극에 대한 지각을 방지하였다. 이 맥락에서 차폐는 점화 단어의 출현 직후 뒤죽박죽인 낱자 패턴을 제시하는 것이다. 차폐가 단어에 곧이어 나오면 단어의 탐지와 식별을 방지할 것이다. 단어와 차폐의 시간 간격이 증가함에 따라, 단어의 탐지와 정확한 식별 또한 증가한다. 효과적으로 차폐된 점화자극은 관찰자가 보고할 수 없을 것인데, 그는 점화자극을 탐지하거나 식별할 수 없기 때문이다. Marcel은 만일 지각이 자각 없이 발생할 수 있다면 효과적인 차폐는 점화자극에 의해 유도되는 Stroop 효과를 없애지 않을 것이라고 추론했다. 피험자가 점화자극을 자각하는지 아닌지에 관계없이, 의미의 지각이 언어적 자각에 달려 있지 않다면 색명 말하기는 점화자극에 민감할 것이다. 그렇지 않고 자각이 의미의 지각에 필수적이라면, 점화자극의 차폐는 Stroop 효과를 없앨 것이다.

Marcel의 실험 중 일부분에 대한 절차가 [그림 7-3]에 개략적으로 제시되어 있다. 그는 자극을 제시하기 위해 순간노출기를 썼는데, 이것은 매우 짧은 순간의 제시를 가능하게 하는 기구이다. 점화자극과 색 조각들 간의 시간 간격(interval)은 400ms이었는데, 이것은 일초의 4/10이다. 점화자극의 자각은 점화자극을 뒤이어 차폐가 얼마나 늦게 나타났는가에 의해 결정되었다. 자각 시행들에서 차폐는 색 조각과 동시에(점화자극 후 400ms) 제시되었다. 이 간격은 점화자극이 탐지되고 식별될 만큼 충분히 길다.

비자각 시행에서 차폐의 출현과 점화자극의 출현 간의 간격은 매우 짧았다. Stroop 검사 시작 전에, 점화자극과 차폐 간의 정확한 시간 간격은 각 피험자에 대해 개별적으로 결정되었다. 차폐가 색 단어를 뒤따라 나왔고, 관찰자는 점화자극의 출현을 탐지해야 했다. 탐지 역치는 한계법으로 결정되었으며, 시행 중 60% 미만의 탐지율을 낳는 점화자극-차폐 시간 간격으로 정의되었다. 이때 50%는 점화자극의 출현을 탐지하는 데에서 우연적 수행 수준이다. Stroop 검사를 하는 동안, 탐지 시간 간격보다 5ms 더 짧은 시간 간격이 비자각 시행에서 사용되었다.

어떤 Stroop 시행에서 점화자극은 제시되지 않았다. 점화자극과 색 조각의 관계에 따라 시행들이 정의되었는데, 중성, 일치, 혹은 불일치 시행들이 있었다. 자극 재료에

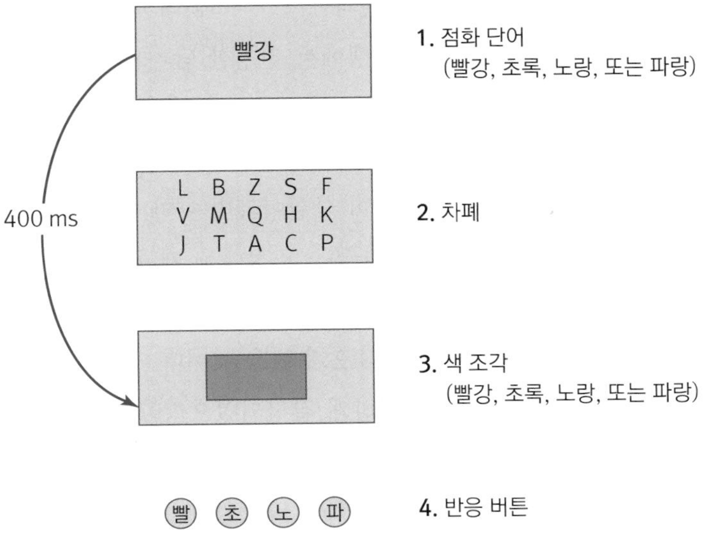

[그림 7-3] Marcel(1983)의 절차의 예시(실험 3의 부분)

점화 단어(비단어, 빨강, 초록, 노랑, 파랑, 혹은 비색단어) 제시 400ms 후 색 조각(빨강, 초록, 노랑, 혹은 파랑)이 나타난다. 자각 시행에서 차폐는 색 조각과 더불어 제시되었다. 비자각 시행에는 차폐는 점화자극 직후 제시되었다. 비자각 시행에서 점화자극 개시와 차폐 개시 간의 시간은 각 피험자마다 별도로 정했는데, 피험자가 점화자극의 출현을 시행 중 기껏 60% 판정할 수 있는 수준이다(우연 탐지는 50%—점화자극이 제시되었다 또는 아니다—이었다). 색 조각이 나타났을 때 피험자는 빨강, 초록, 노랑, 혹은 파랑에 대응하는 버튼을 눌러 색을 표시하였다.

는 네 가지 색깔(빨강, 초록, 노랑 및 파랑)이 있었고, 네 가지 색 단어(빨강, 초록, 노랑 및 파랑), 그리고 세 개의 중성 단어(기침, 친절 및 식수)가 있었다. 색 조각이 나타난 후, 관찰자는 네 개의 버튼 중 하나를 눌러 색 조각의 색을 표시했다. 정확한 버튼을 누르는 반응시간이 일차 종속 변인이었다.

그 결과는 분명하였다. 자각 및 비자각 시행에서 전형적인 Stroop 효과가 관찰되었다. 중성 점화자극과 점화자극이 없는 조건과 비교해서, 색 식별(예, 노랑)은 불일치하는 점화자극(예, 파랑이란 단어) 다음에는 더 느렸으며, 일치하는 점화자극(노랑) 다음에는 더 빨랐는데, 피험자가 점화자극을 자각하든 아니든 관계가 없었다. 이 결과 및 그가 수행한 다른 실험 결과들을 바탕으로 Marcel은 사람들이 자각 없이도 의미를 지각할 수 있다고 결론지었다.

Marcel의 실험에서 Stroop 검사에 대한 관찰자의 행동은, 관찰자의 언어 보고가 점화자극이 지각되지 않았음을 가리킴에도 불구하고 의미가 입력되었다는 것을 보여 주었다. Cheesman과 Merikle(1984)은 그 결과에서 자각에 대한 해석에 의문을 가졌다. 그들은 Marcel의 60% 탐지 역치가 몇 시행에서 진정한 탐지가 있을 가능성을 허용했다고 언급했다(신호 탐지에서 반응의 분포는 6장 참조). 게다가 Cheesman과 Merikle은 자각에 대한 언어 보고는 단어 의미에 대해 차별적으로 반응하는 경우보다 더 높은 역치를 가질 것이라고 추리했다. 만일 이것이 사실이라면 아마 Marcel은 60% 미만의 탐지율을 얻기 위해 점화자극-차폐 시간 간격을 조정했을 때 무심코 잘못된 역치를 정했을 수도 있다. Marcel의 절차는 결과적으로 언어 보고를 하는 데에서 관찰자의 역치보다 낮지만 탐지 역치보다 높은 역치가 나오게 했을 것이다.

Cheesman과 Merikle은 역치가 부적절하게 결정되었으리라는 아이디어를 검증하기 위해 Marcel의 Stroop 실험을 재검증하되 몇 가지 중요한 변화를 주었다. 첫째, 그들은 점화자극에 대한 탐지 역치가 결정되는 방식을 바꾸었다. Marcel의 연구에서처럼 관찰자가 점화자극의 출현과 부재를 판단하게 하는 대신, Cheesman과 Merikle은 피험자들이 어떤 색 단어가 제시되었는지를 무조건 보고하게 했다. 이것은 점화자극의 출현을 보고하는 데 반응 편향을 최소화하기 위한 것이었다. 강제선택 절차에서, 각 점화자극은 똑같이 자주 제시되고, 차폐가 뒤따른다. 일련의 긴 시행을 하는 동안 관찰자들은 허용 가능한 선택지들(Marcel이 사용한 것과 동일한 네 가지 색 단어, 즉 빨강, 초록, 노랑 및 파랑) 중 각각에 대해 똑같이 자주 반응했다. 그래서 특정한 색을 말하는 관찰자의 기준은 모든 점화자극에 대해 똑같았다.

Cheesman과 Merikle이 도입한 두 번째의 중요한 변화는 각 피험자에 대해 몇 개의 점화자극-탐지 역치를 계산한 것이었다. 한계법을 사용해서, 그들은 점화자극과 차폐의 시간 간격을 바꾸어서 점화자극에 대한 강제선택 탐지율이 25%, 55%, 또는 90%가 되도록 했다. 네 개의 선택지에 대한 선택에서 점화자극을 탐지할 우연 수준은 25%이다. 그래서 그들이 계산한 가장 낮은 역치는 우연 수준이었다. 55%로 반응하는 수준은 Marcel이 사용한 역치와 거의 같았다. 90% 역치는 거의 완벽한 수행을 낳았다. 모든 수준의 탐지율에서 차폐는 보통 점화자극에 대한 언어적 자각을 제거하는 데에 효과적이었다. 즉, 색명 단어의 탐지(율)가 차이가 남에도 불구하고 피험자는 점화자극-차폐 시각간격에 따라 그 단어가 무엇이었는지 자각하지 못한다고, 대신 추측하고 있다고 주장하였다.

그 실험의 Stroop 관련 부분에서 Cheesman과 Merikle은 Marcel의 절차([그림 7-3] 참조)를 따랐는데, 그들이 두 가지 조건 대신 네 가지 조건을 썼다는 점은 예외이다. 그

Eriksen 덕택에, 우리는 이제 그런 제한된 지각 개념이 조작주의에 대한 매우 직설적이고 불완전한 해석으로부터 생긴다는 것을 깨닫고 있다. 조작주의(operationism)에 따르면, 개념은 그것을 측정하고 생성하기 위해 사용되는 조작들에 의해 정의된다. 만일 무게가 당신의 목욕탕 바닥에 있는 작은 사각형 상자에 놓여 있는 계량기의 운동으로 정의되었다면, 당신이 저울 위에 올라갔을 때 저울 눈금에 표시된 반응이 그 무게를 정의할 것이다. 만일 지각이 관찰자가 한 자극이 다른 것과 다르게 보인다고 말하는 것으로 정의된다면 그런 반응은 지각이 될 것이다.

Garner와 동료들은 이것이 조작주의의 부분일 뿐이라고 지적했다. 똑같이 중요한 것이 각 개념을 정의하는 데에서 일단의 조작의 필요였다. 그들은 물리학자 Bridgman(1945)을 인용하여 이처럼 간과된 측면을 강조하였다.

> 조작적 정의를 적용하는 상황이 충분히 개발되어서 그 종착점에 도달하는 **적어도 두 가지** 방법이 알려지지 않는다면, 조작적 정의는 그 정확성에도 불구하고, 의미 있게 적용되는 것이 아니다. 현상의 정의를 생성한 조작들에 의해 그 현상을 정의하는 것은, 더 이상의 정교화 없이 액면 그대로 받아들여진다면 아주 허울 좋은 정확성만을 가질 것인데, 그것이 단일한 격리된 사건에 대한 묘사이기 때문이다(p. 248).

지각을 변별 반응, 즉 A 혹은 B의 반응으로 조작적으로 정의하는 것은 충분하지 않다. 적어도 두 가지 조작이 필요하다.

단일한 조작만이 사용될 때, 지각 시스템의 한계와 반응 시스템의 한계를 구별하는 것은 불가능하다. 지각 및 반응 시스템은 어느 정도까지 독립적이기 때문에, 각 시스템의 한계를 분리하기 위해 둘 이상의 조작이 필요하다.

수렴 조작(converging operations)은 일단의 실험 결과를 설명할 수 있는 대안적 개념을 제거하는 둘 이상의 조작의 집합이다. 이런 추상적 정의는 몇 개의 예를 통해 잘 이해될 것이다. Cheesman과 Merikle이 수행한 후속 연구를 논의하면서 출발하자.

❍ 자각 없는 지각

Cheesman과 Merikle(1984)의 실험에서, 주관적 역치 아래에서 일어나는 비자각에 대한 현상학적 주장은 자각에 대한 언어 보고를 보류하는 반응 편향과 구별될 수 없다. 자각 있는 지각과 자각 없는 지각 간의 구별에 대한 우리의 확신을 북돋우기 위해,

두 수준의 자각하에서 지각 처리가 질적으로 다르다는 것을 보여 줄 수렴 조작이 필요하다. 그렇지 않으면 우리가 그 결과에 대해 말할 수 있는 것은 Stroop 효과가 때때로 점화자극의 자각에 대한 보고를 동반하며 때때로 자각을 동반하지 않는다는 것일 뿐이다. Cheesman과 Merikle(1986)의 후속 실험은 수렴 조작을 제공했는데, 독립 변인(일치하는 점화자극-색 조각 시행이 발생하는 빈도)이 의식적 지각 처리의 효과와 질적으로 다른 효과를 무의식 지각 처리에 일으킨다는 것을 보여 주었다. 주관적 역치에 더해, 다른 변인이 자각 지각과 비자각 지각을 구별해 주었다.

Cheesman과 Merikle(1986)은 일치하는 점화자극-색 조각의 결합이 발생하는 빈도를 바꾸기로 결정했다. 다른 형태의 Stroop 검사를 사용한 이전 연구는 일치 및 불일치 시행에 대한 반응시간의 촉진 및 억제([그림 7-4]의 무차폐 조건 참조)가 일치 시행의 빈도의 증가와 더불어 증가한다는 것을 보여 주었다(Glaser & Glaser, 1982). 일치 시행(단어 빨강과 빨간 잉크)은 단어와 잉크 색이 맞지 않는 것보다 두 배나 더 자주 발생했다. 관찰자들은 단어가 나타내는 색을 말하는 강한 경향이 있었고, 이런 예상은 일치 시행에 대한 반응시간을 빠르게 했다. 이런 예상은 불일치 시행에서 틀린 반응을 낳을 것이므로, 반응시간은 단어와 색이 불일치한 시행(예, 단어 노랑과 파란 잉크 색)에 매우 느렸다. 이것과 같은 빈도효과는 관찰자 측에서 자발적인 전략의 사용을 나타낸다(Lowe & Mitterer, 1982). 일치 시행이 높은 빈도로 발생할 때, 피험자들은 여러 유형의 시행들의 상대 빈도에 대한 확인에 근거해서 가장 빈번한 반응을 하려는 쪽으로 편향된다. 이것은 다수 시행(일치 시행)에 대한 반응시간의 촉진과 작은 부분에 불과한 시행(불일치 시행)에 대한 반응시간의 붕괴를 낳는다.

일치, 불일치 및 중립 점화자극 각각은 이전 연구에서 시행들 중 1/3만큼 발생했기 때문에, Cheesman과 Merikle은 일치 점화자극 시행의 빈도를 (시행 중 2/3로) 증가시키는 것의 효과는 점화자극이 주관적 역치보다 높은지 낮은지에 달려 있을 것이라고 추리했다. 그들은 만일 점화효과가 가장 빈번한 유형의 시행에 대한 관찰자의 식별로부터 비롯된다면, 점화자극이 주관적 역치 이하에서 제기되고 의식적으로 식별될 수 없을 때 빈도효과는 일어나지 않을 것이라고 주장했다. 만일 점화자극이 주관적 역치보다 높고 의식적으로 식별될 수 있다면, 빈도효과가 관찰될 것이다.

무차폐 시행 중 2/3에 제시된 일치 점화자극이 Stroop 효과를 증가시켰다는 것을 보인 후, Cheesman과 Merikle은 일치 점화자극 시행의 빈도를 바꾸었다. 그것은 시행중 1/3 혹은 2/3만큼 발생했다. 그들은 또한 주관적 역치 이하 아니면 그보다 충분히 높게 점화자극을 제시했다.

이 실험의 결과가 [그림 7-6]에 나와 있다. 이전 연구([그림 7-4] 참조)처럼, Stroop 효과는 점화자극이 주관적 역치 이상인지 이하인지에 달려 있지 않았다. 그러나 일치 시행의 빈도는 점화자극이 주관적 역치 이상이고 의식적으로 식별되었을 때만 효과가 있었다. 관찰자들은 주관적 역치로 정의된 바처럼 자극을 의식적으로 자각할 때만 전략을 사용할 수 있다. 그래서 수렴 조작은 의식적 및 비의식적 지각 처리 방법이 질적으로 다르며, 지각에서 여러 수준의 자각 간의 현상학적 구별이 확고한 실험적 근거가 있다는 것을 나타낸다. 이런 결론은 두 세트의 관찰을 필요로 하는데, 여러 자각 역치의 결정과 여러 자각 수준에 걸쳐 일치 시행 빈도의 차별적인 효과의 예증이다. 두 세트의 관찰은 자각 있는 지각과 자각 없는 지각 간의 구별이 적합하다는 주장으로 수렴

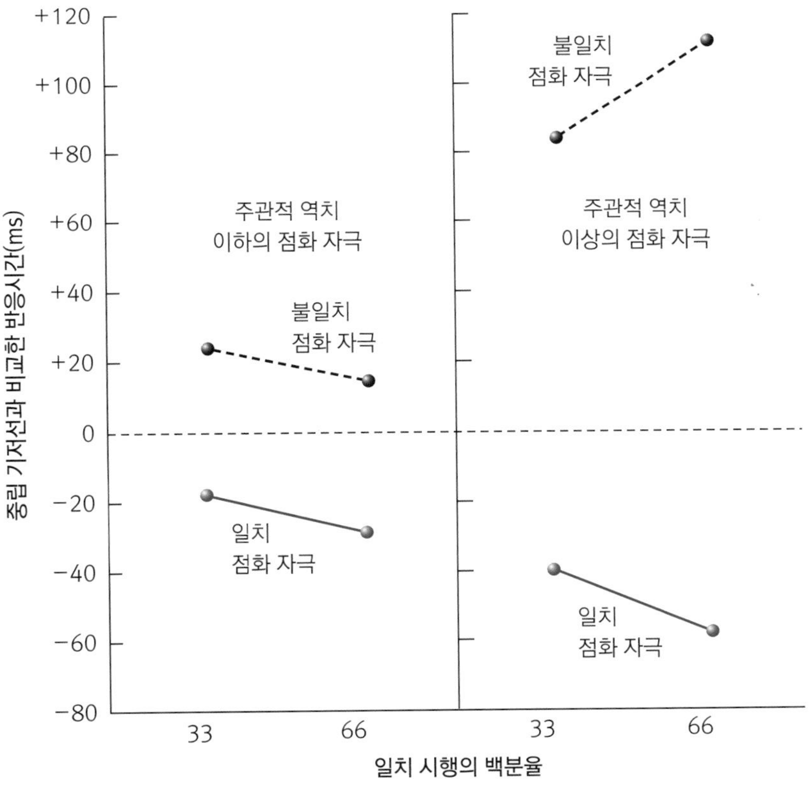

[그림 7-6] Cheesman과 Merikle(1986)의 결과

일치하는 시행의 빈도가 증가할 때 주관적 역치상의 점화자극에 대한 Stroop 효과를 보여 준다. 비자각 점화자극에 대한 Stroop 효과의 크기는 일치 시행의 빈도에 의해 영향을 받지 않는다.

된다(지지하는 결과의 보고는 Cheesman & Merikle, 1987 참조).

대부분의 실험심리학자는 자각 없는 지각 현상이 확고한 근거를 가지고 있다는 데에 동의한다(Kihlstrom, Barnhardt, & Tataryn, 1992). 이런 확신은 부분적으로 사람들이 지각적 자각을 주장하지 않을 때와 지각적 자각을 주장할 때 독립 변인이 가지는 질적 차이에서 비롯된다(Merikle & Reingold, 1992; Merikle, Smilek, & Eastwood, 2001). 방금 서술한 수렴적 증거는 중요한 한 예이다. 자각 없는 지각이란 아이디어의 일반성에 대한 확신은 또한 비자각 효과가 얻어진 여러 실험적 조건으로부터 도출된다(Greenwald, 1992; Loftus & Klinger, 1992; Sergent & Dehaene, 2004). 수렴 조작은 정의의 정확성을 제공하고 과제들 간 결과의 재검증은 그것이 일반적 현상임을 가리킨다.

❍ 맹시의 개관

D. B.의 지각에 대한 우리의 분석은 완벽하지 않다. 그의 맹시 시야에서 물체를 정확하게 탐지하고 위치 파악을 하는 능력에도 불구하고 볼 수 없다는 그의 주장을 검증할 수렴 조작이 필요하다, 맹시 시야에 있는 D. B.의 물체 지각이 좋은(볼 수 있는) 시야에서와 질적으로 달랐다는 것을 보이는 수렴 조작을 하기 위해, Weiskrantz는 Cheesman과 Merikle이 사용한 것과 유사한 전술을 사용했다.

수렴 조작을 제공하기 위해 Weiskrantz가 사용한 절차는 기능의 이중 해리(double dissociation of function)라고 불린다(Sahraie et al., 2010; Weiskrantz, 1997). 이 절차에서 다른 영역의 기능에서 비롯되는 두 가지 다른 과제에 의해 상반되는 행동이 유발된다. 특히 Weiskrantz는 탐지와 위치 파악이 맹시 시야에서보다 좋은 시야에서 **더 나빠지는** 일단의 조건을 찾고, 동시에 재인과 식별은 여전히 맹시 시야에서는 일어나지 않고 좋은 시야에서는 일어나는 것을 보여 주기를 원했다. 만일 이런 조건에 두 시야에서 반대되는 지각적 결함이 있다면, Weiskrantz는 맹시 시야에서의 시각(vision)의 종류가 좋은 시야에서의 것과 질적으로 다르며, 맹시는 정상 시각이 더 나쁜 형태인 것만은 아니라는 것을 분명히 할 수 있었을 것이다.

Weiskrantz는 좋은 시야의 말초부에 x 혹은 삼각형을 제시했다. 짧고 흐릿하게 제시했을 때, 탐지율은 맹시 시야의 중심부에서보다 더 떨어졌다. 좋은 시야에서의 저하된 탐지에도 불구하고, D. B.는 x 혹은 삼각형이 이 시행들에서 제시되었는지 아닌지를 여전히 말할 수 있었다. 다른 실험의 경우와 같이, 맹시 시야에서의 정확한 탐지는 자극을 식별하는 데에서의 맹시와 함께 일어났다. 즉, D. B.는 표적이 맹시 시야에 제시되었는지를 말할 수 있었으나 그것들이 x 혹은 삼각형이었는지를 말할 수 없었다. Weiskrantz는 D. B.에 대한 실험에서 관찰된 해리는 두 개의 시각 시스템이 있다는 생각과 일치한다고 결론지었다. 앞에서 언급했듯이, 하나는 식별과 재인과 관련되는 '무엇(what)' 시스템이다. 다른 것은 탐지와 위치 파악과 관련되는 '어디(where)' 시스템이다. 뇌 손상이 없을 때, 이 두 시스템은 함께 작동하여 탐지에 재인이 동반되며, 성인에게서는 언어적 자각이 동반된다.

다른 종류의 연구는 무엇 및 어디 시각 시스템 간 이중 해리를 나타낸다. 생리학적 연구(Cowey, 1995)는 원숭이의 시각 시스템의 일부가 외과적으로 변경되었을 때 해리를 입증하였다. 한 부위의 시각 시스템에서의 손상은 무엇이 거기에 있는지에 대한 재인에 장애를 일으켰으나 위치 파악은 손상되지 않았다. 시각 시스템에서 다른 곳의 손상은 공간적 능력의 상실을 낳았으나 물체 재인은 손상되지 않았다. 비슷한 결과들이 신경심리학적 영역에서 보고되었다. Farah(1990)는 두 개의 다른 종류의 뇌 손상 환자에 대해 논의한다. 시각 시스템의 한 부위의 손상으로 사람들은 물체를 보거나 상상할 수 없지만 물체가 어디에 있는지를 알아내거나 상상할 수 있다. 역으로, 뇌의 다른 영역에 손상이 있는 사람은 물체의 위치를 파악하거나 그 위치를 상상할 수 없지만 물체 그 자체를 재인하거나 상상할 수 있다. 그래서 두 개의 추가적인 결과의 결합으로 두 개의 기능적 시스템으로 구성된 시각 시스템에 대한 수렴적 증거들이 추가로 제공된다. 행동적인, 생리학적인 및 신경심리학적 자료들은 흥미로운 패턴의 수렴 증거를 내놓는데, 이것은 직접적 및 간접적 과정들이 정상 시각에 관련되어 있다는 Norman(2002)의 이론을 강하게 지지한다.

❍ 외현 자각이 있는 지각

지금까지 우리는 지각을 직접/간접, 하향/상향, 무엇/어디 그리고 비자각/자각의 몇 가지 방식으로 나누었다. 원래의 맹시 연구에서 물체 맹시에 대한 D. B.의 보고는 물체의 위치를 아는 그의 능력과 상응하지 않았다는 것을 기억하라. 그다음 Merikle의 연구에서 초점은 지각에 대한 자각의 결핍에 대해 우리의 이해를 높이는 것이었다. 그렇지만 지각에 대한 외현(명백한) 자각의 효과를 지지하는 데에 수렴 조작의 역할을 분석해야 했는데, 바로 여기에서 한 것이다. 연구는 우리의 이해를 강화하는 데 수렴 조작의 가치를 분명히 보여 준다.

외현 자각에 대한 많은 연구가 Proffitt과 동료들에 의해 수행되고 있고, Proffitt(2006)

은 그런 연구 다수에 대한 개관을 하였다. Proffitt의 개관은 당면한 환경의 지각에 개입하는 시각 과정들, 예컨대 언덕 경사의 정도를 지각하는 과정들은 공간적 배치 조건들을 제외하고는 변경할 수 없다는 것을 언급함으로써 자신의 논지를 개략적으로 묘사한다. 반면에 외현 자각은 광학열(optical array) 및 환경에서 의도하는 일의 정서적 및 신체적 비용에 따라 달라진다. 나중에 논의하겠지만, 가벼운 백팩과 달리, 무거운 백팩을 지고 언덕을 보는 것은 언덕을 더 가파르게 보이도록 하는 것 같다. 그래서 Proffitt(2006)은 "공간적 배치의 지각은 세상에 대한 기하학을 행동적 목표 및 그 목표를 달성하는 비용과 결합한다."(p. 110)라고 주장한다. 그런 결론에 이르게 하는 몇 연구를 살펴보자.

우리가 고찰할 첫 번째 계열의 연구는 언덕의 가파르기의 지각을 조사하였다(Proffitt, Bhalla, Gossweiller, & Midgett, 1995). 관찰자는 언덕 기울기에 대해 역균형화된 순서로 세 가지 판단을 하였는데, 외현 자각에 대해 언어적으로 각도 판단하기, 외현 자각을 언덕의 도식적인 단면을 나타내는 반원을 움직여서 시각적으로 추정하기, 그리고 손바닥으로 판자를 움직여서 촉지각(촉감)적 판단하기인데, 이것은 언덕을 보는 동안 언덕의 경사를 판자의 느낌과 대응시키는 것이다. Proffitt과 동료들은 촉지각적 조건은 암묵적이며, 시각적으로 인도되는 안구운동(oculomotor) 과제라고 가정했다. 관찰자들은 외현 자각 추정을 할 때 언덕 기울기를 과대 추정하였으나, 촉지각 과제에서는 더 보수적이었으며 더 정확하였다. 다음으로, 그들은 숙련된 달리기 주자들로 하여금 언덕 기울기에 대한 세 가지 판단을 두 번에 걸쳐, 한 시간 동안 달리기 직전과 달리기 직후에 하도록 했다. 주자들은 두 개의 다른 언덕의 기울기를 추정했으며, 연구자들은 두 집단의 주자들을 대상으로 달리기 전과 후 조건들에 걸쳐 이 언덕들의 순서를 역균형화하였다(2장 및 9장 참조). 시각적으로 인도된 촉지각 판단은 상당히 정확하였으며 한 시간 동안의 달리기에 의해 영향을 받지 않았다. 대체로 주자들은 외현 자각 판단에서 기울기를 과장하였으며, 달리기 전보다 그 후에 더 가파르다는 외현적 판단을 하였다. 그래서 달리기라는 노력은 외현적으로 추정되는 언덕의 정도를 증가시켰다.

두 번째 계열의 연구에서 Bhalla와 Proffitt(1999)은 관찰자들이 외현 자각과 시각적으로 인도된 추정을 하는 동안 세 가지 다른 방식으로 관찰자의 신체적 비용을 조사하였다. 첫째, 그들은 무거운 백팩을 지는 것이 기울기에 대한 외현적 추정치를 증가시켰으나 촉지각 판단에 영향을 주지 않았다는 것을 발견하였다. 둘째, 대학생 운동선수와 보통의 학부생의 신체 단련 정도를 스트레스 검사로 추정한 다음 그들로 하여금 네 가지 언덕의 기울기를 판단하게 했다. 기울기에 대한 외현 자각 판단은 신체 단련 정도와 부적으로 상관되었다(2장 참조). 즉, 참가자가 덜 단련되어 있을수록 가파름에 대한 시각적 및 언어적 추정은 더 높다는 것을 발견하였다. 시각적으로 인도된 추정치는 신체 단련 정도와 관계가 없었다. 셋째, 노인들이 언덕 기울기에 대한 추정을 하였다. 외현적이지만 시각적으로 인도되지 않은 판단은 나이와 정적으로 변동하였다. 더 나이 많은 사람은 더 높은 기울기를 추정하였다. Bhalla와 Proffitt은 또한 스스로 보고한 건강 약화가 나이효과에 영향을 주었다는 것을 발견하였는데, 건강이 나쁠수록 기울기에 대한 외현적 판단은 더 컸다. 건강 정도는 시각적으로 인도된 판단에는 아무 영향을 주지 않았다.

Proffitt과 동료들의 연구에서 채택된 방법론에는 실험(무겁거나 가벼운 백팩, 달리기 전과 후) 및 피험자 변인들(나이 및 신체 단련 정도)이 있는 준실험이 포함되어 있다. 실험만으로도 인과적 진술이 가능하지만, 실험은 피험자 변인과 연관되는 효과만큼 흥미롭지 않다. 물론 후자(피험자 변인)는 인과적 분석을 허용하지 않는다(2, 3, 12장 참조). 이 연구 전체는 비시각적 과정이 세계에 대한 시각적 지각에 영향을 줄 수 있다는 결론을 강력하게 입증해 준다.

Proffitt의 연구는 운동선수의 수행과 관련되는 추가적인 흥미로운 연구들로 이어졌는데, 소프트볼 선수들의 평균 타율이 추정된 공 크기와 정적으로 상관되어 있으며(Witt & Proffitt, 2005), 다트판의 표적의 크기는 다트 던지기 숙련도와 정적으로 상관되어 있다(Wesp, Cichello, Gracia, & Davis, 2004)는 것이다. Witt와 Sugovic(2010, 2011)은 컴퓨터로 하는 야구 게임을 개발하여 열한 개의 실험에서 야구에서의 성공적인 플레이에는 공 움직임의 지각된 속도 저하가 동반되고 성공적이지 못한 플레이는 공 속도 증가의 지각을 낳는다는 것을 보여 주었다. 어떤 시도에서 성공하는 능력은 지각에 영향을 준다는 것이 분명하다.

이 절을 시작하면서 Proffitt(2006)이 말한 요점을 되풀이함으로써 이 절을 마무리하고자 한다. 세상에 대한 지각은 시각적 분석을 목표에 대한 외현 자각 및 그 목표로 주어지는 비용과 결합한다.

요점

문제에서 실험까지

문제: **색채-거리 착각**

시각 예술에서 따뜻한 색(노랑, 오렌지색, 빨강 및 이 색들의 중간색)은 관찰자를 향해서 움직이는 외관을 보이는 반면 차가운 색(파랑, 초록)은 관찰자로부터 후퇴하는 듯이 보인다는 것은 잘 알려져 있다. 2차원적 그림은 파란색 배경과 따뜻한 색 전경을 쓰는 예술적 도구를 사용해서 3차원적으로 보이게 만들 수 있다. 이런 착각은 꽤 확실하다. 저자들 중 한 사람은 스테인드글라스 전시회를 본 적이 있는데, 거기에서 한 예술 작품에는 빨간 원을 둘러싸는 몇 개의 깊은 파란색 판유리가 있었다. 3차원의 착각이 매우 강력해서 그 원은 파란색 배경 앞으로 약 10cm 떠 있는 것처럼 보였다. 저자는 빨간 유리 조각과 파란 유리 조각이 같은 평면에 있다는 것을 자신에게 납득시키기 위해 위로 올라가 유리를 만져 봐야 했다. 실험심리학자가 이런 따듯한-차가운 색채 착각을 조사하고자 한다고 상상해 보라. 문제를 다음처럼 진술할 수 있다.

문제: **왜 따듯한 색은 튀어나와 보이고 차가운 색은 들어가 보이는가?**

이 문제에 상세하게 답하려고 하기 전에, 신중한 실험심리학자는 먼저 통제된 실험실 조건에서 현상을 시범하고자 할 것이다. 그는 착각이 다른 예술 장치, 예컨대 조망이나 밝기의 변동 때문에 일어날 가능성을 배제하기를 원할 것인데, 이 둘은 거리감을 일으킬 수 있기 때문이다.

그래서 색채가 깊이의 단서로 쓰일 수 있다는 일반적 가설이 먼저 개진되어야 할 것이다. 늘 그렇듯이 우리는 이 일반 가설에 대해 더 구체적인 검증 가능한 번안을 형식화할 수 있다는 것이다.

가설: **색 조각 쌍이 같은 면에 제시될 때, 더 따듯한 색은 한 눈(단안)으로 이 자극을 보는 사람에게 더 가깝다고 판단될 것이다.**

주요한 독립 변인은 물론 시각 검사 조각의 색[혹은 더 기술적으로 말하면 색상(hue)]이다. 동시에 조작될 법한 다른 독립 변인은 눈과 자극 간의 거리이다. 이 변인은 실험자가 특정한 관찰 거리를 선택할 아무 사전 근거가 없기 때문에 포함될 것이다. 관찰 거리에 관해서는 특별한 점이 없기 때문에 이 독립 변인은 불필요하다고 생각할지 모른다. 무선으로 선택된 어떤 거리이든 마찬가지일 것이다.

이런 추리는 만일 거리가 중요하지 않다는 가정이 맞다면 맞는 것이지만, 이것은 단지 실험자의 최선의 추리일 뿐이다. 단지 하나의 관찰 거리 대신 서너 가지를 쓰는 것은 쉽고 비싸지 않기 때문에, 대부분의 실험자는 계속해서 거리를 조작할 것이다. 관찰 거리가 색의 깊이 단서에 대해 아무 효과가 없다는 것을 보이는 자료는, 비록 특정한 주장이 없는 발견이기는 하지만 여전히 흥미로운데, 그것은 착각에 대한 어떤 설명을 배제하도록 하기 때문이다. 마지막으로, 실험자의 추측이 틀리기라도 한다면 두 개의 독립 변인(색상과 관찰 거리)은 상호작용할 수도 있다.

이 실험에서 얼마나 많은 색상이 검사되어야 할 것인가? 만일 모든 가능한 색상 쌍이 관찰자에게 제시되어야 한다면, 자극(한 자극은 한 쌍의 색 조각이다)의 수가 검사해야 할 색상의 수에 따라 극적으로 증가한다. 최소한의 실험에는 세 가지 색상, 즉 따듯한 것, 차가운 것, 그리고 중성적인 회색이 필요할 것이다. 이것은 세 자극 전체가 모든 가능한 쌍으로 제시될 것을 필요로 한다. 비록 이 전체는 실험적 노력을 요구한다는 면에서 가장 타당하지만, 세 자극(그리고 단지 두 개의 실제[1] 색상)은 그 효과의 일반성을 확립하는 데에는 너무 적다. 우리는 다섯 개의 색상, 따듯한 색 두 개, 차가운 색 두 개 그리고 회색 한 개를 쓸 수 있을 것이다. 그러면 열 개의 자극이 필요할 것이다. 일곱 개의 색은 21개의 자극을 필요로 하며, 아홉 개의 색은 36개의 자극을 필요로 한다. 실험 세션이 너무 길어지는 것을 피하기 위해, 다섯 개의 색과 네 가지 관찰 거리를 선택할 수 있다.

종속 변인은 강제선택 판단인데, 관찰자는 두 색 조각 중 어느 것이 더 가까이 있는 것으로 보이는지를 말하도록 요구받는다. (실제로 그들은 관찰자로부터 같은 거리에 있다.) 이것은 행렬을 만들어서 채점될 것인데, 모든 색상이 행과 열을 따라 열거되어 있다. 행렬의 각 칸은 두 색의 조합을 적시하는 것이다. (행렬을 가로지르는) 주 대각선에는 어떤 입력도 없을 것인데, 같은 색은 한 자극 안에 두 번 제시되지 않을 것이기 때문이다. 칸의 입력은 색 X가 색 Y보다 더 가까이 있다고 판단된 횟수일 것이다.

어떤 지각 실험에서든, 많은 통제 변인이 고려될 필요가 있다. 보통 사람들이 색이라 부르는 것은는 실제로 세 가지 독립적 속성, 즉 색상, 채도, 및 명도로 구성되어 있다. 색상은 빛의 주파수이며, 빨강, 초록 등의 색조에 상응한다.

채도는 색의 강도, 즉 색이 엷은지, 바랜지, 혹은 깊고 강한지에 상응한다. **명도**는 표면으로부터 반사되는 빛의 양을 가리킨다. 우리 실험에 색상이 주요 독립 변인이기 때문에, 채도와 명도는 통제되어야 한다. 명도는 특히 깊이에 중요한 단어인데, 다른 모든 것이 똑같다면 더 밝은 물체는 관찰자에 더 가까이 있는 것으로 지각된다. 그래서 우리는 우리의 모든 자극이 밝기가 똑같다는 것을 매우 확실히 해야 한다. 다른 통제 변인은, 단안(한 눈) 관찰 조건을 명시한 가설에 이미 주어졌다.

각 눈은 약간 다른 위치에서 외부 물체를 보기 때문에 양안(두 눈 모두) 시각은 깊이 지각의 중요한 단어이다. 우리는 가능한 깊이 단서로서 우선 색에 관심이 있고, 거리에 대한 모든 다른 단서는 실험에서 제거되어야 한다.

이 실험의 결과가 어떠할는지를 우리는 모른다. 그러나 추가 논의의 목적을 위해 따듯한 색이 더 가까이 있는 것으로 판단되었다고 상상해 보자. 그다음 우리는 다른 가설을 세워서 이 첫째 실험의 결과와 해석을 강화하기 위한 수렴 조작을 제공하려 할 것이다.

가설: **관찰자가 조절 가능한 채색 자극이 고정된 채색 자극과 같은 평면에 있는 것처럼 보이게 움직이도록**

1) 역주: 회색은 무채색이므로 실제 색상으로 취급되지 않는다.

요구받을 때, 만일 그것이 차가운 색이고 고정된 자극이 따뜻한 색이면 관찰자는 조절 가능한 자극을 더 가까이 놓을 것이다. 그 반대 경우에는 반대로 할 것이다.

이 가설은 첫째 것보다 더 복잡하므로 더 자세히 설명할 것이다. 두 개의 채색된 원이 당신 앞에 있는데, 하나는 앞뒤로 움직일 수 있도록 도르래 위에 있다고 상상해 보라. 다른 원은 움직일 수 없다. 당신의 과제는 이 도르래를 조절하여 두 자극이 당신으로부터 똑같은 거리에 있는 것처럼 보이도록 하는 것이다. 가설의 예언은, 따뜻한 색이 당신에게 더 가까이 있는 것으로 보일 것이기 때문에, 도르래 위에 놓인 (멀리 떨어져 있는 것으로 보이는) 차가운 색은 고정된 따뜻한 색과 나란히 있는 것처럼 보이기 위해서는 더 가까이 움직여야 한다는 것이다. 마찬가지로, 만일 고정된 색이 차가운 색이라면 그것은 더 멀리 떨어져 있는 것으로 보일 것이므로, (더 가까이 있는 것으로 보일) 도르래 위의 따뜻한 색은 고정된 색보다 당신으로부터 더 멀리 떨어지도록 움직여야만 한다.

독립 및 통제 변인은 전과 같다. 종속 변인은 이제 관찰자와 조절 가능한 자극 간의 거리이다.

그러나 거리를 채점하면서 우리는 고정된 자극의 위치를 0으로 두고 만일 조절 가능한 자극이 관찰자에게 더 가까이 있으면 음수를 기록하고, 그것이 더 멀리 떨어지면 양수를 줄 것이다. 첫째 실험은 따뜻한-차가운 착각에 대해 질적 평정을 낳는 반면에, 이 실험은 지각된 거리를 바탕으로 숫자를 준다. 그러므로 이것은 여러 색 조합에 대해 착각이 얼마나 강한지 혹은 약한지를 표시해 준다. 만일 충분히 대담하다면 착각의 크기가 각 쌍의 자극의 색상들 간의 주파수 차이에 달려 있으리라고 예언함으로써 이 가설은 한층 더 구체적으로 만들어질 수 있을 것이다. 자극이 시각 스펙트럼에서 더 멀리 떨어져 있음에 따라 거리 설정이 더 크게 나올 것이다.

지금까지 왜 이런 일이 일어나는지를 설명하는 것보다, 우리는 따뜻한 색이 앞으로 움직이고 차가운 색이 뒤로 물러선다는 (가설적) 발견의 반복가능성과 신뢰도를 확립하는 데에 두 실험의 목적을 두었다. 두 실험이 제공한 수렴 조작들은 약한데, 그것들은 꽤 비슷하고 단지 종속 변인이 측정되는 정밀도에서만 다르기 때문이다. 특히 관찰자가 하는 판단은 동시에 보이는 두 가지 색과 관련된 상대적 판단이다. 우리의 (가설적) 결과를 설명하기 위한 다음 단계는 단일 자극에 대한 절대 판단을 요구함으로써 더 강한 수렴 조작을 제공하는 것이리라.

가설: **관찰자가 두 눈으로, 단일 채색 자극 조각의 거리를 추정하도록 요구받을 때, 따뜻한 색은 차가운 색보다 더 가까이 있는 것으로 판단될 것이다.**

우리의 독립 변인은 통제 변인과 마찬가지로 변하지 않는다. 종속 변인은 거리의 직접 추정치이다. 여기에 사용할 수 있는 몇 가지 척도화 기법이 있는데, 간단히 우리는 관찰자로 하여금 그에게 친숙한 거리 단위, 예컨대 인치나 cm로 판단하도록 할 것이다. 물론 중성 회색 자극에 대해서도 그런 추정치가 매우 정확할 것 같지는 않지만, 이것은 우리가 탐구하고자 하는 논제가 아니다. 이 실험에서 우리가 관심 갖는 것은 따뜻한 대 차가운 색에 대한 거리 추정치의 상대적 값이다. 만일 결과가 앞의 두 실험에서 세운 가설과 일치하면, 우리는 거리 단서로 쓰이는 색에 어떤 절대적 속성이 있다는 것을 알게 된다. 만일 아무 차이가 없다면, 즉 거리 추정치가 모든 색에 대해 같다면, 두 가지 가능성이 남아 있다. 당신은 아마 가설이 정상 양안 시각이 검사되어야 한다고 진술한다는 것을 알아차렸을 것이다. 이것은 또 다른 수렴 조작이다.

만일 결과가 부정적이면, 신중한 실험자는 이 세 번째 실험을 전과 같이 단안 시각을 써서 재검증할 것이다. 만일 단안 시각으로 결과가 여전히 부정적이면, 어쩔 수 없이 우리는 따듯한-차가운 거리 착각은 상대 판단의 속성이며 그것을 생성하는 데 두 자극 간의 대비가 필수적이라고 결론 내리게 될 것이다. 이것이 효과를 설명하는 데 주요 단계이지만, 여전히 시작일 뿐이다. 남은 단계들은 미래의 실험자를 위해 연습으로 남겨져 있다. [당신이 이에 대해 더 많은 것을 알고 싶다면 Coren, Ward와 Enns(1994)와 같은 지각 교재에서 색수차(chromatic aberration)를 찾아보라.]

☑ 요약

1. 지각은 종종 감각의 해석이라고 묘사된다. 지각 연구의 논제에는 지각에 대한 직접 및 간접(종종 상향 및 하향 처리라고 지칭된다) 접근의 역할, 타고난 및 경험적 요인이 지각에 영향을 미치는 방식, 그리고 자각이 하는 역할이 포함된다.
2. 언어 보고는 심리학자가 다른 사람의 지각적 및 현상학적 경험을 연구할 수 있도록 해 준다. 그러나 언어 보고가 적절한 종속 변인이라는 것을 분명히 하기 위해 조심할 필요가 있다. 언어 보고로 연구된 지각적 논제들의 예에는 맹시와 자각 없는 지각이 있다.
3. Stroop 효과에서 Cheesman과 Merikle의 연구는 주관적 역치상에서 제시된 항목에 대한 언어 자각과 주관적 역치 이하이면서 객관적 역치 이상에 제시된 항목에 대한 언어 자각에 차이가 있다는 것을 가리킨다.
4. 수렴 조작은 지각적 조작에 관한 추리가 단일 실험 혹은 실험조건으로부터의 추리보다 더 강하도록 해 준다. 수렴 조작은 심리학자들이 맹시, 자각 없는 지각, 그리고 외현 자각이 있는 지각을 더 잘 이해하도록 해 주었다.

☑ 주요 용어

1유형 맹시Type 1 Blindsight
Emmert의 법칙Emmert's law
감각sensation
객관적 역치objective threshold
부적 잔상negative afterimage
수렴 조작converging operations
암부scotoma
이중 해리(기능)double dissociation of function
자료 주도적 처리data-driven processing
점화priming
정적 잔상positive afterimage
주관적 역치subjective threshold

2유형 맹시Type 2 Blindsight
Stroop 효과Stroop effect
개념 주도적 처리conceptually driven processing
동체 시야측정법dynamic perimetry
상향 처리bottom-up processing
순간노출기tachistoscope
언어 보고verbal report
자각awareness
잔상afterimage
점화 시력prime sight
조작주의operationism
차폐masking

착각illusion

환각hallucination

하향 처리top-down processing

☑ 논의거리

1. 당신이 외과적 혹은 치과적 통증을 완화시키려고 처방 약을 먹은 적이 있다면 당신은 통증(상처)의 느낌과 통증의 출처를 파악하는 능력 간의 해리를 아마 경험했을 것이다. 이것을 맹시와 자각 없는 지각에 관련지어 보라.
2. Garner(1974)를 참조하여, 차원 통합성과 분리성의 개념을 강화하는 데 수렴 조작이 어떻게 사용되었는지를 논의하라.
3. 따듯한-차가운 색-거리 착각을 더 탐구하는 당신 자신의 실험을 설계하라.
4. [Coren 등(1994)과 같은] 지각 교재를 참조하여, 착각에 관한 추가 예와 현상학적 보고들을 논의하라.

☑ 웹 연결

냄새와 맛의 지각에 관한 분석은 다음 웹사이트를 보라.

http://www.hhmi.org/senses/

시각 및 청각 착각에 관한 흥미로운 이야기는 다음 웹사이트를 보라.

http://www.illusionworks.com/

☑ 실험실 자원

지각에 관한 흥미로운 실험이 Langston(2002)의 매뉴얼의 6장에서 고찰된다. 이 실험은 방의 색이 사람의 기분에 어떻게 영향을 주는지를 살펴본다.

심리학 실습: Stroop 효과

당신은 스스로 Stroop 검사를 쉽게 해 볼 수 있다. 필요한 것은 몇 장의 색인 카드, 채색 마커 및 초침이 있는 시계 혹은 더 좋은 것으로 스톱워치뿐이다.

16장의 색인 카드를 가지고, 마커를 이용해서 유색으로 색 이름, 즉 초록색 마커로 초록이라는 식으로 쓰라. 만일 여덟 개의 마커가 있다면 각 색은 두 번 되풀이될 것이다. 만일 네 개의 마커만 있다면, 각 색을 네 번 되풀이해 쓰라. 다른 열여섯 장의 색인 카드를 가지고, 잉크와 상응하지 않는 색 이름, 즉 초록 마커로 빨강이라는 식으로 쓰라. 당신의 자극이 이제 완성되었다.

두 벌의 카드 중 하나를 고르라. 각 카드에 대해 잉크 색의 이름을 말하라. 열여섯 장을 모두 완료하는 데 얼마나 걸렸는지 시간을 재라. 다른 카드들에 대해서도 똑같이 하라. 일치하는 색 이름과 잉크 색이 있는 카드 묶음에서 더 빨랐는가? 더 신뢰할 만한 결과를 얻기 위해 당신 자신만을 검사하는 것보다 몇 사람을 검사해 보는 것이 더 좋을 것이다.

Stroop 효과를 연구하는 다른 방법은 숫자 자극을 사용하는 것이다. 당신의 참가자가 1부터 4까지의 숫자가 여러 번 되풀이되는 한 자리 숫자들의 긴 열을 끝까지 얼마나 빨리 읽는지를 재라. 그다음 그들이 한 열에 있는 임의의 기호들의 수를 세는 데 얼마나 걸리는지를 재라. 그 열은 먼저 번 열과 길이가 같아야 하고, 달러 사인과 같은 기호를 쓰는데, 한 줄에 그 기호들이 한 개, 두 개, 세 개, 혹은 네 개가 있도록 해야 한다. 드디어 당신은 Stroop 갈등 조건을 시도해 볼 준비가 되었다. 앞의 두 열과 길이가 같은 열을 만드는데, 자극들은 2 2 2 2, 1 1, 3 및 4 4 4와 같은 것이다. 참가자의 과제는 숫자들의 수를 말하는 것이다. 즉, 2 2 2 2를 보면 '넷'이라고 말해야 하며, 나머지도 그렇다. 앞의 실험을 더 흥미롭게 한다면, 목록이 위아래가 뒤집혀져 제시될 때 별개의 참가자 집단이 모든 자극을 읽도록 하는 것이다.

이것은 읽기와 세기(counting)를 더 힘들게 하고 반응하는 속도를 늦출 것이다.

Stroop 효과의 크기에 무슨 일이 일어나는가? 왜 그런가?

제8장

주의 및 반응시간

과학에서 가장 심각한 비극은 아름다운 가설을 추한 사실로 죽이는 것이다. (T. H. HUXLEY)

이 장에서는 두 개의 기본적 인지 과정, 즉 주의와 자극에 반응하는 데 걸리는 시간을 살펴본다. 사람들이 자신의 인지 자원을 한 과제에서 다른 과제로 어떻게 전환하는지와 관련해서 주의 측면들에 초점을 맞춘다. 둘째 주제에 대해서 우리는 외적 행동, 반응하는 데 걸리는 반응시간 및 인지 활동 중에 발생하는 뇌파의 본질과 타이밍에 대해 고찰한다. 살펴볼 방법적 논제는 혼입, 종속 변인의 선택 및 상호작용이다.

반응시간의 ABC

반응시간에 대한 관심은 18세기 영국 왕립천문대의 조수가 그의 반응시간이 고용인의 반응시간과 일치하지 않았다는 이유로 해고되었을 때 시작되었다. 당시 천문학자들은 천체가 망원경의 접안대에 있는 선을 가로지를 때를 관측함으로써 천체적 사건의 시각과 위치를 기록하였다. 가까이 있는 시계는 매초 째깍거렸으며 관찰자는 거의 1/10초 단위로 가로지르는 시각을 기록하기로 되어 있었다. 불행한 조수인 Kinnebrook의 교차 시각은 언제나 너무 위대하였던 그의 상사에 의해 점검받았다. Kinnebrook은 경고를 받았으나 그의 관측 시각을 줄일 수 없었으므로 해고되었다.

독일 천문학자 Bessel은 Kinnebrook의 해고에 관해 듣고서 Kinnebrook과 그의 상사의 교차 시각 간의 차이가 무능과는 다른 것에 의해 유발되었는지에 대해 궁금하였다. Bessel은 사람들이 약간씩 다른 반응시간을 가지고 교차를 관측할 것이라고 의심하였다. Bessel과 다른 천문학자들이 그들의 교차 시각을 비교하였을 때, 그들은 체계적인 차이를 일관성 있게 발견하였다. 어떤 천문학자는 다른 사람보다 항상 더 빠른 추정치를 낳았다. 천체의 교차 시각에 반응하는 데에서 천문학자들 간의 차이는 개인 오차(personal equation)라고 불렸는데, 이것은 사람들이 반응시간에서 차이가 있으며 그래서 교차 시각을 추정하는 데 자기 자신의 등식이 있다는 사실을 강조하는 말이다.

개인 오차는 천문학자들의 문제였을 뿐이었으나, 네덜란드 생리학자 Donders는 여러 정신 조작에 필요한 시간을 측정하는 데 사람들의 반응시간을 쓸 수 있다는 것을 깨달았다. Donders는 세 종류의 반응시간 과제를 개발하였으며, 이것들은 지금까지 Donders A, B 및 C 반응으로 알려져 있다([그림 8-1]에 예시).

A 반응은 종종 단순 반응(simple reaction)이라 불리는데, 빛과 같은 단일 자극이 나타나고 관찰자는 하나의 키 혹은 버튼을 빨리 눌러서 반응한다. 단지 하나의 자극과 하나의 반응만이 있다. 큰 신호음에 대한 반응으로 알람시계를 끈다면, 소리의 개시와 알람 버튼의 누르기 간의 시간이 당신의 단순 반응시간이다. Donders는 A, 즉 단순 반응이 더 복잡한 반응에 개입하는 인지 조작의 기저선을 제공한다고 믿었다. 더 복잡한 반응은단순 반응에서 일어나는 것, 즉 감각 과정, 신경 전도 시간, 근육 운동 시간, 등이 필요할 것이지만, 또한 추가적인 인지 조작이 있을 것이다.

더 복잡한 B 및 C 반응이 또한 [그림 8-1]에 예시되어 있다. 선택 반응시간(choice reaction time)이라고도 하는 B 반응에서는 하나 이상의 자극이 있고 하나 이상의 반응이 있다. 각 자극에는 그 자체의 고유한 반응이 있다. [그림 8-1]에 보이듯이 관찰자는 S_1이 일어날 때 R_1 반응을 하고, S_2가 일어날 때 R_2 반응을 하기로 되어 있다. 당신의 차가 신호등 앞에 있을 때 당신은 B(혹은 선택) 반응에 직면한 것이다. 만일 신호등이 초록이면, 당신은 가속 페달을 밟는다. 만일 빨강이라면, 당신은 브레이크(제동) 페달을 밟는다. 선택 반응에서는 기저선에 추가해서 어떤 인지 조작이 필요한가? 첫째 당신은 신호등이 빨강인지 또는 초록인지를 식별해야 한다. 그다음 당신은 밟아야 할 페달을 선택해야 한다. 그러므로 선택 반응에는 단순 반응에서 일어나는 기저선 조작들을 포함해서 자극 식별과 반응 선택이라는 인지적 조작이 필요하다.

식별과 선택에 필요한 시간을 추정하기 위해서 세 번째 종류의 반응을 결정할 필요가 있다. Donders C 반응은 [그림 8-1]의 맨 아래에 있는 것이다. B 반응처럼 여기에

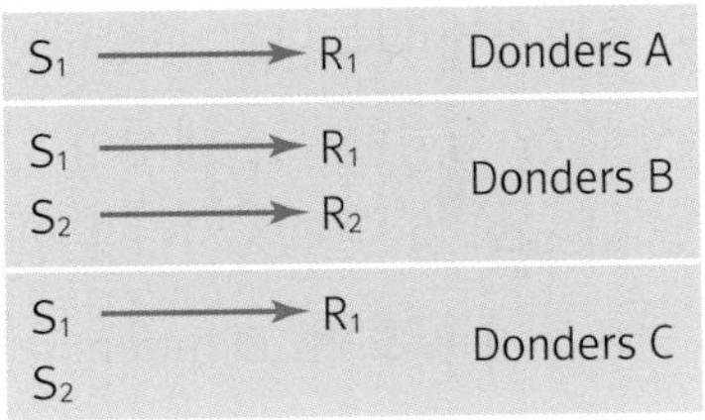

[그림 8-1] Donders A, B 및 C 반응 과제

맨 위에 Donders A 반응 과제가 있다. 이 단순 반응시간 절차에서 한 자극이 한 반응에 연결된다. 중간에 Donders B 반응 과제가 있다. 이 반응시간 절차에서는 두 개의 자극이 두 개의 반응에 연결된다. 그 아래에 Donders C 반응 과제가 있는데, 두 개의 자극이 있지만 단지 하나만이 반응과 연결된다.

는 하나 이상의 자극이 있지만 단지 한 자극만이 반응과 연결되어 있다. 만일 S_1이 발생하면, 관찰자는 R_1 반응을 하도록 되어 있다. 만일 그 밖의 다른 자극(S_2)이 일어나면, 올바른 행동은 반응을 철회하고 아무것도 하지 않는 것이다. 테이크아웃 식당에서 줄 서서 기다리는 것은 C 반응의 예가 될 것이다. 당신의 번호가 불릴 때까지 당신은 반응해서는 안 된다. 어떤 인지 조작이 C 반응을 하는 데 필요한가? B 반응에서처럼, 당신은 번호가 불릴 때 당신의 번호를 식별해야 한다. 그러나 이 일이 한 번 수행되면 반응을 선택할 필요는 없는데, 단지 한 반응만이 적절하기 때문이다. 그래서 C 반응은 기저선 조작에 자극 선택을 추가하지만 반응 선택을 필요로 하지 않는다.

이제 우리는 반응시간(RT)의 적절한 쌍을 뺌으로써 식별 및 선택의 인지 조작에 필요한 시간을 추정할 수 있다. C 반응은 기저선이라 분류된 시간에 더해 식별을 측정한다. 그러므로 C RT에서 A RT를 뺌으로써 우리는 식별에 얼마나 시간이 걸리는지를 알 수 있다. 마찬가지로 B RT에서 C RT를 뺌으로써 자극 선택 시간을 추정하는데, B 반응은 식별, 선택 및 기저선 시간을 포함하지만 C 반응은 단지 식별과 기저선 시간만을 포함하기 때문이다. 여러 인지 조작을 수행하는 데 걸리는 시간을 추정하는 이와 같은 절차는 **감산법**(subtractive method)이라 불린다. Donders A, B 및 C 반응을 사용하는 감산법이 [그림 8-2]에 예시되어 있다.

심리학의 초기에 Wundt(부록 참조)와 그의 제자들은 감산법을 써서 RT를 연구하는 데 많은 노력을 들였다. 그러나 그 방법은 곧 자료수집 방법으로 내성을 사용한 심리학자들로부터 공격을 받았다. 부록에서 언급했듯이 **내성**(introspection)은 한 사람이 자신의 의식을 조사하는 체계적 방법이었으며, 미국의 구조주의 심리학자 Titchener와 그의 제자들이 비중 있게 사용하였다. 숙련된 내성주의자가 Donders의 반응을 수행했을 때, 그들은 C 반응이 A 반응 더하기 그 밖의 무엇처럼 느껴지지 않으며, B 반응은 C 반응 더하기 다른 무엇처럼 느껴지지 않는다고 주장하였다. 그 대신 세 반응은 모두 완전히 다르게 느껴졌다. 당시 많은 심리학자는 내성이 인지 과정을 이해하는 강력한 도구라고 생각했기 때문에 Donders의 감산법은 신임을 받지 못했다. 오늘날 실험심리학자들은 내성 자료에 크게 의존하지 않으며, Donders의 방법은 상당한 양의 중요한 연구 및 이론화의 기초가 되는데, 그중 일부를 이 장의 후반부에 살펴볼 것이다.

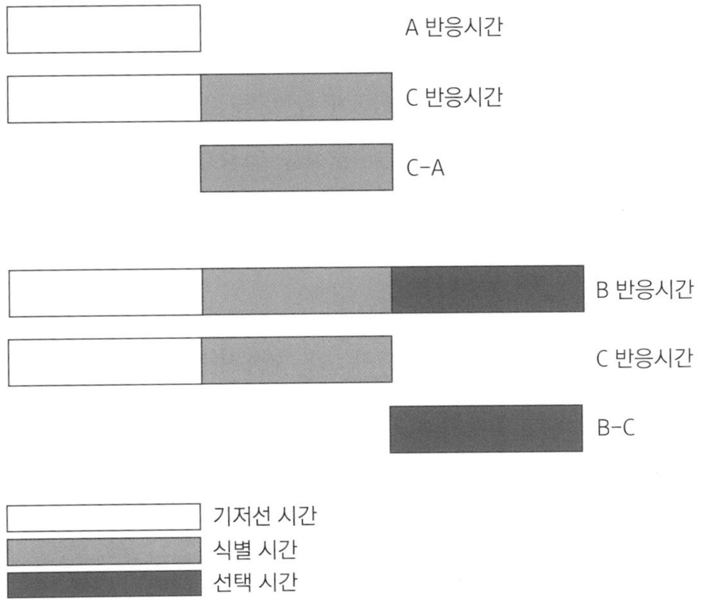

[그림 8-2] Donders의 감산법의 예시

8.1 실험 주제 및 연구 예시

주제 **혼입**

예시 **순수한 삽입**

주의와 같은 복잡한 정신 과정에 대한 현대 연구는 복잡한 과정을 일단의 성분 혹은 모듈로 나누고자 한다. 이러한 성분 모듈을 어떻게 식별할 수 있는가? 중요한 기준은 **개별적 수정가능성**(separate modifiability)이다(Sternberg, 2001). 이것은 일종의 독립성인데, 한 성분 모듈이 다른 것을 바꾸지 않고도 바뀔 수 있을 때 발생한다. 예를 들어, 만일 모듈 A인 반응 수행(response execution)이 모듈 B, 예컨대 지각의 정신 기능을 변경시키는 일 없이 바뀔 수 있고, 모듈 B가 모듈 A의 변경 없이 바뀔 수 있다면, 그 두 정신 과정은 개별적으로 수정 가능한 것이다.

그래서 Donders B 반응의 성분([그림 8-2])은 정보처리의 뚜렷이 구별되는 개별적 모듈(혹은 단계)이다. 이것은 이론적 진술이며 적절한 실험으로 확증될 필요가 있다. 만일 Donders가 맞으면, 우리는 세 단계가 개별적으로 수정 가능하기를 기대할 것이다. 이 이론적인 정보처리 모형을 검증하기 위해 우리는 이 모든 처리 단계 혹은 모듈에 의해 영향받는 몇 가지 측정치(종속 변인)을 찾아야 한다. [그림 8-2]에 보이듯이, 반응시간이 그런 측정치이다. 그러나 우리는 먼저 각 처리 단계가 측정치에 어떻게 기여하는지를 명시할 때까지는 개별적 수정가능성을 검증할 수 없다. 한 가지 단순한 결합 규칙은 전체 반응시간이 개별 단계 반응시간의 합이라는 것이다. 이 규칙은 우리가 개별 단계 시간을 더할 수 있다고 주장하기 때문에, 이 분석법은 가산요인법(additive-factor method)이라고 불린다(Sternberg, 2001).

정신 과정이 개별적으로 수정 가능할 때, 한 과정의 추가(혹은 탈락)는 다른 과정에 영향을 미치지 않는다. 가산요인법은 한 단계의 지속시간(단계-처리 시간)은 다른 단계의 지속시간에 의존하지 않는다는 가정을 필요로 한다. 그래서 어떤 다른 정신 과정이 추가되거나 탈락될 때, 원래 단계의 지속시간에 아무 일도 생기지 않는다. 이것은 순수 삽입(pure insertion)의 가정이라 불린다. 즉, 한 정신 모듈은 다른 모듈의 지속시간을 변경시키는 일 없이 추가되거나 탈락될 수 있다.

Donders의 단계 모형이 A, B 및 C RT의 순서를 예측하지만, 순수 삽입의 가정을 직접 검증하지는 않는다는 것을 깨닫는 것이 중요하다. 수학적으로 말하면, 세 개의 등식이 있고, 이 등식들로 추정되는 세 개의 미지수가 있다. 등식과 미지수의 수가 같지 않기 때문에, 순수 삽입이 타당성과 가정을 검증하는 것은 수학적으로 가능하지 않다. (다른 말로 하면, 그 가정은 결과를 산출하기 위해 사용되었으나 가정을 정당화하기 위한 자유도가 남아 있지 않다.) 초기 연구자들은 내성적 보고를 기반으로 순수 삽입의 가정을 배격한(Kulpe, 1893) 반면, 현대 연구자들은 행동의 더 객관적인 검증을 선호한다.

그래서 RT에 추가해서 또 다른 측정치를 추가하는 것이 도움이 되는 것으로 밝혀질 것이다. 반응 강도(response force), 즉 반응 키에 주어지는 압력의 양은 인간 정보처리의 연구에 유용한 추가적 측정치인 것으로 밝혀졌다. 예를 들어, 반응 강도는 자극 강도가 증가함에 따라 증가하며(Miller, Franz, & Ulrich, 1999), 어떤 외적 반응이 요구되지 않고 RT이 측정될 수 없을 때에도 관찰될 수 있고 독립 변인과 관련될 수 있다(Kantowitz, 1972).

A, B 및 C 반응에 대한 RT와 강도 의존적 변인 모두를 측정한 일련의 다섯 실험이 Ulrich, Mattes와 Miller(1999)에 의해 수행되었다. 그들의 첫 실험은 시각 자극(초록 LED)을 중앙의 응시점의 왼쪽 혹은 오른쪽에 제시했다. A 반응의 경우, 참가자들은 같은 손으로 어떤 불빛이든 반응을 하였다. B 반응의 경우, 그들은 왼쪽 불빛에 대해서는

Tombu와 Jolicoeur(2003)는 두 종류의 모형을 신중하게 개관하고 용량 공유 모형이 선호될 만하다고 결론지었는데, 대체로 첫째 자극에 대한 지연된 RT 때문이다. 그들의 결론은 최근 실험뿐만 아니라 30년도 더 전에 발표된 자료와 이론에 기반을 둔다. 과학에서 좋은 자료와 모형은 영원하다. 패션과 달리, 가장 최근의 발표가 자동적으로 가장 좋은 것은 아니다. 더 이전의 아이디어와 결과의 가치는 시간이 지나도 반드시 사라지지 않는다. 이것이 과학이 결과의 발표에 높은 가치를 두는 한 가지 이유이다. 우리가 더 이상 활동적인 연구자가 아닌 오랜 후에도 우리 연구가 유용한 것으로 남아 있을 가능성이 있다.

8.3 실험 주제 및 연구 예시

주제 **연구자 자유도**

예시 **운전에서 심리적 불응기**

연구자 자유도(researcher degrees of freedom) 주제는 3장에서 소개되었다(Simmons, Nelson, & Simonsohn, 2011). 이 구성개념은 자료의 수집과 분석을 인도하는, 연구자가 내리는 일단의 결정을 가리킨다. 이 절에서 우리는 심리적 불응기를 조사하는 최근의 두 연구를 묘사함으로써 이 구성개념을 보여 준다. 첫째는 이론적 연구를 주로 싣는 인정받는 학술지에서 나온 것이다. 둘째 연구는 중요한 실제 문제를 해결하기 위해 연구하려고 하는 잘 알려진 응용 학술지에서 나온 것이다.

두 연구는 RT를 주요 종속 변인으로 사용한다. X를 종속 변인으로 쓰는 가상적인 이상적 실험을 묘사함으로써 이야기를 시작해 보자. X는 우리가 측정하는 무엇이든 될 수 있다. 이상적인 연구는 자료를 빠뜨릴 필요가 전혀 없을 것이다. 수집된 X의 모든 값은 분석될 것이다. 게다가 계산된 통계치 전부는 X 그 자체로부터 직접 계산될 것이다. 즉, 자료의 수학적 변형의 필요가 없을 것이다. X를 종속 변인으로 쓸 수 있는 운 좋은 실험자는 행복하다.

그러나 때때로 RT가 종속 변인이고 RT 자료를 빼거나 변형시켜야 할 타당한 이유가 있을 때 문제가 생긴다. 예를 들어, 대부분의 수학적 분석은 자료의 정상분포 가정에 의존한다. 정상분포는 평균에 대해 대칭적이다. RT 자료는 하한을 가지고 있다. RT는 0보다 더 적을 수 없다. 그래서 RT 분포는 정상적이지 않다. 우리는 극단적인 자료점을 제거함으로써 이 분포가 정상분포에 더 비슷하게 보이도록 할 수 있다. 이것은 보통 진정한 정상분포를 만들어 내기에 충분하지 않을 것이며, 그래서 실험자는 분포가 정상적으로 보이게 하는 어떤 방법을 써서(로그값, 제곱근, 역수 등을 취함으로써) 자료를 변형시켜서 통계의 신을 달래고자 하는 유혹에 빠진다. 이것은 많은 경우에 말보다 마차를 앞에 두는 것이 될 것이다. 우리는 통계 분석의 즐거움을 즐기기 위해 실험을 하지 않는다. 통계학은 자료를 더 잘 이해하는 데 도움이 될 때 유용하다. 자료를 왜곡하거나 자료를 파악하기 힘들게 하는 통계학은 거의 도움이 되지 않는다. 게다가 실험실 연구의 큰 이점은 각 조건에 같은 수의 피험자가 있는 균형 맞춘 실험설계를 사용하는 능력이다. 이것이 이뤄지면 변량분석과 같은 추리통계는 종종 강건하다(robust). 정상분포를 가질 필요성이 덜 중요하게 된다.

RT를 종속 변인으로 사용하는 연구자는 자료를 누락시키고 그리고/혹은 변형해야 하는가? 가장 좋은 실천 방안은 항상 완벽하고 변형되지 않은 자료를 보고하는 것일 것이다. 그다음 실험자가 꼭 필요하다고 여긴다면 자료 세트를 조작하는 추가적인 분석도 보고할 수 있을 것이다. 이제 이 점을 보여 주기 위해 실제의 실험 결과로 들어가 보자.

Levy, Pashler와 Boer(2006)는 중추 간섭을 연구하기 위해 모의 운전 과제를 사용했다. 참가자들은 가끔씩 브레이크를 밟는 선도(앞) 차를 따라갔다. 브레이크 RT는 선도 차의 미등의 점등과 피험자가 브레이크 페달을 밟는 것 사이의 시간으로 정의되었다. 이 과제를 사용하는 이론적인 이유는 숙련된 운전자의 경우 브레이크를 밟는 반응이 매우 숙달되어 있다는 것이었다. 전형적인 실험실의 심리적 불응기 실험은 과제에 대한 제한된 양의 연습만을 허용한다. 실험자는 심리적 불응기 효과([그림 8-9])가 매우 숙달된 반응에도 지속되는지를 발견하고자 설계되었다.

3,000ms보다 큰 브레이크 RT 자료점들은 분석에서 배제되었다. 저자들은 그런 시행들이 얼마나 많이 배제되었는지를 보고하지 않았다. 결과가 보여 주는 것은 심리적 불응기 효과가 숙달된 브레이크 반응에도 유지되었다는 것이다. 최선의 관행은 저자들이 모든 자료점을 사용한 분석을 보고하는 것이었으리라. 둘째로 좋은 관행은 적어도 배제된 시행 수를 보고하는 것이었으리라. 완전한 보고가 없어서 확신할 수는 없지만 이 자료의 누락이 아마 결론을 바꾸지 않았을 것이라고 짐작한다. 계속해서 운전에 대한 응용 연구를 살펴보자.

Hibbad, Jamson과 Carsten(2013)은 Levy 등(2006)의 연구를 재검했는데, 브레이크

과제에 앞서서 차내에서 하는 선택 과제에 촉지각(촉감) 양상을 추가했다. 이 실험에는 후속적인 브레이크 과제에 가장 덜 간섭할 것으로 보이는 차내 과제를 위해 최소한도로 침입적인 형식을 찾겠다는 응용 목표가 있었다. 그들의 가설은 촉지각 조건이 심리적 불응기 효과를 감소시키리라는 것이었다.

200~3,500ms 범위의 브레이크 RT 자료만이 분석되었다. 그들은 이 자료가 5,376개의 관찰 자료 중 93.8%에 해당한다고 보고했다. 통계적 검증에서 브레이크 RT는 정상적으로 분포하지 않는다는 것을 보여 주었다. 그러므로 보고된 통계 분석은 역수-변형된(reciprocal-transformed) 자료를 바탕으로 했다. 그러나 결과는 변형되지 않은 브레이크 RT 자료를 종속 변인으로 써서 보고되었다. 두 연구를 비교하면, Hibbard 등(2013)의 실험은 자료 세트에 더 큰 제약이 있고 연구자에게 더 큰 자유도가 있음을 드러낸다는 것이 명백하다. (아마 이 제약을 상쇄하기 위해 연구자들은 '자료가 수집되었다……' 및 '총 5,376개의 관찰이 수집되었다'와 같은 구절을 써서 최소한의 문법적 제약을 부과했을 것이다.) 결과는 차내 과제를 위한 촉지각 및 청각 자극은 둘 다 시각 자극보다 더 빠른 비슷한 브레이크 RT를 낳는다는 것을 보여 주었다. 그러나 심리적 불응기 효과의 크기(예, 곡선의 평행적 모양)는 모든 차내 자극에 대해 비슷하였다.

가장 좋은 관행은 수정된 분석을 제시하기 전에 모든 변형되지 않은 자료를 분석하고 보고하는 것이었을 것이다. 변형된 종속 변인을 해석하는 것은 특히 어려운데, 이것이 아마 저자들이 역수들 대신 브레이크 RT에 바탕을 둔 그림을 제시하기로 선택한 이유일 것이다. 그러나 가장 좋은 관행은 같은 자료가 제시되고 분석될 것을 요구한다. 그래서 저자들은, ① 변형되지 않은 자료에 근거한 자료와 분석을 제시하고, ② 변형된 자료에 근거한 자료와 분석을 제시하고, 혹은 ③ ①과 ② 모두를 제시하여 이 난관을 해결할 수 있었을 것이다.

마지막으로, 저자들은 그들의 결과를 실제적 상황에 적용하려고 시도함으로써 더 큰 부담을 지었다(15장 참조). 이것은 어렵지만 매우 필요한 과제이다. 이론적 결론은 흥미진진한 반면, 과학의 실제적 보답은 사회가 이론을 실제 상황에 적용함으로써 득을 볼 때 발생한다. 저자들은 흔치 않은 이론적 결과를 얻었는데, 예상된 심리적 불응기 효과가 짧은 자극 시간 간격에서만 일어났기 때문이다. 브레이크 RT는 더 긴 시간 간격에서 단일 과제 통제조건에서보다 실제로 더 빨랐다. 이런 이상한 결과를 설명해 줄지 모를 가능한 혼입에 대한 논의는 이 절의 범위 밖의 문제이다. 그러나 저자들은 "선도 차의 브레이크 사건(밟기)이 있기 전 350ms 기간에는 즉각 반응을 요구하는 어떤 단순한 차내 과제의 제시도 억제하는 것이 타당해 보일 것이다."라는 실제적 권고를 하였다(Hibbard et al., 2013, p.1101). 이 충고는 이 연구로부터 이득을 보려면, 차내 장치의 디자이너들은 선도 차량의 미래 행동을 적어도 350ms 미리 예측할 수 있는 지적 예보 시스템을 발명해야 한다는 것을 함축한다. 또한 350ms와 같은 정확한 값을 실제적 충고로 제안하는 것은, 모의 운전 실험실 환경과 실세계 운전 환경 간의 있을 법하지 않은 동일한 상응 관계를 함축한다. 실험실 결과로부터 성공적인 외삽이 달성될 수도 있지만, 주의해야 할 점들이 있다(Kantowitz, 2001).

8.4 실험 주제 및 연구 예시

주제 **상호작용 효과**

예시 **인지 통제**

상호작용(interaction)은 한 독립 변인의 효과가 다른 독립 변인의 여러 수준에 걸쳐 동일하지 않을 때 일어난다. 3장에서 언급했듯이, 상호작용의 탐색은 어떤 실험에서 하나 이상의 독립 변인을 포함시키는 주요 이유이다. 그래프로 표시된 결과에서 평행하지 않는 선들을 살펴봄으로써 상호작용을 알아차릴 수 있다. 상호작용 효과의 이해는 종종 신참 연구자에게 얼마간의 어려움을 제기하는데, 여기에서 그리고 10장에서 다시 그것을 논의한다.

자극의 한 측면에서 다른 측면으로 당신의 주의 초점을 동적으로 전환하는 능력을 인지 통제(cognitive control)라고 하는데, 이는 수년 동안 심리학자들에게 관심의 대상이었던 주의 연구의 주요 주제이다. 빨간 정사각형, 빨간 원, 파란 정사각형 및 파란 원의 4개 자극 중 하나에 가능한 한 빨리 반응해야 하는 실험을 상상해 보라. 자극이 제시되기 전에 사전 정보가 없으면, 이것은 4개 선택지의 Donders B RT 과제이다. 그러나 가능한 선택지의 집합을 단지 2개의 자극으로 제한하는 부분적 사전 정보가 있다면, 예컨대 당신이 사각형이 제시될 것이라고 미리 안다면, 당신의 RT는 4개 선택 RT보다 더 빠를 것이다. 부분적 사전 정보를 제시하는 단서와 자극 간의 시간이 충분히 길면, 단서가 주어진 자극에 대한 RT는 2개 선택 RT와 같을 것이다(예, Kantowitz & Sanders, 1972). 단서와 자극 간의 시간이 소위 단서-자극 시간 간격이라고 불리는데, 종종 100~1,000ms의 범위를 갖는다.

❍ 스트레스와 인지 통제

스트레스가 인지 통제에 어떻게 영향을 미칠지에 대해 궁금해하는 것은 흥미롭다. 두 가지 주요한 가능성이 있다. 첫째, 스트레스를 다루는 것은 용량 혹은 주의를 요구할 것이고, 그래서 스트레스에 투입된 자원이 자극을 처리하는 데 더 이상 가용하지 않기 때문에 수행을 감소시킨다(Broadbent, 1971). 둘째, 사람들은 지각적 자극을 다루는 더 효율적인 처리 전략을 선택하고 증가된 선택성이 수행을 향상시키도록 함으로써 고갈된 자원에 적응할 수 있다(Steinhauser, Maier, & Hübner, 2007). (물론 스트레스가 새로운 추가 용량을 만들어 내는 것과 같은 그 밖의 가능성도 있는데, 여기에서는 고려하지 않을 것이다.)

스트레스가 인지 통제를 향상시키는가 하는 이 질문에 답하기 위해, Steinhauser와 동료들(2007)은 단도직입적인 실험을 수행했다. 그들은 쉽거나 어려운 다중 선택 질문을 제시함으로써 높거나 낮은 두 수준의 스트레스를 만들어 냈다. 실제로 높은 스트레스 질문의 일부는 해결될 수 없었다. 이 IQ 검사가 끝난 후, 그들은 숫자 혹은 문자로 구성되는 자극(예, 6M)을 제시했다. 단서는 피험자가 숫자에 반응해야 하는지 또는 문자에 반응해야 하는지를 명시했다. 문자 과제에서 피험자들은 그 문자가 자음인지 또는 모음인지를 결정해야 했다. 숫자 과제에서 피험자들은 그 숫자가 홀수인지 또는 짝수인지를 결정해야 했다. 피험자들은 두 개 중 한 단추를 눌러 반응했고 RT가 기록되었다. 단서-자극 시간 간격은 짧거나(200ms) 길었다(1,000ms). 짧고 긴 단서-자극 시간 간격의 (실험) 블록이 교대되었으며, 첫 블록은 피험자 간에 순서가 역균형화되었다(역균형화에 대한 논의는 3장 및 9장 참조). 48회 시행으로 된 블록 내에 있는 연속적 시행에서 과제는 반복될 수도 있고(예, 숫자 다음에 숫자 순서), 전환될 수도 있었다(예, 숫자 다음에 문자 순서).

이 실험의 결과가 [그림 8-12]에 있다. 낮은 스트레스 조건에서는 단서-자극 시간 간격과 과제 전환-반복 간에 상호작용이 있었다. 이 상호작용은 높은 스트레스 조건에서 사라졌다. 평균 RT는 두 집단에 대해 비슷했지만, 인지 통제의 패턴은 달랐다. 스트레스가 낮을 때 짧은 단서-자극 시간 간격에서 과제 전환에 비교적 더 큰 비용이 들었다. 다른 말로 하면, 스트레스가 낮을 때, 짧은 시간 간격의 경우 두 RT 간의 차이가 긴 시간 간격에서 (두 조건의) 차이보다 더 컸다. 그러나 스트레스가 높을 때, 과제 전환의 비용은 짧거나 긴 단서-자극 시간 간격에서 동일하였다. 이 결과는 이 절을 시작할 때 말한 두 번째 예언, 스트레스를 도입하는 것이 인지 전략의 변화를 유발한다는 것과 일치한다.

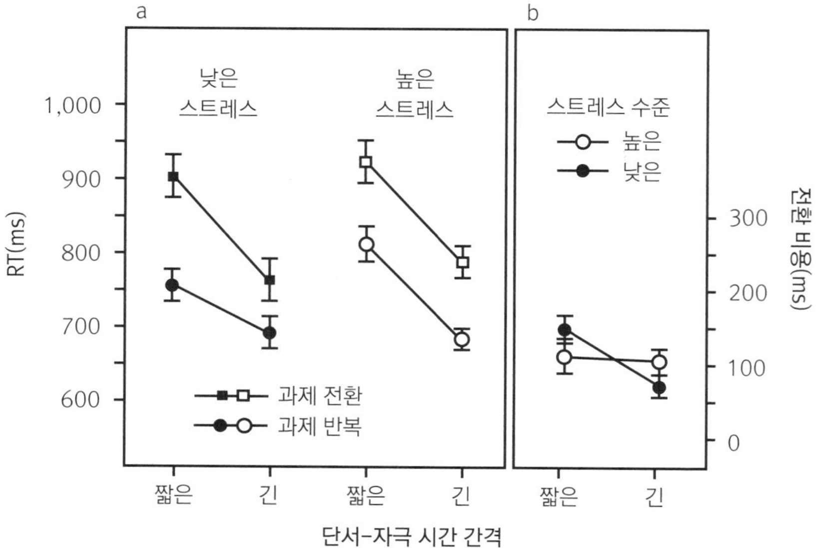

[그림 8-12] 저스트레스 그리고 고스트레스 조건에서 단서-자극 시간 간격의 함수로서 평균 RT 패널 b의 전환 비용은 패널 a의 차이 점수이다. 오류막대는 평균의 표준오차를 나타낸다.

출처: Steinhauser, M., Maier, M., & Hübner, R. (2007). Cognitive control under stress: How stress affects strategies of task-set configuration. *Psychological Science, 18*, 540-545. © 2007 Association for Psychological Science. Sage Publications의 허락하에 재인쇄.

요점

문제에서 실험까지

문제: **주의의 측정**

어떤 일들은 우리가 꽤 자동적으로 진행하는 것처럼 보이고, 다른 일들은 많은 집중을 요구하는 것처럼 보인다. 걷기와 같은 운동 기술은 많은 정신적 노력을 요구하지 않지만, 암산은 꽤 부담이 클 것이다. 여러 과제의 주의 요구를 연구하기 위해 그것을 측정하는 방법이 있어야 한다.

문제: **어떤 임의의 과제가 요구하는 주의 혹은 정신적 노력의 양을 어떻게 판정할 수 있는가?**

흔히 그렇듯이 이 문제는 더 다듬어져야 한다. 어떤 가설은 어떤 의미 있는 해결책이 시도되기 전에 형식화되어야 한다.

가설: **증가된 주의 요구는 증가된 스트레스를 동반할 것이며, 이것은 신체 기능의 어떤 생리적 측정치의 변**

화로 드러날 것이다.

이 가설은 다소 모호한데, 종속 변인을 정확히 명시하지 못하기 때문이다. 행동의 생리적 상관물이 많이 있는데, 실험자가 심박동수, 피부 전기 반응, 혹은 뇌파를 기록해야 하는지, 아니면 호흡 배출에 대한 화학적 분석을 해야 하는지가 가설에서 명확하지 않다. 이런 어려움은 편리하게 계기로 측정될 수 있는 모든 생리학적 측정치를 기록함으로써 우회될 수 있을 것이다. 몇 가지 종속 변인의 사용은 주의의 생리적 상관물을 조사하는 연구에서 실제로 꽤 흔한 일이며, 이런 접근은 매우 효율적이지는 않아도 일부 심리학자에게 타당하게 보일 것이다. 비록 종속 변인들 중 일부는 쓸모없는 것으로 입증될 것이지만, 아마 그것들은 폐기될 것이고 '좋은' 생리학적 측정치만이 보유될 것이다.

심박동수, 뇌파 및 (눈의) 동공 직경의 세 종속 변인을 임의적으로 선택해 보자. 이 중 하나 이상이 주의와 상관되어 있기를 바란다. 이제 우리는 독립 변인을 선택해야 한다. 이를 위해 우리는 먼저 과제를 선택할 필요가 있는데, 그 과제는 ① 주의가 필요하고, ② 필요한 주의 양이 과제 난이도의 변경에 의해 변동될 수 있다는 것을 매우 확신하는 것이다. 이것은 처음 보이는 것만큼 쉽지 않다. 이를 적절히 하기 위해 가용한 문헌을 검색해서 같은 과제가 여러 상황에서 사용되어 온 수렴 조작(7장 혹은 14장 참조)을 발견해야 한다. 이것이 어떻게 달성되는가에 대해 자세히 다루지는 말고(Miller & Ulrich, 1998 참조), 이 요구 조건을 충족하는 한 과제는 이 장의 앞에서 논의된 심리적 불응기라고 가정해 보자. 나아가 주의 요구는 SOA를 변경시킴으로써 통제될 수 있다고 가정할 것이다. 그래서 우리의 독립 변인은 SOA가 될 것이다. 얼마나 많은 상이한 SOA가 사용되어야 할 것인가? 적어도 2개라는 것은 명백한데, 단지 하나의 SOA만으로 필요한 주의를 조작할 수 없기 때문이다. 실제로 선택된 수는 가능한 한 많은 서로 다른 SOA와 시간, 돈 등의 제한 간의 타협일 것이다. 예컨대, 50, 100, 200 및 400ms의 4개 SOA가 사용될 것이라고 하자.

통제 변인에는 자극의 감각 양상과 강도가 포함된다. 통제되어야 할 가장 중요한 요인은 두 번째 과제의 존재이다. 그래서 단지 S_1-R_1만 있는 (통제 변인이 아니라) 단일과제 통제조건을 포함시키는 것이 필수적이다. 우리는 또한 심박동수, 뇌파 및 동공 직경에 영향을 줄 법한 변인을 통제할 필요가 있을 것이다. 이 변인들의 목록은 꽤 폭넓고 우리의 현재 논의는 단지 두 종속 변인에 대한 통제를 예시할 것이다. 심박동수는 호흡률과 더불어 변하는 것으로 알려져 있다. 불쾌한 화학적 · 기계적 처치에 의존하지 않고 누군가의 호흡률을 통제하는 것은 어렵다. 대부분의 실험자는 이런 종류의 위험을 택하지 않을 것이며 호흡률을 단순히 모니터할 것이다. 기술적으로 보면, 이런 종류의 통제는 또 다른 종속 변인을 추가한다. 이로써 달성되는 통제는 이 경우 실험적이라기보다 통계학적인데, 심박동수와 호흡률의 상관(관계를 계산하는 것)이다. 동공 직경은 조명의 양에 매우 민감한데, 밝은 빛은 동공을 수축시키므로 실험자는 조명 수준을 연구하는 내내 일정하게 유지하도록 조심해야 할 것이다. 이런 통제는, 심박동수의 통제와는 달리 통계학적이라기보다는 실험적일 것이다.

실제로 이런 종류의 실험을 한다면, ERP만이 주의와 관련이 있으리라고 기대될 것이다. 그러나 세 가지 종속 변인 모두가 주의와 정신적 노력의 양과 관련이 있음을 시사하는 자료가 있다(Kahneman,

1973 참조). 하나 이상의 종속 변인을 취하는 것이 종종 중요한데, 다른 종속 변인보다 어떤 것은 조작에 더 예민할 수 있기 때문이다.

가설: **운전에 필요한 주의의 양은 동시적 Donders B 반응 과제에 대한 RT로 측정될 수 있다.**

여기에서 종속 변인은 정확하게 명시되어 있다. 그것은 선택 RT이다. 이 가설 배후의 논리는 선택 반응 과제는 주의를 요구하므로 다른 과제(흔히 일차 과제라고 불린다)에 쏟은 주의가 반응 과제로부터 다른 데로 돌려져 RT의 증가를 낳는다는 것이다. 추가적 가정은 일차 과제와 선택 반응 과제 모두 공통 원천의 주의 혹은 용량으로부터 끌어온다는 것이다.

일차 과제는 차를 운전하는 것일 것이다. 안전의 이유로, 이런 종류의 연구는 종종 운전 시뮬레이터에서 수행된다. 우리의 독립 변인은 교통 밀도(고 혹은 저)와 도로 곡률(직선, 급커브, 완만한 커브)로 정의되는 도로 환경의 유형일 것이다. 어떤 구체적 가설은 높은 교통 밀도가 더 많은 주의를 요구하고 또한 급커브 길을 잘 통과하는 것은 더 많은 주의를 요구한다는 것일 것이다. 운전 과제의 수행은 길의 중심으로부터 길에서 벗어난 정도에 의해 측정될 수 있을 것이다.

이차 과제는 운전 중에 제시되는 Donders B 반응이 될 것이다. 예를 들어, 운전자는 높거나 낮은 주파수의 소리를 듣고 운전대에 있는 두 개의 버튼 중 하나를 눌러 반응할 수 있을 것이다.

통제 변인은 소리의 강도 및 차의 조종 특성일 것이다. 또한 어떤 이차 과제도 없는 운전 및 운전이 없는 Donders B 반응과 같은 단일 과제 통제조건(이것들은 통제 변인이 아니다)을 사용할 것이다. 운전 수행이 통제 및 실험 조건에서 동일하지 않다면, 운전의 주의 요구에 관한 어떤 결론에 도달하지 못할 것이다. 예를 들어, 만일 운전자가 어떤 반응 과제도 요구되지 않았을 때 훨씬 더 잘했다면, 이것은 운전과 Donders B 반응을 함께 수행할 때에는 운전에서 Donders B 반응으로의 주의 전환을 나타낼 것이다. 주의를 평가하는 데 이차 과제를 사용하는 배후 논리는 일차 과제에 항상 같은 양의 주의가 투입될 것을 요구한다.

☑ 요약

1. 반응시간(RT)에 대한 관심은 개인 오차, 18세기 천문학자들 간에 발견된 RT의 체계적인 차이로부터 시작되었다. 이 현상은 Donders로 하여금 감산법을 공식화하게 하였다.
2. Donders A RT를 C RT에서 빼면, 자극 식별 시간의 추정치가 얻어진다. Donders B RT－C RT는 선택 시간의 추정치를 낳는다.
3. 독립 변인과 공변적인 어떤 요인이 관찰된 행동 변화를 설명할 수 있을 때 혼입이 일어난 것이다.
4. 종속 변인은 신중하게 선택되어야 하며, 신중한 연구자는 실제로 가능하다면 많은 행동 측정치를 획득한다. RT를 측정하는 연구는 또한 오류율을 기록하는데, 오류는 과제가 빨리 완수될 때 더 높은 경향이 있기 때문이다. 이것은 속도와 정확도 간 교환 관계로 이어진다.
5. 두 신호 간에 반응을 하기 위한 시간이 매우 짧을 때, 둘째 자극에 대한 반응은 느려진다. 이 심리적 불응기는 연구자들이 같은 실험에서 여러 가지 종속 변인을 측정해 왔기 때문에 더 잘 이해되고 있다.
6. 상호작용은 한 독립 변인의 효과가 같은 실험에서 조작된 다른 독립 변인의 수준들에 걸쳐 상이할 때이다. 스트레스 수준과 단서－자극 시간 간격 간의 상호작용은 스트레스가 인지 전략을 바꾼다는 것을 보여 주었다.

☑ 주요 용어

Donders A 반응Donders A reaction
Donders C 반응Donders C reaction
개별적 수정가능성separate modifiability
내성introspection
단순 반응simple reaction
선택 반응시간choice reaction time
순수 삽입pure insertion
연구자 자유도researcher degrees of freedom
자극개시 시차stimulus onset asynchrony: SOA
Donders B 반응Donders B reaction
감산법subtractive method
개인 오차personal equation
단서－자극 시간 간격cue–stimulus interval
상호작용interaction
속도－정확도 교환speed–accuracy trade-off
심리적 불응기psychological refractory period
인지 통제cognitive control
중앙 병목central bottleneck

중앙 용량 공유 central capacity sharing　　　　혼입 confounding

☑ 논의거리

1. Kinnebrook은 영국 왕립천문대에서 그의 직장을 지키기 위해 어떤 주장을 할 수 있었을까?
2. 순수 삽입 가정의 유용성을 제한할 수 있는 혼입을 논의하라.
3. 실험실 밖 일상생활에서 일어나는 속도-정확도 교환의 예를 다섯 개 들라. 당신의 예 중 하나를 선택해서 교환 관계를 측정할 실험실 실험을 설계하라. 추가적 종속 변인이 당신의 예를 이해하는 데에 유용할 것인지를 판정할 수 있는지 점검하라.
4. 스트레스 수준과 단서-자극 시간 간격 간의 상호작용의 중요성은 무엇인가? 어떤 예를 생각할 수 있는가?
5. 운전의 주의 요구를 측정하기 위해 이차 과제를 사용할 때 교통 밀도와 도로 곡률 간의 가능한 상호작용을 논의하라.

☑ 웹 연결

다음에서 이용할 수 있는 자매 웹사이트에서 '혼입: 타당도에 대한 위협'에 대한 단계별 슬라이드를 살펴보라.

www.cengagebrain.com

주의 제한에 대한 재미있는 예는 다음 개방 대학교 웹사이트에서 찾을 수 있다.

http://www.open.ac.uk/platform/your-subject/psychology/attention-experiment

심리학 실습: 속도-정확도 교환

다음 시범에는 연필, 신문 및 초침이 있는 시계가 필요하다. 당신에게 시간을 재 줄 친구가 있다면 도움이 되지만, 부저가 있는 타이머가 대신 사용될 수 있다. 타이머(혹은 친구)를 30초로 설정하라. 이제 편안한 속도로, 신문을 훑어 가면서 발견되는 모든 e 문자에 선을 그으라. 30초 후 멈추고 완수한 글줄의 수를 세라. 이것이 당신의 기저선 숫자이다. (〈표 8-1〉에 그것을 입력하라.) 그다음 시간을 30초로 일정하게 하되, 문자 e에 선을 그은 줄의 수를 10% 늘리려고 하라. 셋째로, 당신의 기저선보다 (선을 그은) 줄이 10% 더 적도록 이 과정을 되풀이하라. 즉, 이번에는 더 천천히 하라.

(선을 그은) 줄이 15% 더 많도록 되풀이하라(더 빨리). 마지막으로 15% 더 적게 하라. 이제 충분히 쉬라. 회복되었을 때, 당신이 선을 그은 다섯 개의 글귀의 각각으로 되돌아가 당신이 빠뜨린 문자 e의 수와 당신이 실제로 선을 그은 수를 세라. 빠뜨린 숫자를 총 숫자로 나누면 당신의 오류율(%)이 나올 것이다. 더 빨리, 더 많이 선을 그으려고 할수록 더 많은 오류를 체계적으로 범했는가, 그래서 이 결과가 속도와 정확도 간의 교환 관계를 드러내는가?

표 8-1 속도-정확도 교환의 경험적 판정

	줄 수	정확하게 선을 그은 e의 수(1)	빠뜨린 e의 수(2)	e의 총 수 (1)+(2)	백분율 (2)÷[(1)+(2)]
기저선(B)	–	–	–	–	–
B+10%	–	–	–	–	–
B−10%	–	–	–	–	–
B+15%	–	–	–	–	–
B−15%	–	–	–	–	–

제9장

학습과 조건형성

- 조건형성과 학습 유형
  - 고전적 조건형성: Pavlov가 종을 울린 것
  - 도구적(조작적) 조건형성은 Skinner와 관련된다
  - 사회학습은 Bandura의 연구에 기초한다
  - 인간학습은 Melton의 연구가 전형적인 예이다
- 변인의 도입
- 9.1 실험 주제 및 연구 예시
  - 피험자간 설계와 피험자내 설계: 설명 찾기
- 9.2 실험 주제 및 연구 예시
  - 역균형화: 동시대비
- 9.3 실험 주제 및 연구 예시
  - 소표본 설계: 아동의 문제 행동
- 문제에서 실험까지
  - 시험효과
  - 요약
  - 주요 용어
  - 논의거리
  - 웹 연결
  - 심리학 실습: 자신의 수행 결과를 알려 주는 것도 강화이다

학습이 멋진 이유는 누구도 당신에게 학습한 것을 빼앗지 못한다는 것이다. (B. B. KING)

"학습은 경험의 결과로서 만들어지는 행동 혹은 행동 레퍼토리의 비교적 영속적인 변화라고 정의할 수 있다."(Terry, 2009, p. 5) 다음은 Terry의 학습에 관한 책에서 인용된 것으로, 각기 다른 형태의 학습을 간략하게 소개하고 있어서 가장 이해하기 좋다. 〈표 9-1〉은 주요 학습 유형을 제시하고 간략히 설명하고 있다. 우리는 뒤에 나오는 실험 주제 및 연구 예시를 명료하게 이해하는 데 도움을 주기 위해 이 학습 유형들에 대한 논의부터 시작한다.

표 9-1 주요 학습 유형

중요 학습 상황이 박스의 왼쪽에 간략히 정의되어 있고, 각 학습 유형별 실험 결과의 예가 오른쪽에 있다.

학습 유형의 정의	실험의 예
고전적 조건형성(classical conditioning)은 처음에는 특정 반응을 유발하지 않는 자극이 그 반응을 이끌어 내는 다른 자극(무조건 자극)과 반복적으로 짝지음으로써, 반응을 유발하는 능력을 갖게 되는 기본적인 형태의 학습이다. 이런 형태의 학습을 **반응적 조건형성** 혹은 **Pavlov 조건형성**이라 부르기도 한다.	개의 학습에 대한 Pavlov의 연구(1925/1963)는 연구의 틀을 정의해 주었다. 첫째, Pavlov는 메트로놈의 똑딱거리는 소리는 음식과 같이 침을 흘리게 하지 않는다는 것을 보여 주었다. 둘째, 메트로놈 소리를 음식 조각과 여러 번 짝을 지었다. Pavlov는 이런 짝짓기 이후에 개가 메트로놈 소리를 들을 때 침을 흘린다는 사실을 보여 주었다. 개는 메트로놈이 음식이 오는 것을 예언하고 있음을 학습하였고, 이를 기억하고 있었다.
도구적 조건형성(instrumental conditioning)은 어떤 반응도 이끌어 내지 않는 자극을 제시하는 고전적 조건형성과는 대조적으로, 피험자가 강화(보상이라고도 부름)를 가져오는, 혹은 처벌을 막아 주는 반응을 하도록 가르치는 기본적 형태의 학습이다. 이런 형태의 학습을 **조작적 조건형성**이라 부르기도 한다.	Skinner 상자에서 쥐가 지렛대를 누르는 것이 Skinner(1938)에 의한 도구적 조건형성의 기본형에 해당하는 연구의 틀이다. 쥐는 작은 음식을 얻기 위해 지렛대를 누를 것이지만, 그 반응 뒤에 음식이 더 이상 따라오지 않을 때는 어떤 일이 생기나? Skinner는 반응 비율이 급격히 감소함을 보여 주었고, 이는 행동의 **소거**에 관한 연구를 이끌었다. Skinner는 소거 이후의 재조건형성은 매우 빠르게 일어난다는 사실을 보여 주었다.

사회학습(social learning)은 한 사람이 다른 사람이나 다른 사람들의 행동을 보고 배울 때 일어난다. 그 사람이 학습된 행동을 일으키려면, 유인가 혹은 보상이 필요할 수도 있다. 때로 이런 학습을 **모델링**이라 부른다.	Bandura는 중요한 초기 사회학습 연구를 하였다. Bandura는 아동들에게 비디오 속에서 어른이 보보 인형을 때리거나 밀치는 장면을 보여 주었다. 후에 아동들에게 보보 인형을 갖고 놀도록 하였을 때, 어른이 그 인형을 학대하는 비디오를 본 아동들이 그 비디오를 보지 않은 통제집단의 아동들보다 비디오 속의 어른이 보여 준 공격 행동을 훨씬 더 많이 하였다.
인간학습(human learning)은 학습 상황의 틀을 뒤집어 연구한다. 일반적으로, 어떻게 연합이 형성되고, 어떻게 언어 학습과 연합 학습이 기억과 다른 인지 과정에 영향을 주는지를 보여 주려는 것이 목적이다. 특정 언어를 학습하는 것, 혹은 어떻게 은유가 의미에 영향을 주는지와 같은 언어 과정이 인간학습에 관한 많은 연구를 이끌어 가고 있다. 때로 이런 학습을 '언어 학습'이라 부른다.	실험실에서의 단어 목록을 학습하도록 하는 것이 인간학습 연구의 전형적 예이다. Melton(1970)은 긴 단어 목록을 두 번씩 제시하였다. 두 번의 제시 사이에 다른 단어들이 0개(집중 학습), 2개, 4개, 8개, 20개, 40개가 있었다(분산 학습). 집중적으로 한꺼번에 제시된 단어들이 분산된 단어들보다 학습이 덜 되었고, 제시 사이에 다른 단어가 많을수록 학습도 증가하였다.

조건형성과 학습 유형

학습 유형에 대해 좀 더 자세히 살펴보자.

❍ 고전적 조건형성: Pavlov 조건형성

실험실에서 Pavlov 조건형성 연구를 위한 표준적인 패러다임의 요약이 [그림 9-1]에 나와 있다. 유기체에게 무조건 반응(unconditioned response: UR)인 침이 나오도록 만드는, 음식 가루와 같은 무조건 자극(unconditioned stimulus: US) 바로 앞에, 그 자체로는 침의 분비를 이끌어 내지 않는 종소리와 같은 중립 자극을 준다. 만약 중립 자극이 US를 예언하고, 여러 번 짝지은(1단계) 후에는, 2단계에서 점선으로 표시한 것처럼 중립 자극이 UR과 연합된다. 이제 그 중립 자극은 조건 자극(conditioned stimulus: CS)이라고 부르고(3단계), CS는 US가 없어도 침을 분비시킬 것이고, 이때의 침 분비를 조건 반응(conditioned response: CR)이라고 부른다. 만약 US 없이 CS가 반복적으로 제시되면, CR은 점차 약해지고 궁극적으로는 소거된다.

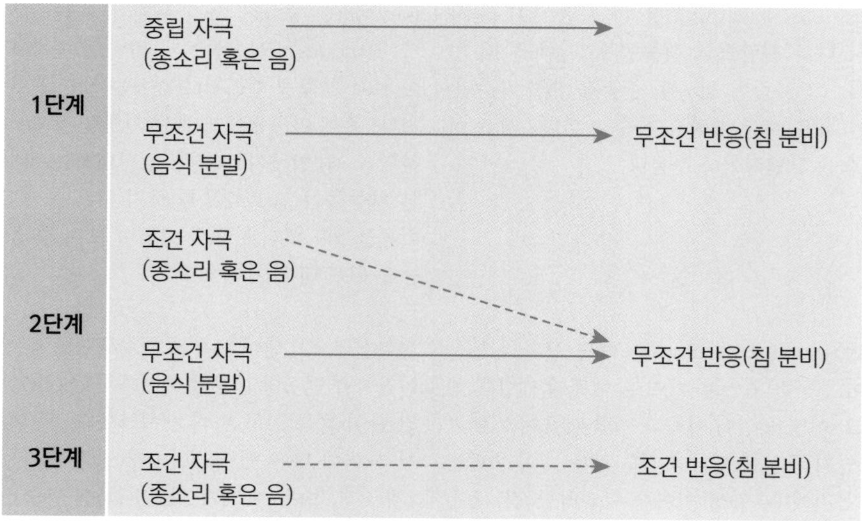

[그림 9-1] 고전적 조건형성 절차의 요약

이 그림은 이 책에 나오는 고전적 조건형성으로 반응이 만들어지는 단계를 보여 주고 있다.

❍ 도구적(조작적) 조건형성은 Skinner와 관련된다

이 유형의 학습에 관한 가장 유명한 연구자이며 대중들에게 알려진 사람은 Skinner이다. 반응이 환경을 조작한다고 해서 그는 이런 유형의 조건형성을 조작적 조건형성(operant conditioning)이라 불렀다. 이는 유기체가 단순히 환경의 자극에 반응하는 Pavlov가 연구했던 고전적 조건형성, 즉 Skinner가 반응적 조건형성(respondent conditioning)이라 부른 것과는 구별된다. 그가 연구했던 주요 반응은 조작적 조건형성 장치(흔히 Skinner 상자라고 부름) 안의 쥐가 지렛대를 누르는 것과 비둘기가 건반을 쪼는 것이었다. [그림 9-2]는 쥐가 들어 있는 Skinner 상자이다.

조작적 조건형성은 효과의 법칙(효과의 법칙에 관한 자세한 내용은 11장 참조)에 따라 작동한다. 즉, 만약 어떤 조작적 반응이 나오고, 이를 강화시키는 자극이 뒤따르면, 그 반응이 다시 발생할 확률은 증가한다. 강화 자극은 정적 강화 자극(positive reinforcing stimulus)과 부적 강화 자극(negative reinforcing stimulus)의 두 종류가 있다. 정적 강화물은 특정 반응 뒤에 주어지는 친숙한 보상(Skinner 상자 속에서의 음식 알갱이, 시험 성적이 우수하여 받은 상 등)이다. 정적 강화물을 가져오는 행동은 발생 확률이 증가한다. 그 반대로 부적 강화물은 제거할 혹은 피해야 할 반응을 강화시킨다. 예를 들어, Skinner 상

[그림 9-2] Skinner 상자

전형적인 Skinner 상자에는 반응 지렛대와 그 아래 음식 컵이 장착되어 있다. 쥐는 지렛대를 눌러서 음식 알갱이가 컵에 떨어지도록 한다. 이 기계의 모든 것은 실험자가 그 동물에게 각기 다른 과제를 설정할 수 있도록 해 주는 프로그램화된 장치로서 통제된다.

자 속의 쥐는 전기충격을 제거하거나 지연시키기 위해서 지렛대를 누르는 학습을 할 수 있다. 비슷한 방식으로, 당신은 엄청 추운 날에 추위를 피하기 위해 따뜻한 코트를 착용함으로써 강화를 받는다.

부적 강화와 처벌(punishment)을 혼동하지 말라. 혐오적인 사상을 초래하는 행동을 처벌받았다고 말한다. 처벌받은 행동은 발생 빈도가 줄어든다. 만약 이전에는 쥐가 지렛대를 눌러 음식으로 정적 강화를 받아 왔는데, 이제부터는 지렛대를 누르면 약한 전기충격으로 처벌된다면, 지렛대를 누르는 비율은 줄어들 것이다.

❍ 사회학습은 Bandura의 연구에 기초한다

[그림 9-3]에서 당신은 남녀 아이들이 보보 인형을 학대하는 여자 어른을 모방하려는 모습을 볼 수 있을 것이다. 처음에 아동들은 보보 인형과 여자 어른이 다투는 비디오를 본다. 당신이 보는 장면은 아동들이 혼자 다른 장난감과 함께 보보 인형과 있는 것이다. 분명히 아동들은 어른과 보보 인형의 행동을 모방하고 있었다. 당신이 듣지 못한 것은 아동들이 그 여자 어른이 보보 인형에게 말한 것을 그대로 모방했는지의 여부이다. 보보 인형으로 한 실험 연구는 Bandura, Ross와 Ross(1961)에서 볼 수 있다.

당신은 그 모방 행동이 귀엽고, 다른 사람이 하는 것을 보고 행동을 학습하는 능

[그림 9-3] 아동이 공격 행동을 모방하는 모습

출처: Bandura, A., Ross, D., & Ross, S. A. (1961), Transmission of aggression through imitation of aggressive models. *Journal of Abnormal and Social Psychology, 63*, 575-582.

력이 재미있으며, 그다지 중요하지 않다고 생각할 수도 있다. 그러나 만약 당신이 Huesmann과 Taylor(2006, p. 393)가 "미디어 폭력은 그것이 실제 세계의 폭력과 공격을 이끈다는 사실을 고려하면 대중의 건강에 위협이 된다."라고 말했던, 2장에서 다룬 미디어 폭력의 영향을 되돌아보면 생각이 바뀔 것이다. TV 혹은 비디오 게임상의 폭력이 앞서 다룬 Bandura 등(1961)의 실험에서 일어난 현대판 모방이다. 마치 아동들이 학교를 다니며 적절한 행동을 배울 수 있듯이, 그들은 폭력적이고 공격적인 행동을 보고 폭력과 공격 행동을 배울 수도 있다. 불행하게도, 어릴 때 부정적인 행동을 접한 사람은 어른이 되어서 공격적이고 폭력적이 되는 경향이 있다(Huesmann, Moise-Titus, Podolski, & Eron, 2003).

❍ 인간학습은 Melton의 연구가 전형적인 예이다

기억할 단어들을 나누어 제시하는 것의 효과를 다룬 Melton(1970)의 연구는 많은 연구를 촉발시켰다. 또 다른 연구자들은 집중 연습(하나의 단어 이후에 곧바로 다른 단어가 계속해서 제시됨)과 기억할 단어들을 분리하여 제시하는 분산 연습의 비교에 초점을 두었다. 집중 연습과 분산 연습에서 회상한 단어의 수를 측정했을 때, 분산 연습이 더 우

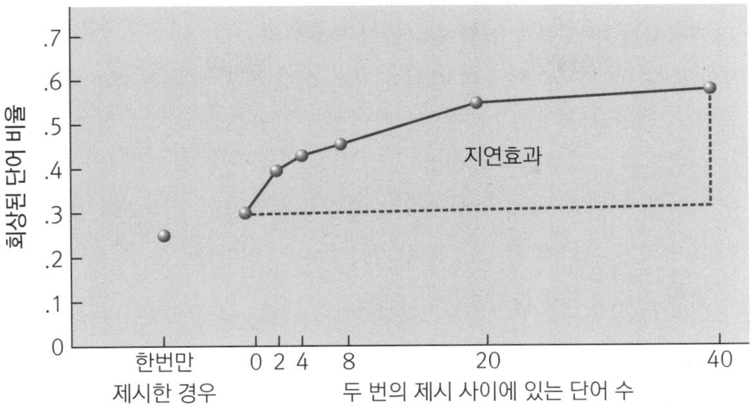

[그림 9-4] Melton의 실험 결과

지연효과란 두 번의 단어 목록 제시 사이에 다른 단어들이 0개에서 40개까지 증가함에 따라 단어 목록 학습이 증가하는 것이다. 한 번만 제시된 단어들은 학습의 양을 판단하는 데 사용되는 기저선을 제공한다.

출처: Melton, A. W. (1970). The situation with respect to the spacing of repetitions and memory. *Journal of Verbal Learning and Verbal Behavior, 9*, 596-606.

수한 학습 방법이었다. Melton의 연구는 두 제시 사이의 단어 수가 중요한 변인임을 보여 주었다. [그림 9-4]는 두 제시 사이의 지연(거리)이 증가할수록 학습도 증가함을 보여 준다. Melton의 연구 이후로 교육학자와 연구자들은 학습을 증진시키는 데 중요한 역할을 하는 분산 연습의 효율성을 검증하는 데 상당히 많은 시간을 쏟았다. 제시 사이에 시간 간격이 있는 상황은 집중 제시보다 더 낫지 못하였다. 짧은 시간 간격 후에 학습에 대한 시험이 있을 때는 대체로 분산 연습보다 집중 연습 이후에 회상이 더 좋았다. 이 현상과 또 다른 현상들은 Roediger(2008)의 개관에 자세히 나와 있다.

변인의 도입

종속 변인

동물학습 연구에서 중요한 종속 변인은 반응 비율이고, 이는 종종 시간당 반응 비율로 표시된다. 고전적 조건형성에서 주로 사용되는 또 다른 종속 변인은 반응의 양이다. 우리는 단지 개가 CS에 대해 침을 흘리느냐의 여부보다는, 얼마나 많은 침을 흘리는지를 봄으로써 반응의 양을 측정할 수 있다. 공통적으로 측정되는 또 다른 반응 특성은 지연 시간 혹은 동물이 반응을 할 때까지 걸리는 시간이다. 이 측정치는 어떤 동물이 미로를 마칠 때까지 걸리는 시간을 기록하는 미로 학습 실험에서 널리 사용된다.

사회학습의 종속 변인은 종종 공격 행위와 같은 어떤 행동이 나올 때까지 걸리는 시간을 측정하는 것이다. 많은 사회학습 연구의 종속 변인은 사람들이 자신의 최근 경험에 대해 좋았는지 혹은 싫었는지를 보고하는 것이다.

인간학습 연구들은 종종 한 사람의 기억의 정확성을 측정한다. 인간학습 연구에 사용되는 추가적인 측정치는 기억의 속도와 전체 기억량이다. 인간학습을 측정하는 세부적인 내용은 10장의 변인의 도입에서 볼 수 있을 것이다.

독립 변인

동물학습과 조건형성 연구에서는 수많은 독립 변인이 조작될 수도 있다. 많은 독립 변인이 강화의 본질과 관련되어 있다. 실험자는 Pavlov 조건형성과 도구적 조건형성에서 강화의 크기를 다르게 할 수 있다.

또한 실험자는 피험자가 반응한 후, 그에게 강화자극을 제시할 때까지의 지연시간뿐만 아니라(전형적으로는 지연시간이 길수록 학습이 덜 일어난다), 강화가 주어지는 계획을 다르게 할 수도 있다. 자주 사용되는 또 다른 변인은 동물의 동기이다. 이는 실험 이전에 유기체에게 강화자극(예, 음식이나 물)을 주지 않은 시간의 양을 다르게 함으로써 조작할 수 있다. 물론 이것들은 가능한 독립 변인들의 일부에 불과하다.

사회학습의 독립 변인은 종종 동물 실험에 사용되는 것들과 매우 유사하다. 이 같은 많은 연구는 사회적 장면에서 강화의 효과를 측정하거나, 단순히 어떤 결과가 발생하기를 기다린다. 이것들은 앞서 언급한 동물학습의 독립 변인과 유사하다.

통제 변인

기본적인 동물학습 연구에서 가외 변인의 통제는 전형적으로 상당히 세련되어 있지만, 여기에도 미묘한 문제는 있다. 그중 하나가 고전적 조건형성 실험에 있는 유사 조건형성(pseudoconditioning)의 문제이다. 유사 조건형성은 CS와 US 간의 연합에 의해 발생하는 것이 아닌, CR 양의 일시적인 증가를 말한다. 그래서 그것은 진짜 조건형성이 아니라 조건형성처럼 보이는 것일 뿐이다. 그것은 비교적 잠깐 동안 나타나고, 변동적이고, 대개는 CS와 US를 제시하는 실험 상황에서 동물의 일반적인 흥분에 의해 발생한다. 유사 조건형성을 적절하게 통제하는 방법은 그 실험에 조건형성 집단에 있는 동물들과 같은 수의 CS와 US를 노출시키지만, 둘을 짝짓지 않고 무선으로 제시하는 동물 집단을 두는 것이다. 실험집단과 유사 조건형성 통제집단 모두는 실험 상황에서 야기되는 일반적 흥분의 영향을 받을 것이므로, 두 집단 간에 어떤 차이가 생기면 실험집단에만 있는 CS-US 짝지음에 의해 만들어진 학습 때문인 것으로 볼 수 있다(Rescola, 1967).

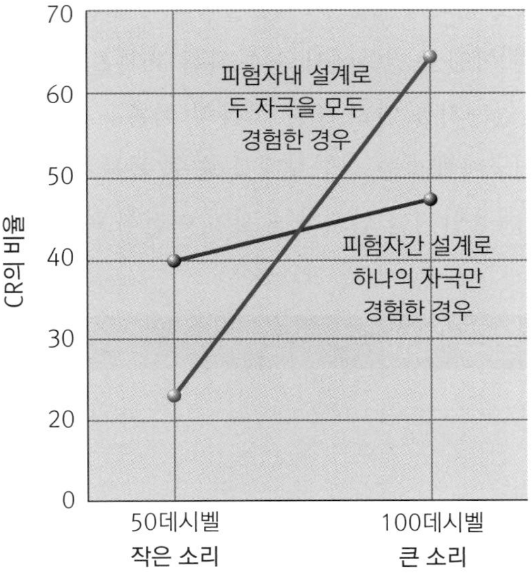

[그림 9-5] Grice와 Hunter(1964)의 실험 결과

자극 강도가 피험자 간에서 달라서 모든 피험자가 큰 소리 자극과 작은 소리 자극 중 하나만을 경험했을 때는 자극 강도의 유의미한 효과를 발견하지 못하였다. 그러나 모든 피험자가 두 자극 강도를 모두 경험하도록 자극 강도를 피험자내 조작으로 한 경우는 큰 효과를 발견하였다(마지막 60회의 시행에서 CR이 일어난 비율이 측정치였다). 이 결과는 실험설계 유형이 실험 결과에 영향을 줄 수 있음을 보여 주고 있다.

출처: Grice, G. R., & Hunter, J. J. (1964). Stimulus Intensity Effects Depend upon the Type of Experimental Design. *Psychological Review, 71,* 247-256. © 1964 American Psychological Association.

구는 어떤 실험설계를 선택하느냐에 따라, 사용할 피험자의 수와 같은 일상적 고려사항들뿐만 아니라 결과도 영향을 받을 수 있다는 점을 상기시켜 준다. 실제 연구 결과가 영향을 받을 수도 있다.

피험자간 설계에 속한 사람들과 비교하여 피험자내 설계의 사람들은 큰 소리는 더 크게, 작은 소리는 더 작게 지각했을 수도 있다. 왜냐하면 그들은 연속된 시행에서 두 크기의 음을 경험할 기회가 있어, 어느 한 크기의 자극을 다른 크기의 자극과 비교할 수 있었기 때문이다. 한 종류의 자극만 받은 사람들은 이런 비교를 할 수 없었다. 마찬가지로 Kawai와 Imada(1996)는 짧은 전기충격보다 긴 전기충격을 더 싫어하는 것은 피험자간 설계보다 피험자내 설계에서 더 알아내기 쉽다는 사실을 발견하였다.

McDaniel과 Bugg(2008)는 많은 언어 연구를 "변인의 조작을 자극 목록 간으로 한 연구(순수 목록)와 자극 목록 내로 한 연구(혼합 목록)"로 구분하였다(p. 251). 그들은 많은 조건하에서 순수 목록과 혼합 목록이 다른 독립 변인에 따라 다른 결과를 초래한다는 사실을 보여 주었다. 그 효과가 5개의 다른 실험에서 일관되게 나타났기 때문에 그들은 언어 기억 연구에서 어떤 조건하에서 순수 목록 효과를, 어떤 조건하에서는 혼합 목록 효과를 예언할 수 있는지를 알려 주는 하나의 이론을 개발하였다. 새로운 연구 프로그램을 시작하는 연구자에게는 실험설계를 순수 목록으로 할지, 혼합 목록으로 할지, 아니면 둘 모두를 사용할지를 선택하는 것이 여전히 하나의 문제이다.

9.2 실험 주제 및 연구 예시

주제 **역균형화**

예시 **동시대비**

피험자내 설계가 사용될 때마다 우리는 피험자에게 제시하는 조건들의 순서를 신중히 결정할 필요가 있다. 순서의 배열은 평균적으로 같은 연습 단계가 되도록 조건들을 제시해야 한다. 그래야만 실험조건과 연습 단계 간의 혼입이 없다. 역균형화는 실험에 영향을 줄지도 모르는 시간 이외에도 다른 변인들의 효과를 최소화하는 데 필수적이다. 종종 실험자는 심지어 피험자간 설계에서도 자신이 관심을 두지 않는 변인들을 역균형화해야 한다. 그래야만 이런 가외 변인들이 관심사인 조건들에 영향을 주지 않는다. 이 문제에 관한 한 예가 이를 분명하게 보여 줄 것이다.

도구적 반응을 학습할 때, 보상의 크기는 수행에 큰 영향을 준다. 일반적으로 보상의 크기가 증가함에 따라 수행이 향상된다. 그러나 예외 없이 사용된 보상의 크기가 수행에 효과가 있는 것은 아니고, 유기체가 어떤 다른 강화 조건을 경험했느냐에 달려 있다. 일부 피험자에게 두 개의 대비되는 보상 크기를 모두 경험하도록 한, Bower(1961)의 동시대비(simultaneous contrast) 실험이 이 효과를 보여 주는 하나의 예이다.

Bower의 실험은 10마리 쥐가 있는 세 집단으로 구성되었고, 각 쥐들은 직선 미로 시행을 32일 동안 하루에 4회씩, 총 128회의 시행을 받았다. 독립 변인은 사용된 보상의 크기이다. 한 집단의 쥐들은 4회의 시행 동안 목표 상자에 도착하면 8개의 음식 알갱이를 먹을 수 있었다. 매 시행마다 8개의 음식 알갱이를 받았기 때문에 이 조건을 '항시 8'이라 불렀다. 또 하나의 집단은 각 시행마다 단지 1개의 음식 알갱이를 받았다('항시 1'). 이들 두 집단은 세 번째(대비) 집단의 통제집단으로 볼 수 있다. 대비집단의 쥐들은 각기 다른 미로에서 하루에 각각 2회의 시행을 받았다. 두 개의 미로는 확연히 구습의 아주 초기인 첫 시행에서 일어난다고 가정해 보자. 그렇다면 연습은 A조건에는 기여하지만 B조건에는 기여하지 않게 되어, ABBA 설계로는 조건과 연습의 혼입을 제거할 수 없을 것이다.

연습 초기에 크게 나타나는 연습효과의 문제에 대해서는 두 가지 해결책을 제안할 수 있다. 하나는 실험이 시작되기 전에 실험 상황에서 많은 연습 시행을 갖는 것이다. 즉, 피험자들에게 연습을 충분히 하도록 하여, 관심사인 실험조건들이 주어지기 전에 종속 변인에서의 수행이 안정적이 되도록 한다. 또 하나의 해결책은 둘 이상의 역균형화 방법을 사용하는 것이다. 예를 들어, 절반의 피험자에게는 나머지 절반의 피험자가 받은 순서의 반대 순서로 처치를 받게 하는 것이다. 즉, 절반의 피험자는 ABBA로 받고, 나머지 절반은 BAAB를 받는다. 역균형화 문제에 대한 Bower의 해결책은 이 논리의 이상적인 확장형이었다. 왜냐하면 그는 모든 조건이 동일하게 나타나는 모든 가능한 역균형화 순서를 사용하였기 때문이다. 그러나 조건이 둘 이상이면, 이 방법은 불편해진다. 대부분의 상황에서 테스트 초기에 나타나는 연습효과의 문제에 대한 적절한 해결책은 피험자에게 연습의 기회를 주고, 두 개의 역균형화 순서(하나는 다른 하나의 반대 순서)를 사용하는 것이다. Grice와 Hunter(1964)는 앞서 언급한 자극 강도에 대한 실험에서 이 방법을 사용하였다.

둘 이상의 조건이 있는 경우, 우리는 일반적으로 바람직한, 특별한 형태의 역균형화 순서를 추천한다. 이는 균형 맞춘 라틴 스퀘어 설계(balanced Latin square design)이다. 연습효과가 결과에 혼입되지 않도록 하기 위해 6개의 조건을 역균형화되도록 순서화한다고 가정해 보자. 예를 들어, Bower의 연구 같은 동시대비 실험에서 두 가지보다는 여섯 가지의 각기 다른 보상 크기를 사용했을 수도 있다. 균형 맞춘 라틴 스퀘어 설계는 각 조건을 테스트할 때, 모든 조건이 똑같이 앞에 나오고 똑같이 뒤에 나오도록 되어 있다. 이 특징이 조건 간 이월효과를 최소화시키는 데 매우 유용하기 때문에, 다른 역균형화 순서보다 균형 맞춘 라틴 스퀘어를 선호하도록 만든다. 특히 실험조건들이 짝수일 때, 균형 맞춘 라틴 스퀘어를 구성하는 것이 쉽다. 한 실험에 1~6의 6개 조건이 있다고 가정해 보자. 균형 맞춘 라틴 스퀘어는 행(수직 쪽)은 테스트할 조건들이고 열(수평 쪽)은 피험자인 2차원 행렬로 생각할 수 있다. 6개 조건의 균형 맞춘 라틴 스퀘어가 〈표 9-2〉에 나와 있다. 피험자들은 a~f로 명명되어 있고, 피험자들이 받게 될 조건들의 순서가 각 열에 표기되어 있다. 그래서 피험자 a는 1, 2, 6, 3, 5, 4의 순서로 조건들을 받는다. 균형 맞춘 라틴 스퀘어의 첫 열을 구성하는 일반적 공식은 1, 2, n,

표 9-2 각 피험자에게 6개의 실험조건(1~6)을 제시한 균형 맞춘 라틴 스퀘어

열은 피험자 a~f가 실험조건들을 받는 순서를 가리킨다.

피험자	테스트받는 실험조건의 순서					
	첫 번째	두 번째	세 번째	네 번째	다섯 번째	여섯 번째
a	1	2	6	3	5	4
b	2	3	1	4	6	5
c	3	4	2	5	1	6
d	4	5	3	6	2	1
e	5	6	4	1	3	2
f	6	1	5	2	4	3

3, $n-1$, 4, $n-2$ 이고, n은 전체 조건의 수를 뜻한다. 첫 열이 만들어지면, 당신이 n개로 시작했을 때 바로 아래 행은 다음 높은 수가 된다(〈표 9-2〉에서처럼). 균형 맞춘 라틴 스퀘어를 사용할 때 연습의 영향을 피하기 위해 조건들을 역균형화하려면, 피험자들은 여러 번(이 경우 6번)의 테스트를 받아야 한다.

실험설계에 홀수의 조건이 있을 때는 균형 맞춘 라틴 스퀘어 사용이 좀 더 복잡해진다. 〈표 9-3〉에서 볼 수 있듯, 실제로는 두 번의 라틴 스퀘어가 사용되어야 하고, 두 번째 것은 첫 번째의 역순이다. 표에서 문자는 피험자를, 숫자는 그 실험의 조건들을 의미하며, 피험자는 각 조건을 두 번씩 테스트받아야 한다. 〈표 9-3〉은 5개 조건이 있는 경우이다. 일반적으로 첫 번째 라틴 스퀘어는 조건의 수가 짝수인 경우와 똑같은 방식으로 구성되고, 두 번째 라틴 스퀘어는 정확히 첫 번째 것의 역순이다.

각 조건에서 평균적으로 똑같은 정도의 연습이 일어나고 각 조건은 다른 조건에 똑같이 앞서 오고 똑같이 뒤따라오기 때문에, 균형 맞춘 라틴 스퀘어는 여러 목적에서 적합한 역균형화 방법이다. 후자의 특징은 다른 역균형화 방법에는 없는 특징이어서, 한 조건에서의 테스트가 다른 조건에서의 테스트에 영향을 줄지도 모른다는 점을 더 많이 고려하고 있는 것이다.

표 9-3 각 피험자에게 5개의 실험조건(1~5)을 제시한 균형 맞춘 라틴 스퀘어

열은 피험자 a~e가 실험조건들을 받는 순서를 가리킨다. 조건의 수가 홀수일 때 균형 맞춘 라틴 스퀘어가 되려면 피험자들에게 각 조건을 두 번씩 주어야 한다.

	스퀘어 1					스퀘어 2				
	테스트받는 순서									
피험자	첫 번째	두 번째	세 번째	네 번째	다섯 번째	첫 번째	두 번째	세 번째	네 번째	다섯 번째
a	1	2	5	3	4	4	3	5	2	1
b	2	3	1	4	5	5	4	1	3	2
c	3	4	2	5	1	1	5	2	4	3
d	4	5	3	1	2	2	1	3	5	4
e	5	1	4	2	3	3	2	4	1	5

9.3 실험주제 및 연구 예시

주제 **소표본 설계**

예시 **아동의 문제 행동**

가장 간단한 경우, 하나의 실험은 통제조건과 실험조건을 비교하는 것이다. 피험자내 설계의 피험자 수가 조금 더 적지만, 대개 피험자간 설계와 피험자내 설계 모두 많은 수의 피험자를 포함하고 있다. 통상적이지 않은 한 명의 참가자가 연구 결과를 왜곡시키지 않도록 하기 위해서는 많은 수의 피험자가 필요하다. 이런 설계를 대표본 설계(large-n designs)라고 부르는데, 이는 심리학 연구의 규범이 되었다. 강력한 여러 통계 기법은 연구자들로 하여금 조건 간 차이가 걱정할 만한 것인지의 여부를 판단할 수 있게 해 준다. 이런 설계의 대안적 접근은 소수의 피험자를 철저히 분석하는 소표본 설계(small-n design)이다. 실험심리학의 두 영역에서 소표본 설계가 자주 사용된다. 당신은 6장에 나온 정신물리학에서 소표본 설계를 자주 사용한다는 사실을 기억할 것이다. 소표본 설계를 사용하는 두 번째 연구 영역(조작적 조건형성이란 용어로 행동을 실험적으로 분석하는 영역)의 특징은 실험적 통제이다. Skinner(1959)는 행동에 대한 실험 통제의 중요성을 강조하고 통계적 분석은 중요하게 여기지 않았기 때문에, 조작적 조건형성 연구에서 소표본 설계를 사용할 것을 주장하였다. Skinner는 통계 분석이 연구자

가 실험 결과에 대한 결정을 내리는 데 도움을 주는 도구라기보다는, 그 자체가 목적이 되는 경우가 종종 있다고 생각하였다. 전통적인 연구에서는 많은 수의 피험자와 통계적 추론으로 실험 통제를 하지만, 소표본 설계에서는 실험 장면을 매우 주의 깊게 통제함으로써, 그리고 많고 연속적인 종속 변인 측정치를 사용함으로써 실험 통제를 한다. 조작적 기법을 행동수정을 위한 임상적 응용에 사용할 때, 특히 소표본 방법론이 적합하다. 전형적으로 한 치료자는 한 번에 한 명의 내담자를 다루고, 이는 소표본 설계의 사례가 될 수밖에 없다. 비록 한 치료자가 비슷한 방법으로 한 번에 두 명 이상의 환자를 치료하더라도, 대부분의 대표본 연구에 비해 그 수는 매우 적다. 우리는 아동의 문제행동 맥락에서 소표본 설계를 살펴볼 것이다.

다음의 시나리오를 보자. 하루에도 여러 번 신경질 트라우마를 지닌 아이의 부모가 심리적 도움을 구하고 있다. 이 트라우마는 크게 소리 지르며 우는 등 시끄럽고, 물건을 자주 발로 차고, 머리를 벽에 부딪치는 등 폭력적이다. 조작적 조건형성 기법을 사용한 행동수정 전문가인 치료자가 그 아이를 처음 보았을 때, 그는 어떤 결론을 내렸을까? 이 행동의 원인은 무엇인가? 이 행동을 제거하고 아이를 정상적인 존재로 되돌리기 위해 치료자는 무엇을 할 수 있을까? 행동치료자는 아이가 울고, 차고, 머리를 부딪치는 행동을 하게 만들고 유지시키는 강화 유관성에 초점을 맞추면서 이런 문제 행동이 형성된 아이의 학습사에서 원인을 찾으려 한다. 아마 부모는 아이가 트라우마를 보일 때만 아이에게 친밀한 관심을 보였을 것이다. 의도치 않게 이것이 아이의 트라우마 행동에 보상이 되었다. 그가 생각해 낸 치료 방법은 아이가 적절한 행동을 했을 때 보상을 받고 부적응적 행동을 했을 때는 보상을 받지 않도록 강화 유관성을 바꾸어 주는 것이다.

❍ AB 설계

타당한 소표본 설계를 알아보기 전에, 우리는 어떤 치료의 효과성을 평가하는 데 흔히 사용되고 있지만 타당하지는 않은 방법을 살펴볼 것이다. 가능하다면 어떤 치료에는 그 치료의 효과성을 알아보려는 연구가 포함되어 있어야 한다. 이는 매우 간단한 일처럼 보인다. 즉, 변화가 필요한 행동의 빈도를 측정하고, 치료를 하고, 그 행동이 변화했는지를 살펴보는 것이다. 우리는 이를 AB 설계(AB design)라고 부를 수 있다. 여기서 A는 치료 이전의 기저선 조건을, B는 도입한 치료(독립 변인) 이후의 조건을 나타낸다. 이 설계는 의학, 교육학 및 기타 응용 연구에서 자주 사용된다. 이런 연구들은 치료 혹은 훈련 절차가 관심사인 문제에 미치는 영향을 결정하기 위해 실시된 것들이다. 그러나 AB 설계(Campbell & Stanley, 1966)는 타당한 실험설계가 되기에는 완벽하게 실패한 것으로서 피해야 한다. B기간의 치료 동안 일어나는 변화가 관심 요인과 혼입되어 있는 또 다른 요인에 의해 발생한 것일지도 모르기 때문에 그 설계는 실패한 것이다. 그 치료가 행동의 변화를 초래했을지도 모르지만, 연구자가 알지 못하거나 혹은 통제하지 못한 또 다른 원천으로 인해 행동의 변화가 생겼을 수도 있다. 통제 비교집단이 없기 때문에 우리는 그 변화가 치료의 결과라고 결론 내릴 수 없다. 독립 변인 없이도 혼입 변인이 그 변화를 만들어 낼 수도 있다. 혼입은 다른 변인들이 의도치 않게 관심사인 주 요인(앞서 예로 든 아이의 경우는 치료)과 함께 변할 때 일어난다는 사실을 기억하라. 주 요인이 그 효과를 만들어 내기 위해서는 잠재적인 혼입 변인들을 철저히 통제하는 것이 중요하다. 심지어 치료자-연구자가 다른 변인들에 대해 알지도 못하기 때문에, AB 설계에서는 혼입 변인의 통제가 불가능하다.

이 문제에 대한 표준적인 해결책은 대표본 설계이다. 우리는 무선으로 할당된 두 집단을 갖고 있다. 한 집단(실험집단)은 치료를 받고, 다른 집단(통제집단)은 받지 않는다. 만약 실험집단은 치료로 인해 향상되고 통제집단은 그렇지 않다면, 우리는 다른 가외적 요인이 아니라 치료가 그 결과를 초래한 것으로 결론 내린다. 성질을 부리는 아이의 예와 같이, 한 개인에 대한 치료 사례에서는 대개 통제집단이 없고 실험'집단'에 단지 한 명의 피험자만 있다. 대표본 설계는 실험집단과 통제집단에 상당히 많은 수의 피험자가 있음을 근거로 하기 때문에, 많은 치료 상황을 평가하는 연구에서 AB 설계의 사용은 적절치 않다.

❍ ABA 설계(역전 설계)

결점이 있는 AB 설계에 대한 하나의 대안으로, 실험자는 그 단계 이후에 조건을 역전시킬 수도 있다. 이런 설계를 ABA 설계(ABA design) 또는 역전 설계(reverse design)라고 부른다. ABA 설계에서 두 번째 A기간은 어떤 혼입 요인이 B기간에 관찰된 행동에 영향을 주었을 가능성을 제거하기 위한 것이다. 실험조건을 독립 변인의 효과가 적용되지 않은 원래의 기저선 수준으로 돌려놓음으로써, 실험자는 두 번째 단계에서 행동이 기저선 수준으로 되돌아가는지의 여부를 확인할 수 있다. 만약 되돌아간다면, 연구자는 독립 변인이 B기간에 나타난 변화에 영향을 주었다고 결론 내릴 수 있다. 만약 혼입 변인이 독립 변인과 완벽하게 상관되어 있다면, 이런 일반화는 해당되지 않는다.

이런 상황은 거의 없다. 우리는 다음에서 역전 설계의 예를 살펴볼 것이다.

Hart, Allen, Buell, Harris와 Wolf(1964)는 지나치게 우는 것 빼고는 상당히 건강하고 정상적인 네 살짜리 유치원생 빌을 연구하였다. 종종 그의 울음은 다른 아이들은 더 효과적인 방식으로 대처하는 하찮은 좌절에 대한 반응이었다. 연구자들은 그의 울음을 공포, 신뢰감 부족, 혹은 어린 시절 행동으로의 퇴행과 같은 내적 변인들로 귀인하는 대신에, 강화 유관성이 이런 행동을 유발했는지를 알아보기 위해 사회학습 상황을 살펴보았다. 이미 언급한 트라우마 아이의 예에서와 비슷한 추론으로, 연구자들은 어른의 관심이 빌의 우는 행동을 강화시켰다는 결정을 내렸다. 그들은 이런 추정을 검증하기 위해 ABA 설계(실제로는 ABAB 설계)를 세웠다.

첫째, 그들은 종속 변인인 울음에 대한 좋은 측정치가 필요하였다. 교사가 주머니용 카운터를 갖고, 우는 사건이 발생할 때마다 세었다. "우는 사건은 ① 적어도 50피트 떨어진 곳에서도 들을 수 있는 큰 소리로 우는 것과 ② 5초 이상 우는 것으로 정의하였다". 매일 유치원이 끝날 때, 교사는 우는 사건의 누계를 계산하였다. 아마도 우리는 우는 사건에 대한 조작적 정의에 대해 트집 잡을 수도 있었지만(교사가 그때마다 울음소리를 듣기 위해 50피트 밖으로 갔는가?), 그 정의가 타당하고 신뢰할 만하다고 가정하자.

A기간의 초기 기저선에서 빌은 자신의 울음에 대한 교사의 정상적인 관심을 받았다. 처음 10일간의 기저선 기간 동안, [그림 9-8]의 가장 왼편에서 볼 수 있듯이, 우는 사건의 수는 하루에 5~10회였다. 그림에서 가로축은 기간, 세로축은 우는 사건의 수를 보여 주고 있다. 그다음 10일 동안(첫 B기간), 교사는 빌의 울음을 무시함으로써 우는 사건을 소거하려 하였고, 그동안 빌이 사소한 일에 더 적절한 방식으로 반응(고개를 숙이거나 밀치는 반응 같은)을 할 때마다 관심으로 보상을 주었다. [그림 9-8]에서 볼 수 있듯이 우는 사건의 수가 급격하게 떨어져서, 첫 B기간의 마지막 6일 동안은 0~2개였다. 이것으로 설계의 AB기간은 끝났다. 아직 우리는 강화 유관성이 빌의 행동 개선의 원인이라고 확신할 수 없다. 아마도 그가 학급 동료들과 더 잘 지내게 되었거나 그의 부모가 가정에서 그를 더 잘 보살폈을 수도 있다. 이 중 어느 하나가(혹은 또 다른 것들이) 그의 성향을 개선시켰을 수도 있다.

강화 유관성이 빌의 행동을 변화시켰다는 더 확실한 증거를 얻기 위해, 연구자들은 기저선으로 되돌아갔다. 즉, 빌의 우는 행동은 다시 강화를 받았다. 처음에 그는 울음에 가까운 행동(훌쩍임과 삐죽거림)을 하면 관심으로 보상을 받았고, 그 후에는 울음이

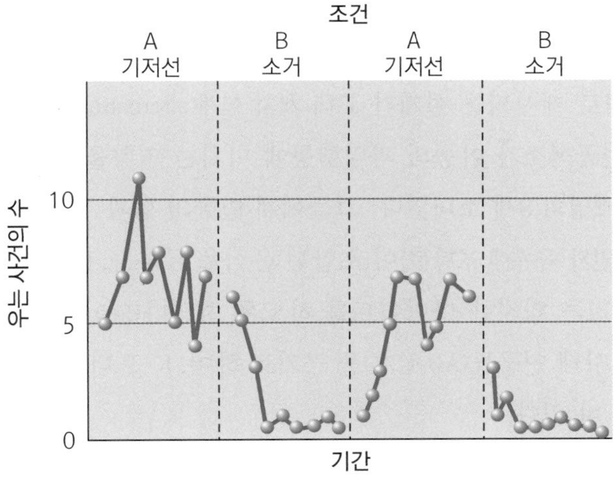

[그림 9-8] 유치원생 빌의 우는 문제를 통제하려고 시작한 ABAB 설계의 네 기간 동안 그가 보여 준 우는 사건의 수

출처: Wolf, M. M., & Risley, T. R. (1971). Reinforcement: Applied research. In R. Glaser (Ed.), *The Nature of Reinforcement* (p. 316). New York: Academic Press.

강화를 받았으며, 우는 사건이 있을 때마다 강화를 받았다. [그림 9-8]의 세 번째 칸에서 볼 수 있듯이, 다시 울음이 나오는 데는 겨우 4일이 걸렸다. 이는 다른 요인들이 아닌 강화 유관성이 첫 B기간에 울음을 그치게 만들었다는 결론으로 이끌었다. 이것이 치료 상황이었기 때문에, 마지막으로 연구자들은 빌의 울음을 다시 한번 소거시키는, 첫 번째와 유사한 두 번째 B기간을 시작하였다.

이 연구에서는 결론을 정당화하기 위해 추론통계학을 사용하지 않았다. 그보다는 잘 통제된 독립 변인과 종속 변인의 반복측정으로 실험조건 간의 차이가 추론통계학이 필요 없을 만큼 뚜렷하였다. ABA 소표본 설계를 사용하면, 강력한 실험적 추론이 가능할 수 있다.

❍ 교대 처치 설계

표준적인 피험자내 설계에서처럼 소표본 실험에서도 종종 역전 설계를 사용하지 못하게 만드는 이월효과가 있다. 만약 B기간에 도입된 처치가 종속 변인에 장기적인 영향을 미치면, 역전 설계는 쓸모가 없다. 더구나 실험자는 같은 독립 변인 혹은 여러 독립 변인하에서 몇 가지 피험자의 행동을 알아보고자 할 수도 있다. 이런 문제를 해결하는 여러 가지 방법이 있지만, 여기서는 이 중 두 가지만 다룰 것이다.

Rose(1978)는 ACABCBCB 설계라고 부르는 설계를 사용하였다. 여기서 A기간은 기저선 조건, B와 C는 각기 다른 수준의 독립 변인을 의미한다. 이처럼 각기 다른 수준의 독립 변인이 교대로 제시되는 설계가 교대 처치 설계(alternating-treatment design)이다. Rose는 식품의 인공색소가 아동의 과잉행동에 미치는 영향을 알고 싶었다. 피험자는 과잉행동을 하는 2명의 8세 소녀였다. 그들에게 인공의 향과 색이 포함된 음식과 천연 살리실산(많은 과일과 육류에 포함된)이 포함된 음식을 금하는, Kaiser Permanente(K-P) 다이어트라고 불리는 엄격한 다이어트를 하도록 하였다(Feingold, 1975). Feingold는 통제조건이 없는 사례 연구들(AB 설계)을 근거로 하여, K-P 다이어트가 과잉행동을 줄여 준다고 보고한 바 있다.

Rose의 A기간에는 통상적인 K-P 다이어트 중인 두 소녀의 행동을 세었다. B기간에는 또 다른 종류의 기저선을 알아보았다. 이 기간에서는 인공색소가 포함되지 않은 오트밀 과자를 도입하였다. C기간이 관심사인 독립 변인 수준이 있는 단계이다. 즉, 이 기간에서 노란색 인공색소가 포함된 오트밀 과자를 도입하였다. Rose는 식품회사에서 가장 많이 사용하고 있으며 과자의 맛과 모양을 변화시키지 않는 이점이 있기 때문에 노란색 인공색소를 선택하였다(색을 기준으로 과자를 고르도록 했을 때, 판단자들은 포함된 색소에 따라 체계적으로 영향을 받지는 않았다). 피험자, 그들의 부모, 관찰자들은 언제 아이들이 색소가 포함된 과자를 먹는지 알지 못했다. 몇 명의 관찰자가 학교에서 두 소녀의 행동의 여러 측면을 기록하였다. Rose가 측정한 한 가지 종속 변인은 소녀들이 학교에서 자기 자리를 벗어나는 시간의 비율이었다. Rose는 인공색소가 포함된 과자를 먹는 C기간에 소녀들이 가장 활동적임을 발견하였다. 또한 Rose는 위약효과가 없었다는 사실을 주목하였다. 즉, A기간(과자 없음)과 B기간(인공색소가 없는 과자를 먹었던 기간) 동안, 소녀들이 자기 자리를 벗어난 시간 비율이 거의 같았다. 그래서 Rose의 신중한 결론은 K-P 다이어트가 과잉행동을 완화시키는 데 작은 효과가 있음을 보여 주는 많은 결과의 요약으로 지지되었다(Hallahan, Kauffman, & Lloyd, 1999). 더욱이 대표본 설계를 사용한 Kinsbourne(1984)은 40명의 과잉행동 아동 중 20명이 노란색 인공색소가 가미된 음식의 섭취로 인한 부정적 효과를 겪고 있음을 발견하였다.

❍ 다중 기저선 설계

역전 설계를 확장시킨 Rose의 설계는 실험자가 두 수준 이상의 독립 변인 효과를 살펴볼 수 있도록 해 주었다. 그러나 그 확장이 강력한 이월효과를 지녔을 수도 있는 독립 변인이 포함된 실험까지도 허용해 주지는 않는다. [그림 9-9]에 예시된 다중 기저선 설계(multiple-baseline design)는 관심 행동이 기저선 수준으로 되돌아가지 않을지도 모르는 상황(즉, 지속적인 이월효과가 있는 상황)에 적합하다.

다중 기저선 설계에는 두 가지 주목할 만한 특징이 있다. 첫째, 독립 변인이 도입되기 전에 각기 다른 행동들(혹은 다른 피험자들)이 각기 다른 정도의 기저선 기간을 지니고 있음을 주목하라. 기저선 기간은 수직선의 왼편이고, 독립 변인이 도입된 처치 기간은 수직선의 오른편이다. (앞서 언급한) 빌의 사례와 같은 설계를 사용하면, 울음의 소거 기간이 시작될 때 나오는 원하지 않았던 어떤 행동들(예, 싸움을 거는 것)을 모니터링해 주는 연속적인 기저선이 포함될 수 있다. 아마도 그런 다음 며칠 후 그 싸움 행동에 소거 절차가 적용될 수 있을 것이다. [그림 9-9]에 있는 행동 A는 울음, 행동 B는 싸움일 수도 있다. 울음 행동에 대해 치료가 주어지는 동안, 싸움 행동은 기저선 조건이다. 만약 독립 변인의 도입 전에는 치료받지 않은 행동이 일정하다가 그 이후에 변한다면, 우리는 독립 변인이 그 행동을 변화시킨 것이고, 관찰 기간 동안 변화된 어떤 것 때문이 아니라고 가정할 수 있다. 그러나 울음과 싸움이 대체로 같이 일어난다고 가정해 보자. 그러면 한 행동에 대한 치료가 다른 행동의 발생에 영향을 줄 수 있었을 것이다. 만약 빌의 울음이 소거됨에 따라 싸움도 줄어들었다면, 우리는 한 행동의 변화를 독립 변인 때문인 것으로 볼 수 없을 것이다.

이 문제는 우리가 다중 기저선 설계의 두 번째 중요한 특징을 살펴보도록 만든다.

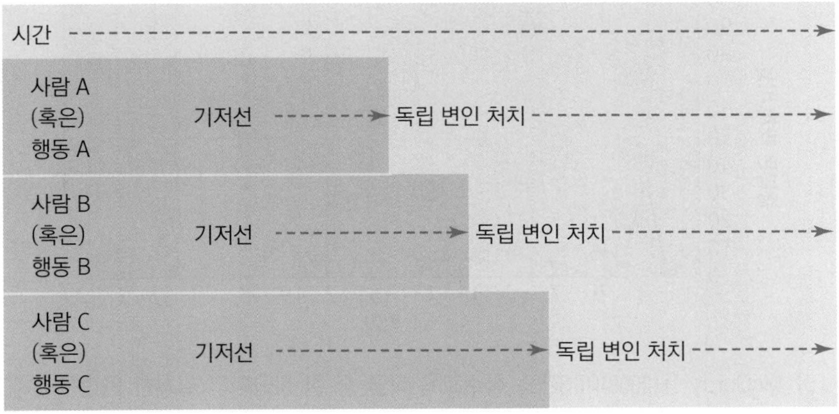

[그림 9-9] 다중 기저선 설계의 요약

각기 다른 사람들(피험자 간) 혹은 각기 다른 행동들(피험자 내)의 기저선 기간이 다르다. 수직선은 독립 변인이 도입된 시점을 나타낸다.

소표본으로 된 피험자간 설계에서도 다중 기저선 설계를 사용할 수 있다. [그림 9-9]에서 볼 수 있듯, 피험자내 설계에서 몇몇 행동을 모니터링하는 대신에 독립 변인이 도입되기 전에 각기 다른 사람들을 각기 다른 시점에서 모니터링할 수 있다. 원래의 피험

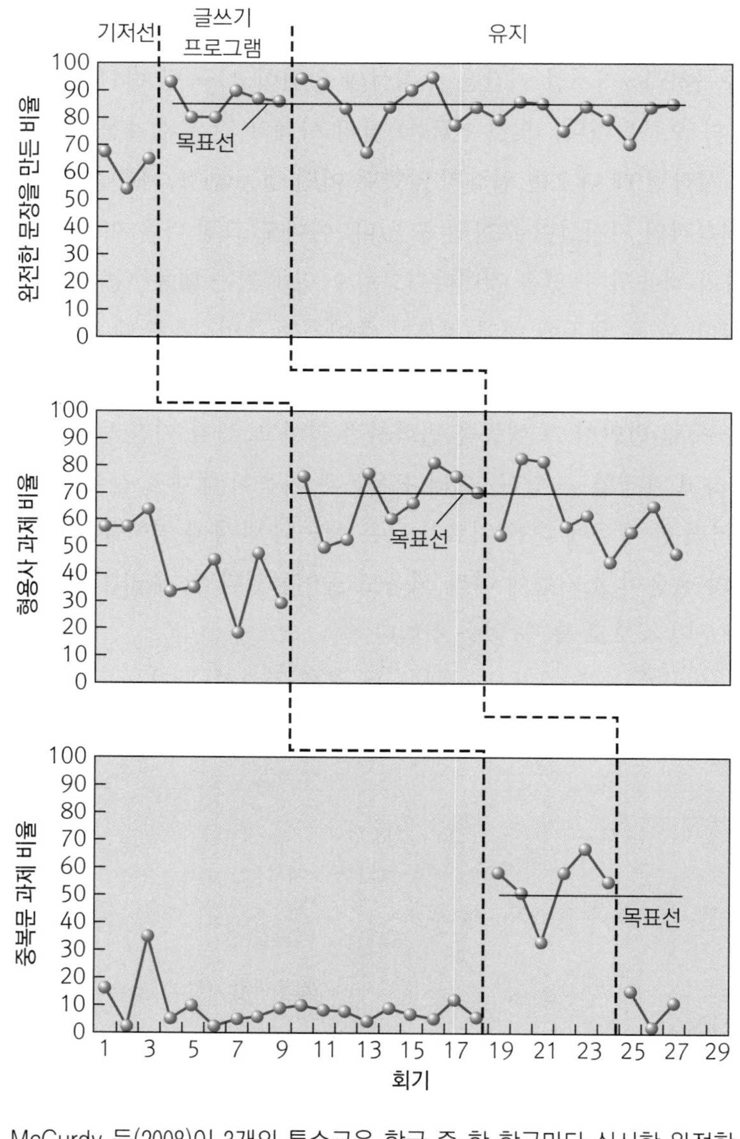

[그림 9-10] McCurdy 등(2008)이 3개의 특수교육 학급 중 한 학급마다 실시한 완전한 문장으로 글쓰기, 문장 내 형용사 포함시키기, 글쓰기 과제에서 중복문 넣기 프로그램에 대한 기저선, 글쓰기 프로그램의 도입 및 유지 단계의 자료

출처: Elmes, D. G., Kantowitz, B. H., & Roediger, H. L. (2012). *Research Methods in Psychology* (9th ed.). St. Paul, MN: West, 그림 11.4. Copyright 2008 American Psychological Association.

자간 설계에서 그렇듯이, 이런 유형의 다른 기저선 설계는 독립 변인이 강력한 이월효과를 갖고 있는 상황에 적합한 설계일 것이다. 피험자간 다중 기저선 설계는 Hart와 동료들의 피험자 빌에 대한 가상적인 실험처럼 표적 행동들이 서로서로 영향을 줄 수도 있는 경우에도 적합한 설계이다.

McCurdy, Skinner, Watson과 Shriver(2008)가 실시한 한 실험은 중다 기저선 설계의 피험자내 및 피험자간 설계 형태 모두를 잘 보여 주고 있다. McCurdy와 동료들은 세 학급의 중학교 3학년 특수반 학생들을 대상으로 어떤 글쓰기 프로그램을 평가하는 데 관심이 있었다. 세 학급은 피험자간 변인이다. 피험자내 요소는 세 가지 목표의 글쓰기 기술(완전한 문장으로 글쓰기, 문장 내에 형용사 포함시키기, 쓰기 과제에서 중복문 넣기)이다. 한 학급의 결과가 [그림 9-10]에 있는데, 이 그림은 3개의 단계별 목표 기술에 대한 평가를 보여 주고 있다. 세 학급에서 별도로 진행된 단계들은 기저선 단계, 목표에 맞도록 해당 기술을 적용한 글쓰기 프로그램의 도입 단계, 그리고 더 이상은 그 기술을 적용한 글쓰기 프로그램이 없는 유지 단계이다. 세 학급의 수행은 대략 같았다. 글쓰기 프로그램이 도입된 동안 3개의 목표 기술은 모두 원하는 목표선에 빠르게 도달하였다. 그러나 유지 단계에서는 완전한 문장으로 글쓰기와 문장내 형용사 포함시키기 프로그램의 효과만이 유지되고 있었다.

❍ 변경 기준 설계

변경 기준 설계(changing-criterion design)는 강화를 받기 위해 필요한 행동을 도중에 변경하는 연구를 위한 설계이다. 예를 들어, 쥐는 음식 강화를 얻기 위해서는 몇 분 동안은 지렛대를 5번 눌러야 하고, 그런 다음은 강화를 얻기 위해서는 지렛대를 7번 누르도록 기준 행동이 변경될 수도 있다. 이런 절차는 몇 개의 다른 기준으로 반복될 수도 있다. 여기서 독립 변인은 강화를 얻기 위해 필요한 기준 행동이고, 이 설계에 깔려 있는 논리는 다른 소표본 설계의 논리와 유사하다. 만약 기준을 변경함에 따라 행동이 체계적으로 변하면, 우리는 그 기준이 그 변화를 만들었다고 가정한다.

치료자들은 다양한 행동치료 상황에서 변경 기준 설계를 사용하고 있다. Kahng, Boscoe와 Byrne(2003)은 4세 여아(클라라)의 음식 수용을 높이기 위해 이런 설계를 사용하였다. 그녀는 병에 있는 음료는 마시지만 음식은 먹지 않았다. 치료자들은 단계마다 그녀가 정해진 특정 음식량을 먹어야만 하는 현명한 절차를 사용하였다. 만약 클라라가 음식을 한 조각 먹으면 그녀는 칭찬을 받았고, 치료의 후반부에는 식사 후 〈블루스 클루스(Blue's Clues)〉[2]를 볼 수 있는 토큰을 받았다. 치료자들은 그녀가 식사를 마치고, 그녀가 좋아하는 애플 소스를 먹을 수 있는 음식 양의 기준 수를 높였다. 그녀는 기준이 높아져도 점차 더 쉽게 애플 소스를 먹을 수 있게 되었다. 마찬가지로 차츰 다른 음식의 수용이 증가하였다. 치료의 끝 무렵에 그녀는 약 16분 안에 모든 음식을 15조각 먹어야 하는 기준을 충족시켰다. 치료 6개월 후에 추적 조사를 한 식사에서, 그녀는 10분 안에 50조각의 90% 이상을 먹었다.

McDougall과 동료들(McDougall, Hawkins, Brady, & Jenkins, 2006; McDougall & Smith, 2006)은 변경 기준 설계의 재미있는 변형을 개발하였다. 범위 제한 변경 기준(range-bound changing criterion)에는 표적 행동의 상한선과 하한선을 명시한 기준이 있다. 그래서 에어로빅 운동이 필요한 많은 아이는 운동 기간 동안 달리기의 최소 및 최대 양을 명시한 기준이 있다. 분산 기준 설계(distributed criterion design)는 다중 기저선 설계와 변경 기준 설계의 특징들을 모두 지니고 있다. 이 설계에서 다른 아이와 잘 어울리지 않는 한 아이가 휴식 시간에 홀로 있는 시간과 친구들과 어울리는 시간의 양에 대한 기준이 있었다. 이 비율의 기준은 둘 이상의 행동별로 나눠져 있는데, 바람직한 행동(이 경우 어울리는 행동)을 증가시키기 위해 그 기준을 시간대별로 다르게 할 수 있다. McDougall의 연구가 주는 교훈은 여러 설계가 행동을 변화시키는 강력한 방법이 된다는 사실과 이 설계들의 결합이 치료 상황을 향상시킬 수 있다는 것이다.

2) 역주: 아이들이 좋아하는 교육용 TV 프로그램

계로는 AB 설계가 자주 사용된다. 행동의 기저선을 설정하고(A기간), 그다음에 어떤 처치를 한다(B기간). B기간에서 일어난 행동의 변화가 독립 변인 처치의 결과라는 결론은 잘못이다. 왜냐하면 또 다른 변인들(연습 혹은 피로)이 처치와 혼입되어 있을 수도 있기 때문이다.

10. ABA 설계가 AB 설계의 강력한 대안이다. B(처치)기간 이후에 도입된 두 번째 A기간은 B기간에서 관찰된 어떤 변화가 독립 변인 때문인지 혹은 혼입 요인들 때문인지의 여부를 결정하기 위해 처치가 제거된 기간이다. 교대 처치 설계를 이용하여 몇 개의 독립 변인 혹은 둘 이상의 수준을 지닌 독립 변인들을 조사할 수 있다.

11. 다중 기저선 설계는 독립 변인이 도입되기 전에 행동마다 혹은 사람마다 기저선 측정 기간이 다른 또 하나의 소표본 설계이다. 이를 피험자내 설계로 사용하고자 할 때, 만약 독립 변인이 강력한 이월효과를 지니고 있다면 ABA 설계로 하는 것이 좋다.

☑ 주요 용어

AB 설계 AB design
ABAB 설계 ABAB design
시험효과 testing effect
교대 처치 설계 alternating-treatments design
다중 기저선 설계 multiple-baseline design
대표본 설계 large-n designs
동복 분리 기법 split-litter technique
무선집단 설계 random-groups design
무조건 자극(US) unconditioned stimulus: US
범위 제한 변경 기준 range-bound changing criterion
부적 강화 자극 negative reinforcing stimulus
분산 기준 설계 distributed-criterion design
사회학습 social learning
역균형화 counterbalancing
유사 조건형성 pseudoconditioning

ABA(역전) 설계 ABA(reversal) design
ABBA 설계 ABBA design
고전적 조건형성 classical conditioning
균형 맞춘 라틴 스퀘어 설계 balanced Latin square design
대응집단 설계 matched-groups design
도구적 조건형성 instrumental conditioning
동시대비 simultaneous contrast
무조건 반응(UR) unconditioned response: UR
반응적 조건형성 respondent conditioning
변경 기준 설계 changing-criterion design
부적 대비효과 negative contrast effect
비대칭적 전이 asymmetrical transfer
소표본 설계 small-n designs
연습효과 practice effect
이월효과 carryover effect

인간학습human learning
정적 대비효과positive contrast effect
조건 자극(CS)conditioned stimulus: CS
처벌punishment
피험자간 설계between-subjects design
정적 강화 자극positive reinforcing stimulus
조건 반응(CR)conditioned response: CR
조작적 조건형성operant conditioning
피로효과fatigue effect

☑ 논의거리

1. 피험자내 설계의 장점에 대해 논하라. 피험자내 설계를 사용함으로써 생기는 복잡함과 문제점은 무엇인가?
2. 피험자간 설계의 장점과 단점을 논하라.
3. 다음의 각 사례에서 독립 변인을 조사하는 데 피험자내 설계가 좋은지, 아니면 피험자간 설계가 좋은지를 말하고, 당신의 대답을 정당화하라.
   (a) 연구자들이 집단의 크기가 집단 내 누군가를 개인이 도울지 혹은 돕지 않을지에 어떤 영향을 주는지에 관심이 있는, 도움에 관한 사회심리학 연구
   (b) 사람들이 얼마나 빨리 소리에 반응할 수 있는지를 측정할 때 소리 크기가 미치는 영향에 관한 연구
   (c) 여자의 머리카락 색깔이 그녀가 데이트 신청을 받을 가능성에 영향을 주는지를 알아보기 위한 연구
   (d) 동물에게 기술을 가르칠 때 사용한 세 가지 훈련 기법의 효과성을 비교하는 연구
4. 균형 맞춘 라틴 스퀘어가 무엇인지를 말하고, 왜 많은 상황에서 그것이 선호되는 역균형화 방법인지를 설명하라. (a) 3개의 조건이 있는 경우와 (b) 4개의 조건이 있는 경우의 균형 맞춘 라틴 스퀘어를 [그림 9-1]과 [그림 9-2]와 같이 그려 보라.
5. 이 장에서 기술한 몇몇 실험 결과는 독립 변인이 피험자 간으로 조작되었을 때와 피험자 내로 조작되었을 때, 다른 효과를 보여 주었다. 피험자간 설계와 피험자내 설계가 같은 결과를 보여 줄 것으로 당신이 생각하는 변인 세 가지와 두 설계 유형에서 다른 결과를 만들 것으로 생각하는 두 사례를 들어 보라. 각 경우에서 당신의 생각을 정당화하라.
6. AB 설계를 사용함으로써 생길 수 있는 혼입의 종류에 대해 논하라.

☑ 웹 연결

'피험자간 설계 대 피험자내 설계'의 단계별 설명을 알아보는 자매 웹사이트는 다음과 같다.

www.cengagebrain.com

사회학습을 이해하기 위한 도움은 다음 웹사이트에서 얻을 수 있다.

http://www.fundersyanding.com/category/social-emotional-learning/

고전적 및 조작적 조건형성에 관한 추가적 정보는 다음 웹사이트에서 볼 수 있다.

http://psychology.about.com/od/behavioralpsychology/a/classical-vs-oprant-conditioning.htm

심리학 실습: 자신의 수행 결과를 알려 주는 것도 강화이다

사람들은 Skinner 상자 속의 배고픈 쥐에게 주는 음식 알갱이와 같은 생물학적 보상보다는 자신의 행동 결과를 알려 주는 것과 같은 형태의 강화를 많이 받는다. "좋아." 혹은 "거의 정답이야."와 같은 말은 피드백으로 자주 쓰인다. 이는 옳은 반응으로 이끌기 위한 보상 이외에도, 우리가 얼마나 목표 반응에 근접했는지를 말해 준다.

다음은 Thorndike(1932)의 유명한 실험에 근거한 것이다. 우리는 Snellgrove(1981)가 제안한 Thorndike 절차의 여러 가지 변형을 제시하겠다. Thorndike는 피험자들의 눈을 가린 후 그들에게 3인치짜리 선을 그리도록 요청하였다. 그들에게 결과를 알려 주지 않았을 때는 정확도가 거의 향상되지 않았지만, 결과를 알려 주었을 때는 행동조성이 빠르게 일어남을 발견하였다. 즉, 그들은 오차가 1/8인치 이내일 때는 '맞다'라는 소리를 들었고, 1/8인치 이상을 벗어났을 때는 '틀렸다'라는 소리를 들었다. 당신은 피드백 유형을 Thorndike와는 다르게 할 것이다. 즉, 어떤 참가자들은 아무 소리도 듣지 않고, 어떤 참가자들은 그것들이 3인치의 1/8인치 이내일 때 '맞다'라는 소리를 듣고, 제3 집단은 그들이 그린 선이 정확히 어느 정도인지 (1/16인치까지) 듣게 될 것이다. 당신은 종이, 연필, 자 및 눈가리개가 필요할 것이다. 각 사람들은 각 집단에 해당하는 결과에 대한 정보를 받으면서 10회의 시행을 하게 된다. 각 사람의 시행별 정확도(1/16인치까지)를 기록하면, 각기 다른 형태의 피드백에 따라 10회의 시행에 걸쳐 일어난 진척률을 비교할 수 있다.

당신은 각기 다른 피드백 조건에서 각기 다른 길이의 선(예, 2인치, 3인치, 5인치)을 그리도록 하는 피험자내 설계를 사용할 수도 있다. 피험자내 설계를 사용하면, 당신은 실험 내내 조건들의 순서뿐만 아니라 선의 길이에 걸쳐 피드백의 유형을 역균형화할 필요가 있다. 이 실험은 아마도 피험자간 설계로 진행하는 것이 가장 좋을 것이다. 만약 당신이 피험자간 설계를 사용한다면, 각 피드백 집단에 많은 참가자가 포함될 수 있도록 당신의 동료와 합심해야 한다.

각서에 동의하라. 왜냐하면 모든 실험자는 테스트를 하는 동안 (독립 변인의 수준을 제외하고) 참가자들을 똑같이 취급해야 하기 때문이다. 피드백을 주는 타이밍이 모든 피드백 조건에서 같아야 한다. 보통은 자신의 결과를 늦게 아는 것이 즉각 아는 것보다 학습에 더 도움이 된다(예, Swinnen, Schmidt, Nicholson, & Shapiro, 1990). 그래서 얼마나 빨리 피드백을 주느냐의 여부를 피드백의 본질과 혼입되도록 하지 말라. 각 시행마다 수행을 측정하고 기록한 다음, 다음 시행을 진행하기 전에 그 결과를 알려 주라.

제10장

기억과 망각

- Ebbinghaus의 공헌: 초기 기억 연구
  여러 가지 기억
- 변인의 도입
- 10.1 실험 주제 및 연구 예시
  척도 감쇠: 감각 양상 차이
- 10.2 실험 주제 및 연구 예시
  결과의 일반성: 처리 수준
- 10.3 실험 주제 및 연구 예시
  상호작용 효과: 암묵기억 검사와 외현기억 검사
- 문제에서 실험까지
  읽기와 듣기 중 어느 것이 더 효과적인가
  요약
  주요 용어
  논의거리
  웹 연결
  실험실 자원
  심리학 실습: 9·11 테러 사건 기억하기

과학은 일상 사고를 세련되게 하는 것 이상이 아니다. (ALBERT EINSTEIN)

중학교 2학년 때 일어났던 일 중 어떤 것이 기억나는가? 잠시 생각해 보자. 많은 것들을 배웠고, 많은 일이 일어났다. 어쩌면 그때 배우고 경험했던 것 중 어느 것은 하나도 회상해 내지 못할 것이다. 이런 기억들에는 무슨 일이 일어난 걸까? 이 기억들은 영원히 망각된 것일까? 아니면 그 기억들이 어딘가에 저장되어 있는데 그것을 떠올릴 만한 적당한 상황이 주어지지 않아서 회상해 내지 못하는 것일까? 잊고 싶지만 전혀 잊지 못하는 일이 있는가 하면, 기억해 내려 애를 써도 회상해 내지 못하는 기억도 있다. 중학교 2학년 때 풋풋하던 첫사랑이 비극적인 결말로 끝났다면 이 기억은 다른 기억들이 모두 흐릿한 과거 속으로 사라져 간 지 한참 후에도 여전히 머리에서 떠나지 않을 수도 있다. 왜 이런 일들이 생기는 것일까?

유머 작가 로버트 벤츨리는 「대학이 나에게 무엇을 해 주었나?(What College did to Me)」라는 에세이에서 아주 오래전 대학생일 때 배웠던 것들을 회상해서 연도별로 정리해 보았다. 39개 사실을 회상해 냈는데, 1학년 때 배운 것이 12개였고, 4학년 때 배운 것은 단지 8개였다. 대학교 4년 동안 배운 것 중에 39개밖에 회상하지 못했다는 것은 우리가 배워서 오랫동안 기억하는 정보의 깊이와 범위가 얼마나 얕은지를 잘 보여 준다. 이 책을 공부하는 당신은 조만간 대학 졸업장을 받을 것인데, 대학 졸업장은 당신이 기본적인 내용들을 알고 있다는 것을 보증한다.

벤츨리가 대학교 시절에 대해 기억하는 것은 39개가 전부일까? 당신이 중학교 2학년 때에 대해 회상한 목록을 만들어 보면 아마 비슷하게 짧을 것이다. 이 사실은 우리에게 재미있는 질문을 던져 준다. 어떻게 우리는 회상해 낼 수 없는 기억을 연구할 수 있을까? 어떤 사람이 특정 경험을 회상해 낼 수 없다면 특정 경험에 대한 기억 흔적이 사라졌다고 가정해도 되는 것일까?

Ebbinghaus의 공헌: 초기 기억 연구

사람의 기억에 대한 실험적 탐구는 독일 심리학자 Hermann Ebbinghaus([그림 10-1];

[그림 10-1] Hermann Ebbinghaus는 언어 학습과 기억에 대한 실험 연구를 시작하였다.

그의 전기는 Boneau, 1998 참조)에 의해 시작되었다. 그는 진정한 과학적 선구자였다. 그는 그와 같은 시대의 Wilhelm Wundt(부록 참조)와는 달리 실험 심리학은 감각 처리만 연구하는 것이 아니라 고등 정신 작용을 연구하는 데에도 사용될 수 있다고 믿었다. 그의 주 업적은 어떻게 경험적인 연구가 기억이라는 흥미로운 질문에 대해 답을 제공할 수 있는지를 보여 준 것이었다. 이 연구는 1985년에 『기억: 실험심리학에의 기여(Memory: A Contribution to Experimental Psychology)』라는 기념비적인 책으로 발간되었다. Ebbinghaus가 직면한 질문 중 하나는 우리가 지금 다루고 있는 질문, 즉 어떻게 기억을 측정하는가라는 문제였다. Ebbinghaus는 그의 모든 실험에 유일한 피험자였는데, 그는 무의미 철자(nonsense syllables)라는 실험 재료를 고안하였다. 그는 실험 재료로 ZOK, VAP처럼 두 개의 자음 사이에 하나의 모음을 삽입한 의미가 없는 철자(그래서 CVC 철자라고도 불림)를 사용하였다. 무의미 철자를 사용하면 단어나 문장 혹은 시구절(종종 이것도 실험 재료로 사용하였다)을 기억해야 할 재료로 사용할 경우 기억 수행에 영향을 미칠 수 있는 언어적 연합을 최소화할 것으로 기대했다. (그러나 이후 연구에서 그가 사용한 재료 중 일부는 단어라는 것이 확인되어 무의미 철자라는 용어는 잘못된 표현이라는 것이 드러났다. 뿐만 아니라 사람들은 무의미 철자를 학습할 때에도 그것에 의미를 부여한다.)

Ebbinghaus는 2,300개 무의미 철자 세트 중에서 무의미 철자들을 무선으로 선정해서 다양한 길이의 목록들을 작성하였다. 만약 어떤 목록에 무의미 철자가 30개 있다면, Ebbinghaus는 일정한 속도로 그 철자들을 소리 내어 읽었다. 읽기를 마치면 곧바로 목록을 가리고 그 목록을 소리 내어 반복하거나 종이에 적었다. 물론 첫 번째 시행에서 성공할 수는 없었다. 그러나 자신이 정확하게 회상한 개수는 측정할 수 있었다. 이어서 그 목록을 다시 읽고 회상을 해 보는 절차를 반복하였다. 목록을 회상할 때의 어려움의 지표 중의 하나로 Ebbinghau가 사용한 것은 그 목록을 완벽하게 암송할 때까지 걸린 학습/검사 시행 수(혹은 소요 시간)였다. 이를 기억에 대한 기준달성 시행 수(trials to criterion) 측정치라 하는데, 이 측정치는 지금은 거의 사용되지 않지만 오랫동안 기억 연구에서 사용되었다.

Ebbinghaus가 어떤 목록을 학습하고 한 달 후의 기억을 검사하려고 하는 상황을 생각해 보자. 그 목록의 첫 번째 무의미 철자를 회상 단서로 제공할 수 있다. 그런데 이 단서가 별 도움이 되지 않아서 회상하려고 노력했는데도 목록에 있는 다른 무의미 철자들을 회상하지 못했다고 가정해 보자. 이 결과는 그가 한 달 전에 기억했던 목록이 지속되는 흔적을 만들어 내지 못했다는 것을 의미하는 것일까? 그런지 아닌지 어떻게 알 수 있을까? Ebbinghaus는 이 질문에 대한 답을 제공할 수 있는 멋진 방안을 고안해 내었다. 여러 개 무의미 철자들의 기억을 측정하기 위해 Ebbinghaus는 목록을 처음 학습할 때와 마찬가지로 무의미 철자들을 크게 소리 내어 읽고 그 목록을 다시 암송하거나 적는 방법을 반복해서 목록을 재학습하려고 하였다. 처음 학습할 때와 마찬가지로 그 목록을 학습하는 데 필요한 시행 수나 시간을 측정할 수 있었다. 재학습할 때 기억 정도는 절약으로 측정할 수 있는데, 절약이란 처음 학습할 때에 비해 재학습할 때 줄어드는 시행 수나 시간 감소로 표현된다. 이 측정치는 재학습하기 전에 재료를 하나도 회상하지 못한 경우에도 얻을 수 있다. Ebbinghaus는 목록에 있는 무의미 철자를 하나도 회상하지 못한 경우에도 그 목록을 재학습할 때 시행 수나 소요 시간에서 상당한 정도의 절약이 있다는 것을 볼 수 있었다. 이는 우리가 능동적으로 회상하지 못하더라도 목록에 대한 기억이 있을 수 있다는 것을 알려 준다.

Ebbinghaus가 사용한 절약 점수(saving scores)는 그 목록을 처음 학습할 때 필요했던 시행 수에 비해 재학습할 때 절약된 시행 수의 비율이다. 예를 들어, 무의미 철자 목록을 순서대로 회상하는 것을 학습하는 데 10회의 시행이 걸렸고, 1주일 후에 재학습할 때 5회의 시행만 걸렸다면, 50% 절약이 있다는 것을 의미한다[(10-5)/10 × 100%]. 이를 더 일반화시켜 표현하자면, 절약의 비율은 원래 학습에서 필요한 시행 수(OL)와 재학습에서 필요한 시행 수(RL)의 차이를 원래 학습의 시행 수(OL)로 나눈 다음 100을 곱하는 것이다(공식은 [(OL-RL)/OL × 100%]. 학습을 한 후 곧바로 재학습을 할 경우 새 학습 시행이 필요하지 않을 수 있는데, 이 경우 절약을 계산해 보면 100%로 나온다는 것에서 [(10-0)/10 × 100%=100%] 이 공식이 일리가 있다는 것을 알 수 있다. 그러나 10년 후에 재학습을 한다면 새로 학습하는 것과 다를 바가 없기 때문에 절약은 0일 수 있다[재학습을 할 때 그 목록을 처음 학습할 때만큼 시행이 걸린다면 (10-10)/10 × 100%=0%].

우리가 지금 든 예는 가설적인 것이다. 절약과 원래 학습 이후의 시간 간에는 어떤 관계가 있을까? Ebbinghaus는 이 질문을 제기했고 그 답으로 그의 연구 중에서 가장 널리 알려진 발견을 제공하였는데, 그것이 [그림 10-2]에 제시되어 있다.

이 그래프는 원래 학습 이후의 시간과 절약 간의 관계, 즉 시간에 따라 얼마나 망각이 일어나는지를 보여 준다. 그래프에서 볼 수 있듯이, 학습 직후에는 급격하게 망각이 일어나지만 곧 망각이 서서히 진행된다는 것을 Ebbinghaus는 발견하였다. 절약법(savings memthod)은 지금도 기억에 관한 중요한 질문을 만드는 데 사용된다(예, Keisler & Willingham, 2007; MacLeod, 1988).

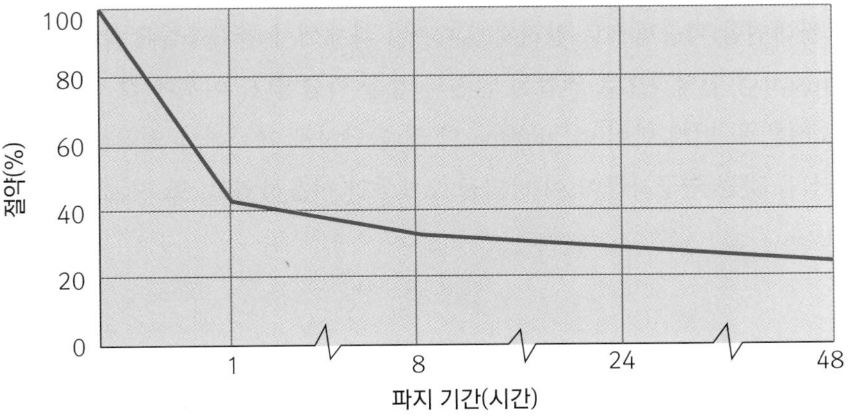

[그림 10-2] 망각곡선

Ebbinghaus는 무의미 철자를 이용해서 처음 학습을 하고 다양한 시간이 지난 다음 재학습할 때의 절약을 측정하였다. 처음에는 망각이 급격하게 일어나지만 점점 완만해지는 것에 주목하라.

로버트 벤츨리가 대학교 때 배운 지식들에 대해 별로 회상해 내지 못했지만, 만약 그 과목들을 다시 듣게 하면 그도 Ebbinghaus처럼 상당한 절약을 보여 줄 수 있다(그가 들었던 과목에는 르네상스 초기 동판화가, 16세기 무명 시인들의 사회생활, 레이스 제작 역사 등이 있다). 당신도 고등학교 때 들은 기하 과목(혹은 이 책의 2장)에 대해 별로 회상하지 못할 수 있는데, 만약 그 과목을 다시 듣게 된다면 처음 배울 때보다 훨씬 쉽다는 것을 알 수 있을 것이다.

Ebbinghaus가 한 명의 피험자(자기 자신)만을 반복해서 연구했기 때문에(이 방법은 현대 연구에서는 거의 받아들여지지 않는다) 당신은 Ebbinghaus가 발견한 것이 사람들의 기억을 잘 반영하는지 의심할 수도 있다.

Ebbinghaus가 발견한 것은 피험자 수가 많은 연구들에서 많이 재검증되었으며 지금도 타당한 결과로 인정받고 있다(실험 결과를 반복할 수 있는 것을 가리키는 '재검증 가능성'은 11장에서 다룬다).

기억에 대한 Ebbinghaus의 연구는 아주 독창적이다. 기억 연구 외에도 Ebbinghaus는 실험자 편향의 문제에 대한 아주 흥미 있는 논의, 심리학 최초의 수학적 모형 산출, 구체적인 가설 검증을 다룬 초기의 예시 제공, 연구에서의 통계적 문제점에 대한 심도 있는(당시로서는) 논의 제기 등 다른 면에서도 공헌하였다. 또 흥미로운 심리학 교과서도 집필하였고, 지능 검사도 고안하였다(Tulving, 1972).

Mary Calkins도 기억 연구에 크게 기여하였다. William James의 제자인 Calkins는 어떻게 연합이 형성되는지에 대해 연구하였다(Furumoto, 1991 참조). 그녀가 고안한 방법은 쌍대연합 학습법으로 알려져 있다. 이 과제에서 참가자들은 spoon-airplane, chair-trust처럼 임의적으로 연합된 일련의 쌍을 학습한다. 이후에 각 쌍의 처음 단어(예, spoon)를 두 번째 단어(예, airplane)의 인출 단서로 제공해서 연합을 검사한다. 기억에 관심을 갖는 연구자들이 이 방법을 오랫동안 사용하였고, 또 지금도 많이 사용하고 있다.

여러 가지 기억

기억이라는 용어는 아주 광범위하게 사용되고 있으며 여러 가지 기술과 능력을 가리킨다. 이들은 공통적으로 무엇인가를 학습하고, 어느 기간 동안 저장되었다가 특정

만 입력하는 경우와 전화번호를 보면서 크게 소리 내어 읽어서 시각과 청각으로 입력하는 경우 중 어느 경우에 전화번호를 더 잘 기억할까?

❍ 시각으로 충분하다: Scarborough의 실험

앞서 제시한 질문들에 답하기 위해 시도한 연구 중의 하나가 Scarborough(1972)의 실험이다. 그는 과제를 고안한 사람들의 이름을 따서 Brown-Peterson 기법(Brown-Peterson technique)이라 불리는 단기 기억 과제를 이용해서 실험을 실시하였다(Brown, 1958; Peterson & Peterson, 1959). 이 과제에서는 잠시 동안 기억하고 있어야 할 정보를 피험자에게 제시한 다음 그 정보를 되뇌기(기억해야 할 정보를 반복하는 것을 가리킴)할 수 없게 다른 과제를 하게 한다. 그리고 일정 시간이 지나면 아까 제시한 정보를 회상하게 한다. 전형적으로 이런 실험에서는 참가자에게 NRF처럼 세 개의 자음을 연결한 철자(앞으로 CCC 철자라 부름)를 기억해야 할 정보로 제시한다. 이어서 세 자리 숫자(예, 464)를 주고 이 숫자에서 계속 3씩 뺀 숫자를 각기 다른 시간(파지 기간) 동안 소리 내어 말하게 한다. 파지 기간은 최대 30초이었다. 파지 기간이 끝나면 CCC 철자를 회상하게 한다. (숫자를 소리 내어 말하게 시키는 이유는 피험자들이 CCC 철자를 되뇌거나 속으로 조용히 반복하는 것을 막기 위해서이다.) 직접 해 보자. 다음 문장이 끝나면 CCC 철자와 세 자리 숫자가 나온다. CCC 철자를 이루는 자음 세 개와 숫자를 소리 내어 읽은 다음 눈을 돌려 다른 곳을 보면서 30초 동안 아까 본 숫자에서 3씩 뺀 숫자를 말한 다음 세 자음을 회상해 보자.

XGR 679

어땠는가? 아마도 당신은 세 자음을 다 회상했을 것이다. 대부분의 사람은 이 과제의 첫 번째 시행에서는 자음 세 개를 다 회상해 낸다. 그러나 시행마다 CCC 철자를 다르게 하면서 이 과제를 거듭해서 하면 사람들의 수행은 나빠져 간다. 파지 기간이 18초일 경우 네 번째나 다섯 번째 시행이 되면 CCC 철자를 정확하게 회상해 내는 비율이 50%로 떨어진다([그림 10-3]).

앞선 시행이 이후 시행에서의 회상을 간섭하는 것이기 때문에 이 현상을 순행 간섭(proactive interference)이라 한다.

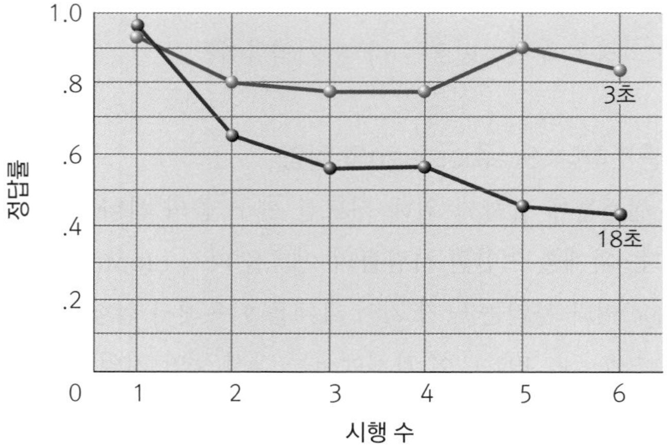

[그림 10-3] 시행 수(1~6)와 각 시행에서의 파지 기간(3초 혹은 18초)의 함수로서의 자극 파지
첫 번째 시행에서는 파지 기간 18초에서도 망각이 거의 일어나지 않았다. 그러나 시행이 거듭되면 이전에 한 검사 때문에 수행이 점점 나빠지는데, 특히 파지 기간 18초에서 더 심하다(Keppel & Underwood, 1962). 이 현상이 순행 간섭이다.

Scarborough(1972)의 실험에서는 Brown-Peterson 기법을 이용하여 피험자들에게 36개의 CCC 철자를 각기 .7초씩 제시하였다. 이 실험에는 각 집단별로 6명씩 세 집단이 참여하였다. 이 세 집단은 CCC 철자를 제시하는 방식에서 달랐다. 한 집단에게는 CCC 철자를 보여 주었고(시각 조건), 또 다른 집단에게는 들려주었고(청각 조건), 세 번째 집단에게는 보여 주면서 들려주었다(시각+청각 조건). CCC 철자를 녹음테이프로 들려주거나, 자극을 정해진 시간 동안만 보여 주는 기계인 순간노출기를 이용해서 보여 주어서 제시 시간을 통제하였다. 파지 기간 0초 조건을 제외한 나머지 파지 기간 조건에서는 CCC 철자를 제시하고 1초 후에 세 자리 숫자를 들려주었다. 파지 기간 0초 조건에서는 CCC 철자를 보거나 들은 직후 회상하게 하였다. 피험자들은 파지 기간에 따라 0, 3, 6, 9, 12, 혹은 18초 동안 CCC 철자를 구성하는 낱자들을 파지하고 있어야 했다. 세 자리 숫자가 들리면 피험자들은 메트로놈 소리에 맞춰 1초에 하나의 숫자를 말하는 속도로 3씩 계속 빼며 그 숫자를 말해야 했다. 이것은 CCC 철자를 되뇌기하는 것을 막기 위한 것이다. 파지 기간이 끝나면 메트로놈이 멈추면서 녹색 불이 두 개 들어와서 회상 기간 10초를 알려 주었다. 그러니까 하나의 시행은 준비 신호(두 개의 노란색 불과 하나의 소리를 들려주어 CCC 철자가 곧 알려질 것이라는 것을 알려 줌), CCC 철자 제시, 세 자리 숫자 제시(파지 기간 0초 조건에서는 없음), 파지 기간(이 기간 동안 참가자는

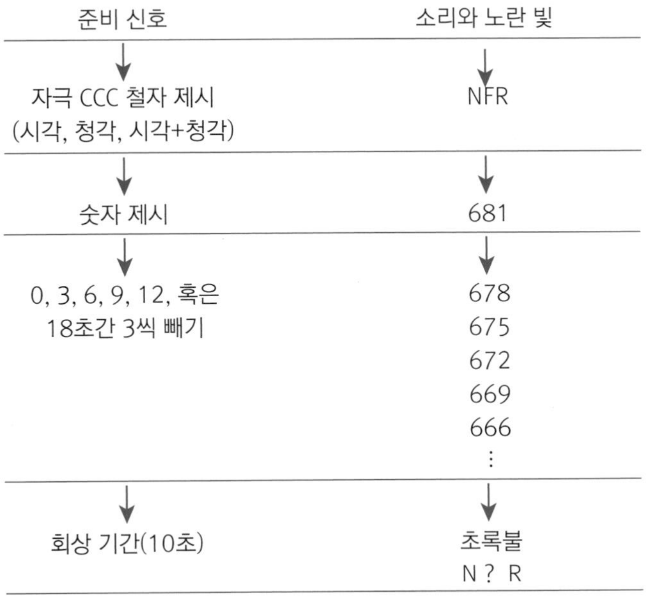

[그림 10-4] Scarborough의 실험에서 사용한 Brown-Peterson 단기 기억 과제에서의 전형적 시행을 보여 주는 예

3씩 뺀 숫자를 계속 말해야 함) 그리고 회상 기간으로 구성되어 있다. 전형적인 시행 예시가 [그림 10-4]에 제시되어 있다. 실험에서는 이 절차가 36번 반복되었는데(여섯 개의 파지 기간 조건별로 6회 시행씩인데, 순서는 역균형화하였다) 각 시행마다 제시되는 CCC 철자가 달랐다. 요약하면, 이 실험에는 세 개의 피험자간 조건(시각, 청각, 시각+청각 조건)이 여섯 개의 피험자내 조건(파지 기간 0, 3, 6, 9, 12, 18초 조건)과 결합되어 있다.

Scarborough의 실험 결과가 [그림 10-5]에 제시되어 있는데, 파지 기간별로 CCC 철자를 정확하게 회상한 비율을 그려 놓았다. 이 그림과 그것을 뒷받침해 주는 Scarborough의 통계 분석 결과는 CCC 철자를 시각으로 제시받은 피험자들이 청각으로 제시받은 피험자들보다 더 잘 회상하였다는 것을 보여 준다. 그리고 동시에 시각과 청각으로 제시받은 조건에서는 시각으로만 제시받은 조건에서보다 더 잘 회상하지는 못했다. 파지 기간 조건별로 시각 조건과 시각+청각 조건의 정확한 회상 비율은 거의 같았다. 이 정도면 결과를 잘 서술한 것 같다. [그림 10-5]에서 알아낼 수 있는 다른 결론이 더 있나? 구체적으로 시각과 청각으로 제시된 정보의 망각 속도에 대해 말할 것이 있나? 이 두 조건의 망각 속도는 같은가 다른가?

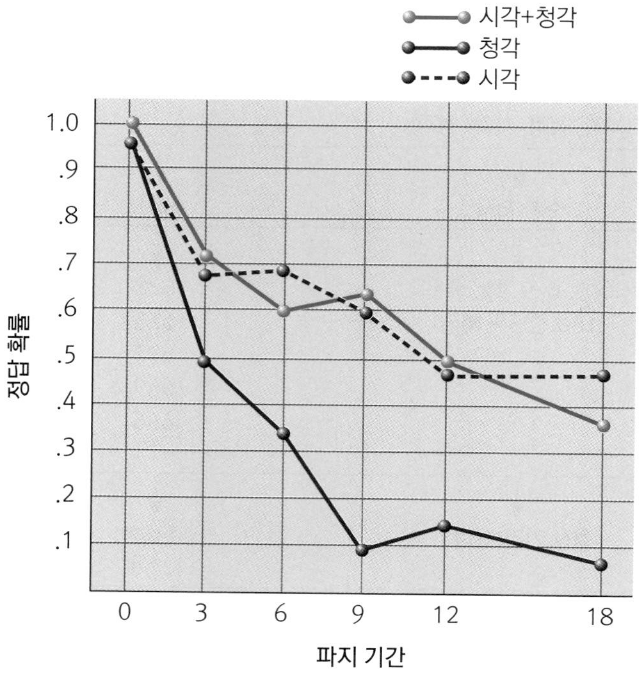

[그림 10-5] 세 가지 제시 조건과 파지 기간의 함수로서 정확하게 자극 CCC 철자를 회상한 확률
① 일반적으로 시각 제시가 청각 제시보다 수행이 좋으며, ② 시각과 청각으로 같이 제시하는 것이 시각만 제시하는 것보다 낫지 않다는 점을 주목하라(Scarborough, 1972).

이에 대해 Scarborough(1972)는 아주 조심스럽게 접근했다. 파지 기간이 길어지면 청각 조건과 시각 조건의 망각 함수가 더 벌어지는 것처럼 보이지만, 그는 청각으로 제시된 정보의 망각 속도가 시각으로 제시된 정보보다 빠르다는 결론을 내리지는 않았다. 그러나 다른 심리학자는 이 실험에 대해 자신의 책에서 어떻게 기술했는지 알아보자.

이 그림은 곡선들이 Y축의 거의 같은 점에서 시작해서 점차 벌어지는 것을 보여 준다. 파지 기간 0초에서 Y축의 절편값은 처음에 지각하고 저장한 것의 측정치를 알려 준다. 왜냐하면 자극이 제시된 직후라서 망각이 일어날 수 없는 시점에 얼마나 많은 정보를 갖고 있는지를 측정한 것이기 때문이다. 망각 속도는 망각곡선의 기울기를 측정하면 알 수 있다. 이렇게 분석해 보면, [그림 10-5]는 청각으로 제시된 항목이 시각으로 제시된 항목보다 빨리 망각된다는 것을 보여 준다(Massaro, 1975, pp. 530-531).

이 결론은 합리적인 것 같아 보이지만, 안타깝게도 우리는 이 결론에 대해 의심해 보아야 한다. 왜냐하면 파지 기간 0초에는 모든 조건에서 수행이 거의 완벽했기 때문이다. 수행이 완벽할 경우에는 척도 감쇠 때문에 조건들 간에 '진정한' 차이가 있는지 알아낼 수 없다. 이 경우에는 천장효과를 보였다. 만약에 종속 변인 측정치의 척도가 충분히 '길다면' 파지 기간 0초에서도 시각 조건과 청각 조건의 차이를 보여 줄 수도 있다. 그러니까 지금 우리가 말한 이유 때문에 청각 조건의 망각 속도가 시각 조건의 망각 속도보다 빠르다는 Massaro의 결론은 수용될 수 없다. 즉, 파지 기간 0초에서 수행이 동등했다는 가정은 틀릴 수도 있기 때문에 Massaro의 결론은 수용될 수 없다.

이 논의가 처음에는 혼란스러울 수 있으니까, 좀 더 분명한 예를 이용해서 이 원리를 다시 알아보도록 하자. 비만한 두 사람이 일정 기간 동안 누가 더 체중을 많이 줄이는지 내기를 했다고 가정해 보자. 한 사람이 다른 사람보다 무거워 보이지만, 두 사람 다 자기 체중을 밝히는 것을 피하기 때문에 체중이 정확하게 얼마인지 서로 알 수 없었다. 내기를 위해 두 사람은 0파운드에서 300파운드까지 잴 수 있는 욕실용 체중계를 사용하기로 합의했다. 체중 감량 프로그램을 시작하는 날 두 사람은 상대가 보는 앞에서 체중을 쟀다. 놀랍게도, 두 사람은 모두 300파운드로 측정되었다. 그래서 겉보기에는 차이가 나는 것처럼 보이지만 두 사람은 시작할 때 둘의 체중이 같은 것으로 결정했다.

이 예에서도 문제는 측정 척도에서의 천장효과이다. 욕실용 체중계는 이 두 사람의 실제 체중을 측정할 수 있을 만큼 측정 범위가 넓지 않았다. 이제 더 무거운 범위까지 측정할 수 있는 체중계로 재었다면 한 사람은 300파운드, 다른 한 사람은 350파운드로 나온다고 가정해 보자. 그리고 6개월 동안 체중 감량 프로그램을 실시해서 두 사람 다 100파운드씩 감량했다고 해 보자. 이 시점에서 다시 체중을 재 보면 한 사람은 200파운드, 그리고 다른 한 사람은 250파운드로 나올 것이다. 문제는 프로그램을 시작할 때 두 사람의 체중이 300파운드로 같았다고 믿기 때문에 두 사람은 이번에 200파운드로 측정된 사람이 내기에서 이겼다는 틀린 결론에 도달할 수 있다는 것이다([그림 10-6a]).

체중 감량에서의 문제는 Scarborough의 실험 결과를 청각으로 제시된 정보의 망각 속도가 시각으로 제시된 정보보다 빠르다는 증거로 해석할 때 제기되는 문제와 같다. 욕실용 체중계를 사용하면 두 사람 중 누구의 체중 감량 속도가 빠른지 옳게 판단할 수 없었던 것처럼, Scarborough 실험의 두 조건의 망각 속도를 잴 수 있는 방법이 없다는 것이다. 우리는 이 두 가지 예에서 체중 감량이나 망각이 일어나기 전의 원래 측정치

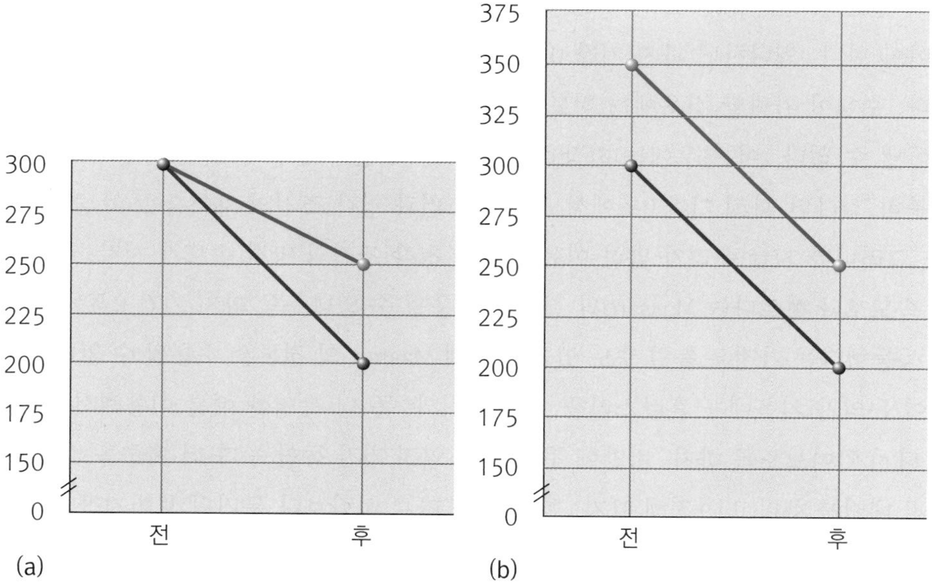

[그림 10-6] 측정에서의 천장효과 예시

패널 (a)는 비만한 두 사람이 이해한 바를 그린 그림이다. 두 사람은 시작할 때 체중이 같았는데, 한 사람이 다른 사람보다 두 배 체중 감량을 했다고 생각했다. 패널 (b)는 측정에서 천장효과가 제거된 실제 상황을 그린 것이다. 두 사람은 100파운드씩 감량했다. 척도 감쇠효과(천장효과와 바닥효과)는 실험조건들 간에 있을 수 있는 실제 차이를 가릴 수도 있다.

가 동등하다고 가정할 수 없다.

Scarborough 실험에서 이 문제를 피할 수 있는 한 가지 방법은 파지 기간 0초의 자료를 무시하고 파지 기간 3초에서 18초 사이에서 청각 조건의 망각 속도의 기울기가 시각 조건의 기울기보다 가파른지를 보는 방법이다. 이것은 파지 기간 3초에서 18초 구간에서의 파지 기간과 제시 방법의 상호작용을 계산하면 알아낼 수 있다. 그런데 [그림 10-5]를 훑어보면 청각 조건과 시각 조건의 정답률이 점차 더 벌어져 가는 것을 알 수 있다. 파지 기간 3초에서 9초 사이의 세 수준에서는 두 조건의 차이가 벌어지지만 그 이후에는 차이가 비교적 일정하게 유지된다. 그러나 파지 기간이 긴 세 수준(9초, 12초, 18초)에서 차이의 증가가 없는 것은 청각 조건에서 보이는 바닥효과 때문일 수도 있다(파지 기간 18초에서 정확한 회상은 겨우 7~8%이다). 천장효과나 바닥효과가 있을 때에는 자료를 해석할 때 아주 조심해야 한다. 신중한 연구자는 [그림 10-5]와 같은 자료에서 망각 속도에 대한 결론을 내리는 것에 대해 주저한다. Scarborough의 접근이 그러하다. 그렇지만 우리는 또 천장효과나 바닥효과가 없는 파지 기간(파지 기간 3, 6, 9초) 동안에는 앞서 인용한 Massaro의 결론처럼 시각 조건에서보다 청각 조건에서 망각 속도가 빠른 것처럼 보인다는 것도 주목해야 한다.

심리학 연구에서 천장효과와 바닥효과 문제를 피할 수 있을까? 안타깝게도, 항상 적용되는 황금 규칙은 없다. 연구자들은 수행에서 극단치가 나오지 않게 연구를 고안하려고 한다. 그리고 수행에 대한 자신들의 직관이 옳은지 알아보기 위해 적은 수의 파일럿 실험 피험자들의 수행을 검사해 본다. 파일럿 실험 피험자들이 척도의 천장이나 바닥에 가깝게 수행하면 실험 과제를 수정하는 게 필요한 경우도 종종 있다. 예를 들어, 기억 실험의 수행이 너무 좋으면 수행이 저하되게 기억 재료의 양을 늘릴 수 있다. 마찬가지로, 과제가 너무 어려워서 피험자들이 거의 기억해 낼 수 없다면 재료의 양을 줄이거나 좀 더 천천히 제시하는 등의 수정을 해서 과제를 좀 더 쉽게 만들 수 있다. 여기서 중요한 점은 참가자들이 척도의 중간 부분의 점수를 받을 수 있게 과제와 수행 척도를 고안하라는 것이다. 그래야 독립 변인을 조작했을 때 수행의 증가나 감소를 관찰할 수 있게 된다. 신중한 연구자들은 본 실험을 진행하기 전에 파일럿 실험 피험자들을 검사하는 노력을 해서 나중에 천장효과나 바닥효과를 얻는 참사를 피하려고 한다. 파일럿 실험을 하면 연구자들은 실험 설계나 절차에서 일어날 수 있는 다른 문제들에 대해서도 알 수 있다.

10.2 실험 주제 및 연구 예시

주제 **결과의 일반성**

예시 **처리 수준**

3장에서 어떤 가설을 검증하는 방법은 아주 다양하며, 그 가설을 검증한 하나의 실험은 그 자체로 어느 정도 정보를 제공하기는 하지만 그 가설을 검증하기 위해 다른 방법으로 설계된 여러 실험의 배경 속에서 그 의미가 고려되어야 할 필요가 있다고 서술했다. 이상적으로야 하나의 수렴된 결론에 도달하기 위해 하나의 가설을 다양한 상황에서 검증하는 실험을 하고 싶지만, 현실에서 이를 실행하기는 어렵다. 여기서 제기되는 문제가 결과의 일반성(generality of results) 문제이다. 특정 실험 상황에서 도출된 결론이 다른 상황에서 일반화되지 않는 경우가 종종 있다. 이는 상당히 실망스런 일이지만 피할 수 없는 문제이다. 그리고 아주 중요한 문제이다. 우리는 어떤 실험에서 특정 독립 변인이 특정 종속 변인에 영향을 미치는 결과를 보여 줄 경우 다음과 같은 질문을 해 보아야 한다. 이 결과는 어떤 피험자 집단에서 일반화될 수 있나? (쥐를 사용한 실험에서 효과를 보여 주었다고 해서 이것이 사람에게서도 같은 결과가 얻어진다는 것을 의미하지는 않는다; 15장 참조). 어떤 상황(실험 상황이든 실험 외적 상황이든)에서 이 결론이 유지되는가? 원 실험에서 했던 것과 조금 다르게 독립 변인이나 종속 변인이 조작되거나 정의되어도 같은 결론이 얻어질까? 결과의 일반성 문제는 모든 종류의 연구에서 일어난다. 어떤 약물을 아주 많은 양으로 동물에게 투여했더니 암이 발생하는 결과가 얻어졌다. 사람에게 투여하는 약물의 양이 아주 적고, 사람과 쥐는 아주 다른 유기체인데도 이 결과를 토대로 사람에게 이 약물을 금지해야 하나? 사람을 대상으로 검증하기 전에 어떤 물질이 해로운지(혹은 이로운지) 알아보는 첫 단계로 동물을 이용해서 검증하는 것은 물론 아주 중요한 첫 단계이다. 그렇지만 한 종의 동물에게서 효과가 관찰되었다는 것이 다른 종의 동물에서도 같은 효과가 관찰될 것을 의미하지는 않는다.

결과의 일반성 문제를 둘러싸고 있는 이슈들을 보여 주기 위해 기억에 대한 처리 수준(levels of processing) 접근과 관련된 실험들에 대해 알아본다. Craik와 Lockhart(1972)는 기억은 지각의 부산물로 볼 수 있으며, 지각은 다양한 단계(혹은 수준, 깊이)를 거쳐 일어나는 것으로 볼 수 있다고 제안하였다. 예를 들어, YACHT라는 단어를 지각하고 이해하는 과정을 생각해 보자. Craik와 Lockhart(1972)는 사람들이 이런 단어를 읽을 때 각기 다른 인지 '수준'에 있는 특징들에 주의를 기울인다는 것에 주목하였다. 첫 번째 수준은 외양의 표면 특질이다. 이 단어는 모음 하나를 포함해서 낱자 다섯 개로 되어 있다, 대문자이다 등의 특질이다. 단어를 구성하고 있는 낱자들을 지각하는 것이 단어 읽기의 첫 번째 단계이어서 문자소(graphemic, 낱자) 수준의 분석이 필요하다. 둘째, 많은 단어의 경우 단어를 읽을 때 쓰인 형태를 우리가 듣는 단어들 사이에 공유되는 공통 부호인 음소로 바꾸는 과정이 수반된다. 이 부호는 언어의 기본적인 소리 패턴인 음소들에 기초하는 것으로 가정하기 때문에 음소[phonemic, 혹은 음운(phonological)] 부호라 부른다. yacht와 hot이 외양에서는 닮은 것이 없지만 yacht는 hot과 각운이 같다고 말하는 것은 우리가 음소 부호에 의지하기 때문이다. 단어 읽기의 세 번째 단계는 단어의 뜻을 확인하는 단계이다. 우리가 단어를 읽는 목적은 단어의 뜻을 알아내는 것이다. 그러니까 yacht라는 단어의 뜻을 알아내는 것이다. 이를 의미(semantic) 수준의 분석이라 한다.

Craik와 Lockhart(1972)는 단어(다른 대상도 마찬가지임)를 지각하는 과정은 외양 수준(인지 시스템의 얕은 수준)에서 의미 수준(인지 시스템의 깊은 수준)으로 진행된다고 제안하였다. 또 그들은 경험에 대해 이후에 기억하는 것은 처음 지각할 때의 처리 깊이와 직접적으로 연결되어 있다고 주장하였다. 그러니까 처음 지각할 때 처리 수준이 깊을수록 그 경험에 대해 더 잘 기억한다는 것이다.

Craik와 Tulving(1975)이 보고한 실험은 기억에 대한 처리 수준 접근을 지지하는 증거를 잘 보여 준다. 연구자들은 대학생 참가자들에게 단어를 60개 제시하고 각 단어에 대해 주어진 질문에 답하게 하였다. 질문들은 단어의 처리 수준을 조작하기 위해 고안된 것이었다. 예를 들어, 화면에 BEAR가 나오고 나서 다음 세 개 질문 중 하나가 주어지고 답하게 한다. 이 단어는 대문자인가? chair와 각운이 같은가? 동물인가? 이 세 질문의 답은 모두 '예'이다. 그러나 이 답을 하려면 각기 다른 수준의 처리를 해야 한다. 첫 번째 질문에 답하려면 제시된 단어의 표면적인(문자소 수준) 특징을 확인해야 한다. 두 번째 질문에 대해서는 단어의 소리(음소 부호)를 고려해야 한다. 마지막으로 세 번째 질문에 대해서는 단어 뜻에 접속해야 한다. 즉, 의미 수준으로 처리해야 한다. 연구자들은 처리 수준 이론에 따라 얕은 수준으로 처리된 단어보다 깊은 수준으로 처리된 단어를 더 잘 기억해야 한다고 예측하였다(의미>음소>문자소).

Craik와 Tulving(1975)의 결과는 예측을 인상 깊게 검증하였다. 연구자들은 60개의 구단어(질문에 답해야 했던 단어)와 120개의 신단어를 참가자들에게 검사 문항으로 제시하는 재인 검사를 이용해서 기억을 검사하였다. 참가자들에게는 학습 단계에서 본 단어로 정확히 60개의 단어를 골라 원으로 표시하게 하였다. 참가자들에게 정확히 60개를 고르게 했으니까 우연 수준(이 단어들을 안 본 사람들이 정답을 고를 것으로 기대되는 확률)에서 정답을 고를 확률은 33%(180개 중 60개)이었다. [그림 10-7]에 학습 단계에서 '예'라는 답을 했던 단어들의 재인 결과가 제시되어 있다. 표면적인 문자소 수준에서는 정확한 재인율이 우연 수준을 겨우 넘었으나 깊은 처리인 의미 수준에서는 거의 완벽에 가까운 수행을 보였다. 학습 단계에서 이 세 조건은 제시된 단어에 대해 답할 때 참가자에게 일어난 잠깐 동안의 심적 과정만이 달랐다. 그래서 이 실험은 아주 짧은 시간 동안 일어나는 부호화가 기억에 큰 영향을 미친다는 것을 보여 준다. 결과는 처리 수준 이론에서 예측한 바와 아주 잘 들어맞았다.

처리 수준 접근과 이를 검증하기 위해 고안된 실험들은 실험심리학자들을 크게 흥분시켰고, 아주 많은 연구를 산출해 내었다(Craik, 2011; Lockhart & Craik, 1990 참조).

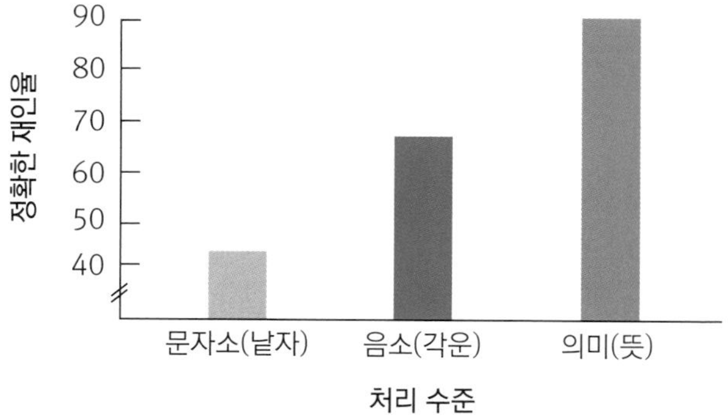

[그림 10-7] Craik와 Tulving(1975)의 결과

피험자들은 단어들에 대해 각기 다른 처리 수준에 효과를 주기 위해 고안된 질문에 답했다. 문자소(대문자인가?), 음소(___와 각운이 같은가?), 의미(___ 범주에 속하는 단어인가?). 처리 수준 접근에서 예상한 바처럼 처리 수준이 깊을수록 이후에 실시된 검사에서 더 정확하게 재인했다. (Craik & Tulving, 1975에서 그림)

실제로 학술지 『Memory』에서는 한 호를 처리 수준 접근에 전부 할애하였다(**Memory**, 2002, vol. 10, issue 5-6). 우리 관심사는 처리 수준 이론이 아니라 [그림 10-7]에 제시된 결과의 일반성이다. 이 이론은 기억 검사에서의 수행 외에 처리의 깊이나 수준을 독립적으로 측정할 방법이 없다는 이유로 순환론이고 검증 가능하지 않다는 비난을 받았다(Nelson, 1977). 처리 깊이라는 구성개념에 대한 수렴 조작(7장과 14장 참조)이 없어서 이 이론은 순환론이라는 위험을 갖고 있다. 그러니까 파지를 잘 이끄는 처리가 깊은 처리이고, 반대로 깊은 처리이면 파지가 잘 된다는 순환론의 위험을 갖는다. 이런 약점에도 불구하고 처리 수준 설명 틀은 아주 많은 연구를 이끌어 내었는데, 기본적인 실험 결과가 아주 강력하기 때문이라는 것도 이유 중의 하나이다. 기억 연구에서 다른 요인들을 통제한 상태에서 거의 우연 수준에서부터 거의 완전한 수준의 수행까지를 보여 주는 변인은 별로 없다.

Craik와 Tulving(1975)의 결과는 아주 강력하다. 그런데 이 결과는 얼마나 일반적일까? 연구 피험자들은 좋은 대학교 학생들이었고, 실험에서 사용한 재료는 세 가지 질문 중 하나에 답하는 단어였다. 검사는 정해진 개수만큼 골라야 하는(그래서 참가자들이 추측을 해야만 하는) 재인 검사였고, 처리 수준은 특정한 방법으로 조작(조작적으로 정의)되었다. 이런 것 중 하나 혹은 전부가 Craik와 Tulving(1975)의 결과를 이끌어 내는 데 중요한 것은 아니었을까? 3장에서 논의한 것처럼 어떤 실험이든 어떻게 특정 이론이나 가설을 검증하느냐라는 결정을 내릴 때 많은 선택을 해야 한다. 그래서 결과의

일반성을 알아보려면 후속 연구들이 필요하다.

Jenkins(1979)는 결과의 일반성 문제와 관련해서 재미있는 방안을 제안하였는데, 그가 제안한 모형이 [그림 10-8]에 기억 실험의 4면체 모형(tetrahedral model of memory experiments)으로 제시되어 있다(표면이 네 개라서 4면체라 불린다). Jenkins(1979)는 기억을 연구하는 연구자라면 그 차원이 실험의 주 관심사인지 아닌지와 상관없이 (그 차

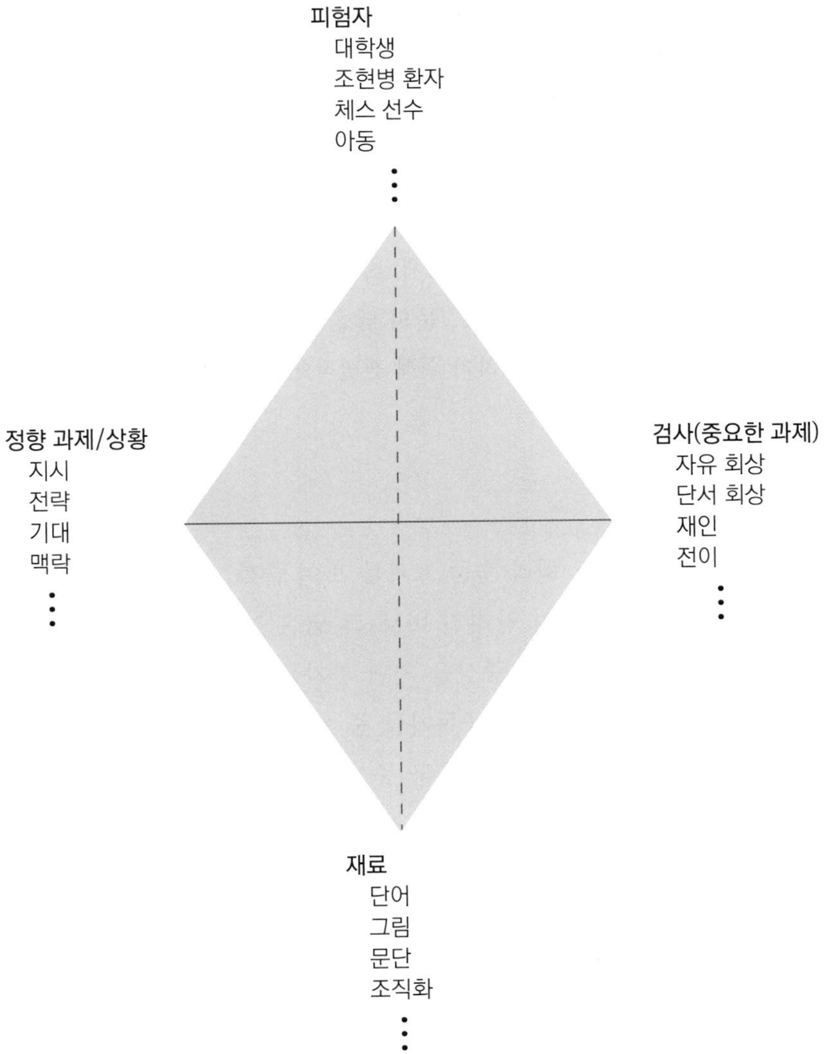

[그림 10-8] Jenkins(1979)의 기억 실험의 4면체 모형

각 모서리는 기억 연구자들이 관심을 가질 만한 요인들의 군집을 의미한다. 하나의 요인(예, 재료 유형)이 실험의 관심사일 경우에도 실험 결과는 통제 변인인 다른 요인의 정해진 값의 영향을 받을 수도 있다.

원이 자기 실험에서 통제 변인일 경우라도) 4개의 차원에서 선택을 해야 한다고 제안하였다. 4개의 차원은 ① 피험자, ② 학습과 검사에 사용되는 재료, ③ 정향 과제(또는 피험자를 검사하는 상황의 특징), 그리고 ④ 검사 유형이다. 최근 Roediger(2008)는 고려할 필요가 있는 차원이 더 있다고 제안하였으나, 여기서는 Jenkins의 네 차원만 고려한다. Craik와 Tulving(1975)의 실험에서 연구자들은 단어들을 특정 방식으로 처리하게 정향시키는 질문(예, 대문자인가?)인 정향 과제가 파지에 어떤 영향을 미치는지에 관심이 있었다. 다른 세 차원은 관심사가 아니어서 통제하였다. 즉, 참가자들은 모두 대학생이었고, 기억 검사로는 재인 과제를 사용하였으며, 실험 재료는 단어이었다. Jenkins(1979)의 생각은 실험에서 통제 변인으로 사용된 변인들이 다른 값을 가질 때 어떤 실험 결과가 얻어질 것인가를 고려해야 한다는 것이다. 그러니까 결과의 일반성 문제는 다음과 같이 표현될 수 있다. 다른 통제 변인들이 독립 변인으로 조작된다면 같은 결과가 나올까? 독립 변인이 다르게 조작적으로 정의된다면 같은 결과가 반복될까? 이제 처리 수준 효과에 대해 이 질문의 답을 제공하는 연구들에 대해 알아보자. (이어지는 내용은 중요한 부분을 예시하기 위해 선별적으로 인용한 것이라서 완벽한 내용은 아니다.)

❍ 피험자

대학생이 아닌 피험자들도 처리 수준 효과를 보여 줄까? 의미 수준에서 처리된 재료를 더 잘 기억할까? 지금까지 알려진 바로 그 답은 '예'이다. 한 예로, Cermak와 Reale(1978)은 코르사코프 증후군 증상을 지닌 환자들을 대상으로 연구했는데, 코르사코프 증후군 환자는 만성 알코올 중독자들 중 비타민 결핍으로 인해 뇌의 장애를 보여 주는 환자들이다. 코르사코프 증후군 증상의 아주 중요한 특징은 회상이나 재인과 같은 외현기억 검사에서 심한 기억 손상을 보인다는 점이다. 그러나 Cermak와 Reale(1978)은 코르사코프 증후군 환자도 Craik와 Tulving(1975)의 연구에서 사용한 것과 같은 방식으로 검사했을 때 처리 수준 효과를 보인다는 것을 발견하였다. 비록 코르사코프 증후군 환자의 전반적인 수행 수준은 정상인 통제집단보다 낮았지만, 환자들도 얕은 처리를 할 때보다 깊은 처리를 할 때 더 좋은 파지 수행을 보였다.

최근 연구는 자폐스펙트럼장애(자폐범주성장애라고도 번역함) 환자에게서 처리 수준 효과의 강도를 탐색하였다. Toichi와 Kamio(2002)는 평균 IQ가 80 정도인 자폐증 환자에서 처리 수준 효과가 적게 나타나는 것을 발견하였다. 더 구체적으로, Toichi와

같은 단어가 포함되어 있었다). 피험자들은 의미 조건(33%)에서 학습했을 때보다 음소 조건(49%)에서 학습했을 때 각운 재인 검사에서 수행이 좋았다. 이는 일반적인 결과와는 반대되는 결과이다. 이 결과를 토대로 Morris와 동료들(1977)은 한 유형의 처리가 다른 유형의 처리보다 본질적으로 우월하거나 열등한 것은 아니며, 부호화 단계에서의 조작의 효과는 그 정보가 어떻게 사용되거나 검사되느냐에 달려 있다고 주장하였다. 이들은 고정된 처리 수준 대신 전이 적합 처리(transfer-appropriate processing)를 주장하였다. 즉, 검사에서의 수행은 학습 단계에서 습득한 지식이나 수행된 절차가 검사에서 요구되는 지식이나 절차와 대응되는 정도에 따라 달라진다는 것이다. 음소(각운) 지식을 사용해야 하는 재인 검사에서는 학습 단계에서 의미 부호화를 한 것보다 음운 부호화를 한 것이 더 수행이 좋았다.

처리 수준 효과는 많은 변인에서 강력하지만 모든 유형의 검사에 일반화되지는 않는다. 의미 정보에 접속하는 게 필요한 과제에서는 표준적인 처리 수준 효과가 관찰된다. 그러나 다른 유형의 검사에서는 사정이 다르다(Jacoby & Dallas, 1981; Roediger, Weldon, Stadler, & Riegler, 1992 참조).

이 절은 앞의 [그림 10-8]에 제시된 Jenkins(1979)의 기억 실험 모형에 따라 서술되었으나, 이 모형은 모든 심리학 실험에 적용되게 확장될 수 있다. 그러니까 어떤 실험에 대해서도 피험자가 달라져도, 실험 상황이 달라져도, 종속 변인이 달라져도, 그리고 독립 변인을 조작하는 방법이 달라져도 결과가 일반화될 수 있는지 물어보아야 한다.

어떤 실험의 결과가 특정 변인에서 일반화되지 않을 경우 그 사실에 주목하는 것이 우선 필요하다. 정말 중요한 문제는 왜 그런 일이 일어났는지를 찾아내는 것이다. 과학자들은 굳게 지켜왔던 신념에 예외적인 사례들이 반복적으로 관찰되어 사람들의 주목을 받게 되기 전까지는 그런 예외들을 믿지 않거나 무시하는 경향이 있다. 굳게 지켜왔던 신념을 바꾸는 것은 항상 불편한 일이다. 그렇지만 과학이 도약적으로 발전하는 방법 중의 하나는 널리 수용되는 이론에 대한 실증적인 예외들에 대해 사람들이 이해하게 되는 것이다. 예외를 이해하게 되면 이론을 버리거나 크게 수정하게 된다. 그러니까 일반화 실패는 반드시 슬퍼해야 할 일은 아니다. 오히려 중요한 기회일 수 있다. 처리 수준 효과가 모든 검사에서 다 일어나는 것은 아니라는 발견은 전이 적합 처리라 불리는 새로운 이론적 접근을 이끌어 내었는데, 이 이론은 다른 영역에서도 적용되고 있다(Blaxton, 1989; Bugg & McDaniel, 2012; Mulligan & Picklesimer, 2012; Roediger, 1990 참조).

10.3 실험 주제 및 연구 예시

주제 **상호작용 효과**

예시 **암묵기억 검사와 외현기억 검사**

상호작용 효과는 독립 변인이 두 개 이상인 다요인 실험 결과를 평가하는 변량분석에서 나온 통계학 용어이다. 상호작용 효과는 상호작용(interaction)이라는 용어로 더 자주 불리는데 이미 3장과 8장에서 다루었다. 그러나 상호작용이라는 개념이 아주 중요하기 때문에 다시 한번 좀 더 자세히 다룬다. 또 학생들이 이 용어를 어려워한다는 것도 알기 때문에 반복해서 설명하면 학생들이 잘 이해할 것이라고 생각했다.

다요인 실험이란 한 실험에서 두 개 이상의 독립 변인이 동시에 조작되는 실험을 가리킨다. 한 독립 변인의 효과가 다른 독립 변인의 수준에 따라 다른 경우에 상호작용 효과가 있다고 말한다. 상호작용 효과라는 표현을 하지는 않았지만, 이미 이 장에서 상호작용 효과를 보인 사례를 몇 번 접했다. 예를 들어, [그림 10-5]에 제시된 Scarborough(1972)의 단기 기억 실험에서 청각 조건보다 시각 조건에서 수행이 좋은지는 파지 기간에 따라 다르다는 것을 보았다. 마찬가지로, [그림 10-9]에 제시된 Morris와 동료들(1977)의 실험 결과는 학습 단계에서의 처리 수준과 검사 유형 간의 상호작용 효과를 보여 준다. 이 절에서 사용할 예는 Morris와 동료들(1977)의 실험과 유사하다.

❍ 암묵기억 검사와 외현기억 검사

우리는 암묵기억 검사와 외현기억 검사 간의 차이를 이용해서 다양한 유형의 상호작용 효과를 보여 줄 것이다. 이 장을 시작할 때 두 검사의 차이에 대해 잠시 서술했는데, 여기서는 좀 더 자세히 알아보자.

외현기억 검사는 실험의 앞 단계에서 학습했던 재료를 의식적으로 회상해 내는 것을 요구하는 기억 측정치이다. 이런 검사로는 자유 회상, 단서 회상, 재인이 있다. 각 검사에서 피험자들은 자신들이 전에 경험한 것을 회상할 것으로 요구받는다. 그리하여 이런 검사는 명시적으로 기억 검사라고 밝히고 실시된다.

이에 반해 암묵기억 검사는 실험실에서 일어났던 이전 경험을 구체적으로 참조하지 않으면서 수행을 요구하는 과제이다. 단어조각 완성 과제(word fragment completion task)

가 암묵기억 검사의 예이다. 이 검사에서 피험자는 단어에서 몇 글자를 비워 놓은 자극을 보고 빈 곳을 채워 단어를 만들어 내야 한다(예, _l_p_a_t를 보고 elephant를 생성해야 함). 이 실험에서 피험자들에게는 단어 조각들을 보고 그 조각들로 만들어질 수 있는 아무 단어나 가능한 한 빨리 생성하라고 지시한다. 그러나 이 단어 조각들 중 어떤 것은 피험자들이 학습한 항목들에서 만든 것이라는 것은 알려 주지 않는다. 이 과제는 상당히 어려워서 조각들을 만든 단어를 최근에 본 적이 없다면 20~35% 정도밖에 맞추지 못한다. 피험자들이 학습하지 않고 정답을 맞힌 비율이 통제조건이 되는데, 종종 '비학습 기저선'이라고 불린다. 그러나 단어조각 완성 과제를 하기 얼마 전에 단어 조각들을 구성하는 단어를 보았다면 단어를 더 많이 맞히는데, 기저선 조건보다 25% 정도 더 많이 맞힌다. 이 결과는 피험자들에게 어떤 조각들은 이전에 본 단어에서 만들어진 것이라는 것을 알려 주지 않은 경우에도 관찰된다. 이런 경우 기억을 암묵적으로 검사했다고 한다. 피험자들이 과제를 수행하기 위해 학습했던 단어들을 회상해 내려고 하지 않았는데도 단지 그들이 전에 그 단어를 보았기 때문에 수행이 향상된 것이라서 그렇게 부른다.

이런 수행의 향상을 점화(priming)라 부른다. 점화를 측정하기 위해 연구자는 학습했던 단어(학습 단어)와 학습하지 않은 단어(비학습 단어)들의 조각을 무선으로 섞은 재료를 이용해서 피험자들을 검사한다. 각 피험자의 점화 점수는 학습 단어의 조각을 완성한 비율에서 비학습 단어를 완성한 비율(비학습 기저선)을 빼서 계산한다. 예를 들어, 단어 10개를 학습했다고 해 보자. 시간이 지난 다음 학습 단어 10개와 비학습 단어 10개에서 만든 20개의 단어 조각을 무선으로 섞어 단어조각 완성 과제를 하게 된다. 이제 학습 단어 10개 중에서 5개를 완성했고(50%) 비학습 단어 10개 중에서 단지 2개를 완성했다면(비학습 기저선 20%) 당신의 점화 점수는 .50-.20=.30이 된다. (학습 단어와 비학습 단어의 수행 차이가 학습 단어가 더 쉬웠기 때문에 일어난 게 아니라는 것을 확실하게 보여 주기 위해 이 단어들은 피험자 간에 역균형화시킨다. 그러니까 피험자의 반은 이 단어들 중 반을 학습하고, 나머지 피험자는 나머지 단어를 학습한다. 따라서 실험 동안 각 단어들은 학습 단어와 비학습 단어로 같은 정도 사용된다; 9장 참조)

암묵기억 검사의 또 다른 예는 어간 완성 검사이다. 이 검사에서 참가자는 ele____처럼 단어의 처음 세 글자인 어간을 보고 그 어간으로 완성되는 가장 먼저 생각나는 단어를 답하라는 지시를 받는다. 이 어간을 보고 가장 먼저 생각나는 단어는 무엇인가? 아마도 대부분 element나 elegant라는 단어보다 elephant를 생각할 것인데, 그 이유는 이 앞 문단에서 이 단어가 나와 점화되었기 때문일 것이다. 단어 어간 완성 검사를 하기 전에 다른 단어들을 학습했다면 그 단어들에서도 점화가 일어난다.

이 밖에도 다른 유형의 암묵기억 검사들이 있지만, 여기서는 다루지 않는다(Roediger & McDermott, 1993 참조). 이 검사들에서 가장 중요한 점은 참가자들이 이전에 학습한 것을 회상한다는 것을 자각할 필요 없이 과제를 수행할 수 있다는 점이다. 그런데 사실은 참가자들의 답이 전에 참가자들이 본 재료의 영향을 받는다(점화된다). 이 검사들은 참가자들이 학습했던 것과 검사 간의 관계를 자각하지 않아도 수행이 향상되기 때문에 때로는 '자각 없는 기억'을 반영한다고도 서술된다(Jacoby & Witherspoon, 1982).

❍ 기억상실증

암묵 기억과 외현 기억 측정치를 구분하는 것에 대한 관심은 기억상실증 환자 연구에서 출발하였다(예, Warrington & Weiskrantz, 1970). **기억상실증**(amnesia) 환자들은 만성 알코올 중독(코르사코프 증후군), 무산소증(뇌에 산소가 공급되지 않는 것), 외과 수술, 뇌 부상 등의 다양한 이유로 뇌 손상을 가지고 있으며, 외현기억 검사에서 심한 기억 결함을 보여 준다. 전형적으로 이들은 다른 인지 기능은 정상인데 최근에 제시한 정보에 대한 회상이나 재인은 거의 하지 못한다. 어떤 경우는 아주 심해서 담당 의사가 그 환자를 볼 때마다 자기를 소개해야 하는 경우도 있다. 다음 인용문은 기억상실증 환자를 연구한 Wayne Wickelgren(1977)의 책에서 가져온 것이다.

> 이 환자들 중 한 명을 검사하는 도중에 한번은 아주 기이한 경험을 했다. 이 환자는 20대 남성으로 흔하지 않은 펜싱 사고를 당해 뇌 손상을 입었다. Suzanne Corkin이 "이분은 Wayne Wickelgren 선생님입니다."라고 말하면서 나를 그 환자에게 소개시켰다. 그 환자는 "Wickelgren 선생님이라면 독일 이름인가요?"라고 반응을 해서 나는 "아니요."라고 답했다. 그랬더니 다시 "아일랜드 이름?"이라고 물어 나는 다시 "아니요."라고 답했다. 다시 "스캔디나비아 이름인가요?"라고 묻고 나는 "그렇습니다."라고 답했다. 5분 정도 이야기를 나누다가 전화할 일이 있어서 자리를 비웠다. 다시 돌아왔을 때 모든 사람이 거의 같은 자리에 서 있었다. 그 환자가 나를 보았다는 것을 기억하지 못할 것이라는 것을 떠올린 Sue가 나를 그 환자에게 다시 소개하였다. "이분은 Wayne Wickelgren 선생님입니다."라고 말하자 그 환자는 "독일 이름인가요?"

> 라고 물었고 나는 "아니요."라고 답했다. 그랬더니 다시 "아일랜드 이름?"이라고 물어 나는 다시 "아니요."라고 답했다. 다시 "스캔디나비아 이름인가요?"라고 물었다. 그 환자는 나를 처음 소개받았을 때와 똑같은 순서로 물어보았다(p. 326).

기억상실증 환자들이 일상생활에서 겪는 어려움의 예를 더 알고 싶으면 기억상실증 환자 중에서 가장 유명할 것으로 생각되는 H. M.에 대한 Philip Hilts(1995)의 책을 읽어 보기 바란다. 기자인 Hilts는 어떻게 H. M.이 자기가 본 교통사고에 대해 기억하지 못하는지(H. M.은 전복된 차와 부딪히는 것을 피하려고 크게 회전해야 했던 차에 타고 있었는데도), 그리고 아버님이 돌아가신 지 4년 후에도 계속 아버지의 근황에 대해 물어보는지에 대해 서술했다. 그러니까 기억상실증 환자들의 외현적인 회상은 정상인에 비해 아주 심하게 손상되어 있다. 그래서 과거에는 기억상실증 환자들이 새로운 언어 정보를 학습하고 저장하는 능력이 결여된 게 아닌가라고 생각하기도 했다.

1970년에 Elizabeth Warrington과 Lawrence Weiskrantz는 이전과 다른 방법으로 기억상실증 환자들의 기억을 검사하기로 마음먹고 연구를 해서 기억상실증과 전반적인 기억 기능에 대한 과학자들의 생각을 아주 크게 변화시키는 발견을 했다. Warrington과 Weiskrantz는 기억상실증 환자들과 통제집단(신경장애가 없는 환자들)에게 24개 단어로 된 목록을 학습하게 한 다음 여러 가지 방법으로 기억을 검사하였다(기억 검사를 할 때마다 다른 목록을 학습시켰다). 그중 두 가지 검사에 대해 알아보자.

첫 번째 검사는 전통적인 외현 자유회상 검사였다. 이 검사에서는 피험자에게 최대한 단어를 많이 회상하라고 지시하였다. 예상했던 대로 기억상실증 환자들(33%)은 통제집단(54%)보다 훨씬 적게 회상하였다. 두 번째 검사는 암묵기억 검사인데, 피험자에게 지각적으로 훼손된 단어(각 글자들이 조금씩 지워져서 피험자들이 그 단어를 제대로 파악해 낼 수 없다)를 보여 주었다. 그리고 그 단어가 무엇인지 알아내어 말하라고 지시했다. (모든 단어는 이에 앞선 학습 단계에서 제시되었다.) 연구자들의 관심사는 기억상실증 환자들이 암묵기억 검사에서도 열등하게 수행하는지, 아니면 외현기억 검사에서와는 다른 양상을 보이는지였다.

상호작용이라는 개념을 소개하기 위해 다음 절에서는 이 실험에서 얻어질 것 같은 여러 가지 가능한 결과에 대해 다룬다.

❍ 상호작용

일반적으로 한 독립 변인의 효과(종속 변인에 대한)가 다른 독립 변인의 수준에 따라 다르게 나오면 두 독립 변인이 상호작용한다고 말한다. 우리는 외현기억 검사와 암묵기억 검사가 아주 흥미로운 상호작용을 보였기 때문에 이 두 가지 기억 검사에 대한 논의를 이용해서 상호작용 개념을 예시하기로 하였다. 그러니까 특정 독립 변인을 어떻게 조작하느냐에 따라 암묵기억 검사와 외현기억 검사가 다르게 반응하였다. 암묵기억 검사에 큰 영향을 미친 변인이 외현기억 검사에서는 전혀 효과가 없거나 심지어는 반대 효과를 보일 수도 있다. 이제 앞 절에서 서술했던 Warrington과 Weiskrantz의 실험에서 관찰될 수도 있었던 여러 가지 다른 결과 양상을 조사해서 암묵기억 검사와 외현기억 검사가 관여된 상호작용에 대해 알아보겠다.

[그림 10-10]에는 기억상실증 환자와 통제집단을 대상으로 외현 기억과 암묵 기억을 비교한 Warrington과 Weiskrantz의 실험에서 관찰될 수도 있었던 네 가지 가상 자료를 예시하였다. 왼쪽에 표로 제시된 자료는 막대 그래프(가운데)와 선 그래프(오른쪽)로 예시되었다. 엄격하게 할 경우 이 변인들을 선 그래프로 그려서는 안 된다. 그러나 여기서는 자료를 제시하는 다양한 방식을 비교하는 것을 도와주기 위해 선 그래프로도 그렸다는 점을 이해해 주기 바란다. 이제 각 그래프에 대해 논의해 보자. 각 예를 논의할 때 표로 제시된 자료의 패턴을 조사한 다음 그 자료를 그래프로 그리면 어떻게 나타나는지 잘 살펴보기 바란다.

예 A는 변인들 간에 상호작용이 없을 때 자료들이 어떤 양상을 보이는지 알려 주기 위해 포함시켰다. 이 자료에서는 외현기억 검사와 암묵기억 검사 모두에서 통제집단 참가자들이 기억상실증 환자 집단보다 좋은 수행을 보여 참가자 집단의 주 효과(main effect)를 보여 준다. 즉, 기억 검사의 종류에 상관없이 기억이 정상적인 통제집단 참가자들의 기억 수행이 기억상실증 환자들보다 좋았다. 따라서 이 예에서는 피험자 집단과 검사 유형 간에 상호작용이 없었다. 상호작용이 없는 주 효과는 일반화를 의미한다. 한 독립 변인(예, 검사 유형)의 각 수준에서 다른 변인은 같은 양상을 보인다는 것을 알려 준다(통제집단이 기억상실증 집단보다 기억 수행이 좋다).

예 B는 관찰될 수도 있었던 한 가지 유형의 상호작용을 예시하였다. 이 예에서 통제집단은 기억상실증 환자 집단보다 외현기억 검사에서는 좋은 수행을 보였다. 그러나 단어식별 검사에서는 기억상실증 환자 집단도 통제집단과 같은 수준의 수행을 보였다. 다른 말로 하자면, 기억을 암묵적으로 측정하면 전형적으로 관찰되던 통제집단과

예 A

표

	검사 유형	
	외현 자유 회상	암묵 단어 식별
통제	.54	.54
기억상실증	.33	.33

막대 그래프

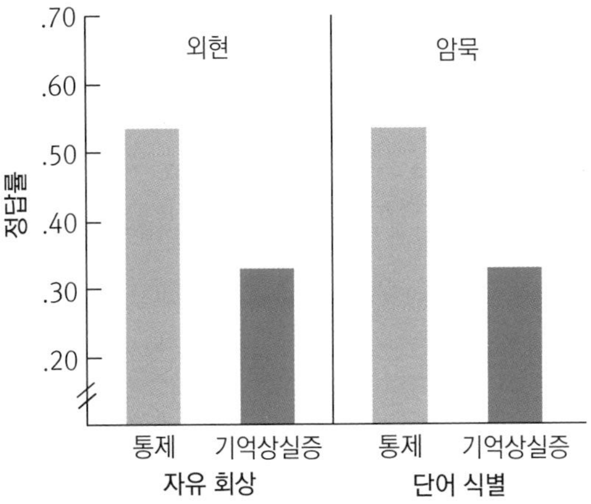

선 그래프

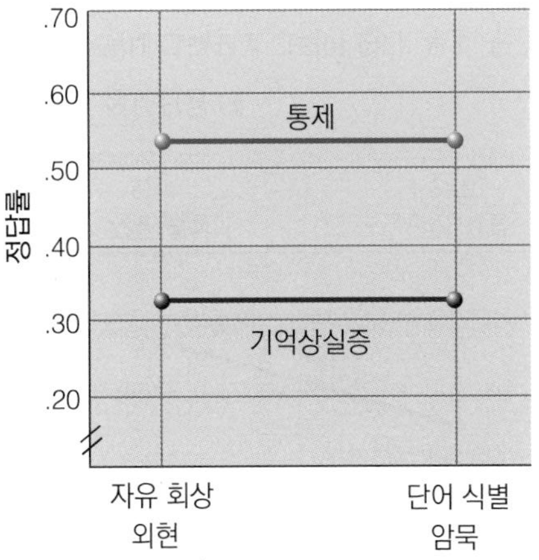

예 B

표

	검사 유형	
	외현 자유 회상	암묵 단어 식별
통제	.54	.46
기억상실증	.33	.48

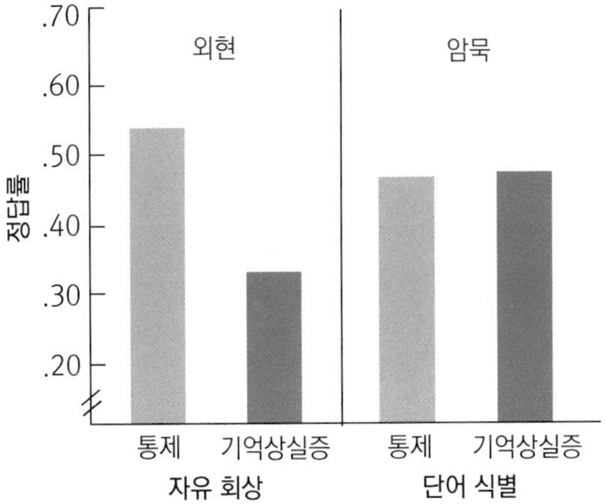

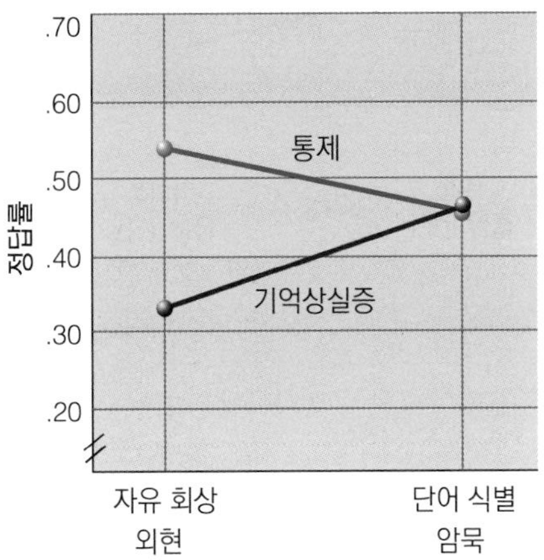

예 C

표

	검사 유형	
	외현 자유 회상	암묵 단어 식별
통제	.54	.33
기억상실증	.33	.54

막대 그래프

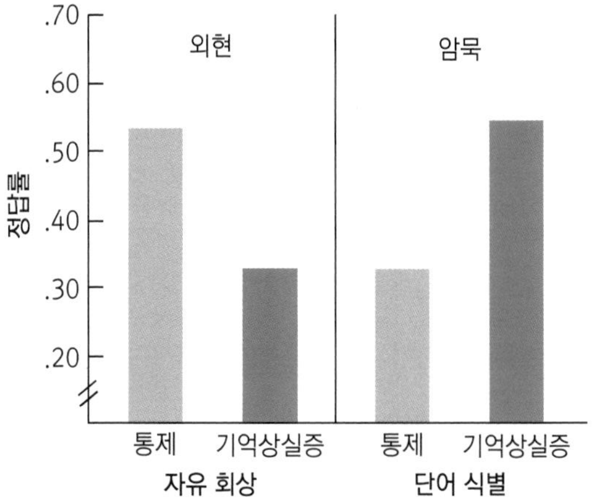

선 그래프

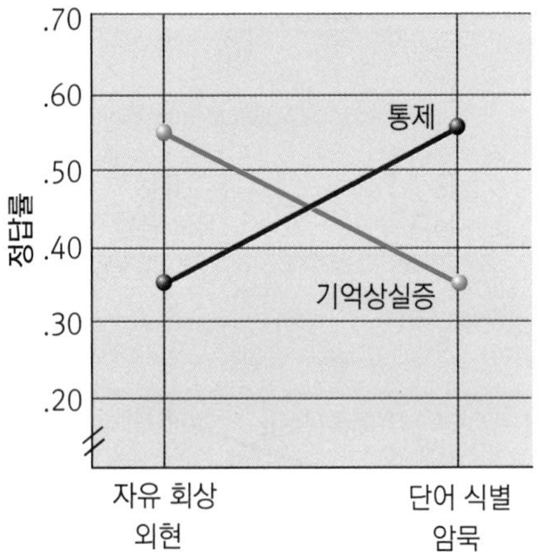

예 D

표

	검사 유형	
	외현 자유 회상	암묵 단어 식별
통제	.64	.54
기억상실증	.23	.33

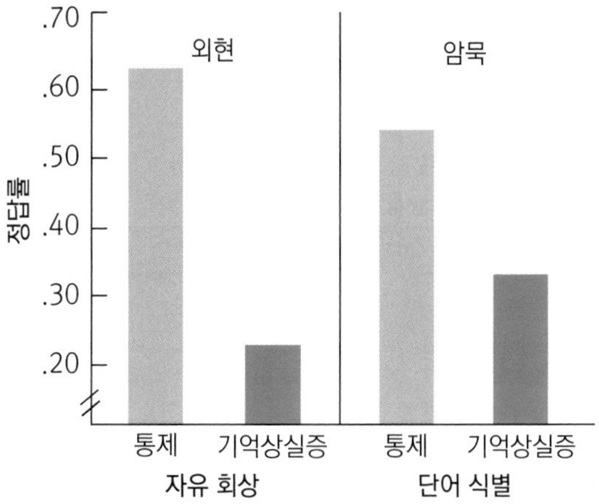

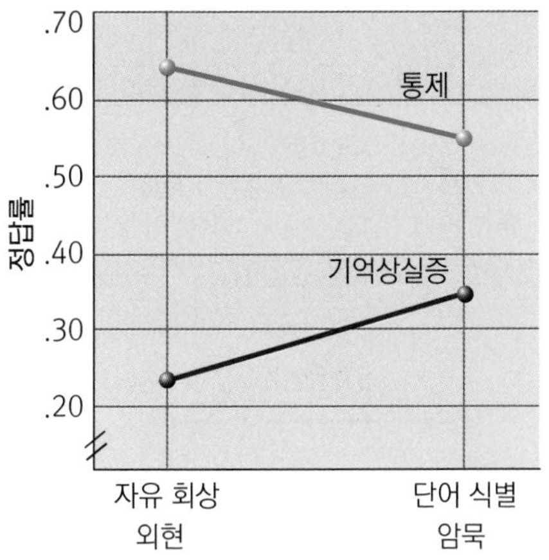

[그림 10-10] 검사 유형(외현 자유회상 검사 대 암묵 단어식별 검사)과 기억 결함(기억상실증 대 통제) 간의 가상적인 상호작용 예

왼쪽 표에 있는 자료를 막대 그래프(가운데 패널)와 선 그래프(오른쪽 패널)로 예시하였다. 여기 있는 것과 같은 범주적 변인은 막대 그래프로 그려야 한다. 서열, 등간, 비율 척도인 변인들은 선 그래프로 그릴 수 있다. 엄격하게 따지면, 이 자료들은 선 그래프로 그려서는 안 된다. 그러나 여기서는 자료를 보여 주는 다양한 방식을 비교하는 것을 도와주기 위해 선 그래프로도 그렸다.

기억상실증 환자 집단의 차이가 사라진다는 것이다. 그러니까 한 독립 변인(정상이냐, 기억 결함이 있느냐)의 효과는 다른 독립 변인(검사 유형)의 수준에 따라 달라졌다. 이것이 두 변인 간에 상호작용이 있다는 것이 뜻하는 한 가지 예이다.

예 C는 연구자들이 가장 흥미 있어 하는 상호작용을 예시하는데, 이런 상호작용은 교차 상호작용(crossover interaction)이라 불린다. 이렇게 불리는 이유는 선 그래프를 보면 쉽게 알 수 있다. 이 예에서 외현기억 검사에서는 통제집단 참가자들이 기억상실증 환자 집단보다 잘하지만, 암묵기억 검사에서는 기억상실증 환자 집단이 통제집단보다 잘한다. 그러니까 교차 상호작용에서 하나의 독립 변인은 두 번째 독립 변인의 한 수준에서는 한쪽 방향으로 효과를 보이지만, 두 번째 독립 변인의 다른 수준에서는 그 반대 방향의 효과를 보인다. 만약 우리 실험에서 예 C의 자료를 얻게 된다면 우리는 기억을 암묵기억 검사로 측정하면 (적어도 이 검사에서는) 기억상실증 환자들이 통제집단보다 수행이 좋지만, 외현기억 검사로 측정하면 그 반대 양상을 보게 된다고 결론 내릴 수 있다.

이 외에도 다양한 유형의 상호작용이 가능하지만 예 D에 예시된 상호작용에 대해 논의하는 것으로 상호작용에 대한 서술을 마치겠다. 우리 실험에서 이 자료가 얻어진다면 우리는 암묵기억 검사에서보다 외현기억 검사에서 기억상실증 환자들의 기억 결함이 더 크게 드러난다고 결론 내릴 수 있다. 즉, 통제집단 참가자들이 암묵기억 검사에서 기억상실증 집단보다 아주 좋은 수행을 보이지만 외현기억 검사에서는 통제집단의 우월함이 더 크게 나타난다. 이 자료는 암묵기억 검사가 외현기억 검사보다 기억상실증 환자의 기억 결함을 측정하는 데 덜 민감한 검사라는 것을 시사할 수 있다.

이제 더 이상 당신을 기다리지 않게 하겠다. Warrington과 Weiskrantz의 실험에서는 예 B에 제시된 것과 같은 결과를 얻었다. 기억상실증 환자들이 외현기억 검사에서는 수행이 나빴지만, 단어조각 식별 검사에서는 정상인 통제집단 참가자들과 거의 대등한 크기의 점화효과를 보여 주었다! (실험을 시작하기 전에는 아무도 단어를 식별해 내지 못했다는 점을 떠올리면 실험에서 단어를 식별해 낸 비율이 점화효과 크기가 된다.) 그러니까 이전 학습을 참고하지 않고 수행할 수 있는 검사를 이용해서 기억을 암묵적으로 접근하면 기억상실증 환자들의 기억 결함이 사라진다.

Warrington과 Weiskrantz가 중요한 발견을 한 이후 다양한 암묵 기억 과제를 사용한 많은 실험에서 유사한 결과를 얻었다(Dunn, 1998; Gabrieli, Keane, Zarella, & Poldrack, 1997; Oudman, Van der Stigchel, Wester, Kessels, & Postma, 2011; Shimamura,

1986). 그러니까 기억상실증 환자들은 외현기억 검사에서는 수행이 나빴지만, 암묵기억 검사에서는 정상인과 유사한 점화효과를 보여 주었다. 왜 이런 상호작용이 관찰되는지 그 이유를 완전히 이해하지는 못했다. 그렇지만 이 결과는 기억상실증 환자들은 최근 경험에 대한 기억이 전혀 없다는 생각은 확실하게 없애 버렸다. 적어도 기억상실증 환자들의 문제 중 일부는 저장된 경험들에 의식적으로 접근하는 측면과 관련되어 있는 것으로 보인다.

외현기억 검사와 암묵기억 검사에서의 수행을 비교하는 연구는 정상인의 기억을 조사하는 문제로 확장되었다. 두 과제에서의 상호작용이 정상인에게서도 관찰될 수 있을까? 만약 정상인에게서도 관찰된다면 우리는 외현 기억/암묵 기억이라는 구분은 다른 피험자 집단에도 일반화될 수 있다고 주장할 수 있다. 이번 경우 (앞에서 다룬 처리 수준 예와는 달리) 우리는 기억상실증 환자와 같이 예외적인 집단에서 관찰된 발견들을 더 전형적인 피험자 집단에도 일반화할 수 있는지 물어보게 된다. 정상인 피험자들에서 검사 유형과 특정 독립 변인 간에 상호작용이 있다는 것이 많은 실험에서 보고되었다(Roediger, 1990). 여기서는 Weldon과 Roediger(1987)가 수행한 실험에 대해 알아본다.

Weldon과 Roediger(1987)는 단어보다 사진을 더 잘 기억하는 사진 우월효과에 흥미를 느꼈다. 그런데 전형적으로 이 효과는 외현기억 검사(회상, 재인)로만 연구되었다. 그래서 Weldon과 Roediger(1987)는 사진과 단어 간의 차이에 대한 연구를 암묵기억 검사로 확장하기로 하였다. [여러 가지 이유로 인해 Weldon과 Roediger는 Warrington과 Weiskrantz(1970)가 사용한 것과 같은 암묵기억 검사에서 사진 우월효과는 나오지 않을 수 있다고 생각하였다.] 실험에서 대학생 피험자들은 검사의 내용은 알려 주지 않았지만 나중에 기억 검사를 할 것이라는 것을 아는 상태에서 일련의 사진과 단어를 학습하였다. 실험 재료는 세 세트였다. 피험자들은 한 세트는 사진으로 학습했고, 또 한 세트는 단어로 학습했고, 세 번째 세트는 학습하지 않았다. 실험 재료 세트는 피험자 간에 역균형화되었다. 한 집단의 피험자들은 코끼리 사진을 학습하였고, 다른 집단의 피험자들은 코끼리라는 단어를 학습하였고, 세 번째 집단의 피험자들은 코끼리를 사진으로도 단어로도 학습하지 않았다.

단어와 사진을 학습한 다음 피험자들은 외현기억 검사인 자유회상 검사를 받거나 암묵기억 검사인 단어조각 완성 과제를 받았다. 자유회상 검사에서는 피험자들에게 빈 종이를 주고 사진이나 단어로 본 대상들의 이름을 가능한 한 많이 적게 하였다(사진으로 본 것도 그리는 것이 아니라 이름을 적게 하였다). 학습한 물건의 이름을 단어로 적게 했는데도 [그림 10-11]의 왼쪽에 제시된 것처럼 사람들은 단어로 본 물체보다 사진으로 본 물체 이름을 더 많이 회상하였다. 이 실험에서 사진 우월효과의 크기가 크지는 않았으나 통계적으로 유의하였고, 다른 연구들의 결과를 재검증한 것이다(Madigan, 1983).

단어조각 완성 과제에서는 참가자들에게 조각난 단어들(예, _l_p_a_t)의 긴 목록을 주고 가능하다면 빈칸들을 채워 단어를 만들라고 지시하였다. 이 검사에서 관심사는 점화였다. 즉, 그 단어를 학습하지 않은 경우에 비해 그 물체를 사진이나 단어로 본 경우에 단어 완성을 얼마나 더 많이 하였느냐였다. 참가자가 그 물체를 학습하지 않은 경우에 단어 조각을 완성한 비율은 37%이었다. [그림 10-11]의 오른쪽에 제시된 것은 이 기준에 비교해서 물체를 단어나 사진으로 학습한 경우 보고된 점화이다. 암묵기억 검사인 단어조각 완성 과제에서는 사진보다 단어에서 더 큰 점화가 관찰되었는데, 이

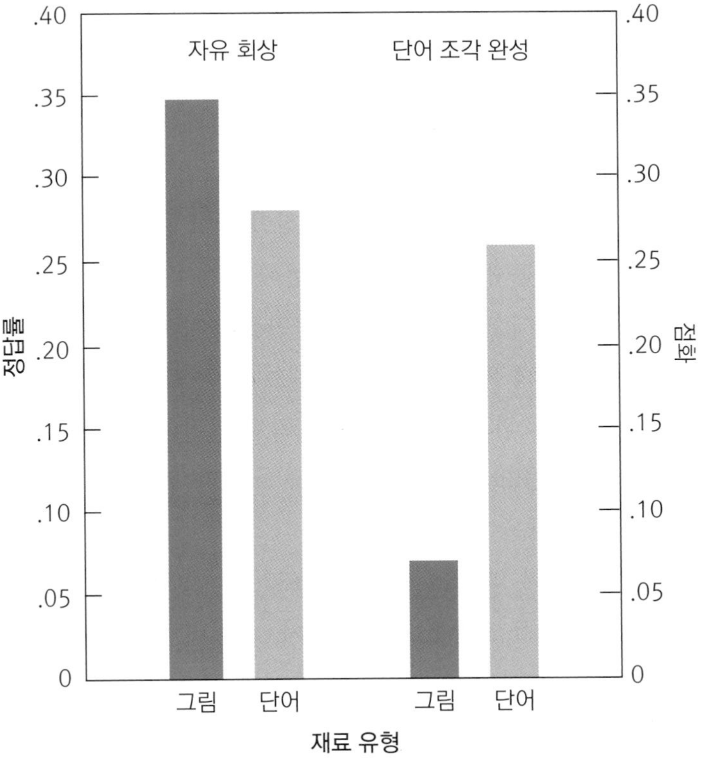

[그림 10-11] Weldon과 Roediger(1987)의 결과

외현 검사인 자유회상 검사에서는 단어보다 그림을 잘 기억하였다. 그러나 암묵 검사인 단어조각 완성 과제에서는 그림보다 단어가 더 큰 점화를 보여 주었다. 이 패턴은 교차 상호작용을 보여 준다.

는 [그림 10-11]의 왼쪽 그림, 그리고 이전 연구들과는 다른 결과이다. 그림에서는 정상인 참가자들에게서 얻어진 파지 재료와 파지 검사(외현 기억과 암묵 기억) 간의 상호작용을 보여 준다. 어떤 면에서 이 상호작용은 교차 상호작용을 보여 주었다는 점에서 파지 검사와 피험자 집단의 상호작용보다 더 두드러진다.

상호작용이라는 주제는 이 장의 첫 번째 예시인 척도 감쇠와도 관련이 있다. 종종 천장효과와 바닥효과가 상호작용을 해석하는 것을 위험하게 만든다. [그림 10-5]에 제시된 Scarborough의 실험 결과를 다시 보도록 하자. 제시 감각 양상과 파지 기간 간에 상호작용이 있는 것처럼 보인다. 제시 감각 양상은 파지 기간이 긴 경우에만 차이를 보였다. 그렇지만 파지 기간 0일 때 천장효과가 나타나서 이 상호작용이 나왔을 수도 있기 때문에 우리는 이 상호작용은 해석할 수 없다고 결론을 내렸다. 이제 일반적인 규칙을 서술해 보자. 하나의 독립 변인의 어떤 수준에선가 종속 변인이 천장효과나 바닥효과를 보일 경우 상호작용을 해석할 때 극도로 신중하게 해야 한다.

다요인 실험은 결과의 일반성에 대해 답하는 것을 도와주기 때문에 매우 유용하고 1요인 실험보다 선호된다. 앞 절에서 논의했던 것처럼 우리가 특정 독립 변인이 종속 변인에 미치는 영향에 대해 알고 싶은 것 중의 하나는 어떤 조건에서 그 효과가 얻어지느냐는 것이다. 하나의 실험에서 그 독립 변인과 독립적으로 제2 혹은 제3의 변인의 수준을 변화시키면 이 질문에 대해 최소한 부분적인 답이라도 얻을 수 있다.

우리는 두 독립 변인이 동시에 조작되는 실험에 대해 다루었다. 그러나 이 논리는 동시에 세 개, 네 개, 혹은 더 많은 수의 독립 변인을 조작하는 실험으로 확장될 수 있다(그러나 실제로 네 개 이상의 독립 변인을 동시에 조작하는 실험은 거의 고려하지 않는다). 두 독립 변인의 상호작용 효과의 성질이 제3의 독립 변인의 수준에 따라 달라지면 이런 상호작용은 고차 상호작용(higher-order interaction)이라 부르는데, 그 이유는 여러 개의 변인이 연관되어 있기 때문이다.

예를 들어, 어떤 연구자가 Warrington과 Weiskrantz 실험에서처럼 검사 유형과 피험자 집단을 조작하는 실험을 고안했다고 해 보자. 그런데 이 실험에서는 이 두 변인에 더해 처리 수준이 추가로 조작되었다. 처리 수준의 한 조건의 피험자들은 제시되는 단어의 모음 개수를 세어야 했고, 다른 조건의 피험자들은 각 단어를 이용해서 문장을 만들어야 했다. 모음 개수를 셀 때는 단어의 표면적인 수준, 즉 문자소 수준의 특질에 주의를 기울여야 하니까 얕은 수준에서 단어 부호화가 일어난다. 이에 반해 문장을 만들어야 할 때는 단어의 뜻, 즉 의미 수준에 집중하기 때문에 단어를 깊은 수준에서 처리

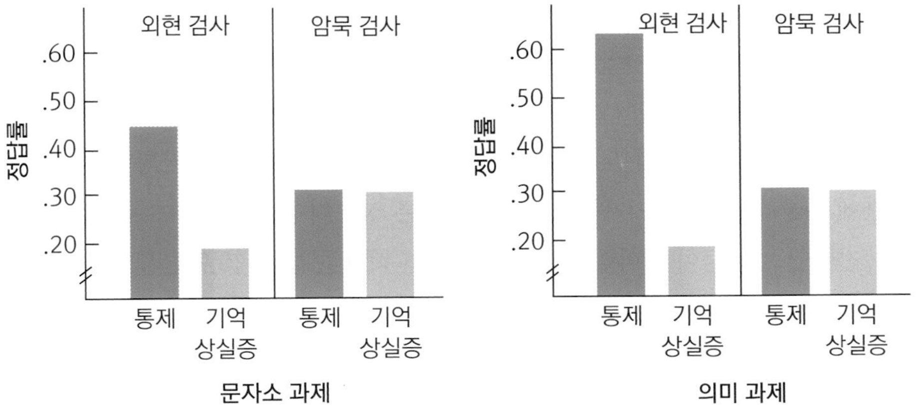

[그림 10-12] 검사 유형, 기억 결함 그리고 처리 수준(문자소 대 의미)의 3요인 간 가상적인 고차 상호작용의 예

하게 된다. 그래서 이 실험의 세 요인은, ① 부호화 조건(모음 갯수 세기 대 문장 만들기), ② 피험자 집단(기억상실증 환자 대 통제집단) 그리고 ③ 검사 유형(단어조각 완성 과제 대 자유회상 검사)이 된다. 만약 결과가 [그림 10-12]에 있는 것과 같은 양상을 보인다면 고차 상호작용이 일어난 것일 수 있다. 통제집단 피험자들은 단어를 학습할 때 단순히 모음 개수를 세며 학습할 때보다 문장을 만들었을 때 훨씬 더 많은 단어를 회상한다. 그러나 기억상실증 환자 피험자들은 이런 양상을 보여 주지 않는다. 암묵기억 검사에서는 통제집단이나 기억상실증 환자 집단 어디에서도 문장을 만들며 단어를 학습해도 수행에 향상이 없었다. 그러니까 처리 수준이라는 제3의 변인을 조작하면 다른 두 독립 변인의 상호작용 양상이 변한다([그림 10-12]의 자료는 가상 자료라는 점을 유념하자).

암묵기억 검사와 외현기억 검사와 관련된 흥미로운 상호작용을 보여 주는 연구들이 많이 보고되었다. 이 연구들은 완전히 새로운 연구 영역을 만들어 내었다(Mulligan, 2011; Roediger & McDermott, 1993). 지금까지 이 연구는 사람의 기억에 대해 아주 많은 새로운 통찰과 이론을 생산했다. 그리하여 암묵기억 검사와 외현기억 검사를 포함하는 상호작용은 기억상실증과 같은 기억장애에 대해 흥미로운 사실들을 알려 주었을 뿐만 아니라 정상적인 기억에 대해서도 새 정보를 많이 제공하고 있다.

❍ 결과 그리기

앞에서 상호작용에 대해 논의할 때 상호작용이 있는지 탐지해 내는 가장 손쉬운 방법은 자료를 그래프로 그린 다음 패턴을 조사해 보는 방법이라는 것을 눈치챘을 것이다. 한 독립 변인의 효과가 다른 독립 변인의 여러 수준에서 일관되게 나타나면([그림 10-10]의 예 A) 이 두 독립 변인은 상호작용하지 않는다. 그러나 독립 변인의 수준들 사이에서 효과의 패턴이 변하면(즉, 평균이 수렴하든지, 교차하든지, 확산되면) 이 두 독립 변인 간에 상호작용이 있을 가능성이 있다. 물론 상호작용이 우발적으로 얻어진 것이 아니라 진짜일 가능성이 얼마인지를 결정하려면 적합한 통계 검증을 실시해야 한다.

변인의 유형에 따라 적합한 그래프의 종류가 다르다. 독립 변인이 범주적이거나 질적인 경우—즉, 독립 변인의 수준들 간에 양적인 관계가 없을 때—에는 막대 그래프를 그려야 한다. 범주적 변인의 예로는 학교에서의 전공, 자극 제시 감각 양상, 학습 재료 유형(예, 사진이냐, 단어냐), 그리고 Warrington과 Weiskrantz 실험에서 사용한 두 변인인 검사 유형과 피험자 집단이 있다. 범주적 변인은 선 그래프로 그리면 안 된다. 왜냐하면 연속적인 선은 그래프의 가로축에 놓이는 변인의 수준들이 연속적이거나 최소한 나름대로 순서가 매겨진 것이라는 것을 함의하기 때문이다. 예를 들어, 학습 재료의 수준들의 순서를 매길 수 있을까? 사진이 단어보다 더 많다거나 적다고 볼 수 있을까? 당연한 것이지만 사진과 단어는 그냥 다른 종류일 뿐이다. 엄격하게 말해서, [그림 10-10]의 오른쪽 그래프는 가로축에 범주적인 변인이 놓여 있기 때문에 자료에 적합한 그래프가 아니다. 이 자료에 적합한 제시 방식은 막대 그래프나 표이다.

선 그래프를 그리려면 가로축에 놓이는 변인은 최소한 서열 척도는 되어야 하지만 등간 척도나 비율 척도가 바람직하다(6장 참조). 서열 척도인 변인의 예로 특정 속성에서 순서가 매겨진 변인(예, 불쾌, 중립, 유쾌)을 들 수 있다. 서열 척도에서 수준이 다르다는 것은 차이의 크기는 모르지만 특정 속성에서 '많다' '적다'를 함의하는 것이다. 서열 척도상의 점들 간의 차이는 별 의미가 없기 때문에 서열 척도 변인은 선 그래프보다 막대 그래프로 그리는 것이 더 적절할 수 있다.

등간 척도는 섭씨나 화씨 온도, 지능지수처럼 점들 간의 차이가 의미를 가진다. 그러나 절대 영점은 없다.

비율 척도도 점들 간의 차이가 의미가 있다. 그리고 절대 영점이 있기 때문에 점들 간의 비율도 의미가 있다. 거리, 무게, 파지 기간(학습과 검사 사이의 시간 간격), 약의 용량 등이 비율 척도의 예이다. 등간 척도와 비율 척도는 연속적이다. 그래서 이런 성격을 갖는 독립 변인은 선 그래프로 그려도 된다. 자료를 표로 제시할 수도 있다.

요점

문제에서 실험까지

문제: **읽기와 듣기 중 어느 것이 더 효과적인가?**

우리는 세 개의 자음과 같이 짧은 자극열을 이용한 기억 실험에서 감각 양상의 차이에 대해 논의했다. 좀 더 일반적인 질문은 정보를 듣는 것과 읽는 것이 정보를 이해하고 기억하는 데 차이가 있는가 하는 것이다. 같은 정보를 강사를 통해서 습득할 경우와 책을 읽어서 습득할 경우 어느 것이 더 효과적일까? 읽을 경우 우리가 잘 알고 있는 부분은 빠르게 읽고 어려운 부분은 꼼꼼히 읽을 수 있다. 그러나 읽고 있는 동안 그냥 페이지를 들척이며 다른 생각을 할 수도 있다. 돌아다니며 말을 하는 강사가 우리의 주의를 더 잘 끌 수도 있다.

문제: **읽는 것이 듣는 것보다 효과적인가?**

이 문제에 답하기 위해 많은 가설을 만들 수 있고, 다양하게 조작적 정의를 내릴 수 있다. 여기서는 그런 것 중 하나를 다뤄 보겠다.

가설: **아주 긴 글을 다른 사람이 읽어 주는 것을 듣는 참가자보다 그 글을 읽는 참가자가 글의 내용에 대한 선다형 검사에서 더 잘할 수 있다.**

이 가설은 상당히 구체적이지만, 실험을 실시하기에는 아직도 많은 부분이 다양하게 해석될 수 있는 여지가 있다. 변인들은 조작적으로 정의되어야 한다. 얼마나 길어야 긴 글인가? 글의 주제는 무엇이어야 하나? 하나 이상의 글을 사용해야 하나? 읽어야 하는 글은 어떻게 제시되어야 하나? 얼마 동안 제시해야 하나? 누가 읽어 줘야 하나? 읽는 사람도 변화시켜야 하나? 선다형 (강제선택 재인) 검사에서 어떤 것을 물어야 하나? 피험자간 설계를 사용해야 하나, 아니면 피험자내 설계를 사용해야 하나? 이 질문들은 우리가 가설을 실제 실험으로 변환하는 과정에서 해결해야 하는 질문들 중 일부에 불과하다. 우리가 이 질문들을 어떻게 해결하느냐가 결과에 영향을 미친다.

마지막 질문에서부터 역순으로 생각해 보자. 한 피험자에게 읽기 조건과 듣기 조건을 다 시켜야 하나, 아니면 두 조건에 각기 다른 피험자들을 참여시켜야 하나? 일반적으로 같은 피험자가 모든 조건을 다 하게 하는 것이 좋다. 그 이유는 그렇게 하면 두 조건에 참여한 피험자들이 다르기 때문에 발생하는 조건들 간의 차이에 대해 걱정할 필요가 없기 때문이다. 우리가 연습효과를 통제하기 위해 피험자의 반은 듣기 조건보다 읽기 조건을 먼저 하고, 나머지 반은 그 반대 순서로 하게 역균형화시키면 피험자내 설계를 이용한 실험을 못할 이유가 없게 된다.

이것을 결정하게 되면 다른 질문들에 대해 답하는 것이 쉬워진다. 한 피험자가 두 조건에 다 참여하니까 실험 재료로 글을 적어도 두 개 준비해야 한다. 그래야 각 조건에 다른 글을 제시할 수 있다.

실험에 사용한 특정 글을 넘어서 다른 글에도 우리 결과가 일반화된다는 것을 좀 더 확실하게 하려면 글을 더 많이 준비할 수도 있다. 실험 재료 측면에서 결과의 일반성 문제는 아주 중요한 문제이다. 특히 특정 유형의 연구에서는 이 문제를 간과해서 종종 적절하지 못한 통계 분석을 하기 때문이다(Clark, 1973).

어떤 종류의 글을 사용해야 하나? 일단 피험자들에게 비교적 친숙하지 않은 재료가 가장 좋은 선택일 수 있다. 왜냐하면 우리는 피험자가 실험 전에 알고 있던 것을 검사하고 싶은 것이 아니라 글을 읽고 습득한 지식을 검사하고 싶기 때문이다. 만약 피험자가 실험을 하기 전에 선다형 검사에 있는 문제들의 대부분에 대해 답을 할 수 있다면, 종속 변인인 재인 검사에서 천장효과를 보일 것이기 때문에(100점 만점에 근접한 점수) 우리가 조작하는 독립 변인(읽기 대 듣기)이 종속 변인인 재인 점수에 영향을 미칠 여지가 없게 된다. 친숙한 재료를 피하려고 '자연스러운' 글에 대한 기억을 연구하는 연구자들이 종종 피험자들에게 생소한 단어나 개념이 많이 들어 있는 글을 선택했는데, 이럴 경우 우리는 이 기괴한 글이 '자연스런' 글인지 의아해하게 된다. 그보다는 대부분 친숙한 단어들이지만 새로운 정보를 담고 있는 글을 사용하는 것이 더 좋을 수 있다. 예를 들어, 『과학적 미국인(Scientific American)』이나 이와 난이도가 비슷한 잡지에 실린 글의 일부분을 사용할 수 있다.

글은 얼마나 길어야 할까? 이 질문은 얼마 동안 글을 제시해야 하나라는 문제와 밀접하게 연결되어 있다. 재인 검사가 각 글마다 7분 정도 걸려야 한다고 결정했다고 해 보자. 전체 실험을 한 시간 이내에 마치려면 각 글의 제시 시간은 15분으로 제한해야 한다. (실험을 하려면 실험에 대해 지시를 주고, 검사를 배부하고 걷어야 하고, 실험이 끝나면 실험에 대해 설명해 줘야 하는데, 이 과정이 15분 정도 소요된다.)

이 실험을 설계할 때 가장 민감한 부분은 각 조건에서 글을 어떻게 제시하느냐는 것일 것이다. 듣기 조건에서 그 글을 소리 내어 읽는 데 15분이 걸리는 글을 선정했다고 해 보자. 그럼 글을 읽는 조건에는 그냥 15분을 주고 읽으라고 하면 될까? 대부분의 사람은 소리 내어 읽을 때보다 조용히 읽을 때 더 빨리 읽기 때문에 이렇게 하면 읽기 조건에서 더 많이 읽을 수가 있다. 그러니까 글을 읽는 조건의 피험자는 어려운 글에 더 많은 시간을 할애할 수 있다. 이 문제점을 어떤 방법으로든 제거하고 싶은가? 예를 들어 글을 한 번에 쭉 읽으라고 지시를 하는 방법으로? 아니면 그 자체가 우리가 알고자 하는 읽기와 듣기의 자연스러운 차이니까 그대로 둘까? 만약에 어찌어찌해서 읽기 조건에서 읽었던 부분으로 되돌아가서 그 부분을 다시 읽는 회귀를 제거하거나 최소화시켰는데 읽기보다 듣기에서 수행이 좋다는 결과를 얻을 경우, 우리가 얻은 결론은 인위적인 실험실 상황에서나 통용되는 것이지 '실제' 상황에서는 통용되지 않는 결론이라고 비판받을 수 있다. 그래서 일반화 가능성이 있는 결과를 얻을 가능성을 극대화시키기 위해 듣기 조건에서 사용했던 시간과 같게 읽기 조건에서도 글을 15분 동안 읽게 하고 어떤 차이가 나는지를 보도록 하자. 만약 듣기보다 읽기에서 수행이 좋았다면(아니면 그 반대) 우리는 처리의 어느 측면이 중요한지 알아내기 위한 후속 연구를 하게 된다.

글을 들려주는 경우에도 여러 문제를 해결해야 한다. 글을 읽어 주는 사람이 여러 명이어도 되나?

읽어 주는 사람의 성별은? 읽어 주는 사람의 매력 정도는? 단조로운 톤으로 읽어 주어야 하나, 아니면 열정적인 강사처럼 열심히 흥을 내서 읽어야 하나? 여성 한 명이 단조로운 톤이 아니라 가능한 한 정상적인 억양으로 읽어 주는 것으로 정하자.

선다형 검사를 고안하는 것도 중요하다. 특히 천장효과나 바닥효과를 피하기 위해 문제가 너무 쉽거나 너무 어렵지 않아야 한다는 점에서 중요하다. 질문들은 글의 표면적인 부분에 대한 것이어야 하나(예, 이 점은 세 번째 문단에서 다루어졌나?), 아니면 글의 내용에 대한 의미 수준의 질문을 해야 하나? 이것도 다양하게 해야 하나? 글의 내용에 대해 의미 수준의 질문을 하는 쪽으로 정할 수 있다. 왜 회상 검사를 사용하지 않았을까? (회상 자료에 대해 양적인 측정치를 얻어 내는 것이 불가능한 것은 아니지만 어렵기 때문에 회상 검사를 하지 않는 것으로 정했을 수 있다.)

제시 방식이 두 수준(읽기 대 들려주기)이고 글이 두 개(글은 우리 주 관심사는 아니지만 역균형화하기 위해 두 개가 필요하다)인 간단한 2×2 피험자내 설계인데도 우리가 선택해야 하고 해결해야 하는 어려움은 우리가 논의한 것보다 훨씬 많다. 실험의 기본 조건들을 다르게 조작적으로 정의할 수도 있고 다른 종속 변인을 사용할 수도 있기 때문에, 어떤 실험의 결과를 해석할 때는 변인들이 다르게 조작적으로 정의된 실험의 결과들을 고려해서 해석해야 한다. 특정 실험 결과의 일반성이나 제한점을 알기 위해서는 일련의 수렴적인 실험이 필요하다.

감각 양상에 따라 글을 장기간 파지하는 것에 차이가 있는지 알아보는 연구는 큰 주목을 받지 못했다. 그러나 King(1968), Kintsch와 Kozminsky(1977)의 두 편의 논문은 좋은 참고가 된다. 최근에 연구자들은 이 질문이 언론에 어떤 함의를 갖는지에 대해 관심을 보였다(Eveland, Seo, & Marton, 2002; Furnham, 2001). 사람들은 기사를 TV나 라디오를 통해 들었을 때에 비해 같은 내용의 기사를 읽었을 때 더 많이 회상할까라는 질문에 대해 관심을 보였다. 여러분은 이 절에 서술된 실험을 어떻게 수정하면 언론 연구에 좀 더 적합하게 될 수 있을지 생각해 볼 수 있다.

☑ 요약

1. Ebbinghaus는 학습과 기억을 체계적으로 연구한 최초의 심리학자이다. 그는 회상할 수 없는 기억을 어떻게 연구하는가라는 문제를 절약률을 측정하는 방법을 이용해서 해결했다. 절약률은 학습 재료를 재학습하게 한 다음 재학습 때 필요했던 시행 수를 원학습 때 필요했던 시행 수와 비교해서 얻는다. 아직도 절약법을 사용하고는 있지만, 대부분의 연구자는 다른 방법으로 기억을 측정한다. 전형적으로 회상(산출) 검사나 재인(학습한 것과 학습하지 않은 재료를 변별해 내는 것) 검사를 변화시킨 과제들을 주로 사용한다.
2. 심리학 연구에서 척도 감쇠라는 표현은 측정 척도가 너무 제한되어 있어서 조건들 간에 있을 수도 있는 차이를 측정하지 못하는 것을 가리킬 때 사용한다. 수행이 완벽에 가까울 경우 천장효과라 부르는데, 조건들의 수행이 척도의 천장, 즉 척도의 상한선에 걸려 차이가 드러나지 않기 때문이다. 수행이 아주 저조할 때는 바닥효과라 부른다.
3. 수행이 척도의 천장이나 바닥에 근접했을 때 두 조건의 수행이 동등하다고 가정하는 것은 오류이다. 두 조건의 피험자들이 종속 변인에서 거의 비슷한 값을 얻어도(0%이거나 100%에 근접한 경우) 조건들 간에 실제로 차이가 있을 수 있지만 그 변인을 측정하는 척도가 너무 제한되어(범위가 너무 좁아서) 실제 차이를 보여 주지 못할 수 있다. 욕실용 체중계로 체중을 재어서 두 사람 모두 300파운드로 측정되었던 예를 떠올려 보자. 이 예는 천장효과를 예시하는 것이지만, 바닥효과도 이에 못지않게 흔하고 또 중요하다. 2세와 3세 아동을 참여시킨 기억 실험에서 각 연령 집단의 평균 회상률이 2%인 경우 이 두 집단 아동들의 기억 용량은 같다는 결론을 내려도 될까? 마찬가지로, 일부 조건의 수행이 천장효과나 바닥효과의 제약을 받을 경우 상호작용을 해석할 때 오류가 있을 수도 있다.
4. 실험 결과와 관련해서 중요한 문제 중의 하나가 실험에서 사용된 조건을 넘어서서 결과가 일반화될 수 있는가의 문제이다. Jenkins의 기억 실험의 4면체 모형은 보편성을 다룰 때 고려할 수 있는 네 차원에 대해 알려 준다. ① 이 결과가 다른 피험자 집단에서도 얻어질 것인가? ② 이 결과가 다른 실험 재료를 사용해도 얻어질 것인가? ③ 다른 종류의 기억 검사를 사용해도 이 결과가 얻어질 것인가? ④ 실험 상황을 달리하거나 독립 변인을 다르게 조작적으로 정의해도 같은 결과가 얻어질 것인가?
5. 연구자들은 특정한 결과가 피험자 집단, 재료, 상황, 종속 변인 등과 같은 여러 차원에 걸쳐 일반화되는지에 대해 관심을 갖는다. 한 개 이상의 독립 변인이 동시에 조작되는 다요인 실험은 결과

의 일반성을 알아보는 데 아주 중요하다. 다요인 실험에서는 다른 변인이 동시에 조작되는 경우에 하나의 독립 변인이 종속 변인에 미치는 영향이 같은지 다른지에 대해 알려 준다.

6. 어떤 독립 변인의 효과가 다른 독립 변인의 모든 수준에서 같으면 이를 그 독립 변인의 주 효과라 한다. 하나의 독립 변인의 효과가 다른 독립 변인의 수준에 따라 다르면 이 두 독립 변인은 상호작용한다고 한다. 한 독립 변인의 효과가 다른 독립 변인의 모든 수준에서 같으면 주 효과가 있다고 말하기 때문에, 주 효과가 얻어지면 그 독립 변인의 효과는 다른 조건들에서 일반화될 수 있다고 생각할 수 있다. 상호작용이 있다는 것은 그 독립 변인의 효과는 다요인 실험의 다른 독립 변인의 수준에 따라 다르게 나온다는 것이기 때문에 그 독립 변인의 효과를 단순하게 일반화하는 것은 안전하지 않다는 것을 가리킨다.
7. 암묵기억 검사와 외현기억 검사는 여러 독립 변인과 상호작용한다. 예를 들어, 기억상실증 환자들은 자유회상 검사와 같은 외현기억 검사에서는 정상인에 비해 수행이 나쁘지만 단어식별 검사와 같은 암묵기억 검사에서는 정상인과 비슷한 정도의 점화효과를 보인다. 사진은 단어보다 외현기억 검사에서 더 잘 파지되지만, 언어 암묵기억 검사에서는 단어가 사진보다 더 큰 점화효과를 보인다. 이처럼 기억 검사들이 여러 변인과 상호작용하는 방식을 연구해서 과학자들은 정상적인 기억 기능과 비정상적인 기억 기능에 대해 새로운 정보를 얻는다.

☑ 주요 용어

Brown-Peterson 기법Brown-Peterson technique

결과의 일반성generality of results

고차 상호작용higher-order interaction

기억상실증amnesia

기억 실험의 4면체 모형tetrahedral model of memory experiments

기준달성 시행 수trials to criterion

단어조각 완성 과제word fragment completion task

문자소graphemic

상호작용interaction

순행 간섭proactive interference

강제선택 재인 검사forced-choice recognition test

계열 회상serial recall

교차 상호작용crossover interaction

단기 기억short-term memory

무의미 철자nonsense syllable

바닥효과floor effect

섬광 기억flashbulb memory

쌍대연합 회상paired-associate recall

암묵 기억implicit memory
외현 기억explicit memory
의미semantic
자서전적 기억autobiographical memory
작업 기억working memory
재인recognition
절약법savings method
점화priming
처리 수준levels of processing
천장효과ceiling effect
예/아니요 재인 검사yes/no recognition test
음소(음운)적phonemic/phonological
일화 기억episodic memory
자유 회상free recall
장기 기억long-term memory
전이 적합 처리transfer-appropriate processing
절약 점수saving score
주 효과main effect
척도 감쇠효과scale-attenuation effects
회상recall

☑ 논의거리

1. 천장효과와 바닥효과가 실험에서 관찰한 바를 해석하는 것을 어렵게 하는 상황을 이 장에서 다룬 상황 외에 두 가지 생각해 보라. 각 예에서 천장효과나 바닥효과 때문에 일어난 문제를 실험에서 어떻게 극복할 수 있을지 생각해 보자.
2. 연구자들은 종종 어떤 결과가 새로운 상황에 일반화되지 않는 것을 발견하고 실망한다. 왜 일반화 실패가 어떤 현상을 이해하는 데 진전을 이끌어 낼 수 있는지에 대해 논의해 보자. 과학에서 이전 지식이 새로운 상황에 일반화되지 않는 예외적인 결과가 새로운 발견을 이끌어 낸 예를 생각해 보자.
3. 다요인 실험이 복잡함에도 불구하고 연구자들에게 널리 사용되게 하는 이점은 무엇인가? 다요인 실험과 결과의 일반성의 관계에 대해 생각해 보자.

☑ 웹 연결

기억에 관한 기본적인 정보들과 기억을 어떻게 향상시키는가에 대한 정보를 얻을 수 있는 아주 유용한 사이트는 다음과 같다.

http://www.muskingum.edu/~cal/databases/general/memory.html

Practical Memory Institute의 다음 웹사이트에는 기억에 관해 흔히 주어지는 질문과 답이 수록되어 있다.

http://www.memoryzine.com/index.html

☑ 실험실 자원

Langston(2002)의 5장은 의미 기억 과제를 서술하고 있다. 피험자는 '크로켓 경기에서 공이 통과해야 하는 고리'라는 정의를 보고 단어를 인출해야 한다[답은 삼주문(wicket)]. 이 연구에서 관심사는 제스처를 취하는 것이 이 문제를 푸는 데 도움이 되는가이다(어떤 피험자는 손에 막대를 들고 있어야 했고, 다른 참가자는 자기가 원하면 제스처를 취할 수 있다). 가설은 제스처를 취하는 것이 단어 인출에 도움이 된다이다. 이 실험을 읽어 보고, Jenkins의 기억 실험 모형을 이용해서 다양하게 실험을 변화시켜 보라.

심리학 실습: 9 · 11 테러 사건 기억하기

다음 질문에 대해 답해 보라.

1. 그날 언제쯤 9 · 11 테러에 대해 처음 들었습니까?
2. 그 소식을 들었을 때 어디에 있었습니까?
3. 무엇을 하고 있었습니까?
4. 누가 그 소식을 알려 주었습니까?
5. 누가 같이 있었습니까?
6. 그 소식을 듣고 기분이 어땠습니까?
7. 그 경험에 대해 적어도 세 가지를 상세히 기술할 수 있습니까?
8. 그 소식을 듣자마자 무엇을 했습니까?

친구들에게도 이 질문들을 해 보자. 당신이나 당신 친구는 적어도 다섯 개에 대해 자신 있게 답할 수 있을 것으로 생각되는데, 그렇다면 9 · 11 테러 소식을 들은 것에 대한 당신이나 친구의 기억은 섬광 기억(flashbulb memories) 범주에 속한다. 섬광 기억에서 놀라운 것은 기억이 아주 또렷하다는 점이다. 사람들은 그 소식을 들었을 때 자기가 어떤 옷을 입고 있었는지와 같은 지엽적인 사항에 대해서도 기억이 난다고 답한다. 사람들이 충격적인 소식을 들었을 때에 대해 갖는 또렷한 기억을 서술하기 위해 Brown과 Kulik(1977)가 섬광 기억이라는 용어를 만들었다. 그들은 **섬광**이라는 용어가 '놀라움, 무차별적인 조명 그리고 순간성'을 암시하기 때문에 섬광 기억이라는 표현을 사용했다.

섬광 기억이라고 불리는 기억은 아주 또렷한 자서전적 기억(autobiographical memory)이라서 다른 개인적인 기억과 마찬가지로 오류이기 쉽다. 예를 들어, Neissser와 Harch(1992)는 챌린지호 폭발 사건 소식을 들은 상황에 대한 기억이 변하는 것을 발견하였다. 그들은 사람들이 처음 보고한 것과 32개월 혹은 34개월 후에 보고한 것을 비교했는데, 36명의 피험자 중에 세 명만이 상황의 세 가지 중요한 속성(소식을 들은 곳, 그때 자기가 하던 활동, 그리고 소식을 들려준 사람)을 모두 정확하게 기억하였다. 22명은 세 가지 속성 중 두 가지를 다르게 기억하였다. 나머지 피험자는 세 가지 속성을 다 다르게 기억하였다. 이런 기억 왜곡은 시간이 지나면서 일어나는 것 같다. Schmolck, Buffalo와 Squire(2000)는 O. J. Simpson 재판 선고를 들었을 때에 대한 기억을 조사했다. 선고 15개월 후에는 보고의 50%가 처음 보고한 것과 같았다. 그러나 32개월 후에는 29%만이 처음 보고와 일치했다.

기억이 시간이 지남에 따라 왜곡되는 것의 이유는 많다. 사람들은 그 사건이 발생하고 한참 시간이 지난 뒤에도 그 사건에 대해 계속 이야기하고 생각한다. 누구와 이야기하는지, 그리고 어떤 목적으로 하는지에 따라 이야기를 다르게 할 수도 있는데, 이는 기억에 영향을 미친다(예, Tversky & Marsh, 2000). 사람들은 다른 사람이 하는 이야기도 듣는데, 다른 사람이 한 이야기의 세부적인 내용을 자기의 기억에 포함시킬 수도 있다(예, Niedswienska, 2003). 사람들은 또 사건이 어떻게 전개되어야 한다는 믿음을 가질 수 있는데, 자기의 기억을 그 믿음에 맞게 재구성할 수도 있다(예, Ross, 1989).

많은 심리학자가 9·11 테러 사건 직후에 그 사건에 대한 기억을 수집하였다. 후속 연구들이 진행되고 있으며, 여러 보고가 출간되었다(예, Luminet et al., 2004; Talarico & Rubin, 2003; Wolters & Goudsmit, 2005). 당신이 같은 사람을 몇 년에 걸쳐 반복해서 접촉할 수 있다면 기억에 대한 어떤 질문이 흥미로운 질문이 될지 생각해 볼 수도 있다.

제11장

사고와 문제해결

삶은 사실과 사건으로 구성된 것이 아니다. 삶은 머릿속에서 영원히 불어오는 생각의 폭풍들로 구성되어 있다. (MARK TWAIN)

지금 아무 문제도 떠오르지 않는다면 다음 문제를 보자. 문제를 꼼꼼히 살펴본 다음 [그림 11-1]에 제시된 그림을 보라. 다음 부분을 읽기 전에 그 문제에 대해 잘 생각해 보라.

> 두 정거장은 100마일 떨어져 있다. 어느 토요일 오후 2시, 두 기관차가 각 역에서 서로를 향해 출발했다. 한 기관차는 시속 60마일의 속도로, 다른 한 기관차는 시속 40마일의 속도로 달렸다. 기차가 막 출발하는 순간 새 한 마리가 두 기관차 중 한 기관차 앞에서 다른 한 기관차 방향으로 날기 시작했다. 새가 반대편 기관차에 도달하면 곧바로 방향을 돌려 같은 속도로 다른 기관차 방향으로 난다. 새는 시속 80마일의 속도로 두 기관차 사이를 날았다. 두 기관차가 만날 때까지 새는 얼마나 날았을까?

이 문제를 풀 수 있는가? 대부분의 사람은 이 문제를 풀지 못해 쩔쩔매는데, 어떤 사람들은 그것을 금방 푼다. 그 사람들은 수학을 아주 잘하는 사람일 거라고 생각할 수 있는데, 이는 사실이 아니다.

대부분의 사람이 문제를 풀려고 어떤 시도를 하는지 알아보자. 문제가 서술된 방식과 [그림 11-1]이 그려진 방식을 보면 대부분의 사람은 새가 첫 번째 기관차에서 반대

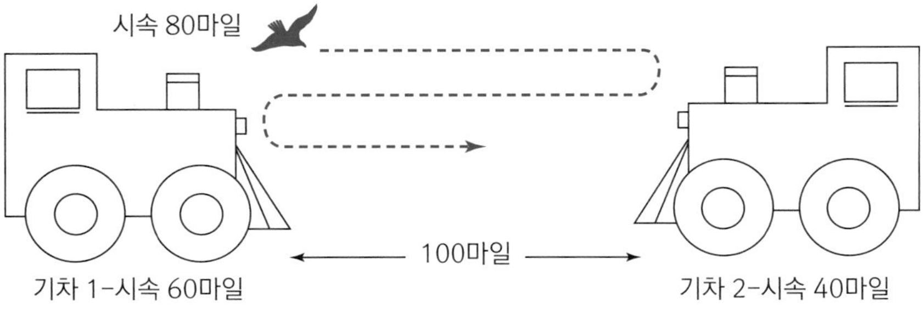

[그림 11-1] 새와 기차 문제 그림

편 기관차까지 가려면 얼마나 시간이 걸리는지, 그때 두 번째 기관차는 어디에 있는지, 새가 두 번째 기관차에서 처음 기관차로 되돌아오려면 시간이 얼마나 걸리며 그동안 기관차는 얼마나 이동했는지 등을 걱정하기 시작한다. 그러니까 이 해결법은 새가 매번 나는 방향을 바꿀 때마다 시간이 얼마나 걸리는지를 계산한 다음, 이 시간들을 합해서 새가 난 전체 거리를 계산해 내는 것이다. 이 전략은 나름 합리적인 전략이며, 여러분이 시간이 충분하고 대수학을 잘하며 좋은 계산기가 있다면 답을 알려 줄 수 있는 전략이다.

그러나 이 세 가지 필요 요건 중 하나 혹은 그 이상을 갖추지 못했을 가능성이 높으니까 간단한 해결 방법을 찾아낼 필요가 있을 수 있다. 사고(thought)는 "심적 조작을 통해서 새로운 표상을 만드는 성취"라고 정의될 수 있다(Posner, 1973, p. 147). 우리는 기차와 새 문제를 푸는 간단한 해결 방안을 찾으려면 사고가 필요하다고 말할 수 있다. 문제를 풀려면 문제를 재개념화해야 한다. 문제를 적절하게 재개념화하면 해결책은 아주 쉽게 나온다. 여기서 여러분이 집중해야 하는 부분은 두 기관차가 만나려면 시간이 얼마나 걸리느냐이다. 한 기관차는 시속 60마일로 달리고, 다른 기관차는 시속 40마일로 달리는데, 처음 두 기관차의 거리가 100마일이니까 두 기관차는 한 시간 후에 만나게 된다. 이 방식으로 문제를 다시 정의하고 다른 정보를 이용하면 답은 금방 나온다. 두 기관차가 한 시간 후에 만나고 새는 시속 80마일로 나니까, 두 기관차가 만날 때까지 새는 80마일을 날게 된다. 이렇게 풀 경우 시간이 걸릴 이유도 없고, 계산기도 필요 없고, 복잡한 수학 지식도 필요 없다. 그냥 생각하면 된다.

그냥 생각한다고? 말로는 쉬운데, 그 과정은 아주 복잡하다. 문제를 푸는 해결책을 찾아내려고 시도하는 동안 마음속에서 무슨 일이 일어나는 것일까? 문제를 푸는 간단한 해결책을 발견하려면(사고하려면) 어떻게 해야 하나? 보편적인 사고의 심리 법칙을 찾아낼 수 있을까? 이 드러나지 않는 과정을 어떻게 연구할 수 있을까? 이 질문들이 우리가 이 장에서 다룰 어려운 질문들의 예이다.

이 장에서 다루는 실험 관련 주제는 결과의 신뢰도(reliability of results, 혹은 재검증 가능성) 문제, 가외 변인(extraneous variables)과 실험 통제(experimental control) 문제, 그리고 심리학 연구에서 언어 보고(verbal reports)의 활용이다. 첫 번째 문제는 결과의 신뢰도, 즉 같은 실험을 다시 했을 때 첫 번째 실험에서와 똑같은 결론을 내리게 할 수 있는 자료를 얻을 가능성의 문제이다. 이 문제는 모든 연구에 다 해당되지만, 사고나 복잡한 과정을 다루는 연구에서 그 중요성이 더 두드러진다. 그 이유는 뒤에서 다룬다. 두 번째, 문제해결과 사고라는 주제는 아주 복잡해서 재미있고 유용한 실험을 하려면 기발한 생각이 필요하다. 그런데 이런 사고 과정에는 아주 많은 요인이 영향을 미친다. 그래서 어떻게 가외 변인들을 통제하면서 독립 변인들을 조작할 수 있을까라는 문제가 중요하게 된다. 마지막 문제는 주관적 보고(subjective report)의 하나인 언어 보고가 심리학 연구에서 어떻게 활용될 수 있는가의 문제이다. 문제해결이나 사고 영역의 연구에서 사람들은 아주 기꺼이 자기들이 문제를 풀어 나가는 동안에 어떻게 생각하는지에 대해 이야기하려 한다. 그런데 문제는 사람들의 언어 보고를 사고 과정의 본질에 대한 유용한 증거로 사용해도 되느냐이다.

역사적으로 문제해결에 관한 연구에는 강조점이 다른 두 가지 접근법이 있다. 이 두 접근법은 사고와 학습에 대한 연구에서 영향력이 아주 크다. 이 두 접근법은 상향(자료 주도적) 분석과 하향(개념 주도적) 분석인데, 이 두 가지는 7장에서 지각을 연구하는 접근법으로 서술했던 것과 유사하다.

사고에 대한 두 가지 접근법

❍ Thorndike의 시행착오 학습

심리학 초창기에 수행된 재미있는 실험 중에 Thorndike(1898)가 고양이의 문제해결을 다룬 연구가 있다. 그는 특별히 제작된 문제 상자에 고양이를 들여보냈는데, 먹이는 문제 상자 밖에 놓아두었다. 고양이가 해야 할 일은 문제 상자를 나와서 먹이를 먹는 것이었다. 어떤 경우에 해결책은 상자 속에 있는 줄을 움켜잡는 것이었지만, 다른 경우에는 최대 세 가지의 다른 해결 방안이 있기도 했다. Thorndike는 여러 시행에 걸쳐 고양이의 행동을 관찰하고, 매 시행마다 상자에서 나올 때까지 걸린 시간을 측정하였다. 첫 번째 시행에서 고양이는 상자에서 나가기 위해 다양한 전략을 시도하다가 우연히 옆에 있는 물건을 칠 수도 있었다. 마침내 고양이는 상자에서 나가게 해 주는 줄을 움켜잡을 수 있었다. 시행착오를 통해 학습한 것처럼 보인다. 적어도 초기에 상자에서 나오게 되는 것은 우연히 얻어진 결과처럼 보였다. 그러나 시행이 거듭될수록 고양이는 더 빨리 상자에서 나오기 시작했고, 점점 더 체계적으로 변했다. 그렇지만 고양이가 문제를 풀기 위한 시도들을 지배한 것처럼 보이는 원리는 시행착오 학습이었다.

시행착오 학습 분석에서 Thorndike는 특히 성공에 관심을 기울였다. 정확한 행동을 환에 대한 수력학 모형을 개발하였다.

유추를 이용한 추리를 연구하는 것은 아주 어렵다. 심리학자들은 오랫동안 문제해결, 사고 그리고 발견에 대한 연구에서 어려움을 겪었다. 그렇지만 최근 20년 동안 여러 방면에서 이 문제들에 대한 연구에서 진전이 보고되었다(Mayer, 1983). 여기서는 Gick과 Holyoak(1980, 1983)가 수행한 실험을 살펴보면서 이 주제에 대해 재미있는 연구가 어떻게 수행되었는지 알아보고 또 실험을 통해 찾아낸 현상의 신뢰도를 밝혀내는 것의 중요성에 대해 알아보겠다.

Gick과 Holyoak는 유추가 문제해결에 미치는 영향에 대해 홍미를 느꼈다. 이 연구에 대해 논의하기에 앞서 그들이 사용한 문제를 제시하니까 다음 부분을 읽기 전에 그 재료를 읽어 보고 생각해 볼 것을 권한다. 이 문제는 방사선 문제라고 불리며 1945년에 Duncker가 실험 재료로 처음 사용하였다. 이 문제는 다음과 같다.

> 당신이 복부에 악성 종양이 있는 환자를 치료해야 하는 의사라고 생각해 보자. 종양을 직접 수술할 수는 없는데, 종양을 제거하지 않으면 환자는 죽게 된다. 다행히도, 종양을 파괴하는 데 사용할 수 있는 광선이 있다. 그 광선이 종양에 한꺼번에 충분히 강한 강도로 도달하면 종양은 파괴된다. 그러나 불행하게도 그 강도에는 종양에 도달할 때까지 통과해야 하는 건강한 조직들도 파괴된다. 강도가 약하면 다른 조직에는 해를 끼치지 않지만 종양에도 영향을 주지 못한다. 어떤 절차를 사용하면 이 광선을 이용해서 종양을 제거하면서 건강한 조직들은 손상시키지 않을 수 있을까? (Gick & Holyoak, 1980, pp. 307-308).

책을 덮고 어떻게 하면 이 문제를 풀 수 있을지 생각해 본 다음 책을 다시 읽기 바란다. 적어도 한 가지 해결 방안을 생각하기 전까지는 책을 다시 읽지 말기 바란다.

쉽게 풀었는가? 많은 학생이 이 문제에 부과된 여러 제약 조건 때문에 이 문제를 푸는 데 어려움을 겪었다. 피험자들이 내놓은 해결 방안 중 많은 것은 약물을 이용해서 건강한 조직들을 면역시킨 다음 이 부위를 통해 광선을 종양 부위로 쏘는 것과 같이 첨단 기술을 사용하는 방안이었다. 이보다 더 현실적인 방안은 광선이 종양 부위에 직접 도달할 수 있게 종양 부위에 도달하는 관을 환자에게 삽입하는 수술을 하거나 종양 부위를 노출시키는 수술을 하는 방안이 있다. 그러나 이 문제에 대해 가장 창의적이고 효과적인 방안은 광선들을 약한 강도로 여러 방향에서 쏘아 종양 부위에서 수렴하게 하는 방안이다. 각 광선들은 중간에 지나가는 건강한 조직들을 손상하지 않을 정도로 약하지만, 광선들이 종양 부위에 수렴했을 때 총 강도는 종양을 파괴할 수 있을 만큼 강하게 강도를 조정하는 방안이다. 아주 적은 수의 피험자만이 이 방안을 생각해 냈는데, 이 문제를 처음 다룬 Duncker(1945)의 연구에서는 45명 중 겨우 두 명(4%)만 이 방안을 생각해 냈다.

Gick과 Holyoak(1980, 1983)는 방사선 문제를 풀기 전에 피험자들에게 유사한 문제와 해결책을 알려 주면 문제를 푸는 데 도움이 되는지 알아보는 것에 흥미를 느꼈다. 첫 번째 문제에서 원리를 추출한 다음 그 원리를 두 번째 문제에 적용할 수 있을 것이라는 것이 그들의 생각이었다. 이 생각을 실험을 통해 확인해 보기 위해 Gick과 Holyoak는 방사선 문제에서 가장 효율적인 해결 방안에도 적용될 수 있는 원리를 사용하는 '유추 이야기'를 개발하였다.

'사령관'이라는 제목의 유추 이야기에서 탱크부대 사령관은 적의 본부를 공격할 필요가 있었다. 탱크를 많이 동원하면 이길 확률이 크지만 한 번에 탱크 몇 대밖에 지날 수 없는 좁고 구불구불한 다리를 넘어서 공격해야 했다. 탱크 몇 대로 다리 하나를 건널 경우 곧 격퇴당한다. 그러다가 갑자기 사령관은 적 본부 주위에 있는 여러 개 다리 각각에 탱크를 소규모로 나누어 보내는 방안을 떠올리게 되었다. 모든 탱크가 다리를 건너 여러 군데에서 동시에 본부를 공격해서 본부를 점령할 수 있었다.

탱크 공격 문제와 방사선 문제의 유사점은 금방 드러나야 한다. 두 경우 모두 본부(또는 종양)를 직접 공격하는 대신 여러 방향에서 동시에 수렴하게 병력(또는 광선)을 분산하는 것이 필요하다. 그런데 실험 피험자들은 '사령관' 이야기를 읽고 도출해 낸 원리를 방사선 문제에 사용할까? Gick과 Holyoak(1980)는 피험자들이 방사선 문제를 풀기 전에 '사령관' 문제와 유사한 문제를 읽거나, 아무 이야기도 읽지 않거나, 전혀 상관없는 이야기를 읽게 하는 일련의 실험을 수행하였다. 여러 실험에서 아무 이야기도 읽지 않거나 전혀 상관없는 이야기를 읽은 피험자들은 방사선 문제에서 가장 효율적인 방안을 단지 10% 정도 생각해 내었다. 그렇지만 방사선 문제를 풀기 전에 유추 이야기를 읽은 피험자들은 75% 정도가 주어진 시간 안에 가장 효율적인 방안을 생각해 내었다. 이 결과가 여러 실험에서 얻어졌기 때문에 이 현상은 여러 번 재검증되었다. 확실히, 사람들은 문제를 해결할 때 유추를 이용해 이득을 보았다.

그들이 수행한 여러 실험 중 하나의 실험의 결과는 Gick과 Holyoak(1980)가 유추를 이용한 추리에 관여하는 처리에 대해 세밀하게 고려하게 이끌었다. 일련의 실험 중 실

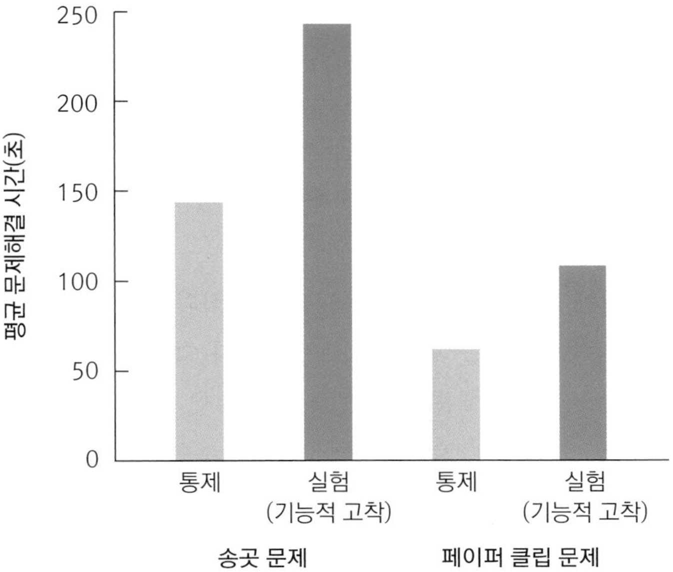

[그림 11-5] Adamson(1952)의 실험에서 통제조건과 실험조건(기능적 고착) 피험자들이 송곳 문제와 페이퍼 문제를 해결하는 데 걸린 시간

통제조건에서보다 기능적 고착 조건에서 문제를 푸는 데 시간이 오래 걸렸다.

결론을 내리는 것은 어려울 수 있다. 이런 결과가 얻어진 것은 아니지만 [그림 11-5]를 보면 전반적으로 문제해결 시간이 긴 경우(송곳 문제)보다 짧은 경우(페이퍼 클립 문제)에 실험집단과 통제집단의 차이가 더 작았다.

왜 Adamson의 실험에서 문제를 푼 피험자의 비율을 종속 변인으로 사용했을 때에는 페이퍼 클립 문제와 송곳 문제에서 Duncker의 결과를 재검증할 수 없었을까? Adamson은 자기 연구 피험자들이 능력이 있는 사람들이었을 가능성을 시사했는데, 그 가능성이 없는 것은 아니다. 그러나 이 결과가 얻어졌을 또 다른 현실성 있는 가능성은 문제를 푸는 데 허용한 시간이다. Adamson은 문제를 푸는 데 20분을 허용했지만, Duncker는 피험자별로 진전 정도에 따라 허용한 시간이 달랐는데 Adamson보다 짧은 시간을 허용했던 것으로 보인다.

Adamson의 연구는 아주 흥미로운 현상을 처음으로 보고한 원래 연구가 가졌던 문제들을 체계적이고 잘 통제된 재검증 연구를 통해 해결하는 것을 보여 주는 좋은 예이다. 이런 재검증 연구는 아주 가치가 있는데, 특히 그것이 우리가 관심을 갖는 현상의 보편성에 대해 새로운 지식을 얻게 이끌어 준다는 점에서 그렇다. 그렇지만 새로운 현상이 각기 다른 실험실에서 한 번이나 두 번 재검증되고 난 다음에 원래 연구를 단순하게 재검증하려고 노력을 투자하는 것은 권장하지 않는다(이 단계에 이르면 학술지 편집장들이 직접 재검증 연구나 체계적 재검증 연구는 게재할 만한 가치가 없다고 판단할 가능성이 높다). 이 단계에 이르면 그 현상에 영향을 미치는 요인들에 대한 이해를 발전시키거나 그 현상에 관여하는 심리 과정에 관한 이론이나 모형을 개발하는 데 노력을 기울여야 한다.

기능적 고착에 관해 Glucksberg와 동료들은 언어화와 이름 붙이기가 기능적 고착에 미치는 영향에 대한 연구들을 체계적으로 수행했다(Glucksberg & Danks, 1967, 1968; Glucksberg & Weisberg, 1966). 예를 들어, 양초 문제에서 피험자들에게 재료를 보여 줄 때 재료에 이름(양초, 압핀, 상자, 성냥)을 붙여서 보여 주면 이름을 붙이지 않았던 조건의 피험자들보다 문제를 푼 비율이 증가했다. 이 문제를 풀 때 중요한 점은 상자를 압핀을 담는 용기로만 생각하는 것이 아니라 문제를 풀 때 사용할 수 있는 하나의 독립된 물체라는 것도 생각하게 해 주는 것이다. 그런데 각 물체에 이름을 붙이는 것이 이 과정을 도와준다. Glucksberg가 지적하였듯이, "우리가 무엇을 할 것인가에 영향을 미치는 것은 세상이 작동하는 방식이 아니라 우리가 그 세상을 어떻게 상징적으로 **표상하느냐**이다."(1966, p. 26)

11.3 실험 주제 및 연구 예시

주제 언어 보고

예시 판단에서의 과잉 확신

실험심리학 초기에는 마음의 구조를 발견하는 방법으로 내성 보고 사용을 강조하였다. 부록에서 논의하듯이 내성은 우리가 어떤 경험을 하는 동안 그 사건의 내용에 대해 일어나는 일상적이고 감정적인 생각을 말하는 것이 아니다. 심리학에서 내성은 특정 경험을 엄격하고 꼼꼼하게 서술하는 기법을 가리킨다. 내성의 근본적인 문제는 신뢰도이다. 다른 실험실에서 내성을 사용한 연구자들이 마음의 구조에 대해 다른 결론에 도달하는 일이 종종 발생했다. 이 이유만으로도 내성은 더 이상 사용되지 않았을 수 있는데, 심리학에서는 내성을 주된 연구 방법으로 사용하는 구조주의에 대해 Watson(1913)이 신랄하게 비판하고 또 그 영향으로 행동주의가 등장하면서 이 용어가 급격히 사라지게 되었다. 내성이라는 용어가 구조주의에서 기법의 의미로 사용되기 때문에 이 장에서는 심리학 실험에서 피험자들의 보고를 이용하는 것을 **언어 보고**라 부르기로 한다(7장 참조). 언어 보고는 종종 **주관적 보고**라고 불리기도 한다.

행동주의가 심리학에서 구조주의적 접근을 몰아내는 데 성공했음에도 불구하고, 주관적 보고는 심리학에서 계속 사용되고 있다. 언어 보고는 외현적인 행동이기 때문에 그것을 사용하는 것은 행동주의의 과학적 규칙에도 맞다. 사실 행동주의 창시자인 Watson은 그의 책 『행동주의(Behaviorism)』의 '행동주의자의 강령(The Behaviorist's Platform)'이라는 절에서 이것을 아주 분명하게 서술하였다.

> 행동주의자가 "왜 우리가 관찰할 수 있는 것을 심리학의 진정한 문제로 다루지 않나요?"라고 물었다. 관찰할 수 있는 대상으로 연구를 제한하고 그것들만을 근거해서 규칙을 만든다. 그러면 우리는 무엇을 관찰할 수 있을까? 우리는 행동—**유기체가 행동하거나 말하는 것**—을 관찰할 수 있다. 그리고 확실하게 해 두자. 말하는 것은 행동하는 것이다. 즉, 행동이다. 소리 내어 말하거나 스스로에게 말하는 것(생각)은 야구와 마찬가지로 객관적인 행동 유형의 하나이다(1925, p. 6).

언어 보고는 행동주의 창시자로부터 행동으로 인정받았다. 그러나 Spence(1948)가 지적하였듯이 구조주의 심리학자와 행동주의 심리학자가 언어 보고를 사용하는 방식은 아주 다르다. 구조주의 심리학자들에게 내성 보고는 내적인 심적 사건에 관한 사실이나 자료로 간주되었다. 이들은 내성 보고가 심적 사건을 직접 드러낸다고 생각했다. 반면에 행동주의 심리학자들에게 언어 보고는 종속 변인으로 사용할 만한 행동 유형들 중 하나일 뿐이었다. 이들에게 언어 보고는 선험적으로 다른 유형의 반응이나 종속 변인보다 더 연구할 가치가 있거나 더 실제적인 것은 아니었다(7장 참조). 언어 보고를 특정 심적 구성개념의 증거로 사용하고 싶을 경우, 언어 보고는 필요한 여러 가지 수렴 조작 중의 하나로 간주되어야 한다. 물론 심리학의 특정 분야에서는 언어 보고가 다른 종속 변인보다 더 유용할 수 있다. 사고에 관한 연구는 언어 보고가 광범하게 사용된 분야의 하나이다.

사고에서 결정적인 요소 중의 하나는 자기 지식을 평가하는 능력이다. 여러 실험에서 아는 듯한 느낌(feeling-of-knowing) 현상에 대해 탐색했는데, 이 현상은 Hart(1965)가 처음 체계적으로 연구하였다. 대표적인 실험이 Freedman과 Landauer(1966)의 실험이다. 피험자들에게 일련의 일반 지식 문제(에콰도르의 수도는 어디이냐? 미국의 제5대 대통령은 누구이냐?)를 주고 답을 하게 하였다. 피험자들이 답을 하지 못한 문제에 대해서는 비슷한 다른 답지들과 함께 정답을 제시할 경우 정답을 답할 자신이 어느 정도 되는지를 4점 척도로 평정하게 하였다. 4점 척도의 네 항목은 '확실하게 답을 안다' '알 것 같다' '모를 것 같다' 그리고 '확실히 모른다'였다. 아는 듯한 느낌 판단을 하고 나면 피험자에게 그 문제를 다시 주고 여섯 개 답지 중에서 정답을 고르게 하였다.

피험자들은 '확실하게 답을 안다'고 판단했던 문제에서는 정답을 73% 골랐고, '알 것 같다' 고 판단했던 문제에서는 61%, 그리고 '모를 것 같다' 및 '확실히 모른다'라고 판단했던 문제에서는 각기 51%와 35%가 정답을 골랐다. 아는 듯한 느낌 판단이 후에 실시한 재인 과제 수행과 상관이 있다는 사실은 자기가 아는 것에 대한 주관적인 느낌(회상을 하지 못한 다음에 판단한 느낌)이 비교적 정확하다는 것을 알려 주는 것으로 간주될 수 있다. 다른 연구들에서도 아는 듯한 느낌 결과를 이와 유사하게 보고하였고(예, Koriat & Levy-Sadot, 2001; Schacter, 1983; 예외는 Perfect & Hollins, 1999 참조), 최근에는 이 느낌과 연관된 뇌 활동을 밝혀내었다(Chua, Schacter, & Speling, 2009; Kikyo, Ohki, & Miyashita, 2002; Maril, Simons, Mitchell, Schwartz, & Schacter, 2003). 그러나 이 자료에서 재미있는 또 하나의 측면은 피험자들이 확실히 답을 안다고 한 경우에도 정답을 한 비율은 단지 73%이었다는 점이다. 자기의 지식 상태를 모니터하는 능력은 불완전한 것 같다. 종종 우리는 검사에서 답을 회상할 수 없는 때에도 우리가 무언가 알고 있다고 지나치게 자신 있어 하는 것 같다.

이와는 조금 다른 기법을 사용한 다른 연구에서도 사람들이 자기의 지식에 대해 과잉 확신을 하는 경향이 있다는 것을 보여 주었다. 이런 기법 중의 하나는 두 개의 답지를 주고 질문에 답하게 한 다음에 자기들이 정답을 했을 가능성을 평정하게 하는 방법이다. 당신이 다음 문제를 받았다고 해 보자. '담즙 색소는 ___라고 알려진 조건의 결과로 누적된다. (a) 황달, (b) 회저.' 정답이라고 생각하는 답지를 고르면 당신은 당신이 고른 답이 정답일 확률을 .50에서 1.00 사이에서 추정하라는 요구를 받는다(답지가 두 개이니까 우연 확률은 .50이다). Lichtenstein과 Fischoff(1977)는 확신 판단과 정답률 사이에 상관은 있지만 피험자들은 자기의 지식이 보장하는 것보다 더 확신한다는 것을 보고하였다. 예를 들어, 자기가 한 답이 정답일 확률을 80%라고 답한 문제의 경우 실제 정답률은 70%이었다. 과잉 확신 현상은 피험자들이 과제를 진지하지 않게 대했기 때문에 비롯된 것은 아니다. 피험자들에게 정확하게 판단하는 것을 강조하는 지

이와 비슷한 경험을 했다는 일화들이 작가, 수학자 그리고 과학자들로부터 많이 보고되었다. Koestler(1964)는 문제해결에 전혀 진전이 없는 것 같아 문제해결을 미뤄 두고 다른 일을 하고 있는데 갑자기 아이디어가 떠올라 문제를 해결했다는 사례들을 여러 개 인용했다(Köhler의 침팬지도 이와 비슷한 행동을 보인 것을 상기하자). 이런 보고들에서 무슨 의미를 찾을 수 있을까? 이 보고들을 어떻게 평가해야 하나? 그것을 사고의 본질에 대한 증거로 받아들여야 하나? 만약 증거로 받아들인다면 문제의 해결책에 대한 탐색은 의식적인 주의 없이 일어난다는 것인가? 사람의 마음은 의식적인 지시 없이 해결책을 향해 묵묵히 진행될 수도 있다는 것일까?

실험심리학자들은 이런 보고에 의해 무의식적인 사고가 어쩌다 일어나는 흥미로운 사건이 아니라 사고의 중심 과정이라고 믿지는 않는다. 실험심리학자들은 이런 보고를 실험적인 검증이 필요한 하나의 가설로 간주할 가능성이 많다. 푸앵카레는 자신의 직관에 기초해서 사고 과정의 네 단계를 서술하였다. 첫 번째 단계는 준비 단계이다. 이 단계에서 사람들은 문제를 해결하려고 노력하는 데 집중하며, 문제해결과 관련된 많은 사실과 고려해야 할 사항에 대해 알게 된다. 두 번째 단계는 부화 단계이다. 문제해결에 실패하고 나서 이 단계에서 사람들은 다른 일에 주의를 돌린다. 암탉이 알을 품고 있는 동안 알이 부화되듯이, 이 단계에서 문제는 부화되고 있다고 표현된다(영어로 'Let me sleep on it'이라는 표현을 사용하기도 하는데, 같은 의미이다). 다음은 깨달음(Köhler는 통찰이라 부름) 단계인데 아이디어가 튀어나오는 단계이다. 마지막 단계는 검증 단계이다. 이전 단계에서 생각해 낸 해결책이 정말 효과가 있는지가 조심스럽게 검증되어야 한다. 이 단계들은 직관에 기초해서 제안된 것이어서 언어로 느슨하게 서술되었을 뿐이다.

우리가 잘 아는 것처럼 푸앵카레가 자기의 문제해결 이론을 지지하는 것처럼 보이는 사례들(특히 부화 단계에 관한 사례들)을 많이 수집했지만 어떤 이론이든 그것이 아무리 우스꽝스런 이론이라 하더라도 그 이론을 지지하는 한두 개의 사례는 찾을 수 있다. 그리고 우리는 부화나 갑작스런 깨달음이 없이도 문제를 해결한 반증 사례들을 많이 찾을 수 있다. 부화를 보여 주는 일화들을 찾는 대신 우리는 부화라는 개념을 실험으로 검증해야 한다.

문제: **부화 개념을 증명하는 증거를 찾을 수 있나?**

지금 이 시점에서 부화 개념은 모호하다. 우리가 밝혀내려고 하는 것이 무엇인지를 알려면 더 정밀한 조작적 정의가 필요하다. Posner(1973)의 정의를 살펴보자. "부화란 문제해결을 시도하는 집중적인 작업을 하는 기간과 의식적인 노력을 통해 해결책을 밝혀내는 기간 사이에 시간적인 지연 덕분에 문제를 성공적으로 해결할 가능성이 증가하는 것을 의미한다."(p. 171) 이 정의는 많이 정밀해지기는 했지만, 아직도 구체적으로 명시되어야 할 부분들이 있다. 사실 이 정의는 아주 흥미로운 조작적 정의이다. 왜냐하면 이 시점에도 우리는 이렇게 정의하는 현상이 존재하는지를 알지 못하기 때문이다. 우리가 한 것은 이 개념을 탐색할 실험의 가설로 사용할 수 있는 가설적인 조작적 정의를 제안한 것이다.

가설: **문제를 해결하는 두 기간의 중간에 휴지 기간이 허용된 피험자들이 휴지 기간이 허용되지 않은 피험자들보다 문제의 해결책을 찾을 가능성이 더 높을 것이다(또는 더 빨리 찾을 것이다).**

아울러 휴지 기간이 길수록, 적어도 어느 수준까지는 문제해결책을 찾을 가능성이 더 높을 것이다(또는 더 빨리 찾을 것이다).

늘 그렇듯이 가설을 설정한 다음에 우리가 주의를 기울여야 할 것들은 많다. 피험자들에게 얼마나 오랫동안 문제를 풀게 할까? 15분씩 두 번, 그러니까 총 30분이 적절할 수 있다. 가장 우선적으로 고려해야 할 독립 변인은 문제를 푸는 두 기간 중에 주어지는 휴지 기간이다. 두 작업 기간 사이의 적절한 휴지 기간이 0, 15 혹은 30분일 수 있게 하려면 최소한 우리는 세 수준을 원할 수 있다(휴지 기간 간격을 더 크게 잡은 조건을 추가해서 조건 수를 더 늘리는 것이 적절할 수도 있다). 또 피험자가 세 조건에 다 참여하려면 실험 시간이 아주 길어지기 때문에 아마도 피험자간 설계를 사용해야 할 것이다. 각 조건에 참여하는 피험자 수는 가용한 인력이 얼마나 되느냐에 달려 있지만, 가능한 한 많아야 한다. 조건당 최소한 20명이면 충분할 수 있지만, 이 정도의 작은 표본에 기초한 통계 검증은 검증력이 크지 않을 수 있다. 각 조건에 75명이나 100명의 피험자가 참여한다면 더 좋다. 개인별로 검사하지 않고 집단으로 검사할 수도 있으니까 피험자를 구할 수만 있다면 300명을 검사하는 것은 어려운 일이 아닐 수 있다. 실험 소요 시간은 지연 0 조건의 45분부터 지연 30 조건의 75분으로 조건에 따라 다를 수 있다.

또 하나 중요하게 고려해야 할 사항은 실험에서 사용할 문제 유형이다. 실험에서 발견하는 현상이 특정한 하나의 문제에만 한정되는 것이 아니라는 것을 보증하려면, 각 조건에서 피험자들에게 한 개 이상의 문제를 풀게 하는 것이 좋다. 만약 각 조건에 75명이 참여하고 문제를 세 개 사용한다면 각 문제에 25명씩을 배정하면 된다. 또 ① 아주 적은 수의 사람이 이 문제를 15분 이내에, 즉 독립 변인 처치가 주어지기 전에 풀 수 있다는 것과 ② 지연이 없는 조건에서 (적어도) 절반 정도의 피험자들이 30분 이내에 이 문제를 풀 수 있다는 것을 보증받기 위해서는 실험에 참여한 피험자들과 유사한 피험자들을 새로 구해서 실험에 사용할 문제에 대한 사전 검사를 해 볼 필요가 있다. 두 번째 조건은 수행이 너무 저조해서 독립 변인의 처치효과를 검증할 수 없는 바닥효과를 피하기 위해서 필요하다. 예로 사용할 수 있는 문제는 다음과 같을 수 있다.

> 어떤 사람이 세 개의 고리로 된 체인을 네 개 가지고 있다. 이 사람은 네 개의 체인을 연결해서 하나의 긴 체인으로 만들고 싶다. 고리를 푸는 데 2센트, 그리고 풀린 고리를 다시 잠그는 데 3센트의 비용이 든다. 이 사람은 15센트를 사용해서 긴 체인으로 만들었다. 어떻게 한 것일까?

또 고려해야 할 사항은 휴지 기간 동안 피험자가 무엇을 해야 하느냐이다. 그냥 앉아서 풀고 있던 문제를 생각하게 해서는 안 된다. 왜냐하면 그럴 경우 실제로 휴지가 아니기 때문이다. 피험자들이 휴지 기간 동안 수학 암산 문제나 그와 비슷한 문제를 채우기 과제로 하게 해야 한다. 휴지 기간이 시작될 때 새로운 실험을 하게 된다고 말해 주면서 아까 해결하지 못했던 문제는 다시 하지 않는다고 말해 주는 게 더 현명한 방법일 수 있다. 이렇게 하면 피험자들이 휴지 기간에 채우기 과제를 하면서 원래 문제에 주의를 기울이려고 시도하지 않게 할 수 있다.

가장 중요한 종속 변인은 각 조건별로 문제를 해결한 피험자의 비율과 그들이 문제를 해결하는 데 소요한 시간이다. 해결책이 여러 개 있는 문제라면 피험자가 찾아낸 해결책의 질도 평가할 수 있다. 사용한 문제의 해결책이 하나인 경우에도 두 번째 풀이 기간 15분을 마치고 나서 문제를 해결하기 위해 어떻게 했는지 적게 한다. 그리고 피험자가 시도한 것의 질을 평가하면 조건들 간에 피험자들이 사용한 해결 시도책의 질이 다른지 알아볼 수 있다. 물론 피험자들의 해결책을 평가하는 사람은 자기가 평가하는 피험자가 어느 조건에 속했는지 몰라야 한다(즉, 피험자의 실험조건에 대해 채점자는 맹목이어야 한다).

이런 고려 사항은 부화 실험에서는 기본적인 사항들이다. 그리고 두 번의 15분 문제 풀이 기간 사이에 휴지 기간을 가졌던 피험자들이 30분 동안 계속해서 문제를 푼 피험자들보다 문제를 더 많이(그리고 더 빨리) 풀 것으로 예상한다. 그리고 문제 풀이 기간 사이에 30분의 휴지 기간을 가졌던 피험자들이 15분의 휴지 기간을 가졌던 피험자들보다 문제를 더 많이(그리고 더 빨리) 풀 것으로 예상한다.

이런 실험은 부화에 대한 우리의 이해를 향상시키는 데 기여할 수 있다. 어쩌면 부화효과에 대한 가장 좋은 증거는 여기서 우리가 서술한 실험보다 복잡한 실험이 이루어졌지만 Silveira(1971)의 박사학위 논문에서 찾을 수 있다. 이 실험은 Posner(1973, pp. 169-175)의 책에서 논의되었다. 학술지에 발표된 실험에서 보고된 결과는 일관성이 없다. Olton과 Johnson(1976)은 부화 증거를 찾는 데 실패했지만, Steve Smith의 자료는 부화효과를 지지했다(예, Smith, 1955; Smith & Blankenship, 1989, 1991 참조).

부화 현상이 실험적으로 확립되었다면 이는 부화에 대한 이해의 시작일 뿐이다. 어떤 요인들이 부화에 영향을 미치는가? 어떤 심리학 이론이 이를 설명할 수 있나? '무의식적인 사고 과정'이 부화효과를 발생시켰다고 말하는 것은 아무 설명을 안 하는 것만큼이나 나쁘다. 설명을 한 것이 아닌데 마치 설명을 한 것과 같은 착각을 일으키기 때문에 어쩌면 설명을 안 하는 것보다 더 나쁠 수도 있다. 당신은 부화효과를 설명할 수 있는 검증 가능한 명시적인 가설을 생각할 수 있나? 이 과정은 부화 현상을 이해하는 것을 시작하려면 반드시 거쳐야 하는 과정이다.

(그런데 앞서 제시한 체인 문제의 해결책은 하나의 체인에 있는 세 개의 고리를 다 푼 다음—하나를 푸는 데 2센트이니 총 6센트—이 세 개의 고리를 이용해서 나머지 세 개의 체인을 연결하는 것—고리를 잠그는 데 3센트이니 총 9센트—이다.)

☑ 요약

1. 사고나 문제해결과 같은 복잡한 심적 과정에 관한 연구는 결과의 신뢰도와 실험 통제라는 면에서 특히 문제가 될 수 있다. 중요한 문제 중의 하나는 서로 다른 실험조건들에서 관찰들이 얻어지기 때문에 발생할 수 있는 문제로 변산성이 비교적 클 수 있다는 것이다. 개인차는 단순한 과제를 수행할 때보다 문제해결과 같은 복잡한 과제를 수행할 때 더 크게 나타날 수 있다.
2. 복잡한 심적 과정에 대한 실험에서는 종종 피험자가 하나의 실험조건에만 참여하는 피험자간 설계를 사용하는 것이 필요할 수도 있다. 그러나 안타깝게도 피험자내 설계에 비해 피험자간 설계는 피험자들의 차이에서 발생하는 변량을 통제하는 것이 어렵다. 이 문제를 부분적으로 해결하는 방안은 안정적인 결과를 얻기 위해 가능한 한 조건별 관찰 횟수를 늘리는 방법과 가외 변인을 가능한 한 최대로 통제해서 조건 내 변산성이 증가하지 않게 하는 것이다.
3. 특정 실험 결과의 신뢰도는 자료의 성질에 적합한 통계 검증을 이용한 통계적 추론의 논리를 이용해서 평가할 수 있다. 이런 검증은 어떤 실험 변인의 효과가 다른 무선(우연) 변인의 결과가 아닌 그 변인을 조작한 결과로 얻어졌을 가능성을 평가할 수 있게 해 준다.
4. 실험적 신뢰도는 실제로 실험을 재검증하는 것을 말하는데, 많은 심리학자는 통계적 신뢰도보다 실험적 신뢰도를 선호한다. 실험적 신뢰도에는 세 가지 유형이 있는데, 직접 재검증은 실험을 최대한 그대로 반복해서 같은 결과가 얻어지는지 알아보는 방법이다. 체계적 재검증은 우리가 알고자 하는 현상에서 중요하다고 생각되지 않는 변인을 변화시켜서 이런 변화에도 같은 결과가 얻어지는지 알아보는 방법이다. 개념적 재검증은 아주 새로운 과제나 실험조건들 세트를 이용해서 우리가 알고자 하는 현상을 보여 주려는 방법이다.
5. 체계적 재검증과 개념적 재검증은 결과의 일반성에 대해서도 정보를 제공한다. 체계적 재검증에서 절차를 약간 변화시키거나 개념적 재검증에서 절차를 크게 변화시켜도 특정 실험의 결과가 일반화되는지 알아보고자 한다. 종종 목표 현상이 재검증되지 않는 조건을 찾아낼 때 그 현상에 대한 이해가 증진되기도 한다. 이런 경계 조건이 밝혀지고 연구자들이 어떤 요인이 특정 현상의 출현과 결여를 통제하는지 이해하게 되면 더 좋은 이론이 구성될 수 있다.
6. 주관적 보고는 인지 과정에 관한 자각에 대한 언어 보고를 가리킨다. 이 방법은 사고 연구에서 가끔 사용되는데, 결과를 해석할 때 조심해야 한다. 때로는 피험자들이 자기들의 지식 상태에 대한 판단을 과신하기도 한다. 복잡한 심적 과정에 대한 연구에서 실제 행동에 영향을 미치는 특정 변인의 영향에 대해 잘못된 주관적 인상을 보고하기도 한다. 언어 보고는 심리학 연구에서 때로

는 유용하지만 그 보고의 진실성은 연구 대상이 되는 주제에 따라 다를 가능성이 있다.

☑ 주요 용어

Wason 카드 선택 과제Wason card selection task
개념적 재검증conceptual replication
검증력power
결과의 일반성generality of results
구조적 일관성structural consistency
깨달음illumination
바닥효과floor effect
사고thought
실험적 신뢰도experimental reliability
아는 듯한 느낌feeling-of-knowing
영 가설null hypothesis
주관적 보고subjective report
직접 재검증direct replication
체계적 재검증systematic replication
통찰insight
효과의 법칙law of effect
가외 변인extraneous variable
검증verification
결과의 신뢰도reliability of results
경계 조건boundary condition
기능적 고착functional fixedness
대응mapping
부화incubation
시간, 문제해결 시간latency
실험 통제experimental control
언어 보고verbal report
유추analogy
준비기preparation
천장효과ceiling effect
통계적 신뢰도statistical reliability
확증 편향confirmation bias

☑ 논의거리

1. 생물학과의 한 연구자가 쥐에게서 초감각 지각을 발견했다고 보고했다. 쥐들은 주로에 놓였고 거기서 두 개의 가능한 주로 중 하나를 선택해야 했는데, 두 주로 중 하나는 끝에서 먹이가 주어진다. 쥐들이 두 주로 중 하나를 선택해야 하는 지점에서는 먹이를 보거나 먹이 냄새를 맡을 수 없다. 그리고 먹이가 놓이는 주로는 시행마다 무선으로 달랐다. 쥐마다 50회의 시행씩 달리게 하였는데, 연구자는 실험을 한 100마리 쥐 중에서 두 마리가 우연으로 기대되는 것보다 더 좋은

심리학 실습: 확증 편향

다음 문제에 대해 생각해 보자. 제시되어 있는 카드들은 양면으로 되어 있는데, 한 면에는 글자가 있고 다른 면에는 숫자가 있다. 당신이 할 일은 '카드 한 면에 모음이 있으면 반대 면에는 짝수가 있다.'라는 규칙을 검증하기 위해 어느 카드를 뒤집어 볼 필요가 있는지 알아내는 것이다.

A	D	4	7

어느 카드를 선택했는가? 대부분의 사람은 A카드만 고르거나 A카드와 4카드를 고른다. 그러나 당신은 A카드와 7카드를 고를 필요가 있다. 왜냐하면 이 두 카드가 가설을 반증해 줄 수 있기 때문이다(7카드의 반대면에 모음이 있거나 A카드를 뒤집었는데 홀수가 나오면 규칙은 틀린 것이 된다. 4카드를 뒤집어서 확인하는 것은 가설을 검증해 줄 수는 있어도 반증해 줄 수는 없다). 이 과제가 고전적인 Wason 카드 선택 과제(Wason card selection task)이고(예, Wason, 1968), 사람들이 가설을 지지하는 증거들을 탐색하는 경향성을 확증 편향(confirmation bias)이라 부른다.

사람들은 과제가 좀 더 친숙한 영역에서 개념화될 때 이 과제를 더 잘한다. 예를 들어, 사람들은 '술을 마시려면 적어도 21세가 되어야 한다.'(카드 한 면에는 연령이, 다른 면에는 음료 이름이 적혀 있다)라는 규칙을 검사하려면 어느 카드를 뒤집어야 하는지 안다.

Beer	Soda	21	16

사람들은 21이 적힌 카드를 확인하려 하지 않는다(이 카드는 규칙과 별 관련이 없다). 사람들은 맥주를 마시는 사람의 연령이 얼마인지, 그리고 16세가 무엇을 마시는지를

확인할 필요가 있다는 것을 안다(예, Ahn & Graham, 1999; Cox & Griggs, 1982).

친구에게 이 문제를 풀게 해 보라. 앞에서 서술한 Gick과 Holyoak의 절차를 이용한 실험을 해 볼 수도 있다. 친구가 쉬운 맥주 문제를 먼저 풀면 고전적인 문제를 더 잘 풀 가능성이 있을까? 도움이 안 될 경우 힌트를 주면 지식을 전이하는 데 도움이 될까?

제12장

개인 차이와 발달

이론적으로 우리는 학습과 성장을 구별할 수 있다. 그러나 실제로 그 둘은 분리될 수 없다. 유전 또는 성숙까지의 성장 또는 지지적인 환경에서 독립된 동물의 행동이란 없다. 어떤 고차원의 행동도 학습의 영향을 받지 않은 것은 없다. (DONALD HEBB)

발라무랄리 크리슈나 암바티(Balamurali Krishna Ambati)가 대학교 의예과 학생이었을 때, 그는 체스와 농구, 그리고 다양한 종류의 생물학 연구를 즐겼다. 그는 다른 대학생들과 무엇이 달랐을까? 우선, 그는 학부 과정을 마쳤을 때 13세였다. 또한 그는 의과대학의 최연소 졸업자가 되기를 희망했다. 사람들은 그를 발라(Bala)라고 부르는데, 발라는 4세의 나이에 계산법을 마스터한 신동이었다. 그의 평점과 시험 점수를 보면 그가 18세 생일 이전에 의과대학을 졸업할 수 있을 것으로 보였고(Stanley, 1990), 실제로 그는 1995년 17세의 나이에 그렇게 했다(Baker, 2006). 그가 24세의 나이에 의료직을 시작했을 때, 그는 너무 어려서 자동차를 대여할 수도 없었다(Baker, 2006). 현재 발라는 대학에서 일하고 있고, 각막 수술과 다른 시각적 문제를 주로 다룬다.

분명하게 그는 22세의 나이에 의과대학 과정을 시작하고 20대 중반에 가서야 대학을 졸업하는 대부분의 의사와는 다르다. 왜 발라는 의료직에 입문하는 전형적인 사람들을 그렇게 앞섰던 것일까? 어떻게 그리고 왜 그는 그렇게 빨리 발달해서 그보다 훨씬 더 나이 많은 학생들과 함께 학교를 다녔던 것일까? 개인 차이와 발달에 관심이 있는 심리학자들은 이러한 종류의 문제를 다룬다. 이 장에서 우리는 어떻게 사람들이 서로 다르고 어떻게 사람이 발달하는지에 대한 연구 수행과 관련된 방법론적 문제를 살펴볼 것이다.

개인 차이 연구는 사람들에 대한 중요한 실용적 결정을 내려야 하기 때문에 시작되었다. 그러나 실험심리학자들은 주로 행동에 대한 일반 법칙이나 설명을 발견하는 것에 관심이 있기 때문에 개인 차이는 실험심리학자들이 주로 무시해 온 주제이다. 비록 개인 차이에 대한 연구가 더 실용적이고 응용에 관심을 갖는 심리학자들의 오랜 관심 주제였을지라도, 사실상 실험법을 적용하는 심리학자들에 의해 진행되고 있다.

개인 차이에 대한 실험 조사는 개인 특성의 측정에서 신뢰도(reliability)의 필요성을 보여 준다. 미래 행동에 대한 개인들의 결정이 그들의 특정 정신 능력, 관심, 사건에 반응하는 방식에 기초하려면, 이러한 요인들의 측정은 서로 다른 검사 시점에서 유사한 결과를 만들어 내야 한다. 게다가 심리학자들이 관심을 갖는 특성은 다른 사람들에게 소통 가능한 방식으로 정의되어야 한다. 만약 지능을 측정하는 각 사람이 서로 다른 지능의 정의를 사용한다면 지능의 일관된 측정을 기대하는 것은 비합리적일 것이다. 가장 쉽게 이해되고 소통될 수 있기 때문에 가장 유용한 종류의 정의는 관심의 대상이 되는 특성이 만들어지고 측정되는 절차를 포함한다. 그러한 절차를 조작적 정의(operational definitions)라고 부르는데, 이는 모든 연구에서 필요한 구성요소이다. 조작적 정의의 한 가지 사용은 정의에 기초해서 사람을 계급이나 범주로 분류하는 것이다. 그러면 연구자들은 이러한 범주의 사람을 실험 상황에서 연구할 수 있다. 사람들이 이런 식으로 분류될 때 피험자 변인(subject variables)이라고 부른다. 피험자 변인의 예는 나이, 지능, 성별, 신경증 정도, 또는 정확하게 상술할 수 있는 사람의 어떤 특징들이다. 나이는 발달심리학자들이 특히 관심을 갖는 피험자 변인이다. 발달심리학자들은 평생에 걸친 행동상의 변화를 연구한다. 이 장의 뒤에서 우리는 나이와 관련된 변화를 연구할 때 발생하는 문제를 살펴볼 것이다.

일단 연구자가 개인 특성을 조작적으로 정의하고 측정이 신뢰할 만한 것으로 발견되면, 그들은 어떤 종류의 학습경험을 통해서 그 특성을 바꾸기를 바랄 수 있다. 그러한 변화를 해석하는 데 위험한 요소 중 하나가 평균으로의 회귀(regression to the mean)라고 알려져 있는데, 그것은 조사자가 사실상 변화가 만들어지지 않았는데도 변화가 있었다고 또는 변화가 있었는데도 변화가 없었다고 믿도록 할 수 있다. 이 장에서 우리는 개인 차이와 발달에 대한 연구의 맥락에서 신뢰도, 조작적 정의, 피험자 변인, 회귀에 대해 논의할 것이다.

개인 차이에 대한 접근법

과학, 특히 개인 차이에 대한 심리학의 일반적인 이슈는 미래의 사건을 가장 잘 예언해 주는 사건이나 이론이 어떤 것인지와 관련된다. 역사적으로 개인 차이의 연구는 사람들이 어떻게 다르고 어떻게 미래 행동을 예언할 수 있는지를 이해하기 위한 적절한 방법에 대한 논의를 특징으로 한다.

❍ 개인 차이에 대한 방법론적 접근법

이슈 중 하나는 예언을 이끌어 내기 위해 사용하는 방법을 포함한다. 문제에 접근하는 두 가지 방법은 경험적인 것과 분석적인 것이 있고 이것은 1장에서 논의한 귀납적 방법과 연역적 방법에 해당한다. 경험적 접근법(empirical approach)의 목표는 사용 가능한 어떤 수단을 가지고 얻어 낼 수 있는 예언 정확성의 최대를 달성하는 것이다. 이것은 종종 문제의 사건을 예언해 줄 수 있는 측정의 결합을 찾는 것을 포함한다. 학생들에게 주어지는 전통적인 지능 검사는 예언을 위한 이런 접근법의 예이다. 지난 세기 초반에 프랑스 정부는 Afred Binet와 Theodore Simon에게 어떤 아이가 교육으로부터 혜택을 받을 수 있고 어떤 아이는 받을 수 없는지를 결정해 줄 검사를 개발하도록 위임했다. 따라서 지능 검사의 원래 목적(그리고 오늘날의 주된 목적)은 학교 수행을 예언하는 것이었다. Binet와 Simon은 정상적인 아이들이 발달하면서 더 어려운 문제를 해결할 수 있을 것이라고 추론했다. 나이 많은 아이들을 위해 고안된 문제를 잘 수행하는 어린 아이들은 똑똑하다고 간주되고 자신의 나이 수준에 맞게 수행하지 못하는 아이들은 평균보다 덜 똑똑하다고 간주되었다. Binet와 Simon은 기억, 이해, 주의 등의 검사를 사용했다. 그들은 지능을 학교에서 성공하는 능력이라고 조작적으로 정의했고(6장 참조), 성공의 한 예언자가 그들이 구성한 검사에서 아이들이 받은 점수였다.

지능 검사는 어떤 아이가 어떤 종류의 교육에서 혜택을 얻을지를 결정해 주는 중요한 목표를 달성해 주므로 매우 인기 있게 되었다. 지능과 학업 성취의 상관은 일반적으로 약 +.60이다. 어떤 검사가 기준 행동을 잘 예언할 때, 예언 타당도(predictive validity, 때때로 준거 타당도(criterion validity)라고도 부름)를 갖는다고 말한다. 예언 타당도 외에도, 검사는 상당한 안면 타당도(face validity)를 가질 수 있는데, 이것은 검사가 측정하고 있는 것을 대부분의 사람이 기꺼이 지능이라고 부를 것이라는 의미이다. 학교에서의 성공이 학업과 관련 없는 당구 실력과 같은 능력을 측정하는 검사보다 정신 능력을 측정하는 것으로 보이는 검사 항목에 의해서 더 잘 예언될 때 안면 타당도가 발생한다. 과학에서는 **무엇**이 작용하고 있는지를 알면 종종 **어떻게** 그리고 **왜** 작용하는지를 더 잘 이해할 수 있다. 이런 이유 때문에 특정 문제에 대한 경험적 해결은 종종 그러한 문제의 이론적이고 분석적인 이해를 선행한다.

지능 측정에 대한 분석적 방법은 우리가 지능의 효과라고 귀인하는 것을 무엇이 만들어 내는지에 대한 이론적 분석을 포함한다. 일단 개념의 구성요소를 분석하면, 우리는 그것을 측정할 수 있다. 19세기에 Francis Galton 경은 정신 이미지를 형성하는 능력과 자극에 빠르게 반응하는 능력이 높은 지능을 구성한다고 믿었다. 과학자들과 정치인들의 이러한 능력을 일반 노동자들의 능력과 비교했을 때, 그는 차이를 발견하지 못하고 놀랐다. 그는 이러한 능력이 자신의 관점과는 대조적으로 지능에 크게 기여하지 않는다고 결론 내렸다.

현대의 연구자들은 지능을 구성요소로 나누는 데 더 성공적이었다(Gardner, 1983; Hunt & Lansman, 1975; Sternberg, 1988). 하지만 우리는 여전히 경험론자의 지능 검사뿐만 아니라 학업 수행을 예언할 수 있으려면 많은 길을 가야 한다. 분석적 접근법과 이론적 접근법은 대립적이기보다는 서로 보완적이라고 보는 것이 가장 좋다. 이것이 저명한 발달심리학자 Jean Piaget가 지능 발달을 이해하려고 시도한 방법이다. Piaget(1932)는 수년을 (주로 자신의) 아이들을 관찰하면서 보냈다. 인지적이고 사회적인 발달에서 그가 관찰한 경험 규칙성으로부터 Piaget는 발달에 대한 종합적인 이론을 개발했다(Piaget & Inhelder, 1969). 이번에는 이론이 발달심리학 연구의 상당한 부분을 이끌었다. 우리가 1장에서 주목한 것처럼, 개개의 과학자들은 이해를 위한 특정 접근법에 집중할 수 있다. 하지만 경험적인 작업과 분석적인 작업의 결합이 과학의 진보를 가장 잘 이끌 것이다.

❍ 개인 차이를 초래하는 변인

개인 차이에 대한 연구에 내재하는 두 번째 이슈는 개인 차이를 초래하는 기본 변인과 관련된다. 지각 연구(7장 참조)에서와 마찬가지로, 어떤 연구자들은 개인 차이에 대해 선천적 기초(본성)를 주장하는 반면, 어떤 연구자들은 경험적 바탕(양육)을 제안했다. 본성-양육의 대비는 심리학에서는 오래된 것이고(Schultz & Schultz, 1987), 여전히 많은 논란과 함께 계속되고 있다.

본성론(nature theory)에 따르면, 개인 차이의 바탕에는 유전 차이가 있다. Herrnstein과 Murray(1994)의 최근 연구인 The Bell Curve는 지능의 유전 이론을 예증해 준다. 특히 Herrnstein과 Murray는 "인지의 인종 차이에는 유전 요인"이 있고(p. 270) 이것이 다른 인종 집단 간 차이뿐만 아니라 흑인과 백인 간 지능에서의 차이도 설명한다고 주장한다. 몇몇 과학자(Fraser, 1995; Sternberg, 1995)가 그들의 제안과 그것이 내포하는 몇 가지 암시를 격렬히 비판했고, Nisbett(1995)은 지능 검사 점수에서 흑인과 백인 간 차이가 유전에 기초하고 있다는 Herrnstein과 Murray의 관점에 반하는 많은 증거가 있다고 말했다.

개인 차이에 대한 양육론(nurture view)은 개인의 발달에 영향을 미치는 경험적 요인에 초점을 둔다. 바이올리니스트와 피아니스트의 능력상의 차이를 설명하기 위한 Ericsson, Krampe와 Tesch-Romer(1993)의 연구가 이런 제안의 예이다. 천재는 유전이라는 폭넓게 수용되는 Galton(1869/1979)의 관점과는 대조적으로, Ericsson과 동료들은 음악성의 질이 연습의 양과 질의 함수임을 보여 주는 다양한 증거를 제시한다. 그들은 적어도 10년 동안의 긴 연습이 음악적 능력의 주요한 기여자라고 주장한다.

우리가 탐색했던 다른 양분된 관점과 마찬가지로, 어떤 한쪽만으로는 사건의 올바른 상태를 밝혀내 줄 것 같지 않다. Hebb은 오랫동안 행동에 미치는 천성과 양육의 영향에 대한 더 세련된 분석을 옹호해 왔다(예, Hebb & Donderi, 1987). 그는 유전의 영향이 어떤 종류의 환경에서 일어나야 하고 결코 유전 혼자서 작동하는 것이 아니라고 말한다. 반면에 그는 경험(양육)은 항상 유전적 배경을 가진 유기체를 필요로 하고, 이것은 경험 혼자서 작용할 수 없다는 것을 의미한다고 말한다. 그래서 그는 우리가 유기체의 발달을 조사할 때 상호작용하는 6개의 요인을 고려해야 한다고 제안한다. 첫 번째 요인은 유전이다. 두 번째 요인은 태아의 영양적 환경으로서, 오랫동안 발달에 중요한 영향을 미치는 것으로 알려져 왔다. 촌충이 있는 임신부는 지체된 인지 발달이 있는 아이를 낳을 수 있고, 임신 기간 동안에 많은 양의 알코올 섭취는 선천적 장애를 초래할 수 있다. 예를 들어, 연구는 임신 동안에 과하지 않은 어느 정도의 알코올을 섭취했던 엄마들의 14세 자녀들에게서 시공간 추론이 손상된 것을 보여 주었다(Hunt, Streissguth, Kerr, & Olson, 1995). Hunt와 동료들은 엄마가 임신 기간 중 더 많이 음주할수록 그들의 자녀가 더 빨리 그리고 덜 정확하게 삼각형과 사각형이 어떤 형상을 만들기 위해서 어떻게 결합될 수 있는지에 대해 반응한다고 발견했다. Hebb이 확인한 세 번째 요인은 출산 후 영양 상태이다. 출생 후 인지 발달은 식사의 양과 결정적으로 관련된다. 이러한 세 가지 요인은 사람이 어떻게 성장하는지와 관련된 신체적이거나 건강상의 변인으로서 생각될 수 있다. 지능의 경우에 우리는 이 세 가지 변인이 뇌의 발달과 관계 있다는 것을 알고 있다. Duncan과 동료들(2000, 2003)은 일반 지능과 뇌의 일부분, 특히 전두엽과의 관계를 보여 주었다.

Hebb이 확인한 네 번째와 다섯 번째 요인은 경험, 즉 문화적이고 개인적인 학습과 주로 관련되는 것들이다. Hebb은 특정 집단이나 종의 모든 구성원이 공유하는 환경을 고려해야 한다고 말한다. 인간의 경우에는 문화 학습을 고려해야 한다. 몽골의 추위 속에서 성장한 사람들은 브라질처럼 열대 기후 속에서 발달하는 사람들과는 뚜렷하게 다른 경험을 공유한다. 학습의 두 번째 종류는 (9장에서 논의되었는데) 개인의 독특한 경험과 관련된다. 심지어 같은 문화에서 살고 있는 일란성 쌍둥이도 동일한 학습 경험을 갖지 않는다. Hebb의 마지막 여섯 번째 요인은 신체적 외상이다. 이것은 뇌종양이나 사고로 인한 시각의 손실과 같은 것을 포함할 수 있다.

우리는 Hebb의 요인들을 이론보다는 개요로서 고려할 수 있다. 하지만 이렇게 상호작용하는 요인들은 분명히 발달의 분석을 복잡하게 하고 행동에 대한 완전히 유전적이거나 경험적인 설명을 선택하는 것을 헛되게 한다. Zuckerman(1995)은 성격 특성과 관련된 호르몬과 신경전달물질을 탐구했다. 그의 연구는 외향성과 충동성 같은 행동을 특정 호르몬 및 신경전달물질과 설득력 있게 연결 지었다. 하지만 Zuckerman은 "우리의 성격 특성이나 심지어 그와 같은 행동양식도 유전되지 않는다."(p. 331)라고 신중하게 말한다. 그는 우리가 물려받은 화학적 원형이 아직 알려지지 않은 방식으로 Hebb이 제안한 종류의 요인들과 상호작용한다고 제안한다. 그 요인들이 어떻게 상호작용하는지에 대해서는 "훈육과 발달과 비교 심리생리학을 교차하는 연구만이 답을 제공할 수 있다."(p. 332)라고 주장했다.

변인의 도입

우리는 여기에서 개인 차이의 한 종류인 지능만을 고려한다. 하지만 일반적인 원칙은 다른 개인 차이에도 유효하다.

종속 변인

지능의 연구에서 종속 변인은 각 실험자가 사용하는 지능의 측정이다. 지능이 사실 무엇인가에 대한 개념은 실험자마다 매우 다르기 때문에, 모두에게 수용될 수 있는 하나의 측정을 고안하는 것은 어렵다. 경험적 접근법은 일반적으로 아이들이 나이를 먹을수록 더 복잡하고 더 어려운 과업을 수행할 수 있다는 관찰에 기초를 둔다. 일정 연령대에 속하는 개인들의 특정 과업에 대한 평균 수준의 수행은 큰 규모의 대표적인 표본을 검사해서 정할 수 있다. 특정 과업이나 검사 항목이 성적과 독해 수준과 같은 학교에서의 성공이라는 객관적인 기준과 교사의 평가와 같은 주관적인 기준과의 상관에 기초해서 선택될 것이다.

특정 연령 수준에서 아이들이 통과할 수 있는 항목들의 평균 수가 있을 것이다. 만약 7세의 아이가 평균적인 9세의 아이와 같은 수의 문항을 통과할 수 있다면, 우리는 이 아이의 정신 연령이 9세라고 말할 것이다. 지능지수, 즉 IQ는 정신 연령을 실제 연령으로 나누고 그것을 100으로 곱한 것으로 정의된다. 이 경우에는 9/7×100=129가 된다. 정의상으로 100의 점수는 개인이 자기 연령에 해당하는 평균을 득점했다는 의미이고 이 평균으로부터 모든 15점의 변산은 평균에서 1 표준편차를 나타낸다. 여러 가지 변형의 IQ들이 지능의 지표로 사용된다.

순전히 분석적인 지능 검사(현재는 일반적으로 사용되고 있지 않다)는 개인의 정보처리 체계의 특정 속성을 측정하기 위해서 설계된 많은 소검사를 포함할 것이다. 이러한 속성의 예로는 단기 기억 능력, 주사 속도, 장기 기억의 조직, 접근 시간, 다양한 종류의 과업에서의 최대 정보 전달 속도, 주의 할당 능력이 있을 것이다. 이러한 과업에서의 수행이 경험적 검증에서처럼 정상 수행과 비교될 수 있다. 모든 별개 과업의 결과에서 계산된 점수를 결합하면 아마도 수학 능력의 예언자로서 사용될 수 있을 것이다.

독립 변인

지능을 포함하는 모든 개인 차이는 피험자 변인이고 진정한 독립 변인이 아니다. 인간의 지능에 대한 연구는 지능을 생산하는 데 종종 환경 요인과 비교한 유전 요인의 상대적인 중요성을 결정하는 것을 목표로 한다. 이러한 연구에 사용하는 기법 중 하나가 일란성 쌍둥이, 이란성 쌍둥이, 형제자매, 그리고 같은 가정에서 양육되거나 다른 가정에서 양육된 관련 없는 아이들을 조사하는 것이다. 이러한 연구에서 유전적 유사성은 다음과 같이 다양하다. 일란성 쌍둥이는 (물론) 같은 유전자를 갖고 있고, 이란성 쌍둥이와 형제자매는 일란성 쌍둥이보다 유전적으로 덜 유사하며, 관련이 없는 아이들은 최소한의 정도로 유전적 유사성을 갖는다. 같은 가정에서 양육된 아이들이 별개의 가정에서 양육된 아이들보다 더 유사한 경험을 한다는 점에서 환경 유사성도 다양하다.

환경 유사성의 정의에 대해서 많은 이견이 제기될 수 있다. 우선, 같은 가정의 아이들이 똑같이 유사한 경험을 계속했다고 추정하는 것은 비합리적으로 보인다. 쌍둥이들, 특히 일란성 쌍둥이들은 그들이 다양한 가족 사건이 일어났을 때 같은 연령이었다는 것 말고 다른 이유가 없다면 종종 다른 쌍의 아이들보다 더 똑같이 취급된다. 또한 수양자녀와 생물학적 자녀는 심지어 그들의 나이가 같을 때조차도 다소 다르게 취급될 수 있다. 두 번째 이견은 수양자녀들이 비록 단지 몇 주나 몇 달 정도라 해도 생물학적 자녀들보다 다소 더 늦은 나이에 가정에 들어온다는 사실에 기초한다. 비록 이 차이가 지능이 10~15세 이상의 나이에 측정될 때는 사소하게 보일 수 있지만, 많은 연구는 초기의 경험이 지능의 발달에 매우 중요하다는 것을 보여 준다. 세 번째 이견은 가정에서의 첫 몇 주간 경험보다 심지어 훨씬 더 일찍 발생하는 경험들, 즉 태내 환경에서 발생하는 경험들의 잠재적 영향에 기초한다. 유전처럼 이러한 태내 경험은 일반적으로 쌍둥이들에게 가장 유사할 것이고 형제자매에게는 덜 유사하고 관련 없는 아이들에게는 가장 덜 유사할 것이다. 그래서 태내 경험과 출생 초기 경험의 유사성이 유전 유사성과 관련될 수 있어서 측정된 지능을 둘 중 하나의 상관으로 해석하는 것은 위험하다.

통제 변인

지능 연구에서는 명확한 세트의 통제 변인을 정의하는 것이 어렵다. 하지만 통제해야 할 가장 중요한 요인은 일반적으로 검사 수행에 영향을 미칠 수 있는 특정 학습이라고 생각된다. 만약 어떤 개인들이 많은 수의 검사 문제에 대한 답을 추론해 내는 대신 그것을 배웠다면, 이러한 특정 사실, 단어, 관계를 이전에 배우지 않은 다른 개인들보다 더 똑똑하게 보일 것이다.

비록 많은 문항이 현대 지능 검사에서 더 '문화적으로 공평'하기 위해서 또는 특정 학습 경험에 덜 영향을 받기 위해서 삭제되었지만, 학습, 언어 사용, 동기, 문화 지식, 검사 경험, 지능 측정에 영향을 미친다고 알려진 그 외 요인들의 모든 영향을 제거하는 것은 불가능하다. 지능이 단지 학교에서의 성공의 확률로만 해석된다면 이러한 다른 요인들이 의심할 바 없이 학교 수행에 영향을 미치기 때문에 이것은 문제가 되지 않는다. 그러나 지능이 '정신 능력'이나 그러한 구성개념으로서 해석이 되면 이러한 외재 변인의 영향은 최소화되어야 한다.

12.1 실험 주제 및 연구 예시

주제 **측정의 신뢰도**

예시 **지능과 발달 연구 설계**

심리학자들이 신뢰도에 대해 말할 때, 그들은 측정의 일관성을 의미하는 것이다. 무언가를 몇 번에 걸쳐 측정할 때, 물론 실수를 하지 않는다면 모두 같은 숫자를 생성할 것이라고 가정할지도 모른다. 사실은 일련의 측정에는 어느 정도의 변산(variability)이 거의 항상 있다. 변산의 정도가 측정하는 도구와 절차의 신뢰도를 결정한다. 심리학자들이 말하는 '오류'는 누가 실수를 했다는 것을 암시하는 것이 아니라 어떤 불가피한 요인들이 자료에서 예측할 수 없는 변산을 초래했다는 것을 암시하는 것이다. 이러한 오류의 원천은 보통 연구자가 통제할 수 없고 사람들이 연속적인 시행에 다르게 행동하기 때문에 발생한다. 심리학자들은 똑같은 조건하에서 계속되는 시행을 측정함으로써 이러한 변산을 줄이고 측정의 신뢰도를 높이려고 한다.

만약 동일한 조건이 보장될 수 있다면, 측정의 변산은 측정된 양의 진짜 변화에 의해서 초래되어야 한다. 만약 당신의 키가 두 번 측정되어 한번은 5′8″ 다음엔 5′10″의 결과를 얻는다면, 이 차이는 오류 때문인가, 아니면 당신의 키가 진짜 변했기 때문인가? 그 답은 둘 중 하나일 수도 있고 둘 다일 수도 있다. 그러나 신고 있는 신발, 자세와 같이 조건이 더 유사할수록 차이를 오류로 귀인할 가능성은 덜해진다. 또한 두 측정이 시간상 가까울수록 그 차이를 신장의 진짜 변화로 귀인할 가능성은 더 적어진다. 당신은 사람의 키가 얼마나 빨리 변할 수 있는지, 그리고 사람 신장의 안정성에 대해 알 수 있다.

하지만 지능(intelligence)은 키보다 측정하기 더 어렵고 오류의 원천도 탐지하기 어려울 수 있다. 지능 검사에서 한 개인의 수행은 일시적으로 수면의 양, 검사 전의 식사의 질 등과 같은 외재적 요인에 의해서 변경될 수 있다. 또한 지능의 안정성이라는 개념을 개발하는 것은 더 어렵다. 지능은 달라지는가, 아니면 평생에 걸쳐 고정되는가? 만약 그것이 뚜렷하게 변한다면, 그것은 일주일 이내, 한 달 이내, 일 년 이내, 또는 10년 이내에 그렇게 될 수 있을까? 만약 그것이 변한다면, 우리는 그 변화를 만들어 내는 요인들을 결정할 수 있을까? 이런 것들은 심리학자들이 답을 원하는 문제들이다. 그에 답하려면 지능의 측정이 필요하다. 여기서 주의 깊은 독자라면 우리가 우리 자신을 논리적 순환에 빠뜨렸다는 것을 알아차릴 것이다. 다시 돌아가서 빠져나오려고 노력해 보자.

일반적으로 같은 양에 대한 몇 번의 측정이 정확하게 일치하지는 않을 것이다. 이러한 차이는 오류의 결과일 수도 있고, 측정된 양이 진짜로 변한 결과일 수도 있다. 추가적인 추정 없이는 얼마나 많은 오류가 우리의 측정에서 발생했는지를 말할 수 없다. 그래서 우리는 지능이 변하는지 아닌지를 어떻게 알 수 있을까? 논리적 순환을 깰 수 있는 한 가지 유용한 추정은 측정된 양이 비교적 짧은 기간에는 안정적이라고 가정하는 것이다. (만약 연구자가 당신의 지능을 아침에 재고 다시 오후에 쟀다면, 지능의 진짜 변화보다는 측정 오류가 이러한 변화를 만들었다고 추정한다.) 이러한 추정과 함께, 심리학자는 측정 오류를 추정할 수 있고 측정 도구의 신뢰도를 향상시키고 명시하려고 시도한다. 그러면 구성개념의 안정성에 관한 문제, 이 경우에는 지능의 신뢰도에 대해서 답할 수 있다. 우리는 우선 척도의 신뢰도를 측정하기 위해서 검사 개발자들이 사용하는 기법 중 몇 개를 검토하고 수년에 걸쳐서 지능의 안정성을 결정하려고 시도했던 연구를 검토한다.

중요한 다른 종단 연구에서도 이것을 확인했다.

❍ 변인으로서의 나이

Kangas와 Bradway의 연구에서 관심의 주요 변인은 나이이다. 앞에서 논의된 것처럼, 나이는 피험자 변인이다. 피험자 변인은 정의상 실험적으로 조작될 수 없다. 대신에 연구자는 서로 다른 범주를 만족시키는 사례를 선택하고 그러한 사례를 연구할 수 있을 뿐이다. 그래서 피험자 변인을 갖는 연구는 주로 성격상 상관연구이다. 즉, 연구자들은 피험자 변인의 차이에 따라 변화하는 종속 변인을 확인할 수 있지만, 피험자 변인에게 인과를 부여하고 피험자 변인과 함께 변하는 가능한 혼입 요인을 인과에서 제외하기는 어렵다. 나이를 피험자 변인으로 갖는 연구는 나이를 인과 변인으로 보여 주는 것의 어려움을 분명히 예증해 준다.

나이가 변인으로 사용되는 가장 전형적인 실험설계는 횡단 설계(cross-sectional design)라고 불린다. 이 설계에서 연구자는 모집단의 한 횡단면을 가지고 참가자를 표집하고 관심 있는 실험이나 절차로 피험자들을 검사한다. 만약에 연구자의 관심이 나이가 들면서 지능이 어떻게 변화하는지에 있다면, 그는 5세, 10세, 15세, 20세, 25세, 30세, 35세, 40세, 45세, 50세, 55세, 60세, 65세, 70세인 사람들을 대상으로 검사할 수 있다. 만약 각 연령에서 25명이 검사되면, 375명의 사람이 필요할 것이다. 사실 이렇게 연령의 수가 많은 것은 비전형적이지만, 이것은 매우 흔한 연구 설계이다. 발달 연구를 위한 이 설계는 중요한 근거에서 결함이 있다. 이러한 종류의 설계에서는 많은 다른 요인이 나이와 혼입될 가능성이 있다고 주장되었다. 예를 들어, 1997년에 25세인 사람들은 많은 중요한 차원에서 65세나 75세인 사람들과 다를 것이다. 더 나이 많은 피험자들은 다른 방식으로 양육되고 교육되었을 것이고, 미국으로 이민 온 사람들일 가능성이 더 높고 군대에 복무한 적이 있을 가능성이 더 많을 것이다. 이러한 혼입들을 동년집단 효과(cohort effects)라고 부르는데, 이는 다른 연령대의 사람들과 같이 자라는 여러 종류의 사람들(동년집단, cohorts)의 효과를 가리킨다.

학급 친구와 같은 당신의 동년집단이 반드시 당신의 조부모의 동년집단과 다른 것은 아니다. 지능 수행의 많은 연구에서 또 하나의 중요한 차이는 더 나이 먹은 사람들이 젊은 사람들보다 공교육을 받은 연수가 더 짧을 가능성이 있다는 점이다. 그래서 만약에 횡단 연구 설계를 사용할 때 연구자들이 다른 연령대의 사람들 사이에서 차이를 발견하면 혼입 요인이 아닌 연령이 그 차이를 설명한다는 것을 보여 주는 데 어려움이 있을 것이다.

지금까지 수행되어 온 지능에 관한 많은 횡단 연구는 수행의 공통 패턴을 보여 준다. (표준 검사에서 측정된) 지능은 20대 초반까지 꾸준히 상승하다가 약 60세까지는 점차로 하락하고, 그 이후에는 더 빨리 감소한다. 그래서 지능이 20세가 된 이후로는 변화가 없거나 심지어 하락한다고 많은 연구자가 암시하기 때문에 그 결과가 암시하는 것이 다소 암울하다. 하지만 다른 연구에서 나온 증거와 더불어 다시 살펴보면, 방금 언급한 모든 요인에 의해서 (특히 수십 년에 걸친 교육적 차이에 의해서) 횡단 연구들은 결함이 있다는 것이 더 가능성 있는 결론이다. 사실상 앞에서 확인한 것처럼 Kangas와 Bradway가 어떻게 나이가 지능에 영향을 미치는가라는 질문에 대해서 다른 연구 설계를 사용했을 때, 그들은 지능이 나이에 따라 지속적으로 **증가한다고** 결론 내렸다.

Kangas와 Bradway는 **종단 설계**(longitudinal design)를 사용했다. 이 설계에서는 동일한 피험자 집단이 시간에 걸쳐 반복해서 검사되며 횡단 설계에 내재하는 모든 혼입을 피하게 된다. 그래서 연구자는 수행에서 관찰되는 변화를 나이가 설명하고 혼입된 피험자 변인은 설명하지 않는다고 어떤 경우에는 더 자신할 수 있다. 하지만 종단 설계도 문제가 없는 것은 아니다. 1950년에 한 연구자가 사람들의 전쟁에 대한 태도와 미국이 강력한 군대를 가져야 하는지에 대해 나이가 어떻게 영향을 미치는지에 대해 관심이 있다고 상상하라. 만약 사람들이 1950년에 측정되었다면, 그들의 태도는 미국이 막 제2차 세계대전에서 성공을 경험했기 때문에 매우 호의적이었을 것이다. 하지만 이 사람들이 인기 없는 베트남전쟁이 한창 중인 20년 후에 검사되었다면 그들의 태도는 훨씬 덜 호의적이었을 것이다.

이 예는 나이를 포함하는 검사 자료의 혼입인 **역사효과**(history effects)의 문제를 보여 준다. 즉, 검사의 시기에 독특했던 사회적 사건(예, 제2차 세계대전과 베트남전쟁)이 관심의 행동(예, 전쟁에 대한 태도의 표현)에 상당한 영향을 미칠 수 있다. 분명하게도, 연구자는 전쟁과 방어에 대한 사람들의 태도가 나이가 들면서 덜 호의적이 된다고 결론 내리기를 꺼릴 것이다.

종단 설계의 또 다른 문제는 검사의 반복과 관련된다. 종단 연구의 피험자들은 연구 설계의 정의에 따라 여러 번 측정된다. 그러므로 신중한 연구자는 수행이 검사에 대한 이전 경험을 반영하지 않게 하려고 노력해야 한다. 종단 연구의 마지막 문제는 피험자 손실(subject attrition)이다. 시간이 지나면서 사람들은 (죽거나 이사를 가서) 실험에서 떨어져나갈 수 있고, 이러한 탈락률은 시간이 지나면서 상승한다. 사실상 탈락률은 어떤 종단 연구에서는 50%만큼 높을 수도 있다(Pedhazur & Pedhazur Schmelkin, 1991). 불행하게도, 피험자들은 연구에서 무선으로 탈락하는 것이 아니다. 다시 말해서, 연구에 남아 있는 피험자들과 그렇지 않은 사람들 간에 중요한 차이가 있을 수 있다. 일반적으로 종단 설계는 검사 사이의 시간 동안에 경험이 변화를 만들었을 수 있을 때 나이가 행동을 어떻게 바꾸는지에 대한 견실한 결론을 이끌어 내지는 않을 것이다.

횡단 설계와 종단 설계의 이러한 문제를 고려하면, 심리학자들은 어떻게 발달 차이에 대한 견실한 연구를 수행할 수 있는가? 사실 심리학자들이 의존하는 많은 발달 연구는 횡단 설계와 종단 설계를 사용해 왔고, 전자가 지배적이었다.

하지만 Schaie(1977)는 수행에서 나이 변화에 대해 덜 모호한 평가를 허용하는 다른 연구 설계를 옹호했다. 그중 하나인 **교차 순차 설계**(cross-sequential design)가 [그림 12-2]에 제시되어 있다. 그것은 연속적인 4년(1994~1997) 동안 태어난 사람들이 나중에 연속적인 4년(2013~2016) 동안에 어떻게 검사를 받을 수 있는지를 보여 준다. 그림의 각 열은 다른 나이의 사람들이 한 해에 검사되기 때문에 횡단 설계를 나타낸다. 유사하게, 각 줄은 같은 연령의 사람들이 나이를 먹으면서 반복해서 검사되기 때문에 종단 설계를 나타낸다.

게다가 [그림 12-2]는 대각선에 해당하는 세 번째 형태의 설계를 보여 준다. 이것은 **시간 지연 설계**(time-lag design)로서 나이를 일정하게 유지하면서 검사 시간의 효과를 결정하는 것을 목표로 한다. 시간 지연 설계에서는 검사 시의 나이가 19세로 일정하게 유지된다. 그래서 관찰되는 어떤 변화도 사람들이 검사받는 시대가 달랐기 때문으로

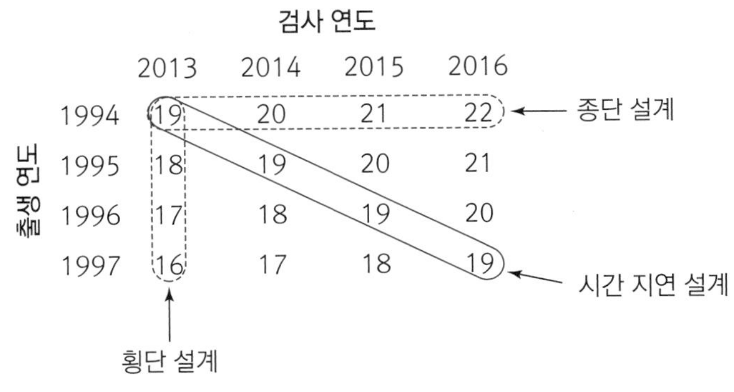

[그림 12-2] 발달 차이를 조사하기 위한 교차 순차 연구 설계

1994~1997년에 태어난 사람들이 2013년에서 2016년까지 반복해서 검사되었다. 각 셀 안의 수는 검사 시행 시 사람들의 나이이다.

귀인되지 않는다. 하지만 이 설계에서도 나이는 태어난 해와 검사받는 해 모두와 혼입된다. 전체 교차 순차 설계에서 종단적 요소와 횡단적 요소가 나이와 함께 종속 변인이 변하는 것을 보여 주고 시간 지연 설계는 나이는 일정하게 유지한 채 검사의 시간에 따른 변화가 없는 것을 보여 준다면, 연구자가 관찰되는 변화를 혼입 요인이 아닌 나이 때문인 것으로 귀인하는 것이 안전할 수 있다.

12.2 실험 주제 및 연구 예시

주제 **조작적 정의**

예시 **지능**

모방게임(imitation game)이라고 불리는 다음의 게임을 생각해 보자. 모방게임은 Turing(1950)이 「Computing Machinery and Intelligence」라는 논문에서 고안한 가설적인 실험이다. Turing의 목적은 기계가 생각을 할 수 있는지를 평가할 수 있는 상황을 고안하는 것이었다.

그것은 남자(A), 여자(B), 그리고 여자일 수도 있고 남자일 수도 있는 질문자(C) 3명으로 구성된다. 질문자는 다른 두 명과 떨어진 방에 있다. 그 게임에서 질문자의 목적은 나머지 두 사람 중 누가 여자이고 누가 남자인지를 결정하는 것이다. 질문자는 그들을 X와 Y로 알고 게임의 끝에 가서 'X가 A이고 Y는 B이다'나 'X가 B이고 Y가 A이다' 중 하나를 말하게 된다. 질문자는 A와 B에게 질문을 하도록 허락된다. 그래서 "X는 나에게 머리카락의 길이를 말해 주시겠어요?"라고 질문한다. 지금 X가 사실상 A라고 가정한다. 그러면 A는 답을 해야 한다. 게임에서 A의 목적은 C가 알아맞히지 못하도록 하는 것이다. 그러므로 그 사람은 "나는 층진 헤어스타일을 하고 있어서 가장 긴 머리카락이 약 9인치입니다."라고 답할 수 있다. 목소리 톤이 질문자를 돕는 것을 막기 위해 답을 쓰거나 더 좋게는 타이핑되어야 한다. 이상적인 방식은 두 방 사이에서 전신타자기를 통해 의사소통을 하는 것이다. 대안적으로 질문과 답이 중간자에 의해 전달될 수도 있다. 세 번째 사람(B)이 게임에 참여하는 목적은 질문자를 도와주는 것이다. 그 사람의 가장 좋은 전략은 아마도 진짜 답을 주는 것일 것이다. 그녀는 "나는 여자예요. 그의 말을 듣지 마세요!"와 같은 말을 추가할 수 있다. 그러나 남자가 유사한 언급을 할 수 있기 때문에 그것은 별 소용이 없을 것이다.

국어 화자를 모방하는 프로그램은 단지 소화를 모방하는 프로그램이 음식을 소화하지 않는 것처럼 중국어를 이해하는 것이 아니라는 것이다.

❍ 지능을 정의하기

지금쯤 물어볼 수도 있는 질문은 '일반적으로 받아들여지는 지능의 조작적 정의가 있는가?'일 것이다. 그것에 대한 간단한 대답은 '없다'이다. 지능은 온갖 종류의 측정과 연관되어 왔다. 예를 들어, 최근에 유동 지능은 작업 기억 능력(Engle, 2002; Engle, Tuholski, Laughlin, & Conway, 1999)과 특정 뇌 영역과 관련되어 있다고 밝혀졌다(예, Duncan, 2003). 여기에서 우리는 지능의 몇 가지 다른 정의를 검토하고, 조작적으로 정의된 개념과 관련된 몇 가지 추가적인 문제를 살펴볼 것이다.

당신은 우리가 이 장의 첫 부분에서 신뢰도를 논의할 때 지능을 정의하지 않았다는 것을 알아차렸을지도 모른다. 검사 개발자들은 보통 당면한 실용적인 문제를 갖기 때문에 우리는 그것을 생략했다. Binet는 단지 프랑스 학교에서 학생들에게 적절한 학년 수준을 결정하기를 원했다. 이러한 실용적인 상황에서 검사의 타당도는 학교에서의 성공과 같은 어떤 기준에 의해서 결정된다. 사실상 스탠퍼드-비네 검사와 웩슬러 검사는 학업 수행을 예언하기에 좋은 검사이다. 그래서 검사가 좋은 준거 타당도(검사가 학업 수행을 예언한다)를 갖고 있으며 지능은 검사가 측정하는 것이라고 말하고 싶은 유혹을 느낄 수 있다. 여기서 두 가지 문제가 발생한다. 한편으로는 대부분의 지능 검사가 수학 능력과 언어 능력에 집중되는데, 이는 음악 능력과 다른 사람을 이해하는 능력과 같은 다른 종류의 중요한 지적 활동은 무시한다는 것을 의미한다. 다른 한편으로, 학문적 의미의 지적 능력은 종종 지능을 정의하는 제한되고 문화적으로 편향된 방법으로 생각된다. 전형적인 IQ 검사는 삶에서 성공하거나 환경에 적응하는 능력은 측정하지 않는다. 그래서 사람들의 IQ 점수는 상식이나 생산적인 삶을 사는 것과는 아무런 관련이 없다고 주장된다. 게다가 사람들이 생산적이고 상식이 있다고 하여도, 그들의 IQ 점수가 무인도에서 살아남거나 정글에서 잘 살기와 같은 또 다른 환경에서의 성공을 예언해 주지는 않을 것이다. 더구나 어떤 비판가에 따르면 IQ 검사는 백인 중상류층의 가치관을 반영하고 사회 전체로서 지능이 의미하는 것을 반영하지는 않는다. 어떤 검사에서 문화적 선입견이 수행에 영향을 준다는 발견은 이러한 편향의 주장을 지지한다(Steele & Aronson, 1995). 예를 들어, '여자는 수학을 못한다'라는 선입견에 노출된 후에 여자들은 어려운 수학 문제를 제시받았을 때 더 나쁜 수행을 보였다(Spencer,

Steele, & Quinn, 1999).

그래서 지능 검사가 측정하는 것으로 지능을 정의하는 것은 문제를 해결해 주지 않는다. 지능 검사의 전문성의 범위가 제한되어 있고, 그 정의가 지능이 무엇에 대한 것인지에 관한 대중의 개념과 논쟁이 있을 수 있다.

잠시 지능을 조작적으로 정의하려는 현대의 시도를 고려해 보자. 그러한 시도 중에 Gardner(1983, 2000a)에 의해서 개발된 **다중지능**(multiple intellignece) 이론이 있다. 그의 목표는 지능의 학문적 표준 정의를 확장해서 (그의 용어를 빌리자면) 표준 지능 검사와 연관된 것들보다 덜 서구의 문화 가치에 묶여 있는 지능을 포함하는 것이다. Gardner는 지능의 일곱 가지 측면의 존재를 증명하기 위해 범문화적·심리학적·심리측정적·발달적·신경학적 증거를 제시한다. 이러한 다중지능은 신체-운동감각, 언어, 논리-수학, 음악, 자기이해(개인내), 사회적 성공(대인관계), 공간 지능이다. 이것들 중에서 오직 언어, 논리-수학, 공간 지능만이 표준 IQ 검사에 포함된다. 7개 지능 각각에 대해서 Gardner는 그것들과 관련된 별개의 신경 구조가 있고, 각각 별개의 발달 역사를 가지고 있으며, 개인이 한 영역에서는 매우 우수하지만 다른 영역에서는 형편없거나 평범할 수 있다는 것과 범문화적으로 각 영역은 비록 다른 방식일지라도 우세한 역할을 하는 것으로 보아질 수 있다는 것을 보여 주려고 노력한다. Gardner(2000a)는 7개 이상의 지능이 있을 수 있다고 제안했다. 그의 책(2000a)에서 지능의 원래 목록에 첨가하기 위해 자연주의 지능의 가능성을 탐구했다. 자연주의 지능은 사람이 어떻게 자연계에 대한 정보를 수집하는지와 관련된다. Gardner는 또한 영적 지능과 실존 지능의 가능성도 탐구했다(다양한 입장은 Edwards, 2003; Emmons, 2000; Gardner, 1998a, 2000a, 2000b; Kwilecki, 2000 참조).

각각의 지능을 살펴보기보다는 어떻게 Gardner가 음악이라는 한 지능을 분석하는지 생각해 보자. 우선, Gardner는 음악의 내재적 신경 구조가 다른 지능과 관련된 구조와 다르다는 것을 보여 준다. 음악 능력은 뇌의 우반구와 관련되고 언어 능력은 뇌의 좌반구와 관련된다. 좌반구에 손상을 입은 사람들은 종종 실어증(aphasia)을 겪는데, 이것은 그들이 언어장애를 가졌다는 의미이다. 흥미롭게도, 실어증은 종종 말하는 데 어려움을 겪을지라도 보통 노래를 부를 수 있고, 심지어 가사를 부를 수 없는 드문 경우에도 음악 능력은 가사 말고는 손상되지 않는다. 대조적으로 우반구에 손상이 있는 사람들은 종종 음조 실인증(tonal agnosia)으로 고생한다. 이 사람들은 노래할 수 없고 보통 목소리 억양이 감소된다. 그러나 음조 실인증을 겪는 사람들의 언어 능력은 손상되지 않는다.

다음으로 Gardner가 주목한 것은 음악 지능에서의 엄청난 개인 차이이다. 이것은 특별한 검사에 의해서(즉, 심리측정적으로) 평가될 수 있지만, 일상의 관찰에서도 분명하다. 분명하게도 모차르트는 음악 천재였다. 어린 나이에 이 신동은 우아한 교향곡을 작곡하였고, 사춘기가 되기 전에 유럽의 왕국에서 공연하고 있었다(모차르트에 대한 논의는 Gardner, 1998b, 4장 참조)

Gardner는 별개의 음악 지능에 대한 더 심오한 증거를 제시하지만 여기에서는 고려하지 않을 것이다. 핵심은 그가 제안한 각 지능에 대해서 그는 몇 가지 차원을 따라 그것들을 조작적으로 정의하려고 노력한다는 것이다. 이것은 그가 지능에 대한 자신의 개념을 정교화하기 위해서 수렴 조작을 사용하고 있다는 의미이다. 그의 지능의 정의는 성공적인가? Gardner의 다중지능 이론은 지능의 정의인가? 당신이 예상할 수 있듯이, 이 질문에 대한 답은 '아니'라는 것이다. 또는 적어도 어떤 심라학자들에게는 '아니'라는 것이다.

Gardner 이론의 반대자 중 한 명이 심리학자 Robert Sternberg이다. 그는 지능을 정의하는 데 정보처리적 접근을 취한다. [Sternberg 연구에 관해 읽을 만한 책은 『삼두체제의 마음(The Triarchic Mind)』(1988)이다]. Gardner의 방법에 대한 Sternberg의 주요 비판은 일곱 가지 지능의 기반이 되는 과정이 상술되지 않는다는 주장이다. Sternberg는 Gardner가 단지 지능을 명명했지 정확하게 그것들이 무엇이고 무엇이 아닌지를 명시하지는 않는다고 말한다. Sternberg의 두 번째 비판은 지능은 일반적인데 Gardner의 지능은 특정적이라는 것이다. Sternberg에 따르면, Gardner는 지능이라기보다는 재능을 확인했다. 음악 재능이 부족한 것이 한 사람에게 너무나 손상을 입히지는 않고 발견되지 않을 수도 있다. 그러나 Sternberg에게는 지능의 중요한 요소인 계획 또는 추론을 할 수 없는 사람은 세상에서 기능할 수 없다.

Sternberg의 비판은 자신의 지능 이론에 기초한다(예, Sternberg, 1997). 그의 지능 이론은 정보를 처리하고, 새로운 방식으로 정보를 통합하고, 새로운 환경에 적응하는 능력을 강조한다. 지능에 대한 Sternberg의 조작적 정의는 지적인 행동은 사회 상황에서 발생하는 문제를 해결하는 능력을 반영한다고 제안한다(Sternberg & Salter, 1982 참조). 이 관점은 탁월하고 정보처리 접근법에 관심이 있는 많은 심리학자에 의해 수용된다(Kantowitz, 1989a 참조).

Sternberg의 접근법에 부분적으로 반응해서, Gardner(2007)는 마음과 지능을 보는 것에는 몇 가지 방법이 있다고 주장한다. 한 가지 방법은 세상의 필요에 적응하는 것의 고려이다(친숙하게 들리는가?). 그의 책 『미래 마인드(ive Minds for the Future)』에서 그는 "우리가 미래 시대의 세상에서 번영하려면" 사람들이 개발해야 하는 인지 능력을 기술한다(p. 1). 미래 마음의 다섯 가지 특징은 사고의 분야(과학, 역사, 법 등)에서 숙달되는 마음인 훈련하는 마음, 몇 가지 학문에서 나온 사고를 통합할 수 있는 마음인 통합하는 마음, 새로운 문제를 제시하고 해결하는 마음인 창조하는 마음, 인간의 차이에 민감한 마음인 존경하는 마음, 그리고 시민으로서의 인간의 책임을 만족시키는 마음인 윤리적인 마음이다.

그러나 Sternberg와 지금 Gardner의 적응 문제를 해결하는 능력이 지능의 종류일까? 이러한 관점에서는 시를 쓰거나 교향곡을 작곡하는 것은 지능의 현시일가, 아니면 단순히 재능일까? 마찬가지로 배관 기술자나 자동차 기술자와 관련된 일상의 문제를 해결하는 능력을 지적 능력으로 생각해야 할까? 이러한 질문에 대한 답은 많은 조작적 정의에서 유래되는 수렴 조작에 기초한 확인적 자료가 보강해 주는 설득력 있는 이론을 필요로 한다. 비록 조작적 정의가 과학 이론의 개발에 분명히 중요한 역할을 하지만, 조작적 정의의 사용은 이익과 불이익을 모두 가지고 있다. 이점으로는 조작적 정의는 과학적 소통과 과학적 연구의 신뢰도를 촉진할 수 있다. 그러한 신뢰할 만한 작업은 개념의 정교화와 세련화를 위한 무대를 세운다. 부정적인 측면에서는 조작적 정의는 논란을 일으키는 개념 정의가 될 수 있다. 비록 그것이 타당할 수 있지만, 그것의 의미는 종종 논란을 피할 수 없다. 정의는 행동의 기술과 예언을 초래하는 다른 개념들의 네트워크에 들어맞아야 한다. 분명하게도 선천적 지능과 AI 모두를 이해하는 과정은 지능의 개념이 무엇을 수반하는지에 대한 만족스러운 정의에 의존한다.

12.3 실험 주제 및 연구 예시

주제 **회귀 인위효과**

예시 **교육 평가**

지능과 개인 차이 연구와 관련된 문제는 과학자들과 교육자들이 개인의 수행을 향상시키려는 시도와 그러한 시도를 평가하는 것의 중요성이 중심이 된다. 생각할 수 있듯이, 변화를 평가하는 것의 핵심은 정확한 평가이다. 평가의 오류가 발생할 때마다,

어떤 종류의 변화가 발생했다거나 발생하지 않았다고 결론 내리는 것이 잘못될 수 있다. 비록 이러한 진술이 당신에게는 심오한 것 이하로 보일 수 있지만, 많은 심리학 연구는 진실을 적절히 설명하지 못해서 비판을 받았다.

자료수집을 위한 특정 설계나 절차는 특히 측정 오류로 초래되는 편향에 영향받기 쉽다. 피험자들을 처치집단과 통제집단으로 무선 할당하지 않는 설계를 준실험 설계(quasi-experimental designs)라고 한다(Campbell & Stanley, 1966). 이러한 집단의 피험자들은 연구자에 의해 몇 가지 요인에 따라 대응(match)될 수도 있다. 그러나 집단 간 중요한 차이가 처치 시작 전에 없었다고 보장하기가 어렵다. 이 문제는 연구 마지막에 검사될 변인에 대해, 실험(처치)집단과 통제(비처치)집단이 연구 전에 대등하지 않을 때 증폭된다. 예를 들어, 달리기를 가르치기 위한 새로운 훈련 과정을 검증하기 위해서 한 동네의 아이들 집단을 실험집단으로 선택할 수 있다. 통제집단으로 작용하기 위해서 아이들의 두 번째 집단이 같은 동네에서 선택될 수 있다. 실험집단이 6주 동안 훈련을 받은 후에 두 집단 모두 달리기 속도를 검사할 수 있다. 아이들이 무선으로 두 집단 중 하나로 할당된 것이 아니었기 때문에 이것은 준실험 설계가 된다. 비록 실험자가 두 집단이 같은 동일한 평균값(키, 몸무게, 나이)을 갖는다고 보고했어도, 우리는 두 집단의 평균 달리기 속도가 처치 이전에 같았다는 것을 확실히 알지 못할 것이다. 사실 통제집단의 피험자들이 실험집단의 달리기 속도와 대응하도록 선택되었다 해도, 우리는 훈련 이후의 집단 차이가 훈련의 효과 때문이라고 확신할 수 없다. 두 집단이 연구 이전에 달랐던 모집단에서 표집되었을 가능성이 남아 있는 것이다. 모집단 차이가 존재할 때, 실험 조작 때문이 아닌 '통계적 회귀'에 의해 만들어진 실험효과인 회귀 인위효과(regression artifacts)라고 알려진 것에 의해 잘못 해석되었을 가능성이 있다. 우리는 2장에서 회귀 인위효과에 대해 논의했다.

아마도 여기에서 한 가지 예가 도움이 될 것이다. 비록 두 사람이 유사한 배경을 가지고 있다 해도, 당신이 A학점의 학생이고 당신 친구는 C학점의 학생이라고 가정하라. 한 특정 과목에서 당신들은 둘 다 B학점을 받는다. 향상하고자 하는 노력으로, 당신 친구는 일련의 보충 수업에 참여하기로 결심한다. 강사는 보충 수업을 받는 학생들의 미래 성적을 배경이 유사하고 이전 할당에서 같은 등급을 받았던 보충 수업을 받지 않는 학생들의 미래 성적과 비교함으로써 보충 수업의 효과성을 평가하기로 결정한다. 당신은 당신 친구와 비교되기 위해 대응쌍 학생(mathched student)으로 선택된다.

다음 할당에서 당신은 A-를 받고 당신의 친구는 C+를 받는다. 이 평가 프로그램의

표 12-2 평균으로의 회귀가 유사 실험의 결과 해석에서 어떻게 혼란을 주는지의 예시

비록 두 사람 모두 B학점의 학생들로 대응쌍이 되었지만, 그들의 수행은 보충 수업을 받았건, 받지 않았건, 그들의 실제 평균 학점을 향해 회귀했다. 보충 수업은 도움이 되었을까?

사람	평균 학점	대응 학점	보충 수업	기준 학점
당신	A	B	안 받음	A-
당신 친구	C	B	받음	C+

과정은 〈표 12-2〉에 설명되어 있다. 두 사람의 평균 학점과 비교해서 기준 학점의 변화를 주목하라. 당신 친구가 B에서 C+로 내려간 반면에 당신은 B에서 A-로 올라갔으니까, 강사가 보충 수업이 이롭지 않다고 결론을 내려야 할까? 아마도 아닐 것이다. 당신들 둘 다 단지 평균 학점을 향해서 회귀한 것이다. 이 작은 연구에서 보는 효과는 아마도 진짜 처치효과가 아니라 당신과 당신 친구가 사실은 동일 학점의 학생이 아니었다는 사실에 의해서 초래된 회귀 인위효과이다. 친구의 성적이 C라는 평소의 성적보다 더 높아졌기 때문에 보충 수업은 당신의 친구에게 도움을 주었을 것이다. 만약에 처음 할당에서 B학점을 받은 학생들이 무선으로 보충 수업을 받는 집단과 보충 수업을 안 받는 집단으로 할당되고 두 번째 할당에서 받은 등급에 기초해서 비교되었다면, 학생의 성적에 미치는 보충 수업 영향의 정확한 평가를 얻을 수 있었을 것이다.

평균으로의 회귀 현상은 모든 심리학 측정이 어느 정도의 변산성을 보일 수밖에 없기 때문에 발생한다. 완전히 신뢰할 수는 없는 측정에서는 가장 높은 점수를 획득한 피험자들의 집단에 진짜로 가장 높은 범주에 속하는 사람들도 포함되어 있지만 또한 우연한 측정 오류에 의해서 이 범주에 들어간 사람들도 포함된다. 재검사에서 이러한 우연한 측정 오류가 반드시 같은 방향으로 발생하지는 않을 것이다. 그래서 가장 높은 집단의 점수는 재검사에서 더 낮아져서 평균으로 이동하는 경향을 보일 것이다. 유사하게, 최초의 검사에서 형편없는 수행으로 선택된 집단도 재검사에서 더 높아져서 평균으로 이동하는 경향을 보일 것이다. 이 장 끝의 '심리학 실습' 절에서 제시되는 평균으로의 회귀의 간단한 예를 통해서 이 점을 더 잘 이해할 수 있을 것이다. 보충 수업의 유사 실험 연구에서 이와 같은 회귀 인위효과의 중요성이 많은 논쟁의 주제가 되었다. 1960년대의 헤드스타트(Head Start) 프로그램의 효과성에 대한 하나의 영향력 있는 연구(Cicirelli & Granger, 1969)가 특히 주목을 받았다. 웨스팅하우스-호아이오(Westinghouse-Ohio) 연구라고 불리는 이 연구에서 그들의 헤드스타트 경험을 완수한 아이들의 평가를 위해 무선으로 선택되었다. 그런 다음 프로그램에 자격이 되지만 참여하지 않았던 같은 지역의 아이들을 통제 모집단으로 정의하였다. 통제집단이 성별, 민족, 인종, 유치원 교육을 기준으로 실험집단 아이들과 대응되게 무선으로 선별되었다. 아이들이 헤드스타트에 참여한 아이와 참여하지 않은 아이라는 두 개의 다른 집단으로부터 선별되었다는 것을 주목하라. 연구자들이 실험집단과 통제집단에 대한 최종 선택을 한 후에, 그들은 사회경제적 지위, 인구학적 지위, 태도에 대한 추가적인 측정 자료를 수집하고 비교했다. 그 차이는 작았다. 다음으로 실험집단과 통제집단 아이들의 학업 성취와 잠재력을 측정하고 비교하였다. 이 대규모 연구에서 나온 일반적인 결론은 헤드스타트가 빈곤과 사회적 불이득의 영향을 제거하기에 효과적이지 않다는 것이었다.

다른 심리학자들이 여러 가지 근거를 들어서 이 연구를 재빨리 비판했다(Campbell & Erlebacher, 1970a). 첫째, 그들은 연구의 결과가 의심할 바 없이 부분적으로 회귀 인위효과에 의해서 초래되었다고 지적했다. 더 나쁘게는 인위물의 정도가 측정될 수 없어서 발견 전체에 의심을 불러온다.

기본적인 문제는 대응의 문제이다(유사한 예는 2장 참조). Cicirelli와 동료들은 헤드스타트에 참여했던 사회적 불이득의 아이들 표본을 참여하지 않았던 같은 지역 출신의 아이들과 대응시키려고 노력했다. 두 집단 간의 이후의 차이는 프로그램 때문이어야 했다. '그렇지 않은가?' 반드시 그렇지는 않다. 그것은 두 표본이 같은 내재적 모집단 분포에서 나왔을 때만 그렇다. 그러나 그럴 가능성은 없는 것 같다. 두 모집단이 서로 달랐을 가능성이 있고, 처치집단의 아이들이 통제집단의 아이들보다 능력이 더 낮은 모집단에서 나왔을 것이다. 헤드스타트에 참여했던 처치집단의 아이들은 불우한 배경 출신이어서 흔히 사전에 선택되었다(이것이 그들이 프로그램에 포함된 이유이다). 반면에 프로그램에 참여하지 않았던 통제집단은 능력이 더 좋은 다른 모집단에서 나왔을지도 모른다. 기본적인 문제는 피험자들이 조건에 무선으로 할당되지 않았다는 것이고, 그래서 연구자들은 통제 피험자들을 실험 피험자들에게 대응시키려고 노력해야 했다는 것이다. 다른 모집단 출신의 두 표본을 대응시키기 위해서 실험자는 불우한 처치집단을 위해서는 모집단 평균 이상의 아이들을 선택해야 했고, 통제집단을 위해서는 모집단 평균 이하의 아이들을 선택해야 했다. 그러나 이렇게 될 때 두려워하는 회귀 인위효과가 항상 도입될 것이다. 각 집단이 재검사될 때, 개인들의 수행은 집단의 평균으로 회귀하는 경향이 있을 것이다. 다시 말해서, 이 예에서는 불우한 집단이 더 나쁜 수행을 보이고 통제집단은 더 좋은 수행을 보이는 경향이 있을 것이다.

이러한 평균으로의 회귀는 어떠한 처치도 없고 대응을 함에도 불구하고 발생할 것이다. 그 효과는 두 집단이 B학점의 학생들로서 잘못 대응될 때, 우수한 학생들의 성적이 B에서 A로 상승하고 다른 집단의 학생들은 B에서 C-로 감소하는 앞의 예에서와 똑같다. 우리는 이미 평균으로의 회귀 때문에 이러한 상황에서 (통제집단의 점수가 더 높은) 집단 간 차이를 예상하기 때문에 연구의 결과를 어떻게 평가하게 될까? Cicirelli과 동료들은 집단 간 차이를 발견하지 못했다. 처치(헤드스타트)집단이 회귀 인위효과 때문에 사실상 점수가 떨어지리라는 것을 예상할 수 있으니까 이것은 사실상 헤드스타트 때문에 그 집단이 향상했다는 것을 의미할까? 헤드스타트의 웨스팅하우스-호아이오 평가에서 회귀 인위효과의 방향이나 크기가 평가될 수 없기 때문에 이 질문에 답하는 것은 불가능하다.

앞의 문단에서 우리는 이러한 종류의 연구에서 회귀 인위효과에 대한 합리적인 가정을 했다. 그러나 웨스팅하우스-호아이오 연구에서 헤드스타트가 효과가 없었다는 결론을 도출할 수 없다. 회귀 인위효과가 결과에 어떻게 영향을 끼쳤는지를 모르기 때문에 그 연구에 기초해서 어떤 결론도 내릴 수 없다는 것이 더 적절할 것이다.

일반적으로, 추정하기 어려운 크기의 회귀 인위효과가 이런 종류의 연구에서 매우 가능성 있고 이 사실은 모두가 인정한다. 그러면 특히 매우 중요한 정치적·경제적·사회적 결정이 그 연구의 결과에 기초할 수 있을 때, 왜 그러한 연구를 수행하는가? 이 질문은 Campbell과 Erlebacher(1970a, 197b), Cicirelli와 그의 지지자들(Cicirelli, 1970; Evans & Schiller, 1970)에 의해서 제기되었다. 그들의 대답은 매우 달랐고, 이것이 과학자들이 빈번히 직면하지만 과학이 결코 해결할 수 없는 종류의 문제를 대표한다. Campbell과 Erlebacher는 나쁜 정보는 정보가 아예 없는 것보다 더 나쁘다고 제안했다. 적절히 통제된 실험을 수행할 수 없다면, 어떤 자료도 수집해서는 안 된다. 그 문제의 반대편에서 Evans와 Schiller(1970)는 "이 위치에서는 모든 프로그램이 가장 임의적이고 일화적이고 편향적이고 주관적인 수단에 의해서 평가될 것을 이해하지 못한다"(p. 220)라고 대답했다. 비록 동의했지만, Campbell과 Erlebacher(1970b)는 "우리는 그것이 근본적으로 어떠한 과학적인 평가가 가능하지 않은 상황에서 과학에게 보고할 권위를 잘못 주고 있다고 평가한다."(p. 224)고 진술한다. 궁극적인 해결책으로서, 그들은 '이 논쟁에서 아직 당파적이지 않은 전문가들로 구성된' 위원회가 그 문제를 결정하기 위해 소집되어야 한다고 제안했다. 엄격하게 합리적인 근거에서 이 문제를 결정하는 것은 불가능할 수도 있지만 가능한 가장 좋은 과학적 절차에 따라서 연구가 수행되어야 한다는 것에는 모두 동의할 수 있다. 어떻게 하면 웨스팅하우스-호아이오 연구는 적절하게 수행될 수 있었을까?

한 가지 해결책은 모든 아이를 무선으로 두 집단에 할당해서 서로 다른 프로그램에 참여하게 하여 프로그램의 효과성에 대해 서로를 비교하는 것일 수 있다. 여기서 한 가지 어려움은 훈련 프로그램이 똑같이 효과적이라고 밝혀질 수 있다는 것이다. 그러면 그것들이 프로그램을 아예 참여하지 않는 것보다 더 좋은지를 알 수 없게 된다.

웨스팅하우스-호아이오 연구를 설계하는 가장 좋은 방법은 처음에 참가자들을 비처치조건과 처치(헤드스타트) 조건으로 무선 할당하는 것일 수 있다. 혼입 요인을 제거하는데 무선 할당을 대체할 수 있는 것은 없다. 그러나 치료 프로그램의 도움을 추구하는 아이들의 반에 훈련을 아예 제공해 주지 않는 것은 부당하게 보인다. 물론 그들이 프로그램에서 이득을 얻을지를 처음에는 보장할 수 없다. 이것을 발견하고자 하는 것이 연구가 의도하는 것이다. 질병이 있는 통제집단에게 치료약보다는 위약이 주어질 때 의학 연구에서도 같은 문제가 발생한다. 두 경우 모두 처치를 받지 않아서 해를 입을 때보다 결국은 더 많은 사람이 치료효과에 대한 신중한 연구로부터 이로움을 얻을 수 있을 것이다.

아이들이 무선으로 처치조건과 비처치조건으로 할당될 때 무슨 일이 발생할까? Breitmayer와 Ramey(1986)가 수행한 4.5년의 종단 연구를 고려하라. 그들 연구의 피험자들은 미국 대도시의 불우한 가정 출신의 80명의 아이였다. 태어났을 때 아이들 중 반은 비처치 통제집단으로 무선 할당되었다. 통제집단 아이들은 실험이 끝날 때까지 보육원에 다녔지만 어떤 특별한 교육적 처치도 받지 않았다. 나머지 반은 처치집단에 무선으로 할당되었다. 이 아이들의 보육원은 지적장애를 막기 위해서 만들어진 헤드스타트 유형의 프로그램을 실시했다. 실험의 모든 참가자는 정상 출산으로 태어났고 최소 5파운드의 몸무게가 나갔다. 태어나고 1분 후에 3장에서 설명한 Brazelton이 고안한 것과 유사한 척도로 생물학 반응성을 평가했다. 이 검사의 결과는 통제집단과 실험집단 아이들의 반이 약간 넘는 수가 태어난 직후에 생물학적으로 최적 상태가 아니라는 것을 나타냈다. 그래서 우리는 결국 이 실험에서 4개의 집단을 갖게 된다. 그것은 실험(교육적으로 풍족한 보육원)/최적, 통제(보통의 보육원)/최적, 실험/비최적 및 통제/비최적이다.

4.5세에 지능을 측정했을 때, 3개의 중요한 발견이 나타났다. 첫째, 태어나고 1분 후

에 생물학적으로 최적이었던 아이들이 생물학적으로 최적이 아니었던 아이들보다 지능 검사에서 더 높은 점수를 얻었다.

둘째, 교육적으로 처치된 아이들이 검사의 언어 부분에서 통제 피험자들보다 다소 더 잘했고, 수행 요소에서는 통제 피험자들보다 훨씬 나쁜 성과를 보였다.

마지막으로, 교육효과의 대부분은 상호작용 덕분이었다. 비최적 통제 피험자들은 특히 지능 검사의 모든 측면에서 형편없이 수행했다. 이 예시의 결과가 [그림 12-3]에 제시되어 있다. 이 상호작용은 2장에서 언급한 시너지 효과의 예와 유사하다. 사후 검사에서 두 집단의 가정 상황이 매우 유사한 것으로 나왔기 때문에 Breitmayer와 Ramey는 초기 교육이 특히 출생 시 생물학적으로 최적이 아니었던 아이들에게 어떤 중요한 이득을 준다고 안전하게 결론 내릴 수 있었다. 이 발견에 흥미가 있는 독자들은 Ellsworth와 Ames(1998)의 헤드스타트에 관한 책을 보기를 권한다. 여기에서 프로그램과 그 목표에 대한 폭넓은 설명을 하고 있다(Arnold, Fisher, Doctoroff, & Dobbs, 2002; Mantzicopoulos, 2003; Slaughter-Defoe & Rubin, 2001도 참조)

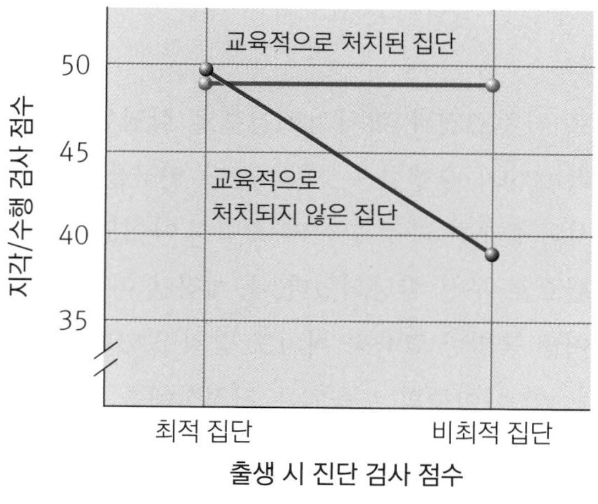

[그림 12-3] Breitmayer와 Ramey(1986)의 결과

54개월에 측정된 지각/수행 검사 점수에 대한 교육적 처치와 출생 시 건강의 상호작용을 보여 준다. 비록 두드러지지는 않지만, 유사한 상호작용이 지능 검사의 언어 부분과 계산 부분에서도 보인다.

요점

문제에서 실험까지

문제: 동기와 감정은 지능 검사의 수행에서 어떤 역할을 하는가?

독자 중 많은 이가 수학 공포증을 갖고 있을 수 있다. 또 어쩌면 객관식 시험을 싫어할 수 있다. 만약 당신이 이러한 집단 중 하나에 해당하거나, 검사 수행에 영향을 미칠 수 있는 특정 지적 선호와 불호를 갖고 있다면, 당신은 지적 수행에 대한 동기와 감정의 영향을 보여 주고 있는 것이다. 일단 학생이 어떤 것을 싫어하기 시작하면 눈덩이 효과가 발생할 수 있으니까, 그러한 선호와 불호를 초등학교 교사들이 확인하는 것은 특히 중요할 것이다. 예를 들어, 한 어린 학생이 어떤 이유 때문에 수학을 싫어하기 시작한다고 가정하자. 그 학생은 수학 시험을 피하고 싶을 뿐만 아니라 수학 학습도 피하고 싶을 것이다. 더 새로운 수학적 개념을 배우지 않는 것은 형편없는 시험 성적을 초래할 것이고, 그러면 수학에 대한 혐오는 더 증가할 것이다.

인지적 추구에 대한 감정의 관점이 구체적일 필요는 없다. Dweck과 동료들은 지적 활동을 할 때 아이들이 갖는 것으로 보이는 두 가지 일반적인 목표를 확인했는데, 이러한 목표는 아이들이 지능에 대해 갖는 원시적인 이론에서 명백해진다(Dweck, 1999; Dweck & Bempechat, 1983; Dweck & Elliott, 1983; Levy, Plaks, Hong, Chiu, & Dweck, 2001). 어떤 아이들은 수행 목표라고 불리는 것을 선택한다. 이 아이들은 바보같이 보이지 않는 것에 동기화된다. 그들은 똑똑해 보이기를 원하고 또래나 교사로부터 부정적인 평가를 받지 않기를 원한다. 수행 목표를 채택하는 아이들은 Dweck이 지능의 실체 이론(entity theory of intelligence)이라고 부르는 것을 갖는다. 이 아이들은 그들이 가진 고정된 지능이 다른 사람들이 그들을 얼마나 잘 평가하고 그들이 지적 과업에서 얼마나 잘 수행하는지에 의해서 가장 잘 평가된다고 믿는다. 어떤 아이들은 학습 목표에 의해서 동기화되는 경향이 있다. 그들은 새로운 기술과 지식을 배움으로써 더 똑똑해지려고 노력한다. 학습 목표에 의해서 동기화되는 아이들은 Dweck이 도구적 증감 이론(instrumental incremental theory)이라고 부르는 것을 믿는다. 이것은 지능이 열심히 하는 것과 노력을 통해서 증가시킬 수 있는 기술과 지식의 세트라고 믿는 것을 말한다. 이러한 목표들이 어떻게 아이들에게 영향을 끼칠까? 그 목표들은 어떤 상황에서 이로울까? 이런 것들이 여기에서 다루는 문제이다.

문제: 아이들의 동기 목표는 아이들의 지적 수행에 어떤 영향을 미칠까?

아이들의 목표가 수행에 영향을 미치는 방식이 과업의 요구와 상호작용할 것을 예상할 수 있다(Hetherington & Parke, 1986). 만약 상황이 빠르고 정확하고 적절한 수행을 요구하면 새로운 학습과 상당한 노력을 상황이 요구할 때보다 실체 이론가들이 더 잘 수행할 것을 예상할 수 있다. 반면에 도구적 증감 이론가들은 노력과 새로운 학습을 요하는 후자의 상황에서 더 좋은 수행을 보여 줄 것이다.

가설: **과업의 성격과 아이들의 동기 목표가 상호작용할 것이다. 아이들의 동기와 일치하는 목표에 강조점이 있는 상황에서 아이들의 지적 수행이 가장 좋을 것이고, 과업 요구와 동기 목표가 상충하는 상황에서는 나쁠 것이다.**

이 가설을 검증하는 실험설계는 실제 집단과 도구적 증감 집단의 아이들을 필요로 한다. 각 집단은 수행목표 조건과 학습목표 조건의 두 가지 조건에서 검증되어야 한다. 그래서 피험자간 변인으로서의 처치조건과 피험자내 변인으로서의 시험 조건을 갖는 혼합 설계가 될 것이다.

이러한 두 개의 변인을 포함시키는 주요 이유는 그것들 간의 상호작용을 보고자 하는 것이다. 변인들 중 하나가 피험자 변인처럼 유사 독립 변인일 때 이것은 매우 중요하다. 피험자 변인은 선택되고 조작되지 않기 때문에, 피험자 변인의 다른 수준에 미치는 진짜 독립 변인의 차이효과를 찾는 것은 중요하다.

이 연구에서 첫 번째로 해야 하는 것은 두 집단의 피험자를 선택하는 것이다. 불행하게도, 이 목적에 맞게 출판된 검사는 없다. 하지만 Dweck은 실체 이론가와 도구적 증감 이론가를 구별하는 다소 직접적인 방법을 제공했다. 아이들에게 지능에 대한 두 가지 진술 중에 하나를 선택하도록 요청한다. 여기서 하나는 수행 목표를 반영하고, 다른 하나는 학습 목표를 반영한다. 그래서 당신은 그러한 진술의 많은 쌍을 만들어야 할 것이다. 이 검사에서 아이가 받은 점수는 특정 유형의 진술이 선택된 횟수일 것이다. 이 예에서 실체 점수는 1에서 16까지일 수 있다. 당신이 만들 수 있는 진술의 종류는 다음과 같을 것이다.

1. (a) 당신은 새로운 것을 배울 수 있지만 당신이 얼마나 똑똑한지는 변함이 없다.
   (b) 똑똑함은 당신이 원하는 만큼 증가시킬 수 있는 것이다.
2. (a) 내가 실수를 하지 않을 때 똑똑하다고 느낀다.
   (b) 내가 어떤 것을 하는 방법을 이해할 때 똑똑하다고 느낀다.
3. (a) 내가 일등으로 숙제를 제출할 수 있을 때 학교 공부를 좋아한다.
   (b) 내가 새로운 것을 배울 수 있을 때 학교 공부를 좋아한다.
4. (a) 내가 쉬운 일을 할 때 똑똑하다고 느낀다.
   (b) 내가 어려운 책을 읽고 있을 때 똑똑하다고 느낀다.

아이가 어떤 집단에 속하는지를 결정하는 가장 쉬운 방법은 검사를 받은 모든 아이에 대한 실체 점수의 중앙치를 계산하는 것이다. 그런 다음 대략 중앙치를 득점한 아이들은 실체 집단에 할당하고 나머지 아이, 즉 중앙치 미만으로 득점한 아이들은 도구적 증감 집단에 할당한다. 신뢰할 만하고 타당한 검사를 고안하는 것은 극도로 어렵고 시간 소비적일 수 있다. 또한 넓은 범위의 검사 점수를 얻는 것이 어려울 수 있다. 매우 높은 점수를 획득하는 많은 아이와 매우 낮은 점수를 획득하는 많은 아이를 확보하는 것을 보장하기 위해서 당신은 넓은 범위의 점수를 산출하는 검사를 발견할 때까지 검사 질문의 세트를 교정할 필요가 있을 것이다.

많은 아이가 어디에 속할지를 결정한 후에(각 집단에 약 15명이 괜찮은 최소의 수가 될 것이다), 검사 상황을 고안해야 할 것이다. 여기에서 Dweck과 동료들의 이전 작업이 도움이 될 것이다. Dweck과 Bempechat(1983)은 실체 집단과 도구적 증감 집단의 아이들에게 선택하도록 요청한 몇 개의 과업을 기술한다. 아이들은 이 과업들을 그들이 얼마나 잘 수행할지를 추정하도록 요청받았다. 이러한 과업들은 어려움의 정도와 수행 목표(배움인지 또는 똑똑하게 보이기인지) 면에서 서로 달랐다. 그러한 선택을 한 후에 모든 아이에게 같은 과업이 주어졌는데, 그것은 중간 정도의 어려움 수준이었다. 그래서 그들은 사전 지시에 의해서 과업에 대한 아이들의 지각을 조작한 것이다. 같은 종류의 절차가 현재의 실험에서도 사용될 수 있다. 당신은 Dweck이 사용한 것과 유사한 지시를 사용해서 아이들을 어떤 과업에 참여하게 할 수 있다. 대부분의 아이를 검사하기 위해서 아이들에게 검사 절차가 일종의 게임이라고 말하는 것이 종종 유용하다. 이것은 그들의 동기와 흥미를 유지하기 위한 것이다. 학습 중심의 과업에 대해서 아이들에게 다음과 같이 말할 수 있다. "이 게임에서 아마도 너희는 새로운 것을 배우게 될 거야. 하지만 너희는 또한 좀 실수를 할 수 있단다. 혼란될 수 있고 멍청하다고 느껴질 수도 있어. 그러나 너희는 멋진 것들을 좀 배우게 될 거야." 수행 중심의 과업에 대해서는 다음과 같이 지시할 수 있다. "이 게임은 다른 것들보다 더 쉽기 때문에 매우 재미있단다. 비록 많은 것을 배우지는 않겠지만, 이것은 정말 아이들이 얼마나 많은 것을 할 수 있는지를 나에게 보여 줄 거야." 이제 각 지시에 맞는 두 가지의 과업이 필요할 것이다. 아이들의 흥미를 유지하기 위해서 두 과업은 너무 비슷해서는 안 된다. 하지만 두 집단의 아이들을 위한 지시에 따라 두 개의 서로 다른 과업을 사용해서 과업들을 역균형화해야 할 것이다. 과업을 선택하는 것이 어려울 수 있지만 그것을 발견하는 가장 직접적인 방법은 연구의 피험자와 같은 연령의 아이들을 가르치는 교사에게 도움을 구하는 것이다. 교사가 예를 들어 전형적인 3학년 아이가 중간 정도로 어렵다고 느낄 두 가지 지적 과업을 선택하는 것을 도울 수 있을 것이다. 당신이 선택한 두 개의 과업을 A와 B라고 부르자. 적절한 균형과 설계의 개관이 〈표 12-3〉에 제시되어 있다.

실체 집단 피험자들이 수행 지시를 따르는 과업에서보다 학습 지시를 따르는 과업에서 더 형편없이 수행할 것이라고 예언된다. 반면에 도구적 증감 피험자들이 학습 지시를 따르는 과업에서 더 잘 수행하고 수행 지시를 따르는 과업에서 더 형편없이 수행할 것으로 예상된다.

이 연구 프로젝트는 실체 이론 검사를 개발하는 것을 제외하고는 할 만해 보인다. 하지만 피험자 변인, 특히 아이들의 피험자 변인에 대한 연구는 연구자에게 많은 어려움을 준다. 한 가지 문제는 윤리와 관련된다. 아이들이 실험에 참여하겠다는 진짜 사전 동의를 줄 수 없을 것 같기 때문에 아이들의 부모가 자신의 자녀가 참여하는 것에 동의해야 한다. 이것은 당신이 초등학교 교사에게 학생들의 검사를 허용한다는 동의를 얻어 내야 하고, 그런 다음 부모들이 동의서에 서명하도록 할 수 있어야 한다는 것을 의미한다. 당신의 교수가 이러한 목적에 부합할 동의서를 고안하는 것을 도와줄 수 있을 것이다.

표 12-3 두 개의 과업(A와 B)과 두 종류의 지시(수행 지시와 학습 지시)의 결합을 위한 설계와 역균형화

표의 수는 각 조건의 피험자의 수를 나타낸다. 각 집단의 피험자의 총수는 16명이 될 것으로 추정한다.

집단	첫 번째 검사	두 번째 검사
	(4) A과업/수행	B과업/학습
	(4) B과업/수행	A과업/학습
실체 집단	(4) A과업/학습	B과업/수행
	(4) B과업/학습	A과업/수행
	(4) A과업/수행	B과업/학습
도구적 증감 집단	(4) B과업/수행	A과업/학습
	(4) A과업/학습	B과업/수행
	(4) B과업/학습	A과업/수행

해결해야 할 또 다른 문제는 아이들의 연령이다. 이전 대부분의 연구는 초등학교나 중학교 아이들을 참여시켰고, 이것이 여기서도 안전한 시도가 될 것이다. 만약 아이가 너무 어리면, 말하자면 유치원생 나이라면 그들은 똑똑한 것이 무엇을 의미하는지에 대해 제대로 발달된 이해를 갖지 못할 수도 있다. 반면에 고등학생들은 지능에 대한 그들의 믿음이 너무 세련되어서 당신이 피험자들을 서로 다른 집단으로 생성하지 못할 수 있다. 하지만 Dweck, Mangels와 Good(2004)은 대학생들에서 지적 동기를 성공적으로 향상시킨 실험에 대해서 보고한다.

여전히 성별과 관련된 다른 문제도 있다. 당신은 소년만, 소녀만, 또는 양자 모두를 검사하기를 원하는가? Dweck과 동료들(2004)은 소년과 소녀들이 학습 상황과 수행 상황에서 다른 식으로 반응한다고 보고한다. 그래서 최소한 당신은 당신의 연구 집단 각각에 각 성을 같은 비율로, 예를 들어 각 집단에 소년을 45%로 참여시키길 원한다. 반면에 당신이 소년과 소녀가 연구 상황에서 서로 어떻게 다른지에 관심이 있다면, 당신은 추가적인 피험자 변인으로 성별을 포함시킬 것을 고려할 수 있다.

피험자 변인에 대한 연구는 종종 매우 흥미롭고 빈번히 실용적인 중요성을 갖는 질문과 관련된다. 하지만 피험자 변인은 선택되는 것이고 조작되지 않는다는 사실을 잊지 말라. 당신이 도출하는 결론은 당신이 진짜 독립 변인을 가지고 작업하고 있지 않다는 것을 알아야 한다.

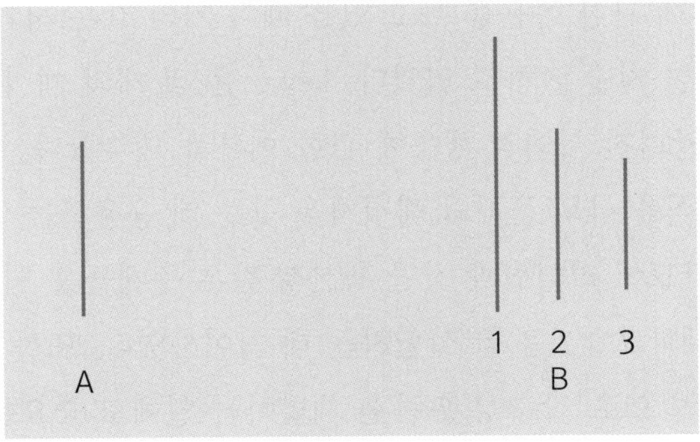

[그림 13-1] Asch가 사용한 지각 변별 과제

피험자들은 3개의 비교 선분(B) 중 어느 것이 기준 선분(A)과 길이가 같은지를 판단하도록 요청받았다. 만약 당신이 대답하기 전에 5명 모두가 비교 선분 3이 정답이라고 말한다면, 당신은 어떻게 대답했을까?

지 않는 통제조건도 있었고, 이 조건에서는 진짜 피험자들의 5%만이 오류를 범했다. 아이러니하게도, Asch의 고전적 실험은 사람들이 감각에 대한 객관적 증거가 있을 때는 집단의 영향에 저항한다는 사실을 보여 주기 위한 것이었다. 오답 쪽으로의 집단 압력이 있었음에도 불구하고, 실제로 Asch의 연구에서 63%의 반응은 정반응이었다. 그러나 사회심리학자들은 수많은 피험자가 동조했음을 강조하고 있다. 아마도 미국 사회에서 독립성보다 동조라는 것이 더 놀라운 일이거나 논란거리이기 때문일 것이다(Friend, Rafferty, & Bramel, 1990). 더 최근에 Asch의 결과는 기억 영역으로 확대되었다. 피험자들에게 일반적인 가정 장면 슬라이드를 보여 주었다. 그 후 피험자 쌍에게 슬라이드에 있었던 항목들을 차례로 기억하도록 하였다. 피험자는 모르게, 다른 참가자는 고의적으로 슬라이드에 없었던 가정 항목을 기억하도록 한 실험협조자였다. 재미있는 것은 '기억의 사회적 오염'이었다. 즉, 나중에 피험자들은 실험협조자가 제시했을 뿐인 물건을 슬라이드에서 보았다고 주장하였다(Meade & Roediger, 2002; Roediger, Meade, & Bergman, 2001). 연구는 사회적 오염이 범죄 사건에 대한 목격자의 기억을 왜곡시킬지도 모른다는 사실을 시사하고 있다(Gabbert, Memon, & Allen, 2003).

요약하면, Sherif의 실험과 Asch의 실험은 집단의 판단이 개인에게 큰 힘을 갖고 있을 수 있음을 보여 준다. 그러나 이후의 연구는 집단의 영향을 줄여 줄 수 있는 여러 요인을 알아냈다. 예를 들어, 만약 피험자 앞에서 대답하는 한 명의 실험협조자가 집단에 따르지 않고 정답을 말하면, 대개는 피험자들도 역시 다수에 따르지 않고 정답을 말할 것이다.

Sherif가 사회규범에 관한 논문을 쓰고 있을 때와 거의 같은 시기에 Lewin도 사회심리학에 관한 광범위한 저술을 하고 있었다. Lewin은 몇 개의 재미있는 실험뿐만 아니라, 장 이론이라고 알려진 사회적 행동에 관한 이론을 내놓았다. 또한 그는 사회심리학자들이 수집한 지식을 사회 문제의 해결책을 찾는 데 응용하는 일에 많은 관심을 두었다. 그는 MIT 대학교에 리더십과 집단 생산성 같은 주제들을 연구하는 집단역학 연구소(지금은 미시건 대학교에 있음)를 설립하는 데 기여하였다. 또한 그는 복잡한 인간관계에 대처하는 한 방법으로 '감수성 훈련'을 개발하는 일에도 중요한 역할을 하였다.

오늘날 사회심리학은 과학적 심리학 내에서 가장 큰 학문 분야 중 하나이다. 사회심리학자들은 공격성, 매력, 이타 행동과 도움 행동과 같이 대부분의 사람이 관심 갖는 많은 이슈를 이해하기 위해 과학적 방법을 사용하고 있다. 그러나 대부분의 사람이 사회심리학에 관심이 있고, 사회심리학 주제들에 대해 어떤 생각들을 갖고 있을 수도 있기 때문에, 때로 사람들은 그 현상과 이론들을 단지 상식으로 간주하는 경향이 있다. 더 나쁘게, 어떤 사람들은 이 영역은 실험법의 논리를 지닌 과학적 방법으로 접근해서는 안 된다고 생각하기도 한다. Lewin(1948)은 몇 년 전에 다음과 같이 이런 생각에 반대하였다.

> 수천 년 동안 인간이 매일같이 떨어지는 물체를 경험했다는 사실이 중력에 관한 올바른 이론을 만드는 데 충분하지 않았다. 덜 적합한 개념을 더 적합한 개념으로 바꾸기 위해서는 진리를 체계적으로 찾아내는 일련의 매우 평범하지 않은, 인위적인 경험들로 된 소위 실험이 필수적이다. 사회적 세계에서 한 직접 경험이 저절로 정확한 개념을 형성하도록 혹은 적합한 고정관념을 만들도록 이끈다고 가정하는 것은 이치에 맞지 않다(pp. 60-61).

13.1 실험 주제 및 연구 예시

주제 실험 통제

예시 권위에 대한 복종

심리학자들은 행동의 원인을 발견하기 위해 실험을 한다. 첫째, 연구자는 관심 있는 문제를 선정한다. 어떤 행동이 왜 일어날까? 둘째, 그 행동에 대한 임시적인 설명인 가설을 제안한다. 통상 가설은 그 행동을 유발하는 혹은 결정하는 요인을 명시하고 있다. 만약 가설에서 그 행동의 원인으로 꼽은 한 요인이 정확하게 제시되면, 그 요인이 체계적인 방식으로 조작되었을 때 실제로 그 행동에 영향을 줄 것인가? 실험에서 조작되는 요인을 독립 변인이라 부르고, 측정되는 행동을 종속 변인이라 부른다. **실험 통제**(experimental control)란 행동의 변화가 다른 요인들에 의해서가 아니라 독립 변인에 의해 유발된 것임을 연구자가 확신할 수 있도록 하기 위해, 실험 상황에 있는 다른 요인들을 통제하는 것이다. 관심사인 행동이 복잡한 것일수록 그 상황의 모든 다른 관련 측면을 통제하는 것이 더 어려워진다.

실험 오차(experimental error)는 관심사인 종속 변인의 변화가 독립 변인보다는 다른 어떤 요인에 의해 생긴 것일 때 발생한다. 실험 통제는 실험 오차를 줄이거나 제거하기 위한 것이다. 실험 오차의 한 가지 주요 원천은 **혼입**(confounding)이다. 이는 의도치 않게 2차 변인이 관심사인 독립 변인에 따라 달라질 때 생긴다. 혼입이 발생할 때, 연구자는 독립 변인이 종속 변인의 변화를 만들었는지, 아니면 혼입된 2차 변인이 그것을 만들었는지의 여부를 확신할 수 없다.

혼입에 의해 발생하는 실험 오차를 줄이는 데 사용할 수 있는 몇 가지 방법이 있다. 가장 직접적인 접근 방법은 오직 독립 변인만이 조작되도록 하기 위해 관심 있는 다른 변인들을 모두 통제하는 것이다. 이전에 다루었듯이, 일정하게 만든 요인을 **통제 변인**(control variable)이라 부른다(3장 참조).

때로는 어떤 변인을 실험의 모든 조건에 걸쳐 엄격히 통제하는 것이 불가능하다. 이럴 때는 다른 기법을 사용해야 한다. 예를 들어, 피험자간 실험설계를 사용할 때 이런 문제가 발생한다. 만약 독립 변인의 조작에서 다른 실험조건과 통제조건 두 조건이 있다면, 연구자는 역시 두 조건에서 다른 2차 변인의 존재를 원하지 않는다. 그러나 피험자간 설계에서 이미 만들어져 있는 조건들(각기 다른 사람들이 두 조건에서 테스트받는 경우)에는 적어도 한 가지의 다른 차이가 있다.

피험자간 설계에 있는 사람들이 지니고 있는 것과 같은 어떤 변인을 통제하는 것이 불가능할 때, 실험자는 그것의 영향을 줄이기 위해 그 변인을 무선화한다. 그래서 만약 연구자가 피험자간 설계를 사용한다면, 참가자들을 조건에 무선으로 할당한다. 참가자가 실험에 도착하면, 연구자는 그들을 조건에 할당하기 위해 그 난수표의 가로 열에 있는 숫자를 사용할 수 있을 것이다. 만약 두 조건이 있다면, 홀수가 나온 사람들은 한 조건에, 짝수가 나온 사람들은 다른 한 조건에 할당하면 된다.

무선화(randomization)는 한 실험에 있는 참가자 집단 간에 체계적인 어떤 차이가 있을 가능성을 최소화시킨다. 무선화가 없으면, 실험자는 집단 간 차이가 독립 변인과 혼입되어 실험 결과에 영향을 줄 위험을 무릅쓰는 것이다. 비록 두 조건에 각기 다른 사람들이 할당되었지만, 연구자는 두 조건의 참가자들이 여러 중요한 점에서 평균적으로는 비슷하다고 확신할 수 있다. 그래서 만약 두 조건 간의 행동이 통계적으로 유의한 차이가 있다면, 안심하고 그것이 두 조건에 각기 다른 사람들이 있기 때문에 생긴 것이 아니라 독립 변인의 작동으로 인한 결과라고 볼 수 있다.

사회심리학 연구에서 연구자들은 일반적으로 이 책에 나온 것들보다 더 복잡한 상황에 관심이 있다. 사회적 상황에서는 주변에 있는 타인의 수, 다른 사람들의 행동과 태도, 대인 간의 역동, 통제할 수 없거나 예측할 수 없는 방식으로 발생하는 사건들이나 사회적 상호작용과 같은 많은 요인이 사람들의 행동에 영향을 줄 수도 있다. 즉, 사회적 상황에서는 연구자가 종속 변인에서의 어떤 변화가 독립 변인으로 인해 발생한 것으로 확신하려면 독립 변인 이외의 많은 변인을 통제하거나 무선화해야 한다.

우리가 어떻게 통제된 장면에서 복잡한 사회적 현상의 연구를 시작할 수 있나? 예를 들어, 권위에 대한 복종(obedience) 문제를 생각해 보자. 어떻게 한 사람 혹은 권위 있는 사람들의 집단이 다른 사람으로 하여금 명령에 따르도록 할 수 있나? 특히 그 명령이 타인을 향한 행위이거나 비도덕적 행위를 하라는 것일 때 말이다. 이런 가장 끔찍한 사건은 20세기 나치 독일에서 일어났고, 나치의 한 미치광이 간부 집단이 독일과 점령국 사람들의 상당수를 조직적으로 죽이는 프로그램을 만들었다. 그 계획의 실행에는 독일 국민 대부분의 암묵적 승인과 그렇지 않았다면 정상적인 사람들의 행위가 포함되어 있다.

복종을 실험실에서 연구하기 위해서는 권위자의 지각된 권력, 참가자가 수행할 행동, 불복종으로 인해 예상되는 결과, 또래 압력의 영향, 포함된 정치적 혹은 이념적 이슈 등과 같은 매우 많은 요인을 고려할 필요가 있다. 그리고 우리는 어떻게 복종을 측정할 것인가? 우리가 어떻게 다른 요인들을 일정하게 만들면서 결정적인 요인을 연구하기 위해 이 복잡한 현상을 통제된 상황으로 가져올 수 있나?

Milgram(1974)은 이 주제에 대한 책을 구성한 일련의 훌륭한 실험을 통해 이 물음에 대답하였다. 우리는 면밀한 검토를 위해 이 실험들을 복잡한 사회심리학적 주제를 실험실로 가져온 사례의 역사로 간주할 것이다. 원 실험들(Milgram, 1963, 1964a, 1965)은 모두 통제된 실험 상황에서 권위에 대한 복종을 만들어 내기 위해 공통적인 방법론을

[그림 13-2] Milgram의 권위에 대한 복종 연구의 학생(혹은 희생자) 역할자

만약 누군가가 당신에게 심각한 해를 입히도록 지시한다면, 당신은 그런 모험을 할 것인가? Milgram의 결과는 당신이 그럴 것임을 시사한다.

출처: 펜실베이니아 주립대학교 미디어 판매에서 배포한 THE OBEDIENCE.

사용하였다. 첫 번째 연구에서 Milgram(1963)은 예일 대학교에서 진행되는 기억과 학습에 관한 연구에 참여하라는 광고를 보고 찾아온(보수를 위해) 남성 참가자들을 사용하였다. 한 참가자가 실험실에 도착했을 때, 그는 자신의 역할을 훈련받은 47세의 회계사인 다른 한 참가자(실제로는 실험협조자)를 만난다. 그 실험협조자는 온화한 매너를 지녔고 호감 있게 보였다([그림 13-2]). 참가자들은 처벌이 기억에 미치는 영향에 대해 알려진 바가 너무 없어서, 이 주제에 대한 과학적 연구에서 그들 중 한 명은 교사, 나머지 한 명은 학생이 된다는 설명을 들었다. 그들은 누가 어떤 역할을 맡을 것인지 결정하기 위해, 모자 속에 있는 종이쪽지를 뽑지만, 사실상은 아무것도 모르고 있는 순박한 참가자가 항상 교사, 실험협조자는 학생이 되도록 조작되어 있었다. 실험자는 흰 실험복을 입고 있는 약간 엄격해 보이는 31세의 생물 교사 역할을 하였다. 학생은 과도한 움직임을 방지하기 위해 전기의자에 묶였고, '물집과 화상을 막기 위해' 접착 풀로 그의 팔에 전극을 설치하였다. 학생의 질문에 대해 실험자는 '전기충격이 상당히 고통스러울 수 있지만, 영구적인 근육 손상을 입히지는 않는다'고 말했다(Milgram, 1963, p. 373).

교사 역할의 참가자는 학생에게 쌍으로 된 연상어 목록을 읽어 주고, 나중에 하나의 자극어와 하나의 정답이 포함된 4개의 선택지가 있는 목록으로 학생을 테스트하라는 요청을 받았다.

학생 역할을 맡은 실험협조자에게는 4개의 선택지 중 정답을 골라서 큰 소리로 말하도록 하였다. 만약 그가 틀리면, 교사 역할의 참가자는 전기충격 장치에 있는 스위치를 눌러 학생에게 전기충격을 주도록 하였다. 비록 실험협조자가 실제로 전기충격을 받지 않지만, 참가자에게 그 전기충격 장치가 진짜라고 믿도록 만들기 위해 실험이 시작될 때 실험자가 그에게 맛보기로 전기충격을 주었다. 실험이 진행되는 동안, 교사는 학생이 문제를 틀릴 때마다 전기충격의 강도를 높이도록 요청받았다. 주요 종속 측정치는 순진한 참가자가 주는 전기충격의 크기이었다. 전기충격 장치는 15~450볼트라고 분명히 표시되어 있는 30개의 스위치로 구성되어 있었다. 7개의 스위치들(4개마다 하나씩)에는 참가자들에게 다음과 같은 언어적 표기로 각 스위치의 명칭이 붙어 있었다. (왼쪽부터 오른쪽으로) 약한 충격, 중간 충격, 강한 충격, 매우 강한 충격, 심한 충격, 극히 심한 충격 및 위험: 심각한 충격. 오른쪽 끝의 두 스위치에는 XXX 표시가 있었다.

시작부터 학생 역할의 실험협조자는 문제의 답을 틀린다. 그래서 교사 역할의 참가자는 점차 전기충격을 높여 가게 된다. 원 연구에서 실험협조자는 교사에게는 보이지 않는 곳에 있었지만, 교사가 그의 소리는 들을 수 있었다. 그의 반응들은 테이프 녹음으로 표준화되어 있었다. "75볼트가 시작되자 학생은 신음소리를 내기 시작한다. 150볼트에서 그는 실험에서 나가기를 요구한다. 180볼트에서는 더 이상 고통을 참기 힘들다고 울부짖는다. 300볼트에서는 더 이상은 대답하기를 거부한다. …… (그때) 실험자는 교사에게 대답이 없는 것은 틀린 답으로 간주하고 통상적인 전기충격 절차를 따르도록 지시한다."(Milgram, 1965, p. 61)

이 실험 절차에 참가했던 모든 사람은 매우 불안하고 혼란스러워 보였고, 자신들이 다음에 무엇을 해야 하는지에 대해 실험자에게 자주 물었다. 사람들이 계속하기를 주저할 때마다, 실험자는 명령에 따르라는 일련의 지시문(명령에 따르도록 촉구하는)을 갖고 있었다. 첫 번째는 약간 부드러웠다("계속하세요."). 다음은 "당신은 실험을 계속해야 합니다.", 그다음은 "당신이 계속하는 것이 절대적으로 필요합니다.", 마지막으로는 실험자는 "당신은 선택의 여지가 없습니다. 계속해야만 합니다."라고 말하였다.

Milgram(1963)의 결과는 정말 놀랄 만하였다. 이 상황에서 테스트 받은 40명 중 26명

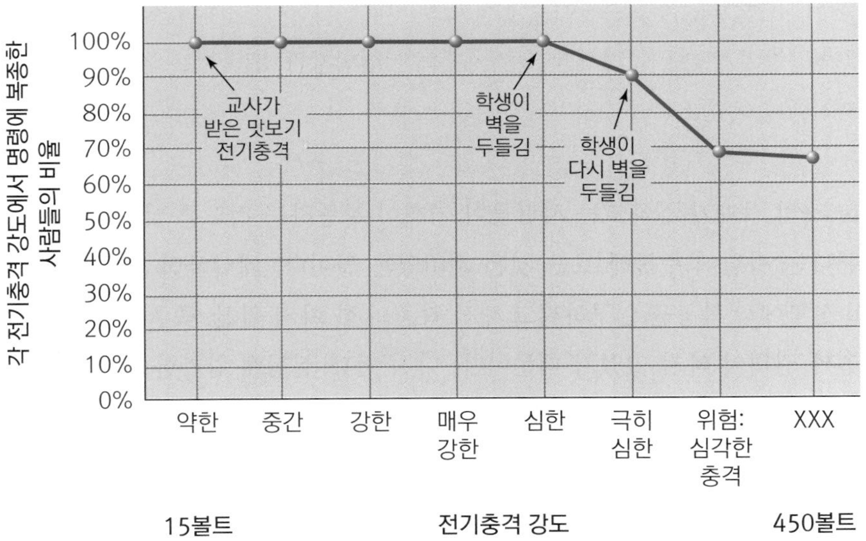

[그림 13-3] 여러 수준의 전기충격 강도별로 희생자(학생)에게 전기충격을 계속 가하라는 명령에 복종한 사람들의 비율

희생자(학생)가 고통스럽다고 반응하고 문제에 대해 대답을 중단할 때조차도 참가자의 약 2/3는 실험자에게 복종하여 '위험'과 그 이상에 해당하는 전기충격을 주었다.

출처: Baron, R. A., & Byrne, D. (1977). *Social Psychology: Understanding Human Interaction* (p. 292). Boston: Allyn and Bacon.

(65%)이 '끝까지 갔고', 실험협조자에게 모든 전기충격을 주었다. 반면, 14%는 300볼트 이후에서 계속하기를 거부하여 실험을 끝마쳤다. 그 결과는 [그림 13-3]에 나와 있다. 여기에 참가한 사람들은 무감각하고 잔인한 고문을 하는 사람들이 아니었다. 그들은 이 상황에서 상당한 갈등을 느꼈던 (당신과 같은) 정상적인 사람들이다. Milgram의 책 한 챕터에는 많은 피험자가 고뇌했지만, 그럼에도 불구하고 실험자의 지시에 따라 계속 진행했음을 보여 주는 기록들이 담겨 있다. 대부분의 참가자는 땀을 많이 흘렸고, 많은 사람이 몸을 떨고 있었다. 그들의 괴로움을 보여 주는 또 하나의 증후는 신경질적인 웃음으로, 몇몇 피험자는 이것을 통제하지 못하였다. 그 실험을 본 한 사람은 다음과 같이 언급하였다.

나는 한 성숙한 그리고 첫 모습이 사업가로 보이는 사람이 웃으면서 자신감 있게 실험실에 들어오는 것을 보았다. 20분 이내에 그는 불안해하고, 말을 더듬고, 빠르게 신경 쇠약에 빠져 있는 사람으로 바뀌었다. 그는 계속적으로 자신의 귓볼을 당기

> 고 손을 비틀었다. 어느 순간에는 주먹으로 이마를 치면서 "신이여, 중단하게 해 주세요."라고 중얼거렸다. 그렇지만 그는 계속해서 실험자의 모든 지시에 따라 움직였고, 끝까지 복종하였다(Milgram, 1963, p. 377).

Milgram의 사례가 실제로는 사람들이 기꺼이 복종하는 정도를 낮게 보여 주었을지도 모른다는 사실에 주목해 보는 것은 재미있는 일이다. 왜냐하면 Milgram이 통제된 실험실 상황에서 복종을 연구하려고 해서 복종의 한 가지 원천, 즉 사람의 행동에 가해지는 진짜 권력이 빠져 있었기 때문이다. 다시 말해 실험에 참가한 남자들은 실험 밖으로 나가 버릴 수도 있었고, 불복종을 한다고 해도 어떤 부정적인 타격을 입지 않았다. 그러나 대부분의 실제 세상 상황에서는 권위자는 자신의 명령에 따르지 않는 사람에게 피해를 줄 수 있는 권력을 갖고 있다. 부모, 교사 및 법 집행관은 불복종하는 사람을 처벌할 수 있다. 그러므로 Milgram의 연구가 자연 상태에서 일어나는 복종의 모든 필수 요소를 다 잡아낸 것은 아니었다. 그러나 실제 세상 상황과 Milgram 실험실 상황의 차이가 그의 공로를 평가 절하시키지는 않는다. 그보다 그가 불복종에 대한 처벌의 위협이 없는 상태에서도 그처럼 높은 수준의 복종을 얻었다는 사실로 볼 때, 그의 예는 더욱 놀랄 만한 것이다. 만약 실험자가 그 사람들에 대한 어떤 실질적인 권력을 갖고 있었다면, 사람들은 훨씬 더 복종적이었을 것으로 예상할 수 있다.

변인의 도입

종속 변인

종종 사회심리학 연구의 종속 변인은 피험자들에게 어떤 실험 처치를 한 후, 질문지에 응답하게 함으로써 얻는 선호(혹은 호감, 신념 등)에 대한 측정치이다. 예를 들어, 실험에서 피험자들에게 다른 사람들을 얼마나 좋아하는지 혹은 싫어하는지를, 혹은 낙태는 살인이라는 주장에 대해 얼마나 동의하는지를 7점 척도상에 판단하도록 요청한다. 통상 이런 측정치들은 어떤 방식으로든 판단에 영향을 주도록 설계된 실험 처치가 주어진 이후에 얻어진다. 비록 질문지 기법으로 많은 유용한 정보가 얻어지지만, 점차 사회심리학자들은 자기보고에 의존하지 않는 기법들로 방향을 전환하고 있다. 예를 들어, 실험자들은 행동 측정치를 이용할 수도 있다. 공격성 실험에서 한 사람이 또 다른 피험자에게 얼마나 많은 전기충격을 주었는지를 가지고 공격성을 측정할 수 있다(실제로 다른 사람, 즉 실험자의 실험협조자는 전기충격을 받지 않는다). 가장 최근에는 사회심리학자들이 반응시간과 기억과 같은 종속 측정치에 의존하고 있는 인지심리학자들과 같은 기법을 많이 사용하고 있다. 예를 들어, 피험자들은 자신이 다른 참가자들을 좋아하는 정도에 따라 그들의 행동을 선택적으로 기억할지도 모른다. 일반적으로 우리가 얻을 수 있는 측정치들이 가설에 있는 실체(예, 공격성)와 일치할수록, 실험에서 발견한 독립 변인과 종속 변인 간의 관계를 더 확신할 수 있다.

독립 변인

사회심리학 실험의 독립 변인들은 대개 사회적 상황이나 조작될 수 있는 상황 속에 있는 사람들의 특성이다. 태도 변화에 관한 실험에서 어떤 입장(예, 낙태는 살인이다)을 지지하는 데 사용된 주장의 수를 조작함으로써 메시지의 설득력을 다르게 만들 수 있다. 기온이 오를수록 공격성도 증가한다는 가설을 검증하는 실험에서는 실험자가 어떤 사람과 실험협조자 사이에 공격 행동이 일어날 수 있도록 방 안의 온도를 다르게 할 수도 있다. 동조 실험에서 연구자는 피험자가 더 쉽게 동조하는지의 여부를 알아보기 위해 그가 내려야 하는 판단에 동의하지 않는 사람의 수를 다르게 할 수도 있다. 성과 인종 같은 실험 참가자들의 특성에 관한 변인들도 연구할 수 있다. 사람들은 자신과 같은 성 혹은 인종의 사람을 더 돕는가(혹은 그에게 더 공격적인가, 더 좋아하는가, 그에게 더 동의하는가)?

통제 변인

사회심리학 연구에서 실험 통제의 도입은 매우 까다롭다. 왜냐하면 다루는 상황이 대개는 복잡하기 때문이다. 실험에서 독립 변인과 종속 변인 간의 관계에 대한 확고한 추론을 위한 필수 조건인, 다른 요인들을 일정하게 하면서 한 요인 혹은 몇몇 요인을 다르게 만드는 일이 종종 매우 어렵다. 다음 절에서 이 이슈를 다룬다.

❍ 복종을 고무시키는 조건

당신은 Milgram 연구에 대한 설명을 볼 때, 실험에 있어야 할 핵심적인 무엇인가가 부족함을 주목했을 것이다. 그 연구에는 독립 변인의 차이가 없었다. 그래서 이 상황에서 권위에 대한 복종을 증가시키거나 감소시키는 조건에 관해 어떤 정보도 얻을 수 없었다. 비록 Milgram이 실험실 복종을 만들기 위한 통제된 상황을 사용했지만, 그의 첫 번째 연구는 하나의 실험이라기보다는 하나의 예시로 보는 것이 더 낫다. 왜냐하면 그 연구에는 독립 변인의 조작이 없었기 때문이다. 물론 Milgram은 이런 사실을 알고 있었고, 그것에 반박도 하지 않았다. 원 보고서에서 그는 절차를 체계적으로 변형하여 복종에 필수적인 조건들에 관한 유용한 정보를 얻을 수 있는 내용을 보여 주었다. 또한 그는 이후의 실험들에서 이처럼 변형시킨 것들 중 몇 가지를 보여 주었다.

원 연구에서 복종을 고무시킬 수 있는 하나의 요인은 실험 장소였다. 원 연구는 아마도 참가자들이 (적어도 실험 전에는) 높게 평가하는 기관인 예일 대학교에서 진행되었다. 그래서 예일 대학교의 대중적인 명성이 복종을 이끌어 내는 데 도움을 주었을 것이다. 왜냐하면 이 같은 명문 기관이 나쁜 목적으로 사용된다는 전제가 허용되지 않았을 것이기 때문이다. Milgram(1965)은 그 연구가 허구 회사인 브리지포트 연구협회(Research Associates of Brideport)의 지원으로, 코네티컷 브리지포트의 약간 지저분한 지역에 있는 낡은 빌딩에서 이루어졌다는 사실을 제외하고는 거의 모든 점에서 원 연구와 유사한 이후의 한 연구를 보고하였다. 비록 브리지포트 연구에서 복종이 줄어들었지만(최대 전기충격을 준 비율이 48%였다. 원 예일 대학교 연구에서는 65%), 그 차이는 분명히 통계적으로 유의한 것은 아니었다. Milgram은 예일 대학교의 명성이 원 연구에서 높은 수준의 복종을 이끌어 낸 원인은 아니라고 결론 내렸다. 이 결론은 영 가설을 기각하지 못했다는 사실에 근거하기 때문에(3장 참조), 이를 믿어도 될지는 의심스럽다. 특히 두 연구 간에 약간 큰 차이(17%)가 있었기 때문이다.

만약 예일 대학교 연구에 비해 브리지포트 연구에서 복종이 유의하게 감소하였다면, Milgram이 이 연구로부터 어떤 결론을 내렸을지를 묻는 것은 흥미 있는 일이다. 그는 그 결과가 실험 장소(예일 대학교 대 허름한 사무실 빌딩) 때문이라고 결론 내릴 수 있을까? 대답은 '아니다' 혹은 적어도 '꼭 그렇지는 않다'이다. 왜냐하면 장소 이외에도 두 상황 간에는 많은 조건(예, 도시와 연도)이 달랐기 때문이다. 즉, 적어도 몇 가지 변인이 잠정적으로 혼입되어 있다. 장소가 달라서 그런 결과가 나왔을 수도 있다. 왜냐하면 실험자와 실험협조자는 두 연구에서 동일했기 때문이다. 그러나 일반적으로 서로 다른 실험들의 조건을 비교하여 결론을 이끌어 내는 것은 위험한 일이다. 왜냐하면 우리가 모든 다른 조건이 동일하였고 혼입이 없었다고 확신할 수 없기 때문이다. 만약 모집광고를 보고 찾아온 브리지포트의 지원자들이 예일 대학교 연구의 표본과 직업이나 사회경제적 지위가 다른 것으로 드러났다면, Milgram은 어떤 결론을 내릴 수 있었을까? (사실 두 연구의 표본은 특별히 다르지는 않았다.) 두 연구의 복종 크기가 차이 나는 이유를 찾기 위해, 그는 추가적인 실험을 해야만 했다. 첫째, 그는 어떤 요인들이 그 차이를 초래한 요인들(예, 사회경제적 수준, 연령, 직업)이라는, 타당해 보이는 가설들을 수립할 수 있었다. 다시 말해, 실험에 따라 여러 통제되지 않은 변인이 달라서(즉, 혼입되어서), 다른 결과들이 발견되었을 때 혼입된 요인들 중 어떤 것이 행동의 차이를 초래했는지 결정하기 위해 각 혼입 요인들을 분리해서 따로따로 다르게 해야 한다.

계속된 실제 실험들에서 복종에 상당한 영향을 주는 다른 변인들이 발견되었다. 실험에서 전기충격을 주도록 되어 있는 교사로 다른 사람들을 투입했을 때(그들은 실제로는 실험협조자임), 그 사람들의 행동은 진짜 참가자의 행동에 큰 영향을 주었다. 한 사례에서 Milgram(1965)은 두 명의 실험협조자에게 미리 정해 준 전기충격 강도에서 계속하라는 명령을 거부하도록 지시하였다. 그 결과는 [그림 13-4]에 제시되어 있고, 그림은 다른 사람들이 명령을 거부할 때 더 많은 진짜 피험자가 계속하기를 거부할 수 있었다는 사실을 보여 준다. 반대로 또 다른 실험에서는 두 명의 동료가 한목소리로 진짜 피험자에게 전기충격 강도를 높이라고 부추길 때, 진짜 피험자는 혼자서 전기충격 강도를 정할 때보다 훨씬 더 큰 전기충격을 주었다(Milgram, 1964a).

Milgram(1965)이 시도한 또 하나의 재미있는 조작은 교사와 희생자(학생)의 거리를 달리하여 한 조건에서는 교사가 희생자의 신음과 불평 소리만 들을 수 있었고, 또 다른 조건에서는 교사가 희생자를 볼 수 있도록 같은 방에 있도록 하였으며, 또 다른 한 조건에서는 실제로 참가자에게 매 시행에 학생의 팔을 금속 전기충격 판에 강제로 누르

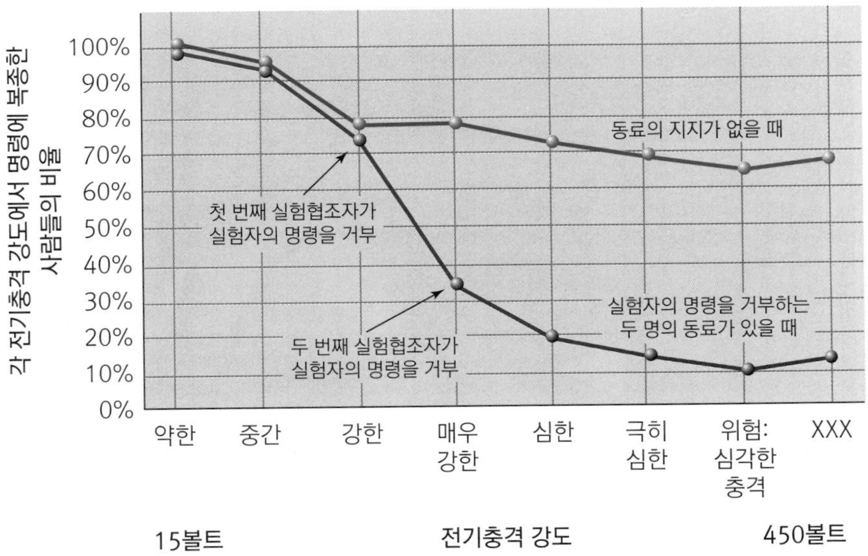

[그림 13-4] 집단 압력이 권위에 대한 저항에 미치는 영향

동료의 지지가 없을 때, 사람들의 65%가 실험 동안 점점 더 강한 전기충격을 주라는 실험자의 명령에 계속하여 복종한다. 실험자에게 저항하는 동료가 있을 때는 사람들의 단지 10%만이 실험자의 명령에 계속해서 복종한다.

출처: Baron, R. A., & Byrne, D. (1977). *Social Psychology: Understanding Human Interaction* (p. 297). Boston: Allyn and Bacon.

도록 지시한 것이었다([그림 13-5]). 학생이 가까이 있을수록 각 조건에서 실험자의 지시에 끝까지 복종한 비율은 74%에서 40%로, 30%로 감소하였지만, 학생의 손을 누르고 해야 할 때조차도 거의 1/3이 계속해서 전기충격을 주었다는 사실은 여전히 놀랄 만하다.

Milgram의 복종 연구는 사회적 영향에 관한 재미있고 복잡한 문제가 어떻게 비교적 잘 통제된 사회심리학 실험실 상황에서 연구될 수 있는지를 볼 수 있도록 해 준다. 비록 복종의 모든 측면을 실험실로 가져온 것은 아니지만(예, 앞서 언급한 것처럼 명령하는 사람이 진짜 참가자에 대한 실제 권력을 갖고 있지 않다), 여전히 그 상황은 극적으로 높은 수준의 복종을 만들어 내기에 충분하였다.

이 주제를 마치기 전에, 우리는 세 가지 이슈를 간단히 언급하려 한다. Milgram의 연구를 본 많은 사람은 '나는 그렇게 하지 않았을 것이다.'라고 말한다. 요점은 적절한 장소였다면 당신도 아마 그랬을 것이라는 점이다. 예일 대학교 학생들을 원래 상황에서 연구해 보았다. 그들의 결과도 뉴헤이븐[1] 지역에 있는 '실제 사람들'의 결과와 차이가 없었다. 최근에 Burger(2009)는 그 지역에서 모집한 진짜 참가자들을 사용하여 부분적

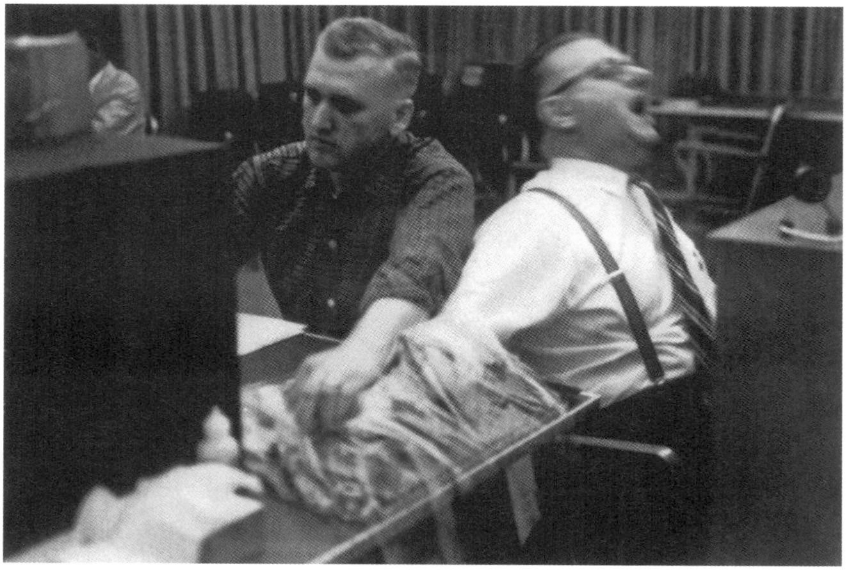

[그림 13-5] 실험협조자의 팔을 금속판에 강제로 누른 채, 전기충격을 주면서 복종하고 있는 실험참가자

출처: 펜실베이니아 주립대학교 미디어 세일에서 배포한 THE OBEDIENCE

1) 역주: 예일 대학교가 있는 도시

인 재검증 연구를 수행하였다. 이 재검증 연구의 복종비율은 이전에 Milgram이 원래 보고한 비율보다 약간 더 낮을 뿐이었다. 아마도 당신은 이것을 읽은 후에는 이 연구들에 대해 알기 때문에 Milgram의 상황과 정확히 똑같은 상황에 빠지지 않을 것이라고 주장하겠지만, 더 생각할 것도 없이 아마 당신도 비슷하게 행동했을 것이다(자신들이 어떻게 할지에 대한 사람들의 예상에 관한 더 최근의 자료는 Geher, Bauman, Hubbard, & Legare, 2002 참조).

종종 논란을 일으키는 Milgram 연구들의 두 번째 측면은 사람들을 이런 실험 절차에 투입하는 것이 윤리적이냐의 여부이다. 왜냐하면 실험 목적을 속인 상태로 그들의 협조가 얻어졌고, 그 절차가 그들에게 상당한 스트레스를 주기 때문이다. 이 이슈들은 Baumrind(1964)와 Milgram(1964b)에 의해 오랫동안 논의되었고, 우리는 관심 있는 독자들에게 이 논문들과 이 연구의 윤리적 이슈에 대한 논란을 다룬 Milgram(1974)의 책의 부록 I를 참조하라고 추천한다(우리는 윤리의 문제를 4장에서 다루었다).

마지막으로, Milgram이 자신의 저서에서 여러 번 지적하였던 것은 복종 그 자체가 무조건 나쁜 것은 아니라는 점이다. 실제로 우리 대부분이 우리 사회에서 많은 법과 권위자에게 복종하지 않는다면, 인생은 거의 감당하기 불가능할 것이다. 누군가에게 피해를 끼치는 명령에 복종하도록 요구할 때만이 복종이 바람직하지 못한 것이다.

복종과 Milgram 연구의 유산은 아직까지도 사회심리학에서 관심이 높다(Blass, 1999, 2002; Miller, Collins, & Brief, 1995; Zimbardo, 2007 참조). Milgram이 보여 준 복종에 대한 대안적인 이론적 설명들이 제시되고 있다(Nissani, 1990; Reicher, Haslam, & Smith, 2012). 더구나 『미국 심리학자(American Psychologist)』(64권 1호)의 특별판뿐만 아니라 『사회적 논제(Journal of Social Issues)』(51권 3호)의 전체가 권위에 대한 복종을 다루었다. 최근 중유럽과 중동에서 일어난 전쟁과 관련된 잔혹한 행위들을 감안하여 볼 때, 맹목적 복종에 대한 추가적인 이해가 있어야 할 것으로 보인다.

13.2 실험 주제 및 연구 예시

주제 **요구특성과 실험자 편향**

예시 **최면**

심리학 실험들은 전형적으로 엄격한 조사관에 의해서 통과해야 하는 많은 실험 통제를 하고 있다. 여기서는 가장 성실한 연구자도 간과할지 모르는 편향의 두 가지 원천을 다룬다. 그것은 실험자가 유도하는 편향과 피험자 자신이 유도하는 편향이다. 실험자 편향(experimenter bias)의 문제는 어쩌면 모든 과학 분야에 널리 퍼져 있다. 가장 나쁜 형태의 편향은 자료를 고의적으로 속이는 것이다. 생산적이어야 하고, 많은 논문을 출간하고, 연구지원 단체로부터 많은 연구비를 받기 위해서는 극적인 결과를 발견해야 하는 사회적 압력이 일부 연구자로 하여금 연구 결과를 속이도록 만든다. Broad와 Wade(1982)는 이 같은 사기가 문서화된 수많은 사례를 다루면서 그 문제를 자세히 논의하고 있다. 불행하게도, 감시하는 것과 위반자를 적발했을 때 처벌하는 것을 제외하고는 이런 종류의 사기를 줄일 수 있는 방법이 더는 없다. 이런 사기는 다른 연구자들이 그 연구를 재검증하고 확증하려 할 때 발견될 수 있다. 연구에서의 사기에 관해 추가적으로 고려할 점들은 4장에서 논의하였다.

실험자 편향이란 실험자가 알고 하는 사기일 뿐 아니라, 그가 알지 못한 상태에서 자신의 연구 결과에 미치는 한층 더 미묘한 영향을 말한다. 그런 영향은 일화적인 관찰에서뿐만 아니라 많은 연구에서도 언제나 있었다. 이 같은 더 은밀한 형태의 편향은 수많은 방식으로 무심코 끼어들 수 있다. 실험자는 각기 다른 조건의 참가자에게 약간 다르게 상호작용할지도 모른다. 즉, 지시문을 읽을 때의 목소리 톤과 강조하는 부분, 얼굴의 단서들, 몸동작 등이 다를지도 모른다. 실험자는 이런 영향을 알지도 못할지 모르지만, 각기 다른 조건들에서 피험자들이 어떤 방식으로 행동해 주기를 바라는 기대가 그들의 행동을 기대하는 쪽으로 변화되도록 돕는 데 어느 정도는 영향을 줄 수도 있다.

Rosenthal(1966, 1969, 2002, 2003)은 실험자 기대효과에 관한 연구(자신의 연구가 많음)를 개관하고, 이 문제에 대한 여러 가지 해결책을 논의하였다. 가장 효과적인 해결책 중 하나는 실험자가 연구 가설이나 실험에 참여한 피험자가 어떤 실험조건인지를 알지 못하도록 어떤 방식으로든 실험자를 실험과 격리시키는 것이다. 이 경우, 실험자는 실험조건들에 대해 맹목(blind) 상태에 있다고 말한다. 불행하게도, 실험자가 조건들을 관리해야 하기 때문에, 많은 연구에서 이 조건을 충족시키는 것이 어렵거나 현실적이지 못하다.

비록 잠재적으로 위험스럽지만, 실험자 편향의 문제가 때로는 생각만큼 심각하지는 않을 수도 있다. Barber와 Silver(1968)는 실험자 기대효과에 대한 연구를 철저히 분석하여, 이런 효과가 있다고 결론 내릴 만큼의 충분한 증거는 아직 없다고 주장한다. 이런 주장이 타당한지와 관계없이, 다른 요인들이 우리로 하여금 실험자 효과의 중요성이 종종 과장되었다는 생각을 갖게 만든다. 우리는 이 책에서 어떤 개인의 실험 결과는 일반화하기 전에 다른 비슷한 실험의 맥락에서 따져 볼 필요가 있다는 점을 반복적으로 강조하고 있다. 만약 특정 실험 결과가 중요한 것이라면, 그것이 적용되는 조건들, 그 결과에 포함된 기제의 설명 등을 밝히기 위한 많은 후속 연구가 있을 것이 확실하기 때문에 안심해도 된다. 이런 연구 과정에서 그 결과가 재발견되기를 희망하는 혹은 희망하지 않는, 그 주제에 대해 많은 다른 관점을 지닌 실험자들에 의해 그 기본적인 현상을 재검증할 기회가 많을 것이다. 만약 그 현상이 재검증된다면, 우리는 그것이 실험자 편향으로 인한 것이 아니라고 확신할 수 있다. 만약 그렇지 않다면, 어려운 부분이지만 실험자 편향에 의한 것이라고 의심할 수 있다. 중요한 점은 실험자 편향 또는 심지어 일부 연구자의 악의적인 부정행위가 정상적인 과학적 연구에서 발견된다는 점이다. 물론 계속해서 많은 경각심을 갖고 이런 결과를 막아야 한다. 그러나 결국은 실험자 편향의 영향을 과학적 철자에서 걸러질 것이다.

사회과학에서 독특하면서 잠재적으로는 더 강력한 편향의 원천은 참가자와 관련이 있고, 그것은 심리학 실험에서 참가자들이 예상하는 것이다. Orne(1962, 1969)은 심리학자들에게 이 문제를 인식하도록 만든 선구자이다. 그는 실험 참가자들은 실험자가 무엇을 기대하는지에 대한 어떤 일반적인 생각을 갖고 있으며, 아마도 실험자의 구체적인 목적을 파악하려 노력하고 있음을 지적하였다. 그들은 자신들의 웰빙을 위한 타당한 보호 조치가 이루어질 것이고, 실험자가 자신들에게 하도록 요청하는 것은 모두 유용한 목적을 위한 것이라고 생각할 가능성이 크다. 또한 그들은 이런 실험자의 목적을 알고 싶어 실험 상황에서 그 단서를 찾으려 애쓴다. 왜냐하면 많은 심리학 실험, 특히 Milgram의 복종 연구와 같은 사회심리학 실험은, 그 연구의 진짜 목적이 알려진다면 재미없는 결과(누구나 금방 실험자에게 복종하기를 거부할 것이다)가 나올 것이기 때문이다. 따라서 그 실험의 진짜 목적을 감추기 위한 정교한 속임이 포함되어 있다. 그러나 Orne이 지적했듯이, 때로는 진짜 목적이 상당히 드러난다. 목적이 드러나는 만큼, 사람들이 하는 예상이 실험에서의 자신의 행동에 영향을 주거나 혹은 행동을 결정하는 일반적인 문제를 일으킨다. Orne(1969)은 다음과 같이 언급하였다.

> 피험자가 결과에 관심을 갖는 한, 자신의 역할과 검증할 가설에 대한 그의 지각은 자신의 행동의 중요한 결정 요인이 될 것이다. 그의 행동을 지배하는 단서들(자신에

게 기대되는 것이 무엇인지, 그리고 실험자가 발견하고자 하는 것이 무엇인지를 알려주는)은 핵심적인 변인들이 될 수 있다. 얼마 전에 나는 이런 단서들을 '실험의 요구특성'이라 부르자고 제안하였다. 요구특성은 실험에 관한 소문, 실험 상황, 암묵적 혹은 명시적 지시, 실험자 자체, 실험자가 주는 미묘한 단서들, 그리고 특히 중요한 것으로 실험 절차이다(p. 146).

만약 어떤 실험의 결과가 실험 상황의 요구특성(demand characteristics)에 의한 것이라면, 그 결과는 다른 상황으로 일반화되지 않을 것이다. 자신이 실험의 일부분이라는 인식이 그 사람의 행동에 큰 영향을 줄 것이란 사실은 잘 알려져 있다. 우리는 이 장 뒷부분에 있는 '심리학 실습'에서 당신이 이 점을 입증할 수 있는 하나의 실습을 제안하고 있다.

모든 심리학 실험에서 사람들은 자신이 관찰되고 있으며 자신의 행동이 주의 깊게 감찰되고 있다는 사실을 인지하고 있다. 자신이 어떻게 행동해야 한다고 추정한 그들의 기대는 실험에서 그들의 수행에 큰 영향을 준다. 이런 종류의 또 다른 현상이 의학 연구자들에게 잘 알려져 있다. 그것은 위약효과(placebo effect)라고 한다. 이는 의학 연구의 환자에게 화학적으로 불활성인 물질을 주고 그것이 그들을 돕는 약이라고 말해 줄 때 종종 환자의 병이 호전되거나 고통이 완화됨을 보여 준다. 그래서 의학 연구에서 어떤 약을 평가할 때 그 약을 받은 환자 집단과 받지 않은 환자 집단을 비교하는 것으로는 충분하지 않다. 왜냐하면 약을 받은 환자들이 단순히 위약효과로 인해 개선될 수도 있기 때문이다(6장 참조). 그 대신 그 약의 효과를 위약효과와의 관계로 측정할 수 있도록 하기 위해 약을 받은 집단을 위약 집단과도 비교한다. 종종 이런 유형의 연구를 일방맹목 실험(single-blind experiment)이라고 한다. 왜냐하면 이 실험에서 사람들은 자신이 실제 약을 받았는지 혹은 위약을 받았는지 알지 못한다. 약을 관리하는 의사들이 환자의 처치에 대해 알지 못하도록 의학 연구에서 실험의 보호 조치가 확대되었다. 이런 유형의 이중맹목 실험(double-blind experiment)의 장점은 개선될 것이라는 환자의 기대도, 의사의 기대도 모두 결과에 영향을 미칠 수 없다는 것이다.

일련의 실험실 연구에서 Orne(1962)은 의미도 없고 지루해서 정상적인 참가자들이 수행하기를 거부하는 과제를 찾으려 하였다. 그는 최면의 영향하에 있는 참가자들에게 그 과제를 하도록 지시할 때, 그들이 그 과제를 할 것인지 혹은 안 할 것인지 알고 싶었기 때문에 그런 과제를 찾는 데 관심이 있었다. 한 실험에서 피험자들에게 각 열에 숫자가 무선으로 나와 있는 2,000장의 종이를 주었다. 사람들에게는 모든 종이의 각 열에 있는 숫자를 둘씩 최대한 많이 더하도록 하였다. 분명히 그것은 불가능한 과제였다. Orne은 통제집단의 사람들은 이를 빨리 알아차리고 계속하기를 거부할 것으로 예상하였다. 그러나 시계가 없는 사람들은 꾸준히 여러 시간 동안 끝까지 그 과제를 하였다. 이후 연구(과제를 한층 더 힘들고 의미 없는 것으로 만들 목적이었던)에서 사람들에게 숫자가 있는 종이 한 장을 완성하고 난 후에는 카드 한 장을 뽑아서 그 카드에 적힌 지시를 따르라고 말해 주었다. 각 카드에는 그 종이를 32조각으로 최대한 작게 찢고, 다음 장을 계속하라고 적혀 있었다. 여전히 그들은 몇 시간 동안 계속하였다. 그들에게 물었을 때, 그들은 자신들이 실험에 참여하고 있기 때문이라고 자신의 행동을 설명하였고, 분명히 실험자가 그런 요구를 할 만한 타당한 이유(인내심 검사 같은)가 있을 것이라고 생각하고 있었다.

연구자들이 최면 상태에 있는 참가자들에게 무슨 일을 시키더라도, 종종 놀랄 만큼 성공한다. 분명히 잘 알려진 결과 중 하나는 최면 상태의 참가자들을 누군가의 얼굴에 염산을 뿌리는 일과 독사를 손으로 잡는 일과 같은 여러 반사회적이고 파괴적인 행동을 하도록 만들 수 있다는 것이다(Rowland, 1939; Young, 1952). Orne과 Evans(1965)는 이 행동이 최면의 효과라기보다는 상황의 요구특성이 더 원인일 것이라고 의심하였다. 그들은 사람들에게 독사를 손으로 잡기, 연무가 나는 염산 속에서 동전 꺼내기, 실험자의 얼굴에 염산 뿌리기와 같은 일련의 위험한 행위를 하도록 요청하였다(그 절차들은 위험해 보이도록 설계되었지만, 그 행위들은 실제로는 안전한 것들이었다). 여기에는 몇 가지 처치조건이 있었다. ① 깊은 최면 상태에 있는 사람들, ② 최면 상태에 있는 척하도록 지시받은 가상 최면 상태의 사람들, ③ 최면인 척하라고 지시받지 않았지만, 실험자의 요구에 따르도록 압력을 받은 깨어 있는 통제집단의 사람들, ④ 실험자의 요구에 따르도록 압력을 받지 않은 깨어 있는 통제집단의 사람들, 그리고 ⑤ 실험의 일환이 아닌 상태로 그 과제를 수행하도록 요청받은 사람들이다. 그들의 행동에 영향을 주지 않도록 하기 위해, 이 연구의 실험자는 피험자들의 조건에 대해 알지 못하도록 하였다. 그 결과는 〈표 13-1〉에 요약되어 있다. 예상했듯이, 실험 상황에 있지 않은 사람들은 그런 반사회적 과제의 수행을 거부하였지만, 다른 연구자들이 보고한 적이 있듯이 최면 상태의 사람들은 지시받은 대로 그 과제를 수행한 비율이 높았다. 그러나 모든 모의 통제 참가자도 그 과제를 수행하였다. 만약 실험자의 요구를 따르라는 압력이 있다면 심지어 최면이 아닌 깬 상태의 통제집단 사람들도 상당한 정도로 그 과제를 수행하

표 13-1 실험자의 요청에 따라 위험한 과제를 수행한 참가자의 비율(%)

참가자 집단	독사를 손으로 잡기	염산 속 동전 꺼내기	실험자에게 염산 뿌리기
실제 최면 상태	83	83	83
가상 최면 상태	100	100	100
깬 상태에서 실험자의 압력이 있을 때	50	83	83
깬 상태에서 실험자의 압력이 없을 때	50	17	17
실험이 아닐 때	0	0	0

출처: Orne & Evans (1965)에서 발췌.

였는데, 이는 실험 상황의 힘을 보여 주고 있다.

결론은 최면이 그 반사회적 행동을 수행하게 만드는 데 필수적인 원인은 아니라는 것이다. 그보다는 실험 장면, 지시, 그리고 최면 상태에서는 어떻게 행동해야 하는지에 대한 사람들의 사고방식과 같은 실험 상황의 요구특성들로서 그 반사회적 행위를 하도록 만드는 데 충분하다. 아마도 사람들을 깊은 최면 상태에서 반사회적 행위를 하도록 유도할 수 있지만, 현재까지의 연구들은 최면이 그 행동의 원인이라는 주장을 지지하는 믿을 만한 증거를 제시하지 못하고 있다.

Orne과 Evans의 실험에서처럼, **모의 통제 참가자**(simulating control participants)를 사용하는 것이 요구특성의 문제를 해결하는 한 가지 방법이다. 그 논리는 의학 연구에서 위약 조건을 사용하는 것과 본질적으로 같은 것이다. 상황의 요구특성들은 실험조건과 모의 통제조건 모두에서 참가자들에게 똑같다고 가정할 수 있다. 만약 실험 처치(즉, 최면)가 진짜 효과가 있다면, 실험조건 참가자들의 행동은 모의 통제조건 참가자들의 행동과 유의하게 달라야 한다. 물론 이 논리의 한 가지 문제점은 차이가 발견되지 않았기 때문에 차이가 존재하지 않는다고 보는 것이다. 이는 영 가설을 수용하는 논리적 오류의 한 예이다. 최면 조건 참가자와 모의 통제조건 참가자 간에 차이를 발견하지 못한 것이 최면이 행동에 영향을 주지 않았음을 입증하는 것은 아니다. 그보다 Orne과 Evans의 실험은 단순히 최면 상태의 사람들이 위험한 행위를 하도록 한 요구에 따른 결과에 대한 하나의 대안적 설명이 있음을 지적하고 있다. 즉, 그들은 최면의 독특한 효과를 보여 주었다기보다는 상황의 요구특성에 반응한 것일지도 모른다. 모의 통제 참가자의 사용에 대한 또 다른 예들은 Bryant와 Barnier(1999), Reed와 동료들

(Reed, Kirsch, Wickless, Moffitt, & Taren, 1996)의 연구에서 볼 수 있다.

요구특성은 특히 사회심리학 연구에서 골치 아픈 문제이다. Orne(1969, p. 156)이 지적했듯이 속임이 포함되어 있지 않은, 그리고 사람들에게 가능한 정확히 반응하도록 요구하는 실험심리학에서는 요구특성의 문제는 덜 중요하다. 그러나 여러 이유로 최선을 다해서 수행하도록 요구하지 않는, 그리고 종종 속임이 포함되어 있는 연구들에서 결과가 요구특성에 의해 오염되어 있을 수도 있다. 최면 연구에서 모든 실험조건에 있는 사람들은 자신들이 실험에 참여하고 있고, 약간 가식적이라고 확신하고 있음에도 불구하고, 실험자가 자신들에게 해가 가지 않도록 미리 예방했을 것으로 확신하기 때문에 그런 행위를 하였다고 말하였다(그들은 옳았다).

13.3 실험 주제 및 연구 예시

주제 **현장 연구**

예시 **방관자 개입**

다른 요인들과 함께, 실험실 상황에서 요구특성의 문제들은 많은 사회심리학자를 현장 연구(field research) 쪽으로 돌아서게 만들었다. 하나의 현상을 통제된 상황에서 연구하기 위해 실험실로 가져오기보다, 연구자는 독립 변인의 변화가 어떻게 종속 변인에 영향을 주는지를 추론할 수 있도록 상황을 ('현장'에서) 충분히 통제하려 한다. 이 경우, 처음부터 실제 세계에서 실험이 이루어지기 때문에, 실험 결과를 실제 세계로 일반화시키는 데 문제가 없다. 그러나 어떤 면에서 사회심리학에서 현장 연구는 실험실 연구보다 연구를 생각해 내는 것과 수행하기가 훨씬 더 어렵다. 우리는 현장 연구를 살펴보기 전에 이 문제들 중 몇 가지를 다루어 볼 것이다.

실험실 연구에서 실험법의 핵심은 본질적으로 복잡한 상황에서 관련 변인들을 추려낸 다음, 각 변인들을 서로 다르게 만들어서 우리가 그것들이 관심 행동에 기여하는지를 판단할 수 있도록 그 상황의 일부를 재현한다는 것이다. 그 현상을 실험실로 가져옴으로써, 우리는 그 상황을 통제할 수 있다. 현장 연구의 주요 문제는 바로 이 통제와 관련된다. 현장 연구에서 어떻게 우리가 통제권을 갖고 독립 변인을 조작할 수 있나? 독립 변인을 조작할 수 있다고 가정하더라도, 동시에 우리가 어떻게 복잡한 상황에서 좋든 싫든 변하기 쉬운 여러 요인을 통제하거나 무선화할 수 있나? 그리고 어찌되었든 자연적으로 발생하는 상황에서 우리는 무엇을 측정하나? 무엇이 우리의 종속 변인이어야 하나? 우리는 모든 것을 측정할 수는 있지만, 그것들이 관심 있는 현상과 어떻게 직접적으로 연결되나? 이것들은 매우 어려운 질문들이다. 대답은 상당 부분 연구하고 있는 문제와 복잡한 상황을 통제하는 연구자 개인의 능력에 달려 있을 것이다.

종속 변인을 구체화하는 이슈는 Webb, Campbell, Schwartz와 Sechrest의 책 『비간섭적 측정법: 사회과학에서의 비반응적 연구(Unobtrusive Measures: Nonreactive Research in the Social Sciences)』(1966)에서 체계적으로 다루고 있다. 저자들은 사람들이 관찰되고 있거나 연구되고 있다는 사실을 알게 될 때 행동이 변하는 문제에 관심이 있었다. 그들은 피험자들이 알지 못한 상태에서 행동을 잡아내는, 그래서 심리학과 다른 사회과학 현장 연구에서 사용하기에 적합한 여러 가지 '비간섭적' 측정법을 다루고 있다(2장 참조). 이 책에는 여러 가지 영리하고도 기발한 제안이 담겨 있지만, 그들이 기술한 비간섭적 측정법의 대부분은 심리학자들이 적극적으로 다루고 있는 많은 심리학적 문제에는 해당되지 않은 것들이다. 좋은 종속 측정치를 얻거나 측정하려는 구성개념에 대한 좋은 조작적 정의를 제공하기 위한 주요 문제는 구성개념과 측정하는 것 간의 연결이 타당하다고 확신하는 것이다. 이는 하나의 구성개념을 수렴하는 조작을 찾는 것처럼 모든 연구에서의 문제이지만, 현장 연구에서는 이 문제가 더 크다. 종종 표준 사망률이 사회심리학의 한 지표로 사용되는 것과 같은, 종속 측정치는 기저하는 구성개념과 거의 관련이 없어 보인다(2장과 14장 참조).

현장 연구의 또 하나의 문제는 윤리에 관한 것이다. 우리가 자원하지도 않았고 사실 낌새도 알아차리지 못하고 있는 사람들을 과학이라는 이름으로 연구에 참가시키는 일을 정당화할 수 있나? 우리가 우리의 동료 시민들을 (독립 변인을 통해) 조작하고 나서 그들의 반응(종속 변인)을 기록해도 되나? 이는 스트레스나 당혹스러움 혹은 어떤 다른 바람직하지 않은 상태를 초래하는 조작을 포함하고 있을 때 특히 문제가 된다. 실험실에서 심리학자들은 실험 후에 참가자들에게 사후 설명을 할 수 있고(해야 하고), 왜 그들이 이런 불편한 상황에 놓이게 되었는지를 말해 주지만, 현장 연구에서는 참가자들이 심리학자들에 의해 조작되었고 관찰되었다는 것을 알지도 못하기 때문에 대개는 사후 설명을 하지 않는다. 심리학자들이 어느 정도의 사리사욕이 없는 것은 아니지만, '참가자들'에게 큰 스트레스나 해를 끼치지 않는 한 공공장소에서 현장 연구를 수행하기로 결정한다. 현장 연구의 합법성이 하나의 이슈가 되었더라도, 시민 스스로가 이 결정에 동의할 것인가의 여부는 또 다른 사안이다. 분명히 우리는 조작과 감청을 정부

들이 자신이 실험 중에 있는지 알지도 못해서 어떤 과제를 수행하도록 요청하고 자신이 느낀 바를 평정하도록 요청할 수 없기 때문이다. 이런 문제들이 극복된다 해도, 우리에게는 훨씬 해결하기 힘든, 아무것도 모르는 사회 구성원들을 대상으로 실험을 진행하는 것이 심리학자들에게 정당화되는지의 여부에 관한 중요한 윤리적 쟁점이 남아 있다.

6. 최근, 사회심리학자들은 태도와 같은 주제를 연구하기 위해 인지심리학자들의 기법을 채택하고 있다. 사람들이 상황들에 대해 반응하는 데 얼마나 시간이 오래 걸리는지 혹은 그들이 무엇을 기억하는지를 근거로 하여, 우리는 사람들의 태도와 선호에 대한 추론을 할 수 있게 되었다.

☑ 주요 용어

동조conformity
모의 통제 참가자simulating control participants
방관자 효과bystander effect
사회규범social norms
사회적 촉진social facilitation
상호작용interaction
실험 오차experimental error
암묵기억 검사implicit memory tests
요구특성demand characteristics
이중맹목 실험double-blind experiment
자동운동 현상autokinetic phenomenon
점화자극prime
통제 변인control variable
현장 연구field research
맹목blind
무선화randomization
복종obedience
사회심리학social psychology
사회적 태만social loafing
시각 차폐visual masks
실험 통제experimental control
암묵 태도 측정implicit attitude measures
위약효과placebo effect
일방맹목 실험single-blind experiment
점화priming
책임분산diffusion of responsibility
표적target
혼입confounding

☑ 논의거리

1. 왜 다른 종류의 연구보다 사회심리학 실험에서 실험 통제가 더 어려운가? 예시를 위해 다음과 같은 전형적인 방관자 개입 연구에서 통제했어야 하는 변인들의 목록을 작성하라.

   (a) 실험실 상황에서 이루어질 것

   (b) 현장실험으로 이루어질 것

2. 다음의 진술문들을 평가하라. '만약 한 실험에서 어떤 가외 변인이 관심사인 독립 변인과 혼입될 위험성이 있다면, 그것이 여러 조건에서 다르지 않도록 통제하는 것보다 그 변인의 영향을 조건들에서 무선화하는 것이 더 좋다.' 당신은 이 말이 맞다고 생각하는가, 아니면 틀렸다고 생각하는가? 그 이유를 설명하라.

3. 의도치 않은 실험자 편향과 실험 상황의 요구특성 문제에 대해 논하라. 실험 상황에서 이 문제들의 영향을 어떻게 최소화시킬 수 있나? 이런 문제는 다른 모든 유형의 연구에서 똑같이 일어나는가?

4. 현장 연구의 장단점을 논하라. 만약 당신이 자신도 모르게 방관자 개입 실험에 참가하였고, 그 상황에서 자신의 반응이 기록되고 있다는 사실을 나중에 알았다면, 당신은 어떻겠는가?

5. 당신이 가장 잘할 수 있다고 생각하는 연구 목록을 작성하라.

   (a) 실험실 실험 연구 목록

   (b) 현장 연구 목록

   각 사례에서 당신이 왜 그 주제를 선택했는지 설명하라.

6. Milgram(1963)의 권위에 대한 복종 연구는 많은 심리학자로부터 혹독한 비판을 받았다. 가장 목소리 높인 비판가 중 한 명인 Baumrind(1964)는 참가자들에게 주어진 장기적·심리적 위험이 심리과학에 대한 어떤 잠재적 기여도를 능가한다고 주장하였다. Milgram은 참가자들이 그의 복종 실험에 참가함으로 인해 어떤 장기적·부정적 결과를 겪는지의 여부를 알아보기 위해 추적 조사(즉시 및 1년 후)를 실시하였다. 이 추적 조사에는 자기보고 질문지와 정신과 의사의 언어적 보고가 포함되었다. 만약 언어적 보고와 자기보고의 타당도가 의심스럽다면, 당신은 어떤 사람이 Milgram의 복종 연구와 같은 실험에 참가함으로 인해 장기적·부정적 결과를 겪고 있는지의 여부를 무엇으로 판단할 것인가?

7. Payne의 무기 확인 과제의 타당도를 평가하라. 즉, 당신은 점화 패러다임으로 인종 편향을 연구하는 것에 대해 어떻게 생각하는가? 이런 접근법의 장단점은 무엇인가?

☑ 웹 연결

다음 웹사이트는 사회심리학의 거의 모든 측면을 다루고 있다.

http://www.socialpsychology.org/

다음 웹사이트에서 당신은 흑인과 백인, 남성과 여성, 젊은이와 노인, 더 다양한 집단에 대한 당신의 암묵 태도를 측정할 수 있다.

https://implicit.harvard.edu/implicit/

☑ 실험실 자원

이 장에서 당신은 인종에 대한 고정관념에 관해 읽었다. 성차별, 연령차별 및 동성애 공포증과 같이, 당신이 연구할 수 있는 다른 형태의 편향들이 있다. Langston(2002)의 8장에는 성 고정관념에 대한 실험이 나와 있다. 예를 들어, 트럭 운전사와 의사는 종종 남성일 것이라고 가정되는 반면, 비서와 간호사는 여성일 것으로 가정된다. 이런 성 편향에 대한 증거는 사람들의 읽기 시간을 조사하면 확인할 수 있다. 즉, 사람들은 고정관념적으로 남성 직업이 남성 대명사보다 여성 대명사와 연합된 문장을 읽을 때 더 늦다. 예를 들어, 피험자들은 "변호사는 자주 '그의' 사례를 기각이라고 주장해야 한다"라는 문장보다는 "변호사는 자주 '그녀의' 사례를 기각이라고 주장해야 한다"를 읽을 때 더 늦다. 이 기본적 결과를 재검증하는 것과 더불어, 그 효과의 크기가 사람들의 유형에 따라 얼마나 다른지를 생각해 보는 것도 재미있을 것이다. 예를 들어, 당신은 성 고정관념이 노인과 젊은이, 보수와 진보, 남성과 여성 중 어느 쪽에서 더 만연되어 있다고 생각하나? 또한 당신은 다른 고정관념 영역(예, 노인 차별)을 연구할 수 있도록 이 과제를 어떻게 수정할지에 대해 생각해 볼 수도 있을 것이다.

심리학 실습: 실험에 참여하고 있다는 것의 힘

사람들이 실험에 참가하고 있다는 사실을 아는 것은 종종 그들의 행동에 큰 영향을 준다. 사람들은 어떤 실험 중에 있을 때는 다른 상황에서는 하지 않는 행동을 한다. 당신은 친구들을 데리고 간단한 실험을 해 봄으로써 이를 예시할 수 있다. 10명의 친구 목록을 작성하고 그들을 실험조건과 통제조건에 무선으로 할당하라. 독립 변인은 당신이 실험이 시작될 때 두 집단에게 주는 지시문이다. 실험조건 참가자들에게는 "나는 내 수업의 일환으로 하는 심리학 실험에서 당신이 나를 위해 무언가를 해 주기를 바랍니다."라고 말하고, 통제조건 참가자들에게는 "나는 당신이 좋을 대로 해 주기를 바랍니다."라고 말하라. 그런 다음 당신은 각각의 친구들에게 한 가지 요구 사항이 있다고 말하라. 그 요구는 각 사람이 5번의 점프, 6번의 윗몸 일으키기, 4번의 팔굽혀펴기, 그리고 최대한 빨리 종이비행기 접기를 하는 것이다.

물론 그 실험의 참가자 수가 적어서 당신이 어떤 확고한 결론을 내리는 데 어려움이 있을 수 있다. 그러나 아마도 당신은 심리학 실험을 도와달라고 요청한 친구들이 훨씬 더 협조적임을 발견하게 될 것이다. 그들이 더 많은 동작을 하고, 더 빨리 하고, 질문은 더 적었을 것이다. 아마도 통제조건의 사람들은 당신이 힘들게 연구하고 있다는 생각이 들도록 만들 것이다.

이 예시의 요점은 심리학 실험들이 단지 행동에 대한 중립적 조사가 아니라는 것이다. 실험 자체가 연구하고 있는 행동을 만들어 낼 수도 있다. 사람들은 어떤 실험에서 자신이 관찰되고 있다는 사실을 알면 다르게 행동할지도 모른다. 그래서 심리학자들은 외부 세계에서 발생하는 행동과는 별 상관이 없는, 실험실에서 만들어진 행동을 연구하고 있을 위험이 있다. 실험에서 이런 방향으로 사람들의 행동을 이끄는 단서를 요구특성이라고 한다.

제14장

환경심리학

- 과학이 진리에 이르는 유일한 길인가
  - 도시 생활에 관한 진리 찾기
- 14.1 실험 주제 및 연구 예시
  - 결과의 일반화: 밀집
- 변인의 도입
- 14.2 실험 주제 및 연구 예시
  - 준실험: 소음과 인지적 수행
- 14.3 실험 주제 및 연구 예시
  - 윤리적 쟁점: 속임수와 은폐
- 문제에서 실험까지
  - 소음에 노출되는 것이 나쁜가
  - 요약
  - 주요 용어
  - 논의거리
  - 웹 연결
  - 심리학 실습: 소음과 기억

돌을 쌓아 집을 짓듯이, 과학은 사실들을 토대로 구축된다. 그렇지만 돌무더기가 집이 아닌 것처럼, 사실들의 무더기가 과학은 더더욱 아니다. (J. H. POINCARÉ)

Stokols와 Altman(1987)은 1,500쪽이 넘는 환경심리학에 관한 2권짜리 핸드북에서 환경심리학을 "사회-물리적 환경과의 관계에서 인간의 행동과 행복"에 대한 학제적 연구라고 기술하고 있다(p. 1). 환경심리학을 연구하는 심리학자들 이외에도, 놀랄 만큼 다양한 연구자와 실천가가 사람-환경 상호작용에 관심을 두고 있다. 이들 연구자와 실천가는 건축학, 지리학, 공중위생학, 사회학 및 도시계획과 같은 분야의 출신들이다. 이런 학문적 관심의 다양성이 공간 행동, 밀집, 스트레스 및 학교, 거주지, 일터, 자연 환경, 그리고 (사막이나 북극과 같은) 극단적이고 흔치 않은 지역들에서의 영역 확보 연구를 포함한 폭넓은 분야에서의 성장을 이끌었다. 더욱이 많은 연구자가 자원 보존과 재활용의 독려와 같은 영역들에서 다양한 환경심리학 응용 연구를 수행하고 있다. 우리는 이런 광범위한 주제들 중 몇 가지를 선정하여 세 가지 방법론적 문제를 예시하겠다.

이 장에서 가장 깊이 있게 논의되는 첫 번째 문제는 결과의 일반성(generality of result)이다. 소음에 관한 한 연구(Cohen, Glass, & Singer, 1973)는 붐비는 고속도로 바로 너머에 건설된 아파트의 저층에 살고 있는 아동들이 지나가는 차량 소음이 강하지 않은 고층에 살고 있는 아동들보다 독해 성적이 더 나쁘다는 것을 보여 주었다. 이 연구의 결과로, 아파트 입주자들은 고속도로 덮개를 설치해 달라고 요구하였다([그림 14-1]). 이런 요구가 정당한가? 연구자들은 (Cohen과 동료들이 그랬듯이) 그들의 연구 자료에서 나온 결론이 일반화될 수 있는지를 보여 줄 수 있어야 한다.

환경심리학자들이 실험심리학자들과 공유하는 두 번째 문제는 소음이 행동에 미치는 영향에 관한 것이다. 실험심리학자들은 대부분 실험실 실험으로 이런 문제에 접근한다. 그러나 환경심리학자들은 대체로 현장 연구를 선호하며, 따라서 준실험으로 진실험을 대신한다. 따라서 우리는 항공기 소음과 건설 소음이 실험조건들에 무선으로 할당되지 않은 학생들에게 미치는 영향을 논의할 것이다.

세 번째 문제, 즉 다른 연구자보다 환경심리학자들을 더 괴롭히는 문제는 연구의 윤리적 문제이다. 과학자는 지식 탐구 과정에서 개인들이 피해를 입지 않도록 보장할 책

[그림 14-1] 유럽의 주거 지역에 인접한 주요 고속도로
당신은 교통 소음에 노출되기를 원하는가?

임을 지닌다. 그러나 종종 어느 정도의 위험이 따른다. 그렇다면 어떻게 심리학자는 자신의 연구가 정해진 윤리 원칙들을 준수한다고 보장할 수 있는가?

과학이 진리에 이르는 유일한 길인가

우리 사회는 과학과 기술에 높은 가치를 둔다. 우주선의 달 착륙은 미국 과학의 힘과 권위를 상징한다. 많은 시민은 자동차, TV 그리고 컴퓨터와 같은 과학기술 장치들로 인해 갖게 된 높은 생활 수준이 과학의 진보에 따라 계속해서 더 높아질 것이라고 생각한다. 그런 까닭에 과학 지식에 대한 요청은 과학이 사람들에게 더 나은 삶을 제공한다는 실용적 이유뿐만이 아니라 예술, 종교, 문학 등의 분야들보다는 과학이 진리를 밝혀 주는 최상의 기회를 제공한다는 철학적 이유로 인해 널리 정당화되고 있다.

이제 심리학도 물리학과 화학과 같은 다른 과학들만큼 많은 빛나는 성공을 거두어야 한다. 따라서 순수하게 실용적이라는 사실만으로 심리학이 과학에 도움이 되었다고 정당화하기가 더 어려워졌다. 그러나 어떤 사람들은 핵 에너지와 관련된 것과 같은 물리 과정들을 인간 과정보다 더 많이 이해하고 있으며, 지금까지 우리는 과학의 수혜자라기보다는 오히려 포로가 되었다고 주장한다. 공해, 밀집 및 관련 환경 문제들이 삶의 질을 떨어뜨리고 있어서 사회과학의 중요성이 점점 더 분명해지고 있다. 환경심리학은 우리의 일상생활에 직접 영향을 미치는 문제들을 다룬다.

물리학자들은 이론적 및 실용적으로 인상적인 업적을 쌓아 왔기 때문에 사회과학자들이 물리학자들을 모방하는 것이 합리적인 것으로 보인다. 실제로 모든 사회과학자는 물리학자들이 사용한 과학적 방법을 적용함으로써 확고한 진실을 발견할 수 있고, 또 그렇게 될 것으로 믿는다. 과학은 우리가 인간 행위의 본질을 이론적으로 더 잘 이해하도록 해 줄 것이며, 궁극적으로 삶의 질을 개선할 수 있는 기술로 이끌 것이다.

모든 과학자가 짧기는 하지만 과학의 한계에 대한 교육을 받았음에도 불구하고, 그들 모두가 과학의 한계를 인식하는 것은 아니다. 현재 활동하는 과학자는 다양한 철학적 관점이 자신의 일상적인 연구의 가치를 제한하기만 하는 것으로 간주하고, 결국은 그것을 버릴 것이다(Medawar, 1969, 1장).

그럼에도 불구하고 동전의 다른 면을 제시하고 이런 한계들을 논의하는 것이 적절하다. 과학은 오로지 특정 질문들에 초점을 맞추고 다른 문제는 무시한다. '신이 존재하는가?'라는 질문에 과학적으로 대답하기는 매우 어려울 것이다. 따라서 과학자들은 대부분 다른 문제를 추구한다. 유사하게, 심리학자들도 다른 종류의 인간 경험보다는 행동에 관한 연구에 집중하는 경향이 있다. Huxley(1946)는 과학의 이런 측면에 대해 다음과 같이 논평하고 있다.

> 현실적으로 [과학자들이] 이러한 특이하고 극히 자의적인 방식으로 행동하는 것은 당연하다. 그 이유는 인과관계 시스템의 관점에서 설명될 수 있는 경험적 요소의 측정 가능한 여러 측면에 전적으로 집중함으로써 과학자들이 지금까지 자연 에너지에 대해 통제를 더욱 증대시킬 수 있었기 때문이다. 그러나 그 힘은 우리가 통찰과 같지 않고, 실체의 표상으로서의 세계에 대한 과학의 설명은 적절하지 않다. 왜냐하면 과학이 전체로서의 경험을 다룬다고 주장조차 하지 않고 단지 특정 맥락에서 경험의 특정 측면만을 다루고 있다는 단순한 이유 때문이다. 보다 철학적인 사고를 하는 과학자들은 이 모든 것을 아주 잘 이해하고 있다. 그러나 일부 과학자는…… 과학적 이론에 함축된 세계관을 실체에 대한 완전한 설명으로 인정하는 경향이 있다. 또한 **그들은 자신이 그것을 다룰 능력이 없기 때문에**, 설명하지 못하고 있는 경험의 측면들

을 주어진 사실에 대한 무한히 풍부한 전체에서 자기들이 임의적으로 **선택한** 측면들 보다는 덜 실제적인 것으로 간주하는 경향이 있다(pp. 35-36). Huxley, A. (1946). *Science, liberty and peace*. New York: Harper.

Weizenbaum(1976)은 잃어버린 열쇠를 찾는 술고래에 관한 일화를 사용하여 동일한 관점을 제시한다. 가로등 밑에서 무릎을 꿇고 있는 술고래에게 경찰이 다가간다. 술고래는 그가 열쇠를 찾고 있으며, 어둠 속 저기 어딘가에서 열쇠를 잃어버렸다고 설명한다. 경찰이 그에게 왜 저기서 찾고 있지 않느냐고 묻자, 술고래는 가로등 밑의 불빛이 더 밝기 때문이라고 대답한다. 과학은 어느 정도 이 술고래와 같다. 왜냐하면 과학이 가장 밝은 조명을 제공하는 도구로 보이기 때문이다.

과학에 대한 이런 비판이 있을 때, 환경심리학은 특히 심한 압력을 받는다. 실제 세상은 실험심리학자들이 주의 깊게 통제한 실험실 연구들의 약간 인위적인 세상과는 거리가 먼 가로등 불빛의 범위 밖에 있는 문제들로 가득 차 있다.

심리학자들은 새로운 돌파구가 더 강력한 불빛을 내기 전까지 가로등 불빛 안에 있으면 과학적 진보가 느리지만 확실하게 이루어진다고 알고 있다. 그러나 이런 전통적

[그림 14-2] 세인트루이스의 프루이트 아이고 임대주택 단지 일부가 파괴된 모습
비록 겉보기에는 멀쩡하다고 하더라도, 이 건물들은 반달리즘 때문에 거주에 부적합한 상태가 되었다. 그 이후 환경사회과학자들이 수행한 연구가 이와 같은 비극을 막는 방법을 밝혀냈다.

인 접근은 긴급한 환경 문제들에 대한 신속한 해결책을 찾을 수 있는 희망을 주지 않는다. 만약 환경심리학자들이 느리게 그리고 전통적으로 움직인다면, 그들은 사회적 요구들과 무관한 연구를 한다는 비판에 직면할 여지가 있다. 이것은 심각한 부담이다. 왜냐하면 결국 사회가 연방 연구기금 등을 통하여 연구비를 제공하기 때문이다. 다른 한편, 사회의 불행을 해결한다고 즉흥적으로 몰려드는 부주의한 심리학자는 나중에 부적절하다고 밝혀질 연구 결과들을 얻을 위험성이 크다. 공공 정책이 이와 같은 불완전한 연구를 토대로(혹은 전혀 연구도 없이) 수립된다면, 우리 사회가 치러야 하는 비용은 매우 커질 것이다([그림 14-2]).

❍ 도시 생활에 관한 진리 찾기

대도시 지역에 살든 혹은 농어촌 지역에 살든, 우리 모두는 각자 도시 생활에 관한 의견을 가지고 있다. 어떤 사람들에게 도시는 최고의 문화와 성취를 의미한다. 다른 사람들에게 도시는 폭력, 공해 그리고 소음 구덩이이다. 우리는 도시 생활에 관한 진실을 어떻게 알 수 있는가?

제인 제이콥스(Jane Jacobs)가 쓴 매력적인 책『미국 대도시의 죽음과 삶(Death and Life of Great American Cities)』(1961) 도시생활에 대한 가장 통찰력 있는 관점들 중 하나를 찾아볼 수 있다. 그녀가 경험한 통찰의 한 가지 예로서, 우리는 인도의 기능에 대한 제이콥스의 관점들을 간략하게 논의할 것이다. 우리 대부분에게, 인도는 한 장소에서 또 다른 장소로 우리를 데려다주는 길이다. 심리학자들을 포함하여 우리 대부분은 일반적인 인도의 심리적 기능들에 대해 그리 많이 생각하지 않는다. 제이콥스는 인도가 도시 내 사회적 상호작용에 크게 기여하고 있음을 보여 주고 있다. 그녀는 골목길을 따라 늘어선 작은 상점—양복점들, 약국들, 제과점들—의 주인들은 이 거리를 사용하는 이웃들에게 다양한 사회적 서비스들을 제공한다. 이 서비스들은 각 개인의 사업을 초월하는 것이다. 즉, 재단사는 거리로 뛰어드는 아이들을 살피고 그들 부모들에게 조심하라고 일러 준다. 제과점 주인은 아이들이 위층까지 달려가지 않도록 화장실을 사용하도록 허용해 준다. 식품점 주인은 며칠 동안 집을 비운 고객을 위해 우편물을 받아 줄 것이다. 이와 같은 각각의 서비스는 그 자체로는 작은 것이다. 그러나 제이콥스가 주장하듯이, 함께 모이면 이런 작은 서비스들은 살기 좋은 장소의 조건이 되는 이웃에 관한 긍정적인 감정의 토대를 형성한다.

이와 같은 구도시에 살았던 경험을 가진 사람은 누구나 직관적으로 제이콥스의 말이 사실임을 직관적으로 수긍한다. 그러나 그녀의 결론은 단지 자연 상태의 관찰에 근거하고 있을 뿐이다. 비록 관찰이 과학을 위한 중요한 출처라고 하더라도(2장 참조), 더 나은 방법을 사용한다면 그녀의 말이 더 신뢰할 만하게 될 것이다. 제이콥스가 자료를 수집했던 방식에는 어떤 실험적인 방식도 없다. 독립 변인들을 조작하고 종속 변인들을 기록하기 위한 체계적인 어떤 시도도 없었다. 어떤 반복 관찰도 수행되지 않았다. 행동에 대한 그녀의 기술에는 어떤 통제 변인들도 포함되지 않는다. 비록 어떠한 과학자도 그녀의 결론을 전적으로 기각할 수는 없다고 하더라도, 아무도 그것들을 수용할 수도 없다. 과학자들은 대부분 여전히 검증될 수 있는 분명한 가설들이 없는 그녀의 제안들에 대해 적절한 검증이 이루어져야 한다고 주장할 것이다. 과학이 요구하는 공식 절차들이 적절하게 이루어질 때까지, 제이콥스의 결론은 과학적 진실로 인정될 수는 없지만 흥미로운 가능성으로는 간주된다.

가로등의 예로 되돌아가 보자. 제이콥스는 불빛 밖에서 열쇠를 찾고 있다. 이것은 과학자들로 하여금 그녀의 진실을 마지못해 수용하도록 해 준다. 그러나 많은 사람에게 그녀의 결론은 분명히 옳은 것처럼 보인다. 왜 꼼꼼한 관찰보다 과학적 방법이 더 좋은가? 이런 중요한 질문에 대한 대답은 1장에 제시되어 있으며, 그곳에서 우리는 신념의 확고함을 논의했다. 여러분은 과학적 방법의 위대한 장점이 자기수정적이라는 것을 기억할 것이다. 만약 다른 관찰자가 인도의 기능과 가치에 관해 다른 결론에 도달했다면, 여러분은 어떤 관점이 옳지를 어떻게 결정할 수 있는가? 지금까지 이런 문제들을 결정하기 위한 것으로 과학보다 더 좋은 방법은 없다. 신념들을 확고히 하는 한 가지 방법으로서 과학은 윈스턴 처칠이 기술한 민주주의("민주주의는 다른 모든 것을 제외시키는 최악의 정부 시스템이다.")와 같다. 과학적 방법을 수용하는 것이 반드시 진실에 이르는 다른 방법들(제이콥스의 도시 생활에 대한 관찰과 같은)은 타당하지 않다는 것을 의미하지는 않는다. 실제로 심리학 연구는 제이콥스의 제안들 중 많은 것을 확증하였다. 진실에 이르는 길이 한 가지 이상이라는 것은 거의 확실하다. 그러나 우리가 어떤 논쟁이 있는 것 중 어느 하나의 진실을 찾아야만 할 때, 과학적 방법이 지닌 모든 한계에도 불구하고 과학적 방법이 최상의 장기적 해결책을 제시해 준다.

변인의 도입

종속 변인

종종 환경심리학자들은 관찰할 수 있는 행동뿐만 아니라 감정과 정서를 기록한다. 이와 같은 내적 상태들은 평정 척도들로서 추론된다. 따라서 밀집에 대한 연구는 사람들에게 연구에 포함된 다른 사람들에 대한 태도, 경험의 즐거움, 그리고 방의 지각된 크기 같은 것들을 평정하도록 요구할 수 있다. 그러나 단순히 어떤 척도에 어떤 제목을 붙였다고 해서 그 척도가 인간 경험의 바로 그 측면을 측정한다고 보장하지는 않는다. 독자가 1에서 5까지 어느 한 숫자에 동그라미 표시를 해야만 하는 다음과 같은 평정 질문을 생각해 보자.

신체적 매력 측면에서 나의 파트너는:

매우 잘생긴 매우 형편없는

1 2 3 4 5

피험자의 반응은 비신체적인 행동 특성들에 의해 영향을 받을 것이다. 도움을 받았거나 협동적이었던 파트너는 모욕적이었거나 무례했던 (다른 실험조건의) 동일한 파트너보다 신체적으로 더 매력적이라고 판단될 수도 있다.

독립 변인

밀집, 공간 행동 및 영역성에 대한 연구들은 밀도(density)를 조작한다. 이런 연구들에서 밀도는 대부분 단위 면적당 사람들의 수[예, 10m^2(또는 피트)당 6명]로 정의된다. 사람들의 수를 셀 수 있고 면적을 측정할 수 있기 때문에, 이런 방식으로 정의된 밀도는 분명한 조작적 정의의 요구들을 충족시킨다. 밀도는 두 가지 요소가 가지고 있기 때문에, 두 가지 방식으로 조작할 수 있다. 첫째, 사람들의 수를 일정하게 하고, 사람들이 들어갈 방의 크기를 다르게 할 수 있다. 둘째, 방의 크기를 일정하게 하고, 사람들의 수를 다르게 할 수 있다. 비록 이들 두 종류의 밀도 조작이 처음 보기에 동등한 것처럼 보이겠지만, 그것들이 행동과 감정에 미치는 영향이 다른 것으로 판명되었다(예, Marshall & Heslin, 1975 참조). 따라서 통상적인 밀도에 대한 조작적 정의는 비록 정확하고 분명하다고 하더라도 적절하지 못하다. 그 이유는 두 가지 변인(사람들의 수와 공간의 크기)이 혼입되어 있기 때문이다. 예를 들어, 만약 밀도를 방의 크기를 일정하게 하고 사람들의 수를 증가시키는 방식으로 조작한다면, 우리는 관찰 가능한 차이가 밀도의 효과 때문인지 혹은 사람 수의 효과 때문인지 알지 못한다. 종종 심리적 밀도가 물리적 밀도와 똑같지 않다는 사실 때문에 문제가 한층 더 복잡해진다. 밀집감은 물리적 밀도뿐만이 아니라 사회적 맥락에도 달려 있다(Rapoport, 1975). 밀

조금도 과장 없이, 이 결과들은 끔찍하다. 만약 밀집을 인간에게 일반화시킨다면, 이런 결과는 과밀이 결국 사회를 파괴할 것임을 강하게 시사하고 있다. 그렇지만 우리가 넓은 공간을 위해 지은 고층 아파트를 버리기 전에, 먼저 비인간 영장류를 대상으로 수행된 더 최근의 연구를 살펴보자.

방금 기술한 Calhoun의 고전적 연구는 밀집과 공격성을 연결하는 하나의 이론적 모형을 만들었다. 그러나 영장류를 대상으로 한 더 최근의 연구는 대처 모형이 더 정확함을 시사한다. 비인간 영장류들은 공격적인 접촉을 줄여 주는 보상 행동을 발달시킴으로써 밀집으로 인한 문제에 대처한다. 예를 들어, van Wolkenten, Davis, Gong과 de Waal(2006)은 갈색꼬리감기 원숭이들을 비밀집 조건과 단기적(30분) 밀집 조건하에서 관찰했다. 그들은 공격 행동에서 아무런 차이를 발견하지 못했다. 이 결과는 대

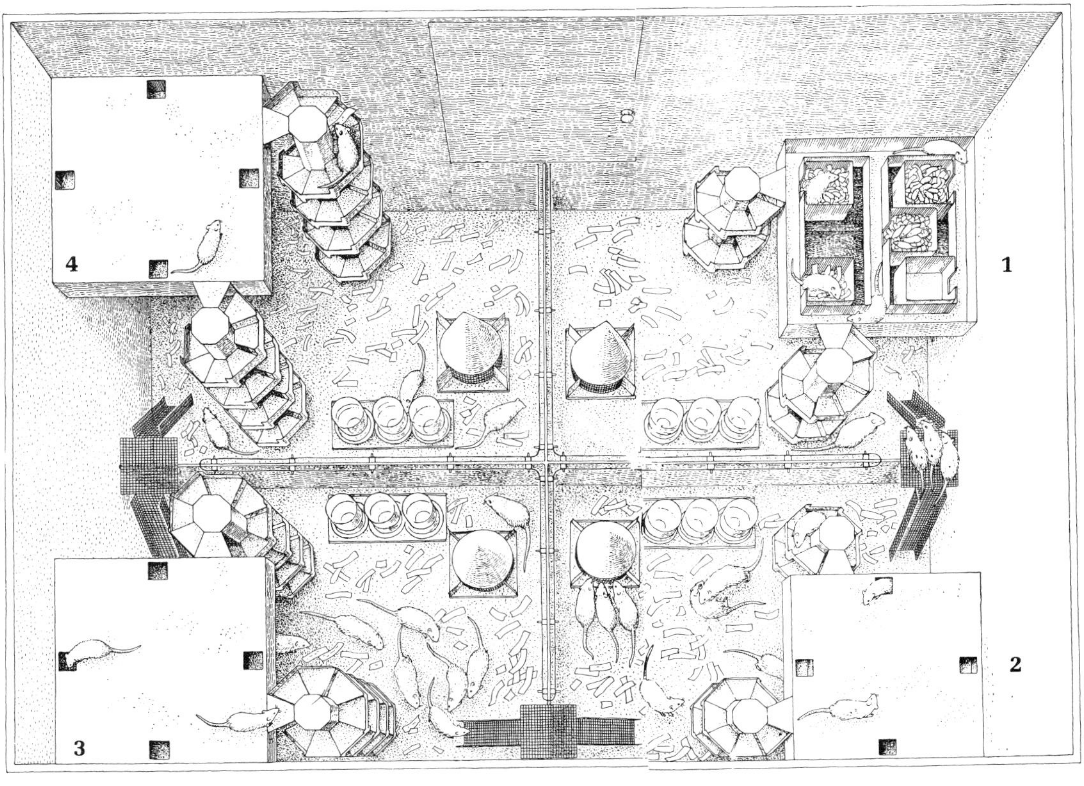

[그림 14-5] Calhoun이 연구한 쥐 세상

모든 쥐 칸이 서로 연결되어 있지 않는다는 사실에 주목하라. 그래서 네 칸 중 두 곳의 쥐는 결국 죽게 된다.

출처: Executor of the Estate of Bunji Tagawa의 허락하에 재인쇄.

처 모형을 지지하고 Calhoun의 밀집-공격 모형을 기각하는 것이다. 그러나 밀집 조건에서 원숭이는 더 많은 몸단장 행동을 보여 주었다. 연구자들은 이런 결과를 몸단장이 공격을 줄여 준다는 사실을 의미하는 것으로 해석했는데, 이런 해석은 대처 모형과 일치한다. 그러나 연구자들이 적절하게 지적했듯이 상대적으로 밀집에 노출시킨 시간을 더 길게 했을 때 나타날 수 있는 공격성의 가능성을 배제하지는 못한다.

요약하면, 쥐들을 대상으로 한 고전적 연구에서 나온 결과는 밀집이 공격 행동을 만들지만, 밀집된 영장류들은 대처 행동들을 발달시킴으로써 공격을 피할 수 있다. 밀집된 인간들이 높은 밀집 상태를 (원숭이처럼) 잘 대처하는지 혹은 (쥐처럼) 공격적이 되는지의 여부를 알아보기 위하여 인간을 대상으로 한 밀집 연구들을 살펴보자.

❍ 인간에서의 밀집: 인구통계학적 상관 연구

Calhoun의 쥐 연구는 고밀집이 병적인 행동을 유발한다는 사실을 시사하고 있다. 연구자가 Calhoun이 쥐들을 밀집시켰던 방식으로 오랜 기간 동안 사람들을 밀집시키는 것은 비윤리적이기 때문에, Calhoun의 실험과 같은 직접적인 실험적 검증은 불가능하다.

그러나 고밀집 대도시들이 있으며, 실세계에서 이 도시들의 밀집의 영향을 관찰하는 것은 분명히 윤리적이다. 이와 같이 실생활 상황을 연구하는 장점은 한 도시에서 다른 도시로, 그러고 난 다음에 실험실에서 도시로 연구 결과를 일반화시키는 것이 덜 어렵다는 점이다. 단점은 독립 변인과 가능한 가외 변인들에 대한 실험 통제가 실제로 없다는 것이다. 실험 통제가 가능하지 않을 경우, 종종 사용되는 한 가지 해결책은 사후적으로 통계적 통제를 하는 것이다.

이것은 Evans, Palsane, Lepore와 Martin(1989)이 취한 접근 방법으로, 이들은 인도의 푸네에서 밀집과 사회적 철수를 연구했다. 이들 연구자는 사람들이 사회적 상호작용을 철수함으로써 밀집에 대처할 것이라는 가설을 설정하였다. 이것은 차례로 사회적 연대를 감소시키고, 이는 심리적 건강을 더 악화시킬 것이다. 사회적 지지는 가족과 친구와의 관계를 나타내는 40개 문항으로 구성된 질문지로 측정되었다. 심리적 증상들은 지난 두 달 동안 특정 증상을 경험한 적이 있는지의 여부를 묻는 부가적 면접 질문들로 측정되었다. 피험자들은 인도의 푸네에 살고 있는 175명의 남성 가장이었다.

결과 분석에 사용된 통계 기법은 상관이었다. 상관을 활용하여 많은 독립 변인을

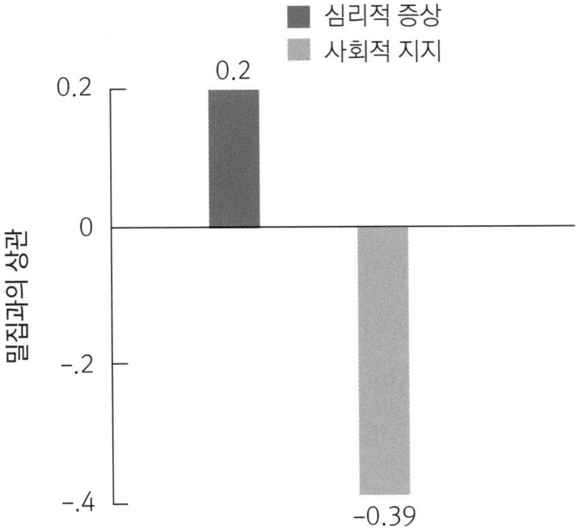

[그림 14-6] 밀집과 심리적 증상 및 사회적 지지 간의 상관

출처: Evans et al. (1989)에서 발췌.

조사할 때는 상관을 낮게 만들 수 있는, 측정치 범위의 제약을 피하는 것이 중요하다(2장 참조). 연구가 인도에서 수행되었기 때문에, 거주지의 밀집 정도는 한 방의 거주자 11명부터 2명까지의 범위였으며, 이는 전형적인 미국의 것보다는 큰 범위였다(Galle, Grove, & McPherson, 1972).

[그림 14-6]은 밀집과 심리적 증상 그리고 밀집과 사회적 지지 간의 상관을 보여 준다. 두 상관계수가 모두 통계적으로 .05 수준에서 유의하였다. 정적 상관은 밀집 정도가 높을수록 심리적 증상들이 더 많았음을 보여 주는 반면, 부적 상관은 밀집 정도가 높을수록 사회적 지지가 더 적었음을 보여 준다.

이것이 상관 연구이기 때문에, 우리는 밀집이 심리적 증상들과 사회적 지지 감소를 유발한다고 무조건 결론 내릴 수는 없다. 이런 특징들을 가진 사람들이 밀집이 더 높은 주택에서 살고 있었다는 사실도 논리적으로 가능하다. 인구통계학적 연구들은, 보통 실험실 연구에서처럼 사람들을 밀집 정도가 서로 다른 조건들에 무선으로 할당할 수 없다. 그러나 자기선택 설명을 살펴본 후, 연구자들은 상관법의 한계에도 불구하고, 밀집이 원인일 가능성이 더 높다고 신중하게 결론을 내렸다. 따라서 이 결과들은 동물의 밀집에 대한 연구들에서 Calhoun이 도출했던 결론들과 유사하다.

❍ 인간에서의 밀집: 철도 환경에서 수행된 현장 연구

독립 변인을 조작하는 연구만이 인과관계를 진술할 수 있다. Saegert, Mackintosh와 West(1975)는 피험자들을 맨해튼의 펜실베이니아 기차역으로 데리고 가서 밀집이 수행과 정서(감정)에 미치는 영향을 검증하였다. 가장 중요한 독립 변인인 밀집은 그 역에 방문한 시간을 선택함으로써 조작되었다. 즉, 오전 10에서 11시 30분(붐비지 않는 시간) 또는 오후 5~6시까지(러시아워가 최절정인 시간)였다. 이런 조작은 시간과 밀집이 혼입되어 있지만, 실험자들은 시간이 과제에 어떤 유의한 효과를 주지는 않을 것이라고 생각하였다. 그러나 이런 가정이 경험적으로 검증된 것은 아니었다. 실제로 현재 사람들의 수가 실험자들이 원하는 범위 내에 있음을 보장하려면 사람 수를 정확히 세어 보아야 한다.

피험자들은 역 안에서 수행해야 하는 42개의 과제 목록을 제시받았다. 즉, 전화번호를 검색하는 것, 매표구를 찾는 것, 가판대에서 신문이나 잡지를 사는 것과 같은 것 등이었다. 피험자들이 할 수 있는 한 많은 과제를 완수하는 데 주어진 시간은 30분이었다. 이것이 하나의 종속 변인이었다. 그러고 난 다음에 피험자들은 기분 형용사 체크리스트(Mood Adjective checklist)를 작성하였다. 이것은 사람들이 자신의 감정 상태을 표시하는 평정 도구이다.

주요 결과는 '밀집이 환경에 대한 지식과 조작을 필요로 하는 과제들을 어느 정도 방해하는 것으로 보인다'는 것이었다. 왜냐하면 고밀집 조건에서 피험자들이 약 25개 과제를 완수했던 반면 저밀집 조건에서는 약 29개 과제를 완수했기 때문이다. 그러나 통계적으로 이런 효과는 .10 수준에서만 유의했는데, 이것은 이런 결과가 10번의 실험 중 1번의 실험에서 우연에 의해 발생할 것이라는 것을 의미한다. Saegart와 동료들이 도출한 결론이 아주 대표적인 것은 아니다. 과제들은 피험자들이 기차역에서 군중을 헤집고 돌아다녀야 하는 것들이었다. 피험자들에게 아무런 인지적 요구를 하지 않았다고 하더라도(즉, 피험자들에게 그저 가능한 한 많이 이러저리 돌아다니도록 요구했더라도), 우리는 밀집된 군중으로 인해 피험자들의 속도가 느려졌을 것으로 예상할 수 있다. 그런 까닭에 평정 척도는 피험자들이 고밀집 조건에서 더 불안하고 더 회의감을 느꼈다는 사실을 확인해 주었다. 체크리스트에는 총 11개의 척도가 있었기 때문에, 당연히 이 척도들 중 몇몇 척도에서 밀집의 영향이 나타났다. 여러 척도 중 어떤 척도에서든 유의한 결과가 나타나기를 기대하면서, 통상 많은 수의 척도를 사용하는 이 같은 산탄식 접근 방법은 잘못된 결론으로 이끄는 자기충족적 가설을 가져올 수도 있다. 비록 피험자들이 부딪히고 떠밀리는 고밀집 조건에서 더 불안해할 수 있다는 사실은 매우 합리적이라고 하더라도, 그 조건에서 회의감이 더 크다는 결과에 대해서는 연구자들이 해석을 내놓고 있지 않다.

이 연구를 Evans의 인구통계학적 연구와 비교하면, 한 가지 결론은 분명하다. 비록 독립 변인들을 조작하는 연구들이 일반적으로 변인들을 상관시키는 연구들보다 더 선호된다고 하더라도, 이것이 무조건 실험 연구가 상관 연구보다 더 우수하다는 것을 의미하지는 않는다. 상관 연구라도 좋은 연구는 형편없는 실험 연구보다 항상 더 선호된다.

환경심리학자들은 흔히 밀집을 관찰하기 위해 기차역으로 나가며, 따라서 더 최근 연구는 주의 깊은 연구를 위해 열차가 사용될 수 있음을 보여 준다. Evans와 Wener(2007)는 러시아워 시간에 뉴저지와 맨해튼을 열차로 오가는 출근자들을 연구하고 밀집의 두 가지 측정치(열차 밀도: 사람 수/차 안의 좌석 수, 좌석 밀도: 사람 수/한 줄의 좌석 수)와 스트레스의 세 가지 측정치(타액 속 코르티솔, 교정 보는 일, 그리고 기분에 대한 자기평정)을 기록하였다.

중다회귀분석 결과, 열차 밀도와 스트레스 간에는 유의한 상관이 나타나지 않았지만, 좌석 밀도와 세 가지 스트레스 지표 간의 상관은 유의하였다. 출근자들은 가능하다면 다른 승객들과의 물리적으로 근접한 거리를 회피할 수 있도록 열차 밀도에 대처한다. 예를 들어, 어떤 출근자는 두 명의 다른 승객 사이에 있는 빈자리에 앉는 대신 서서 가기를 선택할 수 있다. 그러므로 옆 사람들과의 근접성이 열차에 있는 승객의 수보다 훨씬 더 중요한 스트레스 요인이다.

❍ 인간에서의 밀집: 실험실 연구

Bateson과 Hui(1992)는 실험실 연구에서 영국 런던의 한 열차 매표소에서 행동을 자극하는 슬라이드 사진과 비디오테이프를 사용했다. 슬라이드와 비디오는 모두 동일한 장소에서 찍은 것이었다. 밀집은 매표소에 있는 사람들의 수를 근거로 슬라이드와 비디오를 세 가지 범주로 나눔으로써 조작되었다. 저밀집 조건에서 한두 사람만이 각 매표 창구에 줄 서 있었다. 중간 밀집 조건에서는 더 많은 사람이 줄 서 있었고, 고밀집 조건은 매우 붐볐다.

그런 다음, 피험자들은 종속 변인이었던 질문지를 작성하였다. 질문지에는 지각된 밀집, 지각된 통제, 즐거움 그리고 접근-회피와 관련된 척도들이 포함되어 있었다. 이 종속 변인들과 밀집과 같은 독립 변인들 간의 관계를 설명하기 위한 구조 모형을 만들었다. 이 구조 모형은 밀집 정도가 지각된 통제를 통하여 지각된 밀집에 영향을 미치고, 지각된 통제와 지각된 밀집이 함께 질문지로 측정한 사람들의 정서적 및 행동적 반응들을 결정한다고 예상하는 것이었다. 연구 결과가 그 모형에 적합한지를 결정하기 위해 복잡한 통계적 절차(LISREL)가 사용되었다.

이 연구에서 특별한 관심을 가진 것은 실험실 자극들이 사진에 있는 동일한 매표소에서 기차표를 사고 있는 실제 승객들을 대상으로 인터뷰한 추가된 현장 준실험이었다. 세 가지(슬라이드, 비디오테이프 그리고 현장)의 서로 다른 상관 행렬이 계산되었다. 통계적 분석들은 세 가지 행렬이 모두 동일하다는 가설을 기각하지 않았다. 따라서 실험실 방법론이 타당함을 입증하였다. 연구자들은 슬라이드와 비디오테이프가 밀도와 밀집 연구에 매우 적절하다('생태학적으로 타당하다')고 결론을 내렸다.

❍ 밀집 연구들의 비교

우리는 밀집의 영향을 네 가지 연구(동물 연구, 인구통계학적 상관 연구, 현장 연구 및 실험실 실험 연구)에서 살펴보았다. 우리가 각 연구들로부터 도출할 수 있는 일반화의 종류는 매우 다르다. 당신은 아마도 어떤 연구가 가장 좋은 연구인지 궁금할 것이다. 이런 질문에 대한 간단한 답은 없다. 비록 실험심리학자들이 실험실 연구를 선호하는 경향이 있지만, 어느 것이 가장 좋은 연구인지에 대한 심리학자들의 합의는 없다.

이 절의 목적은 당신에게 연구의 유형과는 관계없이 어떤 연구의 결과를 일반화하는 것이 어렵다는 사실을 인식시켜 주는 것이다. 지금까지 당신은 이런 어려움이 너무 커서 연구를 수행하는 것이 전혀 가치가 없다고 느꼈을 것이다. 그러나 그런 결론은 지나치게 비관적이다. 비록 단일 연구로는 일반화가 어렵다고 하더라도, 일군의 연구는 실제로 대표성 있는 결론을 내릴 수 있게 해 준다.

14.2 실험 주제 및 연구 예시

주제 **준실험**

예시 **소음과 인지적 수행**

진실험이 되려면 참가자들을 실험조건들에 무선적으로 할당해야 한다. 환경심리학 분야에서 진실험을 하기는 어려울 수 있다. 그래서 종종 진실험을 준실험(quasi-experiments; 3장 참조)으로 대체한다. 이 절에서는 최근에 수행된 소음이 초등학생들과 대학생들에게 미치는 영향에 관한 두 개의 준실험을 다룬다.

유럽에서 수행된 한 연구(Hygge, Evans, & Bullinger, 2002)는 뮌헨의 구공항이 폐쇄되고 신공항이 개장된 시점을 활용하여 이루어진 준실험이다. 두 실험집단은 구공항에서 항공기 소음에 노출된 아동들 혹은 신공항에서 항공기 소음에 노출될 아동들이었다. 두 통제집단은 사회인구학적 변인들에서 두 실험집단과 대응시켰으며, 항공기 소음에 노출되지 않았다. 자료는 세 시점에서 수집되었다. 즉, 신공항 개장 6개월 전(시점 1), 1년 후(시점 2), 2년 후(시점 3)이다. 검사는 소리가 차단된 이동 차량에서 수행함으로써 그 자리의 소음의 영향이 혼입되지 않도록 하였다.

[그림 14-7]은 장기기억 검사의 결과를 보여 준다. 이 검사에서 아동들은 정보를 읽은 다음 날 정보를 회상하였다. 구공항 조건의 경우, 항공기 소음에 노출된 아동들의 기억은 공항이 폐쇄되기 전(시점 1)에서 (통제집단 아동들의 기억보다) 더 나빴다. 그렇지만 일단 공항이 폐쇄되고 난 후에는 소음의 영향이 사라졌다. 우리는 신공항에서는 반대의 결과가 나타날 것으로 예상할 수 있다. 시점 1에서 소음의 영향은 통계적으로 유

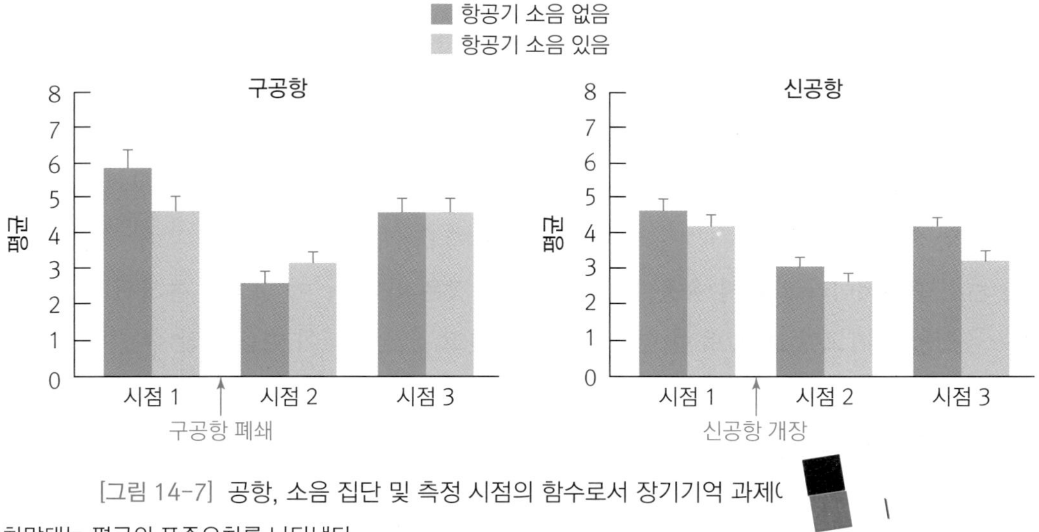

[그림 14-7] 공항, 소음 집단 및 측정 시점의 함수로서 장기기억 과제(

오차막대는 평균의 표준오차를 나타낸다.

출처: Hygge, S., Evans, G., & Bullinger, M. (2002). A prospective study of some effects
performance in school-children, *Psychological Science, 13*(5), 469-474. © 2002 A
Science. Sage Publications의 허락하에 재인쇄.

의하지 않았다. 그렇지만 시점 3에서 수행은 소음이 없는 조건(통제집단)이 (신공항에서 항공기 소음에 노출된 아동들보다) 더 좋았다. 이런 결과들은 소음이 기억에 영향을 미치지만, 그 영향은 소음의 출처가 제거되면 회복될 수 있음을 보여 준다.

앞서 제시한 준실험과 런던의 히드로 공항 주변의 항공기 소음에 대한 사후(ex post facto) 연구(2장 참조)를 비교해 보는 것은 흥미로운 일이다. Haines, Stansfeld, Head와 Job(2002)은 항공기 소음 노출과 수학, 과학, 영어의 표준화된 시험 성적들 간의 상관을 분석하였다. 소음 노출은 공항으로부터 떨어진 거리에 따라서 달랐다. 소음 노출은 더 나쁜 읽기 및 수학 시험 점수들과 통계적으로 상관되어 있었다. 그렇지만 다른 사회경제적 변인들을 통계적으로 통제하였을 때는 이런 상관관계가 사라졌다. 일반적으로 준실험의 결과들은 사후 연구들의 결과들보다 더 강력하다. 왜냐하면 과학자들이 인과관계에 관한 진술을 상관관계에 관한 진술보다 더 선호하기 때문이다.

또 다른 준실험은 건설 소음이 대학 기숙사 거주자들에게 미치는 영향을 연구하였다(Ng, 2000). 세 기숙사 건물(가까이 있는 동, 중앙에 위치한 동, 멀리 떨어져 있는 동)에 따라 외부 빌딩 건설에 따른 소음 수준이 달랐다. 이 연구에는 네 종류의 측정이 있었다. 즉, 설문 조사, 자기완성형 활동 기록, 거주자 교체 기록 및 창문 개폐에 대한 외부 관찰이었다. 전화 대화와 같은 활동들에서 방해를 받았다고 보고한 사람들의 백분율은 더 시끄러운 건물에 거주하는 사람들에게서 더 높았다. 가까이 있는 건물의 거주자들이 더 조용한 건물의 거주자들보다 창문을 더 자주 닫아 둔다고 보고했다. 그러나 창문에 대한 객관적인 외부 관찰에서는 조용한 건물에서 창문을 더 많이 열어 둔다는 사실을 발견했지만, 유의미한 효과도 아니었고, 건설공사가 진행되고 있었는지 여부와 상호작용 효과도 없었다. 열려 있는 창문의 수와 관련된 가장 중요한 상관 요인은 바깥 기온이었다.

준실험이라고 해서 유용성이 모두 같은 것은 아니다. 이 절에서 논의된 두 가지 준실험을 비교해 보면, 유럽 연구가 더 정교하고 잘 설계되어 있음을 알 수 있다. 대학 기숙사 연구에서 실시한 많은 측정치는 건설 소음이 있을 때와 없을 때를 변별하지 못하였다. 이것은 소음에 대한 현장 상관 연구들이 공유하는 약점이다. 대조적으로 뮌헨 연구는 자료를 수집하는 동안, 소음의 존재 여부와 같은 여러 변인을 통제했다.

적으로 속임수를 시스템 속에 구축한다. 이런 설계 선택을 선의의 속임수라고 부르는데, 그 이유는 이런 설계가 시스템 사용자들에게 해를 끼치기보다는 도움을 주기 때문이다(Adar, Tan, & Teevan, 2013). 한 설계자는 다음과 같이 말했다. "전통적인 학문 분야들은 진실을 전달해 왔다. 인간-컴퓨터 상호작용의 목표는 가치를 전달하는 것이다."(Cookton, 2004) 따라서 속임이 가치를 전달한다면, 그것은 유용한 설계 도구이다. 진실은 도중에 실패할 수 있다.

이득을 시스템 사용자에게 할당하느냐, 아니면 시스템 소유자에게 할당하느냐의 갈등이 있을 때, 속임수가 선의인지 혹은 악의인지를 결정하기 어려울 수 있다. Adar 등(2013)은 여러 가지 흥미로운 사례 연구를 제공하고 있다. 1960년대에 구축된 전화 교환 시스템은 가끔씩 연결이 잘 되지 않았다. 이 시스템은 이런 오류를 인식하면 연결을 끊거나 오류 메시지를 보내는 대신에, 전화 건 사람을 잘못된 번호로 연결하도록 설계되어 있었다. 더 현대적인 시스템인 넷플릭스는 그 서버들이 (사용자들의 접속이 많아서) 과부하 상태일 때, 고객들이 요구한 영화를 추천하는 것에서 더 광범위한 영화를 제안하는 것으로 전환하도록 설계되어 있다. 스크린 형식은 바꾸지 않은 상태로 있기 때문에 사용자는 이런 속임을 알아차릴 수 없다. 이 두 가지 예에서 속임수를 정당화하는 이유는 이것이 사용자가 불쾌한 경험을 하지 않도록 하기 위함이었다는 것이다.

이와 같은 속임수에 대한 윤리적 쟁점은 사전 동의가 없다는 것이다. 심리학 연구는 속임수를 포함하는 윤리적 쟁점들에 대한 몇 가지 해결책을 개발해 왔다(4장 참조). 실천과학자로서 이 책의 저자들은 진리에 높은 유용성을 두며, 가치를 전달하는 것이 진리를 전달하는 것을 대체한다는 주장에 대해서는 회의적이다. 실제로 속임수로 사용자에게 이득을 주는 더 우수한 시스템을 만드는 경우가 있을 수도 있다. 그러나 이것을 경험적으로 증명할 책임은 시스템 설계자에게 있다. 이런 확실한 증거가 없는 상태에서 속임수를 비윤리적인 것일 뿐만 아니라, 궁극적으로는 속임수가 있는 시스템에 대한 사용자의 신뢰를 떨어뜨림으로써 역효과를 낳을 수도 있다.

요점

문제에서 실험까지

문제: **소음에 노출되는 것이 나쁜가?**

거의 모든 사람의 관심사 중 하나는 소음이 인간에게 미치는 심리적 영향이다. 공항, 공장 및 도시의 거리는 시민들에게 소음 환경에 장기적으로 노출되도록 한다. 어떻게 우리가 이런 소음에 대한 노출의 영향을 알아볼 수 있나?

문제: **소음이 심리적 피해를 유발하는가?**

늘 그렇듯이, 이런 애매한 문제로부터 여러 개의 가설이 나온다. 첫째, 우리는 고도로 통제된 환경에서 검증될 수 있는 가설을 구성함으로써 실험실 연구를 시도할 것이다.

가설: **크고(110데시벨의 음압 수준) 지속적인 백색 소음에 노출되면 25분 동안 수행되는 연산 문제의 수와 정확성이 감소할 것이다.**

어떻게 우리는 이 가설에 명시된 변인들에 달성할 수 있을까? 독립 변인, 즉 소음 크기(110데시벨 , 큰 못을 박는 기계 소리만큼 큰 소리)의 안전한 노출의 한계는 25분이다. 이보다 더 큰 소음은 유해할 수 있으며, 이보다 더 안전한 소음은 실험효과를 낳지 못할 수 있다. 즉, 110데시벨 이하의 소음으로는 소음이 수행에 미치는 영향이 없었다면, 우리는 단지 소음이 충분히 크지 않았다는 결론을 내리고 싶은 유혹을 받을 것이다. 백색 소음(이런 소음은 대체로 당신이 라디오 방송 채널을 맞출 때 들리는 소리와 유사하다)은 모든 주파수 소리를 포함하며, 실험실에서 종종 사용되는 편리한 소음이다.

왜 소음 노출 시간을 25분 동안으로 하나? 우리가 대학생들을 참가자로 사용할 것이라고 예상하기 때문에, 실험이 대략 한 시간 정도 걸린다면 25분간의 소음 노출이 가장 편리하다. 가설이 무소음 통제조건을 포함하고 있기 때문에, 우리는 한 시간의 실험을 25분으로 구성된 두 부분, 즉 소음이 있는 부분과 소음이 없는 부분으로 나누었다. 10분은 실험 지시와 사후 설명으로 남겨 두었다.

우리의 종속 변인은 산술 과제의 수행이다. 이런 과제가 선택된 것은 대학생들에게 친숙한 단순한 과제이어서 실험 중에 훈련이 필요 없기 때문이다. 수행(즉, 정답의 수와 오답의 수)은 측정하기가 쉽다. 연습효과나 피로효과가 존재할 수 있기 때문에, 우리는 참가자들의 절반에게는 조용한 조건에서 시작하도록 하고, 나머지 절반에게는 소음 조건에서 시작하도록 함으로써 실험을 주의 깊게 역균형화해야 한다. 모든 참가자가 모든 조건에서 과제를 수행하기 때문에, 이것은 피험자내 실험설계이다. 피험자내 설계는 피험자간 설계보다 실험적으로 더 정교하다. 피험자내 설계에서 각 사람은 자신과 비교되며, 따라서 사람들 간의 차이가 실험에서의 오차를 증가시키지 않는다. 그러나 만약 우리가 소음 속의 수행이 조용한 상황에서의 수행과 다를 것인지에 관심이 있다면(즉, 소음의 영향이 소음이 물리적으로 더 이상 없는 상황에서도 계속되는지에 관심이 있다면), 더 좋은 실험설계는 각각 25분짜리 조건에 별도의 참가자들을 사용하는 피험자간 설계이다.

비록 우리의 실험이 잘 통제되었다고 하더라도 결과를 일반화하려고 할 때 몇 가지 문제가 있다. 만약 소음의 영향이 없었다면(즉, 소음이 있는 조건과 소음이 없는 조건에서 산술 과제의 수행이 동일했다면), 일생에서 25분은 너무 짧아서 이 결과가 수년간 하루 8시간 동안 110데시벨의 소음에 노출되었던 노동자에 관해서 말해 주는 것은 아니라고 주장할 수 있다. 다른 한편, 만약 소음의 영향이 있었다면(만약 소음이 있는 조건에서 산술 과제의 수행이 더 나빴다면), 노동자가 궁극적으로는 소음 환경에 적응하도록 되어 있기 때문에, 만약 우리가 참가자들을 여러 날 혹은 여러 주일 동안 검사했다면, 아마도 처음에 나타난 영향이 사라졌을 수도 있다고 여전히 주장할 수 있다. 이제 우리는 결과가 더 쉽게 일반화될 수 있도록 또 다른 가설을 설정할 것이다.

가설: **시끄러운 도시 거리에 거주하는 사람들은 조용한 거리에 거주하는 사람들보다 ① 더 자주 이사할 것이며, ② 주거 만족 평정 척도의 점수가 더 낮을 것이다.**

이 가설은 영속적인 거주지의 장기적인 효과를 다루기 때문에, 그것은 앞선 실험에서 나타난 일반화 문제를 피해서 가고 있다. 그렇지만 이 가설은 다른 가설만큼 정밀하지 않다. 시끄러운 거리와 조용한 거리에 대한 소리 수준들이 미리 명시되는 것이 아니라 실험 중에 측정되어야만 한다. 실험자는 소리 수준을 특정 시점에서(예, 러시아워 중) 측정할지 혹은 24시간 평균으로 할지를 선택해야 한다. 이런 준독립 변인은 전적으로 실험자의 통제하에 있지는 않다. 더구나 소리 수준은 수입과 사회적 지위와 같은 것들과 혼입될 수 있다. 왜냐하면 사회경제적 지위가 더 낮은 사람들이 더 시끄러운 거리에 거주할 가능성이 높기 때문이다.

종속 변인들도 아주 만족스러운 것은 아니다. 거주자들이 시끄러운 거리로부터 더 자주 이사하기를 바란다고 하더라도, 경제적 요인들이 그렇게 하지 못하도록 막을 수 있다. 다른 한편, 한 지역의 이직률은 신뢰할 만하게 측정될 수 있는 객관적인 수치이다. 두 번째 종속 변인은 주거 만족을 평가하기 위해 사용된 평정척도의 타당도에 상당 부분 달려 있다. 실험자는 이미 여러 연구에서 사용되었고, 사전에 타당화된 척도를 찾으려고 할 것이다. 만약 실험자가 어쩔 수 없이 척도를 제작한다면, 우선 그 척도를 타당화해야 한다. 척도의 타당화는 시간이 소요되고 어려운 과정이다. 그러므로 이 연구에서 연구 결과의 일반화를 더 쉽게 하기 위해서는 상당한 실험자의 통제 손실을 감수해야 한다.

우리가 이 절을 시작할 때 제기한 문제에 대한 해결책들로서 두 가지 연구들을 비교할 때, 그 어떤 연구도 완벽하지 않다는 사실은 분명하다. 연구에서 이것은 항상 진실이다. 어떤 단일 실험도 어떤 물음에 답할 수 없다. 과학자는 어쩔 수 없이 더 구체적인 가설에 초점을 맞추며, 따라서 그 문제의 작은 부분들에 대해서만 답할 수 있을 뿐이다. 하나의 구체적 가설에 따른 많은 작은 조각이 결합될 때까지는 어떤 일반적인 대답도 불가능하기 때문에, 이것이 모든 심리학자에게 좌절감을 주는 한 가지 주요한 원천이다. 어떤 환경심리학자는 소음의 문제와 그것의 심리적 영향을 이해하려고 노력하는 데 평생을 바칠 수도 있다. 소음의 심리학에 관한 더 많은 정보를 원하면, Kantowitz와 Sorkin(1983)의 16장을 참고하라.

소음 공해가 건강을 위협한다는 근거는 실험심리학과 환경심리학을 넘어서 널리 산재해 있다. 예를 들어, 이제 건축가들도 소음을 줄이는 설계를 해야 한다는 것을 인식하고 있다(Bronzaft, 1993). 건축학 논문집들에서 심리학 연구들을 인용하고 있는 것을 볼 때, 우리는 환경심리학의 메시지, 즉 인간의 행동과 건강이 환경의 특징들에 의해 큰 영향을 받는다는 메시지가 전해지고 있음을 확신할 수 있다.

☑ 요약

1. 과학은 진리에 이르는 유일한 길이 아니며, 따라서 현재 인간 경험의 특정 부분만이 과학적 분석이 가능할 뿐이다. 그러나 과학적 방법은 자기수정적인 반면, 고정된 생각을 갖고 있는 다른 방법들은 그렇지 않다. 그러므로 과학이 적용될 수 있는 영역이라면 과학이 더 좋은 방법이다.
2. 실험은 행동의 예측과 설명이라는 심리학자들의 궁극적인 목표에 이르는 길을 걷는 발걸음이다. 이런 목표는 대표성이 크고 관련 상황으로 일반화시킬 수 있는 실험을 수행함으로써 가장 빨리 달성될 수 있다. 두 가지 유형의 대표성은 표본 일반화와 변인 대표성이다. 여기서는 네 가지 유형의 밀집 연구를 다루었다. 우리가 각 연구로부터 도출할 수 있는 일반화의 종류는 본질적으로 다르다.
3. 대부분의 환경심리학자가 실험실 연구보다 현장 연구를 더 선호하기 때문에 현장에서는 참가자들을 실험조건에 무선적으로 할당하고 모든 독립 변인을 조작하는 것이 가능하지 않다. 따라서 준실험과 사후 연구가 더 쉽다.
4. 항공기 소음이 기억에 영향을 미치지만, 이런 영향은 소음이 제거될 때 사라질 수 있다.
5. 심리학자들은 연구 참가에 대한 윤리적 측면에 대해 매우 신경을 쓰고 있다. 연구에서 사전 동의의 권리가 항상 보장될 수는 없다. 이런 경우, 참가자들에 대한 잠재적 피해와 연구의 잠재적 가치가 균형을 이루어야 한다. 속임수와 은폐가 포함된 실험은 매우 신중하게 수행해야 한다.

☑ 주요 용어

결과의 일반성 generality of results

밀도 density

사전 동의 informed consent

윤리적 쟁점 ethical issues

표본 일반화 sample generalization

대표성 representativeness

변인 대표성 variable representativeness

사후(연구) ex post facto

준실험 quasi-experiment

☑ 논의거리

1. 신부, 랍비(유대교 율법학자) 그리고 과학자가 해변을 걸으면서 물위를 걷는 것이 가능한지를 논의하고 있었다. 경험적 검증을 위해 신부와 랍비는 바다에 뛰어든 반면, 과학자는 놀라서 해변에서 이를 지켜보았다. 곧 신부는 턱밑까지 빠졌던 반면, 랍비는 무릎까지만 빠졌다. 신부는 "어떻게 당신은 그런 상태를 유지하고 있나요?"라고 물었다. 랍비는 "쉽지요. 나는 수중 바위 위에서 걷고 있어요."라고 대답했다. 해변으로 돌아왔을 때 이 두 성직자가 과학자에게 경험주의에 관해 무슨 말을 했으며, 과학자는 무슨 대답을 했을까?
2. 과학이 진리에 이르는 적절한 통로가 아닌 두 가지 영역을 선택하라. 과학이라는 도구가 이 두 분야에 부적절하거나 적용할 수 없는 이유를 말해 보라. 먼 미래에는 과학이 이 영역들을 다루는 것이 가능할까?
3. 도서관에 가서 두 가지 학술지(즉, 『환경과 행동(Environment and Behavior)』 및 『인간 요인(Human Factors)』)에 발표된 최근 주제들을 읽으라. 이들 두 학술지는 응용 연구를 전문으로 하는 학술지이다. 당신이 읽은 논문들이 『실험심리학 저널(Journal of Experimental Psychology)』에 발표된 논문들보다 일반화가 더 용이할 수 있는지 말해 보라.
4. 당신이 하고 싶은 비윤리적인 실험을 몇 가지만 적어 보라. 당신의 실험 영역이 전공인 교수를 방문하여 기꺼이 당신의 실험을 지도해 줄 수 있는지 문의해 보라. 얼마나 많은 교수가 당신의 실험이 비윤리적이기 때문에 지도를 거절하겠다고 말하는가? 이런 과제는 윤리적인가?

☑ 웹 연결

환경심리학에 관한 일반적인 정보는 다음 웹사이트에서 볼 수 있다.

http://www.edra.org

환경심리학의 재미있는 직업 하나가 다음 웹사이트에 나와 있다.

http://www.apa.org/science/about/psa/2009/06/veitch.aspx

심리학 실습: 소음과 기억

이 연습은 당신에게 소음이 두 가지 종류의 기억(항목 회상과 탐색 회상)에 미치는 영향을 연구하는 몇 가지 선택지를 줄 것이다. 7개 색인 카드 한 세트를 만들어서 각 카드 위에 한 주일의 요일을 적으라(월요일, 화요일…… 일요일). 이 카드들은 참가자에게 제시되는 자극들이며, 당신은 그 카드들을 제시할 때마다 매번 카드들을 섞어서 순서를 재배열할 것이다. 항목 회상 과제에서, 당신은 6개 카드만을 제시한다. 참가자는 빠진 요일을 말해야만 한다. 빠진 항목의 회상은 요일들이 제시되는 순서에 달려 있지 않다. 탐색 회상 과제에서, 참가자는 목록에서 탐색 자극 뒤에 오는 요일을 회상하는 것이다. 예를 들어, 만약 당신이 제시한 6개 항목의 목록이 월요일, 금요일, 수요일, 일요일, 토요일 그리고 화요일이고 탐색 자극이 토요일이었다면, 정답은 화요일이다. 이런 과제에서는 요일이 제시되는 순서를 아는 것이 결정적이다.

우리의 연구 질문은 소음이 어떻게 두 가지 유형의 기억에 영향을 미치느냐이다. 당신은 소음이 두 가지 과제에 동일한 방식으로 영향을 미칠 것이라고 예상하는가? 소음의 종류가 문제가 될까? 소음의 크기는 어떨까?

우리가 고안할 수 있는 가장 간단한 실험은 두 가지 수준의 소음만을 독립 변인으로 선택하는 것이다. 즉, 조용한 조건(소음이 없는 통제조건)과 소음이 있는 조건이다. 대부분의 실험자는 더 복잡한 실험을 설계할 것이다. 예를 들어, 당신은 소음의 유형과 소음의 크기를 독립 변인으로 도입할 수 있다. 가능한 소음 유형은 악기음, 성악, 연설, 어투, 그리고 모든 주파수를 담고 있는 특별한 소음인 백색 소음을 포함한다. (당신은 다이얼이 방송 채널 주파수 사이에 있을 때 발생하는 지직거리는 치찰음으로 라디오를 조정함으로써 백색 소음과 매우 유사한 소리를 만들어 낼 수 있다.) 소음 크기는 데시벨로 측정된다. (만약 소음을 측정하는 계량기가 없으면 Radio Shack[2]에서 저렴하게 구입할 수 있다.) 만약 당신이 소음 크기를 달리하기를 원한다면, 55데시벨에서 90데시벨까지의 소음 크기가 적절할 것이다.

우리는 일부러 이 실험의 가설을 구체적으로 명시하지 않고 있다. 회상과 소음에 대한 더 많은 정보는 Banbury, Banbury, Macken, Trembly와 Jones(2001, p. 22),

2) 역주: 전자 기기 상점

Jones(1999)에서 찾아볼 수 있다. 소음 유형이 언어 기억에 미치는 영향은 Iwanaga와 Ito(2002)에서 찾아볼 수 있다. 당신은 라디오를 들으면서 공부하려고 할 때와 같은 소음에 대한 경험을 토대로, 혹은 이들 논문을 찾아봄으로써 가설을 만들 수 있다. 많은 소음 유형과 소음 크기를 결합하는 실험을 설계하고 싶은 유혹을 참아야 한다(그렇게 많은 자료는 너무 어려워서 얻을 수도 없고 분석할 수도 없을 것이다.). 그보다는 당신이 관심 있는 일부의 독립 변인만 선택하라.

당신은 가설을 세우고, 그 실험이 인간 참가자들을 확실하게 보호한다는 승인을 얻고, 자료를 수집하라. 당신의 종속 변인은 기억 과제들에서 정답의 백분율이나 오류의 백분율이 될 것이다. 이 책의 저자들에게 실험심리학의 가장 흥미로운 부분은 자료가 가설들을 지지하는지 혹은 기각하는지를 발견하는 것이다. 즐기라. 그러면 당신의 가설들 중 최소한 몇 가지는 입증할 수 있을 것이다.

제15장

인간 요인

- 인간 요인과 인간 행동

  정의

  당신의 사용자를 존경하라

  생명의 가치

- 변인의 도입
- 15.1 실험 주제 및 연구 예시

  소표본 설계: 동체 시력

- 표적의 파장이 동체 시력에 미치는 영향

  실험

- 15.2 실험 주제 및 연구 예시

  종속 변인의 선택: 정신적 작업부하

- 15.3 실험 주제 및 연구 예시

  현장 연구: 중앙의 높은 위치에 장착된 브레이크 등

- 문제에서 실험까지

  비행 중인 조종사의 정신적 작업부하 측정하기

  요약

  주요 용어

  논의거리

  웹 연결

  심리학 실습: 교통 표지판 이해하기

인간 본성과 인간관계에 대한 우리의 과학이 물리기초를 다루는 물리과학처럼 발전된 것이라면, 연구의 주된 관심사는 인간의 본성이 어떻게 더 효과적으로 수정되는지에 대한 문제일 것이다. 문제는 그것이 변할 수 있는가가 아니라 어떤 조건에서 어떻게 변할 것인가가 될 것이다. (JOHN DEWEY)

실험실 연구 활용의 주요한 정당성은 인과관계에 대한 정확한 진술을 제공하는 능력이다. 일단 실험실에서 어떤 효과나 현상을 이해하게 되면, 응용심리학자는 실험실 밖의 세계를 개선하기 위해 이 정보를 이용할 수 있다. 이러한 응용 작업은 실제적인 어려움을 해결하는 데 도움을 줄 뿐만 아니라 과학 기능의 역할도 하고 있다. 만약 실험실 안에서도 중요한 효과가 올바르게 식별됐다면, 그 효과를 기술하거나 설명하는 행동 법칙과 인과관계는 실험실 밖에서도 작동해야 한다. 만약 그렇지 않다면, 실제로 실험실 연구의 타당성에 대한 심각한 의심이 제기될 수 있다. 지식이 유용하기 위해서는 해당 지식이 다른 분야에 적용될 수 있어야 한다. 따라서 실험실 연구는 끝이 아닌 시작이다(1장 참조). 이 장에서는 실험심리학 실험실에서 처음 발견되고 정제된 일부 발견이 실용적인 인간 요인 문제에 유용하고 의미 있게 적용될 수 있는 방법을 보여 준다. 실제적인 문제를 해결하는 것은 때때로 추가적인 실험실 작업을 의미한다. 경우에 따라서 연구자가 연구실 밖으로 나가 해결책을 찾아야 한다. 우리는 몇 안 되는 인간 요인 사례가 실험심리학의 궁극적인 정당성으로 해석되는 것을 의도하지 않는다. 왜냐하면 기초적인 연구 결과가 미래에 우리의 삶을 어떻게 형성할지를 알아내는 것은 시기상조이기 때문이다. 이 장에서 배워야 할 교훈은 기본적인 실험심리학 원리의 일반화이다. 즉, 실험심리학 원리가 일반화되는 과정을 설명하기 위해서 활용의 구체적인 예시를 논의할 것이다.

인간 요인과 인간 행동

❍ 정의

인간 요인(human factors)은 "기술과 인간의 관계를 최적화하려는 학문"으로 정의된다

(Kantowitz & Sorkin, 1983, p. 4). 깡통따개처럼 작고 흔한 것 혹은 우주정거장처럼 크고 난해한 것이 모두 기술로 지칭될 수 있다. 기술의 공통분모는 사람이다. 크든 작든 모든 시스템은 인간에 의해 사용되어야 한다. 만약 사람이 어떻게 작동하는지를 우리가 충분히 이해한다면, 우리는 원칙적으로 사람들과 더 잘 상호작용하는 기술을 설계할 수 있을 것이다.

인간 요인에서 갖는 사람의 중심적 역할은 실험심리학이 왜 인간 요인 연구에 그렇게 강한 영향을 미쳤는지를 설명해 준다. 인간요인과 인간공학학회(Human Factors and Ergonomics Society)의 회원 중 절반 이상이 심리학자로 교육받았다. 학술지『인간 요인(Human Factor)』에 게재된 논문의 상당 부분은 응용실험심리학으로 고려될 수 있다. 응용 환경에서 인간이 어떻게 기능하는지를 이해하는 것이 인간 요인 연구의 중요한 측면이다.

❍ 당신의 사용자를 존경하라

인간 요인의 첫 번째 계명은 '사용자를 존경하라'이다. 25년 후에도 인간 요인에 대해 기억해야 할 것이 있다면 그것은 '사용자를 존경하라'이다. 다른 모든 것은 단지 이 지배적 주제의 장식일 뿐이다.

사용자를 존경할 수 있기 전에, 당신은 사용자가 누가 될지를 알아야 한다. 사용자 모집단이 달라지면 인간 요인의 요구도 달라진다. 일본은 처음으로 자동차 제조를 시작했을 때 자국의 시민을 위해 자동차를 설계했다. 이것은 자동차가 미국으로 수출되었을 때 문제가 되었다. 미국 남자들은 클러치나 가속 페달을 동시에 밟지 않고는 브레이크 페달을 밟을 수 없었다. 뒤늦게 생각해 보니 이 설계 오류의 이유는 분명했다. 미국인들은 평균적으로 일본인들보다 몸집이 더 크고 더 큰 발을 가졌다. 비록 페달의 간격이 일본인들의 작은 발에는 만족스러웠지만, 미국인들의 더 큰 발에는 너무 가까웠다. 미국인의 발이 원래의 설계 특징에 고려되지 않았기 때문에, 인간 요인의 첫 번째 계명이 위반된 것이다.

이런 오류는 더 정교한 방법으로도 발생할 수 있다. 인간 요인에 대해 기울인 노력으로 높이 평가되는 미국의 한 대형 통신회사는 사용자가 지정한 시간에 전화로 녹음된 메시지를 전달하는 시스템을 설계하고 있었다. 이것을 위한 하드웨어가 특정되었기 때문에, 인간 요인 설계자들은 사용자가 적절한 명령을 입력할 수 있는 소형 컴퓨터 언어와 동등한 것을 고안해야 했다. 그래서 이 새로운 미니언어를 만들기 위해 컴퓨터 과학자들이 선정되었다. 몇 달간의 노력 끝에 그들은 녹음된 메시지를 효율적으로 통제할 수 있는 강력한 언어를 고안해 냈다. 게다가 그들은 신중한 설계자들이었기 때문에 비서들을 실험 피험자로 사용하여 새로운 시스템을 시험했다. 이 장치는 비서들이 사용하도록 의도되었기 때문에 이는 이상적인 실험 모집단이었다. 애통하게도, 비서들 중 어느 누구도 이 새로운 언어를 마스터할 수 없었다. 몇 가지 생각 끝에 설계자들은 사용법 매뉴얼을 매우 개선할 필요가 있다고 판단하여 여러 가지 예시와 삽화를 포함한 사용법 매뉴얼을 완성하는 데 몇 달을 더 보냈다. 두 번째 테스트에서 몇 명의 비

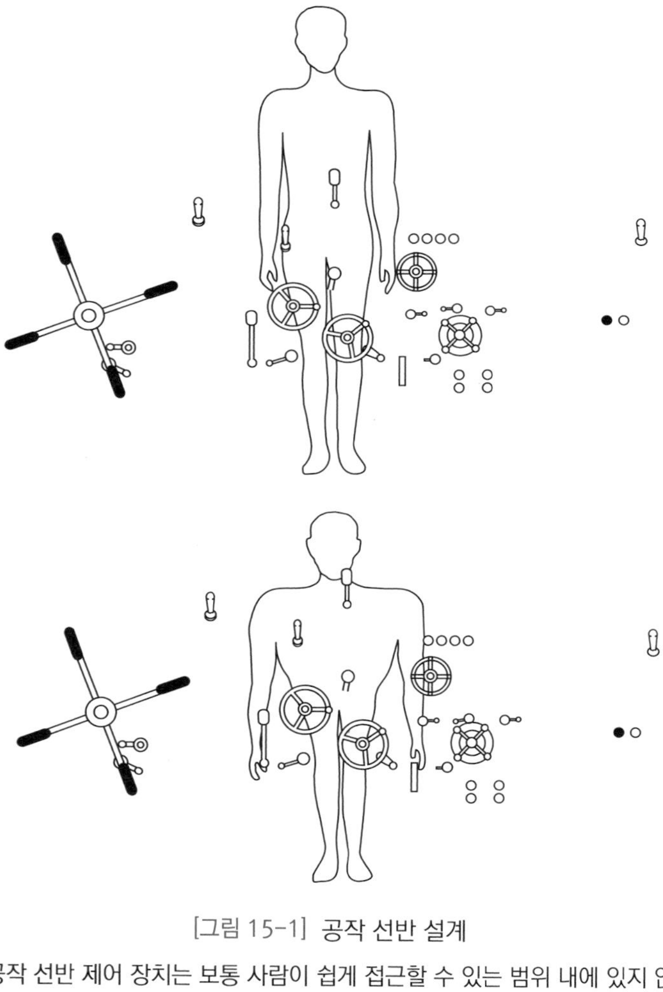

[그림 15-1] 공작 선반 설계

현재 사용 중인 공작 선반 제어 장치는 보통 사람이 쉽게 접근할 수 있는 범위 내에 있지 않다. 그것을 이상적으로 사용하려면 조작자가 1,372mm(41/2피트)의 키와, 640mm(2피트)의 어깨 너비와 2,348mm(8피트)의 팔 길이를 가져야 한다.

출처: Courtesy Butterworth Heinemann, Ltd.

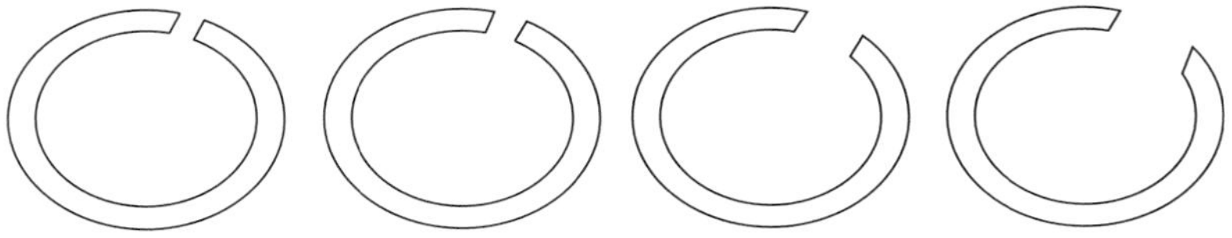

[그림 15-2] Landolt C

확장시킨다. 어떤 연구는 동공 확장이 도로 위험을 인식해서 피할 수 있는 운전자의 능력을 제한할 수 있으므로(Wood, Garth, Grounds, McKay, & Mulvahil, 2003) 동공을 확장시키는 시력 검사 직후에는 운전을 허용하지 않아야 한다고 제안했다. 운전할 때는 동체 시력이 필요하기 때문에 Ueda와 동료들(2006)은 동공 확장이 동체 시력을 감소시키는지 궁금했다. 시력이 감소할 것이라는 그들의 예언에도 불구하고, 그들은 동공 확장이 동체 시력을 향상시키는 것을 발견했다. 이 예상치 못한 결과는 동공을 확장시키는 안약을 사용함으로써 운전을 향상시킬 수 있다고 암시하지는 않지만, 이전에 관찰된 운전 능력 감소가 동체 시력 결핍 때문은 아닐 수 있다고 제안한다. 물론 단일 실험으로 설명이 증명되지 않는다(1장 참조). 그러므로 이 결과를 설명하기 위해서는 대상 크기와 조명 같은 다른 독립 변인을 조사하여 더 많은 연구를 수행해야 할 것이다.

표적의 파장이 동체 시력에 미치는 영향

모든 흥미로운 인간 요인 문제와 마찬가지로, 색깔이 움직이는 대상의 선명도에 미치는 영향은 실용적이고 이론적인 중요성을 모두 갖는다. 컴퓨터 디스플레이 화면과 도로 표지판 같은 품목을 포함하는 설계 결정은 특정 색깔은 지각하기에 더 쉽다는 지식에 의해 영향을 받는다. 이론적 관점에서 파란색 색채 수용기는 다른 색채 수용기와는 다른 것으로 알려져 있고 더 낮은 정지 시력을 갖고 더 느리다(Long & Garvey, 1988). 따라서 Long과 Garvey(1988)가 파장(색깔)이 동체 시력에 미치는 영향을 연구했을 때 그들은 실용적 이유와 이론적 이유를 모두 갖게 되었다.

그들의 연구에서 모든 실험조건에 오직 두 명의 남성 관찰자만이 사용되었다. 두 관찰자 모두 안경을 착용하고 20/20의 정지 시력을 가지고 있었다. 그들은 물론 실험 중에 안경을 착용했다. 비록 적은 수의 피험자이지만, 각 관찰자는 12개월 동안 40~

60분 이상의 세션에 참여했다. 소표본 설계는 실험적인 노력을 최소화하기 위해 사용되는 것이 아니다. 대신에 데이터를 쉽게 반복할 수 있는 고도로 통제된 실험 상황에 적합한 설계이다.

❍ 실험

Landolt C 표적을 흰색 스크린에 투사했다. 파장, 즉 색깔이 독립 변인이고 개개의 표적은 4개의 색깔인 흰색, 파란색, 노란색, 빨간색 중 하나의 색깔로 제시했다. 표적의 틈은 왼쪽 위, 오른쪽 위, 왼쪽 아래, 오른쪽 아래 중 하나에 위치되었다. 틈의 위치는 시행마다 달라졌다. 관찰자가 틈의 위치를 보고하고 그것의 정확성이 판단되었다. 앞의 [그림 15-2]에 실험에 사용된 틈의 크기를 갖는 표본이 제시되어 있다. 피험자가 틈의 위치를 정확하게 식별하기에 너무 작은 틈의 크기, 즉 역치를 결정하기 위해서 정신물리학 기법인 한계법(method of limits; 6장 참조)을 사용했다. 그러면 틈 크기가 두 번째 독립 변인이 된다. 처음 시작은 항상 큰 표적 틈으로 시작했다. 답변이 정확하면 점점 작은 틈 크기가 제시되었다. 이것은 답변이 틀릴 때까지 계속되었다. 틀렸을 때 틈 크기를 그 앞의 시행 크기로 증가시켰고 그와 같은 절차를 반복했다. 관찰자가 주어진 틈 크기에서 두 번째로 오류를 범할 때 그 조건에서의 시험은 중단되었다. 이것 다음으로 큰 틈 크기가 역치로 기록되었다.

또 다른 중요한 독립 변인은 관찰자 눈의 적응 수준이었다. 야간 조건에서는 간상체에 의해 시력이 통제된다. 이를 야간시(scotopic vision)라고 부른다. 밝은 주간 조건에서는 시력이 추상체에 의해 통제된다. 이것은 주간시(photopic vision)라고 부른다. 간상체와 추상체는 파장(색깔)에 대한 다른 민감성을 갖는다. 비록 간상체가 색을 인식할 수 없을지라도 여전히 다양한 파장에 다른 민감성으로 반응한다. 그래서 신중하게도 추상체가 시력을 지배하는 주간시 조건과 대비해서 간상체가 지배하는 야간시 조건에서의 파장의 효과를 연구했다. 이 연구에서 야간시를 만들기 위해 야간 조건이 사용되었고 주간시를 만들기 위해 주간 조건이 사용되었다.

마지막으로, 우리가 논의하는 독립 변인은 표적의 속도이다. 선택된 속도의 범위에서는 표적의 움직임이 민감도에 역효과를 줄 것이 예상되었기 때문에 세 개의 속도 값이 이전 연구에 사용된 값에 기초해서 선택되었다.

소표본 설계에서는 각 관찰자들로부터 얻은 데이터의 평균을 구하지 않기 때문에 Long과 Garvey(1988)는 두 관찰자의 데이터를 개별적으로 조사했다. 그들은 표적의 속도가 증가할수록 역치(틈 크기)도 증가한다는 것을 발견했다. 표적이 빨리 움직일수록 지각하기에 더 어려웠다. 파란색 표적은 야간 조건(야간시)에서 흰색, 노란색 또는 빨간색으로 표시된 표적보다 인식하기 쉬웠지만 주간 조건(주간시)에서는 그렇지 않았다.

이 결과는 몇 가지 흥미로운 실용적 의미를 갖는다. 예를 들어, 인간의 어둠 적응을 유지하기 위해(즉, 사람의 눈이 어둠 속에서 보는 것에 적응되도록 유지하기 위해) 빨간색 조명이 관습적으로 사용된다. Long과 Garvey의 연구에서는 (빨간색보다는) 파란색 조명이 사람들이 야간 조건에서 움직이는 표적을 더 쉽게 감지하고 인식할 수 있을 것이라고 암시한다.

15.2 실험 주제 및 연구 예시

주제 **종속 변인의 선택**

예시 **정신적 작업부하**

이스턴 에어라인 401편이 마이애미 국제공항에 접근하고 있을 때 조종사는 앞바퀴의 표시등이 켜지지 않았다는 것을 알았다. 그래서 승무원들이 문제가 표시등 자체에 있는 것인지, 아니면 앞바퀴가 내려가지 않고 착륙 위치로 잠겨 있는 것인지 알아내려고 애쓰는 동안 조종사는 비행기를 선회시켜서 에버글래이즈 상공을 낮은 고도로 비행했다. 비록 앞바퀴가 고장난 채로 비행기를 착륙시키는 것이 매우 위험한 과정은 아니었지만, 표시등이 앞바퀴 기어가 고장난 것을 가리키는 것이 맞는 것이라면 승무원들은 당연하게도 수동으로 바퀴를 내리기를 원했다.

비행기가 자동비행을 하고 있는 동안에 3명의 승무원이 전구에 결함이 있는지, 아니면 기어가 고장 난 것인지를 확인하려고 애쓰고 있었다. 그러나 승무원들이 모르는 사이에 자동비행이 우연히 풀렸고, 비행기는 점차 하강하기 시작했다. 승무원들의 주의가 온통 표시등에 집중되어 있었기 때문에 꽤 오랜 시간이 지나서야 부조종사가 고도계 수치를 알아차릴 수 있었다. 401편이 지상에 추락하기까지 8초 동안 승무원들은 고도를 높이려는 시도를 하지 않았다. 표시등의 전구가 나갔던 것이 99명의 목숨을 앗아간 이번 사고의 기계적 원인이었다. 이 사건의 심리적 원인은 주의(attention)라는 정신과정이었다. 승무원들은 표시등 문제를 해결하는 것에 너무 몰두해 있어서 누구도 비행기를 조종하고 고도를 감시해야 하는 더 중요한 문제에 주의를 기울이지 않았다.

분할된 주의와 집중된 주의에 대한 기초 연구가 이런 종류의 실용적인 문제를 직접적으로 다루는 모형과 자료를 제공한다(8장 참조). 그러나 연구의 실질적인 유용성을 실험실에서 평가할 수는 없다. 대학에서 수행된 실험실 연구가 실제 세계에서 효과가 있는지 여부를 결정하기 위해서는 현장 연구(field research)가 필요하다. 항공에서는 실제로 비행하는 비행기 안에서 현장 연구를 수행하는 것이 비용도 많이 들고 위험할 수도 있다. 따라서 대부분의 현장 연구는 비행 시뮬레이터에서 수행된다. 이러한 시뮬레이터는 실제 비행을 매우 근접하게 모방하여 연방항공국에서 전문 조종사의 훈련과 재인증을 위해 사용하도록 승인하였다. 비행 시뮬레이터는 세심하게 통제되는 실험실과 실제 항공기 사이의 중간점이 되어 준다. 우리는 여기에서 캘리포니아에 있는 미국항공우주국(NASA) 에임스 연구센터(Ames Research Center)의 비행 시뮬레이터에서 수행된 일련의 연구를 검토한 다음 에임스에 위치한 비행 관측소에서 나온 현장 연구를 가지고 결론을 내릴 것이다. 우리의 목표는 시뮬레이터를 제어하는 조종사의 능력에 미치는 작업부하의 영향, 즉 비행이 요구하는 주의력을 측정하고 평가하는 방법을 설명하는 것이다.

❍ NASA GAT 실험: 시뮬레이터에서 작업부하 측정하기

1983년부터 NASA의 일반항공훈련기(General Aviation Trainer: GAT)에서 일련의 실험이 실시되었다. 이것은 일반적인 단일 엔진 비행기를 조종하도록 조종사들을 훈련시키는 비교적 저렴한 비행 시뮬레이터이다. 훈련기는 조종사의 행동에 따라 전체 조종석이 움직일 수 있게 하는 기반 장치 위에 탑재된다. 조종실 창문이 가려진 상태에서 자주 사용되므로 조종사는 비행을 유도하기 위해 계측기 판독에 의존해야 한다.

일반적으로 표현하자면, 이 연구의 목적은 비행 시뮬레이터 안에서 작용하게 될 객관적인 작업부하의 측정 방법을 특히 이차 과제 방법을 사용해서 제공하는 것이었다. 이차 과제(secondary task)는 [일차 과제(primary task)라고 불리는] 조사 중인 중요 과제에 포함되는 추가 과제이다. 종종 이차 과제의 수행이 일차 과제가 요구하는 주의력의 지표로서 해석될 수 있다. 이차 과제 수행이 형편없다면, 이것은 일차 과제가 높은 주의력, 즉 정신적 작업부하를 요구한다는 것을 나타낼 수 있다. 문제는 현장 환경에서 발생하는 실제적인 어려움을 해결하는 데 도움이 되도록 어떻게 주의력에 대한 많은 연구를 사용할 것인지이다.

주의를 연구하는 실험심리학자들의 실험실에서 완료된 많은 연구는 이차 과제가 주의 부하량의 유용한 지표라는 것을 암시했다(Kantowitz, 1985). 어려움은 이 기초 연구 지식의 활용이었지만, 그 지식의 대부분은 가까운 장래에 더 실제적인 환경에서 실용적인 문제를 해결하는 데 목적을 두지 않았다. GAT 환경은 실험심리학 실험실의 엄격함과 통제 그리고 실제 항공기의 높은 타당성 사이에서 합리적인 타협점이 되었다.

조종사의 작업부하에 대한 현장 연구는 객관적 종속 변인과 주관적 종속 변인을 모두 사용한다. 객관적 측정(objective measures)에는 실험자가 쉽게 검증할 수 있는 반응시간 및 백분율 정확도와 같은 변인들이 포함된다. 주관적 측정에는 평정 척도로 주어지는 언어적 보고가 해당된다. 예를 들어, 조종사에게 1에서 10까지의 척도로 작업부하를 판단하도록 요청한다. 주관적 점수는 실험자에 의해 직접 검증될 수 없다. 1980년대 초 비행 시뮬레이터에서 작업부하를 연구했던 연구자들은 만족스러운 객관적 측정을 발견하는 데 어려움을 겪고 있었다. 전형적인 연구는 많은 객관적이고 주관적인 측정을 조사할 것이다. 통계적 유의성을 산출하는 주관적 측정을 찾는 것이 흔했지만 유용한 객관적 측정은 드물었다. 아마도 십여 개 중 하나 정도로 객관적인 측정이 믿을 만한 통계적 결과를 낸다는 것을 발견한 연구가 최신 결과였다. 따라서 연구자들은 객관적 측정보다는 주관적 측정을 선호하기 시작했다. 적절한 통계 기준을 충족하지 않는 효과를 연구하는 데 자원을 낭비하기를 원하는 사람은 아무도 없기 때문에 이러한 선호는 이해할 만하다.

❍ 이론적 가정

항공에서 인간 요인의 주요 문제는 연구와 실제를 이끄는 데 도움이 되는 의미 있는 이론적 틀이 없다는 것이다. 심리학 문헌의 대부분은 실무자와는 무관해 보인다. 그러므로 이전의 작업부하 연구의 대부분은 이론적인 관점에 의존하지 않았다. 일종의 느슨한 공학적 접근법을 취해서 충분히 객관적인 측정이 이루어지면 연구자가 조종사의 정신적 작업부하에 의해 영향을 받는 측정치를 발견하게 될 것이라는 생각에 기초했다. 비록 주의에 관한 실험실 연구에서 사용한 방법을 따라 하는 것을 어느 정도 고려했지만, 이러한 방법의 이론적 의미를 이해하기 위한 노력은 거의 이루어지지 않았다.

다행스럽게도, 좋은 이론이 가장 좋은 실용적 도구라는 생각을 조사자들이 수용하고 있기 때문에 이러한 상황이 나아지기 시작하고 있다(Kantowitz, 1989b). 예를 들어, 항공교통 관제사의 정신적 작업부하에 대한 최근 연구(Loft, Sanderson, Neal, & Mooij,

2007)는 작업부하를 관리하는 데 관제사의 인지 전략의 중요성을 강조하는 정성 모형(qualitative model)으로 시작한다. 실제로 운송에 대한 인간 요인 연구에서 이론의 사용이 증가함에 따라, 운전자의 차선 변화를 감지하는 최근의 계산 모형과 같은 정량 또는 계산 모형(Kantowitz, 1998)이 더 많이 사용될 것으로 기대할 수 있다(Salvucci, Manalia, Kuge, & Yamamura, 2007).

일반적인 이차 과제는 선택 반응 과제(choice-reaction task)이다. 선택 반응 과제에서는 몇 개의 자극이 가능하다(예, 주파수가 서로 다른 소리들). 각각의 자극은 고유한 반응을 갖는다. 선택 반응은 주의력을 요하므로, 일차 과제를 방해할 위험이 항상 있다. 이렇게 되면 일차 과제의 수행은 손상을 입을 것이고, 우리는 일차 과제의 주의 요구량에 대해 어떤 결론도 도출할 수 없을 것이다. 다행히, 조종사들은 매우 잘 훈련되어 있어서 다른 어떤 일이 일어나더라도 그들의 첫 번째 책임은 비행기 운전이라는 것을 학습했다. 401편을 추락시킨 것이 이 규칙 엄수의 실패였다는 것을 기억하라.

❍ 실험

모의 비행 시나리오에서 조종사를 시험하기 위해 선택 반응 과제가 사용되었다. 실험의 주요 목표는, ① 선택 반응 이차 과제가 일차 비행 과제를 방해하지 않는다는 가정을 충족시키는지를 확인하는 것과 가능하다면 ② 그것이 조종사의 정신적 작업부하를 측정하기에 적절한 종속 변인인지를 알아보는 것이다. 여기에서 모든 결과를 다 논의하지는 않을 것이다. 관심 있는 독자는 Kantowitz, Hart와 Bortolussi(1983)가 발표한 보고서를 볼 수 있다.

이차 과제는 두 개의 청각 신호음이나 네 개의 청각 신호음으로 구성되었다. (두 개의 선택 과제와 네 개의 선택 과제를 모두 사용하는 이유는 이 장의 범위를 벗어나는 이론적 문제와 연관된다; Kantowitz & Knight, 1976 참조) 조종사들은 조종사의 왼쪽 엄지손가락 밑에 장착된 스위치를 톤의 음정에 따라 적절한 방향으로 밀어 신호음에 반응했다. 모의 비행 중 22초마다 신호음이 발생했다.

각 조종사는 각 22분씩 지속되는 어려운 비행 시나리오와 쉬운 비행 시나리오에 따라 운항했다. 시나리오는 이전의 점수 자료를 바탕으로 구성되었다(Childress, Hart, & Bortolussi, 1982). 각 시나리오에 대해 3번씩 비행했다. 한 번은 통제조건으로서 시나리오만 비행하고 한 번은 2개 중 선택하는 이차 과제와 함께, 한 번은 4개 중 선택하는 이차 과제와 함께 비행하는 것이었다.

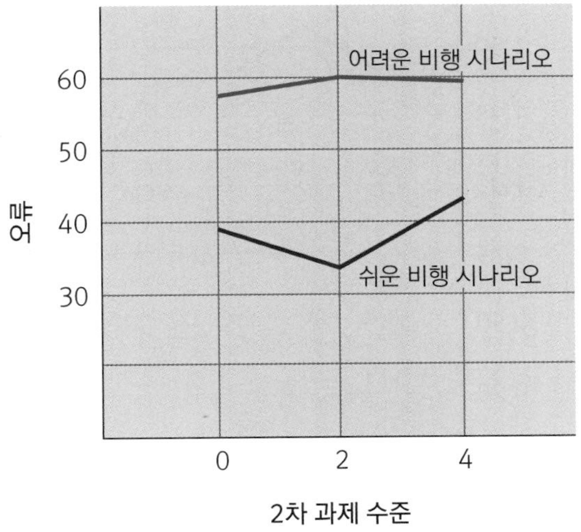

[그림 15-3] 이차 과제 수준에 따른 일차 과제(비행)의 오류

[그림 15-3]은 이차 과제의 수준에 따른 비행 과제의 오류를 보여 준다. 어려운 비행 시나리오는 예상한 대로 더 큰 오류를 보여 주었다. 이것은 비행 시나리오를 구성하기 위해 사용된 점수 자료를 바탕으로 한 예언을 확인해 주었다. 더 중요한 것은 이차 과제의 영향이다. 적절한 통계 분석은 [그림 15-3]의 두 곡선이 평평하다는 것을 보여 준다. 이차 과제가 없는 것과 2개 선택 이차 과제나 4개 선택 이차 과제 간에 통계적 차이가 없다. 그래서 조종사가 비행기를 먼저 운행하고 이차 과제가 일차 비행 과제를 간섭하지 않게 한다는 핵심 가정이 검증되었다.

[그림 15-4]는 비행 구간에 따른 이차 신호음 과제에 대한 수행을 보여 준다. 수직축은 초당 비트 단위로 전송된 정보를 보여 준다. 이것은 반응의 속도와 정확성을 모두 고려한 측정치이다. 더 높은 점수는 더 좋은 수행을 의미한다. 이 점들 간에는 신뢰할 만한 통계적 차이가 있다. 특히 마지막 비행 구간은 가장 낮은 점수를 보였다. 이것은 주의력과 작업부하가 이 구간에서 가장 컸다는 것을 의미한다. 이 구간 동안에는 이용 가능한 주의력이 상대적으로 더 적었다. 그래서 초당 비트 점수가 낮다. 이 결과는 조종사들에게 직관적으로 말이 되었는데, 그들은 착륙 동안에 작업부하가 가장 높다고 믿는다. 하지만 그들의 의견은 주관적인 것이다. 반면, [그림 15-4]의 객관적인 결과는 의견에 기초하고 있지 않다.

간단히 설명한 실험을 통해 우리는 이론이 실용적 도구라는 것을 볼 수 있었다. 이

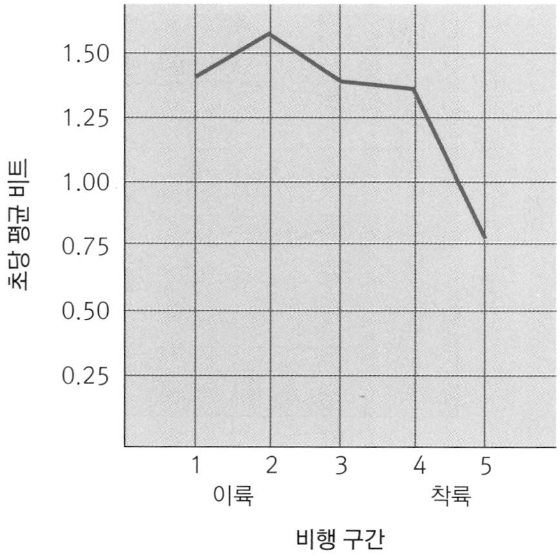

[그림 15-4] 비행 구간에 따라 이차 과제에 대해 전송된 정보

론을 생성한 실험실 환경보다 덜 통제되는 환경인 GAT 시뮬레이터에서도 우리는 여전히 선택 반응을 이용하여 조종사 작업부하의 객관적인 측정치를 얻을 수 있었다. 우리는 또한 정신적 작업부하에 대한 조종사들의 주관적인 보고나 의견이 객관적인 선택 반응 측정치와 일치한다는 것을 발견했다. 주관적인 측정치와 객관적인 측정치의 수렴은 착륙이 높은 정신적 작업부하를 초래한다는 결과에 대한 우리의 믿음을 강화시킨다.

❍ 비행 중인 조종사의 작업부하 측정

NASA 쿠이퍼 에어본 관측기(Kuiper Airborne Observatory; [그림 15-5])는 '날아다니는 망원경'이다. 그것을 타고 천문학자들은 지구 대기의 85%를 아래로 두는 4만 피트 이상의 높은 고도에서 비행하면서 대기의 많은 부분 위로 날아갈 수 있고 천체 현상을 더 잘 관측할 수 있다. 관측기의 정기 임무와 연계하여 작업부하 연구자들은 조종사 작업부하의 네 가지 측정치(즉, 통신 분석, 주관적 작업부하 점수, 작업부하와 관련된 추가 요인의 주관적 점수, 심박수)를 조사하러 갈 수 있었다(Hart, Hauser, & Lester, 1984).

작업부하 연구가 정상적인 비행 절차를 방해할 수 없기 때문에 연구자들은 연구 설계상 몇 가지 제한을 받아들여야 했다. 예를 들어, 이륙 및 착륙 중에는 안전상의 이유

[그림 15-5] NASA 쿠이퍼 에어본 관측기

로 (심박수를 제외하고는) 어떠한 측정도 할 수 없었다. 또한 이차 과제를 도입하여 객관적인 측정치를 얻는 것도 실용적이지 않았다. 그럼에도 불구하고 여전히 몇 가지 유용한 정보를 얻었다. 가장 흥미로운 결과는 조종사와 부조종사의 평균 심박수 차이였다. 비행을 책임지는 조종사들은 항로와 통신을 담당하는 부조종사들보다 평균 심박수가 더 높았다. 모든 조종사는 충분한 자격을 갖추고 있었기 때문에 이러한 차이를 훈련의 차이에 기인할 수는 없다. 사실 한 비행에서 부조종사 역할을 한 사람이 다른 비행에서는 조종사가 되는 경우가 종종 있었다. 그러나 실제 일정상의 어려움 때문에 모든 조종사를 조종사와 부조종사의 역할 모두에 대해서 시험하는 완전한 실험설계는 불가능했다. 마찬가지로 비행하지 않을 때의 기저선 심박수 자료를 얻는 것도 가능하지 않았다. 조종사의 심박수에는 큰 차이(분당 72~87 심박수)가 있었다. 부조종사의 심박수에는 그러한 증가가 없었다. 그러나 주관적인 작업부하의 추정치는 비행 구간마다 크게 달랐지만, 조종사와 부조종사 간에는 서로 다르지 않았다.

대부분의 작업부하에 대한 비행 중 연구와 마찬가지로 이러한 결과는 실험실 또는 시뮬레이터 연구만큼 해석하기가 쉽지 않다. 심박수는 신체적 노력의 양에 매우 민감하다. 조종사의 심박수가 높을수록 정신 활동보다 신체 활동을 더 많이 반영할 수 있다. 심박수 분산은 신체적 노력의 영향을 덜 받는 정신적 작업부하의 척도이지만, 연구자들은 분산 결과를 보고하지 않았다. 최선의 접근법은 실험실과 시뮬레이터에서 수행한 객관적 · 주관적 · 생리적 측정을 조합하는 것 같다. 객관적 측정은 기내 시험에 더 적합한 다른 종류의 측정을 보완하는 데 사용할 수 있다. 조종사의 정신적 작업부하를 측정하는 것이 앞으로 어떻게 진보할지는 현재의 결과를 주의력 이론과 연계하는 것에 달려 있다. 이것은 쉬운 일이 아니며 기초 연구자와 응용 연구자들이 더 잘 협력해야 할 것이다(Kantowitz, 1982).

❍ 조종실 자동화와 조종사 작업부하

조종사 작업부하에 대한 최근 연구는 항공기의 증가하는 자동화 수준에 대해 조사했다. 기술은 항상 발전하며, 조종사들이 첨단 자동화에 어떻게 반응하는지를 알아내는 것은 중요하다(Dismukes, 2009; Kantotowitz & Casper, 1988; Sarter & Woods, 1995).

Gil, Kaber, Kaufmann과 Kim(2012)은 간단한 실험실 비행 시뮬레이터를 사용해서 공항 접근과 착륙에 미치는 자동화의 영향을 평가했다. 일반적인 착륙 방법은 조종사가 접근 중 별도의 변경을 수행하며 고도를 내려가야 한다. 최신 기술에 의해서 조종사는 몇 가지 운영상의 이점을 가진 맞춤식 착륙방식(Tailored Arrival)이라고 불리는 연속적인 접근 방식으로 더 일찍 하강을 시작할 수 있다. 실험은 진보된 연속 하강 접근기를 더 표준적인 통제 디스플레이 장치(Control-Display Unit)와 비교했다. 항공기의 출발 위치와 새로운 경로를 선택하는 결정 지점 간의 거리를 변화시켜 비행 작업부하를 독립 변인으로서 조작하였다. 조종사 작업부하는 종속 변인으로서 심박수와 주관적 점수를 기록하여 측정하였다. 불행하게도, 심박수는 또한 신체 활동에 의해 영향을 받는다. 따라서 신체 활동이 독립 변인 수준에 걸쳐서 통제되지 않으면, 정신적 작업부하와 신체적 작업부하가 혼입될 가능성이 있다. 즉, 둘 중 어느 것이 결과에 가장 많이 영향을 미쳤는지는 분명하지 않을 수 있다. 따라서 심박수의 변산을 또 하나의 종속 변인으로서 측정하는 것이 바람직하고 사실상 혼입의 가능성을 더 줄여 주는 (Fourier 분석 또는 스펙트럼 분석이라고 불리는) 세련된 수학적 분석이 있다. 그러나 이 연구에서는 이러한 사전 조치는 생략되었다.

결과는 연속 하강 접근기보다 통제 디스플레이 장치에서 심박수의 변화가 더 큰 것으로 나타났다. 이 결과는 자동화가 조종사의 작업부하를 감소시킨다는 저자들의 가설과 일치했다. 그러나 비행 작업부하가 심박수에 미치는 영향은 없었다. 독립 변인의 조작이 종속 변인에 아무런 영향을 미치지 않을 때 가능한 몇 가지 설명이 있다. 첫째,

질 조정 수quality-adjusted life year: QALY
현장 연구field research
한계법method of limits

☑ 논의거리

1. 사람들의 작업 환경을 변화시킬 가능성이 있는 조사를 수행할 때 인간 요인 연구자가 고려해야 할 윤리적 요인은 무엇인가?
2. 시스템 설계자는 시스템 비용을 증가시키지만 인간의 생명을 보호할 수 있는 안전 기능을 어떻게 고려할 수 있는가?
3. 대상의 색이 동체 시력의 중요한 측면이 될 수도 있는 실제적인 상황을 몇 가지 나열하라.
4. 현장 연구에 내재된 어려움 중 몇 가지를 논하라. 당신은 이러한 문제들을 해결하기 위한 방법을 생각할 수 있는가?
5. 비행 중인 비행기보다는 비행 시뮬레이터에서 조종사의 정신적 작업부하를 연구하는 것의 장단점을 비교하라.
6. 이 장에서 검토한 연구는 몇 년 동안 자동차에 한 가지 배치로 유지되었던 브레이크 등을 더 안전한 자동차를 생산하기 위해 다르게 배치할 수 있다는 것을 보여 주었다. 헤드라이트에 대해서도 운전자가 더 잘 볼 수 있지만 마주 오는 운전자의 시야를 덜 방해할 것 같은 방법이 있을까? 시험해 볼 수 있는 몇 가지 아이디어를 제안하라.

☑ 웹 연결

사물과 환경의 나쁜 설계를 보여 주는 흥미로운 웹사이트는 다음과 같다.
http://www.baddesigns.com

인간 요인의 훌륭한 개관과 다양한 링크는 다음 웹사이트에서 이용할 수 있다.
http://www.ergonomics.org.uk

다음은 인간요인과 공학학회의 웹사이트이다.

http://www.hfes.org

다음은 운전자 주의산만의 위험성을 경고하는 NHTSA가 만든 유용한 웹사이트이다.

http://www.distraction.gov

구조적 일관성structural consistency (문제해결에서) 원래 문제와 표적 문제에서 대응된 요소들이 비슷한 역할을 할 때

구조주의structuralism Wundt에 의해 비롯된 심리학 학파로, 심리학의 일차 과제는 내성을 통해 의식 경험의 구조를 분석하는 것으로 보았다.

권위의 방법method of authority 권위자의 말을 받아들이는, 믿음의 확정 방법(경험적(방법)과 비교)

귀납induction 특수한 것에서 일반적인 것으로의 추리

균형 맞춘 라틴 스퀘어 balanced Latin square 각 실험조건이 동등하게 다른 조건들보다 앞에 오고, 뒤에 오도록 만든 역균형의 틀

그림figures 연구 보고서의 결과 항목에서 자료를 그래프로 제시하는 것

기구apparatus 논문의 방법 항목의 세부 항목으로 참가자를 검사하게 위해 사용한 도구들에 대해 서술한다.

기능적 고착functional fixedness 어떤 물체를 특정한 기능으로 사용한 경우 새로운 기능으로 사용하지 못하는 것

기능주의functionalism 심리 과정의 기능에 관심을 가진 심리학 학파

기밀성confidentiality 피험자에 관해 수집한 정보는 달리 동의되지 않는다면 기밀로 유지되어야 한다고 진술하는 연구자 지침

기술통계학descriptive statistics 자료를 조직하고 요약하는 방법

기억상실증amnesia 흔히 뇌의 손상에서 기인하는 기억장애. 기억이 전체적으로 손상되거나 부분적으로 손상된다.

기억 실험의 4면체 모형tetrahedral model of memory experiments 기억 실험을 피험자, 정향 과제, 검사 유형 그리고 재료 유형의 4요인으로 나누어 분석하는 Jenkins의 모형

기저선baseline 비교의 근거로 사용되는 측정. 통상 어떤 처치도 주어지지 않는 상태에서 측정

기준criterion (신호탐지 이론에서) 신호 탐지에서 자극이 제시되었을 때 '예' 또는 '아니요'를 결정하기 위해 의사결정 과정에 의해 설정된 수준

기준달성 시행 수trials to criterion 학습과 검사에서 재료를 완벽하게 회상하기 위해 필요한 시행 수

기초 연구basic research 기본적 이해의 증진에 목적을 둔 연구

깨달음illumination 문제해결에서 통찰을 얻거나 잠재적인 해결책을 발견하는 중간 단계

내삽 과제interpolated task 기억 실험에서 자료의 학습과 회상 사이의 간격을 채우기 위해 사용되는 과제

내성introspection 자신의 의식을 들여다보고 조사하기 위해 구조주의 심리학자들이 사용한 방법

논의discussion 논문의 한 항목으로, 여기에서 저자는 결과를 조사하고 해석하고 유보 조항을 붙이는 등의 방식으로 결과에 대한 이론적 결론을 내린다.

뇌전도electroencephalogram: EEG 뇌의 전기 활동을 기록한 것. 두피에 부착한 전극으로 측정된다.

다중 기저선 설계multiple-baseline design 독립 변인이 도입되기 이전의 여러 기저선 기간에 여러 행동(혹은 여러 사람)을 측정하는 소표본 설계

다중지능multiple intelligences 지능은 7개의 다른 지능으로 구성되어 있다는 이론

단기 기억short-term memory 지각하고 바로 아직 그 정보가 의식적 자각에서 사라지기 전에 정보를 회복하

는 것

단순 반응simple reaction Donders A 반응 참조

단어조각 완성 과제word-fragment completion task 피험자가 조각으로 제시된 단어에서 빠진 낱자를 채워 넣어야 하는 암묵기억 검사

단조 관계monotonic relationship 한 변인의 증가에 대해 다른 변인의 꾸준한 증가 혹은 감소가 동반하는, 두 변인의 관계성

대응mapping (문제해결에서) 바탕 문제와 목표 문제에서 대응의 집합. 두 문제에서 요소들이 어떻게 대응되느냐의 문제

대응matching 피험자 특성이나 검사 점수를 근거로 하여 각기 다른 피험자 집단을 동일하게 만드는 것

대응집단 설계matched groups design 피험자들을 종속 변인과 상관되어 있다고 가정할 수 있는 어떤 변인에 대응시킨 다음에 이들을 각 조건에 무선적으로 할당하는 실험설계

대표본 설계large-n design 피험자의 수가 많은 실험. 통상 복잡한 통계 절차를 사용하여 분석

대표성representativeness 실험의 변인이 더 일반적 상황으로의 확장을 허용하는지에 관한 쟁점

도구적 조건형성instrumental conditioning 피험자가 보상이나 처벌을 피하는 반응을 하는 조건형성. 고전적 조건형성과는 대조적으로 반응을 이끄는 자극을 제시하지 않는다.

독립 변인independent variable 실험자가 조작하는 변인

동년집단cohort 발달 연구에서 조사되는 사람들과 연령이 동일한 사람들

동년집단 효과cohort effects 연령이 변인으로 사용될 때 발생할 수 있는 잠재적인 혼입으로 개인이 성장하는 과정에서 동시대를 사는 사람들이 공유하는 효과

동물생태학ethology 자연적으로 발생하는 행동에 대한 학문

동물실험윤리위원회institutional animal care and use committee: IACUC 연구를 수행하는, 미국의 거의 모든 기관에서 동물 피험체의 보호를 감독하는 위원회

동복 분리 기법split-litter technique 같은 어미의 배에서 나온 동물들을 각기 다른 집단에 무선 할당하는 방법. 대응집단 설계의 한 유형

동시대비simultaneous contrast 둘 이상의 대비되는 강화 크기에 대한 피험자의 기대로 인해 생기는 도구적 행동의 변화

동적 시야측정법dynamic perimetry 작은 시각 표적이 조금씩 시야 안으로 들어오는, 시야 측정 기법

동조conformity 사회규범을 따르는 행동

동질적homogeneous 비슷한. 다른 것들과 같은 종류인

동체 시력dynamic visual acuity 움직이는 물체를 자세하게 지각하는 능력

동형 검사 parallel forms 하나의 검사에 대한 두 개의 대체 검사

등간격equal interval 한 단위의 변화는 척도의 전 범위에 걸쳐 동등하다는 측정 척도의 속성

등간 척도interval scale 차이, 크기, 동일한 간격의 속성을 가지고 있는 측정 척도

매개 변인mediator 두 변인을 인과적으로 연결시켜 주는 변인. 배후의 인과적 기제

맹목blind 실험에서 피험자가 자신이 처치조건에 속하는지 아닌지를 알지 못하도록 하는 것

맹시blindsight 환자 D. B.가 지각하는 시각 자극에 대한 잔상인데, 그는 이것을 보지 못한다고 주장한다. Weiskrantz에 따르면, 이는 어떤 종류의 뇌 손상의 결과로, 환자는 물체를 인식할 수 없지만 물체의 출현 여부와 움직임을 탐지할 수 있다.

머리 제목running head 출판된 논문의 상단부에 나오는 줄인 제목

명명된 크기 척도labeled magnitude scale '아무것도 없음'부터 '상상할 수 있는 가장 강한 감각'까지로 명명된 이름표와 0과 100으로 구획된 숫자들을 짝지은 정신물리학적 비율 척도

명명 척도nominal scale 차이(다름) 속성을 가지고 있는 측정 척도

모니터링 과제monitoring task 이원 청취(dichotic listening)의 일종. 단, 관찰자는 제시되는 메시지를 말로 할 필요가 없다.

모방게임imitation game Turing 테스트 참조

모수parameters 모집단의 특성을 묘사하는 통계치

모양 항상성shape constancy 한 물체의 모양은 망막의 감각에서의 변화에도 불구하고 일정하게 보인다.

모의 통제 참가자simulating control participants 다른 사람들이 어떻게 행동할지를 예상하여 그렇게 행동하도록 지시받은 실험 참가자

모집단population 잠재적 관찰 대상의 전체 집합(이로부터 표본이 추출된다)

모차르트 효과Mozart effect 모차르트 음악을 들으면 시각-공간 검사에서 수행이 증가한다는 발견

무선 선발random selection 모집단의 각 구성원들이 어떤 실험의 참가자로 선발될 기회가 동등하도록 해 주는 절차

무선집단 설계random-groups design 피험자간 설계에서 피험자들을 각 조건에 무선 할당하는 설계

무선 할당random assignment 각 피험자가 각 실험 처치에 할당될 기회가 동일하도록 해 주는 절차

무선화randomization 모든 요소가 선발될 확률이 동일한 통계적 표집 절차

무위 결과null result 종속 변인이 독립 변인으로부터 영향을 받지 않았다는 실험 결과

무의미 철자nonsense syllables 영어에서 의미가 없는 자음-모음-자음 조합(예, YUN)

무조건 반응unconditioned response: UCR 무조건 자극에 의한 반응

무조건 자극unconditioned stimulus: UCS 조건형성 없이도 특정 반응을 이끌어 낼 수 있는 자극

문자소graphemic 지각 분석에서 낱자 수준의 처리

문제problem 너무 일반적이어서 추가적인 정교화 없이는 검증될 수 없는 막연한 질문(가설 참조)

문헌 검색literature search 도서관의 데이터베이스를 검색하거나 컴퓨터를 이용해서 인터넷을 검색하는 방법

밀도density 밀집 연구에서의 주요 독립 변인. 통상 단위 영역당 사람의 수로 정의된다.

바닥효과floor effect 척도 감쇠효과 참조

반분 신뢰도split-half reliability 검사의 문항을 2개의 임의적인 하위 검사로 나눈 후에 하위 검사 점수들 간의 상관을 구하는 방식으로 추정된 검사의 신뢰도

반응성reactivity 연구자 혹은 연구 환경에 대한 참가자의 계획하지 않은 반응으로서 연구 결과에 혼입될 수

있다.

반응시간 실험reaction-time experiment 시간이 종속 변인인 실험. 이런 실험들에서 보통 신속한 반응이 측정된다.

반응적 조건형성respondent conditioning 고전적 조건형성 참조

반증가능론falsifiability view 한 검증의 부정적 결과가 긍정적 결과보다 정보가 더 많다는 Popper의 주장

방관자 개입(방관자 효과)bystander intervention(bystander effect) 위기를 관찰하고 잠재적으로 도움을 줄 수 있는 사람이 많을수록 어떤 방관자가 피해자를 도울 가능성은 떨어진다.

방법method 연구 보고서의 한 항목으로, 여기에서는 실험자가 수행한 조작에 대해 상세하게 서술한다.

범위의 제한 restriction of range 표본이 특정 변수 혹은 요인의 가능한 모든 범위의 값을 나타내지 못함. 두 변인들 간의 관찰된 상관 및 관계의 정도를 감소시킴

범위 제한 변경 기준range-bound changing criterion 다양하게 기준을 바꾸는 설계로서, 결과에 대한 기준의 상하 범위는 제한한다.

범주화된 목록categorized list 기억 실험에 사용되는 단어들로서 같은 범주의 구성원이란 점에서 서로 관련된다. (예, 가구류: 의자, 침대, 소파, 탁자)

베타beta: β 신호탐지이론에서 관찰자에 의해 채택된 준거와 관련된 통계치

베타파beta waves 인지 과제에 대해 주의할 때 보이는 진폭이 작고 주파수가 높은 뇌파

변경 기준 설계changing-criterion design 어떤 결과를 얻기 위한 기준이 시간에 따라 체계적으로 바뀌는 소표본 설계

변량variance 산포도의 측정치로 표준편차의 제곱이다.

변량분석analysis of variance 둘 이상의 독립 변인에서 여러 수준이 있는 실험에서 자료의 신뢰도를 분석하는데 적합한 통계 검증

변인variable 측정되거나 조작될 수 있는 것

변인 대표성variable representativeness 한 독립 변인의 여러 가지 다른 조작 혹은 여러 가지 다른 종속 변인을 망라한 결과의 일반성에 대한 판정

병렬분산처리parallel distributed processing: PDP 인지를 모사하기 위해 컴퓨터 모형을 사용하는 것. 모형은 구별되는 층으로 나눠는 단순한 처리 단위들의 망으로 구성되며, 한 층 내의 모든 처리 단위는 인접 층의 모든 처리 단위와 연결된다.

복종obedience 직접적인 명령에 동조하는 것

본성론nature theory 유전적 차이가 개인차를 불러온다는 이론

부분 강화partial reinforcement 원하는 반응에 잇따라 보상이 주어지는 일이 단지 일부분의 시행에서만 적용되는 강화 계획

부분 강화 소거효과partial reinforcement extinction effect: PREE 소거에 대한 저항이 연속 강화 계획보다 부분 강화 계획에서 학습된 반응에 대해 더 큰 것

부적 강화 자극negative reinforcing stimulus 그것이 제거되었을 때, 그것을 제거시키는 반응의 발생 확률을 증가

시키는 자극

부적 대비효과negative contrast effect 항상 작은 크기의 강화가 뒤따를 때보다 강화 크기가 감소하였을 때 행동이 더 줄어드는 효과

부적 상관negative correlation 한 변인의 변화가 다른 변인에서 다른 방향으로의 변화와 동반되는 경우에 관찰되는 두 변인의 관계

부적 잔상negative afterimage 원 시각 자극과 비교해서 밝기가 반대이고 보색이다(정적 잔상과 비교).

부화incubation 문제해결에서 문제를 해결하는 데 실패하고 나서 다른 일에 신경을 돌리는 기간. 마치 알이 부화하듯이 이 기간 동안 문제가 부화해서 나중에 빨리 풀릴 수 있다고 표현한다.

분산 기준 설계distributed-criterion design 둘 이상의 행동에서 결과의 기준이 분산되어 있는 소표본 설계

분석적 접근analytical approach 모형이나 이론에 기초하여 사건을 예측하려는 시도

불확실성 간격interval of uncertainty 차이역의 계산에서 상한 역치와 하한 역치 간의 차이 값

비간섭적 관찰unobtrusive observations 관찰 대상자의 행동을 간섭하지 않는 자연스러운 관찰

비간섭적 측정(법)unobtrusive measures 행동 자체가 아닌 행동의 결과에 기초한 측정법

비대칭적 전이asymmetrical transfer 이월효과 참조

비율 척도ratio scale 차이, 크기, 동등한 간격, 의미 있는 영점의 속성을 가지고 있는 측정 척도

비트bit 정보의 기본 단위인데 이진수로 측정된다.

사건관련 전위event-related potential: ERP 특정한 유발 자극의 제시 직후 측정되는 뇌파의 한 종류 (N100, N400, P200 및 P300 참조)

사고thought 인지

사기fraud 자료의 날조, 변조 및 자신의 이익에 부적합한 결과를 교묘하게 보고하지 않는 것을 포함하는, 연구 결과의 교묘한 왜곡

사례 연구case study 특정 행동이 발현되는 예시나 사건에 대한 심층적인 조사. 일반적으로 원인과 결과에 대한 추론을 하는 대신에 단순한 기술로 이루어짐.

사전 동의informed consent 잠재적 참가자들이 실험 참가 여부에 대해 결정하는 것

사회규범social norms 행동에 대한 사회적 기준

사회 병리social pathology 통상적인 사회적 상호작용의 붕괴로서 종종 극도로 밀집된 처지에 있는 동물에게서 관찰된다.

사회심리학social psychology 어떻게 사회가 개인에게 영향을 주는지를 연구하는 심리학

사회적 촉진social facilitation 타인이 존재하는 상태에서 개인의 수행을 평가할 때 노력이 증가하는 현상

사회적 태만social loafing 다른 사람이 있고 집단 수행이 측정되는 상황에서 가끔 일어나는 개인적 노력의 감소 현상

사후(의)ex post facto 문자 그대로 '어떤 사실이 발생한 이후'. 어떤 실험의 실시 전에 정해진 것이 아니라 조작이 자연스럽게 발생한 이후에 결정된 조건을 기술하는 것

사후 설명debriefing 피험자가 실험에 참가한 다음 실험의 모든 세부 사항을 듣게 되는 것. 연구자의 윤리적

의무이다.

산포도dispersion 점수 분포에서 점수가 흩어진 정도(양)

상관계수correlation coefficient 두 변수의 관계의 강도를 보여 주는 수치. −1.0과 1.0 사이의 값을 가짐

상관 연구correlational research 실험자가 하나의 통계량을 가지고 관계의 정도와 방향을 동시에 추정할 수 있도록 해 주는 연구

상승효과synergism 두 변인 각각의 개별적 효과의 단순한 함수가 아닌 결합효과로서, 상호작용의 또 다른 용어

상향 처리bottom-up processing 감각의 자극에서 시작하는 특징 추출을 포함하는 인지 과정

상호작용interaction 한 독립 변인의 효과가 다른 독립 변인들의 수준에 따라 차별적으로 영향받을 때 발생하는 실험 결과

생명윤리심의위원회institutional review board: IRB 연구를 수행하는 거의 모든 미국 기관에서 인간 참가자의 보호를 감독하는 위원회

생활연령chronological age 개인의 신체 나이

서론introduction 연구 보고서에서 연구할 문제를 명시하고 왜 그것이 중요한지를 서술하는 항목

서열 척도ordinal scale 차이와 크기의 속성을 가지고 있는 측정 척도

선택 반응 과제choice-reaction task 일차 과제의 주의 요구를 측정하기 위해서 사용되는, 둘 이상의 자극과 반응을 포함하는 이차 과제

선택 반응시간choice-reaction time Donders B 반응 참조

선험적 방법a priori method Peirce에 따르면 사건의 타당성에 따라 믿음을 확정하는 방법

설계design 독립 변인, 종속 변인 그리고 통제 변인을 제공하는 실험의 틀

설명explanation 일단의 사건이 이해 가능하게 하는 진술

섬광 기억flashbulb memory 놀랄 만한 사건에 대한 뉴스를 들었을 때에 관한 선명한 기억

소음noise 많은 다른 소음으로 구성된 복잡한 음향

소표본 설계 small-n design 적은 수의 피험자를 사용하는 설계

속도-정확도 교환speed-accuracy trade-off 반응시간 실험에서 정확한 반응 비율의 변화를 반응 속도의 변화로 대체하는 반응자의 능력

속임(수)deception 참가자가 프로젝트의 어떤 측면에 대해 오해하게 되는 연구 기법. 비윤리적일 수도 있다.

수렴 조작converging operations 공통되는 결론을 북돋우는, 관련 계통의 조사들의 집합

수용자 조작 특성receiver-operating characteristic: ROC ROC 함수 참조

수준level 한 독립 변인의 값

순간노출기tachistoscope 시각 자극을 매우 빨리 제시하는 것이 가능한 기기

순수 삽입pure insertion 정신적 모듈은 다른 모듈의 처리 기간을 변화시키지 않고 추가되거나 탈락될 수 있다는 가정

순행 간섭proactive interference 이전 학습에 의해 생성되는 망각

표집sampling 통계학에서 실험을 위해 피험자 혹은 문항들을 선발하는 방법

피로효과fatigue effect 실험 도중에 행동이 감소하는 이월효과의 한 형태

피해로부터의 보호protection from harm 어떤 피해로부터 피험자를 보호하는 윤리적 연구자의 개입

피험자(참가자)subject(participant) 연구에 참여한 사람

피험자간 설계between-subjects design 각 피험자가 각 독립 변인의 오직 한 수준에서만 조사받는 설계

피험자내 설계within-subjects design 각 피험자가 독립 변인의 둘 이상의 수준에서 조사되는 실험설계

피험자 대표성subject representativeness 여러 피험자 모집단에 걸친 결과의 일반성에 대한 판정

피험자 변인subject variable 측정되거나 묘사될 수는 있으나, 실험적으로 변경(조작)될 수는 없는 사람의 속성들(예, 키, 체중, 성, 지능지수)

하향 처리top-down processing 개념에 관한 지식으로부터 시작하는 인지 과정(상향 처리와 비교)

한계법method of limits 자극을 오름차순 혹은 내림차순으로 제시하면서 역치를 결정하는 심리 절차

행동목록ethogram 특정 종에서 나타나는 종 특유의 행동에 대한 비교적 완벽한 목록

행동주의behaviorism John Watson에서 비롯되어, 심리학자의 관심을 마음이나 정신 사건이 아닌 외적 행동의 연구로 돌린 심리학 학파

현상학적 경험phenomenological experience 자신의 마음 상태에 대한 한 개인의 자각

현장 연구field research 대개는 피험자들이 자신이 실험에 참여하고 있다는 사실을 알지 못하는 자연 상태에서 이루어지는 연구

혼입confounding 제2의 변인이 관심사인 독립 변인과 동시에 변동하는 것. 그렇게 되면 독립 변인이 종속 변인에 미치는 어떤 효과가 독립 변인 때문인 것으로 확실하게 판정될 수 없다. 상관 연구에 내재하는 문제이다.

혼합설계mixed design 피험자내 독립 변인과 피험자간 독립 변인이 모두 포함된 실험설계

확산($I = N^{-t}$)diffusion($I = N^{-t}$) 다른 사람의 영향/충격(I)은 다른 사람의 수(N)의 함수로 감소한다는 지수 법칙(power law)

확증 편향confirmation bias 자신의 가설을 반증하는 것보다 확증하는 정보를 찾고자 하는 경향

환각hallucination 어떤 분명한 자극 상황이 없음에도 경험을 보고하는 것

회귀 인위효과regression artifact 어떤 변인에서 극단적인 점수를 받은 피험자들이 재검사를 받을 때 그 변인의 측정 변화에서 발생하는 인위적 효과(평균으로의 회귀 참조)

회상recall 재료를 재생하는 것이 요구되는 파지 측정법

횡단 설계cross-sectional design 검증 목적으로 자료수집 시점에 여러 연령대의 사람들(모집단)에 대한 큰 표본을 사용하는 설계(종단 설계와 비교)

효과의 법칙law of effect 반응을 강화하면 이후 그 반응이 일어날 가능성이 증가하는 원리

참고 문헌

Adams, J. A. (1972). Research and the future of engineering psychology. *American Psychologist, 27*, 615-622.

Adamson, R. E. (1952). Functional fixedness as related to problem solving: A repetition of three experiments. *Journal of Experimental Psychology, 44*, 288-291.

Adar, E., Tan, D. S., & Teevan, J. (2013, April 27-May 7). Benevolent deception in human-computer interaction. *CHI 2013, Paris, France*, 1863-1872.

Adler, R. (2001). Psychoneuroimmunology. *Current Directions in Psychological Science, 10*, 94-98.

Adler, S. A., Gerhardstein, P., & Rovee-Collier, C. (1998). Levels-of-processing effects in infant memory? *Child Development, 69*, 280-294.

Ahn, W., & Graham, L. M. (1999). The impact of necessity and sufficiency in the Wason four-card selection task. *Psychological Science, 10*, 237-242.

Alloway, T., Wilson, G., & Graham, J. (2005). *Sniffy pro version 2.0: The virtual rat.* Belmont, CA: Thomson Wadsworth.

American Psychological Association. (1982). Ethical principles in the conduct of research with human behavior. Washington, DC: Author.

American Psychological Association. (1987). *Case-book on ethical issues.* Washington, DC: Author.

American Psychological Association. (2002). *Ethical principles of psychologists and code of conduct 2002.* Retrieved March 21, 2003, from http://www.apa.org/ethics/code2002.html.

American Psychological Association. (2003a). *Guidelines for ethical conduct in the care and use of animals.* Retrieved March 21, 2003, from http://www.apa.org/science/anguide.html.

American Psychological Association. (2003b). *Research with animals in psychology.* Retrieved March 21, 2003, from http://www.apa.org/science/animal2.html.

Amodio, D. M., Harmon-Jones, E., & Devine, P. (2003). Individual differences in the activation and control of affective race bias as assessed by startle eyeblink response and self-report. *Journal of Personality & Social Psychology, 84*, 738-753.

Anderson, C. A., Shibuya, A., Ihori, N., Swing, E. L., Bushman, B. J., Sakamoto, A., et al. (2010). Violent video game effects on aggression, empathy, and prosocial behavior in Eastern and Western countries: A meta-analytic review. *Psychological Bulletin, 136*, 151-173. doi:10.1037/a0018251

Angell, J. R. (1907). The province of functional psychology. *Psychological Review, 14*, 61-91.

Arnold, D. H., Fisher, P. H., Doctoroff, G. L., & Dobbs, J. (2002). Accelerating math development in Head Start classrooms. *Journal of Educational Psychology*, *94*, 762-770.

Asch, S. E. (1951). Effect of group pressure upon the modification and distortion of judgment. In H. Guetzknow (Ed.), *Groups, leadership, and men* (pp. 117-190). Pittsburgh: Carnegie.

Asch, S. E. (1956). Studies of independence and conformity: I. A minority of one against a unanimous majority. *Psychological Monographs*, *70*(9), (Whole No. 416).

Asch, S. E. (1958). Effects of group pressure upon the modification and distortion of judgments. In E. E. Maccoby, T. M. Newcomb, & E. L. Hartley (Eds.), *Readings in social psychology* (3rd ed., pp. 174-183). New York: Holt.

Baker, T. (2006, November). Dr. Ambati is youngest volunteer surgeon in flying eye hospital's history. *MSG Science/Medical News*. Medical College of Georgia. Retrieved July 20, 2007, from http://www.mcg.edu/news/2006NewsRel/Ambati091806.html.

Balota, D. A., & Cortese, M. J. (2000). Theories in cognitive psychology. In A. Kazdin (Ed.), *The encyclopedia of psychology.* (Vol. 2, pp. 53-158) Washington, DC: American Psychological Association.

Banbury, S. P., Macken, W. J., Trembley, S., & Jones, D. M. (2001). Auditory distraction and short-term memory: Phenomena and practical implications. *Human Factors, 43*, 12-29.

Bandura, A., Ross, D., & Ross, S. A. (1961). Transmission of aggression through imitation of aggressive models. *Journal of Abnormal and Social Psychology, 63*, 575-582.

Barber, T. X. (1976). *Pitfalls in human research: Ten pivotal points*. New York: Pergamon.

Barber, T. X., & Silver, M. J. (1968). Fact, fiction, and the experimenter bias effect. *Psychological Bulletin Monograph Supplement*, *70*(6, pt. 2), 1-29.

Barker, R. G. (1968). *Ecological psychology*. Stanford, CA: Stanford University Press.

Barker, R. G., & Wright, H. F. (1951). *One boy's day*. New York: Harper and Row.

Baron, R. A., & Bell, P. A. (1976). Aggression and heat: The influence of ambient temperature, negative affect, and a cooling drink on physical aggression. *Journal of Personality and Social Psychology*, *33*, 245-255.

Bartoshuk, L. M. (2000). Comparing sensory experiences across individuals: Recent psychophysical advances illuminate genetic variation in taste perception. *Chemical Senses*, *25*, 447-460.

Bateson, J. E. G., & Hui, M. K. (1992). The ecological validity of photographic slides and videotapes in simulating the service setting. *Journal of Consumer Research*, *19*, 271-281.

Baumrind, D. (1964). Some thoughts on ethics of research: After reading Milgram's "Behavioral study of obedience." *American Psychologist*, *19*, 421-423.

Beck, S. B. (1963). Eyelid conditioning as a function of CS intensity, UCS intensity, and Manifest Anxiety Scale score. *Journal of Experimental Psychology*, *66*, 429-438.

Bem, D. J. (2004). Writing the empirical journal article. In J. M. Darley, M. P. Zanna, & H. L. Roediger, III (Eds.), *The compleat academic* (pp. 185-219). Washington, DC: American Psychological Association.

Benjamin, L. T. (1997). *A history of psychology: Original sources and contemporary research*. New York: McGraw-Hill.

Benjamin, L. T. (2014). *A brief history of psychology* (2nd ed.). New York: Wiley-Blackwell.

Bevan, W. (1980). On getting in bed with a lion. *American Psychologist*, *35*, 779-789.

Bhalla, M., & Proffitt, D. R. (1999). Visual-motor recalibration in geographical slant perception. *Journal of Experimental Psychology: Human Perception and Performance*, *25*, 1076-1096.

Blaney, R. H. (1986). Affect and memory: A review. *Psychological Bulletin*, *99*, 229-246.

Blass, T. (1999). The Milgram paradigm after 35 years: Some things we now know about obedience to authority. *Journal of Applied Social Psychology*, *29*, 955-978.

Blass, T. (2002). *Obedience to authority: Current perspectives on the Milgram paradigm*. Mahwah, NJ: Lawrence Erlbaum Associates.

Blaxton, T. A. (1989). Investigating dissociations among memory measures: Support for a transfer appropriate processing framework. *Journal of Experimental Psychology: Learning, Memory, and Cognition, 15*, 657-668.

Blessing, D., & Block, K. (2009). Sewing on a shadow: Acquiring dimensionality in a participant observation. *Infant Observation, 12*, 21-28. doi:10.1080/13698030902730675

Blough, D. S. (1958). A method for obtaining psychophysical thresholds from pigeons. *Journal of the Experimental Analysis of Behavior, 1*, 31-43.

Blough, D. S. (1961). Experiments in animal psychophysics. *Scientific American, 205*, 32.

Blum, D. (2002). The nature of love. In *Love at Goon Park: Harry Harlow and the science of affection* (pp. 113-290). New York: Berkley.

Boneau, C. A. (1998). Hermann Ebbinghaus: On the road to progress or down the garden path? In M.Wertheimer (Ed.), *Portraits of pioneers in psychology* (Vol. 3, pp. 51-64). Washington, DC: American Psychological Association.

Boring, E. G. (1950). *A history of experimental psychology*. New York: Appleton-Century-Crofts.

Boroditsky, L. (2000). Metaphoric structuring: Understanding time through spatial metaphors. *Cognition, 75*, 1-28.

Boroditsky, L., & Ramscar, M. (2002). The roles of body and mind in abstract thought. *Psychological Science, 13*, 185-189.

Bornstein, M. H., & Sigman, M. D. (1986). Continuity in mental development from infancy. *Child Development, 57*, 251-274.

Boroditsky, L., Fuhrman, O., & McCormick, K. (2011). Do English and Mandarin speakers think about time differently? *Cognition, 118*, 126-132.

Bowd, A. D. (1980). Ethical reservations about psychological research with animals. *Psychological Record, 30*, 201-210.

Bower, G. (1961). A contrast effect in differential conditioning. *Journal of Experimental Psychology, 62*, 196-199.

Bramel, D., & Friend, R. (1981). Hawthorne, the myth of the docile worker, and class bias in psychology. *American Psychologist, 36*, 867-878.

Brannigan, A., & Zwerman, W. (2001, January/February). The real "Hawthorne effect." *Society*, 55-60.

Breitmayer, B. J., & Ramey, C. T. (1986). Biological nonoptimality and quality of postnatal environment as codeterminants of intellectual development. *Child Development, 57*, 1151-1165.

Brickner, M. A., Harkins, S. G., & Ostrom, T. M. (1986). Effects of personal involvement: Thought provoking implications for social loafing. *Journal of Personality and Social Psychology, 51*, 763-769.

Bridgeman, B., McCamley-Jenkins, L., & Ervin, N. (2000). *Predictions of freshman grade-point average from the revised and recentered SAT1: Reasoning test* [College Board Research Report No. 2000-1]. New York: College Entrance Examination Board.

Bridgman, P. W. (1945). Some general principles of operational analysis. *Psychological Review, 52*, 246-249.

Broad, W., & Wade, M. (1982). *Betrayers of the truth: Fraud and deceit in the halls of science*. New York: Simon and Schuster.

Broadbent, D. E. (1971). *Decision and stress*. New York: Academic Press.

Bronzaft, A. L. (1993). Architects, engineers and planners as anti-noise advocates. *Journal of Architectural and Planning Research, 10*, 146-159.

Brown, J. (1958). Some tests of the decay theory of immediate memory. *Quarterly Journal of Experimental Psychology, 10*, 12-21.

Brown, R. (1962). Models of attitude change. In R. Brown, E. Galanter, E. H. Hess, & G. Mandler (Eds.), *New directions in psychology* (Vol. 1, pp. 1-85). New York: Holt, Rinehart, and Winston.

Brown, R., & Kulik, J. (1977). Flashbulb memories. *Cognition, 5*, 73-79.

Bryant, R. A., & Barnier, A. J. (1999). Eliciting autobiographical pseudomemories: The relevance of hypnosis, hypnotizability, and attributions. *International Journal of Clinical & Experimental Hypnosis*, *47*, 267–283.

Buckner, R. L., & Tulving, E. (1995). Neuroimaging studies of memory: Theory and recent PET findings. In F. Boller & J. Grafman (Eds.), *Handbook of neuropsychology* (Vol. 10, pp. 439–466). Amsterdam: Elsevier.

Bugg, J. M., & McDaniel, M. A. (2012). Selective benefits of question self-generation and answering for remembering expository text. *Journal of Educational Psychology, 104*, 922–931.

Bulgren, J. A., Deshler, D. D., Schumaker, J. B., & Lenz, B. K. (2000). The use and effectiveness of analogical instruction in diverse secondary content classrooms. *Journal of Educational Psychology*, *92*, 426–441.

Bullinger, H. J., & Dangelmaier, M. (2003). Virtual prototyping and testing of in-vehicle interfaces. *Ergonomics*, *46*, 1–3, 41–51.

Burger, J. M. (2009). Replicating Milgram: Would people still obey today? *American Psychologist, 64*, 1–11.

Bushman, B. J., & Huesmann, L. R. (2006). Short-term and long-term effects of violent media on aggression in children and adults. *Archives of Pediatrics and Adolescent Medicine*, *160*, 348–352.

Bushman, B. J., Ridge, R. D., Das, E., Key, C. W., & Busath, G. L. (2007). When God sanctions killing: Effect of scriptural violence on aggression. *Psychological Science*, *18*, 204–207.

Buss, D. M., & Schmitt, D. P. (1993). Sexual strategies theory: An evolutionary perspective on human mating. *Psychological Review*, *100*, 204–232.

Butters, N., & Cermak, L. S. (1986). A case study of the forgetting of autobiographical knowledge: Implications for the study of etrograde amnesia. In D. Rubin (Ed.), *Autobiographical memory* (pp. 253–272). New York: Cambridge University Press.

Calhoun, J. B. (1962). Population density and social pathology. *Scientific American*, *206*, 139–148.

Calhoun, J. B. (1966). The role of space in animal sociology. *Journal of Social Issues*, *22*, 46–58.

Calhoun, J. B. (1971). Space and the strategy of life. In A. H. Esser (Ed.), *Behavior and environment. The use of space by animals and men* (pp. 329–387). New-York: Plenum.

Campbell, D. T., & Erlebacher, A. (1970a). How regression artifacts in quasi-experimental evaluations can mistakenly make compensatory education look harmful. In J. Helmuth (Ed.), *Compensatory education: A national debate: Vol. 3, disadvantaged child* (pp. 185–210). New York: Brunner/Mazel.

Campbell, D. T., & Erlbacher, A. (1970b). Reply to the replies. In J. Helmuth (Ed.), *Compensatory education: A national debate: Vol. 3, disadvantaged child* (pp. 221–225). New York: Brunner/Mazel.

Campbell, D. T., & Stanley, J. C. (1966). *Experimental and quasi-experimental designs for research*. Chicago: Rand McNally.

Carnevale, P. J., & Probst, T. M. (1998). Social values and social conflict in creative problem-solving and categorization. *Journal of Personality and Social Psychology*, *74*, 1300–1309.

Cermak, L. S., & Craik, F. I. M. (Eds.). (1979). *Levels of processing in human memory*. Hillsdale, NJ: Erlbaum.

Cermak, L. S., & Reale, L. (1978). Depth of processing and retention of words by alcoholic Korsakoff patients. *Journal of Experimental Psychology: Human Learning and Memory*, *4*, 165–174.

Cheesman, J., & Merikle, P. M. (1984). Priming with and without awareness. *Perception & Psychophysics*, *36*, 387–395.

Cheesman, J., & Merikle, P. M. (1986). Distinguishing conscious from unconscious perception. *Canadian Journal of Psychology*, *40*, 343–367.

Chekroun, P., & Brauer, M. (2002). The bystander effect and social control behavior: The effect of the presence of others on people's reactions to norm violations. *European Journal of Social Psychology*, *32*, 853–866.

Childress, M. E., Hart, S. G., & Bortolussi, M. R. (1982). The reliability and validity of flight task workload ratings. *Proceedings of the Human Factors Society*, *26*, 319–323.

Chomsky, N. (1959). A review of Skinner's verbal behavior. *Language*, *35*, 26–58.

Chua, E. F., Schacter, D. L., & Sperling, R. A. (2009). Neural correlates of metamemory: A comparison of feeling-of-knowing and retrospective confidence judgments. *Journal of Cognitive Neuroscience, 21*, 1751-1765.

Churchland, P. M., & Churchland, P. S. (1990, January). Could a machine think? *Scientific American*, 32-37.

Cicirelli, V.G. (1970). The relevance of the regression artifact problem to the Westinghouse-Ohio evaluation of Head Start. A reply to Campbell and Eriebacher. In J. Helmuth (Ed.), *Compensatory education: A national debate: Vol. 3, disadvantaged child* (pp. 211-215). New York: Brunner/Mazel.

Cicirelli, V. G., & Granger, R. (1969, June). *The impact ofHead Start: An evaluation of the effects of Head Start on children's cognitive and affective development.* A report presented to the Office of Economic Opportunity pursuant to Contract B89-4356, Westinghouse Learning Corporation, Ohio University. (Distributed by Clearinghouse for Federal Scientific and Technical Information, U.S. Department of Commerce, National Bureau of Standards, Institute of Applied Technology, PB 184-328.)

Clark, H. H. (1973). The language-as-fixed effect fallacy: A critique of language statistics in psychological research. *Journal of Verbal Learning and Verbal Behavior, 12*, 335-359.

Clark, W. C. (1969). Sensory-decision theory analysis of the placebo effect on the criterion for pain and thermal sensitivity. *Journal of Abnormal Psychology, 74*, 363-371.

Clark, W. C., & Yang, J. C. (1974). Acupunctural analgesia: Evaluation by signal detection theory. *Science, 184*, 1096-1098.

Cockton, G. (2004, October 23-27). Value-centered HCI. *NordiCHI 2004, Tampere, Finland,* 149-160.

Cohen, S., Glass, D. C., & Singer, J. E. (1973). Apartment noise, auditory discrimination and reading ability in children. *Journal of Experimental Social Psychology, 9*, 407-422.

Colom, R., Jung, R. E., & Haier, R. J. (2006). Finding the g-factor in brain structure using the method of correlated vectors. *Intelligence, 34*, 561-570.

Cook, T. D., & Campbell, D. T. (1979). *Quasi-experimentation: Design and analysis issues for field-settings.* Chicago: Rand McNally.

Coren, S., Ward, L. M., & Enns, J. T. (1994). *Sensation and perception.* Fort Worth: Harcourt Brace.

Cornsweet, T. N. (1962). The staircase method in psychophysics. *American Journal of Psychology, 75*, 485-491.

Correll, J., Park, B., Judd, C. M., & Wittenbrink, B. (2002). The police officer's dilemma: Using ethnicity to disambiguate potentially threatening individuals. *Journal of Personality & Social Psychology, 83*, 1314-1329.

Corrigan, P. W., Holmens, E. P., Luchins, D., Buican, B., Basit, A., & Parks, J. J. (1994). Staff burnout in a psychiatric hospital: A cross-lagged panel design. *Journal of Organizational Behavior, 15*, 65-74.

Cowey, A. (1995). Blindsight inmonkeys. *Nature, 373*, 247-249.

Cox, J. R., & Griggs, R. A. (1982). The effects of experience on performance in Wason's selection task. *Memory & Cognition, 10*, 496-502.

Craik, F. I. M. (1977). Age differences in human memory. In J. E. Birren & W. Schaie (Eds.), *Handbook of the psychology of aging* (pp. 384-420). New York: Van Nostrand Reinhold.

Craik, F. I. M. (2011). Levels of processing in human memory. In M. A. Gernsbacher, R. W. Pew, L. M. Hough, & J. R. Pomerantz (Eds.), *Psychology and the real world: Essays illustrating the fundamental contributions to society* (pp. 76-82). New York: Worth Publishers.

Craik, F. I. M., & Lockhart, R. S. (1972). Levels of processing: A framework for memory research. *Journal of Verbal Learning and Verbal Behavior, 11*, 671-684.

Craik, F. I. M., & Tulving, E. (1975). Depth of processing and the retention of words in episodic memory. *Journal of Experimental Psychology: General, 104*, 671-684.

Cutler, B. L., & Penrod, S. D. (1989). Forensically relevant moderators of the relation between eyewitness identification accuracy and confidence. *Journal of Applied Psychology, 74*, 650-652.

D'Amato, M. R. (1970). *Experimental psychology: Methodology, psychophysics, and learning.* New York: McGraw-Hill.

Darley, J. M., & Latané, B. (1968). Bystander intervention in emergencies: Diffusion of responsibility. *Journal of Personality and Social Psychology, 8*, 377-383.

Deacon, B. J., Lickel, J. J., Abramowitz, J. S., & McGrath, P. B. (2012). Development and validation of the shy bladder scale. *Cognitive Behavior Therapy, 41*, 251-260.

DeGreene, K. B. (Ed.). (1970). *Systems psychology*. New York: McGraw-Hill.

Devine, P. G., & Elliot, A. J. (1995). Are racial stereotypes really fading? The Princeton trilogy revisited. *Personality and Social Psychology Bulletin, 21*, 1139-1150.

Dewar, R. E., Kline, D. W., & Swanson, H. A. (1994). Age differences in the comprehension of traffic sign symbols. *Transportation research board 73rd annual meeting* (Paper No. 940979). Washington, DC: Transportation Research Board.

Dewey, J. (1896). The reflex arc concept in psychology. *Psychological Review, 3*, 357-370.

Dismukes, K. (Ed.). (2009). *Human error in aviation*. London: Ashgate.

Divekar, G., Pradhan, A. K., Pollatsek, A., & Fisher, D. (2012). Effect of external distractions. *Transportation Research Record*, No. 2321, 15-22.

Doll, R. (1955). Etiology of lung cancer. *Advances in Cancer Research, 3*, 1-50.

Donders, F. C. (1868/1969). Over de snelheidvan psychische processes [On the speed of mental processes.]. In W. G. Koster (Ed.), *Attention and performance II* (pp. 412-431). Amsterdam: North Holland.

Duncan, J. (2003). Intelligence tests predict brain response to demanding task events.*Nature Neuroscience, 6*, 207-208.

Duncan, J., Seitz, R. J., Kolodny, J., Bor, D., Herzog, H., Ahmed, A., et al (2000). A neural basis for general intelligence. *Science, 289*, 457-460.

Duncker, K. (1945). On problem solving. *Psychological Monographs, 58*, 1-112, (Whole No. 270).

Dunn, J. (1998). Implicit memory and amnesia. In K. Kirsner & C. Speelman (Eds.), *Implicit and explicit mental processes* (pp. 99-117). Mahwah, NJ: Erlbaum.

Dweck, C. S. (1999). *Self-theories: Their role in motivation, personality, and development*. Philadelphia: Psychology Press.

Dweck, C. S., & Bempechat, J. (1983). Children's theories of intelligence: Consequences for learning. In S. G. Paris, G. M. Olson, & H. W. Stevenson (Eds.), *Learning and motivation in the classroom* (pp. 239-256). Hillsdale, NJ: Erlbaum.

Dweck, C. S., & Elliott, E. S. (1983). Achievement motivation. In E. M. Hetherington (Ed.), *Handbook of child psychology: Vol. 4, socialization, personality, and development* (pp. 643-691). New York: Wiley.

Dweck, C., Mangels, J., & Good, C. (2004). Motivational effects on attention, cognition, and performance. In D. Y. Dai & R. J. Sternberg (Eds.), *Motivation, emotion, and cognition: Integrative perspectives on intellectual functioning and development* (pp. 41-55). Mahwah, NJ: Erlbaum.

Eagly, A. H., & Wood, W. (1999). The origins of sex differences in human behavior: Evolved dispositions versus social roles. *American Psychologist, 54*, 408-423.

Ebbinghaus, H. (1885/1913). *Memory: A contribution to experimental psychology*. New York: Columbia University Press. Reprinted by Dover, 1964.

Edwards, A. C. (2003). Response to the spiritual intelligence debate: Are some conceptual distinctions needed here? *International Journal for the Psychology of Religion, 13*, 49-52.

Eibl-Eibesfeldt, I. (1970). *Ethology: The biology of behavior*. New York: Holt, Rinehart & Winston.

Eibl-Eibesfeldt, I. (1972). Similarities and differences between cultures in expressive movements. In R. A. Hinde (Ed.), *Non-verbal communication* (pp. 297-312). Cambridge: Cambridge University Press.

Ellsworth, J., & Ames, L. (1998). *Critical perspectives on Project Head Start: Revisioning the hope and challenge*. Albany, NY: State University of New York Press.

Piaget, J. (1932). *The language and thought of the child* (2nd ed.). London: Routledge & Kegan Paul.

Piaget, J., & Inhelder, B. (1969). *The psychology of the child*. London: Routledge & Kegan Paul.

Pickren, W. E., & Dewsbury, D. A. (2002). *Evolving perspectives on the history of psychology*. Washington, DC: American Psychological Association.

Piliavin, I. M., Rodin, J., & Piliavin, J. A. (1969). Good samaritanism: An underground phenomenon? *Journal of Personality and Social Psychology, 13*, 289-299.

Plant, E. A., Peruche, B. M., & Butz, D. A. (2005). Eliminating automatic racial bias: Making race nondiagnostic for responses to criminal suspects. *Journal of Experimental Social Psychology, 41*, 141-156.

Plous, S. (1991). An attitude survey of animal rights activists. *Psychological Science, 2*, 194-196.

Plous, S. (1996a). Attitudes towards the use of animals inpsychological research and education. *American Psychologist, 51*, 1167-1180.

Plous, S. (1996b). Attitudes towards the use of animals in psychological research and education: Results from a national survey of psychology majors. *Psychological Science, 7*, 352-358.

Poincaré, H. (1929). *The foundations of science*. New York: Science House, Inc.

Popper, K. R. (1961). *The logic of scientific discovery*. New York: Basic Books.

Posner, M. I. (1973). *Cognition: An introduction*. Glenview, IL: Scott, Foresman.

Posner, M. I. (1993). Attention before and during the decade of the brain. In D. Meyer & S. Kornblum (Eds.), *Attention and performance XIV* (pp. 340-351). Cambridge: MIT Press.

Posner, M. I., & Raichle, M. E. (1994). *Images of mind*. New York: Scientific American Library.

Poulton, E. C. (1982). Influential companions: Effects of one strategy on another in the within-subjects designs of cognitive psychology. *Psychological Bulletin, 91*, 673-690.

Prescott, J., & Wilkie, J. (2007). Pain tolerance selectively increased by a sweet-smelling odor. *Psychological Science, 18*, 308-311.

Proctor, R. W., & Capaldi, E. J. (2001). Empirical evaluation and justification of methodologies in psychological science. *Psychological Bulletin, 127*(3), 759-777.

Proffitt, D. R. (2006). Embodied perception and the economy of action. *Perspectives on Psychological Science, 1*, 110-122.

Proffitt, D. R., Bhalla, M., Gossweiller, R., & Midgett, J. (1995). Perceiving geographical slant. *Psychonomic Bulletin & Review, 2*, 409-428.

Pytte, C. L., Rusch, K. M., & Ficken, M. S. (2003). Regulation of vocal amplitude by the blue-throated hummingbird, *Lampornis clemenciae. Animal Behavior, 66*, 703-710.

Queller, S., & Smith, E. R. (2002). Subtyping versus bookkeeping in stereotype learning and change: Connectionist simulations and empirical findings. *Journal of Personality and Social Psychology, 82*, 300-313.

Rapoport, A. (1975). Towards a redefinition of density. *Environment and Behavior, 7*, 133-158.

Reed, M. P., & Green, P. A. (1999). Comparison of driving performance on-road and in a low-cost simulator using a concurrent telephone dialling task. *Ergonomics, 42*(8), 1015-1037.

Reed, S. B., Kirsch, I., Wickless, C., Moffitt, K. H., & Taren, P. (1996). Reporting biases in hyponosis: Suggestion or compliance? *Journal of Abnormal Psychology, 105*, 142-145.

Reicher, S. D., Haslam, S. A., & Smith, J. R. (2012). Working toward the experimenter: Reconceptualizing obedience within the Milgram paradigm as identification-based. *Perspectives on Psychological Science, 7*, 315-324.

Rescorla, R. (1999). Within-subject partial reinforcement extinction effect in autoshaping. *Quarterly Journal of Experimental Psychology, 52B*, 75-87.

Rieber, R. W., & Salzinger, K. (1998). *Psychology: Theoritical-historical perspectives* (2nd ed.). Washington, DC: American Psychological Association.

Ringelmann, M. (1913). Recherches sur les moteurs animes: Travail de l'homme. *Annales de l'Institut National Agronomique, 2e series-tome, XII*, 1-40.

Roberts, C. (1971). Debate I. Animal experimentation and evolution. *American Scholar, 40*, 497-503.

Roberts, S., & Pashler, H. (2000). How persuasive is a good fit? A comment on theory testing. *Psychological Review, 107*, 358-367.

Rodgers, J. L., & Rowe, D. C. (2002). Theory development should begin (but not end) with good empirical fits. A comment on Roberts and Pashler (2000). *Psychological Review, 109*(3), 599-603.

Roediger, H. L., III. (1990). Implicit memory: Retention without remembering. *American Psychologist, 45*, 1043-1056.

Roediger, H. L., III. (2004). What happened to behaviorism? *Association for Psychological Science Observer, 17*, 40-42.

Roediger, H. L., III. (2007). Twelve tips for authors. *Observer, 20*, 39-41.

Roediger, H. L., III. (2008). Relativity of remembering: Why the laws of memory vanished. *Annual Review of Psychology, 59*, 225-254.

Roediger, H. L., & Butler, A. C. (2011). The critical role of retrieval practice in long-term retention. *Trends in Cognitive Sciences, 15*, 20-27.

Roediger, H. L., & Karpicke, J. D. (2006). Test-enhanced learning: Taking memory tests improves long-term retention. *Psychological Science, 17*, 249-255.

Roediger, H. L., III, Marsh, E. J., & Lee, S. C. (2002). Varieties of memory. In H. Pashler & D. Medin (Eds.), *Steven's handbook of experimental psychology, vol 2: Memory and cognitive processes* (3rd ed., pp. 1-41). New York: Wiley.

Roediger, H. L., III, & McDermott, K. B. (1993). Implicit memory in normal human subjects. In F. Boller & J. Grafman (Eds.), *Handbook of neuropsychology* (Vol. 8, pp. 63-131). Amsterdam: Elsevier.

Roediger, H. L., III, Meade, M. L., & Bergman, E. T. (2001). Social contagion of memory. *Psychonomic Bulletin & Review, 8*, 365-371.

Roediger, H. L., III, Weldon, M. S., Stadler, M. A., & Riegler, G. H. (1992). Direct comparison of word stems and world fragments in implicit and explicit retention tests. *Journal of Experimental Psychology: Learning, Memory, and Cognition, 18*, 1251-1269.

Rollin, B. E. (1985). The moral status of research animals in psychology. *American Psychologist, 40*, 920-926.

Rose, T. L. (1978). The functional relationship between artificial food colors and hyperactivity. *Journal of Applied Behavior Analysis, 11*, 439-446.

Rosenthal, R. (1966). *Experimenter effects in behavioral research*. New York: Appleton-Century-Crofts.

Rosenthal, R. (1969). Interpersonal expectations: Effects of the experimenter's hypothesis. In R. Rosenthal & R. L. Rosnow (Eds.), *Artifact in behavioral research* (pp. 183-277). New York: Academic Press.

Rosenthal, R. (2002). Covert communication in classrooms, clinics, courtrooms, and cubicles. *American Psychologist, 57*, 839-849.

Rosenthal, R. (2003). Covert communication in laboratories, classrooms, and the truly real world. *Current Directions in Psychological Science, 12*, 151-154.

Rosenthal, R., & Fode, K. (1963). The effects of experimenter bias on the performance of the albino rat. *Behavioral Science, 8*, 183-189.

Ross, E. A. (1908). *Social psychology*. New York: MacMillan.

Ross, M. (1989). Relation of implicit theories to the construction of personal histories. *Psychological Review, 96*, 341-357.

Rowan, A. N., & Lowe, F. M. (1995). *The animal research controversy: Protest, process, & public policy*. North Grafton, MA: Tufts University Center for Animals and Public Policy.

objects influences estimates of their size. *Perception & Psychophysics, 66*, 1261-1267.

Whitchurch, E. R., Wilson, T. D., & Gilbert, D. T. (2011). "He loves me, he loves me not · · · ": Uncertainty can increase romantic attraction. *Psychological Science, 22*, 172-175.

White, R. J. (1971). Debate II. Antivivisection: The reluctant hydra. *American Scholar, 40*, 503-512.

Wickelgren, W. A. (1977). *Learning and memory*. Englewood Cliffs, NJ: Prentice-Hall.

Wickström, G., & Bendix, T. (2000). The "Hawthorne effect"—what did the original Hawthorne studies actually show? *Scandanarian Journal of Work Environment Health, 26*(4), 363-367.

Willerman, L., Schultz, R., Rutledge, J. N., & Bigler, E. D. (1991). In vivo brain size and intelligence. *Intelligence, 15*, 223-228.

Williams, K., Harkins, S., & Latané, B. (1981). Identifiability as a deterrent to social loafing: Two cheering experiments. *Journal of Personality and Social Psychology, 40*, 303-311.

Williams, K. D., Nida, S. A., Baca, L. D., & Latané, B. (1989). Social loafing and swimming: Effects of identifiability of individual and relay performance of intercollegiate swimmers. *Basic and Applied Social Psychology, 10*, 73-82.

Witt, J. K., & Proffitt, D. (2005). See the ball, hit the ball: Apparent ball size is correlated with batting average. *Psychological Science, 16*, 937-938.

Witt, J. K., & Sugovic, M. (2010). Performance and ease influence perceived speed. *Perception, 39*, 1341-1353.

Witt, J. K., & Sugovic, M. (2011, December 26). Does ease to block a ball affect perceived ball speed? Examination of alternative hypotheses. *Journal of Experimental Psychology: Human Perception and Performance*. Online first publication. doi:10.1037/a0026512

Wolf, M. M., & Risley, T. R. (1971). Reinforcement: Applied research. In R. Glaser (Ed.), *The nature of reinforcement* (pp. 310-325). New York: Academic Press.

Wolters, G., & Goudsmit, J. J. (2005). Flashbulb and event memory of September 11, 2001: Consistency, confidence, and age effects. *Psychological Reports, 96*, 605-619.

Wood, J. M., Garth, D., Grounds, G., McKay, P., & Mulvahil, A. (2003). Pupil dilation does affect some aspects of daytime driving performance. *British Journal of Ophthalmology, 87*, 1387-1390.

Woodworth, R. S., & Schlosberg, H. (1954). *Experimental psychology* (Rev. ed., pp. 396-397, 485-486). New York: Henry Holt and Company.

Wundt, W. (1874). *Principles of physiological psychology*. Leipzig: Englemann.

Yeager, K. (1996). R&D and the dimensions of value. *EPRI Journal, 21*, 16-25.

Young, P. C. (1952). Antisocial uses of hypnosis. In L. M. LeCron (Ed.), *Experimental hypnosis*. New York: Macmillan.

Young, P. T. (1928). Precautions in animal experimentation. *Psychological Bulletin, 25*, 487-489.

Zajonc, R. B. (1962). Response suppression in perceptual defense. *Journal of Experimental Psychology, 64*, 206-214.

Zimbardo, P. G. (2007). *The Lucifer effect: Understanding how good people turn evil*. New York: Random House.

Zimmer, H. D., & Engelkamp, J. (1999). Levelsof-processing effects in subject-performed tasks. *Memory & Cognition, 27*, 907-914.

Zuckerman, M. (1995). Good and bad humors: Biochemical bases of personality and its disorders. *Psychological Science, 6*, 325-332.

저자 소개

Barry H. Kantowitz

미국 미시간 대학교 심리학과와 산업 및 오퍼레이션 공학과의 명예교수이며, 교통연구소의 전임 소장이다. 1969년 위스콘신 대학교에서 실험심리학으로 박사학위를 받았고, 퍼듀 대학교 심리과학과 교수를 역임하였다. 주의, 정신부하, 반응시간, 인간-기계 상호작용 및 교통 인간 요인에 관한 연구를 하였다.

Henry L. Roediger III

미국 워싱턴 대학교(세인트루이스)의 J. S. McDonnell 특임교수이다. 1973년 예일 대학교에서 인지심리학으로 박사학위를 받았고, 퍼듀 대학교와 라이스 대학교의 교수를 역임하였다. 심리과학협회로부터 William James 종신업적 상을 받았다. 인지심리학, 특히 인간 학습과 기억에 관한 연구를 하였다.

David G. Elmes

미국 워싱턴 앤 리 대학교의 심리학 명예교수이며, 인지과학 프로그램의 공동 책임자였다. 버지니아 대학교에서 박사학위를 받았고, 수년 동안 학부생 연구 위원회에서 심리학 자문, 심리학 분과장 및 회장을 맡았다. 인간 및 동물 학습, 기억 및 냄새 감각에 관한 수많은 논문을 발표했다.

역자 소개

도경수(KyungSoo Do)

전 한국인지과학회 학회지 편집장
한국실험및인지심리학회 학회지 편집장
현 성균관대학교 심리학과 교수

<저서 및 역서>

사고: 추리, 판단, 결정(학지사, 2019)
행동과학을 위한 통계학(제9판)(공역, 학지사, 2018)

고재홍(Ko, JaeHong)

전 한국사회및성격심리학회장
한국심리학회 학회지 편집장
현 경남대학교 심리학과 교수

<저서 및 역서>

고등학교 심리학(공저, 세종시교육청, 2018)
마이어스의 사회심리학(제13판)(공역, 시그마프레스, 2020)

박창호(Park, ChangHo)

전 한국인지및생물심리학회장
한국실험심리학회 학회지 편집장
현 전북대학교 심리학과 교수

<저서>

응용 인지심리학(공저, 학지사, 2018)
실험심리학 용어사전(공저, 시그마프레스, 2008)

조영일(Cho, Young Il)

현 동국대학교 경찰행정학부 부교수
한국심리학회 정보이사
한국심리측정평가학회 홍보이사

<논문>

Validity and Reliability of the Behavior Development Screening for Toddlers-Questionnaire/Parents(BeDevel-Q/P): A Korean Autism Screening Instrument For Infants Aged 24-35 Months(공저, 2020)

구조방정식 모형에서 문항묶음의 활용: 탐색적 요인분석과 내용기반접근법의 비교연구(공저, 2018)

실험심리학

Experimental Psychology (10th ed.)

2020년 9월 25일 1판 1쇄 인쇄
2020년 9월 30일 1판 1쇄 발행

지은이 • Barry H. Kantowitz · Henry L. Roediger III · David G. Elmes
옮긴이 • 도경수 · 고재홍 · 박창호 · 조영일
펴낸이 • 김진환
펴낸곳 • (주) 학지사
04031 서울특별시 마포구 양화로 15길 20 마인드월드빌딩
대표전화 • 02)330-5114 팩스 • 02)324-2345
등록번호 • 제313-2006-000265호

홈페이지 • http://www.hakjisa.co.kr
페이스북 • https://www.facebook.com/hakjisa

ISBN 978-89-997-2208-0 93180

정가 35,000원

역자와의 협약으로 인지는 생략합니다.
파본은 구입처에서 교환해 드립니다.

이 도서의 국립중앙도서관 출판시도서목록(CIP)은 서지정보유통지원시스템 홈페이지(http://seoji.nl.go.kr)와 국가자료공동목록시스템(http://www.nl.go.kr/kolisnet)에서 이용하실 수 있습니다.
(CIP 제어번호: CIP2020038149)